佛冈年鉴

FOGANG YEARBOOK

2016

中共佛冈县委
佛冈县人民政府 主办

佛冈年鉴编纂委员会 编

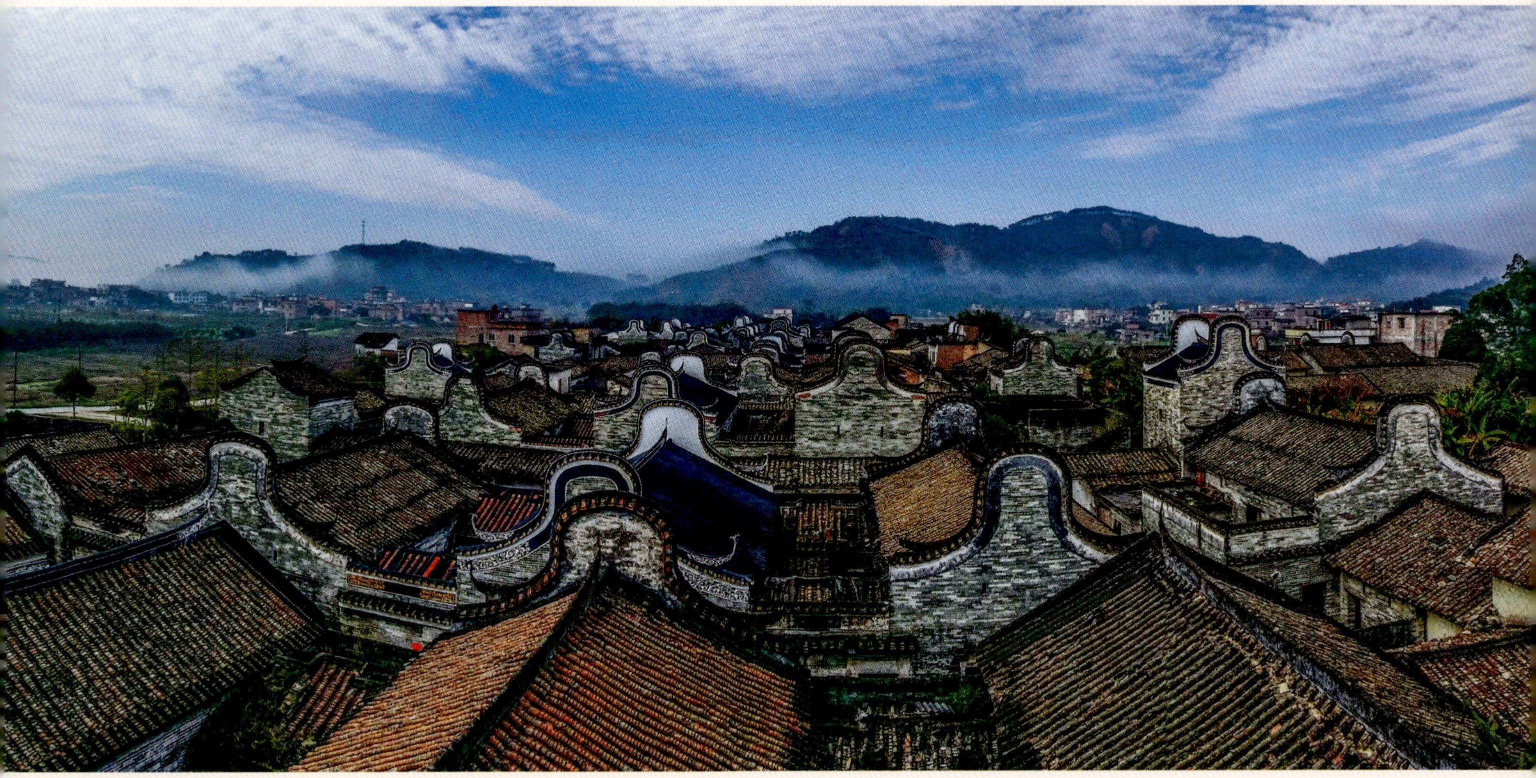

华南理工大学出版社

·广州·

图书在版编目（CIP）数据

佛冈年鉴.2016/佛冈年鉴编纂委员会编.—广州：华南理工大学出版社，2016.11
ISBN 978-7-5623-5133-7

Ⅰ.①佛… Ⅱ①佛… Ⅲ①佛冈县-2016-年鉴 Ⅳ①Z526.54

中国版本图书馆CIP数据核字（2016）第276563号

佛冈年鉴·2016
FOGANG YEARBOOK·2016
佛冈年鉴编纂委员会　编

出 版 人：卢家明
出版发行：华南理工大学出版社
（广州五山华南理工大学17号楼，邮编510640）
http://www.scutpress.com.cn　E-mail: scutc13@scut.edu.cn
营销部电话：020-87113487　87111048（传真）
策划编辑：胡　元
责任编辑：杨小丽
印 刷 者：广州市骏迪印务有限公司
开　　本：889mm×1194mm　1/16　印张：20.25　彩插：32　字数：915千
版　　次：2016年11月第1版　2016年11月第1次印刷
定　　价：180.00元

版权所有　盗版必究　　印装差错　负责调换

编辑说明

一、《佛冈年鉴》是由中共佛冈县委、佛冈县人民政府主办并由佛冈年鉴编纂委员会组织编纂的地方综合年鉴，属资料性工具书，始创于2008年，2012年起一年一鉴。本书旨在全面、准确、翔实记载佛冈县政治、经济和社会发展的基本情况，为各级、各部门及社会各界人士了解佛冈、研究佛冈、支持佛冈建设提供综合性的信息和参考资料。

二、《佛冈年鉴·2016》主要载录2015年佛冈县经济社会发展的资料，由文字、图表两大部分组成。文字部分采用分类编辑法，除卷首外，设有特色佛冈、大事记、佛冈概况、政党·政权、人民团体·社会组织、军事、政法、经济管理、财政·税务、金融业、农业、水务·气象、工业、交通·邮电·通信、城建·房产·环保、商贸流通·服务业、对外经济贸易、旅游业、教育·科学、文化·体育·传媒、卫生·医疗·保健、社会生活、建制镇、自然保护区·林场、人物、名录、附录共27个类目。同时，组编部分彩色图片进行直观宣传记载，展现佛冈在各领域的改革成就及地域发展风貌。

三、《佛冈年鉴·2016》在《佛冈年鉴·2015》框架基础上，对部分类目、分目进行调整、充实。将原"年度关注"类目调整为"特色佛冈"；增设"水务·气象"类目，将原属"农业"类目的"水利建设""三防工作""气象事业"等内容调整至此类目中。增设"人物""名录"两大类目，撤销原"社会经济统计资料""文献专载""荣誉奖项"三大类目，将有关内容分别调整至"名录""附录"类目中。

四、年鉴类目、分目、子分目、条目的标题分别用不同字体和版式编排。其中，条目为表现内容的基本形式，标题用黑体字置于【】内表示，包含多方面内容的条目，则用楷体字标题标明各段资料主题。全书前有目录，后有主题索引，具有较为完善的检索系统。

五、年鉴稿件由各镇、各单位（含省市直管单位）提供，国民经济和社会发展情况资料由佛冈县统计局提供。如出现统计数字不一致的情况，以佛冈县统计局公布的数字为准。其中，各单位数据为统计快报数，国民经济和社会发展情况资料为县统计局提供的年报数。

六、所有条目分目的撰稿人姓名均标示在条目分目之后。

七、本年鉴编辑出版工作由佛冈年鉴编纂委员会领导，设有佛冈年鉴编辑部（设在县史志办），编辑出版具体事务由佛冈县史志办公室负责。

八、本年鉴在编辑出版过程中，得到全县各镇、各单位（含省市直管单位）的大力支持，谨此致谢。疏漏之处，敬请读者指正。

《佛冈年鉴》编纂委员会

名誉主任：董和平
主　　任：余爱国
副 主 任：石尚明　王卓越
委　　员：李伯浓　陈健兵　丘韶文　廖楚雄　何高者
　　　　　刘纯心　张少捷　谭华军　李蔚琴　陈列毅
　　　　　彭　宁　范秀永　梁浩锋　陈发兴　郑从军
　　　　　张少敏　李小珑　何永中　曾道明　温秀梅
　　　　　黄伟棋　李协湖　冯庆洲　欧　军　黄少钦
　　　　　李　富　郑从志　周玉明　陈志锋　刘玉星
　　　　　梁艳文

《佛冈年鉴》编辑部

主　　　编：余爱国
副 主 编：石尚明　王卓越
执行主编：李协湖
执行副主编：谢春江
编　　辑：李阳光　刘瑞生　黄春苗　钟榕斌
　　　　　何东树　何道井　陈国材　郑中扬
　　　　　黄常远　朱家佑　周翠花　朱南岳

数字佛冈 2015

- 土地面积 **1295.17** 平方公里
- 年末常住人口 **31.4** 万人
- 年末户籍总人口 **33.38** 万人

- 地区生产总值 **1 045 999** 万元
- 第一产业增加值 **104 686** 万元
- 第二产业增加值 **493 356** 万元
- 第三产业增加值 **447 957** 万元
- 人均生产总值（当年价）**33 376** 元
- 规模以上工业总产值（现价）**1 740 790** 万元
- 全社会固定资产投资 **389 157** 万元
- 社会消费品零售总额 **371 935** 万元

- 财政总收入 **208 964** 万元
- 地方财政一般预算收入 **97 968** 万元
- 地方财政一般预算支出 **195 413** 万元

- 各项税收 **58 938** 万元
- 城乡居民储蓄存款余额 **750 165** 万元
- 城乡居民人均可支配收入 **15 432** 万元
- 城镇常住居民人均可支配收入 **21 312** 元
- 农村常住居民人均可支配收入 **11 584** 元

- 普通中学在校学生数 **14 576** 人
- 医院、卫生院床位 **643** 张
- 境内公路里程 **2 138** 公里

- 外贸出口总额 **23 2468** 万元
- 实际利用外资总额 **1 316** 万美元

- 接待旅游总人数 **506** 万人次
- 旅游总收入 **33.9** 亿元

- 商品房销售总面积 **47.9** 万平方米
- 房地产开发投资总额 **4.02** 亿元
- 商品房销售总额 **23.49** 亿元

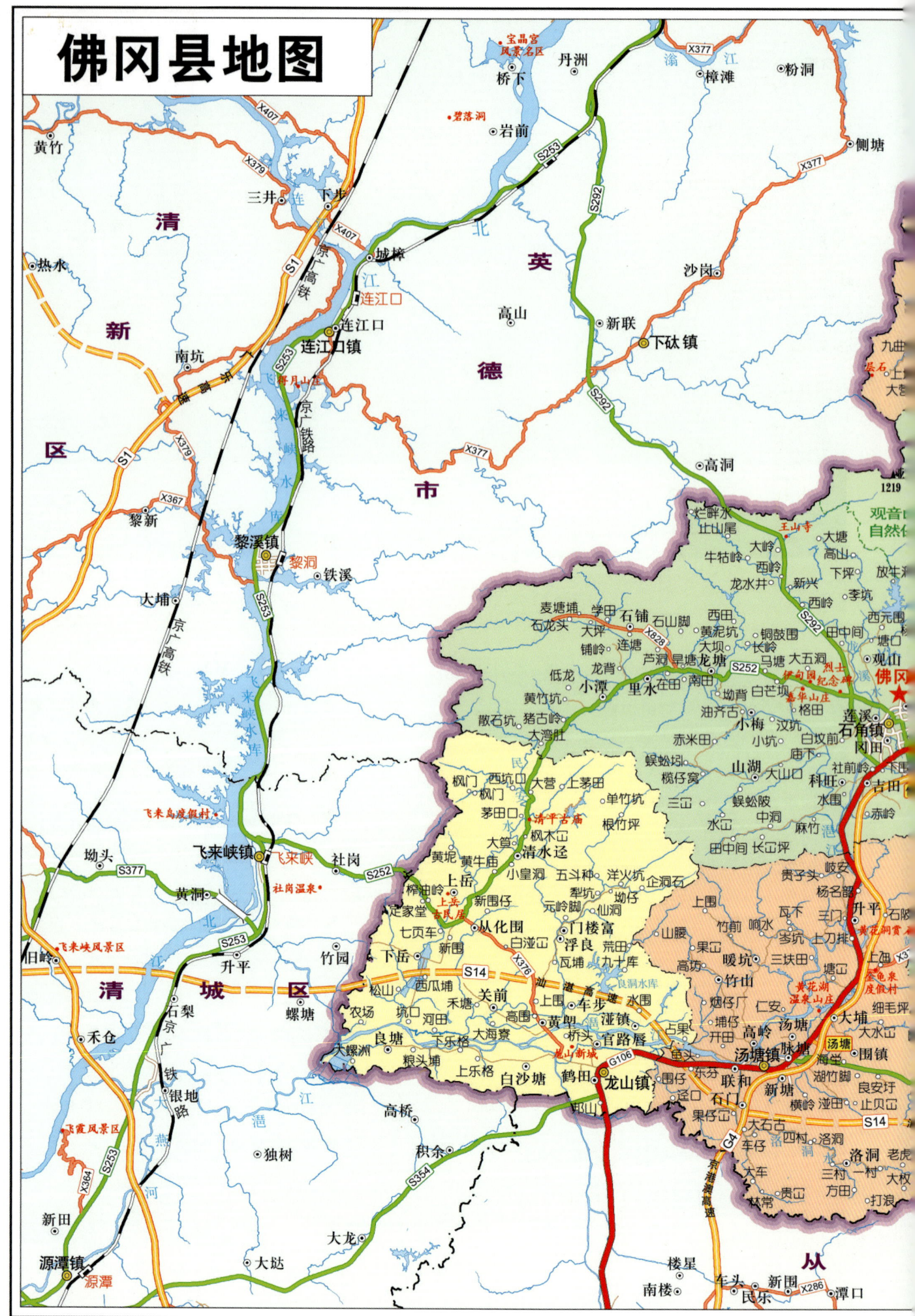

佛冈县地图

广东省地图院编制

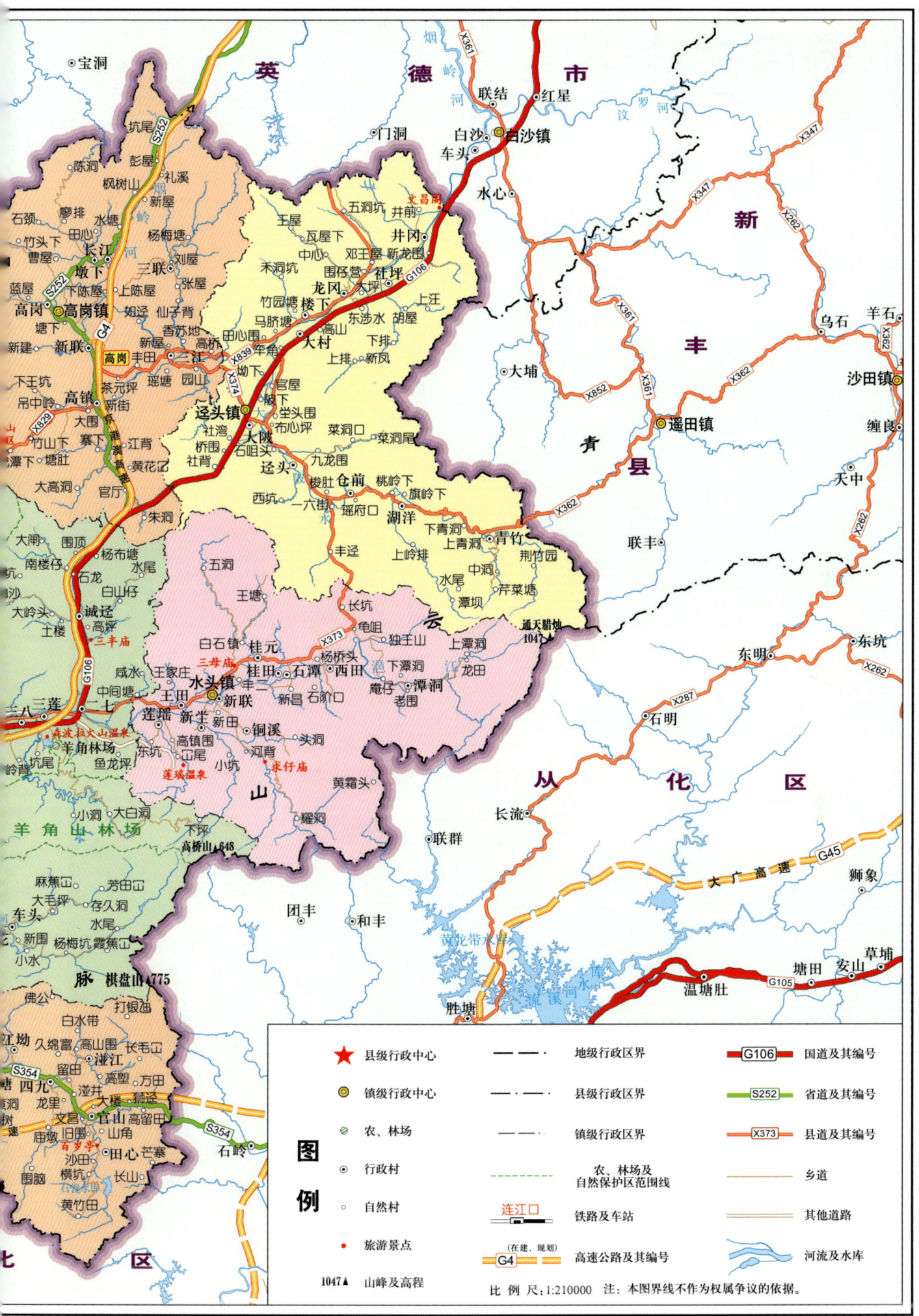

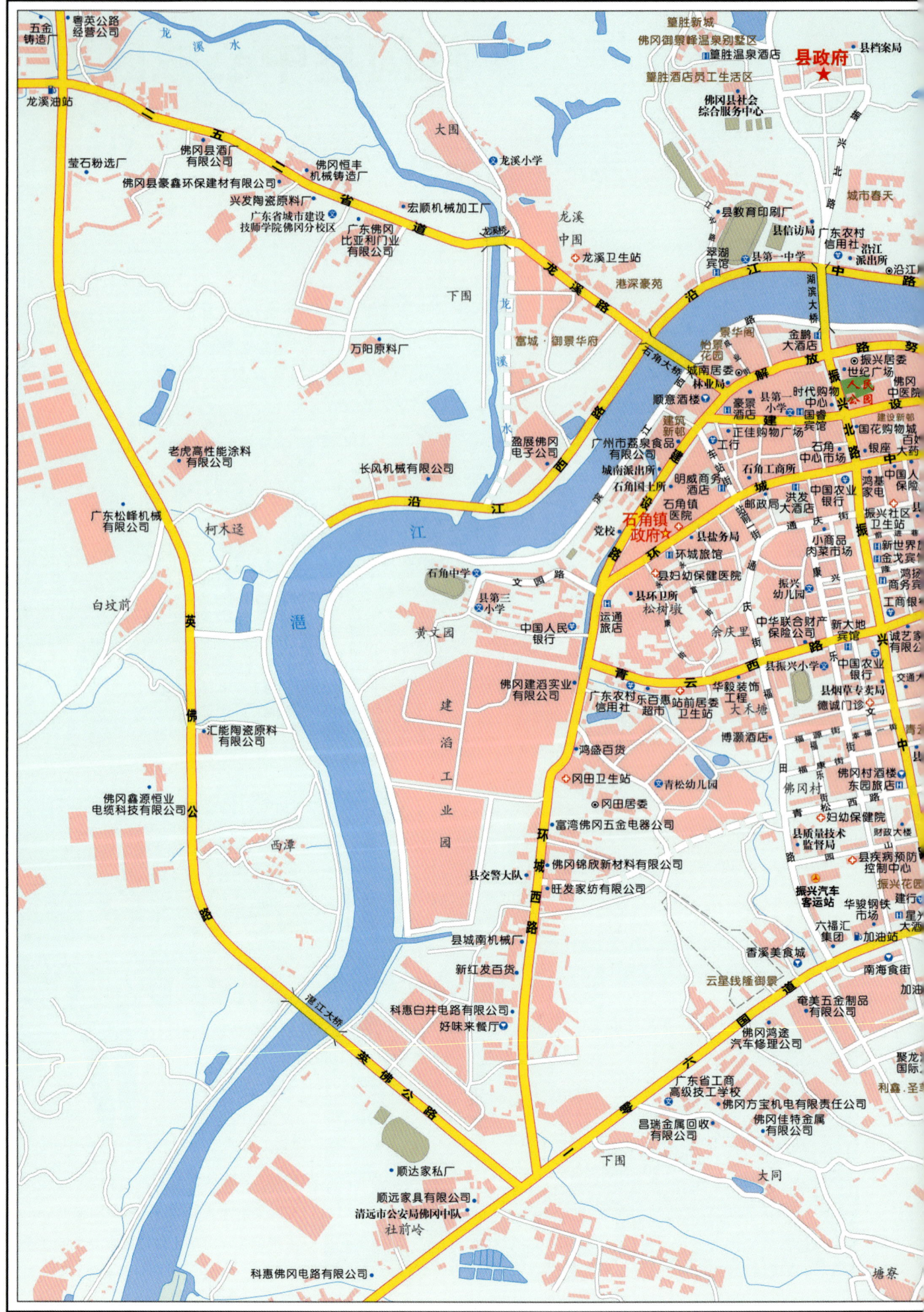

大事要闻

领导调研

◆ 2015年12月30日

中央深改办督查县级公立医院综合改革工作，佛冈县代表广东省接受督查。图为中央深改办常务副主任陈一新（右一）在市委书记葛长伟、副市长陈建华，佛冈县县长梁金鉴等陪同下视察佛冈县人民医院（县卫计局供稿）

◆ 2015年6月3日

广东省政协主席王荣（右三）到佛冈县调研历史文化资源保护和利用情况，图为参观龙山上岳古民居（县文广新局供稿）

◆ 2015年10月13日

清远市委书记葛长伟（前排左三）调研佛冈农村综合改革情况（罗思雅摄）

◆ 2015年5月8日
清远市市长郭锋（左一）到佛冈调研三防工作（黄超贤摄）

◆ 2015年1月6日
广东省交通运输厅副厅长徐欣（左一）一行到佛冈县督查科技治超工作（县交运局供稿）

◆ 2015年1月29日

国家防办副主任、督察专员束庆鹏（左五）带领国家防办调研组在省水利厅副巡视员、省三防办常务副主任贺国庆（左四）陪同下，到佛冈县调研基层三防能力建设和山洪沟治理工作（县水务局供稿）

◆ 2015年2月3日

广东省公路管理局党委书记王富民（前排右二）和广东省"迎国检"督导组在清远市公路管理局局长蔡旭东（右一）的陪同下，到佛冈检查督导重点工程项目建设（佛冈公路局供稿）

◆ 2015年3月20日
广东省地方志办副主任马建和（前排中）在副县长黄丽（左一）等陪同下到龙山镇实地调研上岳古民居的人文状况和美丽乡村建设（龙山镇供稿）

◆ 2015年5月28日
县长梁金鉴（左二）、副县长范辉煌（右二）在水头镇委书记谢振权（右一）的陪同下到水头镇西田村调研大棚芦笋种植情况（县科农局供稿）

◆ 2015年7月6日

广东省老促会会长陈开枝（前排右二）到新农村试验区调研龙塘便民服务中心，县委常委、县委办主任李贤成（左一），新农村管委会主任朱建星（左二）陪同调研（易超明摄）

◆ 2015年7月16日

清远市委常委、组织部部长张广宁（左三）到龙塘村调研农村综合改革工作，县委书记华旭初（左二），县委常委、组织部部长石尚明（右二）等相关领导陪同调研（易超明摄）

◆ 2015年7月23日

广东省委农办主任陈祖煌（左三）在清远市委副书记黄兆芬（左一）的陪同下到佛冈调研农综改情况（谢芳瑜摄）

◆ 2015年10月31日

迳头镇甲名村举行甲名村美丽乡村建设论坛。县委常委、宣传部部长黄河（左三）参加论坛（迳头镇供稿）

◆ 2015年11月10日

广州军区副参谋长许再华少将（左二），广东省军区司令员张利明少将（左一）、参谋长陈长寿少将（右三）到广东松峰机械有限公司兵役登记点检查工作（黄超贤摄）

◆ 2015年11月19日

民盟广东省常委、清远市副市长陈建华（右三）在佛冈县县长梁金鉴（前排左四）的陪同下调研佛冈对接融入珠三角进展情况。图为参观县行政服务中心（罗思雅摄）

◆ 2015年12月22日
清远市委常委、常务副市长曾贤林(左三)到汤塘镇贵田石场开展春节前安全生产大检查工作(县安监局供稿)

◆ 2015年12月23日
副县长兼观音山省级自然保护区主任王卓越(左二)与华师大植物专业教授徐颂军(右二)探究观音山植物本底调查成果(佛冈观音山自然保护区管理处供稿)

重要会议

◆ 2015年2月3日

中国共产党佛冈县第十二届委员会第八次全体会议在县人民中心主楼礼堂召开（黄超贤摄）

◆ 2015年3月24日

中国人民政治协商会议第九届佛冈县委员会第五次会议在县人民中心主楼礼堂召开（黄超贤摄）

◆ 2015年3月25日

佛冈县第十四届人民代表大会第五次会议在县人民中心主楼大礼堂召开（黄超贤摄）

◆ 2015年8月19日

中国共产党佛冈县第十二届委员会第九次会议在县人民中心主楼礼堂召开（黄超贤摄）

◆ 2015年1月8日
佛冈县2015年一村（社区）一法律顾问工作启动仪式在县人民中心西楼403室举行（郭建文摄）

◆ 2015年3月19日
佛冈县政法信访维稳保密社会工作会议在县人民中心主楼礼堂召开（县委政法委供稿）

◆ 2015年4月20日
佛冈县史志工作会议在县人民中心西楼403会议室召开（县史志办供稿）

◆ 2015年4月23日
佛冈县2015年统战工作会议在县人民中心西楼403会议室召开（县委统战部供稿）

◆ 2015年5月28—29日
2015年佛冈县村（社区）党组织书记、主任及后备干部培训班在县人民中心礼堂举办（县委组织部供稿）

◆ 2015年5月26日
佛冈县"三严三实"专题教育党课在县人民中心开办，县委书记、县人大常委会主任华旭初为县直副科以上单位有关负责人讲授党课（张毅摄）

◆ 2015年6月29日

佛冈县创文创卫工作会议在县人民中心礼堂召开，会议对获得十佳"四有"党员称号的入选者进行表彰（张毅摄）

◆ 2015年9月7日

佛冈县人武部组织开展"阳光征兵定兵大会"，首次采用电脑随机摇号的方式，邀请公证处两名工作人员现场监督，确定120名青年入伍名单及选择去向（县人武部供稿）

重要活动

◆ 2015年1月15日
佛冈举行阿里巴巴农村电子商务项目"农村淘宝——佛冈服务中心"开办剪彩仪式（县经信局供稿）

◆ 2015年1月26日
广东省公路管理局2015年全省"迎国检"养护管理示范路培训参会代表到佛冈现场观摩参观学习（佛冈公路局供稿）

◆ 2015年2月15日
由县委、县政府主办，县文广新局、县文化馆承办的2015年佛冈县春节文艺晚会在县人民中心广场举行（张春兰摄）

◆ 2015年4月15日

佛冈县三防、应急、气象等部门在县预警信息发布中心（应急指挥中心）联合开展应急演练（县气象局供稿）

◆ 2015年4月22日

县国土资源局联合省940地质队在县人民公园举行纪念第46个"世界地球日"宣传活动（县国土资源局供稿）

◆ 2015年4月29日

佛冈县举办市级房屋市政工程安全生产文明施工示范工地现场观摩会（李小燕摄）

◆ 2015年4月29日

县委书记华旭初（中）与"全国先进工作者"蓝榕概（左三）、"广东省劳动模范"周长春（右三）和"广东省先进工作者"刘治刚（左二）座谈并合影留念（县总工会供稿）

◆ 2015年6月29日

佛冈县对获得十佳"四有"党员和第二届十佳"佛冈好人"称号的入选者进行表彰（县文明办供稿）

◆ 2015年8月23日

"2015佛冈旅游攻略征集活动"启动（程浩摄）

◆ 2015年9月1日

县委常委、常务副县长冯炽兴（右三）带领有关职能部门负责人员到迳头镇华劲工业园开展安全生产督查工作（县安监局供稿）

◆ 2015年9月11日

在县人民中心主楼109会议室举行佛冈县人民政府法律顾问集中签约仪式。签约仪式上，县长梁金鉴（中）与律师事务所代表现场签订《佛冈县人民政府聘请法律顾问合同书》（郭建文摄）

◆ 2015年12月3日

佛冈县不动产登记中心挂牌成立，广东省国土资源厅不动产登记局局长韦红（右二）、清远市国土资源局总工程师古长青（右一）、佛冈县副县长王卓越（左二）、佛冈县国土资源局副局长邓承建（左一）共同主持挂牌仪式（县不动产登记中心供稿）

◆ 2015年12月18日

佛冈县粉葛美食旅游文化节开幕。图为参会的领导嘉宾为开幕式按下启动球（县旅游局供稿）

社会民生

◆ 2015年1月15日
在副县长范辉煌（右三）带领下，县科农局联合县食品安全委员会开展食品安全专项执法（李扬辉摄）

◆ 2015年2月5日
由县委、县政府主办，县文广新局、县书法协会承办的"中国书法名家走基层——佛冈行，送温暖"活动在县人民公园举行（张春兰摄）

◆ 2015年2月6日
佛冈县石角镇龙塘村经济联合社信用合作部年终分红发放暨扩股大会在龙塘村召开（人行佛冈支行供稿）

◆ 2015年4月24日
县总工会在县人民中心广场举行以"我运动，我快乐"为主题的佛冈县职工第二届趣味运动会，来自全县机关、事业单位和企业工会的70支队伍，运动员1000多人参加（县总工会供稿）

◆ 2015年6月5日
县委副书记黄永华（左二）、副县长黄丽（右一）在县教育局局长彭宁（左一）的陪同下到佛冈一中对佛冈县高考考场进行检查（徐海榕摄）

◆ 2015年6月10日

新农村试验区青年志愿服务队正式成立,县委书记华旭初(右二)、县长梁金鉴(右一)、县委副书记黄永华(左一)等领导参加成立仪式(团县委供稿)

◆ 2015年6月12日

县教育局在县文化馆举办以"阳光下成长"为主题的中小学生艺术展演活动,全县各中小学共有21支代表队参加表演(徐海榕摄)

◆ 2015年7月8日

县财政局党组书记、局长冯庆洲（左三）带领局党组成员及业务股室负责人走进佛冈县《行风热线》栏目，就当前财政重点工作和群众关心的热点问题与听众朋友进行在线交流（县财政局供稿）

◆ 2015年7月8日

清远加多宝草本植物科技有限公司人民调解委员会举行揭牌仪式，县人大常委会副主任黄小云（左四）与该公司总经理为企业调解委员会揭牌（县司法局供稿）

◆ 2015年8月26日

科普大学龙山分教点揭牌（县科协供稿）

◆ 2015年9月

佛冈一中被教育部认定为全国首批青少年校园足球特色学校（佛冈一中供稿）

◆ 2015年9月22日
县食品安全委员会办公室就H5N6禽流感疫情召开新闻发布会（县食药监局供稿）

◆ 2015年11月2日
城乡居民养老保险及城乡居民医疗保险扩面缴费现场宣传会在县人民公园举行（县社保局供稿）

◆ 2015年11月8日
县普查办使用无人机设备拍摄自然村全貌图及相关照片（县史志办供稿）

◆ 2015年12月3日
佛冈市民高先生领到广东省首本县级《不动产权证书》（罗思雅摄）

国道106线佛冈南段文明示范路段（佛冈公路局供稿）

◆ 2015年12月24日

2015年就业援助月活动暨家庭服务业专场招聘会在县人民公园举办（县人社局供稿）

◆ 2015年12月26日

佛冈县再次荣获"广东省旅游创新发展十强县"称号。图为颁奖现场（县旅游局供稿）

各镇风貌

高岗镇

◆ 2015年2月10日
县委副书记、县长梁金鉴（右一）在高岗镇委书记何昊（前排左一）的陪同下到高岗镇进行春节前慰问（高岗镇供稿）

◆ 2015年10月16日
高岗镇镇长李伯浓（左二）带领村（居）书记到迳头镇湖洋村参观学习农村生活垃圾处理模式（高岗镇供稿）

位于高岗镇的佛冈县同盛百香果生态产业园（高岗镇供稿）

位于高岗镇的佛冈县海胜种养殖业专业合作社火龙果产业园（高岗镇供稿）

高岗镇高山油茶园（高岗镇供稿）

迳头镇

◆ 2015年4月20日
迳头镇委书记范志明带领镇工作组到湖洋村检查农综改工作（迳头镇供稿）

◆ 2015年6月16日
清远市调研组在迳头镇镇长陈列毅（左二）的陪同下到迳头镇楼下村调研美丽乡村建设（迳头镇供稿）

位于迳头镇的清远南玻节能新材料有限公司（黄超贤摄）

位于迳头镇的广东华劲汽车零部件制造有限公司（黄超贤摄）

迳头镇楼下村百亩荷花盛开（黄超贤摄）

位于迳头镇烟岭的油菜花海（黄超贤摄）

迳头镇湖洋村玉米丰收（迳头镇供稿）

水头镇

◆ 2015年8月27日

碧桂园集团阻断贫困代际传递专项活动——水头镇贫困学生签约仪式（水头镇供稿）

潖江上游综合整治工程水头段风景一角（水头镇供稿）

利用水头镇莲瑶温泉的碧桂园清泉城(黄超贤摄)

水头镇西田村芦笋种植示范基地（宋钊明摄）

位于水头镇重修中的龙牙寺全景（黄超贤摄）

位于水头镇王田村的王田公园(黄超贤摄)

石角镇

◆ 2015年7月7日
石角镇党委书记陈发兴（左二）深入企业开展百企帮扶计划（石角镇供稿）

◆ 2015年6月15日
石角镇党委副书记、镇长陈志锋（左二）到黄花存星村开展土地整合调研（石角镇供稿）

位于石角镇的佛冈鑫源恒业电缆科技有限公司（黄超贤摄）

位于石角镇的老虎高性能涂料(佛冈)有限公司(黄超贤摄)

位于石角镇的科惠白井(佛冈)电路有限公司(黄超贤摄)

位于石角镇三八村的佛冈县五丰园蔬菜智能水培种植示范基地(宋钊明摄)

汤塘镇

◆ 2015年9月11日
汤塘镇主要领导与应征入伍青年在政府大楼门前合影留念（汤塘镇供稿）

◆ 2015年12月25日
汤塘镇竹山村第十二届竹山粉葛节开幕（程浩摄）

◆ 2015年2月7日
汤塘镇汤塘村的温泉眼聚满打水的村民（黄超贤摄）

位于汤塘镇的勤天嘉乐谷温泉度假酒店（黄超贤摄）

汤塘镇围镇村槟榔香芋种植基地 （黄超贤摄）

汤塘的特色文化广场（黄超贤摄）

龙山镇

◆ 2015年7月15日
清远市政协教科委文卫委员会到龙山镇文化站视察（龙山镇供稿）

◆ 2015年11月18日
"花生良种良法展示会暨'航花2号'花生新品种示范推广启动会"在龙山镇举行（龙山镇供稿）

雅迪电动车生产场景（黄超贤摄）

位于龙山镇的恒业包装有限公司（黄超贤摄）

位于龙山镇的佛冈县惟德蔬菜生产大棚（宋钊明摄）

龙山镇香蕉生产基地（县史志办供稿）

龙山镇黄塱村600亩相连成片的土地流转种植香蕉（黄超贤摄）

职工摄影作品

2015年3—8月，县总工会与县纪委联合举办"讴歌劳动美，共建佛冈廉"职工书画摄影大赛活动，大赛共收到各类参赛作品539件，聘请清远市专家集体评定出获奖作品153件。本年鉴选取的摄影类获得一、二、三等奖的作品均由县总工会提供。

一等奖《纺织幸福》（宋抗壹摄）

二等奖《真情·无声胜有声》（谢连春摄）

二等奖《雨夜》（谢芳瑜摄）

三等奖《警察故事》（何道再摄）

三等奖《精雕细琢》（黄达理摄）

三等奖《电力抢修》（卢小丽摄）

三等奖《粒粒皆辛苦》（宋慧明摄）

三等奖《开春》（冯顺江摄）

目　　录

特色佛冈

- 美丽乡村建设　　1
- 扶贫开发"双到"取得阶段性成效　　1
- 创建全国文明县城　　2
- 佛冈再获"广东省旅游创新发展十强县"称号　　2
- 举办首届台湾（广东佛冈）水果节　　3

大事记

- 1月　　5
- 2月　　6
- 3月　　7
- 4月　　8
- 5月　　9
- 6月　　10
- 7月　　11
- 8月　　12
- 9月　　13
- 10月　　15
- 11月　　16
- 12月　　17

佛冈概况

- **建置沿革**　　20
  - 沿革　　20
- **自然地理**　　20
  - 位置·范围·面积　　20
  - 地质·地貌·河流　　20
  - 气候·水文　　21
- **资源物产**　　21
  - 矿产资源　　21
  - 生物资源　　21
  - 土地资源　　21
  - 旅游资源　　22
- **环境质量**　　22
  - 空气质量　　22
  - 降水质量　　22
  - 水环境质量　　22
- **人口·民族·语言**　　22
  - 人口　　22
  - 民族　　22
  - 语言　　23
- **历史文化·传统民俗**　　23
  - 历史文化　　23
  - 传统民俗　　23
- **行政区划**　　24
  - 概况　　24
  - 地名管理　　25
  - 行政区划界线管理　　25
- **经济建设**　　25
  - 概况　　25
  - 农村经济发展　　25
- **政治建设**　　25
  - 从严治党　　25
  - 党风廉政建设　　25
  - 制度建设　　25
  - 社会主义民主政治　　25
  - 依法治县　　25
  - 政府行政效能提升　　26
- **社会建设**　　26
  - 社会民生　　26
  - 综治维稳　　26
- **文化建设**　　26
  - 概况　　26
  - 历史文化和非遗保护　　26
  - 公共文化服务体系建设　　26
  - 文化产业发展　　26

文艺创作	27	非公有制经济领域统战工作	40
· 生态建设	27	港澳台及海外统战工作	40
生态景观林带建设	27	民族宗教工作	41
森林碳汇工程建设	27	民主党派与党外知识分子工作	41
乡村绿化美化工程	27	专题调研活动	42
森林公园建设	27	政策研究	42
全民义务植树	27	概况	42
生态公益林保护	27	文稿起草	42
· 精神文明建设	27	调研工作	42
概况	27	机关党务	42
社会主义核心价值观弘扬	27	概况	42
理论教育	27	"三严三实"专题实践活动	42
群众性精神文明创建活动	27	"公述民评"活动	42
两个省级生态文明示范村创建	28	基层党组织建设	42
· 县四套班子、县直副科以上单位（含省市直管单位）及各镇领导人员名单（2015年）	28	党风廉政建设	42
		美丽乡村建设	42
		机构编制	43
		概况	43

政党·政权

· 中共佛冈县委	36	机构编制管理	43
县委全会	36	整合部门设置	43
县委十二届八次全会	36	机构改革	43
县委十二届九次全会	36	行政审批制度改革	43
重要决策和重要活动	36	权责清单制度推行	43
广清产业园佛冈集聚区	36	事业单位改革	43
新型城镇化	36	事业单位登记管理	44
全面深化改革	36	网上名称管理	44
社会文明	36	信访工作	44
组织工作	37	概况	44
概况	37	信访积案化解	44
"三严三实"专题教育	37	大接访活动	44
基层组织建设	37	信访业务培训	44
干部工作	37	信访宣传	44
"两新"组织工作	38	保密工作	45
模范部门建设	38	概况	45
人才工作	38	学习保密法规	45
宣传工作	39	制度建设	45
概况	39	保密教育	45
理论武装	39	保密检查	45
舆论宣传工作	39	社会工作	45
宣传队伍建设	39	概况	45
统战工作	39	社工队伍建设	45
概况	39	社会事业发展	45
"同心同行"系列工作	39	社会体制改革	46
多党合作与政治协商	40	社会组织建设	46
		社会管理创新	46
		社会建设体制机制完善	47
		社会工作会议	47

南粤幸福活动周	47
党校教育	47
概况	47
干部教育培训	47
师资队伍建设	48
理论宣传	48
党史研究	48
概况	48
《中国共产党佛冈县历史（第三卷）》出版	48
《中国共产党佛冈县历史资料汇编（第三辑）》出版	48
《佛冈革命故事》出版	48
中国人民抗日战争暨世界反法西斯战争胜利70周年纪念活动	49
党史宣传教育	49
接待工作	49
概况	49
接待服务	49
老干部工作	49
概况	49
"123"工作法推进	49
开展慰问活动	49
服务管理	49
老干部大学建设和老干部活动中心建设	50
· 佛冈县人民代表大会	50
县十四届人大四次会议	50
县十四届人大常委会会议	50
监督工作	51
人事任免工作	51
代表工作	51
自身建设	51
依法治县	54
· 佛冈县人民政府	55
县政府工作概况	55
县长办公会议	55
县政府常务会议	55
县政府工作会议	56
重要政事和决策	56
县政府班子领导补充	56
人大代表议案、建议和政协委员提案	56
遗属生活困难补助标准提高	56
县二小扩建	56
乡镇卫生院医务人员岗位津贴发放	56
佛冈县县城和中心镇教育布局专项规划（2014—2020年）	56
佛冈华润燃气天然气综合场站选址	56
佛冈县环境保护委员会成立	56
原三八中学划归县职校	56

佛冈县大额财政资金使用决策制度（稿）	56
县政府与广东食品药品职业学院战略合作框架协议书签署	56
产业集聚发展启动资金使用	57
政府法制	57
概况	57
规范性文件审核	57
行政执法监督	57
行政执法培训	57
行政复议与应诉	57
政府法律事务	57
依法行政考评	57
"两建"法制工作	57
其他法制工作	58
聘请法律顾问	58
外事侨务	58
概况	58
赴港公务	58
归侨救济及支教	58
为归侨排忧解难	58
电子政务公开	58
概况	58
网上政务公开	58
应急管理	58
概况	58
应急管理机构建设	59
应急预案体系建设	59
应急平台建设	59
应急物资建设	59
应急预案演练	59
行政服务工作	59
窗口服务	59
网上办事	59
"12345"政府热线	59
台湾事务	59
涉台事务概况	59
对台经济	60
对台交流交往	60
涉台宣传教育	60
台商工作	60
台胞台属工作	60
机关事务	61
概况	61
公务接待	61
机关后勤保障	61
公务用车改革	61
公共机构节能	61

- 政协佛冈县委员会 62
  - 政协佛冈县第九届委员会第五次会议 62
    - 概况 62
    - 会议议程 62
  - 县政协常委会 62
    - 政协第九届佛冈县委员会常务委员会第二十二次常委会议 62
    - 政协第九届佛冈县委员会常务委员会第二十三次常委会议 63
    - 政协第九届佛冈县委员会常务委员会第二十四次常委会议 63
    - 政协第九届佛冈县委员会常务委员会第二十五次常委会议 63
    - 政协第九届佛冈县委员会常务委员会第二十六次常委会议 63
    - 政协第九届佛冈县委员会常务委员会第二十七次常委会议 63
    - 政协第九届佛冈县委员会常务委员会第二十八次常委会议 63
  - 政协提案 63
    - 概况 63
    - 重点提案 64
  - 政协文史 64
    - 《佛冈文史》第十七辑出版 64
    - 其他文史活动 64
  - 政协调研视察 64
    - 政协常委会调研视察 64
    - 政协专委会调研视察 64
- 纪检监察 65
  - 概况 65
  - 案件查办 65
  - 作风建设 65
  - 监督制约 65
  - 源头治腐 65
  - 队伍建设 66
  - 重要会议 66
  - 重要活动和主要工作 66
- 民主党派 66
  - 中国民主同盟佛冈县基层委员会 66
    - 概况 66
    - 参政议政 66
    - 社会服务 66
  - 民革佛冈县支部 67
    - 概况 67
    - 组织建设 67
    - 思想建设 67
    - 参政议政 67
    - 专题调研 68
    - 社会服务 68

人民团体

- 佛冈县总工会 69
  - 概况 69
  - 工会组织建设 69
  - 推优评先 69
  - 职工权益维护 69
  - 基层工会规范化建设 69
  - 职工帮扶救助 70
  - 职工文化建设 70
- 共青团佛冈县委员会 70
  - 概况 70
  - 团的自身建设 70
  - 服务党政中心工作 70
  - 帮助青少年成长成才 71
- 佛冈县工商业联合会 72
  - 概况 72
  - 参政议政 72
  - 组织建设 72
  - 学习教育活动 72
  - 服务企业 72
  - 服务社会 72
- 佛冈县妇女联合会 73
  - 概况 73
  - 引领妇女创业建功 73
  - 妇女儿童教育活动 73
  - 维权服务 73
  - 传递关爱 73
  - 创建活动 74
  - 微信平台开通 74
  - "两新"组织中妇女组织建设 74
  - 服务基层 74
- 佛冈县文学艺术联合会 74
  - 概况 74
  - 文艺交流 74
  - 文艺队伍建设 74
  - 《潖江文艺》 75
- 佛冈县归国华侨联合会 75
  - 概况 75
  - 组织建设 75

为侨服务	75	业务培训	82
参政议政	75	人防宣传教育	82
党建工作	75	指挥通信体系建设	82
"送医进校园"	76	人民防空工程建设管理	82
· 佛冈县科学技术协会	76	人防财务和资产管理	83

政法

概况	76		
全民科学素质工作	76		
科普活动	76	**· 政法·综治**	84
科技素质培训	76	概况	84
科技创新大赛	76	各种犯罪活动预防和打击	84
开办科普电视节目	76	矛盾纠纷排查化解	84
开设科普专栏	76	司法体制和工作机制改革	85
建设科普宣传画廊	77	司法公信力建设	85
教育示范基地	77	法治社会建设	85
县科协第六次代表大会	77	平安佛冈创建	86
· 佛冈县残疾人联合会	77	非法开采矿产资源问题整治	86
概况	77	**· 审判**	86
发放残疾人证	77	概况	86
残疾人教育就业	77	刑事审判	87
残疾人康复	77	民事审判	87
残疾人文化体育	77	行政审判	87
残疾人社会保障	77	案件执行	87
残疾人信访工作	78	调解工作	87
2015年佛冈县残疾人事业工作会议	78	立案信访	87
组织参加广东省第七届残疾人运动会	78	司法救助	87
· 佛冈县红十字会	78	司法公开	88
概况	78	审判管理	88
救灾、救助、救护	78	综治工作	88
"三献"推进	79	司法建议	88
红十字志愿服务	79	**· 检察**	88
救灾演练活动	79	概况	88

军事

		职务犯罪案件查办	88
		预防职务犯罪宣传教育	89
· 人民武装	80	依法打击刑事犯罪	89
概述	80	刑事诉讼监督	89
政治工作	80	刑罚执行监督	89
军事工作	81	控告、申诉、检察职能履行	89
后勤工作	81	民事及行政诉讼监督	89
正规化建设	81	案件管理	89
双拥共建	82	检察宣传	90
· 人民防空	82	职务犯罪查处	90
概况	82	**· 公安**	90
防空袭警报试鸣	82	概况	90

维护社会政治稳定	90	·市场监督管理	99
"3+2"专项打击整治行动	90	概况	99
公安便民改革	91	机构改革调整	99
巡警工作	91	商事登记改革	100
交警工作	91	监管执法工作	100
消防工作	93	整顿市场秩序	100
·司法行政	94	服务企业	101
概况	94	维护消费者权益	101
普法宣传教育	94	"两建"工作	102
人民调解	94	法治市监建设	102
社区矫正与安置帮教	94	·食品药品监督管理	102
法律援助	95	概况	102
公证服务	95	食品安全综合协调	102
律师服务	95	行政许可	102
一村（社区）一法律顾问	95	食品安全案件查处	102
"六五"普法验收会议	95	食品药品抽检	103
企业人民调解委员会揭牌	96	药品医疗器械监管	103
"12·4"全国宪法日宣传活动	96	食品生产环节监管	103
		食品流通环节监管	103
		食品餐饮监管	103
		化妆品监管	103
		酒类监管	103

经济管理

		食品药品宣传	104
·发展与改革	97	·审计	104
概况	97	概况	104
投资情况	97	财政税务审计	104
工业效率	97	行政企事业审计	104
"十二五"规划实施情况	97	经济责任审计	104
"十三五"规划纲要编制	97	固定资产投资审计	104
社会民生	98	清远市审计系统职工运动会在佛冈县举办	104
公务用车制度改革	98	·统计	104
·物价管理	98	概况	104
春运票价检查	98	统计调查	105
教育收费检查	98	抽样调查	105
物业收费检查	99	联网直报	105
景区价格检查	99	普查工作	105
印章刻制明码标价	99	镇党政班子实绩指标考评	105
价格举报投诉	99	统计服务	105
价格调控	99	统计法律宣传	105
民生项目监管	99	统计教育	106
临时价格补贴	99	乡镇统计基础建设	106
平价商店建设	99	·安全生产监督管理	106
价格调节基金管理	99	概述	106
价格指数	99	安全生产"一岗双责"	106
价格鉴定	99	行业领域专项整治	106
价格评估和价格认证	99	企业安全生产标准化建设	107
		安全生产宣传教育	107

安全生产应急演练	107	资产存量	114
• **公共资源交易管理**	107	资产运行管理	114
概况	107	县政府周转房入股资金管理	115
公共资源交易	107	存量资产的调查	115
公共资源交易网站开通	107	资产的优化配置和整合	115
• **市场管理**	107	• **住房公积金管理**	115
概况	107	概况	115
市场服务管理	108	提取、贷款、增值收益指标均创新高	115
市场设施改造	108	规范缴存机制	115
市场开发规划	108	个贷发展稳妥	116
• **国土资源管理**	109	服务流程优化	116
概况	109	综合业务管理系统建立	116
基础业务	109	• **国家税务**	116
耕地保护	109	概况	116
建设用地管理	109	税收情况	116
地质灾害防治	109	征收管理	116
创建地质灾害防治高标准"十有"县	110	国税文化建设	117
执法监察	110	• **地方税务**	118
农村土地突出问题三项治理	110	概况	118
不动产登记	110	税收征管	118
• **土地开发与储备**	110	规费征收	118
概况	110	依法治税	118
土地开发整理	111	税收优惠	119
土地储备	111	纳税服务	119
• **扶贫开发**	111		
概况	111		
扶贫开发"双到"	111		
• **广州市白云区对口帮扶**	111		
对口帮扶工作机制	111		

金融业

交通基础建设帮扶项目	112
现代农业帮扶项目	112
佛冈旅游新路线开辟	112
社会民生帮扶项目	112

		• **综述**	120
		概况	120
		• **金融监督管理**	120
		金融运行情况	120
		金融服务	120
		金融法治环境	121
		• **银行业机构选介**	121
		中国工商银行股份有限公司佛冈支行	121
		中国农业银行股份有限公司佛冈县支行	122
		中国建设银行股份有限公司佛冈支行	123
		中国银行股份有限公司清远佛冈支行	124
		佛冈县农村信用合作联社	125
		中国邮政储蓄银行股份有限公司佛冈县支行	126
		• **保险业机构选介**	126
		中国人寿保险股份有限公司佛冈县支公司	126
		中国人民财产保险股份有限公司佛冈县支公司	127
		中国太平洋财产保险股份有限公司佛冈营销服务部	127

财政·税务

• **财政**	113
概况	113
强化收入征管	113
财政支出保障有力	113
财政监督检查	114
财政体制改革和创新	114
国有资产保值增值	114
• **公共资产管理**	114
概况	114

农业

- 综述 … 129
  - 概况 … 129
- 农村综合改革 … 129
  - 概况 … 129
  - 村级组织建设 … 129
  - 涉农资金整合 … 129
  - 土地资源整合 … 129
  - 涉农服务整合 … 129
  - 乡村公园建设 … 129
  - 示范村建设 … 130
- 农业经济工作 … 130
  - 集体经济组织建设 … 130
  - 农业经营体培育 … 130
  - 一事一议财政奖补 … 130
  - 农业执法 … 130
- 农业产业化 … 130
  - 现代农业示范区建设 … 130
  - 现代农业项目 … 131
- 种植业 … 131
  - 概况 … 131
  - 落实粮食补贴政策 … 131
  - 柑桔果园清理 … 131
  - 农业技术推广 … 131
  - 植保植检 … 131
- 畜牧与水产 … 131
  - 概况 … 131
  - H5N6疫情处置 … 132
  - 动物疫病防控 … 132
  - 畜禽污染治理 … 132
  - 生猪定点屠宰管理 … 132
- 农业机械化 … 132
  - 概况 … 132
  - 农机安全监督管理 … 132
- 林业 … 133
  - 概况 … 133
  - 重点林业生态工程建设 … 133
  - 林政管理 … 133
  - 山林纠纷调处 … 133
  - 林业有害生物防治 … 133
  - 生态公益林管理与补偿 … 133
  - 森林防火 … 133
  - 森林案件查处 … 134
  - 集体林权制度改革 … 134

水务·气象

- 水务 … 135
  - 概况 … 135
  - 中小河流治理 … 135
  - 省农村易涝整治试点工程 … 135
  - 水利工程建设 … 135
  - 县城优质自来水水源供给工程 … 135
  - 农村供水 … 135
  - 县城市政排水设施 … 135
  - 冬修水利工程建设 … 135
  - 水库移民后期扶持安居工程 … 136
  - 水务行政执法 … 136
  - 水资源管理 … 136
  - 电灌站和排站工程建设管理 … 136
- "三防"工作 … 136
  - 概况 … 136
  - 雨情 … 136
  - 灾情 … 136
  - 防汛救灾 … 136
  - 防汛物资储备 … 137
- 气象事业 … 137
  - 概况 … 137
  - 基本气候特点 … 137
  - 气象灾害 … 137
  - 地面气象观测 … 137
  - 天气预报服务 … 137
  - 防雷减灾 … 138
  - 气象现代化建设 … 138

工业

- 综述 … 139
  - 概况 … 139
  - 产业结构优化 … 139
  - 产业转型升级 … 139
  - 产业和劳动力双转移 … 139
  - 淘汰落后产能 … 139
- 主要产业 … 139
  - 概况 … 139
  - 金属制品业 … 139
  - 通用设备制造业 … 139
  - 电气机械及器材制造业 … 140

酒、饮料和精制茶制造业	140
有色金属冶炼及压延加工业	140
非金属矿物制品业	140
计算机、通信及其他电子设备制造业	140
文教、工美、体育和娱乐用品制造业	140
纺织业	140
黑色金属冶炼及压延加工	140
· 企业技术改造·技术创新·品牌建设	**141**
概况	141
企业技术创新	141
企业技术改造	141
品牌建设	141
· 中小企业和民营经济	**141**
概况	141
中小微企业帮扶	141
中小企业公共服务	142
民营经济效应	142
· 招商引资概况	**142**
概况	142
意向洽谈项目	142
推动项目落实	142
· 部分工业企业概况	**142**
建滔（佛冈）积层板有限公司	142
佛冈盈泰纺织品染整有限公司	142
广东顺意佳纺织服装有限公司	143
国珠集团有限公司	143
广东华劲汽车零部件制造有限公司	143
建滔化工集团	143
清远恒业包装有限公司	143
清远加多宝草本植物科技有限公司	144
清远南玻节能新材料有限公司	144
约克（广州）空调冷冻设备有限公司	144
· 电力工业	**144**
概况	144
电网建设	145
电力供应	145
优质服务	145
安全生产	145
企业文化	145

交通·邮电·通信

· 交通综述	**146**
概况	146
交通基础设施建设	146
交通行政管理	146
交通行政综合执法	147
汕湛高速公路佛冈段的前期工作	148
城乡公交	148
· 交通运输	**148**
概况	148
清远市粤运汽车运输有限公司佛冈分公司	148
清远市粤运汽车运输有限公司佛冈振兴汽车客运站	148
佛冈县永通公共汽车有限公司	149
· 交通行政管理	**149**
概况	149
客运企业管理	150
出租车行业管理	150
机动车维修行业管理	150
机动车驾驶员培训管理	150
交通运输行业安全生产监督	150
· 国道、省道建设与管理	**151**
概况	151
公路建设	151
国省道养护	151
公路抢修	151
路政管理	152
安全生产	152
公路"迎国检"	152
公路文化建设	152
公路建设"十三五"规划	152
· 地方公路建设与管理	**153**
概况	153
地方公路建设	153
通自然村公路水泥路面硬底化建设	153
公路桥梁普查	153
地方公路养护	153
地方公路路政管理	153
· 邮政通信	**153**
概况	153
推行邮政机构改革	154
邮政经营情况	154
构建和谐企业	154
维稳综治工作	155
财务资产管理	155
安全生产管理	155
· 电信通信	**155**
概况	155
市场经营	155
服务创新	155
网络运营	156
基础管理	156

- 移动通信　156
  - 中国移动通信集团广东有限公司佛冈分公司　156
  - 中国联合网络通信有限公司佛冈县分公司　157
- 信息化建设　157
  - 概况　157
  - 信息基础设施建设　157
  - 电子政务　158
  - 中小企业信息服务平台及农村信息化体系建设　158
  - 两化融合管理体系贯标试点工作　158
- 无线电管理　158
  - 概况　158
  - 无线电台站管理　158
  - 重点频段保障监测　158
  - "黑广播"治理　158
  - 无线电台设台申请与审批　159

城建·房产·环保

- 重点工程立项　160
  - 固定资产投资　160
  - 重点项目　160
  - 佛冈县青松路建设项目　160
  - 国道106线佛冈县城段扩建项目　160
  - 华润佛冈福鑫风电场项目　160
  - 佛冈县潖江上游综合整治项目　160
  - 佛冈顺意佳纺织服装有限公司项目　160
  - 广东吉多宝制罐有限公司项目　160
  - 佛冈县雅迪电动车项目　160
  - 佛冈县观音山生态茶叶种植观光园项目　160
  - 佛冈县恒益包装制品公司项目　160
  - 勤天国际温泉大酒店项目　160
  - 鹤鸣洲温泉度假村项目　160
  - 佛冈观音山王山寺旅游开发扩建项目　160
  - 广州涉外经济职业技术学院汤塘校区项目　161
  - 佛冈县迳头卫生院项目　161
- 城乡规划、建设与管理　161
  - 概况　161
  - 城乡规划　161
  - 县城建设　162
  - 镇区建设　162
  - 新农村规划建设　162
  - 宜居城乡创建　162
  - 新农村试验区建设　162
  - 城市园林绿化　164
  - 城建监察　164
  - 城市供水　165
  - 市政路灯　166
  - 市容卫生　167
- 建筑业管理　168
  - 概况　168
  - 勘察设计管理　168
  - 建设工程施工管理　168
  - 建设工程质量监督　169
  - 安全生产文明施工管理　169
  - 建设工程造价管理　169
  - 散装水泥管理　169
  - 城建档案管理　170
- 住宅与房地产业　170
  - 房地产开发管理　170
  - 房地产开发重点项目　170
  - 房产管理　171
- 环境保护　172
  - 概况　172
  - 建设项目管理　172
  - 污染减排　172
  - 环境执法　172
  - 环境专项检查　172
  - 大气污染防治　173
  - 重金属防治　173
  - 危险废物规范化管理　173
  - 环境应急处置　173
  - 环境信访　173
  - "创模"工作全面启动　173
  - 环境保护委员会成立　173
  - 环境监测能力建设　174
  - 绿色学校创建　174
  - 环保宣传　174
  - 环境统计　174

商贸流通·服务业

- 综述　175
  - 概况　175
  - 批发零售业　175
  - 住宿餐饮业　175
  - 农村电子商务　175
- 粮食储备管理　176
  - 概况　176
  - 县级储备粮油管理与销售　176

成品粮油储备	176
粮食应急管理	176
粮食风险基金	176
军粮供应	176
· 供销合作	**177**
概况	177
经营状况	177
烟花爆竹经营	177
农业生产资料供应	177
农副产品购销	177
农民专业合作社调研会	177
· 烟草专卖	**177**
概况	177
卷烟经营	177
卷烟销售	178
专卖管理	178
基建工程	178
"三严三实"活动	178
安全标准化建设	178
· 食盐专卖	**178**
概况	178
盐产品销售	178
盐政执法	178
食盐产品销售网络	178
食盐安全宣传	179
小工业盐市场供应	179
绩效考核	179

对外经济贸易

· 综述	**180**
概况	180
吸收引进外资项目	180
实际利用外资	180
· 对外贸易	**180**
概况	180
支柱企业出口	180
企业抗击风险的能力	180
· 对外招商与展销	**180**
参加广州清远商会的第一届理事、监事就职典礼暨招商会	180
参加2015中国加工贸易产品博览会	180
参加第23届广州博览会	181
参加"2015广东21世纪海上丝绸之路国际博览会"	181
参加2015年中国广州国际健康产业博览会	181
参加清远首届创新·创业·创客嘉年华暨天安智谷创新创业生态圈启动仪式	181
参加第十二届中小企业博览会	181

旅游业

· 综述	**182**
概况	182
旅游综合接待能力	182
2015佛冈旅游攻略征集活动启动	182
粉葛美食旅游文化节	182
"玩转清远"旅游节庆系列活动启动仪式	182
· 旅游接待与收入	**183**
国外旅游	183
国内旅游	183
黄金周旅游	183
· 旅游行业管理	**183**
旅游行业管理概况	183
旅游市场规范化建设	183
旅游安全管理	183
旅游人才培训	183
· 旅游资源开发和景区（点）建设	**184**
旅游景点建设	184
旅游重点项目开发	184
· 旅游宣传	**184**
概况	184
各类文化旅游活动举办	184
旅游宣传推介活动	184
旅游宣传形式创新	184
· 旅游商品	**185**
概况	185
农副产品、禽畜鱼类旅游商品	185
水果类旅游商品	185
经初步加工的旅游商品	186

教育·科学

· 教育综述	**187**
概况	187
教育督导	187
教育投入	187
教学教改	188
教育科研	188

高考中考	188
教育收费督查	188
德育教育	188
教师培训	189
教育装备建设	189
扶困助学	189
· 基础教育	189
概况	189
学前教育	189
义务教育	189
语言文字规范化	190
广东省2015年学前教育宣传月在佛冈县启动	190
创建教育现代化先进县加温工作会议	190
石角中学刘文雯获佛冈县中学生省运动会首枚金牌	190
· 县城中学简介	190
佛冈县第一中学	190
佛冈中学	191
佛冈县城北中学	192
佛冈县城东中学	193
· 职业教育与成人教育	195
学校概况	195
成人教育	195
职业教育	195
农村劳动力技能培训	196
· 科学技术与知识产权	196
科技计划项目申报和结题	196
高新技术企业认定和培育	196
知识产权工作	196
地震知识宣传	196
· 社科工作	196
概况	196
基层社科组织和队伍建设	196
社科普及活动	197

文化·体育·传媒

· 综述	198
概况	198
机构设置	198
主要职能	198
公共文化设施建设	198
· 群众文化	198
概况	198
节日系列活动	198
群众文化活动	198
群众文艺创作	199
文化艺术培训	199
· 文化市场	199
概况	199
正版软件使用培训	199
文化市场执法	199
· 新闻出版	200
概况	200
出版物监管	200
清远日报佛冈新闻部	200
南方日报佛冈记者站	200
· 体育事业	201
概况	201
群众体育	202
竞技体育	202
体育产业	202
· 新闻信息发布	202
概况	202
平面媒体编辑出版	202
新媒体新闻发布平台打造	202
舆情监控和对外宣传	203
· 图书发行	203
概况	203
教材征订发行	203
图书营销	204
公共文化服务项目	204
· 广播·电视	204
概况	204
广播部	204
新闻部	204
广告中心	204
技术安全保障	204
改革重组	204
· 电影放映	205
概况	205
佛冈天域数字影城	205
农村公益电影	205
广播影视技术能手	205
· 非物质文化遗产·博物	205
概况	205
非遗保护与利用	206
· 图书馆	206
概述	206
阅读推广活动	206
专题讲座	206
图片展览	206
送书下乡	206

农家书屋	207	糖尿病管理	213
• **档案工作**	207	参与H5N6禽流感疫情处置	213
档案资源建设	207	• **卫生监督管理**	213
档案信息化建设	207	概况	213
佛冈县档案馆晋升国家二级综合档案馆	207	强化内部管理	213
"国家档案日"宣传活动	207	卫生监督员培训	214
佛冈县档案学会成立	207	卫生法律法规宣传	214
• **方志、年鉴编修**	207	卫生行政许可	214
概况	207	重大活动卫生安全保障	214
地方志资料年报	207	医疗卫生监督	214
《佛冈年鉴·2015》出版	207	公共场所卫生监督	215
地方志信息化建设	208	信息宣传	215
《佛冈古村落》编纂出版	208	• **爱国卫生**	215
《佛冈县石角镇龙塘村志》编纂出版	208	爱国卫生运动	215
佛冈县在全省率先启动自然村落历史人文普查	208	创建国家卫生县城	215
地方志资源开发利用	208	禽流感防控	215
		登革热防控	215
		创建卫生村	215
		• **县重点医院简介**	216
		佛冈县人民医院	216

卫生·医疗·保健

		佛冈县中医院	217
		佛冈县妇幼保健院	218
• **卫生综述**	209	佛冈县慢性病防治医院	219
概况	209	佛冈县卫生进修学校	220
县级公立医院价格改革	209		
县级医院服务能力提升	209		
国家基本药物制度使用扩大	209		
人事制度改革	209		

社会生活

基层医疗卫生机构建设	210		
卫生监督	210		
医政管理	210	• **人口计生**	222
基本公共卫生服务项目	211	概况	222
疾病预防控制	211	人口计生长效工作机制健全	222
• **疾病预防控制**	211	"一票否决"兑现	222
概况	211	人口计生基层基础工作	222
法定传染病报告	211	深化利益导向机制	222
脊髓灰质炎疫苗查漏补种	212	• **人力资源·社会保障**	223
麻疹疫苗及脊灰疫苗查漏补种	212	概况	223
常住儿童免疫规划疫苗接种	212	城乡就业创业	223
突发公共卫生事件处置	212	公共就业服务平台建设	223
艾滋病监测	212	人才队伍建设	223
不明原因肺炎监测	212	收入分配制度改革	223
霍乱、伤寒、副伤寒和痢疾等重点肠道传染病监测	212	军转干部提高补助	223
狂犬病监测	213	劳动关系协调	223
农村饮用水水质卫生监测	213	企业职工最低工资标准调整	224
碘盐监测	213	"春风行动暨就业援助月"专场招聘会	224
高血压病管理	213	• **社保管理**	224
		概况	224

- 参保情况 224
- 基金运行 224
- 待遇调整 225
- 社保政策宣传 225
- 保险关系转移和异地就医联网结算 225
- 养老"并轨" 225
- 社保卡应用 225
- 医疗监管 225
- 规范制度管理 226

- **基层政权和社区建设** 226
  - 广东省村（居）务公开民主管理示范创建活动 226
  - 村务公开规范化示范创建活动 226
  - 村（居）民自治改革创新工程 226
  - 农村综合改革 226
  - 社区建设 227

- **拥军优属** 227
  - 双拥工作 227
  - 优抚工作 227
  - 退役士兵安置 227

- **社会事务管理** 228
  - 殡葬管理 228
  - 殡葬事业单位简介 228
  - 婚姻登记管理 228
  - 社会组织管理 228
  - 两建建设 228

- **扶贫救济** 229
  - 城乡最低生活保障 229
  - 农村五保供养 229
  - 城乡医疗救助 229

- **社会福利** 229
  - 孤儿保障 229
  - 社会养老服务 229
  - 社会福利院 229
  - 收养工作 229
  - 福利彩票 229

- **老龄工作** 230
  - 概况 230
  - 统保工作 230
  - "星光计划"项目 230
  - 老年人文艺生活 230

- **民族宗教** 230
  - 概况 230
  - 民族宗教宣传与调研 231
  - 民族团结进步宣传月 231
  - 依法管理宗教事务 231
  - 民族宗教干部培训 232
  - 民族宗教界慈善公益 232

- **居民生活** 232
  - 全体居民收入 232
  - 全体居民支出 232

- **关心下一代** 232
  - 概况 232
  - 第三届"我要上春晚"综艺大赛举办 232
  - "感悟幸福，快乐成长"绘画比赛举办 232
  - 讲师团活动 232
  - "新苗杯"艺术大赛 232
  - 调研与交流 232
  - "五好"关工委创建活动 232
  - 农村创业青年培训 233
  - 关爱行动 233
  - 宣传工作 233

- **老区建设** 233
  - 概况 233
  - 老区基础建设 233
  - 老区宣传 233
  - 烈士后裔助学 234

建制镇

- **高岗镇** 235
  - 概况 235
  - 经济发展 235
  - 社会事业发展 236
  - 农村综合改革 236
  - 民生工程 237
  - 高岗镇第十五届人大第五次会议 237
  - 综治维稳 237
  - 党建创新 237
  - 城乡建设 237
  - 生态建设 237

- **迳头镇** 238
  - 概况 238
  - 经济发展 238
  - 社会事业发展 238
  - 生态观光农业 239
  - 美丽乡村建设 239
  - 迳头镇第十六届人大第六次会议 239
  - 农村危房改造 239
  - 农村生活垃圾整治 239
  - 打击"拾尾矿"行为 239

- **水头镇** 240
  - 概况 240

经济发展	240	资源管护	252
社会事业发展	241	资源调查	252
水头镇第十五届人大第五次会议	241	制度建设	252
农村综合改革	241	森林防火	252
农业产业发展	242	科普宣传	253
美丽小镇建设	242	• 国营羊角山林场	253
精准扶贫	242	概况	253
碧桂园集团帮扶项目	242	林场改革	253
潖江河道"三清"综合整治	242	营林抚育	253
• 石角镇	243	道路维修	253
概况	243	安全生产和森林防火	253
经济发展	243	突发事件处理	253
社会事业发展	244		
农村综合改革	245		

人物

美丽乡村示范村建设	245
石角镇第十六届人大第五次会议	245
平安石角创建	245
党的基层组织建设	245
驻点联系服务群众工作	245
"新家庭计划——家庭发展能力建设"	246
人才强镇战略	246

• 2015年新任县级领导	254
• 2015年获"全国先进工作者"称号人物	255
• 2015年获"全国优秀工会工作者"称号人物	256
• 2015年获"广东省劳动模范"称号人物	256
• 2015年获"佛冈好人"称号人物	256

名录

• 汤塘镇	246
概况	246
经济发展	246
社会事业发展	247
农村综合改革	248
汤塘镇第十六届人大第五次会议	248
"一、四、七"工程实施	248
人才建设	248
"双到"扶贫工作	248

2015年获得市级以上先进单位与先进个人名单	259
守合同、重信用企业	260

附录

• 龙山镇	248
基本情况	248
经济发展	249
社会事业发展	249
农村综合改革	250
美丽乡村建设	250
龙山镇第十六届人大第五次会议	251
党建工作	251
扶贫开发	251
城镇化水平提升	251

• 关于2015年国民经济和社会发展的统计公报	262
• 佛冈县国民经济和社会发展情况表	265
• 2015佛冈县各镇基本情况统计表	268
• 佛冈县2015年度环境保护状况公报	269
• 文献专载	270
在县委十二届八次全会上的报告	270
在县委十二届九次全会上的报告	274
• 政府工作报告	279
• "2015年影响佛冈的十件大事"出炉	285
• 县委及县委办规范性文件要目	287
• 县政府及县府办规范性文件要目	287
• 办事指南	289
2015年佛冈县主要旅游景区(点)名录	289

自然保护区·林场

• 广东佛冈观音山自然保护区	252
概况	252

2015年佛冈县旅行社名录 289	省级文物保护单位 294
佛冈县主要旅游接待酒店情况表 290	县级文物保护单位 294
佛冈振兴汽车客运站长途客运班线发车时刻表 290	便民电话 294
佛冈永通公共汽车有限公司各线路时间表 292	主题索引 296

特色佛冈

责任编辑:谢春江

美丽乡村建设

2015年佛冈县第三批共15个美丽乡村建设工作启动以来,先后开展宣传发动、编制规划、资金筹措、工程建设、环境整治等方面工作,上下联动,各方配合,在编制村庄规划、完善村规民约以及铺设道路、建设篮球场、文化室、休闲公园等基础设施建设方面取得一定的成效。

参与创建的15个自然村分别为:迳头镇大陂土仓下村、龙岗谢屋村、社坪上文岭村、高岗镇新联茶元坪村、宝山围角村、水头镇西田龟咀村、新坐上周村、王田永兴村、铜溪同兴村、石角镇三莲麦坝村和江坝村、汤塘镇官山隔塘村、四九留四村、龙山镇浮良马兴村、从化围袁宅村。2015年10月底,全县15个创建村已完成施工图编制,并于11月全面进入工程建设阶段。根据建设规划,全县共疏理出建设和整治项目144个,投资匡算937.24万元,以环境整治和文体类的工程项目为主,截至12月底,全县累计投资213.27万元。全县先后拆除泥砖茅草房41间,约1016平方米,进行村庄道路硬底化3000米,安装村内排污水渠2800米,新建文化室10间、篮球场11个、乡村公园和休闲广场10个、停车场6个、公厕5间。全县美丽乡村建设到位资金290.1万元,其中,县直帮扶单位87.5万元,社会捐赠55.6万元,村集体及村民自筹147万元;县财政每年安排不少于160万元作为通过市考核验收的美丽小镇(乡村)建设"以奖代补"专项资金。县美丽乡村建设办公室严格执行跟踪督查工作制度,对各个创建村不定期进行检查,并对工作进度实行县内每月一上报,通过工作跟踪督查,各创建村的各项工作能按照工程建设要求,做到抓质量、抢进度,全力以赴确保所有项目稳步推进。同时,做到落实扶持政策,整合社会资源,多层次、多元化筹措建设资金;积极开展村企共建活动,通过"政企合作、市场运作"模式,引进市场开发主体,引导公司企业、社会团体和个人参与美丽乡村建设。

(郭小燕)

扶贫开发"双到"取得阶段性成效

第二轮扶贫开发工作中,佛冈县有省重点帮扶村共14个,其中佛山市南海区对口帮扶5个,市直单位对口帮扶5个,本县对口帮扶4个。到2015年底,全县14个重点帮扶村共投入帮扶资金11 131万元,其中帮扶到户资金1372.06万元,为重点帮扶村新办集体经济项目361个,户帮扶项目7979个,重点帮扶村经济社会发展取得阶段性重大成果,各级帮扶单位均如期全面完成本轮扶贫开发"双到"工作目标任务。根据资源优势和产业传统,佛冈县在种植粉葛和芦笋的基础上,引进打造出楼下葡萄、莲藕种植,墩下蔬菜种植,桂田、围镇芋头种植,铜溪淮山种植,良塘养殖等一批效益较好的产业,通过产业带动重点帮扶村和贫困户的增收。全县14个重点帮扶村有劳动能力的749户贫困户3113贫困人口,年人均可支配收入达到9540.39元,实现100%脱贫。重点帮扶村内符合低保条件的贫困户,100%纳入当地最低生活保障;五保户100%纳入生活保障;贫困户中60周岁以上老人,按照政策规定100%参加城乡居民社会养老保险;贫困户子女入学率达100%。民生和社会保障政策全部落到实处。各帮扶单位从实际情况出发,采取"一村一策"的办法,帮助村集体建立起脱贫致富的长效机制。通过入股县周转房、入股县德城投资有限公司、入股养牛场、入股水电站、建商铺出租等项目增加村集体收入。村集体纯收入均超5万元,平均值达13.779万元,比帮扶前增长745%。重点帮扶村300人以上村道硬底化率达100%。三年来,建设"三面光"水圳等水利设施14 000多米,文化活动场所45个,饮水安全比例100%,村卫生站等公共设施拥有率100%,村容村貌和生产生活条件明显改善,公共服务设施建设和服务水平明显提高,基本改变落后面貌。

(梁井生)

创建全国文明县城

2015年，佛冈县在获得全国县级文明城市提名资格的基础上，按照"稳中有进"的目标要求和"重基础、破难点、抓长效，在落细落小落实上下功夫"的总体思路，以开展"文明创建"活动和专项整治活动为基本抓手，创建工作切实做到"七个加强"，实现"七大提升"。

加强组织领导，提升工作执行力。 2015年初，县委县政府根据县人事变动和工作需要，及时调整创建工作领导小组，进一步充实和完善组织领导体系。各责任单位也调整充实相应领导机构，做到一级抓一级，层层抓落实。成立创建全国文明县城工作督导组，定期对落实情况进行督导，并把创建工作纳入单位的年终党建工作考核，确保工作的落实，有效推动创建工作的不断深入。

加强基础设施建设，提升城市功能。 启动县体育馆的建设工作，国道106线路面改造工程全面完成，青松东路建设有效推进。推进城乡一体化，乡村公园覆盖率达到83.3%。县内主要河流"一河两岸"治理正加速推进，基层三防能力全面增强。实施净化、绿化、亮化工程，饮用水质符合国家规定标准。垃圾填埋场已建成并投入使用，城乡生活垃圾无害化处理率达100%；县内主干道、城区大街小巷均安装节能路灯；县城建成区绿地率达41.04%，人均公共绿地面积15.39平方米，超过国家测评标准。"数字佛冈，无线城市"建设进度明显，初步完成天然气输送主管道建设，建成了现代化综合气象探测系统，城市功能不断完善。

加强市容市貌专项整治，提升城市综合环境。 成立县城市容市貌综合整治工作组，重点对县城的店外占道经营、流动商贩乱摆乱卖、占路为市等行为进行大规模综合整治。加强对违法车辆、行人违章行为等进行综合整治。深入开展"3+2"专项打击整治行动、"亮剑07"统一清查行动。2015年全年累计开展各类专项整治行动近20次，查缴占道经营、乱摆卖物品一大批，查处交通违法行为6万余起，查扣违法车辆1000多辆，侦破盗抢案件250多宗，挽回直接经济损失近百万元，有效地遏制"城市六乱"现象，城市综合环境得到进一步提升。

加强民生建设，提升市民幸福指数。 提高底线民生保障水平，提高教育经费补助标准，组织职业技能培训和创业培训，为1260名农村已婚贫困妇女免费提供妇检服务，食品安全"两化"建设、保障性住房建设、河道整治、县城公交线路优化、治安视频监控系统建设、县城小学扩建等民生实事基本完成，市民幸福指数大幅提升。

加强道德宣传实践，提升市民文明素质。 道德讲堂建设全面铺开，大力推进文化驿站规范化、特色化建设。评选和表彰2014年佛冈好人，推进"好人之城"建设。全方位开展公益广告宣传，在县城公共场所、主干道、建筑工地围挡设立"社会主义核心价值观"等宣传标语，在电视、报纸等新闻媒体刊播"讲文明 树新风"公益广告。组织理论宣讲员培训，开展"大榕树下小讲堂"宣讲活动。广泛开展"文明交通""文明餐桌"等道德实践活动，引导市民践行文明理念，市民文明素质不断提升。

加强志愿服务建设，提升志愿服务水平。 建立壮大志愿服务队伍，大力开展志愿服务活动。2015年新增志愿者1800人，在册志愿者3万多人，形成强大的文明志愿服务网络。组织志愿者开展"保护母亲河·给力幸福林""爱心压岁钱捐赠"和慰问敬老院等主题行动。开展"益苗计划进社区"等关爱留守儿童活动。组织志愿者开展清理河堤、交通行为劝导和"发挥青春力量·创建文明县城"等志愿服务活动，志愿服务水平稳步提升。

加强未成年人思想道德建设，提升未成年人思想道德素养。 加强乡村少年宫建设，2015年新建成乡村少年宫一间。组织重要时间节点开展"我的中国梦""我们的节日"、清明祭英烈、向国旗敬礼、中华经典诵读、最美少年等道德教育实践活动，开展法律进社区、进家庭、进校园活动。以"小手牵大手，文明跟我走"为主题，组织青少年积极投身文明城市创建活动，提升未成年人思想道德素养。

（林东荣　刘慧萍）

佛冈再获"广东省旅游创新发展十强县"称号

2015年12月26日，在广州大学举行的第五届广东省县（市）域旅游综合竞争力发布会上，佛冈县再一次荣获"广东省旅游创新发展十强县"2014—2015年度称号。

2015年来，佛冈县继续以"创新"引领旅游业稳步发展，稳步提升"休闲佛冈，健康养生"的品牌内涵，打造让旅客"记得住、忘不了、还想来"的特色旅游休闲度假胜地，继2014年后再次获得"广东省旅游创新发展十强县"称号。

央视等著名媒体多次到佛冈拍摄旅游宣传片。在宣传方面，佛冈积极借力。一是持续借力传统电视媒体，多角度传播休闲旅游品牌形象。中央电视台第一频道《乡土》栏目组、《美丽中国乡村行》栏目组、南方电视台《传奇南粤》栏目组等均到佛冈县拍摄专题文化旅游宣传片。二是积极探索互联网+宣传模式，办好佛冈旅游官网、微信，增强佛冈县旅游资源的吸引力。

2015年初，县旅游局联合清远日报开展"微信达人·约泡佛冈"宣传推介活动；国庆前组织佛山、广州、清远等地微信群主开展佛冈文化旅游体验活动。

结合节庆活动强化旅游竞争力。佛冈县重视推广与节庆活动相结合，多重举措强化旅游竞争力。县委宣传部与

特色佛冈　TESE FOGANG

迳头镇楼下村的莲藕基地吸引了众多游人　　　　　　　　　　　　　　　　　　　　　　　　（黄超贤摄）

县旅游局联合开展"佛冈旅游攻略征集活动"，在电视、网络热播造势；举办2015佛冈旅游小姐竞选，更让佛冈旅游声名远扬；全力承办2015年"玩转粤港澳最佳旅游目的地"评选活动暨"2015玩转清远旅游节庆"系列活动启动仪式，提升佛冈旅游在"两岸三地"的知名度。

佛冈主办以粉葛为媒促农旅融通发展的"佛冈县粉葛美食文化节"，吹响"农旅结合、以农兴旅、以旅促农"乡村旅游发展的冲锋号，既宣传乡村旅游，又促进当地特色农产品销售。

佛冈的旅游企业开展各种多姿多彩的旅游文化活动吸引游客。如森波拉度假森林在2月开展的"牛奶也任性——泉王争霸豆腐摔跤大赛"，在3月开展的"奶泉花香节"；田野绿世界的2月樱花节，3月的"醉花节"，五一期间举办的首届槟榔文化节；金龟泉生态温泉度假村的全球华人太太旗袍展示、金龟泉杯全民拍摄大赛等。

全力发展特色乡村旅游。为迎接长隆项目进驻清远对佛冈旅游带来的巨大潜力及机遇，佛冈县致力打造让游客感兴趣的乡村旅游线路。结合佛冈县新农村试验区建设，佛冈乡村风情长廊旅游带逐渐形成，不但旅游驿站、乡村绿道、旅游公交线、旅游指示牌、景区导游牌等旅游基础服务设施一应俱全，而且以台湾风情著称的田野绿世界、以经典古建筑闻名的上岳古村、以油菜花出名的美丽大田等景区点，也越来越受到省内自驾游客的青睐。为促进新农村试验区乡村休闲生态游发展，打造"佛冈福地、骑乐无穷"基地，试验区内播种了2000亩油菜花、紫云英、波斯菊，营造试验区的花海世界。此外，石角镇的快乐无忧生态园、迳头镇楼下村的莲藕葡萄基地等农村旅游点也日益兴旺。佛冈还将大力发展乡村民宿项目，促进全县旅游多元化发展，为农民创造旅游致富的新路子。

（罗思雅）

举办首届台湾（广东佛冈）水果节

首届台湾（广东佛冈）水果节于2015年8月22日在佛冈田野绿世界景区拉开帷幕，现场透着浓郁的台湾农耕风情，加上著名的台湾民俗表演、电音三太子火热助阵，吸引了大批珠三角地区游客参加。

由台商杨文章耗时17年苦心经营的佛冈田野绿世界，是台湾休闲农业、精致农业的大陆版，拥有植物园、水果园、樱花园、枫叶园、兰花园五大园区，其中水果园面积达1300多亩。

首届台湾（广东佛冈）水果节现场派发水果

在水果节开幕式上，台湾电音三太子唱起流行歌曲《小苹果》，农务人员则表演他们自导自编的《挑担水果上北京》水果时装秀，姑娘们更是跳起了台湾民族舞蹈。

最吸引眼球的当属《挑担水果上北京》水果时装秀，农务人员身穿台湾果农服装，他们扛农具、提果篮、背背篓，在舞台上卖力表演，博得观众的阵阵掌声。品尝着五颜六色的台湾水果，感受原汁原味的台湾农耕风情，游客们自然不亦乐乎。

佛冈县旅游局局长谭武刚称，举办此次台湾（广东佛冈）水果节，目的在于促进水果旅游产业的发展，借助推广台湾水果培植技术，推动农业产业转型升级及农业与旅游业的有机融合。

田野绿世界还宣布推出"包养"果树计划。按照每一株台湾水果树的树龄、结果量、果实品质定价，由游客"包养"。平时料理工作由景区负责，水果成熟后，游客可分5次进园采摘。推出"包养"的果树有台湾杨桃500棵、台湾释迦200棵、台湾白柚200棵。

秋天是丰收的季节，田野绿世界除台湾水果外，还有台湾枫叶与樱花。这里是广东种植面积较大、品种较多的樱花公园，樱花品种有近百种，数量有上万株；台湾枫叶5万多株，形成长达5公里的红枫大道等枫叶观赏景点。每年10月下旬，枫树沿着湖畔溪流一路绽放，美不胜收。

田野绿世界景区力争成为中国乡村旅游示范基地，打造具有地域、民族、民俗特色的景观旅游小镇，拟新建"台湾阿里山火车旅馆""乡村农耕体验博物馆""客家文化村""汽车营地""熊出没"主题乐园等旅游配套场所。

（县新闻信息中心）

大 事 记

责任编辑：钟榕斌

1月

4日 元旦假期，佛冈县各主要景区游客接待量大幅增加，接待国内外游客14万人次，旅游总收入0.98亿元。

6日 下午，省交通厅检查组对佛冈县落实科学治理车辆超限超载工作进行督导检查。在县人大常委会副主任朱沛付、副县长范辉煌的陪同下，检查组先后到国道106线龙山段治超检测站、源头治超监控平台进行实地调研。

是日 省安委办副主任、省安监局副局长冯寿宗带领省安全生产督查组对佛冈县安全生产工作部署落实情况进行检查。督查组一行先后到佛冈县同庆陶瓷有限公司、县交警大队和汤塘镇安监站进行视察工作。

8日 上午，2015年度"一村（社区）一法律顾问"工作在佛冈县90个村（社区）启动。通过政府购买服务的方式，聘请律师作为法律顾问，为村（社区）以及群众提供法律服务，开展法制宣传，参与人民调解工作。

是日 吴川市考察团到佛冈县，考察创建文明县城工作情况。在县委常委、统战部部长徐文婉的陪同下，考察团先后来到县社会综合服务中心、北山公园、步行街、石角中心市场等地，实地考察佛冈县创建全国文明县城工作情况。

9日 佛冈县党外知识分子联谊会正式成立，周玉兰当选第一届理事会会长。佛冈县党外知识分子联谊会简称"知联会"，是县委统战部领导，以党外知识分子为主体，具有统战性、联谊性的社会团体。

是日 下午，佛冈县召开会议部署开展平安佛冈"亮剑07"专项行动。行动以维护社会治安、化解劳资纠纷、确保食品卫生及交通安全等为重点，切实化解消除影响佛冈社会和谐稳定的不良因素，着力提升人民群众的安全感。

12日 上午，中共中央总书记、国家主席、中央军委主席习近平在人民大会堂，同中央党校第一期县委书记研修班学员座谈交流。佛冈县委书记华旭初是参加座谈的学员之一。

是日 上午，省考核组对佛冈县森林资源保护和发展目标责任执行情况进行考核。

是日 下午，清远市委宣讲团成员刘庆国到佛冈县作专题宣讲辅导。佛冈县要求各镇、各单位和广大党员干部，要把学习贯彻十八届四中全会精神，作为当前和今后一个时期的重要政治任务。

是日 省村务公开协调小组一行到佛冈县，检查督导村务公开规范化示范创建活动工作。副县长范辉煌参加工作座谈会。

是日 共青团清远市委书记谢莲率领班子成员到佛冈调研，在县委常委、统战部部长徐文婉陪同下，参观龙山镇清水迳村农村电商服务站、佛冈县电商服务中心以及利鑫团队团队室，并与各战线团干代表进行座谈。

13日 《清远日报》讯，佛冈县2015年普通高考报名人数共2522人。其中，文史类考生969人，理工类考生1390人，体育、音乐、美术类的考生分别为63人、23人、77人。2015年佛冈高考人数比2014年减少39人。

15日 《清远日报》讯，2014年佛冈县供电量突破20亿度大关，达到21.9894亿度，同比增长19.39%。供电服务水平显著提高，第三方客户满意度达到80分；供电可靠性水平逐年提升，用户年平均停电时间同比下降76.75%；电网投资按时按期完成，到年底完成电网投资3392万元；安全生产良好势头继续保持，全年没有发生人身、电网、设备事故，连续安全生产达1095天。

是日 上午，佛冈举行农村电子商务项目启动仪式，农村淘宝佛冈服务中心正式开业。清远市商务局局长陈慧、县人大常委会副主任蓝应禄、副县长黄河、县政协副主席范桂宁、县经信局局长黄小云、阿里巴巴ICBU广东大区总经理余涌等参加启动仪式。

16日 上午，清远市考核组在副县长、县公安局局长陆上顶陪同下考核佛冈县2014年度消防工作目标责任落实情况。

是日 上午，省老龄产业协会在佛冈县迳头镇大陂中学开展"助学扶老关爱服务行动"，发放爱心资金10万元。获得助学金的学生有250人，其中中学生130人，小学生120人。副县长王卓越参加活动。

是日 上午，清远市委副书记梁志强到佛冈县汤塘镇菱塘村开展老区春节慰问活动。

19日 佛冈县召开县四套班子

联席会议。县委书记、县人大常委会主任华旭初和与会人员共同学习中共中央总书记、国家主席、中央军委主席习近平在中央党校第一期县委书记研修班学员座谈交流时谈到的"四个有"（即"心中有党、心中有民、心中有责、心中有戒"）讲话内容。

21日 上午，清远市领导干部密切联系群众工作组（佛冈组）到佛冈县汤塘镇开展联系群众工作，以及督查指导县、镇两级开展该项工作。会上，市工作组先后听取县委书记、县人大常委会主任华旭初，县委副书记、县长梁金鉴在开展联系群众工作收集问题的办理情况汇报，并就如何解决汤塘镇提交的热点难点问题展开讨论。随后，清远市人大常委会常务副主任邓光荣，清远市委常委、常务副市长曾贤林分组到脉塘村、汤塘社区、国珠集团有限公司党支部等地，开展慰问困难党员、老党员活动。

22日 上午，国家卫计委卫生发展研究中心到佛冈县，调研县级医院医疗服务能力情况。

26日 上午，清远市委常委、清远军分区司令员王良率检查组到佛冈县检查指导美丽乡村建设工作。在县委副书记、县长梁金鉴的陪同下，市检查组深入到迳头镇下楼村，实地查看美丽乡村建设工作开展情况。

是日 下午，省气象局检查组到佛冈县，在县领导华旭初、梁金鉴、黄永华的陪同下检查县应急指挥中心的建设和设备配备情况。

是日 县委书记、县人大常委会主任华旭初，县委副书记、县长梁金鉴到南玻项目调研，要求各部门全力做好协调服务工作，助南玻项目早日投产。

27日 "佛冈发布"官方微信公众号正式上线。"佛冈发布"微信公众号包含佛冈咨询、政务综合、文明佛冈三大板块内容。佛冈政务网、佛冈手机报、佛冈微信公众号三大新兴媒体，与清远日报佛冈新闻、南方日报佛冈新闻、佛冈电视台、佛冈广播电台四大传统媒体形成优势互补、一体发展的宣传架构。

28日 上午，国家住房城乡建设部会同中央编办、国务院法制办联合组成调研组到佛冈县，开展城市管理执法体制调研，深入了解地方城市管理执法协调情况。佛冈、英德、阳山、清城等县市区的领导参加汇报会并作发言。

是日 上午，省考核组到佛冈县开展2014年度食品安全工作现场考核。在副县长范辉煌的陪同下，省考核组一行先后深入汤塘镇加多宝饮料有限公司和石角镇五丰园进行实地考核，全面了解佛冈县食品安全工作开展情况。

29日 下午，佛冈县召开第三、第四批拔尖人才座谈会，听取各行各业专家人才对本县经济社会发展的意见和建议。佛冈县选拔产生四批共35名拔尖人才。从2014年开始，县拔尖人才专项工作经费由原来每人每年3000元增加至5000元，拔尖人才津贴由原来每人每年2000元增加至15 000元。

是日 下午，国家防办调研组对佛冈县小河流域治理和防汛工作展开调研。在清远市副市长谢杰斌的陪同下，国家防办调研组先后深入到水头镇山洪沟治理工程、汤塘镇三防办，实地查看河道综合整治和基层三防能力建设情况，并听取副县长范辉煌的工作汇报。

2月

3日 上午，省公路管理局党委书记王富民率省"迎国检"督导组，到佛冈县检查国道106线大修工程项目推进情况。省督导组一行实地查看国道106线文明示范路、国道106线佛冈北段路面改造工程以及省道354线和省道252线大修工程施工现场，听取相关工程负责人关于各项工程的进展情况汇报。

是日 上午，国务院发展研究中心调研组到佛冈县，开展村民自治机制的完善和创新研究专题调研。

是日 上午，县委副书记、县长梁金鉴主持召开农村综合改革暨美丽乡村建设工作会议。会议贯彻落实全市农村综合改革现场会精神，总结2014年佛冈县农村综合改革及美丽乡村建设工作，动员部署2015年工作，石角镇、水头镇、高岗镇、新农村实验区分别作创新村建试点工作经验介绍。

是日 下午，省委常委、省军区政委黄善春率省委省政府春节慰问团到佛冈县送温暖。黄善春一行先后走访佛冈县部分困难企业、贫困村和困难劳模、贫困户、困难职工代表，并送上新春祝福和慰问金。清远市委常委、清远军分区司令员王良，清远市人大常委会副主任、清远市总工会主席林文钊，县领导梁金鉴、甘运红、袁卫国陪同慰问活动。

是日 县委十二届八次全会在县人民中心召开。全会听取县委书记华旭初代表县委常委会所作的工作报告，回顾总结2014年工作，研究部署2015年工作。会议提出全县2015年工作设想：一是加快对接融入大广州、大清远；二是调整和优化产业结构；三是加快推进城乡基本公共服务均等化建设；四是全面推进从严治党、形成作风建设新常态。

是日 据佛冈县新闻信息中心报道，全省文明办主任会议在广州召开，佛冈县与珠海市、佛山市、惠州市、广东省交通集团有限公司等五个地区和单位分别进行经验发言。县委常委徐文婉代表佛冈，向与会人员介绍佛冈县龙山镇上岳村、石角镇大田村开展创建省文明示范村试点工作的情况。

4日 清远市公路局、共青团清远市委、清远志愿者联合会在106国道惠爱亭公路养护所（原惠爱亭收费站旁）举行春运暖冬行动志愿服务启动仪式。清远市公路局副局长欧富荣、县委常委徐文婉、团市委学校部部长钟坚强出席活动。

是日 清远市副市长何国森到佛冈县调研旅游资源和旅游招商项目。在清远市政府副秘书长汪耿东、清远市旅游局长林闻、副县长黄丽、县旅游局长谭武刚的陪同下，何国森一行先后考察羊角山生态旅游度假区、观音山王山寺及新农村建设试验区的旅游招商项目，与县有关部门及企业负责人进行深入交流。

5日 下午，公安部直属机关党委常务副书记刘威华率领慰问组，到佛冈县看望慰问部分基层公安干警，送上慰问和新春祝福。清远市副市长、市公安局局长贝冰，县委书记、县人大常委会主任华旭初和省市县公安部门负责同志陪同参加慰问活动。

6日 上午，位于迳头镇的南玻公司高性能超薄电子玻璃生产线正式投产。

是日 上午，中央党校经济学部教授、博士生导师、中央党校三农问题研究中心副主任徐祥临为佛冈县领导干部专题讲授农村综合改革。为进一步推进佛冈县农村综合改革，加快新农村试验区建设，佛冈县特聘徐祥临教授为经济社会发展顾问，县委书记、县人大常委会主任华旭初为其颁发聘书。

11日 团县委联合阿里巴巴农村淘宝佛冈服务中心举行佛冈县青年电商创业培训班开班仪式。

11—12日 清远市考评组对佛冈县创建平安佛冈和社会管理工作进行考评。县领导梁金鉴、黄永华、冯炽兴、周玉兰参加工作汇报会。县委副书记黄永华向市考评组汇报佛冈县2014年创建平安佛冈和社会管理综合治理工作情况。

12日 中共佛冈县纪律检查委员会召开十二届五次全体会议。会议学习贯彻习近平总书记在十八届中央纪委五次全会上的重要讲话和十八届中央纪委五次全会、省纪委十一届四次全会、市纪委六届五次全会精神，总结2014年全县党风廉政建设和反腐败工作，研究部署2015年工作任务。华旭初、梁金鉴等县四套班子领导成员，县纪委委员，法检两长，各镇党委书记、镇长等相关人员参加第二阶段会议。会议开展"三述"活动，听取石角镇党委书记，县人社局、县食药监局、县水务局党组书记述责述德述廉报告。会议审议通过《中共佛冈县第十二届纪律检查委员会第五次全体会议决议》。

是日 晚上，2015年佛冈县第三届"我要上春晚"总决赛在县人民中心广场完美落幕。张思琪、林珊珊、宋梓健三人原创舞蹈《老师的梦》和林珊珊独舞《鱼儿》获得并列第一名。

13日 上午，县委书记、县人大常委会主任华旭初主持召开各界代表迎春座谈会，听取离退休干部、党外人士以及重点企业代表对佛冈县经济发展的意见和建议。

16日 佛冈县接全国残疾人康复工作办公室通知，佛冈县荣获2014年"全国白内障无障碍县"称号。

27日 中央电视台七套《乡土》栏目组一行深入佛冈县高岗镇，全面解读豆腐节特色民俗，拍摄普通农家的日常生活和特色饮食，展现该镇风味独特的民俗风情。活动至3月4日结束。

28日 全国精神文明建设工作表彰暨学雷锋志愿服务大会在人民大会堂召开。佛冈县作为创建全国文明城市新一轮县级提名城市，县委副书记、县长梁金鉴代表佛冈参加会议。

3月

3日 上午，清远市新农村建设考察团到佛冈县进行考察。在县委副书记、县长梁金鉴，县委副书记黄永华的陪同下，市考察团一行先后到龙山镇上岳古村、格林草莓种植基地、田野绿世界、美丽大田、龙塘村经济联合社信用合作部、生水塘新村等地进行实地考察，全面了解佛冈县新农村建设情况。

是日 清远市人大常委会党组书记、常务副主任梁建文率市领导干部密切联系群众工作组（佛冈组），到佛冈县汤塘镇开展联系群众工作。

4日 《清远日报》讯，中央电视台四套中文国际频道《记住乡愁》栏目晚上8时播出佛冈县围镇村专题节目《围镇村——家和万事兴》。本片从兄弟、婆媳、邻里等方面介绍围镇村人和睦传统的传承。其中有为解决婆媳矛盾而发起的"舞被狮"民俗活动，更有增进邻里关系的特殊美食——臭屁醋，还有为处理村民之间矛盾而创建的三级调解体系。

6—8日 县旅游局组织金龟泉生态度假村、森波拉度假山庄、田野绿世界等旅游景区参加"2015广州国际旅游展览会"。

8日 晚上，清远市2015"春牛"争霸赛在演艺广场开赛。来自连山、连南、连州、英德、阳山、佛冈等6个县（市）的春牛表演队参与角逐，佛冈代表队勇夺金奖。

9日 上午，江门市委常委、宣传部部长柯文仲率考察团到佛冈县龙山镇上岳村考察古村落保护和开发工作。在市委常委、宣传部部长崔建军，县委书记、县人大常委会主任华旭初的陪同下，江门市考察团实地参观上岳村古民居，了解佛冈县古村落的现状和对古民居的开发保护等情况。

10日 上午，佛冈县举行农村金融服务站建设合作协议签约仪式。依托全县90个农村金融服务站，构建起城乡一体的金融服务网络，使农民足不出村享受基础金融服务。县委常委、副县长杨铁明参加签约仪式并作讲话。

11日 下午，云浮市考察团到佛冈县参观考察中小河流治理建设情况。在清远市副市长谢杰斌，县委副书记、县长梁金鉴的陪同下，考察团先后深入到龙山镇、水头镇，参观考察佛冈县潖江、潖二水整治工程，河道"三清"工程和山洪沟治理工程。

是日 英德市委常委、宣传部部长罗振宇带领相关领导，到佛冈县参观龙山镇上岳古民居和石角镇龙南片区大田村两个省级生态文明示范村试点，并召开座谈会。县委常委、统战部部长徐文婉参加此次活动。

12日 上午，国家防办工作组到佛冈县，督导检查山洪灾害防治项目建设工作。在清远市副市长谢杰斌、副县长范辉煌的陪同下，国家防办工作组先后来到县应急指挥中心、水头镇和汤塘镇三防办视频会商室，详细了解佛冈县的山洪沟治理情况和基层三防会商系统建设情况。

是日 中国第37个植树节。县委书记华旭初、县长梁金鉴等县四套班子领导带头参加义务植树活动。

13日 为感谢造血干细胞捐献者奉献博爱的精神，清远市红十字会常务副会长林翰声、秘书长胡志年以及佛冈县红十字会相关负责人等前往佛冈县约克广州空调冷冻设备有限公司，慰问造血干细胞捐赠者——杨慧忠，并送上慰问金及颁发荣誉证书。

16—17日 湛江市徐闻县考察团到佛冈县考察县、镇、村三级防办能力建设情况。在副县长范辉煌的陪同下，考察团先后到县三防指挥中心、汤塘镇三防办、水头山洪沟治理工程现场、水头王田村实地参观考察，详细了解佛冈县基层三防能力建设情况。

17日 国家教育督导组到佛冈县部分中小学校、幼儿园，开展2015年春季开学工作专项督导。

是日 清远市检查组到佛冈县，对农村金融改革推进落实情况和首季度经济运行情况进行调研。市检查组先后来到新农村试验区农村产权交易中心和小梅党政公共服务站进行实地调研。

19日 上午，县委副书记、县长梁金鉴主持召开政法信访维稳保密社会工作会议，总结部署相关工作。华旭初、梁金鉴、袁镜焕、蓝山鹰、黄永华等县四套班子领导参加会议。

21日 上午，佛冈县召开会议，部署在全县组织人事系统开展"落实总书记要求，建设模范部门"教育实践活动。

是日 下午，省政府地方志办到佛冈县调研自然村落人文历史情况。

是日 清远市委副书记、代市长郭锋带领市发改局、财政、国土、旅游等部门负责人到佛冈县调研。郭锋一行先后对清远加多宝草本植物科技有限公司（佛冈）、汤塘镇勤天城、汤塘温泉小镇、老虎高性能涂料（佛冈）有限公司、省社会主义新农村试验区（佛冈）、佛冈县综合服务中心进行实地考察。县委书记、县人大常委会主任华旭初，县长梁金鉴等领导参与此次调研活动。

23日 上午，佛冈县召开县委常委（扩大）会议，学习省委副书记马兴瑞在全省农村改革试验试点工作座谈会上的讲话和清远市关于农村综合改革的相关文件精神，进一步完善和推进佛冈县农村综合改革工作。

24—25日 政协第九届佛冈县委员会第五次会议在县人民中心主楼大礼堂举行，300多名参会人员齐聚一堂，听取和审议政协第九届佛冈县委员会常务委员会工作报告。会议期间，来自各党派团体和各界各行业的政协委员，围绕关系佛冈经济社会发展的重大问题，履行政治协商、民主监督、参政议政的职能，为建设幸福佛冈积极建言献策。

25—26日 佛冈县第十四届人民代表大会第五次会议在县人民中心礼堂开幕。县长梁金鉴代表县人民政府向大会做政府工作报告，提出2015年政府工作的总体思路是：紧紧围绕市委对佛冈的"清远融入大广州的重要对接点、全市新的重要增长极和城乡一体化发展的先行区"三个定位，坚持稳中求进的总基调，积极抓住广州对口帮扶清远的机遇，主动适应经济新常态，全面振兴发展、全面深化改革、全面依法治县，努力提升"三区一城"建设水平。大会以票决方式选举，黄小云当选为佛冈县第十四届人民代表大会常务委员会副主任。

26日 上午，清远市委副书记、市政协主席梁志强到佛冈县调研涉农资金整合工作。

26—28日 为配合"广州市百万人游清远活动"，广州市旅行社协会组织近200名代表对清远进行旅游考察活动。26日下午，清远市旅游局在清新花园酒店与广州市旅游局举行"广州市百万人游清远合作签约仪式暨清远旅游推介会"。佛冈县组织聚龙湾天然温泉度假村、森波拉度假森林两个4A级景区，以及金龟泉生态旅游度假区、观音山王山寺、田野绿世界等精品景区参加活动，向广州市旅行社代表派发宣传资料1200份。佛冈县旅游局在推介会上重点介绍本县各类休闲度假及健康养生旅游资源、精品旅游线路。

30日 下午，县委书记、县人大常委会主任华旭初召集全县各镇党委书记、镇长，共同商讨佛冈农村综合改革实施细则，制定框架、明确分工、不等不靠，全力推进佛冈农村综合改革工作。

31日 下午，由清远市文明办、清远市教育局、清远市财政局相关人员组成的调研组，到佛冈县调研乡村学校少年宫建设情况。

4月

1日 上午，清远市委常委、宣传部部长崔建军在县委常委、宣传部部长黄河的陪同下，到佛冈县开展调研活动。崔建军先后来到老虎高性能涂料（佛冈）有限公司、石角镇中心小学、城南社区振兴党政公共服务站，对佛冈县企业、学校和社区践行社会主义核心价值观、德育工作开展等情况进行实地调研。

3日 《南方日报》讯，省老龄产业协会会长高党生、副会长兼秘书长陆志勇到佛冈县龙山镇，检查留守老人关爱服务试点情况。

7日 上午，由县委书记、县人大常委会主任华旭初主持召开三防和中小河流治理工作会议，研究推进佛冈县三防和中小河流治理工作。县委副书记、县长梁金鉴传达全市三防和中小河流治理工作现场会议精神。副县长范辉煌在会上通报佛冈县三防和中小河流治理工作情况。水头镇、龙山镇负责人作表态发言。县政府与高岗镇、迳头镇等6个乡镇签订防洪安全责任书。

是日 上午，县委副书记、县长梁金鉴在县人民中心礼堂主持召开佛冈县计生工作会议。县委书记、县人大常委会主任华旭初在会上强调，各级各部门要坚定信心，攻坚克难，全力确保圆满完成2015年人口计生工作各项目标任务，力争达到广东省计划生育工作先进水平。县委副书记黄永华通报2014年全县计生工作情况，部署2015年的计生工作。

15日 上午，清远市委常委、常务副市长曾贤林到佛冈县督查全面深化改革工作，要求佛冈县发挥全面深化改革主人翁精神，争当清远市深化改革的排头兵。

是日 佛冈县举行山洪灾害防御演习。县委书记、县人大常委会主任华旭初，县委副书记、县三防总指挥部常务副总指挥黄永华，县委常委、县三防总指挥部副指挥甘运红，县三防总指挥部、各镇三防指挥部、村级三防指挥所全体成员及群众共1500多人参加演习。

16日 下午，省军区检查组到佛冈县检查2015年武装工作开局情况。

17日 广东省疾控中心发布2015年第一期登革热风险提示，全省共有14个区域被提示为高传播风险区，佛冈县汤塘居民区列于名单之中。

18日 公益电影《师心如山》新闻发布会在佛冈县碧桂园举行，县人大常委会副主任郑中化参加开机仪式。公益电影《师心如山》由广东省关工委指导，广东省人大《人民之声》杂志社和清远市委宣传部等联合出品。

20日 下午，佛冈县召开史志工作会议，举行《中国共产党佛冈县历史》第三卷首发仪式，并部署2015年及今后一段时期的县志编修工作任务。《中国共产党佛冈县历史》第三卷由中共党史出版社正式出版，是全省第一部县级党史三卷。

22—23日 省农业厅调研组到佛冈县开展农业农村经济发展督导调研工作。在副县长范辉煌的陪同下，省农业厅调研组先后来到水头镇芋头种植基地、大棚芦笋种植基地，石角镇锋润黑山羊养殖基地，县中心屠宰场，石角镇里水村等地实地调研，全面了解佛冈县生猪屠宰监管、现代农业项目、草食动物养殖发展、休闲农业、高标准基本农田建设等农业农村经济发展情况。

22日 第46个"世界地球日"。县政府联合清远市国土资源局，开展地质灾害演练、知识讲座等系列宣传活动，邀请省有色金属地质局专家到学校为师生开设地质灾害防治知识讲座。

27—28日 受清远市旅游局邀请，澳门旅游局局长文绮华率澳门旅游议会、澳门旅游商会及13家旅行社代表组成的考察团一行20多人到佛冈县进行旅游考察交流活动。

28日 上午，2015年庆祝五一国际劳动节暨表彰全国劳动模范和先进工作者大会在北京隆重召开。佛冈县人民法院汤塘人民法庭法官蓝榕概被中共中央、国务院授予先进工作者荣誉称号。与此同时，中共广东省委、广东省人民政府授予佛冈县佛冈中学教师周长春"广东省劳动模范"荣誉称号，授予佛冈县公安局交警大队烟岭中队指导员刘治刚"广东省先进工作者"荣誉称号。

29日 上午，县人大常委会组织部分县十四届人大代表，对佛冈县贯彻实施《中华人民共和国安全生产法》和《广东省安全生产条例》的情况进行执法检查。

5月

4日 下午，团县委召开纪念五四运动96周年大会。来自佛冈县各基层团组织的团干部、团员以及农村青年代表共90人参加大会。县委常委、统战部部长徐文婉出席大会并做讲话。

6日 佛冈县发布《2014年度全县中心工作落实情况奖惩通报》，对2014年推进落实县中心工作较好的"加强弱势困难群体住房保障工作"等13个项目的牵头单位和协办单位给予通报表扬，对推进落实县中心工作较差的"高岗新集镇"等4个项目的牵头单位和协办单位给予通报批评。

是日 受强降雨云团影响，佛冈县各地出现大暴雨到特大暴雨的降水过程。当天8时至18时，全县平均降雨量157毫米，其中龙山镇清水迳降雨202毫米，上小洞174毫米，象龙164毫米，止贝㘵185毫米，路下158.5毫米，县城183.7毫米。据省水文部门预测，大庙峡水文站最大流量达45.5米/秒，洪峰频率达20年一遇。全县6个镇共32个村相继出现山洪灾害，受浸村庄18个，受灾人口7200人，安全转移人口1450人，受浸农田7850亩，受浸猪场1个（1000平方米，养有600头猪），道路塌方50处，部分供电、水利工程设施受损。此次洪灾未造成人员伤亡。

是日 下午，佛冈县召开会议研究部署加快推进潖江河上游综合整治工作。潖江上游综合整治工程是省的中小河流整治试点项目，也是佛冈县2015年的十件民生实事之一。工程治理河段全长29.179千米，包括新建、加固护岸15.638千米，改建、扩建、新建涵闸63座，清淤河段长度17.979千米，工程概算总投资5800多万元，要求在2015年10月底前全面完成。

是日 佛冈召开直接联系群众第二次联席会议。会上，各镇各小组汇报工作进展情况，并针对党员干部驻点普遍直接联系群众、跨层级、跨领域等35项问题进行专题讨论。县委书记、县人大常委会主任华旭初，县委副书记黄永华，县委常委、组织部部长石尚明等参加会议。

7日 下午，佛冈县在县城范围内开展第二次集中整治非法营运三轮摩托车专项行动。

8日 上午，清远市委常委、常务副市长曾贤林率市工作组到佛冈县开展联系群众工作，并对佛冈县农村金融改革工作进行调研。

是日 下午，清远市委副书记、代市长郭锋到佛冈县察看受灾情况，指导救灾工作。在县委书记、县人大常委会主任华旭初的陪同下，郭锋先后深入到四九卫生院、石角镇杨梅坑、水头中学和县应急指挥中心，实地察看佛冈县受灾情况，指导防汛救灾工作。

13日 清远市人大常委会党组书记、常务副主任梁建文率调研组到佛冈县，调研县、镇人大工作情况。

是日 来自国内、省内及市内各大媒体、大V、专家组成的"V观清远智造"采访团来到佛冈，深入广州约克空调、清远加多宝饮料和国珠集团等企业进行探访，全面了解佛冈制造企业的创新与活力，与县委书记华旭初、县长梁金鉴进行座谈交流。

15日 下午，由团省委组织的广东省第一期乡镇团委书记培训班共80人到佛冈县开展基层团组织团建调研活动。

是日 下午，省军区副参谋长李晓南到佛冈县人武部检查指导兵役登记试点工作。

18日 下午，清远市人大常委会副主任温镜潮带领市人大调研组到佛冈县调研气象现代化建设情况。

18日 在"广清"对口帮扶办文化旅游专责组组长王永强的带领下，南方卫视TVS4《传奇南粤》栏目摄制组先后深入佛冈县金龟泉、聚龙湾、田野绿世界、森波拉等重要景区进行多角度、全方位拍摄，到22日结束。

19日 下午，省教育厅和市、县教育局联合在佛冈县机关幼儿园举办2015年广东省学前教育宣传月启动仪式，正式启动学前教育宣传活动。

是日 佛冈县旅游局与广州市白云区旅游局联合开展2015年中国旅游日宣传推介活动，主题为"缤纷假期，快乐出行"。两地旅游局通过图片展示、策划互动游戏等方式，介绍旅游资源和优质旅游景区特色，宣传文明旅游知识等有关内容。

23日 下午，东莞市清远商会企业家考察团到佛冈县进行投资考察。

25日 上午，佛冈县人武部组织民兵应急连队开展集中综合训练。

26日 上午，肇庆市公路局考察团到佛冈县参观学习，对国道106线佛冈南段文明示范路建设给予高度评价。

是日 上午，县委召开"三严三实"专题教育工作会议，学习贯彻中央和省委、市委"三严三实"专题教育会议精神，对佛冈县开展"三严三实"专题教育进行部署。

27日 上午，省水利厅副厅长张黎明率督导组到佛冈县调研中小河流治理情况。督导组先后来到水头镇水头中学、新坐村、石潭村实地调研，详细了解佛冈县重灾易灾河段的"三清"工作进展情况，并听取佛冈县中小河流治理的工作汇报。

是日 上午，清远市召开食品安全工作电视电话会议，部署下一阶段食品安全工作。会议通报2014年度清远市食品安全工作考核情况，佛冈县获"优秀"成绩。

28—29日 县委举办佛冈县2015年村（社区）党组织书记、主任及后备干部培训班。同时，由清远市国土资源局、农业局、财政局等部门及相关行业专家组成的验收组，到佛冈县开展2013年度高标准基本农田建设高岗项目、迳头项目、水头项目和石角项目市级验收工作。

29日 佛冈县召开法学会成立会议。经县法学会第一次会员代表大会选举，县委常委、政法委书记袁卫国当选第一届理事会会长。

6月

1日 上午，省委第十巡视组巡视佛冈县工作动员会召开。省委第十巡视组组长陈文生作动员讲话，清远市委常委、组织部部长黄兆芬代表市委作讲话提要求，县委书记、县人大常委会主任华旭初代表县委班子作表态发言。县委副书记、县长梁金鉴主持会议。根据省委安排，省委第十巡视组于5月中旬至8月上旬代表省委对佛冈县领导班子及其成员进行巡视监督。本次巡视工作的重点是着力发现领导干部是否存在权钱交易、以权谋私、贪污贿赂、腐化堕落等违纪违法问题；着力发现是否存在形式主义、官僚主义、享乐主义和奢靡之风等问题；着力发现是否存在违反党的政治纪律问题；着力发现执行民主集中制和干部选拔任用等方面的问题。

是日 5月以来佛冈县降雨频繁，县观测站录得月降雨量1164.3毫米，创下佛冈县有气象记录以来最大月降雨量值（原极值1039毫米，1968年6月）。

3日 上午，省政协主席王荣在清远市委书记葛长伟、清远市政协主席梁志强、县委书记华旭初等市、县领导的陪同下，深入到龙山镇上岳古村，通过实地考察、听讲解等方式，详细了解佛冈县历史文化资源的保护和利用情况。

10日 上午，佛冈县农村综合改革工作现场会在石角镇龙塘村召开，清远市委副秘书长、市委农办主任鲁小鹏在佛冈县委书记华旭初、县长梁金鉴的陪同下，与市纪委、市农业局、市供销社等工作人员一起参观龙塘便民服务中心，详细了解佛冈农村综合改革取得的新亮点、新成就。

11日 下午，佛冈县召开2015年就业创业工作会议，分析新形势，部署就业创业工作。

12日 上午，佛冈县档案学会

正式成立。学会是具有独立法人资格的佛冈县档案工作者自愿组成的学术性非营利性社会团体。经选举，朱海燕当选县档案学会理事长。县委常委、常务副县长冯炽兴在成立大会上作讲话。

是日 上午，佛冈县召开食品安全监管暨培训工作会议。县食安办全体人员，相关生产加工单位、餐饮行业、学校和企业集体食堂负责人等共400多人参加会议。会议表彰2014年度食品安全示范学校食堂和餐饮服务量化分级A级单位，并部署在佛冈县4个农贸市场和1个较大型超市开展食品安全规范化、标准化建设工作。副县长范辉煌出席会议并作讲话。会议还邀请广东食品药品职业技术学院的专家，对佛冈县食品生产经营单位相关人员进行培训。

是日 下午，县教育局在文化馆举办以"阳光下成长"为主题的"2015年佛冈县中小学生艺术展演"活动，全县各中小学共21支队伍参赛。

16日 上午，清远市政协主席梁志强到佛冈县调研政协工作。

16—17日 国家旅游局安全检查组到佛冈县开展安全生产检查工作。检查组分别对佛冈县田野绿世界、聚龙湾天然温泉度假村两个景区的基础设施建设、游乐项目、餐饮卫生设施等进行深入检查，并提出相关整改要求。

17日 市督查组到佛冈县督查市重点建设项目推进情况。清远市人大常委会常务副主任梁建文、清远市政协副主席黄卫星分别率督查组，到县青松路建设工程、顺意佳纺织服装有限公司、勤天国际温泉大酒店等市重点项目现场进行实地调研。

23—24日 清远市共青团2015年上半年工作现场会在佛冈召开。

24日 上午，县政协组织召开民主党派、工商联及人民团体负责人联席会议。

25日 上午，清远市妇儿工委督导组到佛冈县，对婚前医学检查、新生儿听力筛查、地贫防控等妇幼发展规划工作进行专项督查。

是日 上午，县委中心理论学习组开展"三严三实"专题学习研讨，县委书记、县人大常委会主任华旭初在研讨会上作中心发言。

25—26日 广东省"名医进基层·健康南粤行"系列活动走进佛冈，首日举办健康大讲堂活动。

26日 广东省教育考试院公布2015年广东高考各批次录取分数线，佛冈县2015年有2525人报名参加高考，全县上重点本科线有90人（其中社会青年24人），上本科线以上有676人（其中社会青年127人），第三批A线以上有1342人（其中社会青年165人）。佛冈共有3名文理科状元，均出自佛冈中学：罗丹655分，周希595分，易碧莹595分。

29日 上午，佛冈县召开创文创卫工作会议。县委书记、县人大常委会主任华旭初强调，要乘势而上，全力提升全国文明县城创建水平；要夯实基础，全力加快国家卫生县城创建步伐。

29日 下午，清远市专项督查组到佛冈县，对佛冈县推进农村综合改革工作情况进行督查。

是日 佛冈县以"守纪律、讲规矩、作表率"为主题，结合"三严三实"专题教育活动，召开全县纪律教育学习月活动动员大会。县四套班子领导成员、县人武部部长、县法检两长、县纪委委员、各镇党政主要负责人及分管纪检、组织、宣传工作负责人等参加会议。

30日 下午，潮州市公路局考察团到佛冈县，就推进普通干线公路路域环境综合整治工作进行学习交流。

是日 晚上，2015佛冈县机关单位全民健身篮球赛在县人民中心篮球场正式开幕，共有37支球队参赛。

是日 徐金龙等10人被佛冈县委、县政府评为第二届"佛冈好人"，成为佛冈县大力开展社会主义核心价值观教育学习的榜样。

7月

1日 清远市委书记、市人大常委会主任葛长伟率领市直有关部门负责人到佛冈调研。调研组一行先后深入龙山、汤塘、迳头镇内的多家重点企业，了解佛冈县2015年上半年经济运行情况，研究加快推进广清一体化、南部地区率先融入珠三角等工作情况。

是日 下午，清远市副市长徐建文率市督导组对佛冈县中小河流治理工程建设情况进行督导检查。

是日 下午，国家林业局森林认证研究中心调研组到佛冈县开展森林消防队伍认证标准试用性调研。

5日 上午，清远市政协副主席唐远强率视察团到佛冈县视察乡镇公共文化建设情况。

6日 上午，省老促会调研组到佛冈县调研革命史迹保护、开发与利用情况。

8日 下午，清远加多宝草本植物科技有限公司举行加多宝人民调解委员会揭牌仪式。县人大常委会副主任黄小云为调委会揭牌。

是日 《南方日报·佛冈视窗》创刊号正式出版，以"改革发展看佛冈"为主题，用20个版面从"高端访谈""希望之城""改革样本""镇域雄风"四个板块，全面展示近年来佛冈经济社会发展的新思路、新亮点、新成效。

11日 清远市社会工作委员会华中师大专家组一行来到佛冈开展新农村建设专题调研。

13日 佛冈县通报35个重点建设项目6月份督查情况。对推进比较理想的碧桂园项目、吉多宝制罐有限公司项目、恒益（恒业）包装制品公司项目及雅迪电动车等4个项目给予插"红旗"表扬，对推进不理想的原羊城饼干厂拆建项目给予亮"黄牌"警告。

14日 《清远日报》讯，从最

高人民法院《关于对全国法院司法警察先进集体和先进个人予以表扬的通报》上获悉，佛冈法院司法警察苏运机获"全国法院司法警察先进个人"荣誉称号。这是该院司法警察大队自组建以来，法警个人获得的最高荣誉。

是日 振兴汽车站开通微信售票功能，可以通过手机微信购买汽车票。

是日 县委副书记、县长梁金鉴率队前往清新区参观学习，县领导袁镜焕、蓝山鹰、黄永华以及各镇、各相关职能部门负责人参加活动。

16日 下午，清远市委常委、组织部部长张广宁到佛冈县调研基层党建工作。

是日 晚上，"锦尚名都花园"2015佛冈旅游小姐竞选慈善晚会在篁胜酒店国际会议厅隆重举行。

20日 省政协副主席梁伟发率视察组到佛冈县调研基层食品安全监管工作。在清远市政协主席梁志强，清远市委常委、常务副市长曾贤林，县委书记、县人大常委会主任华旭初，县政协主席袁镜焕等领导的陪同下，省政协视察组先后来到汤塘镇食药监管所、金鲜美粮油食品公司、加多宝草本植物科技有限公司和县市场服务中心进行实地调研。

21日 上午，县法制局在县委党校举办行政执法人员综合法律知识培训班。培训班共15天分3期进行，有375名学员参加培训。

是日 清远军分区参谋长许向阳大校到佛冈县调研征兵工作。在县委常委、县人武部政委甘运红的陪同下，许向阳大校先后来到县人武部、汤塘镇武装部、石角镇冈田村征兵点实地调研，并召开座谈会，了解佛冈县征兵工作开展情况。

22日 上午，清远市谷物烘干机械化技术培训班暨现场观摩会在佛冈县举行，各县（市）区农业局和专业合作社负责人参加培训。

23日 上午，县委宣传部举办"大榕树下的小讲堂"理论宣讲员培训班，集中培训全县基层理论宣讲员，推动基层宣传阵地标准化建设。

24日 经清远市人民政府审批，佛冈县成功申报为"2015年无传销县"。

28日 上午，为迎接中国人民解放军建军88周年，县委书记、县人大常委会主任华旭初主持召开军事日国防教育大会。会议邀请解放军国际关系学院的王乔保教授就国防教育知识进行授课讲解。

30日 上午，县人大常委会常务副主任蓝山鹰主持召开县十四届人大常委会第46次会议。会议的主要议程是：表决通过有关人事任免事项，以票决的方式通过任命韦学民为佛冈县人民政府副县长；听取和审议县政府关于2015年上半年国民经济和社会发展计划、预算执行情况的报告；听取和审议县政府关于推进教育资源整合解决学位不足的工作情况报告；听取和审议县人民检察院诉讼监督工作情况报告；审议通过《佛冈县人大常委会讨论决定重大事项办法》《佛冈县人大常委会专题询问暂行办法》；审议通过佛冈县十四届人大常委会代表资格审查委员会关于代表资格审查及代表变动的情况报告。

是日 下午，佛冈县召开农村综合改革工作会议，部署农村综合改革工作。

是日 清远市委常委、宣传部部长崔建军到佛冈县调研农村综合改革推进情况。在县委常委、宣传部部长黄河的陪同下，崔建军先后来到石角镇田野休闲农牧有限公司、龙塘便民服务中心和迳头镇丰业葡萄庄园实地调研，详细了解佛冈县农村综合改革推进情况。

31日 上午，县政府召开第二次全国地名普查工作动员会，全面动员部署佛冈县第二次全国地名普查工作。

8月

3日 下午，省军区检查组到佛冈县人武部，检查指导佛冈县2015年年度征兵工作。

4日 上午，佛冈县举办新型农村合作金融讲座，邀请新农村合作社研究专家姜柏林主讲。讲座开始前，县委副书记、县长梁金鉴为姜柏林颁发证书，聘请其为广东省社会主义新农村建设试验区（佛冈）经济社会发展工作顾问。县委书记、县人大常委会主任华旭初，县领导和各镇各相关部门负责同志参加讲座。

6日 上午，县政府有关部门接到群众报告，位于石角镇莲溪村簕竹坝碧泉山庄的罗某鸡场有鸡只非正常死亡。下午，县动物卫生监督所派人进行采样，并送往省动物疫病预防控制中心检测，次日检测结果为疑似H5亚型禽流感，省动物疫病预防控制中心将样品送往国家禽流感参考实验室进行确诊。8月12日检测结果为H5N6亚型高致病性禽流感。县政府马上发出高致病性禽流感疫区封锁令，划定疫区，疫区内禽类全部扑杀并进行无害化处理和彻底消毒，疫区内禽类及其产品禁止移动，对进出疫区的人员、车辆进行严格消毒。

6日 下午，县委宣传部在县人民中心召开佛冈县宣传工作及培训会议。

7日 清远市工作组到佛冈县开展"六五"普法规划总结验收工作。

8日 全国第七个"全民健身日"。晚上，2015"舞动飞扬·农信杯"广场舞大赛决赛在县人民中心广场举行，有12支队伍参加角逐。

10日 下午，由中央党校副校长、教授黄浩涛带领的中央党校调研组到佛冈县开展"坚持和完善农村基本经营制度"重大课题调研。

11日 上午，广东省红十字会在佛冈县举行赈济救援队成立授旗仪式，并对救援队员进行培训。

是日 县政府与太平洋建设集团有限公司就佛冈县重大基础设施项目签署合作框架协议。县委书记、县人大常委会主任华旭初，县委副书记、县长梁金鉴，太平洋建设集团创始人严介和双方有关领导出席签约仪式。

梁金鉴与太平洋粤商集团董事局主席邓曙光分别代表双方就佛冈县重大基础设施项目按照PPP模式签署合作框架协议。

12日 石角镇龙塘党总支书记林荣锡荣获"广东省农村优秀党组织书记"称号，由县委常委、组织部部长石尚明颁发证书。

13日 下午，县领导黄永华、袁卫国、陆上顶先后到汤塘、石角、迳头等地，了解"3+2"专项打击整治情况，并分别召开督导会议。"3+2"专项打击整治行动是2015年广东省公安机关的一项专项打击整治行动，其中"3"是指省公安厅统一部署的涉毒、涉黑恶和涉"两抢一盗"类刑事案件，"2"是指清远市结合本地实际，因地制宜选取的涉诈骗、涉赌博类刑事案件。

14日 上午，广东省红十字会赈济救援队在佛冈县石角镇诚迳石龙村、水口村、更古村进行首次实战演练。

18日 晚上，2015年佛冈县机关单位全民健身"体育彩票杯"篮球赛在县人民中心篮球场落下帷幕，县公安局代表队夺得男子组冠军。在闭幕式上，县委书记、县人大常委会主任华旭初，县委副书记黄永华等县领导分别为获奖队伍颁奖。

19日 上午，中共佛冈县委十二届九次全会召开。会议的主要任务是深入贯彻省委胡春华书记到清远调研、市委葛长伟书记到佛冈调研时的重要讲话精神，全面贯彻市委六届九次全会精神，立足"三个定位"，积极落实广清一体化，加快对接融入珠三角，推动佛冈全面振兴发展。全会听取县委书记华旭初同志代表县委常委会所作的工作报告。

是日 上午，清远市"农村金融改革"信用合作组织试点工作培训会在佛冈县召开，各县（市）区农村金融改革信用合作组织的负责人和工作人员参加培训。

20日 上午，清远市经信局无线电管理办公室会同佛冈县公安局、佛冈县文广新局等部门联合执法，在佛冈县城青松东路捣毁一家非法电台窝点。

是日 上午，县纪委召开2015年上半年佛冈县纪检监察工作总结大会。会议传达贯彻上半年省市纪检工作会议精神，并总结分析佛冈县上半年纪检监察工作，提出下半年工作任务。

是日 下午，县人大常委会召开代表建议督办会，对在县十四届人大五次会议期间提出的农林水类、城建类建议进行督办。

21日 上午，佛冈县环境保护委员会正式成立，并召开第一次会议。县环委会的成立，标志着佛冈县环境保护工作将进入新的阶段。

22日 首届台湾（佛冈）水果节在佛冈田野绿世界举办，推动台湾与佛冈两地的水果品牌宣传，开启"水果＋旅游＋民俗风情＋特色美食"的新模式。

23日 由县委宣传部、县旅游局主办，清远雅博文化传播有限公司承办的2015佛冈旅游攻略新闻发布会，在聚龙湾天然温泉度假村隆重举行。县委宣传部、县旅游局领导，各景区代表以及来自广州、清远等省市级媒体出席活动。

25日 上午，省卫计局、省人口文化促进会在佛冈县举行"新家庭人口文化示范基地"创建工作启动仪式，并对新家庭人口文化辅导员进行培训。

是日 上午，县依法行政考评组分赴全县27个单位，开展为期4天的实地考评工作。

是日 县食药监局联合县教育局，举行学校食堂食品从业人员安全知识培训班，佛冈县学校集体饭堂管理员和食品从业人员共400余人参加培训。培训班上，省食品药品监督管理局专家讲解如何共筑学校食堂食品安全防线，以及学校食堂食品安全管理及操作规范等内容，全面丰富佛冈县学校食堂食品从业人员的安全知识。

是日 佛冈县外商投资企业协会第四届会员代表大会召开。经会议选举，新力（佛冈）化机有限公司董事长余维建连任新一届外商投资企业协会理事会会长。会上，佛冈县委副书记、县长梁金鉴为余维建颁发当选证书。

26日 上午，龙山社区科普大学分教点正式揭牌成立，并举行开学典礼，这是佛冈县首家社区科普大学分教点。龙山社区科普大学分教点是由龙山镇社区和市科协联合创办的，它是佛冈县首家社区科普大学，是为龙山社区居民和龙山人民继续学习提供服务的公益性、非学历的学习组织，隶属于清远市科普大学。

是日 下午，珠海市考察团到佛冈县，就应急指挥平台建设和乡镇应急管理综合服务站经验进行参观交流。

是日 石角镇碧桂园阻断贫困代际传递专项活动贫困学生签约仪式在石角镇政府举行。28名贫困学生接受帮扶爱心款共10.2万元。

27日 上午，县人大常委会组织部分县人大代表，对佛冈县贯彻实施新修订的《中华人民共和国环境保护法》情况进行执法检查。

28日 晚上，广东省第二届万村（居）篮球赛（佛冈赛区）在县人民中心篮球场落下帷幕，石角城南居委队夺得冠军。冠军队代表佛冈县参加省第二届万村（居）篮球赛清远分区总决赛。

29日 下午，第五届中国少儿小金钟音乐大赛（佛冈赛区）第一场海选在篁胜新城拉开帷幕。

9月

1日 为纪念中国人民抗日战争暨世界反法西斯战争胜利70周年，县史志办以"铭记历史，开创未来"为主题开展一系列纪念活动。由县史志办编辑出版的《佛冈革命故事》于9月1日由华南理工大学出版社正式出版。该书分为革命战斗故事、革命人物故事、革命老区故事三个部分，收录革命战斗故事 35 篇、革命人物故事 16 篇、革命老区故事 14 篇，是佛冈革命传统教育和爱国主义教育的生动教材，也是佛冈红色旅游的珍贵史料。

是日 为纪念中国人民抗日战争胜利暨世界反法西斯战争胜利 70 周年，县政府与东莞市东江纵队纪念馆联合在县图书馆三楼博物馆展览厅举行题为"走进东纵——东江纵队史实图片流动展"的展览活动。展览活动至 12 月 31 日结束。

是日 县科协在田野绿世界园区举行"佛冈县科普基地"揭牌仪式，这是佛冈县首个科普教育基地。县委常委、统战部部长徐文婉，副县长范辉煌，县科协主席卢建荣，田野农牧休闲有限公司的相关负责人以及田野绿世界工作人员参与活动。

5 日 下午，由省委宣传部、省文联主办的广东省"百家千场艺术讲座下基层"活动到佛冈县开讲。100 多名文学爱好者聆听中国音乐家协会会员、中国音乐文学会常务理事杨湘粤讲解。

6 日 下午，佛冈县召开全县农村综合改革工作会议，总结佛冈县农综改各项工作推进情况，部署下一阶段工作任务，会议由县委书记、县人大常委会主任华旭初主持。

6—7 日 县旅游局联同华南旅游媒体自媒体联盟，邀请省旅游专家庄伟光（省社科院旅游研究所所长，中大旅游学院 MTA 兼职导师，省旅游发展研究中心客座研究员）及省内部分主流媒体到汤塘镇温泉企业进行考察，并与部分温泉景区、酒店举行汤塘温泉旅游发展研讨会。庄伟光与南方日报、羊城晚报、新快报、南方网、腾讯大粤网、天涯旅游等媒体记者一同到黄花湖温泉度假区、聚龙湾天然温泉度假村、金龟泉生态旅游度假村、勤天熹乐谷凤凰温泉酒店、鹤鸣洲樱花温泉度假村、聚龙湖酒店及汤塘温泉眼等进行实地采风。

8 日 上午，佛冈县召开全县创建广东省推进教育现代化先进县加温工作会议。

9 日 《清远日报》讯，县石角中学刘文雯勇夺广东省第十四届运动会学生女子乙组铅球（4 公斤）第一名，这是佛冈县学生在省运动会上获得的首枚金牌。

是日 上海市崇明县县委常委、副县长吴召忠一行 7 人到佛冈县考察学习温泉旅游经验。

10 日 省委组织部人才处吴惠龙率领省"扬帆计划"培训学习班到佛冈县汤塘镇国珠集团、加多宝草本植物科技有限公司、长盛谷人才驿站等地调研人才工作，对汤塘镇党管人才工作所取得的成效给予充分肯定。

11 日 上午，省政府金融办党组书记、主任刘文通率调研组到佛冈县调研农村普惠金融试点工作情况。

是日 下午，县政府在县人民中心举行政府法律顾问签约仪式，正式聘用邝庆刚、陈国华、温福荣、戴海燕、黄韬 5 名律师作为县政府法律顾问。

是日 县实施"赛马工程"技能比武，从佛冈县支柱产业企业中，以赛业绩、赛能力的方式，遴选出 10 名突出贡献人才。由县产业人才评审委员会进行初审，确定"佛冈县'510'人才贡献奖"推荐名单，并对候选人的德、能、勤、绩等进行考察。最终确定入选名单，入选者获得奖励 1.5 万元，获奖人才所在企业获得 0.5 万元培养经费的奖励。

13 日 上午，高岗镇高镇金城小学举行爱心人士刘树基 30 万元捐赠仪式，捐款将用于援建学生食堂。

15—16 日 根据清远市旅游局下发的《关于开展十一黄金周安全交叉检查》的通知，阳山县旅游局副局长吴春华一行三人在佛冈县旅游局副局长朱炳权陪同下到佛冈县 A 级景区、星级酒店及旅行社开展十一黄金周安全交叉检查。

16 日 省委第十巡视组组长陈文生、副组长黄永远向县委书记华旭初反馈有关情况。同日，陈文生代表省委第十巡视组向县党政领导班子反馈有关情况。根据省委巡视工作统一部署，2015 年 6 月 1 日至 8 月 7 日，省委第十巡视组对清远市佛冈县开展巡视。通过巡视，巡视组发现佛冈存在的 8 个方面主要问题，对巡视期间收到反映一些领导干部的问题线索，已按规定移交有关部门处理。

是日 上午，省军区参谋长陈长寿率检查组，到佛冈县调研兵役登记试点工作。

是日 下午，县委书记、县人大常委会主任华旭初率调研组到水头镇、石角镇、汤塘镇调研水利工程和重点项目建设情况。

是日 佛冈县召开全县创建广东省推进教育现代化先进县加温工作会议，对曾庆文等 100 名优秀教师及林丽英等 100 名优秀班主任予以表彰，并对创建广东省推进教育现代化先进县工作进行加温鼓劲。

17 日 上午，县政协召开九届二十九次常委会议，会议由县政协主席袁镜焕主持。受县政府委托，县委常委、常务副县长冯炽兴向会议报告县政协九届五次会议提案办理情况。

18 日 上午，省中医院大院妇科与县中医院签订合作协议，双方共建佛冈县中医院中医妇科。

是日 下午，佛冈县召开农村经济联合社信用合作部试点工作会议，在全县 6 个镇推广农村信用合作部建设。

21 日 上午，佛冈县石角镇杜景成希望小学举行落成庆典仪式。杜景成先生一行、副县长黄丽及有关负责人参加庆典仪式。杜景成教学楼总投资 300 多万元，其中杜景成先生捐资 100 万港元。

23 日 清远市妇联主席唐玉娟率督导组，对佛冈县妇女儿童发展十年规划实施工作进行督导检查。副县长、县妇儿工委主任黄丽向市督导组汇报了佛冈县妇女儿童发展十年规划实施工作情况。

24 日 上午，县科协在县人民中心召开第六次代表大会。大会选举产生县科协第六届委员会委员，卢建荣当选为主席。县委常委、统战部部长徐文婉为其颁发当选证书。县领导蓝应禄、范辉煌、谢国华出席会议。

是日 下午，清远市委宣讲团到佛冈县开展市委六届九次全会精神宣讲活动。市委宣讲团成员、市社科联党组书记、主席刘国华作"用不平衡的发展战略解决发展的不平衡"专题宣讲。

是日 下午，佛冈县召开全县公务用车制度改革动员大会。县直机关单位经核定取消的公务车辆必须于9月25日下午5点前进行封存并统一停放地点。

25日 上午，清远市人大常委会常务副主任梁建文到水头镇西田村调研扶贫双到工作，考察西田村综合服务中心的建设情况，并送上帮扶资金10万元。

是日 下午，佛冈县级单位经核定取消的公务车辆，在县人民中心西楼停车场进行封存，封存的车辆经过评估后，将统一公开拍卖。本次取消公务用车参改单位范围为公务员单位和参照公务员管理单位，据初步统计，佛冈县县级单位参改车辆共有411辆，于25日当天封存的公车共有170辆，剩余的241辆公车按相关规定保留使用，保留使用的公车有通信应急用车、执法执勤用车及特种技术专业用车3种。

27日 县政府印发《佛冈县城乡居民殡葬基本服务由政府免费提供的实施方案》，决定从2015年10月1日起免除佛冈城乡居民遗体冷藏存放费、接运费和火化费等基本殡葬服务收费，由此产生费用都由政府负担，最高限额1200元/具。

28日 晚上，2015佛冈县国庆文艺晚会暨南粤幸福活动周启动仪式在县人民中心广场举行。县领导黄河、袁卫国、黄丽参加启动仪式，并为"世界反法西斯战争暨中国抗日战争胜利70周年有奖征文活动"获奖者颁奖。

29日 上午，县十四届人大常委会举行第47次会议。县人大常委会常务副主任蓝山鹰，副主任李功志、郑中化、蓝应禄、朱沛付出席会议。县委常委、常务副县长冯炽兴，县人民法院、县人民检察院领导，县政府办公室、县财政局、县审计局、县环保局主要领导，各镇人大专职副主席和部分市、县人大代表及县人大机关全体干部列席会议。受县委书记、县人大常委会主任华旭初委托，会议由县人大常委会常务副主任蓝山鹰主持。会议主要议程是：表决通过有关人事任免事项，以票决方式通过，任命邓武军为市场监督管理局局长，任命曾洁丽、杨朝安、黄建锋等16人为人民法院人民陪审员；听取和审议县十四届人大五次会议代表建议办理情况报告；听取和审议县审计局对2014年县级预算执行和其他财政收支审计工作报告；审议县人民政府2014年度县级财政决算书面报告；审议通过县人大常委会执法检查组关于《中华人民共和国环境保护法》的执法检查书面报告。

是日 上午，佛冈县首个固定献血屋正式启用。献血屋位于县人民公园对面、县总工会旁，总面积为65平方米，由三个区域组成，分别是献血登记、献血体检及采血区，主要以全血采集为主。

是日 清远市委副书记黄兆芬到佛冈县调研农村综合改革工作。在县委副书记黄永华的陪同下，黄兆芬先后来到石角镇黄花片区中华里村、高岗镇三联村以及水头镇西田、王田村实地调研，详细了解佛冈县农村综合改革工作推进情况。

30日 上午，贵州省黔南州调研组在市农业局、县新农村试验区管委会相关人员的陪同下，到佛冈县调研新农村建设情况。

10月

9日 上午，县人社局在人民公园举办"佛冈县2015年'南粤幸福活动周'专场招聘会"，招聘会为期半天，共有28家企业进场招聘，提供就业岗位823个。

13日 上午，清远市委书记葛长伟率队到佛冈调研乡村改革。在县委书记华旭初的陪同下，调研组先后深入石角镇科旺、吉田等地了解基层组织建设和乡镇机构改革工作情况。清远市委常委、秘书长刘汉球，清远市委常委、组织部部长张广宁及市直有关单位负责人参加调研。

14日 下午，肇庆市委组织部考察团到佛冈县开展学习交流活动，对佛冈县"510"人才工程实施情况给予高度评价。

15日 上午，清远市食安办检查组到佛冈县，检查指导食品安全市场规范化、标准化建设工作开展情况。

20日 由团县委举办的"感恩青春·梦想飞翔"佛冈县2015年十八岁成人宣誓活动在县人民中心广场隆重举行，2200余名十八岁青年在领誓人的带领下，面向国旗庄严宣誓。

21日 上午，县委组织部、县人社局在县人民中心西楼403会议室举办组织人事干部业务培训班。各镇党委委员、组织干事，县直各单位分管组织人事工作的领导、组织人事干部等180余人参加培训。

23日 下午，佛冈县召开全县水利工作现场会，部署推进重点水利工程建设。

27日 上午，根据国家林业局开展保护森林和野生动植物资源"雷霆行动"的部署，县林业局、县森林公安分局、工商、食药监等部门，联合开展清查野生动物违法行为统一行动，对县城市场和部分食肆、农庄进行一次拉网式的检查，在行动中查获蛇类等野生动物一批。

是日 晚上，广州红豆粤剧团到佛冈县，为佛冈群众演出《南国红豆竞芳菲》《七姑姐开店》《绝情谷底侠女情》《凉茶王》等多个精品折子戏。

是日 勤天熹乐谷温泉酒店正式开业，开业庆典上还举行了世界温泉小姐大赛中国首站启动仪式。

勤天项目是佛冈县35个重点建设项目之一，由勤天集团投资，是集旅游、度假、娱乐等多种功能于一身的休闲度假地。

30日 上午，清远市聚焦农综改"他山之石·台湾经验"赴台采访报道总结交流会在佛冈县田野绿世界举行。县委常委、宣传部部长黄河以及清远日报、清远电视台、各县（市、区）宣传部、各县（市、区）农办、镇（村）代表等共50多人参加交流会。

是日 县组织考察团赴广州市增城区学习考察乡村旅游发展经验，为提高佛冈乡村旅游工作水平提供借鉴。

是日 甘肃省嘉峪市市委常委、组织部部长燕胜三带领考察组一行到佛冈县新农村试验区考察学习农村综合改革工作情况。市委组织部副部长潘国标，县委常委、组织部长石尚明，县委常委、副县长韦学民等参与考察。

31日 上午，佛冈县邀请原中山大学校长、文化部顾问曾汉民教授等专家参观迳头镇鸭嫲坑村，指导佛冈县美丽乡村建设工作。

11月

1日 交通运输部检查组到佛冈县进行五年一度的全国公路养护管理大检查，现场检测国道106线官渡至车角桥段。该检测路段全长35.95公里，采用多功能路况快速检测车，对普通干线公路的平整度、破损率两项指标进行检查。

2日 下午，韶关市委常委、组织部部长华旭初率考察组到佛冈县，学习考察非公企业党建工作。

2—4日 由广州市民防办牵头组织的第一防护区域人防机动指挥所协同训练，在佛冈县黄花湖樵春山庄举行。参加训练的有广州、佛山、韶关、肇庆、清远等五市人防机动指挥部相关人员。

4日 下午，县政府在县人民中心主楼110室召开佛冈县自然村落历史人文普查工作会议，动员部署佛冈县自然村落历史人文普查工作。

5日 省普惠金融验收组到佛冈县，验收普惠金融"八项行动"工作。在县委常委、副县长杨轶明的陪同下，省普惠金融验收组先后来到佛冈县征信中心以及石角镇龙塘村、黄花村，汤塘镇四九村，水头镇西田村等四个乡村金融（保险）服务站实地检查，并听取佛冈县相关负责人对县普惠金融"八项行动"工作的情况汇报。

10日 下午，县政府与广东食品药品职业学院、广东省中药研究所签订战略合作框架协议书，将在佛冈县建立教学实训基地和中草药规范化生产科研示范基地。县委副书记、县长梁金鉴，县委副书记黄永华，省食药监局、广东食品药品职业学院相关领导出席签约仪式。签约仪式由县委常委、副县长韦学民主持。签约仪式上，副县长范辉煌代表县政府，分别与广东食品药品职业学院、广东省中药研究所签订战略合作框架协议。

12日 上午，清远军分区参谋长许向阳带领清远市各县（市区）人武部部长，到佛冈县调研兵役登记试点工作。

是日 下午，佛冈县召开落实省委第十巡视组反馈意见整改工作领导小组会议，研究整改工作落实情况。会议由县委副书记、县长梁金鉴主持。

13—14日 在清远市旅游局局长林闻的带领下，副县长范辉煌和旅游局纪检组长黄谷维组团应邀参加2015第三届澳门国际旅游（产业）博览会。

14日 晚上，由县委宣传部、县文广新局、县总工会联合主办的2015家庭才艺大赛，在县人民中心礼堂圆满落幕，周成玉家庭获得本次大赛第一名。

15日 上午，2015"玩转粤港澳最佳旅游目的地"评选活动暨2015玩转清远旅游节庆系列活动启动仪式在佛冈县聚龙湾天然温泉度假村举行。该活动旨在进一步推进清远温泉旅游，吸引更多游客到清远观光游玩、休闲度假。活动的指导单位为广东省政府新闻办、广东省旅游局；主办单位为香港文汇报、广东省自驾旅游协会、广州帮扶清远指挥部、清远市旅游局、佛冈县人民政府；承办单位为清远市旅游协会、广东省自驾旅游协会清远分会、佛冈县旅游局、清远市新里程旅行社、聚龙湾天然温泉度假村。省内的400位自驾车车友及新闻业界朋友参加启动仪式。

是日 中央电视台在8：20《朝闻天下》和13：30《新闻30分》新理念、新发展系列报道，分别播出题为"佛冈严实效能督查，整治'为官不为'"的新闻报道，报道时长4分多钟。

是日 第五届中国少儿小金钟音乐大赛佛冈赛区决赛在篁胜酒店举办。比赛共分为声乐类、器乐类、舞蹈类三个类别，选手年龄最小5岁，最大17岁。经过激烈角逐，决出一、二、三等奖，林子琳等获奖选手将代表佛冈参加清远市赛区总决赛。

17日 上午，佛冈县召开创建全国文明县城实地迎检工作动员会，对迎检工作进行具体部署。县委副书记、县长梁金鉴在会上要求，各责任单位要加强领导，落实责任，对照"测评体系"，做好各项工作的布置，全力打好迎检"硬仗"。

是日 省军区在佛冈县召开全省兵役登记试点现场观摩会。广州军区副参谋长许再华少将，广东省军区司令员张利明少将、参谋长陈长寿少将以及各军分区（警备区）、预备役师（旅）军事主官、参谋长，清远市委书记葛长伟，佛冈县长梁金鉴，佛冈县委常委、人武部政委甘运红等共100余人参加现场会。会议认为佛冈兵役登记试点取得一本教范（《兵役登记实施办法》）、一套软件（广东省兵役登记工作管理系统）、一个现场、一部录像、一本证件（兵役证）、一套资料、一份经验等"七个一"成果，对兵役登记工作各个环节进行有效规范，其经验做法梳理总结后可供学习借鉴。

18日 上午，佛冈县召开人才工作领导小组会议，研究部署下一步人才工作，并对24名优秀人才进行表彰颁奖。会上，县委副书记、县长梁金鉴，县委常委、组织部部长石尚明，副县长黄丽为14名入选佛冈县"510"人才工程、10名入选佛冈县"赛马工程"的优秀人才颁奖。

19日 上午，民盟广东省委调研组到佛冈县，调研对接融入珠三角进展情况。在县领导梁金鉴、黄永华、李功志的陪同下，民盟广东省委调研组先后参观约克（广州）空调冷冻设备有限公司、清远加多宝草本植物科技有限公司、勤天城以及县行政服务中心，并听取县委副书记黄永华关于佛冈县对接融入珠三角情况介绍。

是日 上午，县人民法院邀请部分县人大代表、政协委员等参加"法院开放日"活动，让公众零距离感受司法工作。

是日 下午，县委、县政府召开佛冈县国土资源工作会议，全面部署违法违规用地查处整改、闲置土地处置等工作，并通报违法违规用地和闲置土地情况。

24日 受清远市人大常委会的委托，县人大常委会组织由佛冈选举和在佛冈工作的市六届人大代表开展集中视察活动。在县人大常委会常务副主任蓝山鹰、副主任李功志的带领下，市人大代表先后到华联（佛冈）机械制造有限公司、迳头镇楼下村水来镇村民小组、迳头镇垃圾中转站进行实地视察，了解佛冈县重点项目建设和农村垃圾管理情况，并听取副县长朱小松及有关职能部门的工作汇报。

25日 上午，县政协常委会专题视察县中小河流治理工程建设情况。县政协主席袁镜焕，常务副主席赵仲轲，副主席范桂宁、周玉兰、朱沛爽、吴子伟、谢国华等一行先后到水头镇、迳头镇潖江中上游段实地视察，了解佛冈县中小河流治理工程建设情况，并听取副县长黄丽的工作汇报。

是日 下午，国道106线（佛冈北）路面改造工程召开交工验收会议，该工程完成所有施工任务并通过验收，正式交付使用。

是日 汕湛高速公路惠清段筹建处派出无人飞机对汕湛高速公路佛冈段进行航拍。汕湛高速公路惠州至清远段是省委、省政府的重点建设项目，全线长约126公里，其中佛冈境内约36公里，途经汤塘镇潖江、四九、江坳、暖坑、龙山镇车步、黄塱、关前等地，设四九、汤塘枢纽、佛冈南、龙山北4处互通立交。项目投资估算总额51.12亿元，已完成工程可行性编制工作，并通过省交通运输厅组织的工程可行性评审。

是日 佛冈县召开申报清远市第三批广东省新农村建设示范片工作研讨会，部署新农村建设示范片申报资料审核、实地考察工作。县委副书记、县长梁金鉴，县委副书记黄永华，县委农办、科农局、新农村管委会等相关部门负责人参加会议。

26日 下午，2015年广东省乡村优秀教师（乡村优秀教育工作者）表彰大会在广州隆重举行。佛冈县迳头镇中心小学的范常青老师以及佛冈县四九中学的冯尚明老师荣获"广东省乡村优秀教师"称号。

是日 清远市安全生产委员会督查组到佛冈县督查安全生产工作。

28日 佛冈县中医院被广东省中医药学会脑病专业委员会授予"中医药防治中风联盟卒中中心建设单位"和"脑卒中筛查与防治基地建设单位"，并在佛冈县中医院住院部门前举行挂牌仪式。

是日 晚上，历时五天的广东省第八届群众戏剧曲艺花会在广州市花都区圆满落下帷幕。佛冈县选送的原创小粤剧《拉良配》荣获银奖，这是佛冈近10年来在省戏剧曲艺花会中获得的最好成绩。

30日 下午，清远市"文化驿站"建设现场推进会在佛冈召开。县委常委、宣传部长黄河向市"文化驿站"建设试点工作领导小组成员和各县（市、区）宣传部长介绍佛冈"文化驿站"建设试点经验。

12月

1日 上午，县卫计局在人民公园举行第28个世界艾滋病日宣传活动，向广大市民普及艾滋病防治知识。2015年的世界艾滋病日活动主题是"行动起来，向'零'艾滋迈进"。

2日 上午，清远市考评组到佛冈县，对佛冈县第三批省级新农村连片示范建设工程申报项目进行实地考评。在县委副书记黄永华，县委常委、副县长韦学民的陪同下，市考评小组先后来到新农村试验区生水塘村、大田村、小潭村、红崩岗村等地，实地考评佛冈县申报第三批省级新农村连片示范片的主体村和辐射带动村，并听取相关负责人的情况介绍。

是日 下午，团县委联合教育局、县交警大队召开佛冈县青年志愿者服务创文创卫动员大会，向250多名团员青年传达佛冈县创文工作会议精神，宣传创建全国文明县城的意义，号召青年志愿者投身全国文明县城、卫生县城创建活动。

是日 佛冈县早稻面积为11.2102万亩，晚稻面积为11.2177万亩，水稻补贴标准为15元/亩。全年应发放中央农作物良种补贴金额为336.4185万元。县财政已通过国库集中支付方式，足额拨付该项补贴资金到种植户手中。

3日 佛冈县不动产统一登记中心正式挂牌成立，这是清远市首个县级不动产登记机构，也是广东省4个不动产统一登记示范单位之一。佛冈县正式颁发清远市第一本不动产权证书，标志着广东省县级不动产统一登记发证工作正式启动，为广东省县级全面推进不动产统一登记探索经验。

是日 清远市消防安全委员会副主任、清远市公安消防局局长李鹏带领市公安消防局、市公安局、市民政局等负责人组成消防验收组，对佛冈县高岗镇火灾隐患整治工作进行检查验收。

4日 12月4日为全国法制宣传日，也是第二个国家宪法日。县普法办、县司法局、县妇联、县食药监等单位在县人民公园联合开展"弘扬宪法精神，建设法治佛冈"集中宣传活动。

7日 在省旅游协会副主席周志红的带领下，由省旅游协会主办，省景区协会、省旅行社协会协办的"粤游粤精彩"活动之粤北采风考察团到佛冈田野绿世界进行实地考察。

8日 上午，省司法厅调研组到佛冈县调研村务公开规范化示范创建工作。在副县长黄丽的陪同下，省司法厅调研组先后深入到汤塘镇菱塘村和水头镇王田村，详细了解村务公开规范化示范创建工作开展情况。

是日 央视CCTV7频道18：05在《美丽中国乡村行》栏目播出在佛冈拍摄的节目《趣味佛冈》，9日23：17重播。该视频可在央视网、农视网栏目官网收看。

9日 下午，清远市副市长徐建文一行在副县长范辉煌的陪同下，先后深入到龙南河小梅段、龙南河龙塘段以及潖江河上游水头段进行实地考察，详细了解佛冈县中小河流治理工作进展情况。

10日 上午，县委副书记、县长梁金鉴主持召开党员干部驻点普遍直接联系群众工作第五次联席会议，部署下一阶段直接联系群众工作。

是日 下午，广州市同德街商会到佛冈县进行考察交流。商会会员们先后参观石角镇山羊养殖基地、观音山茶叶种植基地、佛冈中学、三八无土蔬菜栽培基地等，并听取县委常委、统战部部长徐文婉关于佛冈县经济社会发展的情况介绍。

11日 上午，县政协常委会视察组，先后深入到县城青松东路和国道106线县城段扩建工程项目现场，实地察看工程项目建设推进情况，并召开座谈会，分别听取项目建设负责人的工作汇报。

是日 上午，县政府组织各相关单位共200余人，对佛冈县青松东路建设项目土地征收范围内尚未清除的地上附着物实施依法迁移和清除行动，推进青松东路建设。

13日 省扶贫开发工作考核小组到佛冈县，对第二轮扶贫开发"双到"工作进行核查。省考核小组先后来到汤塘镇江坳村和水头镇桂田村，听取帮扶单位的工作汇报，了解佛冈县扶贫开展"双到"工作的主要做法，对佛冈县扶贫开发"双到"工作给予高度评价。

14日 上午，县纪委在人民公园开展"信访举报开放日"活动，面对面接受群众咨询，解答群众反映的信访问题。

是日 县人武部组织民兵森林防火分队开展为期5天的森林防火技能集中训练，进一步提高队伍应对突发火灾的能力。

16日 上午，县人大常委会组织开展县人大代表约见县长及政府部门负责人活动。县委副书记、县长梁金鉴及有关副县长参加活动，县人大常委会代主任蓝山鹰主持约见活动。

是日 省考察组到佛冈县，对佛冈县省级现代农业示范区建设进行年度考核。在副县长范辉煌的陪同下，省考察组先后来到华琪生态村生态循环农业项目基地、田野绿世界休闲农业旅游示范园、嘉华绿色农产品种植示范基地等进行实地考察，并召开座谈会，听取佛冈县省级现代农业示范区建设情况汇报。

17日 上午，清远市委宣讲团在县人民中心礼堂举行宣讲报告会，宣讲党的十八届五中全会精神。

是日 清远市委常委、组织部部长张广宁率调研组到佛冈县，开展组织工作调研。

18日 上午，为期3天的佛冈县粉葛美食旅游文化节在聚龙湾温泉度假村隆重开幕。县委副书记、县长梁金鉴等领导按下启动球，宣布粉葛美食旅游文化节开幕。副县长范辉煌在仪式上致辞。开幕式上，县旅游局与同程网络科技股份有限公司签订战略合作协议书，共同打造"互联网+佛冈旅游"目的地；汤塘镇竹山村粉葛专业合作社与广东科力农业投资有限公司签约，结为战略合作伙伴关系。

24日 上午，县人社局在人民公园举办2015年就业援助月活动暨家庭服务业专场招聘会，有800多人前来参加应聘，200多人成功签约。

25日 清远市人社局督查组一行13人到佛冈县进行农民工工资支付工作督导检查。

26日 2014—2015年广东省"县（市）域旅游综合竞争力发布会"在广州大学会议厅隆重举行。会上，广东旅游竞争力评价研究中心公布全省各县（市）域年度旅游综合竞争力指数、旅游创新发展能力指数、最具影响力旅游微信公众号等的排名。佛冈县继2014年获奖后，再次荣获省"旅游创新发展十强县"称号。

27日 上午，"广清一体化"博士沙龙活动在佛冈县人才驿站举办。活动邀请26位专家学者围绕"广清一体化"主题，从政策机制、人才、物流、旅游等方面为广州和清远的融合发展畅所欲言。本次活动由清远市委组织部、清远市科技局、清远市人社局主办，广东博士俱乐部有限公司承办。广东省博士俱乐部秘书长赵根文等参加活动。相关人员先后来到佛冈县上岳古民居、长盛谷基地参观考察，并听取佛冈县县委常委、组织部部长石尚明关于佛冈县基本现状的情况介绍。

28日 上午，清远市"两建"工作考核组到佛冈县，对2015年度社会信用体系建设和市场监管体系建设工作进行考核。

29日 上午，广州市进出口商

会到佛冈县参观考察,详细了解广清对口帮扶工作成效并考察佛冈县投资环境。

30日 下午,佛冈县召开全县2015年度依法行政考评工作部署会议。

31日 佛冈县召开党政领导班子"三严三实"专题民主生活会。会议由县委副书记、县长梁金鉴主持。县党政班子成员紧紧围绕"三严三实"的要求,就个人开展的工作进行全面系统的总结,结合实际开展批评与自我批评。会上,县委副书记黄永华通报2014年县委常委班子专题民主生活会整改方案落实情况;县委常委、常务副县长冯炽兴通报2014年县政府班子专题民主生活会整改方案落实情况。

(朱明采)

陈洞秋色

(卢小丽摄)

佛冈概况

责任编辑：刘瑞生

建置沿革

【沿革】 清雍正九年（1731年）在大埔坪（今石角镇府城附近）设捕盗同知，辖清远、英德、从化、花县（今广州市花都区）、长宁（今新丰县）、广宁6县捕务。

清嘉庆十八年（1813年），划出清远县吉河乡（今水头镇、石角镇）和英德县6个乡，即白石乡、迳头乡（今迳头镇境内）、独石乡、观音乡、高台乡、虎山乡（均在今高岗镇内），建立佛冈直隶军民厅，简称佛冈厅，成为国家行政区划的地方独立建置。

民国三年（1914年）6月3日，撤厅改县，称佛冈县。

1949年10月12日，佛冈县全境解放。

1952年4月13日，佛冈县与从化县合署办公，佛冈只设办事处。同年10月，分县办公。

1953年2月，清远县第七区（即今汤塘镇）划归佛冈县辖。

1958年7月，清远县龙山乡（即今龙山镇）划归佛冈县辖。

1958年10月23日，佛冈县与从化县合并，称从化县。

1961年5月4日，原佛冈县辖区由从化县分出，恢复佛冈县建制。

（县史志办）

自然地理

【位置·范围·面积】 佛冈县位于广东省中部，北回归线北侧，珠江三角洲北部边缘。处于东经113°17′28″至113°47′42″，北纬23°39′57″至24°07′15″。县境东西长50.92公里，南北宽50.35公里。佛冈县东北与新丰县交界，东南与从化市接壤，西南与清城区毗邻，西北与英德市相连。全县行政区域范围总面积为1295平方公里。

（易德林）

【地质·地貌·河流】 佛冈地处广东中部，地质属华南褶皱系，白垩纪第三系断陷盆地。早古生代为海水所淹，在侏罗纪与白垩纪发生的燕山运动中，陆地上升出海平面，并产生多次强烈断裂及大规模酸性岩浆侵入和喷发活动，形成海拔较高的山地，现代地貌轮廓基本奠定。喜马拉雅运动使隆起山地之间或边缘又产生了许多凹陷或断陷盆地，以后在断陷盆地上又有第四系覆盖物，遂成至今雄伟的观音山、亚婆髻等。县境内仍为板块活动活跃地带，存在断裂带，轻微地震时有发生，并出现多处地热矿水，俗称"温泉"，如汤塘、水头等地均有。

地势自东北向西南起伏下降，地形大体可划分为山地、丘陵、平原三种，在东南和西北部有较多的中山分布，多为东北—西南走向。在西北边境的观音山亚婆髻海拔1218.8米，是全县最高峰。北部地区海拔一般为200～250米，中部地区海拔150～180米，南部地区海拔在100米左右。县内两大山脉近似平衡走向，一条北起亚婆髻连绵井公山、独王山直至东南部的通天蜡烛（海拔1047米）和棋盘山（海拔700米以上），是全县的分水线，把东北部和中部分划成两大部分；另一条山脉起于青牛塘连绵石寨、大庙峡、高警顶直至"黄巢点兵"，把中部和西南部分隔开来。全县分为三大部分，即北部的高岗、迳头镇，中部的水头、石角镇，南部的汤塘、龙山镇。

岩石类型以花岗岩为主。西南与英德相连的石联山体属石灰岩，是发育典型的喀斯特地貌。石角镇黄花湖有一处特殊的花岗岩地貌，一溪流两旁的岩石上遍布大小不一、形似锅底、内壁光滑的洞穴，一说是"冰川遗迹"，另一说认为是被流水在局部形成的环流驱动沙砾长期磨蚀形成，目前仍待考究。

在山地中，海拔500米以下的坡麓地带以赤红壤为主，500米以上地形起伏大，坡度变化明显，多为红壤和山地黄壤，土层厚薄差异悬殊。现存的天然植被大多分布于山地，丘陵分布于山前地带，主要由花岗岩构成，海拔200～400米，风化壳10～30米，如石角、汤塘、龙山等镇的丘陵地带，外貌浑圆，坡度和缓，在植被破坏之处，易产生冲沟和崩岗，导致水土流失。

境内土壤以花岗岩发育而成的赤

红壤为主，占土地面积68%，是红壤与砖红壤的过渡类型，土层深厚，土质偏沙，土体的总孔隙、通气孔隙和持水孔隙均较高，有利于调节土壤水气。黏粒矿物以高岭石为主，呈酸性，pH多在5.0~5.5之间，有机质含量低，矿质养分中等。

佛冈县属南亚热带岭南丘陵常绿阔叶林区，拥有丰富的物种资源。平原区四旁均栽有竹子、荔枝、龙眼等乡土常绿树种，丘陵、山窝地普遍种有沙糖桔、贡柑等优质水果。林地实行分类经营，生态公益林保存天然乡土树种，人工林桉树、黎蒴等速生树种发展迅猛，使林业生态、社会、经济效益得以长足发展。

河流主要有潖江及烟岭河。发源于水头镇上潭洞通天蜡烛的潖江，向南流经水头、石角、汤塘、龙山等地后汇入北江，县内全长69多公里；发源于高岗礼溪羊子栋主峰（观音山）的瀶江支流烟岭河，向北经高岗、迳头进入英德市境内。河流中下游有冲积平原，约占全县面积的24.5%。

（廖阳西）

【气候·水文】 佛冈县属亚热带季风区之一，南亚热带湿润气候，高温多雨。年平均降雨量2050.0毫米。

降水的主要成因有锋面雨、热雷雨及台风雨。4至6月为锋面雨，称为前汛期；7至9月是热雷雨和台风雨，称为后汛期。降雨量年内分配不均，雨量多集中在汛期的4至9月，其总量占全年降雨量的80%以上，尤其前汛期的4至6月特别集中，约占全年降雨量的53%。雨量丰沛，一般对农业生产有利，但年内分配不均，易出现旱、洪、涝灾的威胁。

降水分布与本县地形地貌基本一致，自东北向西南逐渐增加。龙南水的上游地域至民安的上迳、下迳地带系省内暴雨中心之一，属粤北山地高区2150毫米暴雨闭合圈。

（欧阳力钊）

资源物产

【矿产资源】 佛冈县已探明的矿产资源有铅矿、锌矿、褐铁矿、萤石矿、石英矿和花岗岩等，全县可供开采利用的矿产划分为八类：①黑色金属矿产有铁、钛2种；②有色金属及贵金属矿产有铜、铅、锌、钨、锡、钼、金、银等8种；③稀有稀土金属及分散元素矿产有钽、铌、铍、钇族稀土、镓、铟、镉等7种；④冶金辅助原料矿产有熔剂用的硅石、耐火黏土、萤石等3种；⑤化工原料非金属矿产有硫铁矿、钾长石、霞石正长岩、石英正长岩等4种；⑥特种非金属矿产有压电水晶、熔炼水晶、工艺水晶等3种；⑦建筑及其他金属矿产有高岭土（瓷土）、石墨、砖瓦黏土、水泥用的石灰石、建材用的霞石正长石、花岗岩板材等6种；⑧地下水有地下热水、矿泉水等2种。其中，铅锌矿储量95.52万吨，褐铁矿储量259.83万吨，萤石矿储量25.493万吨，石灰岩储量192.177万吨，霞石正长岩储量313.6315万吨，瓷砂矿岩储量255.09万吨，花岗岩储量1783.365万立方米，石英矿储量1685.34万吨，以上矿产资源均已开发。铅锌矿位于水头镇，矿区面积0.6043平方公里，保有储量34.2563万吨；褐铁矿位于水头镇，矿区面积0.35平方公里，保有储量14.101万吨；萤石矿共两处，分别位于高岗镇和石角镇，矿区面积共0.704平方公里，年产量共0.45万吨，保有储量13.346万吨；石灰岩共一处，位于石角镇，矿区面积0.0504平方公里，年产量5.82万吨，保有储量68.47万吨；霞石正长岩共两处，均位于汤塘镇，矿区面积共0.0865平方公里，年产量共0.288万吨，保有储量217.896万吨；瓷砂矿岩共四处，均位于汤塘镇，矿区面积共0.0929平方公里，保有储量131.397万吨；石英矿共三处，分别位于水头镇、汤塘镇和龙山镇，矿区面积共0.6212平方公里，年产量共2.06万吨，保有储量119.85万吨；花岗岩共五处，分别位于石角、汤塘和龙山镇，矿区面积共0.2139平方公里，年产量共56.898万吨，保有储量3707.824万吨。

（易德林）

【生物资源】 佛冈县属南亚热带湿润气候以及南亚热带岭南丘陵常绿阔叶林区，拥有丰富的物种资源。植物资源有桉、松、杉、樟、桐、黄檀，还有桫椤、观光木、白桂木、吊皮锥和红椿等珍贵植物，以及砂仁、巴戟、栀子、金银花、蔓荆子、土茯苓、杜鹃花、黄姜等药材资源。常见乔木植物树种有马尾松、湿地松、杉树、黎蒴、木荷、鸭脚木、小叶榕、大叶榕等；经济林树种有沙糖桔、橙、荔枝、龙眼、贡柑、板栗、菠萝、青梅、李等；灌木有黄牛木、桃金娘、岗松、马樱丹、野牡丹、酸藤子、了哥王等；草本有芒萁、芒草、狗尾草、鸭嘴草等。

野生动物资源有黄猄、山猪、果狸、穿山甲、雉鸡、白鹇、龟类、蛇类、鸟类等。常见蛇类有眼镜蛇、榕蛇、过山风等。根据观音山省级自然保护处调查考察报告记录有野生动物164种，其中鸟类106种，哺乳类25种，两栖类11种，爬行类22种。国家一级保护动物有云豹和蟒蛇2种；国家二级保护动物有穿山甲、小爪水獭、斑林狸、大灵猫等14种。

（廖阳西）

【土地资源】 根据佛冈县2013年度变更调查数据库管理系统的统计汇总，全县行政区域土地资源总面积为129 516.96公顷。按土地利用结构地类划分，全县土地包括一级地类12个，二级地类43个。在一级地类中，耕地为11 742.33公顷，占总面积的9.07%；园地为16 350.94公顷，占总面积的12.62%；林地为87 581.42公顷，占总面积的67.62%；草地为459.1公顷，占总面积的0.35%；城镇村及工矿用地为5907.8公顷，占总面积的4.56%；交通运输用地为1402.98公顷，占总面积的1.08%；水域及水利设施用地为4767.28公顷，占总面积的3.68%；其他土地为1305.11公顷，占总面积的1.01%。

（易德林）

【旅游资源】 佛冈县位于广东省中部，广州新中轴线正北60公里，京港澳高速和106国道贯穿全境，处于广州"一小时"经济圈内，距广州花都区白云机场70公里，在其辐射里程范围内，有清远火车客运站、英德火车客运站以及武广英德高铁站，区位优势明显，交通便捷。全县以低山丘陵为主，亚热带湿润季风气候，森林覆盖率较高，湖泊水库星罗棋布，自然风景优美，拥有丰富的地热温泉资源。佛冈县天然形成的丰富的旅游资源，适宜发展休闲度假旅游。

2015年底，佛冈自然风景区及旅游景区（景点）共17个，比上年增加3个。包括：省级自然保护区观音山、省级森林公园羊角山；中国历史文化名村上岳古村落；国家4A级旅游景区聚龙湾天然温泉度假村和森波拉度假森林；其他旅游景区有黄花湖温泉度假区、金龟泉生态度假村、长盛养生谷基地、鹤鸣洲樱花度假村、勤天熹乐谷温泉酒店、田野绿世界、观音山王山寺、羊角山生态旅游度假区、篁胜国际温泉酒店、快乐无忧生态园、碧桂园清泉城、洛洞乡村旅游区等17个。其中新增的3个旅游景区（景点）为：快乐无忧生态园、鹤鸣洲樱花度假村、勤天熹乐谷温泉酒店。

2015年底，县内重点文物保护单位有5个，其中省级重点文物保护单位2个：上岳村古建筑群、东坑黄氏宗祠，县级重点文物保护单位3个：三爱亭、龙岗市古街、清献崔公祠。县级科普教育基地3个：田野绿世界青少年科普教育基地、嘉华合作社蔬菜教育基地、水头西田芦笋教育基地。爱国主义教育基地3个，其中市级爱国主义教育基地2个：佛冈县革命烈士陵园、汤塘镇菱塘村思源室，县级爱国主义教育基地1个：佛冈县档案馆。

（刘建新）

环境质量

【空气质量】 2015年，县城区空气质量处于良好状态，监测数据有效天数365天。其中，361天为优良等级，大气环境质量达到国家二级标准。县城两测点二氧化硫年均值分别为0.017毫克/立方米和0.026毫克/立方米，二氧化氮年均值分别为0.017毫克/立方米和0.029毫克/立方米，PM10年均值分别为0.052毫克/立方米和0.059毫克/立方米，全部达到二级标准，降尘年均值为2.94吨/（平方公里·月），在推荐标准以内。

【降水质量】 2015年，全县的降雨总量为2298毫米，pH均值为6.22，无酸雨。

【水环境质量】 饮用水源 2015年，佛冈县环境质量继续保持稳定，集中式饮用水源水质控制在国家Ⅱ类标准，达标率100%（每季度监测一次参数）。

河流水质状况 2015年对潖江河、烟岭河佛冈段进行单月采样监测，进行31个项目的常规监测，经监测，各监测断面基本达标。

（杨丽）

人口·民族·语言

【人口】 据县公安部门统计，2015年，佛冈县家庭总户数为8.82万户。户籍人口33.38万人，比上年末增加0.41万人，增长1.2%。其中男性人口17.27万人，比上年末增加0.2万人；女性人口16.11万人，比上年增加0.2万人。总人口性别比为107.2∶100（以女性为100，男性对女性的比例）。全县非农业人口6.01万人，占总人口的18%，农业人口27.37万人，占总人口的82%。全县当年出生人口为0.65万人，出生率为19.5‰，死亡人口为0.15万人，死亡率为4.6‰。全县人口密度为257人/平方公里。年末户籍总人口按区域分为：高岗镇8244户，3.12万人；迳头镇8644户，3.24万人；水头镇8701户，3.1万人；石角镇31774户，11.79万人；汤塘镇18787户，7.29万人；龙山镇12052户，4.83万人。

全县年末从业人员16.29万人，其中第一、二、三产业从业人员分别为7.49万人、4.65万人和4.15万人。三次产业从业人员结构为45.8∶28.5∶25.7。

据清远市统计部门反馈，2015年末佛冈县常住人口31.4万人，比上年末增加0.12万人，其中城镇人口12.72万人，城镇化率40.51%。

（张小燕）

【民族】 佛冈县是以汉族为主体的非少数民族县，境内无少数民族原住民，属少数民族源头在外的城市少数民族范畴。少数民族人口主要来自四川省凉山彝族自治州、广西壮族自治区的河池地区及南丹、都安、大化等地。据统计，佛冈县2015年少数民族人口745人（含常住人口、居住半年以上流动人口、居住半年以下流动人口）。其中，务工经商流入的少数民族人数为643人，涉及瑶族、壮族、彝族、白族、苗族、布依族、土家族、怒族、侗族、回族、黎族、哈尼族、穿青人族、拉祜族、仡佬族等15个少数民族，占全县总人口的0.19%；本地户籍少数民族涉及壮族、瑶族、苗族等6个民族，居民人数约102人，占全县总人口的0.04%。在企业中，少数民族员工人数超100人的有：骏达（佛冈）玩具有限公司、万兴（佛冈）玩具有限公司等；超过50人的有：广东博华陶瓷有限公司、约克（广州）空调冷冻设备有限公司。

（黄政雄）

【语言】 佛冈县的地方语言，可分为两大类，即佛冈白话和客家话。白话属粤语系，客家话属客家语言，语调硬而高亢。佛冈白话接近广州方言（白话），只是音调略有不同。水头、石角、汤塘、四九等地区的白话在音调、声尾上亦有差别。居住人口纯使用佛冈白话的地区只有四九，纯使用客家话的地区有高岗、迳头、烟岭。其余地区是两种语言均有使用，全县讲白话的人居多，讲客家话的人较少，但人数比例各镇略有不同。在全县人口中，佛冈白话人口约占70%，客家话人口约占30%。

（县史志办）

历史文化·传统民俗

【历史文化】 佛冈地域在新石器时代就有人类活动，历史悠久，形成了深厚的历史文化底蕴，留有大量的历史文物古迹，涌现出历代仁人志士，流传着众多史话和传说。悠久的历史显现佛冈物华天宝、人杰地灵的自然环境和人文环境。

历史文物 出土和收集的各个历史时期珍贵的文物829件（套）。其中，西周时期的青铜铙为国家一级文物，北方青铜剑为国家二级文物，南方青铜剑为国家三级文物。全县不可移动文物有127处，其中省级文物保护单位有水头东坑黄氏宗祠、龙山上岳村古建筑群2处，县级文物保护单位有水头清献崔公祠、汤塘三爱亭和龙冈市古街3处。

革命史迹 革命史迹是指新民主主义革命时期与中共党史、革命斗争史相关的史迹、革命文物及各种纪念设施。据2010年佛冈县史志办公室普查统计，全县有革命史迹55处，其中县级革命史迹保护单位13处。

古村落古建筑 清代佛冈建厅时自然村落约有450个，民国期末，增至约830个（含汤塘、龙山地域）。这些古村落建筑主要划分为广府民居和客家民居两大类。龙山镇上岳古村被命名为中国历史文化名村，汤塘镇汤塘村、高岗镇新联村（社岗下）被评为广东省古村落。另外，据《佛冈县志》记载，已发现的古墓有战国古墓2处，宋代古墓1处，元代古墓2处，明代古墓8处。佛冈有特色的建筑物有清献崔公祠、三德园、君庐、吉河大庙、司马第等。佛冈境内有过佛教、道教、基督教和天主教等宗教。据《佛冈厅志》记载，佛冈境内有寺院及庙宇30多座。这些寺庙至今已大部分不存，小部分经重修重建后，成为人们祭祀祈福之所，其中观音山王山寺、水头龙牙寺、吉河大庙等已重新修建，迳头楼下福音堂修建后成为县内唯一的基督教堂。

文化典籍 佛冈设厅建县有200余年历史，《佛冈厅志》《佛冈县志》等典籍成为地方史学、地方志的宝鉴。历史上很多村落组织人力修编族谱，记载本族人各支系繁衍发展情况，如《两岳朱氏族谱》《英州郑氏族谱》《开佛公族谱》《潖江刘氏族谱》等数十种。

历史名人 佛冈历代名人辈出，先后有南宋年间的大理寺评事朱文焕，明末举人、刑部浙江主事欧阳晖，明万历年间举人朱学熙，清嘉庆年间武进士郑开缙，明清时期的秀才及贡生有郑玉符、朱翰芬等250多人，民国时期军政界知名人物有朱祺、黄开山、黄祥光、邹适等，革命志士宋华、邹华衍、冯光、黄渠成等，当代有现代著名作家郑江萍等。

民间传说、故事 佛冈民间故事有《马口寨琼花姐》《廖矮斗法》《范应嵩施术治理烟岭河》等，民间传说有《大庙峡的传说》《劚马石的传说》《摩罗山的传说》《仙人床》《汤塘温泉传说》等。

【传统民俗】 民俗是一方水土的传统文化，体现出当地历史文化的风采和底蕴。佛冈境内有着丰富的传统民俗文化，其中舞被狮、豆腐节被列入广东省非物质文化遗产名录，鲤鱼灯、舞春牛、龙南武术、舞鸡公狮、接三王等被列入清远市非物质文化遗产保护名录。

舞被狮 舞被狮是汤塘镇围镇村的刘氏家族在长期农耕生活习俗中形成的民俗文化活动，它起源于清朝初年。相传该村刘氏始祖南迁围镇村时，在村背后山觅得一处叫"狮听鼓"（地名）的风水宝地，本来用以葬其父，但在择得吉日安葬时，却误将其亡母遗骸运去。在安葬时刻，正值烈日当空，为避免太祖婆骸骨被烈日暴晒，一位刚生了男丁不久的媳妇，把裹婴儿的花被子张开遮挡烈日，太祖婆的遗骸就这样在花被子的遮掩下安葬。当年该村风调雨顺，人丁兴旺，五谷丰登。从此，该村每年农历正月十五元宵节及十六日，为祈求太祖婆保佑后代添丁发财，上年新结婚和新添丁人家妇女把被单当狮子舞动。婆婆在前抓住被单两角当狮头，媳妇在后配合婆婆舞动。农历正月十五日开始，舞被狮队伍走街过巷到新婚和新添丁人家逐家逐户拜贺，主人以鞭炮迎送，以食品、红包犒劳答谢。十六日，舞被狮队伍集中到刘氏宗祠门前广场进行表演，舞被狮活动进入高潮。围镇村的妇女舞被狮闹元宵的习俗代代相传，至今已有400多年的历史。

豆腐节 观音山下高岗镇社岗下村，有一个独特的客家民俗活动——豆腐节。豆腐的来源有两种传说。其一，传说古时某年，当地虫害特别严重，观音娘娘派燕神下凡前来吃掉害虫。为了不让燕神离开，村民就把做好的豆腐抛掷在屋檐梁上，让燕神筑巢繁衍，帮助村民除害虫，祈求保佑当地五谷丰登。其二，相传在明万历三十七年（1609年）农历正月十三日，社岗下村林氏家族上一年生了男丁的村民到祖祠上灯。在准备饭菜时，一位村民切完豆腐后见手上沾有一些豆腐,顺手甩掉,无意中将手中的豆腐屑甩到身后一位村民的衣服上,这位村民见到自己新衣服被豆腐弄脏,以为对方是故意的,于是抓起豆腐掷向对方的身上,引起一场互相对掷豆腐的嬉闹。到了第二年正月十三日社岗下村林氏家族上灯时,添丁的村民比往年多出很多,于是村民们认为上年的互相对掷豆腐带来人丁兴旺。就这样,每年的农历正月十三上灯时,村民们互相抛掷豆腐成为村里独特的习俗。据以上两种传说,豆腐节习俗已传承400多年。在2011年2月15日(农历正月十三)举办的豆腐节上,人们制作的一块重达6吨的世界最大豆腐,获得上海大世界基尼斯总部颁发的世界纪录证书。

鲤鱼灯 汤塘镇田心村每逢春节,村民们舞鲤鱼灯以祈求来年丰收,蕴含"年年有余"的寓意。相传他们的祖先是从水乡顺德甘竹移民来的。水乡人以捕鱼为生,期盼鱼获,以鱼为图腾。春节期间,人们总是抬着鱼、虾、蟹、蚌的象形灯穿村过寨以示庆贺。久而久之,遂演变为舞鲤鱼灯,以祈求风调雨顺,年年丰收。另外,水头、石角镇的抢花炮,汤塘镇四九的撞彩门,水头镇王田的舞春牛,石角镇的龙南武术等传统民俗活动,都有各自的古老起源、传说和特色。

节日习俗和传统美食 佛冈的节日习俗和传统美食颇具特色。在节日习俗方面,春节期间,高岗、迳头地区的客家人都要蒸腌肉、酿豆腐。清明时节,佛冈人将桃枝插于门上,采艾做糍,老幼同扫墓。在传统美食方面,汤塘的农家醋(俗称臭屁醋)、温泉蛋(用温泉泡熟的鸡蛋),高岗的酸水豆腐,水头的烧猪肉,潖江猪脚醋等美食,都是采用当地原生态原料以传统方式制作的食品。

(县史志办)

行政区划

【概况】 2015年末,佛冈县辖高岗、迳头、水头、石角、汤塘、龙山6个镇,设有78个行政村,12个居民委员会。辖区内还有1个省级自然保护区(广东省佛冈县观音山自然保护区)和1个省级国营林场(羊角山林场)。

佛冈县行政区划简表

区划	面积/平方公里	行政村数/个	行政村名称	社区居委会数/个	社区居委会名称
全县合计	1295.17	78		12	
高岗镇	174.03	8	长江、墩下、宝山、高岗、新联、高镇、三江、三联	1	高岗社区居委会
迳头镇	185.04	10	青竹、湖洋、仓前、迳头、大陂、大村、楼下、龙冈、井冈、社坪	1	迳头社区居委会
水头镇	146.21	10	潭洞、西田、石潭、桂田、桂元、新联、王田、莲瑶、铜溪、新堂	1	水头社区居委会
石角镇	347.68	17	科旺、诚迳、二七、三莲、三八、冈田、凤城、莲溪、吉田、观山、黄花、小潭、石铺、里水、龙塘、小梅、山湖	6	城东社区居委会 附城社区居委会 振兴社区居委会 站前社区居委会 城南社区居委会 沿江社区居委会
汤塘镇	229.37	19	黎安、围镇、脉塘、汤塘、大埔、升平、暖坑、竹山、高岭、新塘、联和、石门、洛洞、菱塘、江坳、四九、潖江、官山、田心	2	汤塘社区居委会 四九社区居委会
龙山镇	160.47	14	关前、黄塱、门楼富、浮良、车步、潖镇、官路唇、鹤田、白沙塘、良塘、清水迳、上岳、从化围、下岳	1	龙山社区居委会
羊角山林场	26.71				
观音山自然保护区	25.66				

【地名管理】 2015年,完成地名命名26处,其中路街巷命名23处(石角镇的嘉园巷、龙山镇的府前路、民龙路、彩虹路、湛江路、奋进街、发展街、金凤街、康乐街、龙腾街、湛江一街、湛江二街、湛江三街、龙腾一巷、百乐巷、百业巷、金凤一巷、金凤二巷、金凤三巷、飞跃巷、广场巷、鹤田花园巷、鹤鸣巷),建筑物、住宅区命名3处(石角镇的嘉圆豪轩、九龙江湾大厦、农商金融大厦)。

【行政区划界线管理】 佛冈县辖区内有市级界线2条,韶清线佛冈—新丰段(25.15公里、2颗界桩),广清线佛冈—从化段(99.61公里、3颗界桩),共长124.76公里、5颗界桩;县界2条,英德佛冈线(102.76公里、3颗界桩),清城佛冈线(22.44公里、6颗界桩),共长125.2公里、9颗界桩;县内镇级界线8条,高岗—石角线(16.3公里)、高岗—迳头线(25.6公里)、水头—高岗线(0.85公里)、水头—石角线(14.75公里)、石角—汤塘线(32.15公里)、石角—龙山线(17.05公里)、迳头—水头线(24.4公里)、汤塘—龙山线(19.15公里),共长150.25公里、33颗界桩。巩固勘界成果,维护界线的严肃性和稳定性。在县级以上行政界线创建平安边界的基础上,佛冈县对镇级行政界线进行平安边界共建活动,毗邻镇签署了平安边界共建协议书。

(唐彩环)

经济建设

【概况】 2015年,全县实现地方生产总值104.6亿元,同比增长10.3%,其中第一产业完成增加值10.5亿元,增长10.3%;第二产业完成增加值49.3亿元,增长10.4%;第三产业完成增加值45亿元,增长10.3%。全年规模以上工业企业增加值为40.78亿元,增长4.9%。完成固定资产投资38.92亿元,增长17.2%,其中工业完成13.79亿元,增长91%。地方一般公共预算收入9.8亿元,增长5.6%,其中税收收入5.9亿元,增长7.2%,增速均高于全市平均水平。全县实现社会消费品零售总额37.19亿元,增长9.6%。年末金融机构本外币存款余额112.6亿元,贷款余额65.9亿元,分别增长5%、13.1%。城乡居民可支配收入15 432元,增长9.4%。全县35个重点建设项目,总投资243.4亿元,其中市重点建设项目14个,已开工建设项目11个,完成投资12.44亿元,占年度投资计划的121%。南玻、顺意佳、加多宝、恒业等项目顺利投试产。招商引商工作取得新进展,引进雅迪、沃龙、骏鸿、科力、涞崟等优质项目,全年合同投资13.5亿元,新旧项目实际完成投入18.26亿元,合同外资总额897万美元,实际利用外资1316万美元。

【农村经济发展】 推进农村产业调整,建成特色蔬菜和规模经济作物连片50亩以上的种植基地54个,面积达8152亩。农业规模不断扩大,农业示范区项目带动作用明显增强,农业机械化水平不断提高,农业基础设施不断改善。着力发展农村电子商务,累计建立36个村级服务站,成立优品同城、搜罗商城、佛冈县联合数据网等电子商务企业。加大涉农资金整合工作力度,整合财政涉农资金1.17亿元。引导村组建立健全农村集体经济组织,发展壮大集体经济,在集体经济成员内部进行互换并地,整合土地5万多亩。稳步推进农村土地承包经营权确权登记颁证工作,2个试点村完成登记耕地面积4263.61亩、地块5502宗。

(邱艺强)

政治建设

【从严治党】 深入学习习近平总书记系列重要讲话精神,从思想上、行动上自觉与党中央保持高度一致,把政治规矩和政治纪律挺在前面。认真贯彻中央和省委关于全面从严治党的决策部署,总结推广"三严三实"专题教育中形成的好做法好经验,加强思想建党和制度治党,全面提升各级领导班子建设、机关建设、基层组织建设水平。

【党风廉政建设】 深入贯彻《中国共产党廉洁自律准则》和《中国共产党纪律处分条例》,落实"一案双查"制度,推动两个责任落实,全面加强纪律建设。锲而不舍地落实中央八项规定精神,坚决整改省委巡视组反馈的问题,深入治理"庸懒散奢软"和不作为、慢作为、乱作为等作风问题。坚决以零容忍的态度惩治腐败,以"六项纪律"为尺子,把"四种形态"运用情况作为检验工作的标准,让广大群众切身感受到开展反腐倡廉工作带来的新变化。

【制度建设】 重新修订《中共佛冈县委常务委员会议事规则》《佛冈县人民政府工作规则》。明确议事范围,提出议事原则,规范议事程序和要求,促进县委、县政府决策科学化、民主化、规范化。

【社会主义民主政治】 支持人大、政协依法履职,及时研究解决人大工作中的重大问题,支持和保证县人大及其常委会依法有效行使监督、选举、决定、任免等职权。支持政协就区域发展的重大问题和人民群众关注的热点难点问题,开展调查研究、专题视察和民主监督,保证政协充分发挥政治协商、参政议政、民主监督等职能;扎实推进"同心同行"系列活动,全力打造"大统战"工作格局。加强党外代表人士队伍建设,依法加强民族宗教事务管理,巩固壮大爱国统一战线。

【依法治县】 认真落实依法治县的

实施意见，大力推进依法行政，健全依法行政决策机制，严格规范行政执法行为。强化对行政权力的制约和监督，形成科学有效的权力运行制约和监督体系。支持法院、检察院、公安机关依法独立行使司法权，坚持和完善领导干部干预司法活动、插手具体案件处理的记录、通报和责任追究制度。深入推进普法工作，健全领导干部带头学法制度，加强执法司法公职人员法制能力培训，不断增强全民尊法学法守法用法意识。

【政府行政效能提升】 全力抓好政府职能转变和各项改革工作。三级综合政务服务体系基本建成，网上办事大厅覆盖率达到100%。下放行政许可事项127项、便民服务事项管理权限113项。高效推进行政审批制度改革，提前完成县级清理非行政许可事项120项。深化商事制度改革，市场活力进一步被激发。

（郑秀红）

社会建设

【社会民生】 2015年全县社会发展情况良好。完善综合政务服务体系，全县6个镇已建成镇级社会综合服务中心，90个村（居）委建成村级社会综合服务站，以网上办事大厅为龙头，以县级政务服务中心为主体，以镇便民服务中心、村（社区）便民服务点为基础的四级综合政务服务体系建设已基本完成，具备了网上申办条件，网上办事大厅覆盖率达到100%。全面提高低保、五保、孤儿等特殊困难群体的补助标准。加大教育现代化建设力度，成功创建全国义务教育发展基本均衡县。公立医院改革成效明显，获得中央改革办高度评价。全面开展11项基本公共卫生服务项目，推进迳头镇、石角镇中心卫生院建设，努力改善基层医疗机构服务环境，基层卫生医疗水平不断提升。稳步提升计生工作水平，落实计生惠民措施，计生工作上新台阶。巩固创文创卫成果，加强卫生村创建工作，全年有28个自然村申报成为省卫生村，297个自然村申报成为市卫生村，卫生村覆盖率达45%。成功处置石角镇高致病H5N6禽流感事件，未发生人感染禽流感病例。加大创业扶持力度，健全覆盖城乡劳动者的终身职业培训体系，推进劳动力转移就业，全年全县新增转移农村劳动力4076人，完成年度计划的101.9%，"零就业家庭"动态保持为零。抓好农村合作医疗和城乡居民保险扩面工作，做好社保卡宣传和发放工作。成功申报2015年广东省农村生活垃圾收运处理工作达标示范县，6个镇已基本建成垃圾中转站，其中迳头镇中转站已投入使用，农村人居环境不断改善。

【综治维稳】 严厉打击各类违法犯罪活动，深入推进"3+2"专项打击整治行动，不断提升公众安全感和满意度。圆满完成市下达的"3+2"专项行动各项指标，实现"立案率同比下降、破案率同比大幅上升"的目标。加快平安佛冈创建步伐，深入开展"亮剑"系列行动，加强排查化解矛盾纠纷，全力维护社会和谐稳定。加强综治信访维稳工作，全县综治信访维稳三级工作平台共受理案件679件，办结650件，办结率95.73%，未发生重大群体性事件。全力抓好重点行业安全生产监管，全县安全生产形势总体稳定。

（郑秀红）

文化建设

【概况】 2015年佛冈县文化建设取得可喜的成绩，亮点纷呈。文物保护和"非遗"事业全面发展；文化馆、图书馆"总分馆制"逐步落实，公共文化服务体系日趋完善；群众文艺作品评选再创佳绩，文艺创作全面繁荣；群众活动蓬勃开展，文化产业有序发展。

【历史文化和非遗保护】 2015年，佛冈县建立健全文物管理机构，加强对省级及县级文保单位的保护管理与利用，做好上岳古村国家历史文化名村建设和省保单位保护工程的跟踪、服务和监督工作；围绕"保护为主、抢救第一、合理利用、传承发展"的方针，进一步加强非物质文化遗产保护工作，配合央视拍摄省级非遗保护名录项目"舞被狮"和"豆腐节"专题片，收集整理"接送三王"民俗申报省级非遗保护名录，选送原创民俗作品"舞春牛"参加清远市2015"春牛"争霸赛喜获金奖；根据省市的统一部署，稳步推进佛冈县第一次全国可移动文物普查工作。

【公共文化服务体系建设】 2015年，佛冈县推行文化馆、图书馆"总分馆制"，制定总分馆制工作方案（试行），强力推进公共文化服务体系创新。县文化馆为国家一级馆，县图书馆为国家三级馆。两馆举办丰富多彩的群众性文化活动，大力开展艺术培训，受到广大群众的好评；六个镇文化站的各项基础设施和服务项目日益完善，其中有五个站达到二级标准，一个站达三级标准，具备总分馆的办馆条件。

【文化产业发展】 2015年，佛冈县深入贯彻落实《中共中央关于深化文化体制改革推动社会主义文化大发展大繁荣若干重大问题的决定》，充分发挥文化资源的比较优势，大力推进全县文化产业发展。以项目促转型，以打造高岗豆腐节、汤塘舞被狮为龙头，加快发展文化旅游产业，重点建设上岳古村落等文化旅游项目，将上岳古村落作为佛冈文化产业项目在深圳文博会上予以推介，有效提升佛冈文化影响力。

【文艺创作】 2015年，佛冈县文艺创作成绩继续领跑全市各县（市、区），连续四年获清远市群众文艺作品评选总分第一（除市直单位）。其中，张春兰的小戏《拉良配》获省小戏一等奖，并在广东省第八届群众戏剧曲艺花会总决赛中荣获银奖，这是改革开放以来佛冈在广东省戏剧曲艺花会中获得的最好成绩。8月，成功举办清远市文艺创作培训班，进一步促进文艺人才的交流以及文艺事业的繁荣发展。同时，书法、文学、戏剧、音乐、美术等创作水平稳步提高，每年报送作品的数量、质量均居全市的前列。

（陈钰婷）

生态建设

【生态景观林带建设】 积极开展抚育管护和补植工作，生态景观林带建设任务基本完成，进一步完善连贯性和提高标准扩建精品节点，完善景观林带抚育工程，有效提高林带成林率和连通率，增加林带景观效果。

【森林碳汇工程建设】 森林碳汇工程按照重点生态工程造林作业设计要求施工，造林密度和苗木均符合林业技术规程标准。实际造林面积2781亩，分布在全县5个镇23个作业小班，森林碳汇工程造林完成率达100%。全年落实管护人员，秋季进行一次铲草、松土、施肥抚育，碳汇林抚育管护率100%。社会造林合格面积20 000亩，分布在全县6个镇，造林作业小班450个。封山育林合格面积5000亩，作业小班4个。

【乡村绿化美化工程】 2015年全县纳入建设任务的16个自然村均进行绿化美化整治，种植优质景观苗木。绿化美化的自然村基本达到入村有景观路、村边有水源林、村中有小公园、房前屋后有绿化的建设要求。

【森林公园建设】 上级下达给佛冈县森林公园建设任务7个（至2017年），其中县级湿地公园1个、镇级森林公园每镇各1个。2015年，黄花湖县级湿地公园和汤塘长盛谷、水头潭洞、高岗长江3个镇级森林公园建设任务均落实立项批复、规划设计、建设项目规模、工程进度等建设任务。

【全民义务植树】 2015年，全县应履行义务植树的适龄公民总人数10万人，完成义务植树任务10万人次。结合河堤绿化，全县完成义务植树50.4万株。

【生态公益林保护】 认真落实生态公益林管护责任，明确管护职责，管护合同签订率100%。抓好生态公益林效益补偿资金发放工作。全县生态公益林总面积32.6万亩，2015年省下达佛冈县生态公益林损失性补偿资金为735.24万元，已完成损失性补偿资金发放332.58万元，占发放任务总量的45.2%。由于开展"三农"资金整合工作，部分损失性补偿资金推迟发放。各镇已基本完成尚未发放的损失性补偿资金发放编制工作。

（廖阳西）

精神文明建设

【概况】 2015年是佛冈县荣获全国县级文明城市提名资格的第一年。佛冈县认真贯彻落实中央、省、市的工作部署，围绕创建全国文明县城工作重点，紧扣培育和践行社会主义核心价值观，以创文为契机，以促进精神文明建设常态化为抓手，多措并举，不断深化党员群众理论教育和公民思想道德建设，全面提高社会文明水平。

【社会主义核心价值观弘扬】 佛冈县运用传统媒体与现代媒体相结合的形式，大力加强社会主义核心价值观宣传教育。在电视台、广播电台全天滚动播放社会主义核心价值观标语；编印社会主义核心价值观教育读本——《我的家风家训家教》；开展"身边的感动"征文比赛；在全县主干道和各十字路口的护栏上、建筑工地围挡、各单位的服务窗口、车站、医院等公共场所张贴社会主义核心价值观标语挂图；在微信朋友圈发起"微信晒书单""向国旗敬礼"活动；微信公众号"佛冈发布"发起"清理河堤志愿活动""广东扶贫济困日"募捐倡议等活动。

【理论教育】 大力推进学习型党组织建设。制定县委中心组理论学习方案和学习重点，认真组织开展理论学习教育活动。编印汇聚社会热点的《佛冈学习大讲堂》，根据中央和省市委要求订阅针对性强的学习资料，促进党员干部自主学习。创新学习形式，搭建"随身课堂""流动课堂""网络课堂""电视课堂""互动课堂"五大学习平台。通过多途径引导广大党员干部随时随地开展学习，帮助广大党员干部牢牢把握理论教育主流思想，高效推进工作开展。佛冈连续三年在市对县级的党建考核中获得理论教育满分的好成绩。

【群众性精神文明创建活动】 开展"大榕树下的小讲堂"活动，把村里的乡村名嘴、能人选为理论宣讲员，用通俗易懂的形式向群众宣讲国家时政理论、惠民政策等，着力解决基层理论宣传"最后一公里"问题，实现理论惠民工作目标。大力推进"道德讲堂"建设，在全县各单位、企业、学校、乡镇开展"道德讲堂"活动，通过身边人讲述身边事，营造出重道德、守情操、讲文明、树新风的浓厚氛围。大力推进"文化驿站"建设，建成迳头镇官瑕围村和汤塘镇汤塘村

2015年11月30日下午,"大榕树下的小讲堂"在迳头镇楼下官塅围村文化室举办
（县文明办供稿）

文化驿站,为村民搭建集宣传教育、文化活动、景观美化和休闲娱乐等功能于一体的公共文化服务平台,提升农民群众的精神文化生活质量和幸福指数,加强农村精神文明建设。大力推进"好人之城"建设。通过举办"佛冈好人""寻找身边好党员"等评选表彰活动,发掘出一批道德模范,成功塑造佛冈先进典型。如：全国劳动模范"肥佬法官"蓝榕概、"省级劳动模范"周长春、"最美交警"刘治刚、"助人为乐"模范刘志洁、"孝老爱亲模范"黄国源等。在全县发挥优秀标杆良好的导向示范作用,掀起学习正能量的热潮。

【两个省级生态文明示范村创建】建设生态文明村是佛冈县强农惠农、推进城乡一体化的重要举措,为实现"一村一特色",佛冈县结合自然环境、发展历史、村民习惯等因地制宜进行规划和建设,成功创建两个省级生态文明示范村试点——上岳村和大田村（全省总共15个,清远市只有佛冈2个生态文明村入选）。同时以点带面,全面推进全县生态文明村建设,让村民切实感受文明村建设带来的实惠,让广大农民群众共享经济社会发展成果。

（刘慧萍）

县四套班子、县直副科以上单位（含省市直管单位）及各镇领导人员名单（2015年）

中国共产党佛冈县委员会
书　　记：华旭初（2015.12 免职）
副书记：梁金鉴　黄永华
常　　委：韦学民（挂职，7月任职）　虞卫旗
　　　　　徐文婉　甘运红　冯炽兴　李贤成
　　　　　石尚明　黄镜秦（挂职）　杨轶明（挂职）
　　　　　黄河　袁卫国
办公室主任：李贤成
办公室副主任：张邦正　李培兵　曾庆任

佛冈县人大常委会
主　　任：华旭初（任至2015.11）
代理主任：蓝山鹰（2015.11任职）
常务副主任：蓝山鹰
副　主　任：李功志　郑中化　蓝应禄　朱沛付
　　　　　　黄小云（2015.3 任职）
办公室主任：丘韶文
办公室副主任：罗邦景
农村农业工作委员会主任：邹昌军
内务司法工作委员会主任：郑小诚
教育科技文化卫生工作委员会主任：朱群香
选举联络人事任免工作委员会主任：钟永纪
财政经济工作委员会主任：禤国恒
依法治县办主任：郑小诚

佛冈县人民政府
县　　长：梁金鉴
副县长：冯炽兴（2015.3任职）
　　　　杨轶明（2015.2任职）
　　　　韦学民（2015.7任职）　黄镜秦　陆上顶
　　　　黄河（任至2015.3）　黄丽　范辉煌
　　　　王卓越　朱小松（2015.3任职）
办公室主任：黄泽川

办公室副主任：廖楚雄　曾锦常

政协佛冈县委员会
主　　席：袁镜焕
副 主 席：赵仲轲　范桂宁　周玉兰　朱沛爽
　　　　　吴子伟　谢国华
秘书长、办公室主任：何高者
副 秘 书 长：邓社棠　黄晓芬
组织联络委员会：黄柱立

中国共产党佛冈县纪律检查委员会
书　　记：虞卫旗
副 书 记：朱向民　陈谷新

县监察局
局　　长：朱向民
副 局 长：邝瑞芬

县预防腐败局
局　　长：朱向民
副 局 长：黄银英

县人民武装部
部　　长：谭华军（2015.2 任职）
政　　委：甘运红
副 部 长：黄红宇

县委组织部
部　　长：石尚明
常务副部长：刘纯心
副 部 长：何玉琼　郑按双（任至 2015.4）

县委宣传部
部　　长：卢少峰（任至 2015.3）
　　　　　黄　河（2015.3 任职）
常务副部长：张少捷
副 部 长：曾道明　吴春来

县委统战部
部　　长：徐文婉
常务副部长：范福新
副 部 长：韦远明

县委政法委
书　　记：冯炽兴（任至 2015.3）
　　　　　袁卫国（2015.3 任职）

常务副书记：郑桂洪
副 书 记：李功仕　黄序南

县民宗局
局　　长：韦远明
副 局 长：黄政雄

县委农办
主　　任：黄文峰
副 主 任：李红梅

县扶贫办
主任、党组书记：李红梅
副 主 任：罗云飞
纪 检 组 长：郑彩云

县直工委
书　　记：李蔚琴
副 书 记：黄秀华　黄振权

县委党校
常务副校长：廖镜洲
副 校 长：黄　亮

县编办
主　　任：李志加
副 主 任：叶　刚　陈灿开

县史志办
主　　任：李协湖
副 主 任：谢春江

县信访局
局　　长：罗先范
副 局 长：徐金龙

县总工会
主　　席：袁卫国（任至 2015.4）
　　　　　蓝应禄（2015.4 任职）
常务副主席：何永中
副 主 席：黄劲斌

团县委
书　　记：黄艺明
副 书 记：欧　军

县妇联
主　　席：黄少钦
副 主 席：谭冬娥

县科协
主　　席：卢建荣

县侨联
主　　席：范炳锡

县工商联
主　　席：陈　荣
副主席、秘书长：陈应金
党组书记：范福新

县残联
理 事 长：冯耀丰
副理事长：张学兰
纪检组长：郑志明

中国民主同盟佛冈县基层委员会
主　　委：李功志
副 主 委：谢国华
专职副主委：闫玉珍
副 主 委：罗文华　丘　岳

县人社局
局长、党组书记：郑从军（任至 2015.4）
　　　　　　　郑按双（2015.4 任职）
副 局 长：刘拥军　胡淑媛　徐石莹（2015.5 任职）
纪检组长：徐石莹（任至 2015.5）

县社保局
局长、党组书记：徐金星
副 局 长：黄煜明　邹梅仙
纪检组长：何红火

县国土资源局
党组书记、副局长（主持全面工作）：邓承建
副 局 长：黄耀提　丘　岳
纪检组长：何传华
执法大队长：邱建恒
总 工 程 师：郝生华

县土地开发储备局
局长、党组书记：邓书辉
副 局 长：刘泽华　朱海鹰

县民政局
局长、党组书记：黄如恒
副 局 长：邓伟其　陈雁彪
纪检组长：黄松星

县卫计局
局长、党组书记：温秀梅
副 局 长：温明源　潘秋蓉　邝国其　黄　旭　曹　翀
纪检组长：李永清

县旅游局
局长、党组书记：谭武刚
副 局 长：朱炳权
纪检组长：黄谷维

县档案局
局　　长：曹榕村
副 局 长：林绍嘉
纪检组长：钟北湖

县安监局
局　　长：陈　斌
副 局 长：张扬周

县食药监局
局　　长：欧阳炽荣
副 局 长：邹健平　陈永胜　何海智

县驻穗办
主　　任：赖宏基

县行政服务中心（招商局）
主任、局长、党组书记：范秀永
副主任、副局长：林业斌　洪　玲
纪检组长：刘国庆

县新农村管委会
主任、党组书记：朱建星
副 主 任：曹庆佳　罗丽红
纪检组长：肖钊雄

县机关事务局
局　　长：林志强
副 局 长：黄煜权　欧阳棉

无线电管理办公室
主　　任：李　华

县司法局
局　　　长：陈湘中
副　局　长：范冬梅　郑万里

县公共资源交易中心
副　主　任：周敏聪

县综治办
主　　　任：李功仕
副　主　任：周全安

县关工委
主　　　任：黄银带
常务副主任：吴琼芳
副　主　任：黄德民
秘书长兼办公室主任：邓春华

县老促会
会　　　长：李玉方
副　会　长：郑圣方
秘　书　长：周都明

县社会工作委员会
主　　　任：黄永华
副　主　任：冯炽兴（任至2015.3）　陆上顶
　　　　　　李功仕　袁卫国（2015.3任职）

县公安局
局长、党委书记：陆上顶
副　局　长：邓汝平　欧阳汉彬　朱远伦　黄永西
纪　委　书　记：朱远军

县人民检察院
检　察　长：卢跃科
副检察长：梁小卫　曹为民　李　波
纪检组长：黄银招

县人民法院
院　　长、党组书记：黄富强
副院长、党组副书记：范健民
副　院　长：曾锦伟

县公安消防大队
大　队　长：李其春
教　导　员：程广显
副大队长：刘慧强　林涛

县文广新局
局长、党组书记：曾道明
副　局　长：何婉媚

县广播电视台
台　　　长：张永红
副　台　长：谭绍雄　黄伟洪

县新闻信息中心
主　　　任：吴开勇
副　主　任：何锦成

县教育局
局长、党组书记：彭　宁
副　局　长：李玉英　赖宏俊
党组副书记、纪检组长：朱灿炉（任至2015.7）

佛冈一中
校长、党组书记：朱志勇
副　校　长：黄伟星　何高会　何继扬
纪检组长：丘民乐

佛冈中学
校　　　长：梁义明
副　校　长：张志文　李伯飘　刘荣毅

县职校
校　　　长：郑华中
副　校　长：邓沛锋　李良星　李　倩

县城北中学
校　　　长：钟润培
副　校　长：郑中兴　谢红努　潘丽云

县城东中学
校　　　长：黄国仑
副　校　长：谢碧娥　刘桂林　黄偕忠

县人民医院（集团）
院　　　长：刘群锋
党　委　书　记：张明胜
副　院　长：赖春玲　郑奇志　欧阳北江生

县中医院
副院长（主持全面工作）：汤文辉
副　院　长：周新明　陈志霞（挂职，9月任职）

县妇幼保健院
院　　　长：陈日利
副 院 　长：胡义芝　孙少根

县慢性病防治医院（县卫生进修学校）
校长（院长）：张芳寿
副 　校　 长：曹叶群

县卫生监督所
所　　　长：朱明勇
副 所 　长：温　裕

县疾控中心
主　　　任：李功锋
副 主 　任：黄关权　谢志坚

县发改局
局长、党组书记：黄伟棋
党组副书记、纪检组长：李启友
副 局 　长：邓卓成　林旭辉

县统计局
局　　　长：陈健兵
副 局 　长：谢挺陆
纪 检 组 长：刘厚超
总 统 计 师：张小燕

县经信局
局长、党组书记：范秀永
党组副书记、纪检组长、副局长：刘海平
副 局 　长：李伟中　廖德柱　李树棠（挂职）

佛冈供电局
局　　　长：罗　佳
党 委 书 记：潘国强
副 局 　长：廖健钧（任至2015.11）　李松汉
　　　　　　陈　尤　李仪光（2015.9任职）
　　　　　　郭健培（2015.11任职）

县供销社
主　　　任：李伯拈
副 主 　任：郑劲涛（任至2015.5）
　　　　　　周敏聪（2015.5任职）
纪 检 组 长：周敏聪（任至2015.5）

广东烟草清远市有限公司佛冈县分公司（佛冈烟草专卖局）
局长、经理：冯其普

副 局 　长：姚　远
副 经 　理：何伟华

邮政佛冈县分公司
总经理、党组书记：黄国贤
副总经理兼工会主席：包佩云

电信佛冈分公司
总 经 　理：郑智勇
副 总 经 理：张小荣　李森锦

移动佛冈分公司
总 经 　理：谭帮新（任至2015.10）
　　　　　　钟俊辉（2015.10任职）
副 总 经 理：严思伟

联通佛冈分公司
总 经 　理：雷　达
副 总 经 理：何高峰

盐务佛冈分局
分局局长（分公司经理）：郭　岩

县财政局
局长、党组书记：冯庆洲
党组副书记、纪检组长：梁浩锋
副 局 　长：罗　杰　黄建中　谭庆忠

县公共资产管理中心
主　　　任：曾宪跃

县住房公积金管理部
主　　　任：刘辉明

县审计局
局　　　长：胡可铺（任至2015.8）
党组副书记、纪检组长：邓炳泉（2015.8起主持全面工作）
副 局 　长：史道喜　范杰忠
总 审 计 师：邓志光

县国税局
局长、党组书记：魏胜扬
副 局 　长：何建国　叶淑慧　胡　清
纪 检 组 长：包贤党

县地税局
局长、党组书记：丘成炽

副　局　长：潘启鸿
纪检组长：陈国新
总经济师：彭惠均

县工商局（2015.1—10）
局长、党组书记：邓武军
副　局　长：范伟凡　王庆辉　易红兵

县质监局（2015.1—10）
局长、党组书记：苏招明（任至2015.2）
副　局　长：何万里（2015.4—6主持全面工作）
　　　　　　欧贵才（2015.6—10主持全面工作）

县市场监督管理局（2015.10—）
局长、党组书记：邓武军
副　局　长：王庆辉　范伟凡　易红兵　欧贵才

县市场开发中心
主　　　任：李伯培

中国人民银行佛冈县支行
行　　　长：邱小玲
副　行　长：黄健平

中国工商银行佛冈支行
行　　　长：黄得平（2015.3任职）
副　行　长：廖雄远　谢思华（2015.8任职）

中国农业银行佛冈支行
行　　　长：刘小平
行长助理：林少杰　黄展明

中国建设银行佛冈支行
行　　　长：罗伟锋
副　行　长：黄华锋　徐　飞

中国银行佛冈支行
行　　　长：苏　劲
副　行　长：谭卫光（任至2015.3）
　　　　　　成志明（任至2015.9）
　　　　　　李海金（2015.9任职）

县农村信用合作联社
党委书记、理事长：麦瑞勇
党委副书记、主任：李毅斌
纪委书记、监事长：刘伟松（任至2015.3）
　　　　　　　　　李学东（2015.4任职）

副　主　任：林海健　梁伟言
　　　　　　苏汉槟（挂职，2015.11任职）

中国邮政储蓄银行股份有限公司佛冈县支行
行　　　长：吴锡涛
行长助理：黎真灵

中国人民财产保险股份有限公司佛冈支公司
副总经理（主持全面工作）：郑志锋
副总经理：吴祖清
支部书记：宋国华

中国人寿保险佛冈县支公司
总经理：吴贤
副总经理：刘艺

太平洋产险佛冈服务部
负责人：朱继帮

县交运局
局长、党组书记：张少敏
副　局　长：钟和平　罗兴波
党组副书记、纪检组长：黄海强
总工程师：邹永成

佛冈公路局
局长、党总支书记：周梓才
副　局　长：成俊峰　张邦良
工会主席：胡必可

清远市粤运汽车运输有限公司佛冈分公司
经　　　理：陈建平
副　经　理：曾炳相　苏宝灵

县住建局
局　　　长：郑从军
副　局　长：朱伟文　李功文
总工程师：姚莹丽

县城乡规划办
主　　　任：罗文华
副　主　任：郑小俭

县环保局
局长、党组书记：李理前
副　局　长：郑永根
党组成员：赖梅秀

总 工 程 师：庞辉明

县房管所
所　　　长：黄常山
副 所 长：郑洁玉　周咏忠　杨志诚

县城监大队
大 队 长：朱前子
支 部 书 记：黄常正
副 大 队 长：张光雄　徐钊强

县环卫所
所　　　长：朱胤健
副 所 长：朱沛强

县科农局
局长、党组书记：钟华光
副 局 长：何国飞　冯东华

县农技中心
主　　　任：钟榕文
副 主 任：钟阶毅　赖杏梅

县动物监督所
所　　　长：刘厚武
副 所 长：胡伟林

县林业局
局　　　长：王卓越
副 局 长：缪树坚　宋远玲
总 工 程 师：李　泊

县公安局森林分局
局　　　长：陈灿光
副 局 长：廖志勇
教 导 员：黄纯送

县水务局
局长、党组书记：李小珑
副 局 长：曹榕桓　黄华胜
党组成员、纪检组长、总工程师：潘岐力
县三防办主任：冯灼锋

县农机监理站
站　　　长：肖锦颜
副 站 长：朱明景

县供水服务中心
主　　　任：谢志军
副 主 任：陆志新　黄扬锋　曾昭可

县气象局
局长、党组书记：莫汉锋
副 局 长：许沛林
纪 检 组 长：谭光洪

羊角山林场
场　　　长：罗石其
副 场 长：范伯芹　冯红心

观音山自然保护区管理处
主　　　任：王卓越
副 主 任：缪树坚

高岗镇
党委书记、人大主席：何　昊
党委副书记、镇长：李伯浓
党委专职副书记：范国富
市挂职党委副书记：张念（任至2015.7）
党委委员、副镇长：刘纯国
副 镇 长：刘宁光　朱泽安
　　　　　朱丽嫦（2015.8到清远市统计局挂职）
党 委 委 员：莫毅斌　廖　源　钟锦成　黄亦军
　　　　　李　富
人大专职副主席：朱光蔡

迳头镇
党委书记、人大主席：范志明
党委副书记、镇长：陈列毅
党委副书记：郑从志
党委委员、副镇长：林伟平
党 委 委 员：黄展鹏　王远望　杨朝安　朱明树　罗素情
人大副主席：刘业林
副 镇 长：黄志清　李功向　李功亮
　　　　　肖宝倩（挂职，任至2015.7）
　　　　　陈　莉（挂职，任至2015.10）

水头镇
党委书记、人大主席：陈发兴（任至2015.4）
　　　　　谢振权（2015.4任职）
党委副书记、镇长：梁沛英
党委副书记：周玉明
党委委员、副镇长：曾榕明
人大副主席：黄锻文

党委委员：廖红星　黄敏韶　邓雪梅　刘伟华　朱远志
副 镇 长：陈湛棋　黄福坚　李国政

石角镇

党委书记、人大主席：袁卫国（任至2015.4）
　　　　　　　　　陈发兴（2015.4任职）
党委副书记、镇长：谢振权（任至2015.4）
　　　　　　　　　陈志锋（2015.4任职）
党委副书记：陈志民
县政府党组成员、镇党委副书记：林　怡
　　　　　　　　　　　　　　（挂职，任至2015.3）
党委委员、纪委书记：张庚源
党委委员、副镇长：梁艳文
党 委 委 员：罗邦治　陈少霞　郑卫东　黄神艺
　　　　　　陈权芳　欧阳浩锋　林育忠　朱江
　　　　　　邱耀波（挂职，任至2015.9）
人大副主席：林毅强
副 镇 长：李国杰　郑彩平　范秋萍

汤塘镇

党委书记、人大主席：叶军强
党委副书记、镇长：钟元武
党委副书记：邱夏池　黄志健（挂职）
党委委员、副镇长：刘玉星
党 委 委 员：刘湛丰　莫志辉　张伟雄　温焕霞
　　　　　　陈文烽　徐桂海　古柱高　郑国波
　　　　　　邓棋均
人大副主席：黄社强
副 镇 长：张志军　黄宝敏　刘　冰

龙山镇

党委书记、人大主席：黄方洪
党委副书记、镇长：陈耀忠
党委副书记：张柏承
党委委员、副镇长：黄春华
党 委 委 员：刘道春　黄卫红　张湛艺　李功杰　朱坚宁
人大副主席：曹灿林
副 镇 长：朱志强　郑从钢　罗文亮

县城秀美夕阳红　　　　　　　　　　　　　　　　　　　　　　　　　　　（邓振华摄）

政党·政权

责任编辑：何东树

中共佛冈县委

县委全会

【县委十二届八次全会】 2015年2月3日上午，中共佛冈县委十二届八次全会在县人民中心主楼礼堂召开。会议的主要任务是全面贯彻落实党的十八届三中、四中全会和省委十一届四次、市委六届八次全会精神，深入学习领会习近平总书记系列重要讲话精神，总结2014年工作，落实"三个定位"要求，坚持稳中求进工作总基调，适应经济新常态，全面振兴发展、全面深化改革、全面依法治县、全面从严治党，努力提升"三区一城"建设水平。县委书记华旭初主持会议并代表县委常委会作报告。会议把落实"三个定位"要求，坚持稳中求进工作总基调，适应经济新常态，全面振兴发展、全面深化改革、全面依法治县、全面从严治党，努力提升"三区一城"建设水平作为2015年工作的主题，提出2015年的经济增长目标是地区生产总值增长8.5%。重点做好以下四个方面的工作：一是积极落实广清一体化，加快对接融入大广州大清远；二是调整优化产业结构，加快企业转型升级；三是加快推进城乡基本公共服务均等化；四是全面推进从严治党，推动形成作风建设新常态。

【县委十二届九次全会】 2015年8月19日上午，中共佛冈县委十二届九次全会在县人民中心主楼礼堂召开。会议的主要任务是深入贯彻中共广东省书记胡春华到清远调研、中共清远市委书记葛长伟到佛冈调研时的重要讲话精神，全面贯彻市委六届九次全会精神，立足"三个定位"，积极落实广清一体化，加快对接融入珠三角，推动佛冈全面振兴发展。县委书记华旭初主持会议并代表县委常委会作报告。会议以深入落实广清一体化战略部署、加快对接融入珠三角为主题，增强对落实广清一体化战略部署重要性的认识，全面把握发展形势，进一步明确发展任务，借助实施广清一体化战略机遇，一鼓作气抓发展，全面推动振兴发展。重点做好六项工作。一是加大力度推进产业园区建设，加快产业转型升级步伐；二是加快基础设施互联互通，进一步提升交通服务水平；三是稳步推进城镇扩容提质，提升建成区的综合承载力；四是扎实推进全面对口帮扶，着力抓项目、推进创新、改善民生；五是着力提升基本公共服务均等化水平，提高就业和社会保障水平；六是结合"三严三实"专题教育，以扎实的作风推动工作落实。

重要决策和重要活动

【广清产业园佛冈集聚区】 广清产业园佛冈集聚区已获省同意，正式享受省产业转移政策，并获安排产业发展启动资金5000万元，为后续快速发展打下必要基础。

【新型城镇化】 实施"东扩南拓北进"的城市建设战略，修编《佛冈县城市总体规划（2015—2035）》，规划建设龙凤新区、华龙新区、城南新区，大力推进新区用地储备工作。完善市政配套设施，全力以赴打通青松东路，完成城内主街道一批交通灯、绿化工程，县生活垃圾卫生填埋场建成运行。巩固和提升获得创建全国文明县城提名资格成果，大力提升文明、卫生工作水平，促进县城综合治理，整治县城非法营运取得重大成效。

【全面深化改革】 全力抓好中央和省市部署的各项改革任务，重点领域、面上改革均取得明显成效。农村综合改革、商事登记、党建、行政体制改革亮点纷呈。大力实施"三大工程"，激发基层组织新活力。深化医疗卫生体制改革，将县中医院纳入县级公立医院改革范畴。新农村试验区建设实现"三年初见成效"目标。

【社会文明】 汤塘法庭法官蓝榕概获"全国先进工作者"荣誉称号，填补了佛冈全国劳动模范的空白；交警刘治刚获"广东省先进工作者""中国好交警"称号。与中央电视台合作，以省级非遗保护名录项目"舞被狮""豆腐节"为素材拍摄的《记住乡愁之围镇村——家和万事兴》《豆腐节背后的故事》两部专题片在央视播出。

（郑秀红）

2014年12月25日—2015年1月5日中央电视台到佛冈县汤塘镇拍摄专题节目《围镇村——家和万事兴》，图为拍摄"舞被狮"场景 （张春兰摄）

组织工作

【概况】 2015年，践行"三严三实"，树立大抓基层的导向，强化资源下沉，夯实基层党建基础保障；强化问题导向，深入推进党建责任落实；强化机关建设，打造公道正派模范部门，从严从实推进全县组织工作。

【"三严三实"专题教育】 县委书记、县人大常委会主任华旭初继5月26日在全县"三严三实"专题教育党员大会上为县直副科以上单位有关负责人讲授"三严三实"专题教育党课后，5月28日，把党课延伸至全县村（社区）党组织书记，在全县村（社区）党组织书记及组工干部培训班上再讲党课，重点讲述以"三严三实"为准则下的做人与为官问题。在县委书记的带动下，34名处级干部在6月11日前全部完成讲党课任务，深受党员干部的欢迎。在全县评选十佳"四有党员"。实施"三大抓手"整治"不严不实"，建立"倒逼工作制""末位通报制"，通报中心工作落实"不实"的单位和个人；采取"电视问政""行风评议""行风热线"等多种形式，接受社会和群众监督；设立10名"效能监测点"，聘请12名"效能监督员"，实时监测部门"不严不实"现象。该做法被《广东省"三严三实"专题教育情况通报》重点推介，得到市委的肯定。11月15日，中央电视台《朝闻天下》和《新闻30分》分别播出《佛冈严实效能督查，整治"为官不为"》新闻报道，详尽介绍佛冈县领导干部转思路、定制度、改作风，为百姓办实事的情况。对照"三严三实"要求，主要领导干部带头，列出问题清单，一项一项落实整改。开展"百企服务"行动，每名县领导挂点联系2～3家企业，帮助小微企业渡过经济下行难关。促进全县各级党组织开展问题排查和整改，全县副科级以上单位领导班子整改条目1174条，全部完成整改。创建"四五六"工作法开展联系群众工作，全县共走访联系群众84 081户，占比99.4%。

【基层组织建设】 推行90个机关单位主要领导挂任90个村（社区）第一书记，开展"两代表一委员"联系选区选民活动。在原有的第一书记基础上，整顿软弱涣散村工作，加派专职第一书记。树立石角镇黄花党总支、大田村党支部、高岗镇三联村党总支等基层党建先进典型。利用QQ、微信等新媒体，在全县各级农村、社区、机关和"两新"组织党组织中开展微心愿、微党课、微视频等创新活动。建立并完善驻点直接联系群众的"四五六"工作法，固定团队、时间、地点、对象，党员干部担当宣讲员、信息员、调解员、指导员、服务员，推行问题首接制、村民说事点、工作台账、联席会议机制、考勤制度、考核评价和运用机制"六项"工作机制，为群众解决具体问题2830余个。稳步推进基层治理，成立县、镇和各相关单位的工作机构，制定任务清单，印发专项工作方案，进行全面的调查摸底。党组织服务下沉，实行村级党组织全面下沉到村民小组一级。基层组织经费下沉，对1890余名60周岁以上农村老党员参加医疗保险进行全额补助。逐年提高"两委"班子岗位补贴。对集体经济年收入3万元以下的贫困村给予4万元办公经费补助，对非贫困村给予0.5万元办公经费补助等。党员教育下沉，开设县镇党校、送学宣讲、远程教育、电视栏目等基层党员教育"四大课堂"。

【干部工作】 坚持以《干部选拔任用工作条例》为依据，进一步完善干部全程纪实工作，完善动议程序、部长会议及常委会议记录。积极探索推行"三定期和三随机工作法"，即定期对领导班子和领导干部开展年度考核、届中考察、年中总结和随机掌握干部的考核情况、考察情况和谈心谈话情况。成立档案专项审核领导小组，抽调12名干部，划拨专项经费，历时半年完成全县700余卷科级干部档案的专项审核。积极做好超职数配备相关工作，废止相关文件，免去超配的现存15名纪检组长职务。把推进公务员职务与职级并行制度工作与消化超职数配备干部存量工作结合起来，彻底整治超职数配备干部。大力推进干部监督工作。认真落实省市文件规定，认真开展违规办理和持有因私出国（境）证件专项治理工作，采取多种措施，确保公职人员全部登记备案，做到应备人员无一遗漏、应交人员无一不交、应查对象无一不查。

【"两新"组织工作】 截至2015年底，全县共有"两新"组织374家，已建立党组织63个，其中非公党组织55个，社会组织党组织8个，有党员875名，规范化建设示范点20个。2015年，全县组建"两新"组织党支部3个（新组建的约克空调制冷公司、碧桂园佛冈扶贫开发项目部和高岗镇长江水果专业合作社党支部均属于非公企业党组织），新发展党员35名，创建规范化建设示范点3个。下发《关于2015年县四套班子党员领导干部挂点指导"两新"组织党建工作的通知》，规定26名县级党员领导干部定期深入挂点联系的1～2个"两新"组织指导工作。以百企服务为载体，推进党建带群建"攻坚行动"。搭建起微信公众服务平台，将"两新"组织开展"微党课"、党员教育、党员评议制度等支部活动融入组织生活。党支部或者企业党员认领"微心愿"，当"红色义工"，做"圆梦使者"。40名"两新"党员认领并完成心愿38件。打造"两新"组织党组织党建阵地建设品牌，在沿106国道重点打造盈泰、成昌、龙清、科惠白井、松峰、国珠、长盛谷、聚龙湾、加多宝、骏达等一批党组织示范点的基础上，进一步打造迳头华劲、水头碧桂园佛冈县扶贫开发项目部、石角镇金鹏大酒店党支部，汤塘镇吉盛支部，规范和完善党建标识、党建阵地、党组织活动、党务工作和党建资料等。围绕"示范典型打造年"主题，深化推广加多宝浓缩厂党支部的"三有三无""先锋评选"党员活动与企业年会相结合的党组织生活创新形式和国珠集团党支部的"三培养"等成熟做法。强化信息报送和通报工作，2015年《清远组工通讯》采用信息1篇，"清远党建"信息3篇，《清远日报》文章1篇、简报2篇。

【模范部门建设】 全县参加教育活

2015年8月26日上午，佛冈县"赛马工程"清远加多宝草本植物科技有限公司比武现场
（县委组织部供稿）

动的组织人事干部160人，由各镇党委、县直工委、县公安局党委、县直副科以上单位负责组织人事的部门负责开展。一是注重"三严三实"标准，突出讲纪律明规矩的要求。常委、部长讲授专题党课，要求全县组工干部必须自觉做守纪律讲规矩的表率和标杆，对全县组工干部开展"双核查"，面向全县选调一名优秀年轻干部进入部机关。二是注重传承组工历史，突出人文创建特色。建立"组工文化墙"，让干部时刻体验以"政治坚定、公道正派"为核心的优秀组工文化。组织历任正副部长参观组工文化墙，讲述部机关发展历程并为在职干部讲授党课，增强组工干部的工作自豪感和责任感。三是注重锤炼作风，突出勤学习精业务。通过每月、每季度联席报告平台，培养"开口能讲""下地能耕"的组工干部。四是注重实践锻炼，突出有序竞争、竞相成长的浓厚气氛。通过给平台交任务压担子加快部内干部成长步伐，有计划地安排组工干部交叉参与各种中心工作；稳步推进部内干部轮岗交流，通过多岗锻炼打造组工业务"多面手"。

【人才工作】 2015年以"赛马工程"为主题，注重在科研实践中锻炼人才，着力打造培养和成就人才的"赛马场"。佛冈县设立400万元人才发展专项资金，"510"人才工程专项资金主要来源于省扶持、市配套及县专项投入。通过专项资金的引导性投入，鼓励有条件的企业设立人才开发培养专项经费，支持和引导人才进行自主投入、自我提升，工程实施以来带动企业对人才发展投入、人才科研投入超过1000万元，起到良好的辐射作用。组织开展"相马工程"，挑选"千里马"，经过申报推荐、评委会初审、评委会再审并投票表决、县人才工作领导小组审定、媒体公示等环节，确定李丽等52名同志为佛冈县"510"人才工程入选人才；评选约克（广州）空调冷冻设备有限公司等5家企业为"优秀引才育才企业"，并给予表彰奖励。2015年以来，开展"赛马工程"，在企业开展技能竞赛或内部选拔活动，挑选出德才兼备的候选人。通过"赛"品德、"赛"能力、"赛"业绩遴选出10名"510"人才贡献奖获得者，对"赛马工程"入选的人才奖励1.5万元。"510"人才工程实施以来，全县上下重视支持人才工作氛围日渐浓厚，据统计，近两年来累计举办招聘会98场，参加企业达810家，提供工作岗位13 850个，现场录用2720人，五大支柱产业引进各类人才278人。

（县委组织部）

宣传工作

【概况】 2015年,佛冈县宣传思想工作以全面贯彻习近平总书记系列讲话精神和省、市宣传思想工作会议精神为核心,紧紧围绕县委确立的"农综改革"和创全国文明县城为工作重心,落实"三个定位"要求,适应新形势,把握新规律,明确新任务,争创新亮点,为促进佛冈全面振兴发展,争当全市落实广清一体化战略部署排头兵提供思想保证、舆论支持、精神动力和文化条件。

【理论武装】 一是加强组织领导和学习平台建设。强化党委（党组）抓党建的主角意识和主动精神,切实加强党的思想政治建设,坚持把党建工作与中心工作一起谋划、一起部署、一起考核。以"随身课堂""流动课堂""网络课堂""电视课堂""互动课堂"五大平台为载体,把自学与共学有机结合起来,教育引导广大党员干部把思想和行动统一到中央和省委、市委、县委的决策部署上来。二是组建基层宣讲队伍,大力培育和践行社会主义核心价值观。以"大榕树下小讲堂"为主题,把村中群众基础过硬、能言善辩的"乡村名嘴""乡村能人"选为理论宣讲员。通过生动活泼、通俗易懂的形式向群众宣讲国家时政理论、惠民政策,开展感恩教育、诚信教育、法纪教育,积极营造文明礼让、知恩感恩、诚实守信的浓厚氛围。三是开展党的十八届五中全会精神宣讲。按计划邀请省、市专家学者进行党的十八届五中全会精神辅导。根据上级和县委的要求,组织县委宣讲团,到各乡镇、社区、学校、企业等开展党的十八届五中全会精神巡回宣讲。

【舆论宣传工作】 一是突出主题宣传,唱响主旋律。围绕县委、县政府的中心工作,策划好重大主题新闻宣传报道,唱响促进佛冈全面发展的主

2015年,在佛冈县振兴路中间隔离带和各十字路口的护栏上加装社会主义核心价值观宣传标牌,营造良好创文氛围　　（县文明办供稿）

旋律。组织县广播电视、《清远日报·佛冈新闻》记者站和《南方日报·佛冈新闻》记者站先后完成"两会""项目建设""招商引资""城市建设""新农村建设""创文创卫""三严三实""农村综合改革"等重大会议或重要工作的宣传报道工作,为佛冈的"三城一区"建设以及促进佛冈全面发展营造良好的舆论氛围。二是突出舆情管控,舆论引导有力。做好全县村级宣传员资料的收集整理以及上报工作;建立相关工作制度,全面推动全县各镇、相关重点部门开放官方"双微"（微博、微信）,加强网络舆情监控。三是突出精品外宣,提升佛冈形象。加强与上级主流媒体合作,围绕县委、县政府中心工作,组织策划主题交流等文化活动。

【宣传队伍建设】 一是建立完善分级分类、分工负责的培训机制。主要是对全县易发生突发事件的重点部门进行集中培训。5月下旬,邀请省处置舆情危机的专家到教育、卫生系统举办培训班,提高以上两个系统中层以上干部应对突发舆情的能力,增强处置舆情危机的工作实效。二是开设各类培训班或讲座（舞蹈、书法、美术、乐器、音乐）10余次,培训达1000余人次,培训对象覆盖老、中、青、少各个层次。三是抓好党组织建设。围绕践行"三严三实"专题教育活动,按照2015"基层宣传工作加强年"总要求,加强党风廉政建设,广泛开展"党员志愿活动""走千村·听民声""营商环境百企行"活动,促进密切联系群众工作制度化、常态化。同时,为切实做好党建宣传工作,下半年还专门召开专题宣传工作会议,对全县从事党建宣传的干部进行培训,提升其业务工作能力。

（谢渊文）

统战工作

【概况】 2015年,佛冈县委统战工作紧紧围绕市委和县委的决策部署与中心发展大局,调动积极因素,发挥统战工作在全面深化改革和经济发展中的重要作用,做到凝聚力量、团结人心,为佛冈各项事业发展作出贡献。

【"同心同行"系列工作】 县委、县政府决定把"同心同行"系列活动作为2015年重点工作任务之一。县委统战部4—12月,在全县统一战线深入开展"同心同行"系列活动,并将此作为全年统战工作的头号任务,

认真抓好落实。系列活动分为"启动动员、学习提高、教育实践、巩固总结"四个阶段组织实施,重点是打造"同心·建言献策""同心·助推发展""同心·服务民生""同心·共促和谐"等四项行动。一是把学习贯彻习近平总书记系列重要讲话精神作为核心内容,引导各民主党派、无党派人士和非公经济人士代表加强思想教育学习。二是协调和指导民主党派、非公经济人士围绕社会主义新农村建设、民族宗教、全面深化改革和全面推进依法治县等问题开展调研。同时,引导和鼓励党外人士参政议政,撰写人大议案和政协提案,为佛冈县建设出谋献策。三是引导非公经济企业加强诚信建设,构建和谐劳动关系,开展港澳台侨企业调研活动,服务非公经济、港澳台侨企业。四是开展扶贫济困活动,协助动员港澳台海外和全县非公有制代表人士积极参加"6·30"扶贫济困日活动,在宗教界人士和信教群众中组织开展"宗教慈善周"扶贫救济活动等,效果显著。五是支持做好"党建带侨建,侨建为党建"前期工作。

【多党合作与政治协商】 深入贯彻《中共中央关于加强社会主义协商民主建设的意见》,推动多党合作事业发展。一是帮助各级党委完善民主协商机制,推动党委与民主党派、无党派人士之间政治协商常态化、制度化,提高县委县政府重要会议及重大事项召开的党外代表人士座谈会、征求意见会、民主协商会和情况通报会的质量。二是发挥民主党派优势,为全县各项事业发展建言献策。联系和鼓励党外人士积极参加县委、县政府、县政协及有关部门举办的各种协商会、征求意见会等,引导其围绕县委、县政府的决策部署和重点工作,结合自身特色和专业角度,参与到统一战线建言献策活动中。在2015年县"两会"上,县民革、县民盟提出涉及全县改革发展、城乡建设、民生事业、生态建设等方面的建议、提案和议案16份。

三是支持民主党派搞好组织建设和社会服务。县民革、民盟2015年各发展新党员一名。与参政议政工作紧密结合,开展多次捐资助学、扶贫济困等社会服务工作,突出参政党的特点。

【非公有制经济领域统战工作】 一是继续深入开展理想信念教育实践活动。协助县工商联举办的以"构建和谐劳动关系"为主题的非公有制经济人士理想信念教育实践活动,以守法诚信为重点,以促进"两个健康"为目标,教育引导非公有制经济人士牢固树立守法诚信意识,提高诚信立业、依法治企、守法经营、依法维权、创新发展的能力和水平。二是引导工商联会员认真履行参政议政职能。在2015年县"两会"期间,县工商联会员中的政协委员就如何推动全县社会经济发展、建设和谐社会、改善服务质量、营造良好投资环境等方面积极主动建言献策,共提出10多份提案和发言,有效发挥县工商联会员参政议政的作用。12月,协调和指导县工商联会员中的政协委员围绕全面推进"共创富民强县、建设幸福佛冈"核心任务开展调研,形成书面调研报告上交县委、县政府。

【港澳台及海外统战工作】 一是开展佛冈与香港、澳门的经济、文化交流。借助赴港参加社团活动的机会,加强与香港同胞的联系与沟通,加深感情,宣传"和平统一、一国两制"的基本方针,往更深层次推动港澳清和谐互惠发展。2015年,全县派出39人(次)赴港澳执行公务,派出人员主要赴港洽谈招商引资、签订合同、跟踪招商项目、参加培训、处理涉外业务等。二是做好帮扶困难归侨工作。除春节、中秋上门慰问港澳台侨亲属来表达党和政府的关怀之外,还做好全县的贫困归侨调查摸底工作。县外侨局全年向43人(次)困难归侨发放2.35万元贫困归侨扶贫救助金或生活补助金,县侨联为7名困难归侨发放慰问金2100元。三是做好对台工作。县政协港澳台侨委员会联合县侨联等多个部门在汤塘中学开展"送医进校园"公益活动。1—6月,在全县范围内开展台资企业、台胞台属情况调研,完善信息,掌握实情,服务台资企业、台胞台属。开展台资企业调研活动,就企业发展中存在的问题和困难以及今后发展设想进行调查了解,对企业存在的困难问题进行归纳梳理,向县委、县政府提出解决问题的可行性报告。先后协助处置涉台企业历史遗留问题2件。四是协助选派优秀的教师赴海外华校任教,促进华

2015年9月23日,县委常委、统战部部长徐文婉(左一)、副部长兼台办主任韦远明(右一)到东立(佛冈)木业有限公司走访慰问 (县民宗局供稿)

文教育。经过多方努力和争取，佛冈中学三名教师分别到印度尼西亚、马达加斯加任汉语教师，支教一年。为促进华文教育事业，提高华文教学水平，弘扬中华文化做出贡献。对县海外统战工作任务"一带一路"建设情况作认真调研，形成详尽的书面报告上报到市委统战部，得到市委统战领导的充分肯定和好评。

【民族宗教工作】 一是抓好学习教育活动，贯彻落实上级文件、会议精神。通过局务会议、座谈会等形式，民宗局全体干部及各宗教点负责人深入学习习近平总书记系列重要讲话精神，及时召开全县民族宗教工作会议，贯彻落实中央、省、市领导关于民族宗教工作的重要指示和讲话精神。二是注重调研工作，加大民族宗教政策法规宣传力度。按照省、市统一部署，有针对性开展城市流动少数民族服务、管理和宗教场所依法管理等调研活动。以法制宣传月、民族团结进步宣传月、宗教政策法规学习月等活动为契机，宣传党的民族宗教政策和法律法规，切实增强法律意识和管理水平。三是积极主动作为，民族工作有序开展。调整充实民族团结进步创建活动工作领导小组，采取多种方式，广泛宣传党的民族政策、法律法规，宣传"民族团结进步"创建活动的重大意义。加强舆论导向，充分利用县委、县政府召开的各种会议、各种活动，以及部门工作会、座谈会等形式宣传民族政策法规及理论常识。协调公安、工商等部门，做好对外来少数民族经商户的服务、维权、解困工作。2015年，县内的少数民族群众思想和情绪相对稳定，没有出现少数民族与汉族之间的矛盾冲突，没有发生过治安和刑事案件。四是加强管理服务，宗教工作高效推进。加强宗教活动场所财务管理工作，按照《宗教活动场所财务监督管理办法》等规定，指导协助各宗教活动场所进一步健全完善各项制度，保证宗教活动场所资金流转安全规范。开展宗教教职人员认定备案工作，建立教职人员数据库。开展以"国法与教规关系"为主题的宗教政策法规学习月活动，在各宗教场所开展法律宣传会，引导场所主要教职人员、宗教场所管理委员会成员自觉组织集中学习。加强宗教活动场所安全维稳和开展"平安宗教活动场所"创建工作，加强对非法宗教活动的排查打击力度，全面实行安全隐患排查，抵制外来敌对势力和邪教组织的渗透。2015年各宗教场所各类大型宗教活动实现"七个未发生"，没有发现相关组织、人员及活动。加强开展境外宗教渗透专项整治工作，先后进行七次全面摸排，没有发现境外宗教渗透组织、社团、活动据点、传教活动及传播品。组织开展"广东扶贫济困日"活动和宗教慈善周活动，为城乡贫困人口、弱势群体和困难群众募捐价值共9726.3元的生活生产用品或现金。水头镇龙牙寺的修复建设项目，2015年被县委、县政府纳入全县30个重点工程之一，已基本完成大雄宝殿修复建设工程。此外，利用春节欢庆之机对4个宗教场所负责人开展走访慰问活动，送去慰问金4000余元。

【民主党派与党外知识分子工作】 一是健全完善党政党员领导干部与党外人士联系交友制度。协助县委办印发《中共佛冈县委办公室关于调整县党政班子党员领导干部与党外人士联系对象的通知》，全县18名党政党员领导干部与21名党外代表人士直接挂钩建立联系，县委可第一时间听到党外人士的意见和建议，关心了解其生活和学习，及时掌握党外人士思想动态和现实表现。制发《县党政班子党员领导干部与党外人士联系卡》到各党政领导手上，贯彻落实县党政班子党员领导干部与党外人士联系每半年至少一次的要求。二是支持和协助做好党外知识分子联谊会的各项工作。于2015年1月成立佛冈县党外知识分子联谊会（简称佛冈县知联会）。通过知联会这个平台，发挥知联会的教育引导功能，提高党外知识分子的思想政治素质；发挥知联会的参谋助手作用，为全县经济发展建言献策；发挥知联会的基地作用，为党外干部队伍培养输送人才。三是抓好党外代表人士发现和储备后备队伍建设。印发《关于推荐优秀党外干部的通知》，在全县范围内开展推荐上报优秀党外干部工作，收到各单位推荐的58名优秀党外干部。完善党外干部人才库，确定后备领导干部重点培养对象，向县委呈报优秀党外干部名单，为党外干部培养使用储备人才资源。实行"特约统战信息员"聘任制度，推动统战信息工作深入开展，让统战信息工作更好地为各级领导科学决策和指导工作服务，同时也为县委以后安排使用党外人士提供重要的参考依

2015年1月9日，召开佛冈县党外知识分子联谊会成立大会（县委统战部供稿）

据。四是对县 27 名党外科级干部参加清远市党外科级干部统战理论培训情况进行摸底调查，与清远市委统战部沟通，将未参加过培训的 7 人全部纳入 2015 年培训计划之中，鼓励最终确定参加培训的 4 名党外干部积极参与理论知识培训，以严谨的态度、振奋的精神认真学习，充实自我。

【专题调研活动】 一是协调和指导县民盟在 11 月围绕全面深化改革和全面推进依法治县等问题开展调研。县民盟履行参政议政职能，全面梳理调研数据信息，结合佛冈县实际情况，提出有针对性、可操作的意见建议，形成高质量的专题调研报告上交县委、县政府。二是协调和指导县民革、县民盟做好调研工作。以立足本职、立足专业为基本指导思想，结合各自优势，围绕农村综合改革、社会主义新农村建设、民族宗教等方面科学选题，分领域、分专题深入调查研究。通过调研收集资料，理性分析和正确判断，总结成功经验，发现发展中存在的问题，有针对性地提出相关对策与具体建议，形成 4 份高质量调研报告上交县委，为佛冈如何加快发展、科学发展、跨越发展、协调发展提出思路和举措。

（曾洁丽　陈倩怡）

政策研究

【概况】 2015 年，深入学习贯彻党的十八届五中全会、中央经济工作会议，省委十一届五次、六次全会和市委六届八次、九次全会精神，不断研究新情况，探索新方法，适应新要求，发挥服务县委决策、服务地方经济发展的职能，积极开展调查研究工作，参与重大文稿、领导讲话起草，完成综合汇报材料，协助县委、县政府和上级政研部门开展有关专项调研。

【文稿起草】 参与县委十二届八次全会、县委十二届九次全会会议文稿起草工作。参与推进 10 件民生实事、25 项重点工作、35 个重点建设项目等多个促进经济社会发展的重要政策文件的起草工作。参与起草多个专题会议、专题汇报的县委领导讲话稿起草工作。

【调研工作】 切实加强工作调研，做到服务领导决策、服务各镇和县直部门决策，推广先进经验，在指导工作、促进县域经济发展等方面做出贡献。认真筹划组织好省、市政研部门到本县开展的专题调研工作。配合市委政研室做好农村信用合作部、新农村建设等专题调研，通过收集调研内容涉及的基本情况，组织召开座谈会，联系考察地点等事项，推广佛冈科学发展的经验，树立良好形象。

（郑秀红）

机关党务

【概况】 2015 年，县直工委在县委的正确领导下，全体成员分工负责、紧密协作，扎实工作，顺利地完成各项工作任务。

【"三严三实"专题实践活动】 县直工委开展"三严三实"专题实践活动。11 月，县直工委全体党员开展"三严三实"专题学习研讨会，内容为"严以用权，真抓实干，敢于担当。"同时，直工委书记李蔚琴分别在县直工委党支部和挂扶村水头镇新坋村开展"三严三实"专题党课教育活动。通过党课活动，使大家进一步深化思想认识，进一步掌握"三严三实"的内涵、精神实质和实践要求。

【"公述民评"活动】 一是统一思想认识。组织开展"公述民评"活动，使大家进一步提高认识，目的是切实解决党员干部作风和效能方面存在的突出问题，改进干部作风，提高机关执行力，确保政令畅通、行政高效。二是认真做好指导和督导工作。县直工委"公述民评"活动领导小组按照县纪委的要求，采取将工作重心下移、创新评议办法、完善领导机构、做好评议基础工作、加强调查研究，及时指导和督促落实等措施，力促各基层党组织"公述民评"活动的相关工作的开展。

【基层党组织建设】 一是进一步做好发展党员工作。3 月，举办《中国共产党发展党员工作细则》培训班，对县直机关党委、党（总）支部负责组织工作的 100 多名同志进行培训。4 月，组织县直机关及省市直管单位共 51 名入党积极分子在县委党校开展为期 5 天的集中培训活动。全年新发展党员 25 名，预备党员转正 16 名。二是组织好党（总）支部换届或补选工作。全年有 45 个党（总）支部进行换届或补选支委工作。三是做好清远党建系统工作、党统工作及党费收缴管理工作。督促指导各党（总）支部及时完成人员管理、组织管理、党费缴纳等模块的信息更新工作，定期发布组织活动、工作动态、思想汇报等，确保网上转接党员关系工作和工委党代表工作室工作顺利运行。全年转出组织关系 102 人，转入组织关系 62 人，内部调动 26 人，新成立党支部 1 个，撤销（合并）党支部 2 个。同时，对党费收缴标准进一步明确规范，减少少缴漏缴党费现象。四是认真履行党代表工作室工作职责。制定党代表值班表，有效加强党代表之间及党代表和群众的联系。全年接待群众 65 人次，走访群众 26 人次。

【党风廉政建设】 认真执行中共中央"八项规定"，配合县纪委抓好违纪党员的处理工作，全年县直机关党员违纪由县纪委立案 22 宗，其中 2 名因违纪受到开除党籍的处分。

【美丽乡村建设】 大力支持迳头镇社坪村委大门村民小组的美丽乡村建

设,在有限的办公经费中拨付2万元的资金支持该项建设。

(朱玉镜)

机构编制

【概况】 县编办围绕县委、县政府中心工作,继续深化改革,推进简政放权,加快政府职能转变,严格控制和优化机构编制配置,较好地完成各项工作任务。

【机构编制管理】 2015年,县编办切实做好机构编制管理工作。一是做好编委会议工作。县编委全年召开3次编委会议,讨论事项17项。对讨论事项作大量认真细致的调研,包括到单位了解情况、征询相关单位意见、查找相关文件政策依据、咨询周边兄弟县(市、区)做法和请示上级机构编制部门意见等,为编委成员提供决策依据,确保编委会议高效召开。二是办理各单位申请使用编制事项。通过了解申请单位的工作量、编制情况、工作人员需求情况等方式,提出相关意见,经编委主任审批同意,办理相关单位使用编制共205名,其中行政编制54名、政法专项编制10名、行政执法专项编制3名、事业编制138名。三是严格落实县控编减编工作方案,严把机构编制审核关。按照《佛冈县控编减编工作方案》的要求,从严执行机构编制政策法规、从严规范机构编制管理、从严审核进人程序,守住"全县各级行政编制、各类专项编制不突破中央和省核定的总额,以及事业编制总数以2012年底数为基数"这一红线。四是强化机构编制实名制数据管理。及时更新机构编制台账和完善机构编制实名制数据管理系统,对新录用人员、调动人员、退休人员等信息在台账数据和机构编制实名制数据系统及时调整和更新。全年更新1500多条信息数据,实时监控机构编制情况。五是开展机构编制核查。通过查阅资料、听取汇报、个别谈话、实地查看等方式,到30多个单位开展机构编制核查。六是配合开展"吃空饷"问题专项清理行动。配合县人社局、县财政局等单位到6个镇和县卫计局、县教育局、县住建局、县文化馆等10个单位开展"吃空饷"问题专项清理行动,对受党纪政纪处分的人员工资和津贴补贴处理不够及时的单位发出整改通知,有效维护机构编制纪律的严肃性。

【整合部门设置】 2015年,县编办稳步实施各项行政体制改革,加快转变政府职能。落实工商、质监管理体制改革。县编办按照本次机构改革要求,整合县工商局、县质监局,组建佛冈县市场监督管理局,拟出县市场监督管理局"三定"方案并按程序印发实施。在推进改革落实的过程中,向县政府提出推进改革的措施建议,协助化解改革过程中遇到的困难和问题,确保职能整合到位,人员办公场所落实到位,业务运行到位。

【机构改革】 一是推进综合行政执法体制改革。到涉及改革的多个单位调研,详细了解农业、劳动保障两大范畴行政执法的业务量、执法人手、存在问题等情况,指导县科农局、县人社局草拟改革方案初稿,做好改革前期工作。二是推进不动产统一登记改革工作。县编办联合县国土局,到县林业局、县科农局、县房管所等单位调研了解土地、林权、房产、农村土地承包经营权登记发证情况,并向市、周边县沟通请教,指导县国土资源局草拟改革工作实施方案,拟出并按程序印发《关于整合不动产登记职责的通知》《关于设立佛冈县不动产登记中心的通知》,整合县不动产登记相关职能,按时完成县不动产登记中心组建任务。

【行政审批制度改革】 深化行政审批制度改革,推进政府治理现代化。一是拟出《佛冈县级政府保留的行政审批事项目录》提交县政府,按程序向社会公开。"保留的行政审批事项目录"收集29个单位434项行政审批事项,全部按程序在相关网站向社会公开。二是对全县23个单位120项非行政许可审批事项进行清理,按要求报上级部门。三是推进行政审批标准化建设工作。组织全县35个单位90多人参加全省行政审批标准化培训,为下一步编制办事指南和业务手册做好准备。

【权责清单制度推行】 8月,印发《佛冈县推行政府工作部门权责清单制度工作方案》。在8月下旬召集各部门相关人员进行编制权责清单业务培训。9月,分组收集、审核各单位上报的清单目录。10月,将各单位上报的清单目录分批送县法制局进行合法性审核。推行权责清单制度,工作按方案计划如期推进。

【事业单位改革】 深化事业单位改革,优化机构编制资源配置。一是优化整合妇幼保健与计生服务资源。县编办联合县卫计局到各镇计划生育办公室、各镇计划生育服务所、县妇幼保健院、县人口和计划生育服务站开展调研,制定并提交县政府印发《佛冈县优化整合妇幼保健和计划生育技术服务资源实施方案》,印发县妇幼保健计划生育服务机构"三定"方案。二是配合完成广电网络改革整合工作。协助做好"台网分离"工作,完善机构编制实名制系统相关信息,指导县广播电视台草拟"三定"方案,将县广播电视台电视中心、县广播电视台广播中心职责、编制整体划入县广播电视台,重新制定并印发县广播电视台机构编制方案,撤销县广播电视台网络中心等8个机构,收回事业编制88名。三是做好清理规范驻省会城市办事机构工作。撤销佛冈县人民政府驻广州办事处,划转相关职能到县公共资产管理中心,收回事业编制5名。四是做好法人治理结构改革工作。指导县第一小学和县人民医院

2015年8月28日，县编办召开编制权责清单培训工作会议　　（县编办供稿）

集团完善相关制度，到县文化广电新闻出版局和县文化馆开展调研，为推进文化事业单位建立法人治理结构做好前期准备。

【事业单位登记管理】　一是做好事业单位登记管理工作。2015年，全县登记事业单位法人204个，办理事业单位法人设立登记3个，变更登记22个（次），注销登记7个，收缴单位印章3枚。按省市的要求，完善事业单位登记基础数据，做好事业单位2014年度报告报送工作和公开事业单位法人年度报告。2014年度报告单位170个，提交率为100%，公开事业单位法人年度报告121个。二是推进事业单位信用体系建设。根据市县信建工作的部署，梳理出全县事业单位信用体系建设2015年工作要点，制定具体工作措施，结合业务工作推进事业单位信用体系建设。三是加强事业单位监管，结合机构编制业务工作深入教育、卫生、文化等20个单位进行调研，进一步了解各个事业单位业务开展情况和经费运行情况，对不符合事业单位登记规定的1个单位下发整改通知书，督促其限期整改。

【网上名称管理】　2015年，继续开展党政机关、事业单位网上名称规范和网站标识管理工作。开通沟通热线，确保各单位有专人跟进负责，督促各单位及时办理中文域名注册续费工作和网站开办及标识申请加挂工作。至12月，全县注册中文域名167个，政务域名52个，公益115个。已注册中文域名的单位138个，按全县238个单位计占58%，完成挂标100个。已注册的科级单位有82个，占93%。

（朱英萍　唐文婷）

信访工作

【概况】　2015年，佛冈县信访局受理群众来信来访194件（宗），其中来信6件，来访188批1561人次。来信来访194件，与去年同期对比增加18件，上升10.2%；来信6件与去年同期对比持平；来访188批1561人次，与去年同期对比批次增加18批，上升10.6%，人次减少32人次，下降2.1%。其中，集体访88批1359人次，与去年同期对比批次增加6批，上升7.3%，人次减少71人次，下降5.5%；个体访100批202人次，与去年同期对比批次增加12批，上升13.6%，人次增加39人次，上升23.9%。中央、省、市交办信访案件共78宗，办结78宗，办结率100%。

【信访积案化解】　按照中央、省、市信访工作的部署和要求，扎实抓好社会矛盾五大领域四方面突出问题专项治理工作，明确领导责任，成立信访重点人员管控问题专项治理领导小组，解决越级上访尤其是越级进京到省到市上访的重点问题，做好信访重点人员的专项治理工作。2015年4月对全县排查出来的6宗信访案件和积案全部化解，确保大局稳定。

【大接访活动】　全县继续开展镇级公开大接访活动，一年的大接访活动中全县接待来访群众247批635人次，其中34宗经过现场解释已给予办结，其他案件明确责任，通过集中交办、加强督查落实、强力化解、跟踪督办等工作措施在限定时期内结案。对群众合理诉求解决到位、无理诉求解释教育到位。开展大接访后，群众逐级走访意识增强，到省市上访的群众同比明显减少，将接访工作列为常态化、制度化继续开展。

【信访业务培训】　为更好地开展信访工作，依法规范党政机关及其工作人员的信访工作行为和群众的信访行为，提高信访工作人员的政策水平和业务能力，县信访局会同县综治部门举办六期全县信访干部业务知识培训班。县信访局副局长徐金龙在全县村居书记主任培训班上进行辅导讲课，进一步提高镇村级干部做好信访工作和调处化解社会矛盾的能力。

【信访宣传】　县信访局于2015年7月1日上午在县城人民公园开展《广东省信访条例》实施一周年宣传活动。参加宣传活动的有县政法委、司法局、石角镇政府等多个单位。宣传活动当天上午派发宣传资料1000多份，现场前来咨询的人数为70多人次，现场解决信访事项6宗，立案1宗。在2015年《广东省信访条例》实施一周年之际，印制宣传册6万份，到人民公园和培训班发放，深入宣传《信访条例》《广东省信访条例》的条例法规，引导群众依法信访和知法、守法、用法。

（徐金龙）

保密工作

【概况】 2015年佛冈县的保密工作坚持以科学发展观为指导，认真贯彻执行县委、县政府的工作部署，在市保密局的指导下，围绕《保密法》和"十二五"时期保密事业发展规划的贯彻落实，主动服务，为创建和谐幸福佛冈提供有力的服务保障。

【学习保密法规】 佛冈县将保密法纪宣传教育纳入全县纪律教育月活动，县委书记华旭初作动员部署，确定保密宣传教育重点是学习贯彻《保密法实施条例》。县委副书记、保密委主任黄永华主持召开保密委员会全体会议暨保密工作会议，县四套班子领导成员、县保密委全体成员、各镇班子成员、县直副科以上单位和省市直管单位主要负责人、各单位保密员、县委办、县府办全体干部等共350人参加。县委常委、县委办主任、保密委副主任李贤成在县四套班子扩大会议上主持保密专题学习，重点学习有关保密制度，参加人员有县四套班子领导成员，各镇党委书记、镇长，县直部分单位主要负责人。

【制度建设】 县保密局向全县各单位转发国家保密局制定的《普通手机使用保密守则》，要求各单位结合实际，认真抓好贯彻落实，确保全县干部手机使用符合保密工作规范。5月，县保密局印发《佛冈县2015年高考保密突发事件应急处置预案》，制定高考期间应急处置预案。此外，县保密局还组织相关领导学习几个重要保密制度。

【保密教育】 9月22—23日，由县统一安排车辆，组织县四套班子领导成员、各单位主要负责人、各单位保密员和其他涉密人员300多人，到清远国际会展中心观看省保密技术巡回演示活动。11月，县保密局与县电子政务办一行3人到市委党校参加保密知识业务培训。县委党校对63名初任公务员进行保密教育培训，培训主要内容是使公务员认识掌握现代办公设备的保密注意事项。在开展多期公务员轮训时，专门开设保密知识培训，为加强培训效果，订购分发《党政干部和涉密人员保密常识必知必读》1400本。

【保密检查】 1月，组织全县各单位对已确定国家秘密事项进行一次全面的变更、解密清理和统计工作。6月，县保密局向相关企业印发国有企业保密管理专项检查工作方案，组织各单位开展自查工作。按全国统一部署，县保密局发出《关于填报2014年度保密工作普查数据的紧急通知》，组织全县各单位保密员开展2014年度保密工作普查数据填报工作。按县委保密委的部署，县保密局发出《关于开展保密工作检查的通知》，成立以县委办副主任曾庆任为组长、保密局和电子政务办人员参加的检查组，对一些单位进行重点监督检查，切实消除泄密隐患。重点检查保密制度、涉密文件管理、抽检计算机等。做好高考、学业水平考试、中考的各项保密管理工作。高考前对存放高考试卷的保密室进行检查验收，考试期间派出人员做好保密员培训、试卷的取卷和回卷、试卷的保密管理等各项工作，确保考试顺利进行。

（何焕光）

社会工作

【概况】 2015年，县社工委深入贯彻落实县委十二届八次全会精神，以科学发展观为统领，以深入学习党的十八届三中、四中全会精神为抓手，着力解决社会工作的重点、难点问题，与创新社会治理工作结合起来，全面谋划加强全县社会建设的政策、措施、统筹、协调、推进各项社会工作建设。

【社工队伍建设】 按照省规划到"十二五"期末全省实现每万人中有5名社工的目标要求，采取多种办法培育社工人才。通过宣传社工人才的意义，下发相关奖励办法，动员符合条件的人员参加社会工作者考试和考前培训班。2015年全县约180人报名参加全国社会工作者职业水平考试，比2014年的报名参考人数增加3倍，大力推动全县社工人才培育工作。2015年全县持证社工人数39人。

【社会事业发展】 社会治理科学高效 深入推进"3+2"专项打击行动，圆满完成年初制定的"立案率同比下降、破案率同比大幅上升"的目标；夯实基础工作，完善三级平台建设。2015年，全县综治信访维稳三级工作平台共受理排查矛盾纠纷679件，办结及成功调处650件，办结及成功率95.73%，全县没有发生重大群体性事件。开展一村一法律顾问工作，90个村居实现全覆盖。

办好十件民生实事 全面提高民生保障底线水平和教育经费补助标准。为1260名农村已婚贫困妇女免费提供乳腺癌、宫颈癌检查服务。职业技能、劳动创业、就业能力进一步增强。在全县4个农贸市场和1个较大型超市开展食品安全规范化、标准化建设，实现食品安全"两化"。完成67套保障性住房开工任务，完成公共租赁方2个项目主体工程，新增发放低收入住房保障家庭租赁补贴90户；全面完成1201户农村危房改造。潖江河上游、潖江潖二水整治工程，水头山洪沟整治工程，烟岭河整治工程，分别完成工程量的95%、90%、70%。优化县城公交线路，新增157个公交站牌；新开通县城至高岗三江和县城至迳头青竹公交线路。全县治安视频监控系统建设加紧推进。县二小新建教学楼已开工建设；城北篁胜小学已完成校园整体规划。

提升公共服务水平 全面提高低保、五保、孤儿等特殊困难群体的补助标准。加大教育现代化建设力度，成功创建全国义务教育发展基本均衡县。公立医院改革成效明显，获得中央改革办高度评价。开展11项基本公共卫生服务项目，推进迳头镇、石角镇中心卫生院建设，努力改善基层医疗机构服务环境，基层卫生医疗水平不断提升。稳步提升计生工作水平，落实计生惠民措施，计生工作迈上新台阶。巩固创文创卫成果，加强卫生村创建工作。2015年有28个自然村申报成为省卫生村，297个自然村申报成为市卫生村，卫生村覆盖率达45%。成功处置石角镇高致病H5N6禽流感事件，未发生人感染禽流感病例。加大创业扶持力度，健全覆盖城乡劳动者的终身职业培训体系，推进劳动力转移就业，全县新增转移农村劳动力4076人，完成年度计划的101.9%，"零就业家庭"动态保持为零。抓好农村合作医疗和城乡居民保险扩面工作，做好社保卡宣传和发放工作。成功申报2015年广东省农村生活垃圾收运处理工作达标示范县，6个镇已基本建成垃圾中转站，其中迳头镇中转站已投入使用，农村人居环境不断改善。

【社会体制改革】 **社会创新项目** 县社工委贯彻落实中央和省、市、县委全面深化改革、加强社会建设、创新社会治理的要求和工作部署，经过实地调研、走访，征求各有关单位意见，认真进行遴选和通盘考虑后，确定全县2015年重点抓好四个城市社区治理创新项目：一是在县城各小区设置可回收垃圾捐赠箱和捐款箱，募集公益慈善捐款的项目；二是农村清洁工程保洁机制创新项目；三是创建社区睦邻文化，促进社区和谐建设项目；四是创新社会治理——汤塘镇社区治理改革项目。其中，振兴社区的"创建社区睦邻文化 促进社区和谐建设"项目获得市社会创新项目一等奖。

推进农村改革 把农村综合改革列为县委"一号工程"，深入推进"三个重心下移"和"三个整合"，各项工作取得明显成效。全县调整优化设置村党支部167个、村民理事会1663个，完成"八有"的农村集体经济组织1954个，占比98%。2015年，全县签名同意整合财政涉农资金11 662.02万元，其中普惠性资金1763.02万元，非普惠性资金9899万元，整合后的资金用于改善村容村貌项目22个、农业生产基础设施建设项目81个及其他建设项目120个。全县签名同意整合土地的经济社1845个，占比96.4%，实际整合到户面积50 799亩。建立县、镇、村三级综合服务平台，全县6个镇90个村（居）委已全部建成社会综合服务中心（站），网上办事大厅普及率达到100%，建成便民服务中心13个、农村信用合作部4个和村级淘宝服务站34个，涉农服务不断从政务向生产、生活服务延伸。大力实施"青苗培育""技能提升"和"阳光财务"三大工程，激发基层组织新活力，选派22名整顿软弱涣散村工作第一书记到各村有序开展整顿工作，落实民生项目39个。把"村廉通"建设工作融入农村集体"三资"平台建设工作中，在全市率先探索农村集体资金监管新路子、新方法。

推进经济、行政体制改革 完善综合政务服务体系，全县6个镇已建成镇级社会综合服务中心，90个村（居）委建成村级社会综合服务站，以网上办事大厅为龙头，以县级政务服务中心为主体，以镇便民服务中心、村（社区）便民服务点为基础的四级综合政务服务体系已基本建成，具备网上申办条件，网上办事大厅覆盖率达到100%。开展控编减编工作，收回事业编制88名。深化行政审批制度改革，提前完成县级清理非行政许可事项共计120项。深化商事制度改革，放宽经营范围登记，实施注册资本"零首期"、注册资金认缴制、"住改商"和"一址多照""一照多址"等新政策，全县市场主体同比增长10.3%。

推进社会治理和社会事业发展体制机制改革 深入实施创业富民工程，优化自主创业跟踪服务。继续开展创业小额担保贷款工作，营造全民创业的良好氛围。全县创业担保贷款共放贷46笔共384万元。推进机关事业单位养老保险制度改革，做好前期准备工作。深化医疗卫生体制改革，将县中医院纳入县级公立医院改革范畴，全面实施药品零差率销售。在各卫生院设立公共卫生服务科室，推进平价医疗服务工作，推动社会办医。

【社会组织建设】 按照"合理需求、政府推动、市场运作、监督管理"的原则，以三类（城乡基层群众生活类、公益慈善类和社会服务类）社会组织为发展重点，"宽进严出"，不断降低登记门槛，强化对社会组织的评估与监督，推动社会组织茁壮发展。2015年，全县新增社会组织6家，全县社会组织共有100家，其中社会团体46家，民办非企业单位54家，共有从业人员915人。抓住机遇，构建"大社会"管理模式，力促社会和谐、稳定发展。

【社会管理创新】 **城市社区治理改革** 2015年1月，按照不同社区类型区别对待的模式，对各种社区类型进行摸底调查、分析分类，选取石角镇振兴社区和沿江社区作为试点。以培养社区居民自治意识和能力为出发点，推进全县社区自治试点工作，着力提升城市社区治理能力和提高城市社区服务水平；以创新城市社区治理模式、创新城市社区服务供给模式、创新城市社区党建模式为途径，完善全县城市社区治理体系，推进城市社区治理改革创新。两个试点社区因地制宜，选定不同的试点区域，按照市、县、镇指导逐步推进，制订工作计划，培训业务骨干；确定试点小区和楼栋的个数、业主委员会成员和楼长的名单，确保工作有亮点，努力完成上级交付的任务。开展社区工作以来，试点社区共开展各类活动100次，完成民生好事实事（化解矛盾纠纷、参与社区体育公园建设等）48件。

创新立体化社会治安防控体系　县视频办为加快治安视频监控的建设工作，对全县的治安视频建设布控点进行实地踩点和评估。截至2015年底，已完成所有乡镇的踩点任务，总体工程设计方案已经完成，目前已上报至市和省，待省、市论证审核。

【社会建设体制机制完善】　召开专项社区改革推进会议　4月，组织有关县直部门、镇、社区在石角镇办公大楼二楼会议室召开城市社会治理改革工作协调推进会。县社工委、县委组织部、县民政局、县财政局有关领导、工作人员，石角镇社工委主任、副主任、工作人员，沿江、振兴两个社区主任、分管副主任、工作人员20人参加会议。会议对社区改革工作中存在的问题、意见和建议进行深入剖析，同时对下一阶段的工作进行部署。

开展专题调研　根据上级部门的工作部署安排要求就本地中心镇改革发展过程中存在的问题开展调研，认真组织工作人员深入到三个中心镇（石角镇、汤塘镇、迳头镇），实地走访有关社区，对县中心镇改革情况进行全面深入的调研，并形成调研报告上报上级部门，为省、市开展社会建设工作提供参考和借鉴。

民情志愿服务队　2015年，县民情志愿服务队围绕"共创富民强县、建设幸福佛冈"这一核心任务，充分发挥民情志愿服务队收集、监测、分析民情信息，收集和反映人民群众生活发展的利益需求、群众对于政府决策与执行的意见建议以及群众参与社会管理与公共服务的意愿等，为党政领导或部门的科学决策提供参考和借鉴。2015年，县社工委收到社工委各成员单位、乡镇以及县民情志愿服务队员提交民情信息1125条，县综合上报市24条，内容涉及行政执法、公共教育、交通管理、土地政策、社区治理和社会组织建设等各个方面。市采用佛冈县提交民情信息4条（分别在市民情信息专刊第2，4，6，7期采用）。

【社会工作会议】　3月19日上午，全县社会工作会议和城市社区治理改革试点工作动员大会在县人民中心主楼大礼堂召开。县委书记、县人大常委会主任华旭初，县委副书记、县长梁金鉴，县委副书记、县社工委主任黄永华等县四套班子成员，县人武部部长，县法检两长，县直副科以上单位和省、市直管单位主要负责人，各镇班子成员，县社工委机关干部200多人参加会议。县委副书记、县社工委主任黄永华在会上总结2014年全县社会工作开展情况，部署2015年工作。华旭初在会上作重要讲话，充分肯定2014年全县社会工作所取得的成绩，同时强调2015年要重点抓好完善反映社情民意的信息平台建设，推进城市社区治理，推进深化社会体制改革工作。

【南粤幸福活动周】　2015年9月，佛冈县开展以"和谐、创新、健康、幸福"为主题的"南粤幸福活动周"系列活动。成功举办2015年佛冈县国庆文艺晚会、南粤幸福活动周专场招聘会、幸福睦邻情社区游园、南粤幸福活动周义诊等丰富多彩的活动。活动期间，各项活动办到广场、社区、镇村，广泛调动群众的积极性、主动性、参与性，展现佛冈县安康繁荣、其乐融融的生动场面。

（朱文聪）

党校教育

【概况】　中共佛冈县委党校是党员干部、公务员的培训基地。党校设二个内设机构：办公室、教研室。在编人数16名，在岗人员16人。2015年，县委党校认真贯彻党的十八大和十八届三中、四中、五中全会精神，始终履行"三阵地一熔炉"职责，围绕"提高队伍素质，做好党校培训主业"目标，深化教学改革，创新培训理念和方式，加强队伍建设，以改革创新精神推动全县干部教育培训工作，发挥党校在干部教育培训和理论学习宣传方面的主渠道、主阵地作用。

【干部教育培训】　2015年，县委党校全年完成27期（班）培训，培训干部2845人。

公务员初任培训班　3月举办，1期，参培68人。主要学习公务员制度、政府职能与运作、公务员职业道德建设、安全生产法律法规、公文处理、预防职务犯罪等。

领导干部培训班　4—5月在湖北武汉举办，3期，每期5天，参培165人（县四套班子成员及各科级单位主要负责人参加）。主要学习领

2015年9月28日晚，2015年佛冈县南粤幸福活动周启动仪式暨国庆文艺晚会在县人民中心广场举行　　　　　　　　　　　（县社工委供稿）

导干部的法治思维、群体性冲突事件的沟通和调节、当前宏观经济运行分析、领导力和领导艺术、中国农民与农村经济发展、城市环境与卫生治理等专题。

入党积极分子培训班 4月20—24日举办,1期,参培51人。主要学习发展党员有关问题、中共党史、《中国共产党章程》《中国共产党纪律处分条例》等相关内容。

专业技术人员继续教育公需科目全员培训班 6—7月举办,6期,每期4天,参培749人。主要学习创新理论与实践、新时期法治思维与法治风尚等专题。

行政执法人员综合法律知识培训班 7—8月举办3期,每期5天,参培375人。主要学习《广东省行政执法责任制条例》《中华人民共和国行政处罚法》、新《行政诉讼法》《中华人民共和国国家赔偿法》《中华人民共和国行政复议法》《中华人民共和国行政强制法》等。

科级干部轮训班 7—8月举办,5期,每期5天,参培424人。主要学习宪法、十八届四中全会精神、平行思维与领导力提升、农村综合改革、法治与反腐败、保密知识等。

公务员全员培训班 8—10月举办,7期,每期5天,参培989人。主要学习十八届四中全会精神、全面深化农村综合改革、职务犯罪预防和宪法等。

事业单位新录用人员岗前培训班 11月23日至12月4日举办,1期,参培24人。主要学习创新理论与实践、新时期法治思维与法治风尚、掌握工作方法、提升工作能力、机关公文写作与处理、环境与生活、礼仪等。

【**师资队伍建设**】 加强党员教师队伍建设,是党校事业发展的基本要求。党校以党章为指引,严格执行党的规章制度,把加强塑造教师形象、加强师德建设放在重要位置。一是通过加强对教师的教育和管理,具体、规范师德建设工作内容,全校教师对师德规范和行为准则都有新的认识,不断提高师德水平。二是强化党校党性意识,要求教师在课堂上自觉与党中央保持高度一致,传授真思想,传授正能量。三是坚持集中备课、试讲制度,提供精品课程。四是坚持定期组织教师开展理论和业务学习,及时为教师"充电""换脑",不断提高其知识结构和业务水平。凡聘请上级党校和高校的教师来上课,本校教师必须跟班学习,并有计划地选送教师到省市委党校进行培训。

【**理论宣传**】 一是选派骨干教师,切实担负理论宣讲任务。根据县有关部门的要求,深入到全县各镇各单位进行十八届四中全会精神、党风廉政建设的宣讲。二是开展"送理论进基层"。根据县的工作部署,校领导亲自为村干部上党课。三是依托反腐倡廉教育基地加强党风廉政建设,大力配合县纪委开展纪律教育活动月工作,安排参观,播放电教片。据统计,有60多个单位2000人次到党廉教基地接受体验式、警示式教育。

(黄惠燕)

党史研究

【**概况**】 佛冈县史志办公室为县委直属的正科级事业单位,归口县委办管理。主要负责组织、指导、督促和检查县地方党史、县地方志工作,拟定县地方党史、县地方志工作规划和编纂方案,组织编纂县地方党史、县地方志、综合年鉴,征集、研究、整理、保存县地方党史、地方志文献和资料,依法保护、合理开发、科学利用史志资源。2015年4月,县史志办副主任谢春江因从事党史工作15年以上,获得中共广东省委党史研究室颁发的荣誉证书。

【**《中国共产党佛冈县历史(第三卷)》出版**】 《中国共产党佛冈县历史(第三卷)》(以下简称《党史三卷》)编写准备工作从2012年开始进行。经过3年的努力,2014年12月,经县委同意,交中共党史出版社出版。在2015年4月20日县委、县政府召开的佛冈县史志工作会议上,举行《党史三卷》的首发仪式,县委常委、常务副县长冯炽兴,县委常委、县委办主任李贤成和县史志办主任李协湖等领导向相关单位发送《党史三卷》。佛冈县《党史三卷》全面而准确地记述中共佛冈县委及所属各级党组织改革开放历程(1978—2012年)的史实,客观地反映佛冈县改革开放34年来取得重大成就的历程。在广东省内为县级以上首部《党史三卷》出版发行,受到省、市党史部门高度赞扬和肯定。

【**《中国共产党佛冈县历史资料汇编(第三辑)》出版**】 《中国共产党佛冈县历史资料汇编(第三辑)》收集涉及《中国共产党佛冈县历史(第三卷)》有关内容的资料,涉及全局性工作与专项工作有较重要参考价值的资料,包括重要文件、专题总结、大会报告及向上级书面报告等,供阅读《中国共产党佛冈县历史(第三卷)》时参考。鉴于篇幅所限,部分资料采用节选方式。《中国共产党佛冈县历史资料汇编(第三辑)》全书共48.1万字,经县委同意,于2015年10月付印出版。

【**《佛冈革命故事》出版**】 为配合中国人民抗日战争暨世界反法西斯战争胜利70周年、新中国成立暨佛冈解放66周年纪念活动,县史志办收集新民主主义革命时期佛冈(潖江)革命斗争历史资料,出版《佛冈革命故事》一书。全书分为革命战斗故事、革命人物故事、革命老区故事三个部分,收录革命战斗故事35篇、革命人物故事16篇、革命老区故事14篇,并采编了部分插图。该书是佛冈革命传统教育和爱国主义教育的生动教材,也是佛冈红色旅游的参考资料。5月底完成清样稿的最终校核,经县委同意,于2015年9月交由华南理工大学出版社出版。出版后已派发到各镇、县直副科以上单位和省市直管单位,以及全县中小学和农家书屋、职工书屋,深受干部群众好评。

【中国人民抗日战争暨世界反法西斯战争胜利70周年纪念活动】 2015年8月31日,县史志办召开以"铭记历史,开创未来"为主题的纪念抗战胜利70周年座谈会。县委常委、常务副县长冯炽兴参加座谈,并作重要讲话。参加座谈会的人员还有县史志办的党员、干部职工(含聘请人员)、退休老干部,共20多人。座谈会上,冯炽兴要求县史志办发扬在抗战时期中国军民不畏艰难、不屈不挠的优良传统,以振兴佛冈为己任,发挥史志工作优势,为促进佛冈加快发展,为实现中国梦而努力奋斗。同时,在2015年《佛冈生活》第33期周刊,编写纪念抗战胜利70周年专刊,发行2万份,派发到城乡、社区、学校及有关单位。另外,县史志办多位同志参加县文广新局、县文联主办的"佛冈县纪念抗战胜利七十周年征文"活动,其中有周都明编写的《抗倭寇,湛江人民威名远播》(二等奖)、谢春江撰写的《铭记抗战历史,开创美好未来》(优秀奖)、陈国材编写的《佛冈抗日烽火》(优秀奖)。

【党史宣传教育】 加强教育基地建设 继续协助有关单位完善全县35个传统教育基地。

组织党史宣教员到机关单位、学校作佛冈党史报告 2015年,县关工委讲师团成员、县史志办党史宣教员周都明到汤塘中学、汤塘二中和民安中学作党史报告,受教育达1000多人。

做好史志宣传教育 继续订购《红广角》等史志书刊。每期《红广角》派发至县、镇领导,机关单位及中小学思源室,为推进学党史活动提供党史资料。

(钟榕斌)

接待工作

【概况】 2015年,县委接待科严格执行中央和省、市、县的各项公务接待管理规定,简化礼仪,勤俭节约,完成县委、县政府交给的各项工作任务。

【接待服务】 全年接待来宾380批、4157人次,其中,接待省部级领导26人次,厅局级领导37人次,处级及以下干部196人次;副师级以上部队领导9人次;接待海外及港、澳、台客商37人次,内地投资商74人次。完成46批省直部门及省内外兄弟城市的检查组、党政考察团、调研组等政务接待工作。协调组织完成佛冈县2015年企业代表新春座谈会、佛冈县2015年离退休干部新春座谈会、县"两会"等大型公务活动的接待工作。

(刘建华)

老干部工作

【概况】 2015年,全县有离退休干部2502人。其中:离休干部54人(县属51人,市直管3人),退休干部2448人(行政事业单位2281人,企业167人;处级干部110人,科级干部367人,股级干部1971人。)

【"123"工作法推进】 一是以《学习贯彻习近平总书记等中央领导在"双先"表彰大会上重要讲话精神宣传提纲》和《为党的事业增添正能量活动宣传提纲》为重点,抓好每月一次的学习座谈。对部分行动不便的离休干部采取寄送学习资料、上门面对面交流的"送学上门"等学习方式。引导老干部通过主流媒体及其网络平台积极发声,宣讲中国梦,唱响中国精神的正气歌。二是抓好每月一次的学习座谈,坚持好两月一次的电话问候,落实好三月一次的见面沟通。

【开展慰问活动】 春节、中秋节,由县四套班子领导带队的慰问组对部分离退休老干部进行慰问。4月、6月、10月集中到从化、深圳、迳头等地,对生活不能自理的离休干部及生活特殊困难的破产转制企业退休老干部进行走访慰问,详细记录老干部的需求和困难。2015年,全县日常走访慰问老干部和离休干部遗孀300余人次,探望住院干部100余人次,发放慰问品和慰问金合计50多万元。

【服务管理】 一是完善帮扶解困机制。把帮扶解困经费列入全年工作经费预算,及时发放帮扶资金,并发放离休干部和享受行政待遇退休干部的2015年元旦春节慰问金。二是健全医药费保障机制。针对离退休干部普遍

2015年8月31日,佛冈县史志办公室召开纪念抗战胜利70周年座谈会

(县史志办供稿)

进入"双高期"的实际,10—11月,组织全县160余名离休及副处级以上退休干部进行12个项目的健康检查,建立老干部健康档案。三是完善丧葬慰问等工作,并及时发放抚恤金、丧葬费及遗孀生活困难补助费约45万元。四是发展"四就近"(就近学习、就近活动、就近得到关心照顾、就近发挥作用)社区平台。

【老干部大学建设和老干部活动中心建设】 践行"三严三实",将建设模范部门作为一条主线贯穿于老干部工作各个环节。在原有班级上新增设摄影班,老干部大学学报第二、三期顺利出刊,老干部大学成立两周年纪念刊在积极筹办中;组织高级研习班学员到清新区、连州市、阳山县等地进行考察学习活动。10月,举办庆祝第27届"老人节"老干部文艺晚会,组织老干部书画作品展、十余期的书法班学员作品展和摄影班师生摄影作品展,受到广大爱好者的好评。充分利用"五一""七一""十一"、老年节等重大节假日及以纪念抗日战争胜利70周年为契机,围绕"展示阳光心态、体验美好生活、畅谈发展变化"主题,发动老干部参与"为党和人民事业增添正能量"及"纪念中国人民抗日战争暨世界反法西斯战争胜利70周年"征文活动。组织举办"为党的事业增添正能量书画摄影展"及"纪念抗日战争胜利70周年书画摄影展"。组织老干部文艺队、大学歌舞班学员及广大青少年文艺爱好者以文艺演唱、戏曲歌舞等形式,于9月3日举办纪念抗战胜利70周年文艺汇演活动。

(张 毅)

佛冈县人民代表大会

【县十四届人大四次会议】 县十四届人大四次会议于2015年3月2—26日在县城召开。县十四届人大代表178人出席本次会议。会议听取和审议县长梁金鉴所作的佛冈县人民政府工作报告,县人大常委会常务副主任蓝山鹰所作的佛冈县人大常委会工作报告,县人民法院院长黄富强所作的佛冈县人民法院工作报告,县人民检察院检察长卢跃科所作的佛冈县人民检察院工作报告;审查和批准佛冈县2014年以来国民经济和社会发展计划执行情况的报告,佛冈县2014年以来财政预算执行情况报告。会议通过上述6个报告并相应作出决议,补选县人大常委会副主任。

【县十四届人大常委会会议】 2015年,县人大常委会共召开11次会议,听取和审议"一府两院"9个专项工作报告,涉及社会保障基金管理和使用、预算执行、经济社会发展、教育资源整合、法院案件质量评查机制、检察院诉讼监督、公安机关查处"双抢双盗"等工作。审议通过《中华人民共和国安全生产法》《中华人民共和国环境保护法》贯彻实施情况执法检查报告,提出审议意见。

县十四届人大常委会第44次会议 县十四届人大常委会于2015年5月29日在县人民中心东楼406室举行第44次会议。会议听取和审议县人民政府关于2014年社保基金管理和使用情况报告;听取和审议县人民法院落实案件质量评查机制报告;审议通过县人大常委会执法检查组关于《中华人民共和国安全生产法》和《广东省安全生产条例》的执法检查报告;审议通过关于选举和补选县十四届人大代表的方案。

县十四届人大常委会第46次会议 县十四届人大常委会于2015年7月30日在县人民中心东楼406室举行第46次会议。会议表决通过有关人事任命事项;听取和审议县政府关于2015年上半年国民经济和社会发展计划、预算执行情况的报告;听取和审议县政府关于推进教育资源整合解决学位不足的工作情况报告;听取和审议县人民检察院诉讼监督工作情况报告;审议通过《佛冈县人大常委会讨论决定重大事项办法》《佛冈县人大常委会专题询问暂行办法》;审议通过佛冈县十四届人大常委会代表资格审查委员会关于代表资格审查及代表变动情况的报告。

县十四届人大常委会第47次会议 县十四届人大常委会于2015年9月29日在县人民中心东楼406室举行第47次会议。会议表决通过有关人事任命事项;听取和审议县十四届人大五次会议代表建议办理情况报告;听取和审议县审计局对2014年县级预算执行和其他财政收支审计工作报告;审议县人民政府2014年度县级财政决算的报告;审议通过县人大常委会执法检查组关于《中华人民共和国环境保护法》的执法检查报告;听取和审议县政府关于县城综合管理执法情况报告,并组织开展专题询问。

县十四届人大常委会第48次会议 县十四届人大常委会于2015

2015年4月29日,县人大常委会执法检查组检查安全生产 (县人大办供稿)

年11月27日在县人民中心东楼406室举行第48次会议。会议审议通过有关人事任免事项；听取和审议县人民政府关于佛冈县2015年县级预算调整的报告；听取和审议县人民政府关于打击双抢双盗工作情况报告。

【监督工作】 经济运行监督 听取和审议县政府关于2015年上半年经济社会发展计划执行情况的报告；听取和审议县政府关于2015年上半年预算执行情况和县级2015年度财政预算调整情况以及2014年度县级财政决算、审计情况的报告，加强对社保基金管理情况的监督，跟踪督促审计查出问题的整改，作出有关决议。

民生保障监督 一是加强对教育工作监督。连续两年对县教育资源整合解决学位不足问题开展监督，促进教育资源合理布局；二是加强十件民生实事监督。十件民生实事涵盖民生保障、教育医疗、就业服务、食品安全、河流整治、公共安全等方面，人大常委会按照民生实事督办方案的要求开展督办工作，十件民生实事基本完成。

热点难点问题专题询问 围绕加强对占道经营、乱停乱放违法行为的整治等八个方面进行现场提问，县政府的领导及相关单位主要负责人现场回答县人大代表的提问。通过专题询问，一些热点难点问题得到县政府的高度重视并推动问题的解决。

审议意见督办 向"一府两院"印发人大常委会审议意见11件，要求"一府两院"报告落实审议意见情况，并在年底向县人大常委会提交审议意见落实情况的综合报告，促进"一府两院"工作的落实。

执法检查 组织开展安全生产法、环境保护法等专项执法检查，推动法律法规在全县的贯彻实施。人大常委会连续三年对环境保护法实施情况进行执法检查和跟踪督办，要求县政府及相关职能部门加大环保宣传教育力度，切实加强放牛洞水库饮用水源以及其他饮用水源的保护，保障群众饮用水的安全。

2015年12月16日，县人大常委会开展佛冈县人大代表约见县长及政府组成部门负责人活动　　　　　　　　　　（县人大办供稿）

【人事任免工作】 坚持党管干部与人大依法任免干部相统一的原则，严格按照法律程序，认真做好审查、酝酿、表决等各环节工作，坚持任前法律考试、任前公示、任后发言承诺和任后颁发任命书制度，增强被任命人员的公仆意识和责任意识，保证人民赋予的权力始终用来为人民服务。任免国家工作人员29人，依法补选4名县人大代表、4名市人大代表。

【代表工作】 督办代表建议 先后召开财经类、教科文卫类和农林水类、城建类及工交类等三场代表建议督办会，重点对办理工作基本满意的24件和不满意的5件建议进行督办。听取审议县政府对人大代表的建议办理情况，并组织开展评议活动，对办理代表建议情况进行测评，推动政府解决一批群众关心、社会关注的问题。

代表培训 7月上旬，组织在全县工作的87名县、镇人大代表参与远程学习培训；12月中旬，组织部分代表就"如何做好代表，提好议案建议""如何审议财政预算"两个专题进行学习培训，提高代表参政能力和写好建议议案水平。

代表视察 组织部分市、县人大代表对佛冈县美丽乡村建设和农村垃圾管理工作进行视察。针对农村垃圾处理长效运行机制不健全和资金紧缺问题，县政府分别制定《佛冈县农村生活垃圾收运处置工作方案》《佛冈县农村生活垃圾整治工作考评办法》和《佛冈县农村生活垃圾收运处理"以奖代补"考核办法》，加强农村生活垃圾的管理。

开展约见活动 12月中旬，组织代表就群众关心的民生实事、重点项目建设、环保水利、教育文化体育、县城综合执法、农业产业布局调整等15个议题约见县长和政府部门负责人，县政府及相关部门的主要负责人对代表提出的问题进行回答，作出解释，提出整改措施。

【自身建设】 理论学习 以创建学习型党组织、学习型机关为重点，坚持和完善常委会学习制度和干部教育培训制度。重点抓好新预算法、新环境保护法、安全生产法等法律法规及人大业务知识和理论知识的学习，切实提高履职能力和工作水平。

作风建设 加强政治纪律和政治规矩的学习，严格执行党的纪律和人大工作规定，牢固树立纪律和规矩意识。认真开展"三严三实"教育活动，做到严以修身、严以用权、严于律己，增强做好新时期人大工作的事业心和责任感。

制度建设 制定《佛冈县人大常委会讨论决定重大事项办法》《佛冈县人大常委会专题询问办法》和《佛冈县人大常委会约见县长及部门负责人办法》，健全县人大常委会的制度机制。

佛冈县十四届人大五次会议代表建议目录

编号	领衔代表	建议内容	承办单位
一、城建类（17件）			
1	石角团曾志林 龙山团徐英文	关于整治建滔工业园废气废水污染问题的建议◆	县环保局
2	高岗团朱明捷 迳头团朱玉毛	关于县道374线高岗至迳头路段安装路灯的建议◆	县住建局
3	龙山团欧彩霞	关于尽快将县城北山公园规划建设为生态休闲公园的建议◆	县机关事务局、 县住建局
4	高岗团朱明就	关于省道252线路灯延伸到墩下长江村的建议	县住建局
5	水头团黄常珍	关于完善县城至水头排污管网建设的建议◆	县水务局
6	水头团黄常珍	关于县道374线水头新联上村至西田长坑村安装路灯的建议◆	县住建局
7	石角团邝谷良	关于英佛公路佛冈路段至英德交界安装路灯的建议◆	县住建局
8	石角团陈剑雄	关于尽快规划县城停车场的建议◆	县住建局
9	石角团曾伟强	关于支持石角凤城村、凤围村、石溪村亮化工程建设的建议	县住建局
10	石角团朱小翠	关于加强县城老城区旧楼维修的建议	县住建局
11	石角团曾文英	关于整治县城兴隆街道路的建议	县住建局
12	高岗团朱明就	关于完善全县村庄规划编制工作的建议◆	县城乡规划办
13	龙山团欧阳汝光	关于加强对博华陶瓷有限公司下水道治理工作的建议	县住建局
14	龙山团欧阳汝光	关于处理博华陶瓷有限公司废水污染问题的建议	县环保局
15	龙山团唐金德	关于尽快安装民龙线、省道252线路灯的建议	县住建局、 县财政局
16	汤塘团黄添荣	关于省道354线四九路口至四九社区路段安装路灯的建议◆	县住建局
17	机关团李红梅	关于加强县体育馆、体育场、游泳馆选址建设的建议◆	县文广新局、 县住建局
二、财经类（9件）			
18	高岗团朱明就	关于由县财政承担退休村干部全部退休金的建议◆	县财政局
19	高岗团何美云	关于尽快提高我县教师工资福利待遇的建议◆	县人社局、 县财政局
20	高岗团朱明捷	关于灵活落实专项建设资金的申报、审核、验收、划拨工作的建议	县财政局
21	高岗团朱明捷	关于重视解决村委办公经费和计生工作经费的建议	县财政局
22	高岗团朱明捷	关于尽快解决"一事一议"资金缺口的建议	县财政局
23	水头团黄常珍	关于加大县财政对农业水利设施投入的建议◆	县财政局
24	水头团廖红星	关于加大对水毁道路桥梁建设资金支持力度的建议	县财政局

续表

编号	领衔代表	建议内容	承办单位
25	汤塘团龚柳珍	关于尽快完善基层公务员和事业单位人员薪酬增长机制的建议◆	县人社局、县财政局
26	龙山团曹炳炽	关于加大对农村安全饮用水工程建设资金支持的建议	县财政局
三、农林水类（9件）			
27	逐头团朱玉毛	关于尽快完善烟岭河南堤防洪防汛工程的建议◆	县水务局
28	水头团黄常珍	关于重视引导全县农民调整农业种植布局的建议◆	县科农局
29	石角团陈才金	关于尽快修复黄花特大洪灾造成损毁农田的建议◆	县科农局、县国土资源局、县水务局
30	石角团陈才金	关于加大水利设施投入，保障农田用水的建议	县水务局
31	石角团曾伟强	关于撤销山田水库自动反洪闸，保障下游村民人身安全和水田水利设施的建议	县水务局
32	石角团高启用	关于修复龙塘、科旺、诚逐农田水利灌溉设施的建议	县水务局
33	龙山团邝桂华	关于清理龙山镇清水逐河道的建议	县水务局
34	龙山团邹镜初	关于加大沙糖桔黄龙病整治力度的建议	县科农局
35	机关团朱沛灵	关于治理潖江河三八下里段两岸私占填土问题的建议	县水务局
四、工交类（14件）			
36	高岗团刘贤奇	关于铺设英德下带至高岗白石坳村道的建议	县交运局
37	逐头团朱玉毛	关于尽快开通新丰县遥田至逐头金岭工业园公路的建议◆	县交运局
38	石角团陈剑雄	关于尽快开通建设从奥园至英佛公路的县城沿江路的建议◆	县住建局
39	石角团朱龙腾	关于撤销英佛收费站的建议◆	佛冈公路局
40	石角团曾伟强	关于完善石角镇凤城大窝水库防洪道路建设的建议	县水务局、县交运局
41	石角团黄荣炽	关于解决106国道三莲路段两边排水问题的建议	佛冈公路局
42	汤塘团莫铁光	关于重视高滩大桥修复通车的建议	县交运局
43	汤塘团刘活洪	关于完善省道354线脉塘至四九段接驳口建设的建议	佛冈公路局
44	龙山团高志华	关于修复凤洲堤围至河田段防洪道路的建议	县水务局、县交运局
45	龙山团高棋森	关于建设良塘村防洪通道的建议	县水务局、县交运局
46	龙山团高棋森	关于恢复良塘村公交车的建议	县交运局
47	龙山团朱清岳	关于开通龙山至民安墟公交的建议	县交运局
48	龙山团廖玲飞	关于修复龙山镇官路唇桥的建议	县交运局

续表

编号	领衔代表	建议内容	承办单位
49	机关团郭达华	关于加强全县水库周边路面硬底化的建议◆	县水务局、县交运局
五、教科文卫类（5件）			
50	高岗团何美云	关于扩大免费提供乳腺癌、宫颈癌检查服务对象范围的建议	县卫计局
51	石角团杨雪琼	关于尽快征地扩建县职校三八校区的建议◆	县教育局、国土资源局
52	石角团杨雪琼	关于尽快征地扩建石角中心小学凤围教学点的建议◆	县教育局、国土资源局
53	机关团刘紫燕	关于调整我县医保定点机构惠及广大人民群众的建议◆	县卫计局、县社保局
54	机关团曹小梅	关于增加公益二类幼儿教师编制的建议◆	县编办、县教育局
六、其他类（4件）			
55	高岗团何高要	关于简化社保卡申领和激活程序的建议	县人社局
56	高岗团朱然陆	关于尽快解决观音山项目长期闲置问题的建议	县招商局
57	水头团邹昌奎	关于要求做好水头镇原利多鞋厂征用土地盘活利用工作的建议◆	县国土资源局、县土地开发储备局
58	水头团廖红星	关于要求工商银行在水头镇设点，方便群众激活社保卡的建议	工商银行佛冈分行

注：表中建议内容有◆号的是指重点建议。

（罗邦景）

【依法治县】 调整县依法治县工作领导小组成员 5月20日，县依法治县工作领导小组根据部分成员工作变动，及时对县依法治县工作领导小组成员进行了调整，加强组织领导全县开展依法治理工作。

制定《佛冈县2015年依法治县工作方案》 5月21日，县依法治县工作领导小组召集全县各镇、县直各单位召开依法治县工作大会，分管依法治县办公室工作的县人大常委会副主任黄小云传达市依法治市第十七次会议精神，总结2014年全县依法治县工作情况，部署县2015年依法治县工作计划，会上讨论通过《佛冈县2015年依法治县工作方案》，会后县依法治县办下发该方案，适时指导全县开展法治县、法治机关、法治镇、法治村创建工作，充分发挥各成员单位职能，促进依法治县工作规范化、制度化，推进依法治县进程。

人大法律监督和工作监督 5月，县人大常委会听取和审议县人民法院落实案件质量评查机制情况工作报告，加强对法律法规实施的监督检查。7月，听取和审议县人民检察院诉讼监管工作情况报告，推动检察机关诉讼监督工作的开展。8月，县人大常委会内司工委组织调研组深入县公安局交警大队、石角镇城南社区、站前社区等县直有关部门及石角镇部分社区，对县城市综合管理工作情况进行调研。10月，对县内近年来专项打击双抢双盗案件整治工作进行调研。11月，实地察看县戒毒所，听取该所领导班子成员关于禁毒工作情况的汇报。要求县戒毒所加大强制隔离戒毒场所的建设和管理力度，持续深入地推进禁毒工作。10月27日，分管内司工委工作的县人大常委会副主任黄小云主持召开征集清远市地方立法建议项目座谈会，征集立法意见建议22条，为全市更好制定2016年度立法建议项目和"十三五"立法规划提供依据。

司法体制改革 落实领导干部干预司法活动、插手具体案件处理的记录、通报和责任追究制度，落实司法机关内部人员过问案件记录制度，落实主审法官、合议庭、主任检察官、主办侦查员办案责任制。探索推进公益诉讼。

配合县政府做好依法行政考评工作 8月25—28日，县政府组织依法行政考评组对佛冈县各镇及县直21个被考评单位进行实地考评。通过听取各镇政府及21个被考评的县直单位负责人自查自评情况汇报，核查依法行政配套制度建设、规范性文件管理、行政决策、信息公开、行政复议考评指标情况，抽查行政执法考评指标情况等，进一步完善规范性文件、重大行政决策合法性审查机制，规范政府及其各部门的行政行为，进一步推进法治政府建设进程。

保持依法治理工作常态化 一是抓住引擎切点，扩大规模宣传。积极协调组织在全县范围内开展"佛冈普法行"系列活动。二是突出营造氛围，不断创新载体。利用广告牌、电子屏、手机短信、政府网站、宣传条幅、橱窗等形式，常年开展法制宣传，大力营造法制宣传浓厚氛围。在北山公园建立"法治广场"，设立宣传标牌，成立城北中学青少年法制教育基地；在县电台开辟相关栏目，播放法制宣传专题；开通手机信息，以案释法，开展法制宣传教育。三是突出重点，以点带面。自"六五"普法开展以来，着力抓重点普法对象的普法学习。首先是抓好干部的普法学习，出台《关于进一步加强全县领导干部学习用法工作的意见》，在意见中，对领导干部、党委（党组）中心组学习法从学习制度、时间上做了进一步规范和要求。

推进法治文化建设 充分发挥法制宣传手册的作用。通过法制宣传手册、宣传挂图等普法宣传形式，广泛宣传法律、法规，打造法治文化的品牌。2015年，发放法制宣传手册1000册、法制宣传挂图100份。充分利用网络等载体，提高法制宣传的时效性、覆盖面和影响力。县普法办通过OA平台，适时将法律知识发送到干部、群众的手机上，以此提高全体公民的法律素质。加强阵地建设。全县修建永久性法制宣传栏六个，刊出法制宣传专栏18期。各镇、村、社区充分利用图书室，不断完善法律图书角建设，拓展法制宣传教育平台。

（刘伟宜）

佛冈县人民政府

【县政府工作概况】 综合经济指标 2015年，佛冈县完成生产总值104.6亿元，比上年增长8.8%；地方一般公共预算收入9.8亿元，增长5.6%，其中税收收入5.9亿元，增长7.2%，增速均高于全市平均水平；完成固定资产投资38.92亿元，增长17.2%，其中工业完成固定投资13.79亿元，增长91%；社会消费品零售总额37.19亿元，增长9.6%；城乡居民可支配收入15 432元，增长9.4%。

各项经济发展 2015年农林牧渔业总产值15.43亿元，比上年增长6.1%。全年实现规模以上工业增加值43.03亿元，同比增长10.5%。共引进项目7个，合同利用资金13.5亿元，亿元以上项目2个，新旧项目累计实际投入18.60亿元。全年进出口总额34.54亿元，同比增长1.8%。全年房地产开发投资12.92亿元，同比下降31.3%；商品房销售面积41.69万平方米，同比增长48.4%。全县现有名胜风景区和文物保护区13个，A级景区2个，全年各景点接待游客506万人次，比上年下降2%；实现旅游总收入33.9亿元，增长1%。

重点建设项目 2015年，佛冈县重点建设项目35个，总投资约243.4亿元，其中市重点建设项目14个，已开工建设项目11个，完成投资约12.44亿元，占年度投资计划的121%。南玻、顺意佳、吉多宝、恒业等项目顺利投试产。全县认定高新技术企业9家，占全市的14%，3家企业6个产品申报认定为高新技术产品。全面完成境内国道、省道改造130多公里，实现了全部行政村道路硬底化。完成县道2013年"5·15"洪灾重点水毁项目和上里大桥等20多座重点桥梁的修复重建。总投资超过6亿元开展水利工程建设。在全省率先开展"三清"工程，全县共清理河道160多公里，河道行洪能力提高5倍以上。

民生实事 2015年民生领域投入资金2.5亿元。十件民生实事基本完成。全面提高民生保障底线水平和教育经费补助标准。为1260名农村已婚贫困妇女免费提供乳腺癌、宫颈癌检查服务。组织职业技能培训5386人，组织创业培训210人，促进创业人数321人，城乡劳动力创业就业能力进一步增强。在全县4个农贸市场和1个较大型超市开展食品安全规范化、标准化建设，食品安全"两化"建设得到市的充分肯定。完成67套保障性住房开工任务，完成公共租赁房二号项目主体工程，新增发放低收入住房保障家庭租赁补贴90户；全面完成1201户农村危房改造。潖江河上游、潖江涌二水整治工程，水头山洪沟整治工程，烟岭河整治工程分别完成95%、90%、70%的进度。优化县城公交线路，新增157个公交站牌；新开通县城至高岗三江和县城至迳头青竹公交线路。

【县长办公会议】 2015年，县政府召开县长办公会议6次，议题6项，主要有：研究县妇幼保健院大楼建设有关问题，研究清远加多宝饮料有限公司用地红线及防洪等相关事宜，研究佛冈县特殊教育学校建设规划工程，研究佛冈县汤塘污水处理厂建设工程，研究国道106佛冈县城北段扩建工程、青松东路、县体育馆三个项目建设的有关问题，研究佛山市东建集团有限公司佛冈项目（原华龙项目）相关事宜等。

【县政府常务会议】 2015年，佛冈县政府召开15次常务会议。研究经济社会发展和处理日常性政务问题，会议研究讨论163项内容。审议事项主要有：审议佛冈县人民政府重大行政决策事项听征目录等制度性文件，审议推进教育现代化先进县实施方案等教育方面的事项，审议县人民医院集团加挂"清远市人民医院佛冈分院"等医疗方面的事项，审议佛冈县农村生活垃圾处理"以奖代补"等社会事项，审议佛冈县省级现代农业示范区申报等农村经济发展事项，审议国道106线佛冈县城段路面改造工程等基础建设事项，审议调整佛冈县遗属生活困难补助标准等惠民事项，还有农村金融、土地用途调整事项等等。

【县政府工作会议】 2015年，县政府召开政府工作会议19次，研究部署重要工作或落实项目19项，主要有：研究2013年12月18日佛冈县查获的涉嫌走私冻肉案件（以下简称"12·18"案件）有关事宜，研究碧桂园清泉城有关土地投资款项政府还款问题，研究整治县城交通秩序问题，研究解决迳头桩号HE043、石角桩号HE279—HE282两处长输管道安全隐患的问题，研究县妇幼保健院综合大楼建设，研究汤塘镇慧盈项目79.49亩土地整理成本问题，研究佛冈华润燃气项目推进工作，研究佛冈县公务用车制度改革工作，研究佛冈县生活垃圾卫生填埋场运营招标采购工作，研究县公务用车综合服务平台以及车改交通补贴问题，研究原县羊城饼干厂拆建项目（金尊大厦）建设问题，研究潖江河上游综合整治工程占用三八中心坝用地问题，研究推进不动产登记工作过程中遇到的问题，研究佛冈县对接广州市白云区对口帮扶工作，研究佛冈县开展"广东扶贫济困日"活动工作事宜。

（陈榕森）

重要政事和决策

【县政府班子领导补充】 2015年2月，经县人大常委会任命杨轶明为副县长（挂职）；2015年3月，经县人大常委会选举任命朱小松为副县长；2015年7月，经县人大常委会任命韦学民为副县长（挂职）。

【人大代表议案、建议和政协委员提案】 2015年办理涉及全县政治、经济、文化和社会生活等方面的人大建议58件，政协提案83件，有力促进全县经济社会持续稳定发展。

【遗属生活困难补助标准提高】 佛冈县户籍的遗属，每人每月补助标准由原来的400元调整为470元；经组织确认在保护、抢救国家财产或在对敌斗争中因公牺牲的工作人员，其遗属每人每月补助标准由原来的600元调整为705元；符合离休条件的老干部去世，其遗属每人每月补助标准由原来的520元调整为611元；遗属为孤儿、无经济来源的孤寡老人或生活不能自理的残疾人，每人每月补助标准由原来的520元调整为611元。以上标准从2015年1月起执行。

【县二小扩建】 为缓解县城小学学位不足问题，2015年1月23日，县政府常务会议同意将县二小西侧县畜牧水产公司部分地块划拨给县二小使用，并要求县二小的建设与县畜牧水产公司地块的整合一并考虑、一并规划，相关建设规划要体现前瞻性、实用性、安全性。

【乡镇卫生院医务人员岗位津贴发放】 为妥善解决佛冈县乡镇卫生院人才引进难题，稳定乡镇卫生院医务工作者队伍，根据省财政厅等三部门《关于印发广东省边远地区乡镇卫生院医务人员岗位津贴实施方案的通知》（粤财社〔2014〕249号）文件精神，在距离县城10公里以下的卫生院工作的，非医务人员每人每月发放300元，员级医务人员每人每月发放350元，助理级医务人员每人每月发放400元，中级医务人员每人每月发放450元，副高级医务人员每人每月发放500元；在距离县城10～25公里的卫生院工作的，非医务人员每人每月发放400元，员级医务人员每人每月发放450元，助理级医务人员每人每月发放500元，中级医务人员每人每月发放550元，副高级医务人员每人每月发放600元；在距离县城25公里以上的卫生院工作的，非医务人员每人每月发放500元，员级医务人员每人每月发放550元，助理级医务人员每人每月发放600元，中级医务人员每人每月发放650元，副高级医务人员每人每月发放700元。从2014年1月起执行。

【佛冈县县城和中心镇教育布局专项规划（2014—2020年）】 为进一步促进全县教育事业健康协调发展，科学配置教育资源，2015年3月19日，县政府常务会议同意佛冈县县城和中心镇教育布局专项规划（2014—2020年）。

【佛冈华润燃气天然气综合场站选址】 为加快落实天然气场站选址，推动该项目尽快落地，2015年5月28日，县政府常务会议初步同意佛冈华润燃气选定的英佛公路收费站北侧约300米的一处地块用于建设综合性场站。

【佛冈县环境保护委员会成立】 为强化环境保护工作的综合研究、决策，形成大环保的工作格局，2015年6月26日，县政府常务会议同意组建佛冈县环境保护委员会，并报县委常委会同意后正式发文成立。

【原三八中学划归县职校】 为支持佛冈县职业技术教育发展，2015年6月26日，县政府常务会议同意将原三八中学划归县职校使用。

【佛冈县大额财政资金使用决策制度（稿）】 为进一步完善政务监督，使大额财政资金使用集体决策科学化、规范化、制度化，2015年7月15日，县政府常务会议通过佛冈县大额财政资金使用决策制度（稿）。

【县政府与广东食品药品职业学院战略合作框架协议书签署】 为促进食品药品科研成果转化，推动特色中草药种植"产业化"发展，将佛冈县打造成为"南药之乡"，2015年10月23日，县政府常务会议同意与广东食品药品职业学院签署战略合作框架协议书。

【产业集聚发展启动资金使用】 为加快全县产业集聚发展，促进经济升级发展，启动资金将用于拓展佛冈县产业集聚发展范围，加快在汤塘镇围镇、黎安和大埔村范围内开发拓展18 000亩产业集聚发展平台。同时，启动资金5000万元委托佛冈县德城投资开发有限公司管理，专门用于集聚区的土地征收、产业集聚地融资和基础设施配套建设等。

（黄 莹）

政府法制

【概况】 2015年，县法制局以推进法治政府建设为目标，履行行政法制工作职能，在推进政府法制建设和建立权责统一、权威高效的依法行政体系中发挥参谋助手作用。全年办理行政诉讼13件，民事诉讼4件，行政确权2件，行政复议4件，审查办理规范性文件和涉法文书205份，审核县政府常务会议议题101项。

【规范性文件审核】 拟定和审查规范性文件和涉法文书，代县政府拟定《佛冈县人民政府法律顾问工作规则》和《佛冈县行政执法案卷评查暂行办法》2个规范性文件；指导、审查县政府部门制定《佛冈县最低生活保障审核审批办法（试行）》《佛冈县人民政府重大行政决策风险评估办法（试行）》《佛冈县人民政府关于划定森林防火区的通告》《关于印发佛冈县食品安全举报奖励办法的通知》等12份规范性文件；对《广东省专职消防队建设管理规定》《清远市人民政府法律顾问考核办法》等46份省市规范性文件提出意见、建议；为市政府和县人大常委会办理备案的规范性文件8份。

【行政执法监督】 积极配合行政审批制度改革等工作，强化行政执法监督力度。一是对县行政服务中心送来的《佛冈县年检年审事项目录》35项年审事项举行合法性审查，并与19个部门进行沟通，逐项提出审核意见，意见被县常务会议全部采纳。二是编辑重大行政听证目录，分为"须提交县人大常委会审议的特别重大行政听证目录"和"须提交县政府常务会议审议的重大政府行政决策事项听证目录"两部分共22项。三是对县编办移交的全县33个县政府部门的权责清单进行逐项审核，审核18个单位共1493项权责清单事项。四是加大案卷评查力度，牵头成立县行政执法案卷评查组，于2015年3月30日至4月1日对24个执法单位2014年度的执法案卷进行评查，通过询问情况、抽查行政执法案卷等方式了解执法情况，现场反馈评查中发现的问题，并通报此次评查情况。

【行政执法培训】 2015年7—8月在党校举办三期行政执法人员法律知识培训班，全县30个单位共370多人参加，学习《行政诉讼法》《行政复议法》《行政处罚法》《国家赔偿法》《行政强制法》《广东省行政执法责任制条例》等法律法规知识，邀请县人民法院法官开展"行政诉讼法及行政执法实践"专题讲座，提高执法人员实践应用水平。

【行政复议与应诉】 一是切实做好行政复议工作，全年受理行政复议案件4宗，其中2宗工伤事故认定纠纷、1宗行政确权纠纷、1宗行政处罚纠纷，3宗已办理完结，复议结果为维持原状，1宗正在办理。二是切实做好应诉工作，代表县政府应诉或协助县政府部门办理的行政诉讼案件12件，民事案件4件，包括一审、二审案件，涉及林业、土地、工伤保险待遇、财产损害赔偿等案件。三是切实做好行政确权工作，协助有关部门办理《关于龙后居民小组门楼口地堂等土地权属争议的处理决定》和《关于飞水迳林木林地权属争议的处理决定》2件行政确权案件。

【政府法律事务】 紧紧围绕县委、县政府中心工作，做好政府决策的论证、审核把关工作，确保政府决策的合法合理，逐步提高政府决策法制化水平。全年参加县委常委（扩大）会议4次、县政府常务会议14次，办理审核有关议题101项。承办政府法律事务145件。协助组建政府法律顾问团队，于2015年9月建立县政府法律顾问团队，利用政府法律顾问专业优势，对事关全县经济社会发展的重大项目、重要事项进行法律方面的论证、审查，最大限度地减少政府的涉法风险。至12月底，县政府法律顾问律师承办的政府事务10宗。

【依法行政考评】 一是精心组织全县2014年度依法行政考评工作，制订《佛冈县2014年度依法行政考评方案》，指导全县各镇、县直单位收集整理依法行政资料，牵头组织4个县依法行政考评小组，于2015年8月到各镇政府、县直各被考评单位进行2014年度依法行政考评，实地考评各单位的制度建设、规范性文件管理、依法行政能力建设等方面的内容。二是认真准备省市对佛冈县的2014年度依法行政考评工作，完善相关的工作台账，精心准备每项材料。2015年7月，市依法行政工作考评小组到佛冈县检查2014年依法行政工作台账，抽查行政执法单位的行政执法案卷。经考评，全县依法行政工作得到充分肯定，被清远市依法行政领导办公室评定为"良好"。

【"两建"法制工作】 一是向各镇、县直有关单位发出《关于报送2015年度市场监管规范性文件立项工作的通知》，要求各有关单位将本单位拟制定的市场监管规范性文件目录向县府办申报。在汇总、梳理后，形成《建议作为市场监管规范性文件立项的文件目录》，每月向县两建工作小组汇报工作进展。二是充分发挥法制部门在文件审查、法制宣传、专项牵头等方面的推动作用，加快建立起相对完整、规范的社会信用制度框架体系、市场监管法制体系。全年审查涉及两建工作的规范性文件和涉法文书累计60件。

【其他法制工作】 认真做好其他方面的法制工作，对申领和换领行政执法证的单位和个人进行资格审查，杜绝合同工、临时工等无执法资格人员上岗执法，及时公布行政执法机关的执法职权及依据，做好群众来访来信工作，指导相关单位开展行政听证业务。

【聘请法律顾问】 2015年9月11日，在县人民中心主楼109会议室举行政府法律顾问集中签约仪式。仪式上，县长梁金鉴与律师事务所代表现场签订《佛冈县人民政府聘请法律顾问合同书》。

（杨向荣）

外事侨务

【概况】 2015年外事侨务局发挥对外窗口的作用，在对外宣传、出国（境）管理、签证业务、招商引资、为侨服务等方面加强协调，取得了一定的成绩。

【赴港公务】 2015年全县共派出37人次赴港澳执行公务，主要赴港开展洽谈招商引资、签订合同、跟踪招商项目、参加培训、处理涉外业务等工作事项。

【归侨救济及支教】 2015年，共向43人次困难归侨发放2.35万元贫困归侨扶贫救助金或生活补助金。配合省市外派教师人选储备库工作，佛冈中学曹丽华老师被选派赴印度尼西亚日惹崇德三语国民学校任教中学汉语、范玉琳老师赴印度尼西亚八华三语国民学校任教中学汉语、李朝军老师赴马达加斯加塔马塔夫华侨学校任教小学汉语，支教为期一年。

【为归侨排忧解难】 解决涉侨重点难点案件，排查侨界影响社会稳定的突出问题和重大隐患，其中归侨危房改造、散居归侨和困难侨民生产生活困难等信访问题也得到妥善解决。

（唐莎莎　邱艺强）

电子政务公开

【概况】 2015年，佛冈县电子政务办公室认真学习领会相关文件要求，周密部署、狠抓落实，促使电子政务建设工作取得进展。为推进政府管理的现代化，实现政府办公电子化、自动化、网络化，自2011年11月起建设使用佛冈县电子政务办公平台，至2015年底已经形成纵向贯通省、市、县、镇，横向囊括县属各级政府部门128家单位的互联互通的政府办公网络，有效地提高政府部门之间政令公文传达的效率。1月，为进一步提高政府办公效率，倡导低碳节约的办公理念，对全县范围内的电子政务办公系统进行全面升级，扩展建设电子政务全流程办公和无纸化会议等应用系统，推进网上协同办公和手机移动办公系统的应用，明显增强电子政务平台的功能和系统应用的适应性。新的电子政务系统，不仅增强公文传递的时效性，而且提高公文传递的透明度，实时、全面掌控各部门的工作办理状态，每个流程步骤都有流程痕迹查询，工作人员可随时跟踪查询公文的办理进展情况，督促各级各部门提高办事效率，使政府工作更高效、更规范、更精简。

【网上政务公开】 加强领导，健全机制 2015年，县电子政务办严格按照《中华人民共和国政府信息公开条例》要求部署，认真贯彻落实《广东省政府信息公开实施办法》，全面实施佛冈县《政府信息公开实施办法》，加强领导，健全机制，规范程序，创新思路，强化服务，推进信息公开全面深入开展。

推进政务信息共享 依托县政府门户网站，建立全县统一的政府信息公开网上发布平台，大力推进政务信息资源的整合与共享，抓好政府信息公开的内容保障。为进一步完善功能建设，对政府门户网站进行全面的升级改版，并于2015年9月份开始投入运行。新版政府网站紧跟政府信息公开的标准及政府网站普查工作的要求，对界面及栏目进行重新设置，完善政府信息公开目录，使界面更美观、栏目更规范、政府信息公开更清晰，更符合市民的浏览习惯，更方便市民查询政务信息。制定完善的政府信息公开工作方案，明确责任单位和责任人，加强对信息公开工作的监督和管理。2015年通过政府网站主动公开的政务信息3899条，处理群众咨询投诉2348条。对于群众较为关心的一些生产生活信息和社会热点问题，设置专门的公开栏目，并且做到及时、准确地更新发布。

完善信息平台 除了政府门户网站的建设，还按照省市的建设要求，分别建设县"两建"信息平台、县农村"三资"信息平台，进一步完善全县电子政务及政府信息公开体系，增强政府网站的广度和深度，提高政府工作的透明度，有效地保障公民的知情权。

（陈炳文）

应急管理

【概况】 2015年全县接报自然灾害1起，受灾人口18 829人，受浸农田

3.05万亩,成灾面积1.48万亩,道路塌方122处,中断交通公路16条次,造成直接经济损失2857.5万元;公共卫生事件2起,未有人员伤亡;重大交通事故2起;参与处置的较大突发性事件3起。上报《突发事件信息专报》12期,上报应急值班信息35条,通过政府门户网站向公众发送通报安全生产工作9条,通过县气象信息发布中心发布信息34条。4月,印发《关于开展全县突发事件风险隐患排查和整改工作的通知》,全县各级各有关部门全面开展隐患排查,并重复排查核实。排查出突发事件风险隐患共有254宗,所有隐患均已采取或正采取措施严加防控。

【应急管理机构建设】 2015年,调整佛冈县突发公共事件应急委员会,领导指挥和组织协调全县突发公共事件综合预防管理和应急处置工作。县应急委主任由县长梁金鉴担任,副主任由县委副书记黄永华、政法委书记袁卫国、常务副县长冯炽兴、副县长县公安局长陆上顶担任,成员由县府办、县发改局、县水务局、县卫生局、县经信局、县财政局、县人社局等相关部门主要负责人担任。在县应急委的统一领导下,各镇、各有关单位分别调整本单位突发公共事件应急委员会。

【应急预案体系建设】 印发《佛冈县2015年春运工作方案和春运应急预案》《佛冈县城镇燃气突发事件应急预案》,进一步完善全县应急预案体系建设。

【应急平台建设】 2015年,全县投入近1000万元基本完成应急指挥平台一期项目建设。全县应急指挥平台充分整合全县现有网络系统资源,以县气象预警中心建设为契机,依托政府电子政务网络建立,是一套"统一领导、统一管理、统一办公、统一平台"的应急指挥系统。应急指挥平台一期建设内容主要包括:实现公安、气象、三防、交通、纪检监察、林业、国土7个部门的业务和视频系统接入;实现省、市、县、镇四级应急视频会商系统的建设;应急组成部门和各镇配备移动通信系统,日常发生突发事件时可利用移动通信系统进行视频监控和通信;建立一套应急指挥综合信息系统,包括应急值守子系统、应急联络网管理子系统、危化品知识库管理子系统、运行维护子系统四大基本功能;购置服务器、交换机、入侵防护设备等,建立一套应急硬件支撑平台。

【应急物资建设】 全县推进"一网五库"建设,在建立健全各级各部门应急管理工作联络网的同时,加大完善五库(应急物资库、救援专业队伍库、安全隐患库、法律法规库、突发事件典型案例库)工作力度。全县组建应急队伍44支1615人,储备应急物资106种。

【应急预案演练】 4月16—25日,组织33名民兵轻舟分队队员集中到湛江,进行为期11天的针对性训练和演习。通过这次训练,全面提升民兵轻舟分队的业务素质和抗洪抢险能力。6月19日成功举行"突发公共事件交通运输应急专业队拉动集合"演练,通过这次演练,增强道路运输从业人员安全防范意识,锻炼交通运输应急救援队伍,提高道路运输行业预警预防和应变应对能力。12月8日,成功开展食品安全突发事件应急处置(桌面)演练。通过这次桌面演练和培训,有效测试和提升相关部门在应对食品安全突发事件中的处置能力,提高食品安全应急人员处置突发食品安全事件的实际操作能力。

(黄 力)

行政服务工作

【窗口服务】 县社会综合服务中心窗口进驻的职能部门28个,其中16个职能部门设置独立窗口,实行A、B岗制度。2015年,中心窗口受理各类事项18 990件,已办结18 651件,办结率98.21%。2015年,县服务中心贯彻群众路线教育实践活动,加大窗口管理力度,印发《佛冈县人民政府行政服务中心窗口工作人员服务规范管理制度》等4个窗口管理制度,规范窗口人员的办事行为,增强服务意识,提升工作效能,让前来办事和咨询的群众得到贴心满意的服务。

【网上办事】 全县37个职能部门的650项服务事项已进驻网上办事大厅,其中行政审批事项551项,行政审批事项网上全流程事项321项。使用网上办事大厅系统的全部事项485项,其中1次到现场事项数为366项,比率为75.46%,2次到现场事项数为119项,比率为24.54%,全面达到省市要求的网办深度。统一建立县镇村三级综合服务平台,全县90个村(居)委已全部建成开通村级社会综合服务站,网上办事大厅普及率达到100%,不断完善公共服务。

【"12345"政府热线】 县12345热线平台自2014年1月开通运行以来,总体运行情况良好。2015年全县收到市转来的各类诉求事项811件,已办结811件,办结率100%。诉求事项主要涉及工商、环保、住建、发改、人社、食药监等单位,派发到各单位的诉求事项都能按时处理完成,对于较复杂的问题,组织多个单位联合执法或共同协商处理,相关部门积极参与、配合。

(谢玉英)

台湾事务

【涉台事务概况】 普查登记 县台湾事务办组织开展台资企业及台胞台属情况普查工作。普查工作于2015年1月上旬开始,6月中旬结束,普查范围包括台资企业、台胞、台属、涉台婚姻人员及与台湾有交流往来关系的社会团体、民间组织。为保证工作取得实效,县台办与有关部门加强联动,积极配合,按照各类普查表格所要求的内容,认真全面系统地对全县涉台资源情况进行调查核实和补充登记,积极建立完善台资企业和台胞台属信息资料库,为更好地服务台商台企、服务台胞台属、服务地方经济社会发展打下坚实基础。

服务台资企业 9—10月,县台办人员通过走访企业、听取汇报、征询意见等形式,分别到雄展(佛冈)五金工艺有限公司、永旭精化科技(清远)有限公司、汇康荧光材料有限公司、尊福(佛冈)竹木有限公司、田野农牧有限公司、强丰(佛冈)制鞋有限公司、佛冈伊甸园农牧有限公司等7家台资企业,重点就企业发展中存在的问题和困难以及发展设想进行深入的调查了解。通过调查发现,在台资企业反映的十多个困难问题中,既有共性的,亦有个性的。为具体有效地为企业排忧解难,县台办逐一对企业存在困难问题进行归纳梳理,并向县委、县政府提出解决问题的可行措施。

为台胞台属服务 一是涉台服务制度化。县台办高度重视涉台服务工作,定期召开会议专题研究。由县统战部牵头,定期召开有关领导和部门参加的联席会、协调会、现场会,统一思想认识,加强工作协调,推动对台胞服务工作落到实处。二是走访慰问活动经常化。利用春节、中秋等传统节日,集中走访台资企业和重点台胞、台属,了解他们在生活和生产经营中遇到的困难和问题,积极提供帮助,并对存在实际困难的台胞、台属进行慰问帮扶。三是台商投诉调处规范化。坚持涉台事务规范化处置要求,做好信访接待和投诉的登记建档工作,做到台商投诉调处工作规范化。

【对台经济】 2015年,县台办坚持抓服务、抓谋划、抓作风,采取多种途径协调各级党政积极为台资企业发展出点子、选项目、提供信息、协调关系,指导并帮助台商做大做强现有的企业,充分利用台胞台属座谈会、联谊会,通过多种渠道和台湾企业界人士取得联系,不断扩大对台交往与合作,促进全县经济社会协调发展。2015年全县台资企业有12家,总投资8亿元,其中增资的台资企业有2家,合同台资716万美元,实际利用台资716万美元。

【对台交流交往】 2015年两地交流交往2批3人次,其中赴台交流2批3人次,台湾来佛冈交流0批0人次。在交往交流中,做好两个方面的工作:一方面,切实加强交往交流中的政策管理,严格按照涉台相关规定处理涉台事务和人员交往交流中的具体事宜,坚持将联络、交友和经贸等工作寓于接待服务之中。对赴台交往交流人员一个不漏地做好行前返后教育工作,避免负面影响。真正达到"来着影响我方,去着影响对方"的目的。

【涉台宣传教育】 一是利用会议进行宣传。2015年初召开全县统战工作会议,专门传达和贯彻全市对台工作会议精神,通报当前对台工作方针政策,明确当前阶段对台工作任务。二是通过党校进行阵地宣传。在县委党校中青班及公务员轮训班期间,县委党校也有涉及当前对台工作形势、台湾情况、祖国统一问题等方面的涉台教育内容科目,增强党员干部的爱国热情和统一祖国的信念。三是采取宣传栏、宣传单、展板和悬挂横幅开展静态宣传,宣传党的路线方针政策、国家法律法规及政府有关台胞投资优惠政策等。

【台商工作】 依托全县开展的"百企服务"行动,积极走访台资企业,主动协调相关部门关系,为台资企业健康发展服务,切实加强与台资企业大户的联系,通过各种渠道,加大对台商的引导、培训、联系和沟通,及时了解情况,为台资企业排忧解难。2015年共接待台商来信来访12人(次),对于台商反映的问题,耐心细致地做好解释和服务工作,并先后协调处置历史遗留问题3件,化解矛盾,切实维护台商合法权益,为在佛冈的台商创造良好的投资环境,受到台资企业的一致好评。

【台胞台属工作】 充分发挥对台工作的独特优势,加强与台胞台属的联系和沟通,通过调研座谈会、传统节日走访慰问、春节团拜会等各种渠道把台胞台属团结起来,凝聚力量,为县域经济社会发展服务。积极引导台

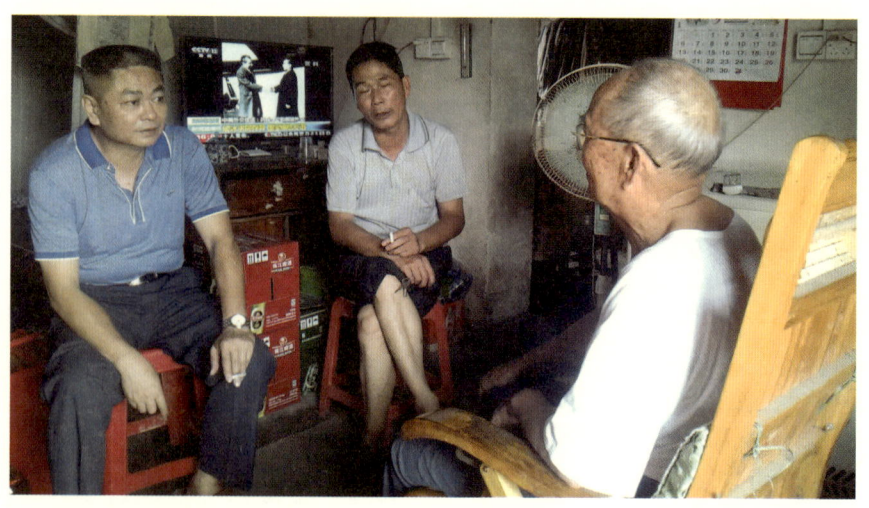

县委统战部副部长、县台办主任韦远明(左一)于2015年9月22日到水头镇台属家里进行慰问
(县台办供稿)

胞台属中的县人大代表、政协委员参政议政、建言献策，为佛冈经济社会发展出谋划策。2015年中秋、春节期间，县台办代表县委县政府先后2次走访慰问6户重点台属，并向他们发放慰问金和慰问品，将党的对台方针政策送到家中，鼓励台属安心生活，发展生产。

（黄政雄）

机关事务

【概况】 佛冈县机关事务管理局成立于1996年11月，承担着县级机关行政事务管理工作，是参公管理的正科级事业单位。根据"三定"方案，局机关事业编制47名。其中，局长1名，副局长2名，内设机构正职领导5名、副职领导4名。局内设办公室、财务股、基建维修股、安全保卫股、小车队。办公室：主要负责人事、会务、服务、收发、接待、考勤、档案管理、保密以及文件、文字材料工作；财务股：主要负责本局核算单位和本局经费的核算及其财务管理工作；基建维修股：主要负责县人民中心的基建、绿化、房产管理等工作；安全保卫股：主要负责县人民中心安全保卫工作；小车队：主要负责县综合用车服务平台车辆，按规定办理车辆的年审、投保、养护等工作。

2015年，机关事务局按照机关后勤工作"三好"和机关事务管理条例要求，按照县委、县政府的工作部署，切实履行为领导、为机关、为干部职工服务的宗旨，坚持高起点、严要求、大服务的工作思路，努力使机关后勤管理体制和运行机制与服务社会化、管理科学化的要求相适应，创造一个正常、有序的工作和生活环境，为机关工作职能的正常履行提供有效的后勤保障。

【公务接待】 事务局接待工作，按照中央八项规定自觉增强责任意识，认真履行接待职能，严格控制接待成本，细化规范接待程序。对原有的接待规定进行梳理，逐一对照中央八项规定要求，完善相关的接待工作制度。一是对外接待工作应本着既热情又节俭的原则，不搞铺张浪费、充阔气。二是对外接待原则上实行凭公函对口接待，接待对象一般应为对口业务单位。三是为利于加强管理，本局接待工作具体由办公室负责。四是根据上级有关规定，并结合全县实际情况，严格按照标准接待。五是严格控制陪客人数，原则上按每10名客人安排2名本局工作人员陪客用餐，不搞迎送宴请。六是外来宾客不准安排娱乐活动、不准赠送礼品。七是严格按照接待标准和公务卡使用规定。

【机关后勤保障】 把握贯彻落实《机关事务管理条例》新机遇，全面提升机关管理水平。坚持走市场主导的多元化管理道路，逐步把后勤的服务工作推向市场化管理。坚持以制度严管理，以创新促发展，以制度管人、制度管事，提升机关后勤保障科学化水平，积极创造一个正常、有序的工作和生活环境，为机关工作职能的正常履行提供有效的后勤保障。

【公务用车改革】 认真配合相关部门扎实抓好全县公务用车改革工作，进一步规范县直各单位公务用车上缴、处置工作流程，积极指导过渡性车辆保障中心的运行，严格按照《佛冈县公务用车制度改革方案》，依法依规处置各单位公车改革上缴的车辆，同时，建立公务用车综合服务平台，修订《佛冈县县直机关公务用车制度改革定向化保障车辆管理办法》，对公务用车实行统一、规范的用车管理。2015年，县机关事务管理局协助相关部门全面完成全县公务用车改革工作。

【公共机构节能】 制订节能管理制度 事务局会同有关部门制定规章制度并组织实施，先后制定《佛冈县人民中心日常用电管理制度》《佛冈县人民中心日常用水管理制度》《佛冈县公务用车管理制度》《佛冈县人民中心办公用房管理制度》《佛冈县人民中心会议室使用管理制度》等多项制度，制度的不断完善有力地促进公共机构节能工作的科学化、规范化、法制化。

加强宣传培训，增加节能意识 2015年，县机关事务局采取多种形式，加大公共机构节能宣传力度，依托全国节能宣传周、低碳节能体验日等，相继开展以"节能有道、节俭

2015年10月12日，县机关事务局参加广东省第二批国家节约型公共机构示范单位评价验收会

（县事务局供稿）

有德""节能低碳新生活，公共机构做表率"等为主题的公共机构节能宣传活动，通过悬挂横幅、LED 屏滚动播放宣传标语、张贴宣传海报、发出节能倡议、发送手机短信等多种形式宣传活动，进一步增强广大干部职工节能意识，积极营造公共机构节能的良好氛围。

强化统计培训，提升节能水平 2015 年 7 月 3 日，县机关事务局在县人民中心西楼 403 会议室举办 2015 年度全县公共机构节能减排培训班，这次培训班进一步贯彻落实《机关事务管理条例》和《公共机构节能管理办法》等法律法规，加强公共机构工作人员的学习交流和业务知识，进一步提升干部职工的节能水平。

创建示范单位，发挥表率作用 一是为切实降低公共机构能源资源消耗，有效发挥引领示范作用，不断推进节能升级改造，佛冈县采用合同能源管理的模式，积极协调对县人民中心的中央空调、"PSE"电力品质优化（节能）系统、LED 灯节能等项目改造，改造后综合节电效果达到 10%。二是积极创建"国家级节约型公共机构示范单位"，深入开展创建工作，严格按照有关创建标准，定期开展检查和评估，创建全国第二批节约型公共机构示范单位已经顺利通过验收并向社会公示。2015 年 12 月 30 日，佛冈县机关事务管理局被确定为"全国第二批节约型公共机构示范单位"。

（刘思娜）

政协佛冈县委员会

政协佛冈县第九届委员会第五次会议

【概况】 中国人民政治协商会议第九届佛冈县委员会第五次会议，于 3 月 24 日上午在县人民中心主楼大礼堂隆重开幕。来自全县各界政协委员围绕"全面深化改革、全力加快发展，着力推进'三区一城'建设上台阶"这一工作主题，认真履行职责，积极建言献策，共谋发展大计。县政协主席袁镜焕，常务副主席赵仲轲，副主席范桂宁、周玉兰、朱沛爽、吴子伟、谢国华在主席台前排就座；中共佛冈县委书记华旭初，县委副书记、县长梁金鉴，县人大常委会常务副主任蓝山鹰，县委副书记黄永华等县领导到会祝贺并在主席台前排就座。应邀参加会议的还有县委、县人大、县政府班子的其他领导成员以及县纪委、县法院、县检察院的主要领导，历届退下来的县政协正、副主席和县委、县人大、县政府班子主要领导，在佛冈县工作的市政协委员，十八级离休老干部代表，县直副科以上单位和省、市直管单位的主要负责人，各镇党委书记、镇长、部分界别代表及在佛冈县投资的台商代表等。

【会议议程】 这次会议的议程共有十一项：一是听取和审议政协第九届佛冈县委员会常务委员会工作报告。袁镜焕受政协第九届佛冈县委员会常务委员会委托作政协常委会工作报告。回顾总结 2014 年政协常委会工作的基本情况。2014 年，县政协常委会在中共佛冈县委的领导下，以党的十八大和十八届三中、四中全会精神为指导，紧紧围绕全县的中心工作，突出团结和民主两大主题，调动和依靠各专委会、政协参加单位和全体政协委员的积极性，认真履行政治协商、民主监督、参政议政职能，为佛冈县的经济社会科学发展作出积极贡献。主要工作体现在五个方面：一是围绕中心，服务大局，政治协商有序进行。二是拓宽渠道，注重实效，民主监督有效推进。三是突出主题，关注民生，参政议政促发展。四是发挥优势，凝心聚力，服务社会献爱心。五是夯实基础，健全制度，加强政协自身建设。2015 年重点做好三个方面的工作：一是牢固树立推进政协事业发展的使命意识，增强履职为民责任感。二是围绕中心服务大局，为全县经济社会科学发展履职尽责。三是加强政协自身建设，全面提升工作科学化水平。第二项议程是审议政协第九届佛冈县委员会常务委员会关于九届四次会议以来提案工作情况的报告（书面）。第三项议程是大会议政发言。邱夏池、朱伟文等 17 名委员围绕优化佛冈县种植产业结构推动农业转型升级、提升城市综合管理水平、县城教育资源整合、加快全县工业园区建设等作议政发言或书面发言，欧军、李子良、蔡应仁、冯卓坚、胡军红在会议上作即席发言。第四项议程是列席佛冈县第十四届人民代表大会第五次会议，听取和讨论佛冈县人民政府工作报告及有关报告。第五项议程是补选政协第九届佛冈县委员会秘书长、常务委员，通过选举何高者当选为县政协秘书长，廖楚雄、冯东华、余维建为常委。第六项议程是表彰 2014 年度先进专委会、先进委员、优秀信息员、优秀通信员、优秀提案、提案承办先进单位和先进个人。第七项议程是通过政协第九届佛冈县委员会提案法制委员会关于九届五次会议期间提案审查情况的报告（书面）。第八项议程是审议通过政协第九届佛冈县委员会第五次会议决议。第九项议程是县委书记华旭初作闭幕讲话。第十项议程是县政协主席袁镜焕作闭幕讲话。第十一项议程是其他。

县政协常委会

【政协第九届佛冈县委员会常务委员会第二十二次常委会议】 2015 年 2 月 5 日上午召开。主要内容：一是审议政协第九届佛冈县委员会第五次会议议程、日程。二是审议政协第九届佛冈委员会常务委员会工作报告及报告人。三是审议县政协第九届四次会议以来提案工作情况的报告。四是审议政协第九届佛冈县委员会常委的增补方案。根据县委组织部佛组干〔2015〕5号文件,建议不再担任常务委员的人员名单:黄玉波、张彤、徐金星。根据佛组干〔2015〕3号文件,建议新任常务委员名单:廖楚雄、冯东华、余维建。五是审议通过政协第九届佛冈县委员会任免委员名单。根据佛组干〔2015〕4号文件,不再担任委员的名单:黄玉波、张彤、温明源、李伯浓、余剑、曾品奇、宋其瑞、曾锦能。根据佛组干〔2015〕2号文件,新任委员名单:何高者、廖楚雄、冯东华、欧贵才、吴文田、何道潭、孔庆军、郭旭光、麦瑞勇、释法昌、孔峰、张国增、黄汇。六是审议通过政协第九届佛冈县委员会第五次会议秘书长、副秘书长名单,秘书长:何高者,副秘书长:邓社棠、黄晓芬。会议由政协主席袁镜焕主持。县政协常务副主席赵仲轲,副主席范桂宁、周玉兰、朱沛爽、吴子伟、谢国华,秘书长候选人何高者以及政协常委参加会议,县政协各镇工作组组长列席会议。

【政协第九届佛冈县委员会常务委员会第二十三次常委会议】 2015年3月23日上午召开。主要内容:一是县委常委、组织部部长石尚明介绍政协第九届佛冈县委员会秘书长候选人何高者,常务委员候选人廖楚雄、冯东华、余维建的基本情况。二是对大会选举办法(草案)、总监票员、监票员建议名单进行审议,总监票员:陈湘中,监票员冯耀丰、邹敏俏、郑从志、宋求深。会议由政协主席袁镜焕主持。县政协常务副主席赵仲轲,副主席范桂宁、周玉兰、朱沛爽、吴子伟、谢国华,秘书长候选人何高者以及政协常委参加会议。

【政协第九届佛冈县委员会常务委员会第二十四次常委会议】 2015年3月24日上午召开。主要内容:一是听取各组讨论政协第九届佛冈县委员会常务委员会工作报告和提案工作报告情况汇报;二是听取各组酝酿政协第九届佛冈县委员会秘书长、常务委员候选人的情况汇报;三是听取各组审议选举办法(草案)和审议选举大会总监票员、监票员建议名单的情况汇报;四是审议通过政协第九届佛冈县委员会秘书长、常务委员候选人,大会选举办法和选举大会总监票员、监票员建议名单。会议由政协主席袁镜焕主持。县政协常务副主席赵仲轲,副主席范桂宁、周玉兰、朱沛爽、吴子伟、谢国华,秘书长候选人何高者以及政协常委参加会议。

【政协第九届佛冈县委员会常务委员会第二十五次常委会议】 2015年3月25日上午召开。主要内容:一是听取各组讨论县政府、县法院、县检察院工作报告的情况汇报。二是听取各组审议政协第九届佛冈县委员会第五次会议决议(草案)情况汇报。三是对决议草案进行表决。会议由政协主席袁镜焕主持。县政协常务副主席赵仲轲,副主席范桂宁、周玉兰、朱沛爽、吴子伟、谢国华,秘书长候选人何高者以及政协常委参加会议。

【政协第九届佛冈县委员会常务委员会第二十六次常委会议】 2015年3月25日下午召开。主要内容:一是听取总监票员通报选举情况。根据总监票员报告,选举大会应到委员218人,实到186人,发出选票186张,收回186张。何高者得赞成票184张,廖楚雄得赞成票186张,冯东华得赞成票184张,余维建得赞成票186张。二是确认当选人。根据选举结果:何高者当选为秘书长,廖楚雄、冯东华、余维建当选为常务委员。会议由政协主席袁镜焕主持。县政协常务副主席赵仲轲,副主席范桂宁、周玉兰、朱沛爽、吴子伟、谢国华,秘书长候选人何高者以及政协常委参加会议。

【政协第九届佛冈县委员会常务委员会第二十七次常委会议】 2015年4月10日上午召开。主要内容:一是审议通过有关人事任免事项:由于工作变动,根据工作需要,表决通过免去徐金星提案法制委员会主任职务、黄柱立港澳台侨外事委员会主任职务、黄玉波农村工作委员会主任职务;任命廖楚雄为提案法制委员会主任、余维建为港澳台侨外事委员会主任、冯东华为农村工作委员会主任。二是审议通过政协第九届佛冈县委员会常务委员会2015年重点工作安排。三是审议通过各专委会主任、副主任及委员会组成人员名单。会议由政协主席袁镜焕主持。县政协常务副主席赵仲轲,副主席范桂宁、周玉兰、朱沛爽、吴子伟、谢国华,秘书长何高者以及政协常委参加会议。

【政协第九届佛冈县委员会常务委员会第二十八次常委会议】 2015年7月24日上午召开。主要内容:一是听取县委常委、常务副县长冯炽兴通报县政府上半年工作情况。二是协商通过有关人事任免事项:朱灿炉由于年龄方面的原因,于2015年7月1日提前退休,本人要求辞去政协第九届佛冈县委员会委员和教科文卫体委员会主任职务。表决通过免去朱灿炉教科文卫体委员会主任职务;任命潘秋蓉为教科文卫体委员会主任。三是学习中共中央办公厅印发的《关于加强人民政协协商民主的意见》文件精神。四是关于朱灿炉要求辞去政协常委的问题,提交县政协第九届六次会议确认,上报县委审定。会议由政协主席袁镜焕主持。县政协常务副主席赵仲轲,副主席范桂宁、周玉兰、朱沛爽、吴子伟、谢国华,秘书长何高者以及政协常委参加会议,县政协各镇工作组组长和政协机关工作人员列席会议。

政协提案

【概况】 2015年,政协委员、各专委会和政协各参加单位共提交提案80件。经提案法制委员会审查立案65件,15件提案作为委员建议或来信处理。在立案的提案中，经济建设类4件，占6.2%；城市规划、管理及环保类23件，占35.4%；教科文卫体类12件，占18.5%；社会保障类4件，占6.2%；农林水类9件，占13.8%；其他13件，占20%。

【重点提案】 选出《关于加强全县村庄公共卫生整治的建议》《关于加强社会治安视频监控、促进城市安全环境建设的建议》《关于发展农村电子商务，增强农村经济活力的建议》《关于将北山公园建成集旅游、健身、休闲于一体的生态公园的建议》《关于保护县城优质水源，提升供水能力的建议》《关于推进我县学前教育发展的建议》《关于加快县城市政道路建设的建议》《关于将理工学校到奥园路段主干道的泥路改造为硬底化的建议》《关于进一步加强河道整治工作的建议》共9件重点提案，分别由县委书记华旭初，县长梁金鉴，政协主席袁镜焕，常务副主席赵仲轲，副主席范桂宁、周玉兰、朱沛爽、吴子伟、谢国华督办。

政协文史

【《佛冈文史》第十七辑出版】 2015年在中国抗日战争胜利70周年之际，县政协组织佛冈县的文史资料员撰写、编辑、出版了《佛冈文史》第十七辑，内容包括岁月回眸、抗日战争、人物春秋和史海拾遗四个专题，共刊登23篇文章。这些文史资料，多为作者亲历、亲见、亲闻，相对客观公正，可信度较高，有一定的参考价值。

【其他文史活动】 组稿《佛冈十景诗赋》，入编《清远历代八景诗集》。认真组织全县政协委员参加2015年清远市两会期间举办的美术、书法、摄影作品展，全县多幅作品入选。

2015年6月24日，县政协主席袁镜焕（右一）到龙山镇湴镇村开展农综改调研
（龙山镇供稿）

政协调研视察

【政协常委会调研视察】 2015年，县政协常委会组织各界别委员，调查了解群众反映的热点、难点问题，对妥善解决拖欠农民工工资、农村生活垃圾处理、体育场馆建设、县城摩托车乱象治理、强化政府服务意识、改善企业经营环境、整合涉农综合服务平台等6个课题开展专题调研视察活动。如县政协常委会先后到水头镇潖江河上游、迳头镇的烟岭河南北堤和县城"双路"建设工程现场进行视察。通过视察，提出加快工程进度、依法依规办事、严格把好质量关、想方设法筹措资金等四个方面的意见和建议，得到县政府的采纳并作出落实责任、全面推进、尽快完成建设工程的决定。

【政协专委会调研视察】 县政协各专委会和政协参加单位结合界别特点和本单位实际，分别就传统村落保护工作、推进城镇化建设、加强生态产业建设等16个专题开展调研视察活动，并及时与相关部门沟通协商，提出建议，使大部分问题得到解决。教科文卫体委员会通过调研视察，提出《加强校园周边食品安全监管的建议》，得到县政府和食品安全监督委员会的高度重视，及时组织县食品药品监督管理局、县教育局、县市场监督管理局、县城监大队等相关部门开展学校周边食品安全专项整治行动，重点查处销售"三无"和过期变质食品的违法行为，保障全县校园周边食品质量安全。农村工作委员通过调研，提出的《优化种植产业结构，推动农业转型升级的建议》提案，得到县委、县政府高度重视，及时下发《关于进一步落实柑桔黄龙病树及残次果园清理工作的通知》，为农业结构调整提供发展空间，引导佛冈县种植业向多元化发展，全县农业产业结构调整工作稳步推进，清理黄龙病残次果园13.85万亩，累计清除率达90%以上，新建无土蔬菜栽培和澳洲坚果、香蕉、香芋、火龙果、青花梨等果菜种植基地，总面积达6.5万多亩，建成连片规模种植100亩以上的特色产业基地20多家。环保建设委员会通过调研视察提出的《加强全县村庄公共卫生整治的建议》，引起县政府和承办单位的高度重视，及时制定《佛冈县农村生活垃圾收运处理工作方案》，初步确立"户收集—村集中—镇转运—县处理"的农村生活垃圾收运体系，形成"有制度、有人管、有投入、有验收、有奖惩"的长效工作机制，确保全县农村生活垃圾整治工作的落实，改善农村环境卫生"脏乱差"面貌。

（县政协办）

纪检监察

【概况】 中共佛冈县纪律检查委员会、佛冈县监察局、佛冈县预防腐败局合署办公,实行三块牌子一套人马。内设机构:办公室,宣教室,信访室,纪检一、二、三室,审理室,党风政风室。派驻机构:派驻纪检监察一、二、三、四组,其中一、二组联系乡镇,三、四组联系县党政机关单位。

【案件查办】 落实线索处置和案件查办。在向同级党委报告的同时必须向上级纪委报告制度,加强公检法司审等部门的协作办案机制,重视涉腐网络舆情,坚持依纪依法安全文明办案。2015年,全县纪检监察机关受理群众来信来访和电话举报168件(次),比上年增长83.9%,应办信访件65件,核查率100%。全县立案查处违纪案件49宗(人),比上年增长7%,其中处分人员36名,挽回经济损失186.9万元。

【作风建设】 贯彻执行中央八项规定,开展"效能风暴"行动,解决"四风"突出问题,落实公务接待、公车使用、办公用房等方面体制机制的改革和建设。落实省《关于整治超标配备公车和严格公车经费支出专项行动实施方案》《加强党员领导干部操办婚丧喜庆事宜监督的暂行规定》。封存公车228辆,保留使用的268辆公车按相关规定统一喷印"佛冈公务"标识。全县有24名干部主动向县纪委进行婚丧喜庆事宜备案。

【监督制约】 落实党风廉政建设责任制 县、镇两级主要领导履行"第一责任人"职责。开展落实惠民政策缩水走样、侵害群众利益突出问题、变相收送"红包"等专项整治。通过"春节、五一、国庆"等关键时间节点,向全县副科级以上干部发送5172条廉政短信,提醒广大干部廉洁过节。在党风廉政建设年度考核中,考核等次为好的单位达96.51%,考核等次为好的单位领导班子成员达96.04%。

抓"三重一大"制度执行 派出纪检组参加全县副科以上单位的"三重一大"事项集体决策会议共130多次,监督决策事项600多项,决策事项多数集中于"大额度资金使用"和"重大项目安排"等方面。

落实"倒逼工作制" 将全县10件民生实事、25项重点工作和35个重点建设项目,分解落实到县责任领导和牵头单位,制定配套奖惩措施。成立3个督查组,每月对全县70项中心工作推进情况进行监督检查。实行每月插红旗表扬、亮黄牌警告制度,督促落实中心工作,并设置公开栏进行全县通报,强化效能监测。

推进"行风热线"栏目 通过"行风热线"栏目,把群众反映的突出问题作为专项治理的内容,及时进行查处和反馈,促进有关部门落实行业作风建设主体责任,倒逼责任部门改进作风,切实解决群众反映的热点难点问题。健全完善以主要领导上线率、群众反映问题办结率、群众满意率等为指标的政风行风热线工作,量化考核和上线情况的"行风热线"通报制度。县公安局、住建局、财政局等7个单位上线"行风热线",受理群众的咨询、投诉139件,全部问题得到解决落实。

实施农村勤廉工程 在全市率先探索"利用电子化金融手段加强农村集体资金监管"的新模式,全面铺开"村廉通"建设。全县78个村全部完成设备安装,并开立基本账户。全县90个村(社区)均按要求成立勤廉监督室,完成"勤廉指数"测评和质询,测评都在满意以上,测评结果已向社会公布。

【源头治腐】 开展警示教育和党规党纪教育,加强廉政文化建设,推进落实廉政风险防控全覆盖,扎实推进"廉洁佛冈"建设。

开展纪律教育学习月活动 围绕"守纪律、讲规矩、作表率"这一主题,开展专题学习、集中观看警示教育片、开设"流动课堂"等形式,积极营造不敢腐、不能腐、不想腐的社会氛围。向全县各镇各单位发放党风廉政教育宣教书籍1123本,电教片344盒。围绕从政道德教育、党纪政纪法纪教育、正反典型教育、预防职务犯罪等内容,深入全县6个镇、45个科级单位授课51场,为1500名党员干部授课。

2015年6月19日,清远市委常委、市纪委书记邓梁波(左三)到龙山镇调研基层规范化建设以及"村廉通"建设情况 (刘章能摄)

打造廉洁文化品牌 完善县廉政教育基地以及农村廉洁文化园的建设，全县78个行政村中，44个有乡村公园的村融入廉洁文化元素。办好"佛冈纪检监察网""湛江清源""佛冈党建手机报"三大宣传平台。打造富有佛冈特色的廉政教育集群化基地。加强信息报送工作，信息报送量和采用量在全市排名靠前。省委"三严三实"专题教育情况通报第6期推介《佛冈县用好"三个抓手"整治领导干部"不作为、慢作为"》的做法，市委书记葛长伟专门作出批示"将佛冈县的做法向全市推广"，中央电视台在2015年11月15日播出佛冈县《严实效能督查，整治"为官不为"》的典型做法。

深入推进预防腐败工作 加强电子监察、网上办事大厅、预防腐败信息管理平台和农村党风廉政建设信息公开平台建设，有针对性地开展防控工作。强化重点领域和关键环节监管，加强对环境保护、工程建设领域等重点工作的监管。

【队伍建设】 开展"三严三实"专题教育，组织全县纪检监察干部学习十八届五中全会精神、《中国共产党廉洁自律准则》《中国共产党纪律处分条例》和习近平总书记的系列重要讲话精神及重要党内法规和文件，深刻领会其精神实质，把握纪检工作方向。完成内设机构整合，突出纪委监督执纪问责职能，全面清理议事机构，回归纪委"主业"，实现办案力量占总人数70%的目标任务。加强纪检监察队伍建设，选派干部参加各级组织的培训班，培养"学习型干部"，打造"学习型机关"。成立纪检监察机关内务监督委员会，加强纪检监察干部的监督，推动全县纪检监察干部队伍建设。

【重要会议】 2月12日，佛冈县召开纪委第十二届五次全会，总结2014年佛冈县党风廉政建设和反腐败工作，并为新一年的工作列出任务清单。6月29日上午，佛冈县召开纪律教育学习月活动动员大会，对全县纪律教育学习月活动进行部署。

【重要活动和主要工作】 五一劳动节前夕，佛冈县纪委联合县总工会举办主题为"讴歌劳动美·共建佛冈廉"书画摄影大赛。6月1日至8月7日，省委第十巡视组对佛冈县进行巡视；9月16日，省委第十巡视组向佛冈县反馈巡视意见。11月15日，中央电视台分别在《朝闻天下》《东方时空》和《新闻30分》新理念、新发展系列报道中，播出题为"佛冈严实效能督查，整治'为官不为'"的新闻报道。

（刘丁亮）

民主党派

中国民主同盟佛冈县基层委员会

【概况】 中国民主同盟（简称民盟）是中国共产党领导的爱国统一战线的组成部分，是同共产党通力合作的参政党。主要是由从事文化教育以及科学技术工作的高、中级知识分子组成的，具有政治联盟特点的，致力于建设中国特色社会主义事业的参政党。民盟维护中国共产党的执政地位，坚持和完善中国共产党领导的多党合作和政治协商制度，贯彻执行"长期合作、互相监督、肝胆相照、荣辱与共"的方针。民盟佛冈县基层委员会有盟员58人，主要工作是参政议政、民主监督、社会服务。

【参政议政】 **参加政治协商** 积极参加县委、县人大、县政府、县政协及有关部门举办的民主协商会、情况通报会、征求意见会、行风评议、座谈会和调研考察活动，就佛冈县的改革、发展、稳定等方面的重大决策建言献策。

培养推荐工作 佛冈民盟盟员2名当选县政协副主席。有市人大代表2名，县人大代表2名（其中县人大常委2名），市政协委员1名，县政协委员16名（其中县政协常委5名，占常委总数的21.1%）；有6名盟员被聘为"特约六员"。现有13名盟员担任副科长级以上干部，其中副处长级2名，正科长级3名。他们在从政岗位上开拓进取、扎实工作、勤政廉洁、业绩显著，为民盟树立了良好形象。

开展调研活动 不断完善参政议政工作小组和参政议政的奖励机制，广泛调动盟员参政议政的积极性，充分发挥民盟的政治优势、人才优势、智力优势，继续开展"一人一议""一支部一调研"活动。围绕县的中心工作建言献策。向县政协九届五次会议提交大会发言4篇，占大会发言总数的23%。向县政协大会提交提案25篇，占县政协提案立案总数的33.7%。

反映社情民意 县民盟通过《佛冈盟讯》编写信息，反映社情，收集民意，及时向中共佛冈县委、县人大、县政府、县政协及各有关部门报送社情民意80余篇，有60余篇被省市县有关部门采纳，为各级有关部门掌握情况和进行决策提供参考，为建设和谐佛冈献计出力。民盟被县委统战部评为信息工作先进单位一等奖。民盟佛冈县基层委员会荣获中国民主同盟中央委员会表彰的中国民主同盟基层组织建设先进基层组织。

【社会服务】 民盟邀请珠海市政府

督学、民盟珠海市委委员黄黔丰到佛冈县举办题为"中小学校教育理念和管理"的专题培训,助力佛冈教育现代化发展。广东省、清远市、佛冈县民盟领导,佛冈县教育局有关人员,佛冈县各中小学校正副校长、幼儿园园长约150人参加培训。

创先争优 盟员在各自的工作岗位上,勤奋工作,开拓进取,默默奉献,不少盟员在文化、教育、科技及其他领域做出了突出成绩。黎丹丹被评为2014年度全市统战信息工作优秀信息员、佛冈县先进特约统战信息员;朱美玉被评为"佛冈县优秀护士",并在《中国医药当代》上发表《围手术期连续一体化优质护理在高龄不稳定性转子间骨折手术中的应用效果》和《中国伤残医学》上发表《综合护理措施防治骨科大手术后下肢深静脉血栓形成》论文;闫玉珍被评为佛冈县先进特约统战信息员,2014年度考核被评为优秀。

(闫玉珍)

民革佛冈县支部

【概况】 2015年,民革佛冈县支部紧紧围绕县委、县政府的中心部署,以进一步提高民革党员素质为基础,以积极参政议政为动力,以深入调查研究为突破口,以提高党派参政议政能力为目的,推动支部各项工作。民革佛冈县支部于2014年7月15日成立,2015年有党员16名,其中女党员7名。党员中有副科级干部3名,中级技术人员5名;市政协委员2名,县政协委员4名(其中1名党员为县政协常委),县人大代表及人大委员1名。所涉及的界别有行政、环保、发改、人社、规划、教育、卫生、经济、政法等部门和领域,党员的综合素质较高。2015年,支部被清远市基层委员会评为"社情民意及信息报送工作先进支部",县政协集体提案《关于县城保洁实行市场化运作的建议》被评为"2015年度优秀提案"。

【组织建设】 **完善规章制度** 在支部组织发展过程中,针对工作中出现的新情况、新问题,不断完善规章制度,加强组织工作的规范化、程序化和制度化。民革佛冈县支部特召开支部委员会议,讨论并通过《信息(社情民意)报送工作制度》和《关于做好人大议案、政协提案工作的意见》。印发《关于印发相关规章制度和有关工作分组情况的通知》到各位党员手上,并抄送民革清远市基层委员会和佛冈县委统战部。

完善办公配备 在县委、县政府的大力支持和帮助下,进一步完善办公配备,支部各项工作步入正轨。

做好组织发展工作 主动加强与县委统战部的沟通和联系,积极争取党员单位党组织的支持和帮助,努力把支部建成"智囊团""人才库"。民革佛冈县支部努力把政治素质好、参政能力强、业务水平高的优秀人才吸纳入党。在2015年支部发展新党员1名,预备党员2名。

开展特色组织生活会 2月开展2015年第一次支部活动,总结2014年工作,部署2015年的工作;在省民革的组织和带领下,女性党员到广州黄埔军校参观学习;全体党员到惠州拜访民革惠州市委员会,开展联谊交流活动;举行成立周年纪念大会,回顾支部成立以来的工作,就如何进一步发挥民主党派作用提出要求;在副主委胡军红的带领下到衡阳进行考察交流活动;赴广州省直属第六支部开展交流学习活动等。

【思想建设】 民革佛冈支部始终坚持党员分散学习与支部集中学习交流、座谈与专题讨论相结合等形式加强全体党员理论学习,认真做好思想建设工作。一是传达全县统战工作会议精神,要求全体党员要增强自身政治学习,把握重点工作,明确目标,助推全县"同心同行"行动。党支部组织观看教育纪录片《盗火者》等。二是学习共产党领导的多党合作和政治协商理论,开展社会主义核心价值体系学习教育活动,全面提升党员政治把握能力、组织领导能力、合作共事能力。组织全体党员召开支部工作会议,学习贯彻中央统战工作会议精神和《中国共产党统一战线工作条例(试行)》。三是根据上级文件精神,加强新发展党员的培训力度。选派新发展的4名党员到清远市委党校参加市委统战部、市委党校组织开展的2015年全市民主党派新成员、党外人士培训班学习。7名新党员到广东省社会主义学院参加民革省委会组织开展的2015年新党员学习班。

【参政议政】 一是依托县"两会",认真履行参政议政职责,发挥"智囊团"作用。在2015年县"两会"上,党员撰写政协提案,向政协大会提交多份有针对性、参考价值高、涉及全县城乡建设、民生事业和生态建设等多方面的建议、提案,多次发言,从行动上积极为推进全县经济发展、城市建设、新农村建设等工作出谋划策。二是规范报送程序,不断提高党员的参政议政水平和能力。成立3个信息(社情民意)工作小组,要求每个小组每季度报送一篇以上信息(社情民意),并形成激励机制,调动党员的撰写积极性。2015年在民革省委会网站发表信息6篇,在《佛冈手机报》发表信息5篇。民革佛冈县支部还组织全体党员参加市基层委员会组织在佛冈举办的参政议政培训班,加强自身建设,提高党员参政议政能力及知识水平,增强民革组织凝聚力。

【专题调研】 紧紧围绕县委、县政府决策部署，围绕民生、社会热点等一系列问题，深入实际，积极开展调研，为佛冈发展建言献策、当好参谋。成立专题调研小组，组织党员积极开展专题调研活动。在主委范秋萍带领下，到佛冈县嘉华农产品种植基地和大田新农村建设点开展现代化农业发展的专题调研；围绕社会主义新农村建议、乡村旅游等问题，到迳头镇楼下官墩围进行休闲生态观光农业发展方面的调研；针对佛冈县佛教旅游文化资源开发的发展前景、存在问题及解决的对策到各宗教场所进行专题调研。以上调研形成高质量的专题调研报告，上报到县委、县政府。民革佛冈县支部协助清远市民革基层委员会到佛冈县开展关于清远市美丽乡村建设中存在的问题（困难）及解决对策的专题调研，围绕在美丽乡村建设中亟须解决的问题和建议进行交流，总结经验。

【社会服务】 携手佛冈碧桂园假日温泉酒店，民革佛冈县支部组织开展主题为"牵手看世界，童心快乐DIY"的六一儿童节爱心公益活动，为来自石角中心小学的30多名贫困学生带来一个"特别"的儿童节，表达对贫困儿童的关心和爱护。携手陈德良慈善基金会，支部党员到英德参加为期两天的2015慈善助学见面活动，关心支持英德贫困学子，帮助他们圆读书之梦。

（陈倩怡）

晨曦熹乐谷 （邓振华摄）

人民团体

责任编辑：何东树

佛冈县总工会

【概况】 2015年，县总工会秉持"维权就是维稳""服务职工就是服务发展"的理念，坚持群众路线，情系职工，依法维权，努力营造和谐稳定的劳动关系，各项工作扎实有序推进。2015年底，全县有工会组织503个，工会会员72 654人。6家企业工会创建为市的工会规范化建设示范点。

【工会组织建设】 依照《工会法》《中国工会章程》推动依法建会，2015年清远南玻节能新材料有限公司等新建企业工会成功进行民主选举产生工会委员会。全年建立工会组织179个，覆盖全县"两新"组织数量369家，发展会员8398名，其中农民工会员7023名。

【推优评先】 劳模推荐评选获得重大突破。严格按照有关文件的要求做好全国和省劳模的推荐工作，对被推荐对象从其身份、条件、事迹、程序和纪律上进行把关，切实做到"五个坚持""四个严格"，得到上级充分肯定。2015年4月，佛冈县人民法院汤塘人民法庭庭长蓝榕概被党中央、国务院授予"全国先进工作者"称号，填补佛冈县全国劳模的空白；县公安局交通警察大队烟岭中队指导员刘治刚被省委、省政府授予"广东省先进工作者"称号，佛冈中学物理教研组组长、教研处副主任周长春被省委、省政府授予"广东省劳动模范"称号。在推优评选工作中，县总工会常务副主席何永中被中华全国总工会授予"全国优秀工会工作者"称号。

【职工权益维护】 依法维权 加强宣传，提高职工维权意识，认真做好职工来信来访工作。重视倾听职工诉求，开通工会微信、微博，帮助协调解决劳资纠纷问题5宗。

建立工资集体协商制度 通过上门宣讲、广场咨询、媒体宣传等多种形式广泛宣传工资集体协商制度。在1家行业性企业、2家重点企业建立工资集体协商制度，从源头上维护职工的合法权益。

经审工作规范化建设 开展对县总工会本级年度经费预算审查工作，完成17家基层工会的工会经费收支审查工作。

【基层工会规范化建设】 县总工会制定《关于开展企业工会组织规范化建设的实施方案》，明确目标任务、创建标准和措施保障，要求企业工会做到"挂三牌""建三档""五个有""六个好"，全面推进全县企业工会组织规范化建设。6月，在清远加多宝草本植物科技有限公司召开全县企业工会规范化建设现场会，交流学习企业工会规范化建设工作的先进经验，推动全县企业工会工作规范化建设。经过验收，全年完成40家规模以上企业工会组织的规范化建设，并按照方案拨付每家5000元补助经费。其中，6家企业工会创建为市的工会规范化建设示范点。

2015年7月13日，县纪委、县总工会联合举办的"讴歌劳动美，共建佛冈廉"职工书画摄影大赛获奖作品正式在县人民中心主楼大堂展出（县总工会供稿）

【职工帮扶救助】 完善帮扶工作制度和工作流程，开展困难职工调查，为300多名困难职工建立帮扶档案。筹集资金120多万元，积极开展"送温暖""送清凉""金秋助学""工伤探视"等工会帮扶活动，受惠职工群众6700多人次，其中向39名劳动模范、292名困难职工（含农民工）和28名非义务教育阶段的困难家庭学生，发放慰问金、救助金、助学金共53.7万元，向全县5000多名在职职工每人赠送一份"在职职工住院医疗综合互助保障"（二次医保），每份95元。2015年，有72名患病职工获得二次报销，减轻了职工看病负担。投入约10万元在县公安局、供电局各建设一间职工"心灵驿站"，努力为职工缓解心理压力，促进职工身心健康。开展"送清凉"活动，向1300多名一线户外高温作业的劳动者送去清凉饮料。继续推进"工会培优计划"，有10名企业职工获取相关技能证书，获得工会补贴6300元。女职工工作有新进步，组织基层工会为800多名女职工购买"职工安康互助保障计划"，建成"爱心妈妈小屋"两间，维护女职工的特殊权益。

【职工文化建设】 县工会职工文体活动 在"五一"前夕，成功举办佛冈县第二届职工趣味运动会，来自全县机关、事业单位和企业工会的70支队伍，共1000多名职工参加活动，佛冈中学、清远加多宝草本植物科技有限公司、县职业技术学校代表队获得比赛一等奖。3—8月，县总工会与县纪委联合举办"讴歌劳动美，共建佛冈廉"职工书画摄影大赛活动，贯彻落实中央"八项规定"精神，反对"四风"，持续推进廉洁文化进机关、进企业，展现佛冈县广大劳动者崭新的精神风貌，发现、培育一批职工书画摄影艺术人才。大赛共收到各类参赛作品539件，聘请清远市有关协会专家集体评定出获奖作品153件，其中111件获奖作品分别在县人民中心主楼大堂和各镇政府驻地展出。9月，县总工会与县体育局联合举办2015年佛冈县庆祝国庆"工会杯"羽毛球比赛，有14支代表队250多名羽毛球爱好者参加比赛，教育、农信社、农林水代表队分别荣获团体前三名。10—11月，由县委宣传部、县文广新局、县总工会联合主办佛冈县2015首届"家和万事兴"家庭才艺大赛。家庭才艺大赛于10月24日启动，大赛以"创幸福家庭，建和谐佛冈"为主题，有70多个家庭参赛。参赛选手优秀的才艺表演，充分展示追求文明健康精神生活的家庭新面貌。

工会干部业务培训 加大法治知识培训力度，让工会干部学法、尊法、信法、守法、用法、护法。5月，县总工会联合广东省总工会干部学校的肇庆培训基地，举办为期一周的佛冈县工会干部培训班，来自各镇总工会（工会工作委员会）、县直机关部分单位、较大规模企业工会主席或干部及县总工会机关干部等50多人参加培训，快速提高工会干部依法治会的意识和能力。

（范兰修）

共青团佛冈县委员会

【概况】 2015年，团县委切实履行"组织青年、引导青年、服务青年、维护青少年合法权益"的职责，服务党政中心，做优品牌项目，求真务实，开拓创新，充分调动团员青年的积极性、主动性和创造性，全县的共青团事业取得新发展。

【团的自身建设】 党团干部教育实践活动 按照"三严三实"和习总书记对团干部提出的"坚定理想信念、心系广大青年、提高工作能力、锤炼优良作风"四点要求，创新学习载体，聚焦"四风"问题，深入开展专题集体学习，组织干部深刻学习《中国共产党廉洁自律准则》《中国共产党纪律处分条例》，修改完善《团县委接待群众来电、来访、来信工作制度》，制定《团县委"三重一大"事项集体决策制度》等制度，把中央和中央纪委的指示落到实处，通过教育实践活动进一步改进团干部工作作风，全面推进共青团的各项工作。

基层团队建设工作 一是加强乡镇团委建设。坚持落实《佛冈县加强新形势下基层党建带团建工作实施细则》，各镇团委书记、专职副书记配备率达100%，通过广泛开展"百县千乡"分类示范创建活动，深入推进农村区域化团建，引导农村团组织在推进农村综合改革和新农村建设中发挥生力军作用。二是加强学校团队工作，联合教育局制定《关于进一步加强中小学团队工作的意见》，加强对团队工作的领导和指导；选派3批43人次团队干部赴广东青院校等基地参加团（队）干部培训，优化团队伍建设。三是开展"两新"组织"党建带团建"攻坚行动。印发《关于做好佛冈县"两新"组织团建工作的通知》，编印《佛冈县"两新"组织团务工作指南》，在"两新"组织中新建团组织39个，覆盖35岁以下青年约8500名，充实团组织力量，扩大团组织在青年的覆盖面。

【服务党政中心工作】 服务创文创卫，推进志愿服务常态化 发挥"青年网络文明志愿服务队"作用，掌握网上舆论主导权，主动传递正能量，净化网络舆论环境。开展"朋友圈晒书单"活动，赠送图书100套，掀起分享读书心得热潮，让朋友圈成为创文的新平台。在县汽车客运站设志愿者便民服务站点，在社区开展文化卫生、扶老助残、禁毒普法、环保宣传、文明交通等服务，推进志愿服务常态化，引领文明新风尚。2—3月开展"暖冬行动"青年志愿服务春运活动，免费为过往司乘人员提供医疗卫生、饮食取暖、手机充电、Wi-Fi、路况咨询等服务，宣传佛冈文明友好的良好人文环境。11—12月广泛开展"发挥青年力量·创建文明佛

2015年2月4日，清远市志愿服务春运"暖冬行动"在佛冈惠爱亭公路养护所启动
（黄超贤摄）

冈"系列志愿服务行动，举办文明志愿服务培训班，规范志愿服务过程，树立文明志愿者形象。通过开展文明交通志愿服务，倡导文明出行方式，提高市民群众对创建工作的知晓率和参与率。全年开展志愿服务活动18场，参与志愿者3000多人次，广泛动员全县团员青年和志愿者参与社会公益，主动承担社会责任，共同营造全民创文的浓厚氛围。

服务新农村建设，建设"青创茶室"服务中心 全力响应李克强总理"大众创业、万众创新"的号召，充分发挥共青团联系青年的纽带作用，全力打造试验区青年创业孵化基地——"青创茶室"，提供培训、营销策划、品牌推广、创业指导、小额信贷等一站式服务，为青年施展才能提供开放性公益平台，引导农村青年依托佛冈县新农村试验区旅游业和现代农业的良好基础，借助电子商务发展的东风，孵化新型农村创业项目，拓展青年就业渠道。6月"青创茶室"正式启用，吸收成员32名，茶室开放首日培训农村青年30名。当日同时成立新农村青年志愿服务队，由2015年1月获得"全国农村致富带头人"称号的刘永红带领新农村青年参与公益、服务社会。茶室每月一期的创业培训，有效提升青年经营能力，引导青年发展农村电子商务，服务新农村建设。"青创茶室"先后迎接省委农办、团市委、全省团干第二、三期主体培训班等单位团体近200人前来参观学习。"青创茶室"被团中央评为"2015年度全国农村基层建设创新项目"。

服务青年创业，推进电商发展 团县委适应经济社会的发展，大胆开展团建创新，针对新形势不断探索有效服务青年的形式，通过大力推进电商发展，服务经济大局，促进青年创业就业。2015年初向县政协九届五次会议提交《发展农村电子商务，增强农村经济活力》提案，为返乡青年优化创业就业环境。6—7月，连续举办4期电商培训班，教授网店开店流程、基本的电商运营战略以及推广技巧等课程，全年培训电商人才200多人，建立多层级电商人才库，为佛冈发展电商打下良好基础。9月，组织"华源淮山种植合作社"等3家涉农涉电企业参加清远市农村电商博览会，展示本县电商发展成果，促进农业产业化发展。通过寻找"乡村好青年"、培养返乡创业"领头雁"以及走访调研等方式，培育孵化3个本土电商项目参加清远市"青创空间"青年人才成长计划，进入全市七强总决赛，其中"微城项目"获得三等奖，"优品同城"项目获得优秀奖。培养的谭力、高业海两名优秀电商人才被评为清远市"电商创业之星"，有效选树电商创业致富带头人。

【帮助青少年成长成才】 引导青年开拓进取，践行社会主义核心价值观 始终坚持把教育引导青少年作为首要任务，通过各类主题教育活动，引导全县少年儿童践行社会主义核心价值观。以"清明节""五四"青年节等重大纪念日为契机，通过开展缅怀革命先烈活动、纪念五四运动等，加强对青少年进行党情、团情和革命传统教育；"雷锋月系列活动""世界地球日宣传活动"等主题教育实践活动的深入开展，搭建青少年思想道德建设的新平台；开展"与人生对话——我的中国梦""奋斗的青春最美丽"等主题实践活动，增进广大青少年儿童对"中国梦"的理解、认同和情感，教育引导广大青少年志存高远、增长见识、锤炼意志；组织全县少先队开展"爱心压岁钱"捐赠活动，为山区留守儿童筹建"希望家园"和"幸福厨房"，培养少先队员互帮互助、与人为善、助人为乐的良好品质。组织少先队员参加纪念少先队建队66周年暨清远市歌唱大赛，并获得"一等奖"的好成绩，展现佛冈少先队员朝气蓬勃、奋发向上的精神面貌。

整合社会资源，推动希望助学活动 做好服务社会、服务青年工作，建立助学帮扶机制，积极争取社会各界对县希望工程工作的关心和支持。成功为4名患严重疾病的少先队员申请红领巾基金资助款4万元。通过开展希望工程助学、德晟助学、蓝丝带助学、江森自控"蓝天计划"、火星果义卖助学等品牌助学活动以及各类个人助学活动，发放助学金136 342元，帮助孤儿、单亲家庭学生和特困学生300余人次，全力推进基本公共服务均等化，保障少年儿童合法权益。

实施"益苗计划"项目，打造关爱活动品牌 坚持实施"益苗计划——关爱留守儿童，携手共同成长"项目，打造关爱留守儿童、务工人员子女等特殊青少年的系统工程。以元宵、六一、重阳等节假日为契机，组织志愿者开展关爱留守儿童活动，让留守儿童感受来自社会的关爱和关注，促进他们健康成长。4月，联合佛冈农信社团支部开展主题为"我是小小银行家"的关爱留守儿童活动，通过假币辨别、柜台业务办理、柜员机使用、参观营业厅、一起包饺子等方式，让学生们在加深对贴近生活金融知识的理解和认识的同时，感受到来自农信社哥哥姐姐们对他们的关心和爱护。5月，联合检察院，振兴社区在振兴中路开展"益苗计划"，携手留守儿童欢度"六一"活动，通过文艺汇演、小游戏等方式，为孩童们搭建一个广阔的交友平台，让他们相互认识，加深了解，拓宽留守儿童的交友圈子。以"益苗计划"项目的品牌效应和社会影响力，吸引大批个人与单位参与关爱留守儿童行动中。该项目被列入2014年广东省志愿服务项目大赛"培育成长"项目，2015年9月被广东省文明办评为"最佳志愿服务项目"。

解决婚恋、求学需求，助企业青年融入社会 推广"粤团聚"公益性婚恋交友网站，整合社会资源为广大青年婚恋交友提供便利。2月，举办"相约在田野"青年交友活动，组织100名适龄团员青年参加联谊活动，提供青年婚恋交友平台，增强团组织的吸引力、凝聚力。积极营造和谐的就业环境，促进外来务工青年融合佛冈。7—8月，开展"圆梦清远"新生代产业工人能力提升行动，篁胜酒店员工范婷婷等3人被北京大学录取、加多宝公司员工林太金等10人被华南师范大学录取，分别给予1000元学费赞助的政策优惠，帮助新生代产业工人重圆大学梦，享受在职高等教育的机会，搭建成长发展的阶梯。

（吴奕妮）

佛冈县工商业联合会

【概况】 2015年，工商联以继续推动佛冈县"十二五"期间事业发展规划落实为抓手，以促进非公有制经济健康发展和非公有制经济人士健康成长为重点，强化非公有制企业转型，有力促进工商联事业的持续稳步健康发展。佛冈县工商业联合会于1953年成立，2015年有会员283名，其中县人大代表3名、市政协委员1名、县政协委员89名。所涉及的界别有行政、环保、经济、政法等部门和领域，各会员的综合素质较高，在各自的岗位中表现突出，具有一定的代表性。

【参政议政】 一是依托"两会"，履行参政议政职责，发挥"智囊团"作用。在2015年县"两会"上，会员积极撰写政协提案，向政协大会提交多份有针对性、有价值的建议、提案，多次发言，涉及全县城乡建设、民生事业和生态建设等多方面，从行动上积极为推进全县经济发展、城市建设、新农村建设等工作出谋划策、发挥作用。二是认真做好非公有制经济代表人士的政治安排。对工商联、人大、政协人员，在原有资料的基础上，对各基层商会主要骨干会员进一步摸底，了解企业发展状况，为工商联人才储备做好准备。2015年，工商联会员中有各级人大代表和政协委员90多人，是历届中人数最多、发挥作用最明显，在引领和示范非公经济人士健康成长中作用凸显。

【组织建设】 全面贯彻落实中央、省委、清远市委关于加强作风建设的决策部署，结合佛冈县委深入推进"正风"行动，进一步整治"慵懒散奢"等不良之风。结合单位实际，以开展群众路线教育实践活动为契机，着力解决"庸懒散、奢私贪、蛮横硬"特别是"四风"方面存在的突出问题。进一步提升服务效能，以突显的成果解决好联系服务会员"最后一公里"的问题。

【学习教育活动】 2015年，县委统战部、县工商联继续深入在全县非公有制经济人士中，开展理想信念教育实践活动。邀请工商联会员深入民营企业，宣传报道一批自主创新、转型升级、关爱员工、自觉履行社会责任的先进典型，全面展示佛冈县非公经济发展成就和非公经济人士风采。通过活动，强化非公有制经济人士的"信念、信任、信心、信誉"，引导非公有制经济人士提振转型升级信心，释放发展动力和自身潜力，积极开拓创新，走"专精特新"发展道路。

【服务企业】 增强工商联的吸引力和凝聚力，当好党委和政府联系非公有制经济代表人士的桥梁和纽带，积极为会员企业服务。一是强化与金融部门合作，完善银企供需服务平台。加强与银行和担保公司的经常性联系与沟通，向银行推荐优质会员企业，将有融资需求会员企业进行有效对接。二是发挥法律服务平台作用。组织会员企业参加"当前用工须知"等培训，依托商会法律顾问，开展会员企业法律咨询服务，为会员提供免费的法律咨询。有20余家会员企业进行法律咨询，已形成人员稳定、运行顺畅、效果明显的法律维权工作局面。三是加强与市人社局交流合作，畅通信息渠道，积极为会员企业解决用工难等问题。与县人社局共同搭建会员企业招工平台，使会员企业与市职介中心实现互联互通、信息共享，为会员企业用工提供更加及时、便捷的服务。配合市工商联开展工资集体协商座谈会，积极参与三方劳资关系协调工作，为会员企业构建和谐劳动关系做好服务。

【服务社会】 发挥会员的积极性、创造性，组织会员企业积极参与社会公益事业活动。2015年9月中秋佳节来临之际，佛冈县工商联一行深入到

2015年12月25日，县政协副主席吴子伟（右三）、县工商联副主席兼秘书长陈应金（右二）到石角镇小梅村慰问特困家庭　　（县工商联供稿）

城南社区内的困难家庭当中，送去大米、月饼等慰问品和节日的祝贺，用实际行动送上县委、县政府的关怀和节日的祝福。2015年春节期间，由县政协副主席吴子伟带领县工商联、石角镇驻村领导一行到石角镇小梅村进行慰问活动。慰问活动得到佛冈县明阳机械厂的大力支持，慰问特困党员、基层老干部和其他困难群众20户，送去价值11 000多元慰问品，该公司的王劲松总经理参加慰问活动。

（黄紫程）

佛冈县妇女联合会

【概况】　2015年，县妇联坚持以服务大局、服务妇女为宗旨，发挥本部门的组织优势和职能优势，以建设"坚强阵地"和"温暖之家"为目标，在推进妇女基层组织建设、参与社会管理、维护妇女儿童权益、促进妇女工作发展等方面做出新成绩，有效促进全县妇女儿童事业的新发展，为推进全县建设和谐社会作出贡献。

【引领妇女创业建功】　一是妇女小额贷款工作顺利推进。2015年发放妇女小额贷款294万元，受惠妇女35人。二是妇女就业创业工作有序推进。联合人社局举办春风行动就业现场招聘会，合计举办招聘会11场，提供就业岗位7404个，达成就业意向1762人，派发资料3000多份。举办妇女致富带头人、妇女生产骨干培训班。聘请农科专家为广大创业妇女讲授养猪知识和火龙果种植技术。抓好妇女创业示范基地和以女性为法人代表的经合组织的挖掘和发展工作，成功创建石角镇惠文优质种养专业合作社为市巾帼创业示范基地。督促汤塘镇田心水果专业合作社和田心沙糖桔种植基地用好上级下拨的项目经费，以点带面推动其他基地和经合组织的创新发展。

【妇女儿童教育活动】　一是举办庆"三八"暨"姐妹手牵手·创文心连心"女子趣味运动会，丰富广大妇女职工的业余文化生活，让广大妇女职工度过一个充实愉快、富有意义的节日，使妇女干部以更加饱满的工作热情，积极投身到全县经济发展建设中来。二是开展"幸福花开·美丽人生"女性大讲堂活动。全县开展女性大讲堂10场，内容包括妇儿维权、卫生保健、农村实用技术培训等。三是开展"家庭教育大讲堂"活动。自4月份开始，活动在全县的"妇女之家""儿童友好示范社区"和各中小学校热烈开展起来，全县开办83场家庭教育讲座。四是县妇联联合县教育局、团县委、县关工委开展"携手关爱留守儿童　缤纷夏日快乐成长"系列活动。分别在迳头镇燕岭希望小学、高岗镇三联村、龙山镇门楼富村开展暑假培训班、亲子互动活动、暑期安全教育讲座等活动。

【维权服务】　一是信访工作有实效。县妇联处理信访个案15宗，处理率达100%。二是三八活动有声势。联合卫计、综治、司法等部门深入迳头镇楼下村"妇女之家"开展以"万家联动·送法到家"为主题的法律知识宣传教育活动。活动吸引150多名妇女参加，合计派发各类宣传资料2000多份。三是开展妇联主席热线接听日活动，县、镇妇联接听热线电话51个。四是深入推进"平安家庭"创建活动。8—10月，县妇联多次深入各镇开展创平督促指导工作，并发挥带头示范作用。全县87 919户家庭中有84 270户成功创建为"平安家庭"，创建率达96%。

【传递关爱】　一是开展春节慰问活动。春节前夕，县妇联先后深入各镇开展走访慰问活动，慰问全县单亲特困母亲110名，困难老妇干、女党员28名，困境儿童7名，共计145名，合计送上慰问金44 700元和价值近3万元的慰问品一批。二是开展弱视儿童免费筛查活动。邀请北京光彩明天儿童眼科医院广州分院的眼科专家在县振兴小学组织开展贫困儿童弱视筛查公益活动，为300多名贫困儿童做了专门检查。三是开展爱心父母帮扶困境儿童活动。县妇联继续开展"爱心父母大联盟"活动，在全县广泛倡议热心人士担任"爱心父母"，招募"爱心父母"志愿者118人，筹集资金39 650元，这些资金用于援助全县37名困难学生。四是开展六一关爱慰问活动。六一期间，县妇联举办"放飞梦想·快乐成长"庆六一慰问活动，慰问全县150多名困境儿童，为孩子们赠送书包、文具和食品等节日礼物。五是开展贫困妇女"两癌"免费筛查

2015年9月16日，县妇联到龙山镇门楼富村开展"南粤幸福活动周"宣传活动
（县妇联供稿）

活动，为全县1260名农村贫困妇女提供免费筛查。六是继续组织"姐妹情深10元捐"爱心活动。全县妇女同胞积极参与，筹得17 060元善款，交至佛冈县慈善会。

【创建活动】 一是"妇女之家"建设上新水平。指导迳头镇楼下村"妇女之家"开展种养殖技能培训；指导高岗镇新联村"妇女之家"开展夏日亲子活动；指导龙山镇门楼富村"妇女之家"开展南粤幸福周活动等。佛冈县的省级"妇女之家"示范点已逐渐成为全心全意为基层妇女同胞服务的温暖之家。二是大力推进儿童友好示范社区建设工作。加强全县5个示范性儿童友好社区建设督导工作，成功指导龙山镇龙山社区开展《中国梦》讲座、新春猜灯谜、亲子游园、"6·1"家庭教育大讲座活动等。认真开展市"儿童友好示范社区"申报工作，按时按质将门楼富村、楼下村、三联村、附城社区的申报材料报送市妇联。

【微信平台开通】 2015年3月开通县妇联官方微信平台，县妇联以服务妇女儿童为宗旨，面向全县群众宣传妇女儿童事业发展的相关政策措施、开展妇女儿童的重大公益活动、即时新闻以及家教知识等内容，做到及时倾听妇女需求，发出妇女声音，展示佛冈县女性的魅力和风采，推动全县妇女儿童工作常做常新、充满活力。

【"两新"组织中妇女组织建设】 在全县70个成立党支部的"两新"组织中，组建妇女组织的有46个，其中41个非公企业，5个社会组织；单独组建妇委会42个，联合组建妇委会4个。

【服务基层】 在开展"六民六先锋"活动中，县妇联干部深入县妇联主席挂职第一书记的山湖党政公共服务站和软弱涣散支部湖元党支部，开展下基层、访妇情、办实事活动。2015年进村入户26次，走访党员群众58人。县妇联主席黄少钦及县妇联干部多次参加服务站干部会议、党员大会，参与研究部署加强服务站水利建设、基层组织建设、综治维稳工作、计划生育工作等，为基层发展献计献策，并为服务站提供帮扶资金，推进服务站各项工作的顺利开展。

（邝嘉慧）

佛冈县文学艺术联合会

【概况】 佛冈县文学艺术工作者联合会是县八大群众团体之一，肩负着政府与各文化团体之间"组织、服务、联络、协调"的职责，现有作家协会、戏剧协会、书法协会、美术协会、音乐协会、舞蹈协会、摄影协会、奇石协会、民间文艺协会等9个社会团体，共有会员329人。其中，作家协会33人，书法协会38人，美术协会30人，摄影协会54人，戏剧（曲艺）协会44人，舞蹈协会40人，音乐协会20人，民间文艺协会20人，奇石协会50人。

【文艺交流】 佛冈县在县政府主楼和县文化馆举办书法、摄影、美术作品展，同时展出以"迎春送祝福，网聚中国心"为主题的2015年春联有奖征集活动中的优秀对联。协助总工会在县政府主楼举办"讴歌劳动美，共建佛冈廉"职工书画摄影大赛优秀作品展。

【文艺队伍建设】 2015年，佛冈县响应由省委宣传部、省文联联合主办的"百家千场艺术讲座下基层"活动，分别于9月、10月、12月邀请著名音乐家杨湘粤、著名曲艺家韩忠、著名摄影师梁力昌到佛冈县，为广大艺术爱好者讲授专业课程。4月，清远市作家协会到佛冈县开展"结对子种文化"采风活动。5月，组织业余编剧参加2015年广东省戏剧小品创作培训班学习。7月，邀请国家著名小小说评论家、国家二级作家雪弟到佛冈县举办一场主题为《文学写作的经验、想象和逻辑文学》知识讲座；邀请中国书法家协会会员、暨南大学文学院博士李永教来佛冈举办书法艺术讲座；组织佛冈的文学爱好者参加由广东省作协专职副主席、著名作家杨克，省作协副主席王十月和省作协散文委员会副主任等多位名家主讲的"文学培训班"。8月，组织佛冈县文艺创作骨干与英德市文艺创作骨干进行别开生面的文化艺术交流活动。10月，组织文学爱好者参加2015年全市文艺评论骨干培训班；组织县舞

人民团体 RENMIN TUANTI

2015年10月17日,由县文联主办,县文化馆协办的广东"百家千场艺术讲座下基层"著名曲艺家韩忠佛冈相声讲座在县文化馆举办　　（张春兰摄）

蹈协会参加2015年粤东西北地区基层文化馆、站业务骨干系列培训活动（韶关片）——群众舞蹈创作编导培训班。

【《潖江文艺》】 《潖江文艺》是由佛冈县文学艺术界联合会主办的内刊，创办于1985年，以宣传佛冈、推介佛冈为己任。对内围绕县委、县政府的中心工作做好宣传，传递文联动态消息；对外通过艺术创作反映佛冈新人新事，介绍佛冈建设成就，是塑造佛冈新形象的重要窗口，是佛冈县广大文艺爱好者交流、学习的重要平台。2015年，《潖江文艺》进行改版，发行四期，每期1000本，免费派送各机关单位及事业单位传阅。

（张春兰）

佛冈县归国华侨联合会

【概况】 2015年，县侨联紧紧围绕县委、县政府提出的发展思路和奋斗目标，坚决贯彻执行依法护侨、为侨服务的宗旨，脚踏实地，开拓创新，不断增强侨联组织的向心力和凝聚力。

【组织建设】 为不断增强侨联组织的向心力和凝聚力，县侨联通过多方面加强组织建设。

提高业务素质 平时注重加强业务知识和政策法规方面的学习，重点学习《中华人民共和国归侨侨眷权益保护法》《广东省归侨侨眷权益保护法实施办法》，学习党的十八届三中、四中和五中全会精神，学习九届全国归侨侨眷代表大会精神，把所学的知识灵活运用到实际工作中。

积极参加各级学习培训班 2015年，侨联主席先后到湖北省武汉市中南财经政法大学参加领导干部培训班，到清远市参加习近平总书记系列讲话暨党的十八届四中全会精神集中轮训班，参加市侨联组织的前往云浮等地参观、学习党侨共建经验，到井冈山干部管理学院接受革命传统教育，到广东省社会主义学院参加侨联系统干部培训班学习。通过一系列学习培训，县侨联的业务素质和服务水平得到很大提高。

充实干部队伍 2015年8月21日，佛冈县侨联召开五届三次常委（扩大）会议。会议深入学习《中共中央办公厅印发〈关于加强和改进新形势下侨联工作的意见〉的通知》（中办发〔2014〕20号）文件精神，并依据《中华全国归国华侨联合会章程》的有关要求，聘任张仙桂同志为佛冈县侨联第五届委员会副秘书长。

【为侨服务】 县侨联坚决贯彻执行依法护侨、为侨服务的宗旨，全心全意为归侨侨眷服务。一是开展节日慰问活动献爱心。春节前，县侨联会同省、市侨联慰问丘汉清等7名困难归侨，发放慰问金共2100元；会同统战部慰问黄忠和等10名归侨侨眷，并送上慰问品。中秋前，走访慰问陈玉英等9名归侨侨眷，并送上节日礼品；慰问侨眷黎德珍遗孀黄榕好女士。二是热心为侨办实事，搭建爱心平台。2015年，县侨联和县外侨局共同为30名佛冈籍归侨争取到2500元/人的困难补助款；为归侨肖志权在读高校的儿子肖汉东争取到3000元助学金；配合县侨办确认曾宪英归侨身份。三是不定期走访或电话联系老、弱、病、残归侨侨眷，了解和关心他们的生产、生活和家人的身体状况。四是认真做好信访工作，维护归侨侨眷的合法权益。热情接待归侨侨眷的来信来访，耐心倾听他们的心声，全心全意维护他们的合法权益。据统计，全年共接待归侨侨眷来信来访21人次。

【参政议政】 加强与人大和政协委员的联系沟通，鼓励侨界发扬主人翁精神，积极参政议政，引导他们围绕县委、县政府的中心工作，深入了解社会的热点、难点问题，提出合理化意见和建议。2015年，县侨界政协委员在县政协九届五次会议上向县政协机关提交《关于规范县人民中心广场四周道路及空地的停车标志，严禁车辆乱停乱放的建议》的提案。

【党建工作】 做好"党建带侨建，侨建为党建"的前期准备工作。2015年9月，侨联主席到清远市参加"党建带侨建，侨建为党建"试点工作动员大会。根据有关要求，对涉侨镇、村（社区）的侨情重新排查摸底，掌握第一手材料。与县委组织部联合制定《佛冈县开展"党建带侨建，侨建为党建"试点工作实施方案》并发至全县各镇及省、市和县直有关部门。该项工作计划在2016年全面铺开，并力争在2017年3月前全面完成。

【"送医进校园"】 2015年9月16日，县侨联、县政协港澳台侨外事委员会和县德信口腔门诊等多部门到汤塘中学开展"送医进校园"义诊活动，为全校600多名师生宣传口腔保健知识。2015年5月22日，连南县侨联到佛冈县交流业务，共同探讨新形势下如何开展和做好做实侨联工作。

（张仙桂）

佛冈县科学技术协会

【概况】 佛冈县科学技术协会是县委、县政府领导下的学术性人民团体。2015年，县科协所属学（协）会13个，其中，镇协会6个。全县共建立90个科普活动室、96个农村党员干部现代远程教育站点、1个国家级科普示范社区、1个县级党员教育培训示范基地、4个县级科普教育示范基地。

【全民科学素质工作】 全县26个全民科学素质行动纲要实施责任成员单位，继续贯彻《佛冈县全民科学素质行动计划纲要实施方案（2011—2015年）的通知》要求。2015年，全县举办各类学习培训72场次，参加学习培训5677人次，发放宣传手册、宣传挂图等宣传资料43 800份。其中，县妇联举办"中国梦"、美丽人生女性大讲堂等活动7场，发放资料4万份，有970多人次参加；县安监局举办7期安全生产培训，包括烟花爆竹从业人员安全生产、企业主要负责人安全生产等培训班，共计198人。县卫计局举办5期培训，有1043人参加。县委组织部举办8期四套班子和各单位正职干部培训班、5期科级干部轮训班。

【科普活动】 1月，联合卫计局、振兴社区、社区医院、科普志愿者等举办"2015年健康进社区"活动。2月举办"加强防灾减灾，共建平安社区"活动，向市民发放宣传单张共7种资料900多份，义诊服务150人。围绕"安全生产年"的工作部署开展安全生产活动，创建平安家庭66 376户，有28个村被评为省卫生村。2015年县文化馆接待阅读者3.5万人，外借图书2.5万册，阅读图书3万册，上网阅读2000人次。县气象局为80个村、社区安装气象预警喇叭。县科协在龙山镇社区办起一所科普大学分教点；开通"佛冈县科学技术协会"网站；在《清远一周刊》中开设科普专版宣传，每星期一版，每次印发2万份，每期受益群众达6万多人；印刷《科普知识宣传》册子3000份，分发到镇、村、社区和各单位；编辑《佛冈科协简讯》5期。

【科技素质培训】 县科协与县委组织部联合发出《佛冈县2015年农村党员、基层干部、科普骨干和创业青年科技素质培训计划》，全年共举办科学技能培训班32期，培训4500人次。

【科技创新大赛】 县科协和县教育局组织青少年参加市第四届青少年科技创新大赛并获市一等奖4个、二等奖5个、三等奖8个。参加省青少年科技创新大赛，获一等奖1个、二等奖1个，其中振兴小学的科技实践活动"'大眼睛'看电池"被选送参加全国第三十届青少年科技创新大赛，并荣获全国二等奖。组织中小学生参加第十五届广东省中小学电脑制作活动，获二等奖2人，三等奖19人。组织高中学生参加2015年广东省中学生生物联赛，获省一等奖24人次，二等奖58人次，三等奖106人次。

【开办科普电视节目】 为贯彻落实《全民科学素质行动计划纲要》，弘扬科学精神，普及科学知识，传播科学思想和科学方法，提高全民科学文化素质，县科协联合中国科学技术馆、佛冈县广播电视台开办"科普大篷车"科普电视节目。"科普大篷车"电视节目每周两期，每期15分钟，全年104期，是一档集知识性、娱乐性、实用性和观赏性于一身的综合科普节目，以向广大人民群众普及科学文化知识为己任，内容涉及尖端科学、高新科技，身边科学、自然之谜、工业知识、农业技术、成才之道、致富之路、健康科学、医药常识、创新发明、生活窍门等。每周六、日18：45在佛冈综合频道播出，并于次日中午的《佛冈新闻》后重播。

【开设科普专栏】 在县政务网开设《佛冈科普专栏》，是具有实时、动

2015年2月5日，县科协、县民政局、县气象局、振兴社区联合举办防灾减灾科普宣传

（县科协供稿）

态、交互等特点的网络科普新途径。栏目有8项内容：文件汇编、通知公告、图片新闻、工作动态、社区科普、农村科普、青少年科普、企业科普。

【建设科普宣传画廊】 县科协在全县名村名镇、美丽乡村加强科普宣传栏建设。2015年，建设科普宣传栏12个，分别设在水头镇西田龟咀村、桂田格子村、铜溪同兴村、石角镇山湖蜈蚣陂村、汤塘镇官山旧围村、脉塘村、石门果仔㘵村、四九村、迳头镇楼下田心村、下楼村、土仓下村、仓前村。

【教育示范基地】 县科协印发《佛冈县农村科普示范基地创建工作》的通知，明确《佛冈县农村科普示范基地创建标准》事项。根据《佛冈县科普教育基地申报的要求》，经县科协和相关单位人员实地调查和审核，2015年度命名为佛冈县科普教育基地的有：田野（佛冈）绿世界、水头镇西田村芦笋大棚种植基地、佛冈县嘉华绿色农产品种植示范基地、惠文蔬菜基地。

【县科协第六次代表大会】 2015年9月24日上午，县科协第六次代表大会在县人民中心主楼110会议室召开。出席县科协第六次代表大会的正式代表45名，特邀代表5名，列席代表10名。会议听取和审议佛冈县科学技术协会第五届委员会工作报告，选举产生佛冈县科学技术协会第六届委员会委员15名，其中：常委卢建荣、李玉英、何国飞、莫焕桃、朱玑，主席卢建荣，副主席李玉英、何国飞，秘书长莫焕桃。

（县科协）

佛冈县残疾人联合会

【概况】 佛冈县残疾人联合会是经佛冈县人民政府批准成立的正科级单位，现有干部职工7人，其中党组成员3人（理事长1人，副理事长1人），副科级干部3人，工勤人员1人。主要职能：发展和管理残疾人事业，管理下辖机构。下辖公益一类事业单位：佛冈县残疾人服务中心，其中正式干部2人，其主要职能是为残疾儿童综合康复教育服务，负责全县残疾人就业工作的具体实施，承担全县各类残疾人辅助器具适配服务等。2015年1月，全县选聘镇级残疾人专职委员4名，从事基层残疾人事业工作。

【发放残疾人证】 县残联办公楼一楼专门设有核发残疾人证窗口，配备3名专（兼）职工作人员，配备办公设备。加强与评残医院——县人民医院沟通联系，认真查处违规行为。到2015年12月31日止，全县已核发残疾人证8383人。

【残疾人教育就业】 一是切实开展残疾人就业援助活动。县残联与县人社局等部门，通过举办就业招聘会（3场）、向用人单位推介等方式，搭建用人单位与适合就业的广大残疾人的交流平台。有60名残疾人参加招聘会，其中与用人单位达成就业意向6人。二是扎实抓好残疾人就业培训。开办技术培训班5期，培训300人次。完成市残联下达就业培训任务，其中培训盲人按摩5人并扶持就业。三是积极做好按比例安排残疾人就业工作。积极争取县政府和地税、财政等部门支持，召开有关会议，研究有关事项，印发佛冈县残疾人就业年审花名册3000份，按比例安排残疾人就业75人，切实做好按比例安排残疾人就业年审工作。2015年收取残疾人就业保障金132万元。

【残疾人康复】 2015年，残疾人康复工作主要如下：一是推进省政府民生工程——残疾人居家康复（5人）和居家环境无障碍改造项目（10户）。二是转介康复对象到市残联做康复训练，其中脑瘫儿3人，聋儿4人。三是开展辅助用具供应。10月县残联在汤塘镇举行残疾人康复工作业务培训暨辅助用具发放仪式，共发放轮椅22台及坐便椅、沐浴椅、四脚拐等辅助器具一批。四是组织20位盲人开展定向行走训练。五是为20名贫困精神病患者提供免费服药等医疗救助，对住院治疗的3名重度精神残疾人给予每户4000元补助。六是协助15名残疾人安装假肢。

【残疾人文化体育】 "全民助残健身工程示范点"工作是省政府2015年十件民生实事之一。全省建设示范点121个，其中佛冈县1个。2015年5月，县残联与县体育局制定方案和建设标准，选取石角镇社区康园中心（室内）和县文化公园（室外、部分）建设示范点。培训基层残疾人健身指导员8人次；对场地进行无障碍改造6处；通过政府采购购置残疾人体育健身设备25种30件。编印《残疾人健身方法手册》，制作残疾人健身方法光盘；组织开展残疾人健身工作；建立残疾人实名制健身档案。佛冈助残健身工程示范点在12月底前完成投入使用，顺利通过省、市专项检查验收。

【残疾人社会保障】 一是春节慰问活动。全县各级残联慰问贫困残疾人720人，发放慰问金5.5万元，其中县残联发放慰问金3.69万元。二是助残日慰问活动。全县各级残联慰问贫困残疾人630人次，发放慰问金4.75万元，其中县残联发放慰问金2.5万元。三是发放2014年农村危房改造款。2015年7月把2014年残疾人危房改造款1.8万元发放到3名贫困残疾人手上，每户6000元。农村残疾人危房改造是省政府2015年十件民生实事之一。2015年上级下达佛冈县残疾人危房改造任务40户。按每户补助2.1万元的标准发放，其中省财政补助1.5万元，对困难残疾人每户增加补助0.6万元。四是落实两项制度补贴发放工作。全县2015年经个人申报，村（居）委、镇、县、市、省审核合格的残疾人生活津贴发放对象1730人，护理补贴发放对象4616人，两项合计6346人次。发放残疾人生活津贴标准1200元/（年·人），护理补贴标准1800元/（年·人）。全县所需发放资金1038.48万元。其中，省财政负担50%，市财政负担12.5%，县财政负担37.5%。2015年10月初，省财政、市财政和县财政负担资金已全部到位，县残联、县财政局迅速召开相关会议，布置发放工作，并在10月中旬前，通过县农信社，按时足额发到发放对象银行存折账户。五是开展春节慰问残疾人活动。全县100名贫困残疾人，发放慰问金10.68万元，使残疾人及家属感受到党和政府的关心和温暖。

【残疾人信访工作】 关注当前热点难点问题，及时化解问题和矛盾，消除不稳定隐患。2015年县残联收到来信12宗，接待残疾人及家属来访15人次。未发生集体上访和越级上访事件。县残联配合创建"残疾人维权达标市"活动，主要抓好四项工作：一是明确职责分工，重视此项工作，将其列入重点议事日程。二是扎实推进，务求实效。以创建为契机，紧紧围绕残疾人事业中心工作任务，扎实推进残疾人信访维权工作深入开展。三是完善有关资料，做好迎检准备。四是按时按质完成各项任务指标，确保各项任务指标通过省残联的检查验收。

【2015年佛冈县残疾人事业工作会议】 4月23日，佛冈县人民政府残疾人工作委员会召开全县残疾人事业工作会议。县残工委全体成员、各镇分管残联工作的领导、县人民医院负责人、各镇残联助理员、县残联机关工作人员近50人参加会议。会议首先由县残联理事长冯耀丰总结上年残疾人事业工作，结合学习贯彻落实上级有关会议精神，布置2015年工作任务。副县长范辉煌在会议上作讲话，充分肯定2014年佛冈县残疾人事业工作，强调2015年着重抓好三项工作：继续抓好贯彻落实县政府2015年十件民生实事，提高残疾人生活津贴和护理补贴标准；进一步加强残疾人证核发和管理工作；加快推进全县残疾人康复托养中心建设。

【组织参加广东省第七届残疾人运动会】 第七届省残运会设13个大项530个小项，有22支代表队2200多名运动员参加。清远市组成45人的代表队，参加四个大项31个小项比赛，取得3金5银7铜的好成绩。

2015年12月中旬，在湛江市举行历时6天的广东省第七届残疾人运动会上，佛冈县选拔罗观玲、冯柱中、朱森华、高志伟4名残疾人运动员代表清远市参赛：肢体残疾人运动员罗观玲获得T44级100米跑和跳远比赛第一名，其中跳远破全省纪录；视力残疾人运动员冯柱中获得男子F11级铅球比赛第一名，破全省纪录。罗观玲、冯柱中、朱森华3人还获得其他项目比赛铜牌。12月25日，市召开省残运会参赛总结表彰会议，全体残疾人运动员参会，副市长徐建文等领导对省残运会获奖的残疾人运动员颁发获奖证书和奖金。

（黄银娟）

佛冈县红十字会

【概况】 佛冈县红十字会为股级事业单位，人员编制2名，归属县卫计局管理。2015年3月县红十字会正式配备专职人员1名，结束了县红十字会成立以来无专职人员的历史。9月县编办下发《关于规范县红十字会机构名称的通知》，县红十字会名称规范为佛冈县红十字会办公室。

【救灾、救助、救护】 2015年县红十字会共收到国内社会各界捐赠款物折合人民币18.26万元，其中收到社会各界捐款10.56万元，收到市红十字会及社会各界物资捐赠折合人民币7.7万元。发放给全县受灾群众和贫困家庭的救灾救助款物折合人民币共12.69万元。一年来累计收到全县贫困重症患者救助申请20份，发放20笔共3.2万元的救助金给贫困患者家庭，其中救助白血病家庭2户，肿瘤癌症家庭6户，尿毒症家庭4户，其他重症疾病家庭8户。春节期间开展为困难群众送温暖的"博爱送万家"品牌活动，及时做好分配计划，将省市红十字会下拨的3批物资，通过直接上门发放及委托镇政府民政办、社

2015年4月23日，佛冈县人民政府残疾人工作委员会召开"佛冈县2015年残疾人事业工作会议"
（县残联供稿）

区居委会、村委会代为发放等方式，为全县 300 多户困难党员群众送上慰问品，累计发放慰问品折合人民币价值 3.56 万元，受益党员群众 1000 多人。

【"三献"推进】 通过发放宣传资料、举办知识讲座等方式，认真开展造血干细胞捐献、人体器官捐献和无偿献血的宣传工作。3 月，杨慧忠在广州军区总医院进行造血干细胞捐献并挽救患者的生命。这次配对成为清远市第三例、佛冈县首例配型成功的造血干细胞捐赠，市红十字会常务副会长林翰声、秘书长胡志年等领导亲自来到杨慧忠工作的单位，为其颁发荣誉证书并送上慰问金。4 月，佛冈县石角镇吉田村村民朱大胜，因车祸不幸身亡，在其家属的支持下无偿捐出多个身体器官，让多名患者的生命得以延续，县红十字会积极联系村委帮助解决其残疾妻子的生活困难，并送上慰问金 1 万元。2015 年，县红十字会积极推动并参与献血工作，配合献血办在佛冈中学和佛冈一中开展 3 次献血活动。全年无偿献血达到 2118 人次，总量 42.36 万毫升，满足临床用血量的 95%。

【红十字志愿服务】 2015 年，县红十字会无偿献血志愿服务队通过向市民派发"为我县地中海贫血患者献血的倡议书"和无偿献血宣传单张的方式，推动广大市民自愿参加献血，支持献血工作的开展，缓解医疗机构临床用血的紧张局面。

【救灾演练活动】 2015 年 8 月，在佛冈县成功举行广东省红十字会赈济救援队成立暨授旗仪式，并在重灾地石角镇诚迳村开展了自然灾害实地模拟演练，帮助村民掌握自救互救的知识。演练期间向困难家庭发放价值 2.88 万元的家庭包，省红十字会常务副会长梁健观摩整个过程。演练结束后省红十字会将帐篷等演练物资拨给县红十字会作救灾物资储备，提高县红十字会的救灾能力。

（马 钱）

田园牧歌 （黄超贤摄）

军　事

责任编辑：何东树

人民武装

【概述】 2015年，佛冈县人民武装部设军事、政工、后勤3个科，下辖6个乡镇基层武装部和1个县直机关武装部，分别为高岗镇、迳头镇、水头镇、石角镇、汤塘镇、龙山镇武装部和县直机关武装部，91个基层民兵营。其主要职能是负责全县民兵、预备役工作，组织民兵战备训练，开展全民国防教育，进行国防动员，征集兵员，带领民兵完成战备执勤、抢险救灾、协助公安部门维护社会治安任务，开展扶贫帮困等工作。2015年，县人武部围绕强军目标，按照"突出举旗铸魂、聚集打赢能力、狠抓从严治军、确保安全稳定"的工作思路，立足山区，勇争排头，年度工作有声有色，单位建设进步明显，被广东省军区评为"先进人武部"。县委原书记华旭初被广州军区评为"国防之星"，部长谭华军被广州军区评为"民兵武器装备仓库正规化建设达标先进个人"，政委甘运红被广东省军区评为"优秀团主官"。

【政治工作】 坚持把思想政治建设放在首位，以习近平总书记系列重要讲话精神凝聚意识力量、引领建设方向，确保部队绝对忠诚、绝对纯洁、绝对可靠。一是持续深化中国特色社会主义理论体系武装。认真抓全军政工会议精神、党的十八届五中全会精神、习近平在省部级主要领导干部专题研讨班、出席解放军代表团全体会议和阅兵大会上重要讲话的学习贯彻，将《习近平关于国防和军队建设重要论述选编》等书籍纳入干部理论学习计划，人人有学习计划、学习笔记、学习心得，组织四期党委中心组及机关进行理论学习，形成学习创新理论的浓厚氛围，持续打牢干部举旗铸魂思想基础。二是扎实抓好主题教育和"三严三实"专题教育整顿活动。积极参加军区、省军区和军分区组织的动员和授课辅导，认真组织课后讨论和理论知识要点背记，及时传达相关文件精神。认真组织主要理论观点大家谈，通过党委、支部、党小组会等形式先后3次组织对相关观点进行讨论。积极开展各项配合活动，组织征集做新一代革命军人格言感言、观看警示教育片、祭拜革命烈士纪念碑、重温入党誓词、外请地方革命前辈讲授佛冈革命斗争历史等活动，广泛开展"新一代革命军人样子"大讨论，认真召开部党委专题民主生活会，取得较好的效果。三是积极配合做好干部大清查和社团清理工作。召开专题会议对大检查工作进行研究部署，并成立领导小组具体负责。在干部工作大检查方面，主要是配合做好干部档案资料补办、干部个人信息完善、干部亲属移居国（境）外情况清理、干部在部队亲属及领导身边人情况清查等工作，经清查，县人武部干部均没有问题。在社团工作专项清理整治中，人人填写报告表，召开组织生活会逐人"说清楚"，并发函到民政局检查核实，没有发现参加社团人员。四是高度重视做好意识形态工作。针对当前国家和军队深化改革形势，专题组织形势教育，增强干部职工辨别是非能力，强化政治意识、大局观念和责任担当。扎实抓好防间保密、反邪教教育，积极做好春节、全国"两会"和"9·3"阅兵期间防控工作，切实打好意识形态领域斗争主动仗，坚决防范发生政治性问题和涉军敏感问题。

2015年5月25日，佛冈县人武部组织民兵盾牌警棍使用训练（县人武部供稿）

【军事工作】 深刻领会习主席"能打仗、打胜仗"重要指示,按照打仗的标准搞建设抓准备,确保部队能够招之即来、来之能战、战之必胜。一是突出抓好战备工作。年初修改完善各种战备方案和配套计划,按照"方案配套、任务对接"的要求,组织相关人员对辖区重要防卫目标、主要防洪区段进行一次战场勘察,准确掌握目标情况,为下一步任务需要提供条件。5月,对全县参战支前实力进行全面调查统计。二是着力强化军事训练。针对佛冈县防汛工作实际,4月组织轻舟分队进行为期10天的专业训练,参训的37名冲锋舟、橡皮艇队员操作技能获得总评优秀,基本具备抢险救灾能力。5月,组织县民兵应急连进行为期15天的集训,军分区在半年军事训练考核中给予充分肯定。三是不断深化国防动员准备。认真组织民兵整组工作,专门组织一期骨干业务培训,依托迳头镇组织召开民兵应急分队点验现场观摩会,进一步规范民兵应急分队集结点验程序方法,明确应急分队物资携带和器材配备标准。针对新形势,积极探索将民兵编组向新型实体拓展,分别在佛冈加多宝集团、松峰机械厂、顺万通小汽车出租公司组建民兵应急分队,并派军事教练员进行入队训练。四是征兵和兵役登记试点工作完成出色。严格抓《广东省"阳光征兵"实施办法》的落实,圆满完成了120名男兵征集任务,无退兵换兵情况,选送的新兵中大学生学历比例达28.3%,超额完成任务。扎实抓好兵役登记工作创新落实,对兵役登记工作流程进行科学规范,高标准完成省军区在佛冈县组织的兵役登记试点任务,高规格召开全省现场观摩会,形成"七个一"成果,得到广州军区、省军区及地方各级领导的高度评价,《解放军报》《战士报》《中国新闻网》《南方日报》《广东武装》及清远、佛冈电视台等新闻媒体相继进行了报道。

【后勤工作】 结合当地实际情况,开源节流、严格管理,有力保障各项工作任务的完成和基础建设的投入。一是坚持党委集体理财,严格落实财经法规。严格抓好新的财经规定和纪律落实,制定《财务管理规定》,平时做到大项经费开支一律由党委会集体研究决定,严格落实经费预决算、主官"双签"和监督检查等制度,杜绝因决策失误和管控不严造成的损失和违纪违法问题的发生。在财务大检查方面,根据上级统一部署安排全面整改。二是开源节流,严格控制非事业性开支。大兴勤俭节约、艰苦创业之风,狠刹奢侈浪费之风。大力开展节约一滴水、一度电活动,减少各种接待应酬,控制超标准消费,做到能省则省,就餐均安排在人武部饭堂。三是加快推进营区建设,改变营区面貌。在近几年基层设施改造的基础上,协调100多万元完成人武部办公楼改造、战备库室建设、大门改建、办公楼外墙装修、营区绿化、营区文化氛围营造等,协调投资650万元建国防和人防教育训练大楼,营区整体面貌焕然一新,正规化建设水平达到较高标准。

【正规化建设】 认真学习贯彻习总书记"依法治军、从严治军是强军之基"的重要指示,大力加强人武部正规化建设,持续推进人武部管理安全发展。一是积极抓新《军事基层建设纲要》的学习贯彻。将新《军事基层建设纲要》纳入干部年度理论学习计划,认真组织学习。对战备训练、政治工作、后勤保障、装备管理、安全管理等方面现有制度进行全面清查,修正制度规定,进一步正规部队各项工作秩序。二是扎实开展"创建法治军营、争当守法军人"活动。注重发挥干部、职工主体作用,通过抓条令条例学习、队列会操、知识竞赛、检查评比,不断强化法制信仰和法治思维,提升部队正规化建设水平。三是对重要目标安全隐患进行全面排查。年初,采取拉网式的方式,对人、车、枪、弹、密等方面进行周密排查。2月配合公安机关开展枪爆物品大清查行动,对兵器室安防设施、枪支弹药数量质量进行重点清查,修缮损坏的监控摄像头,更换陈旧老枪柜,提高安全系数。9月,根据两级军区《关于坚决贯彻落实习主席和军委首长重要批示,迅即开展燃爆危险品清查清理的指示》和军分区指示精神,围绕四总部、军区明确的要求和重点,对

2015年7月28日,佛冈县人武部邀请解放军国际关系学院王乔保教授为全县400多名副科级以上领导作国防教育授课　　　　（县人武部供稿）

燃爆危险品进行全面彻底的清查清理，消除安全隐患。

【双拥共建】 深刻领会习主席关于军民融合深度发展的重要指示精神，积极发挥自身职能作用，推动县双拥工作有效落实。一是协调落实党管武装工作。利用各种场合向县领导和相关部门宣传党管武装政策规定，协助进一步强化国防意识，掌握党管武装依据。县委书记、人武部第一书记华旭初同志多次到人武部现场办公，研究武装工作，帮助解决实际问题。7月，县召开专题议军会议，研究解决驻佛冈军事单位建设实际困难。结合"八一"协调组织县"四套班子"领导开展军事日活动，邀请解放军国际关系学院教授王乔保作国防知识讲座，起到很好的宣传教育效果。二是积极参与"扶贫双到"。按照省新一轮"扶贫双到"工作部署和县具体安排，先后4次集中到扶贫点进行走访调查和慰问。协调为帮扶贫困村建了一个文化室，解决周转房问题，为每个贫困户推荐一个脱贫项目。筹集资金1万元用于迳头镇土仓下美丽乡村建设。

（汪玉冰）

人民防空

【概况】 2015年通过加强人防法规宣传、加强人防组织指挥体系建设、人防地下室结建和易地建设费征收管理工作，同时围绕提升信息化条件下局部战争防空袭能力这一核心，牢牢把握人防建设全面融入经济社会发展这条主线，为建设佛冈县现代人防体系而努力。

【防空袭警报试鸣】 加强人民防空警报设施建设和管理，确保战时迅速、准确地发放防空警报信号，有效地组织人民防空。进一步完善人防警报系统建设，结合佛冈县城区域警报设施实际情况，每年邀请专家对区域的警报系统进行全面维修和保养。10月12日，全县防空警报系统在"解放日"实现100%的鸣响率，实现县城区域全覆盖。

【业务培训】 为提升人防综合应急救援队伍的军事素养、应急能力和团结协作能力，适应人防事业发展的需要，2015年，县人防办不仅充实人员并加强人防管理工作，还注重工作人员的业务培训。7—8月，县人防办分期组织人员参加行政执法人员培训并进行考核，全部合格；8月，组织人员参加市人防办举办的"清远市人防工程技术管理人员培训班"学习，取得合格证书；9月，组织人员参加广东省人防工程报建管理干部培训；12月，组织人员参加市人防办组织的学习15号文精神活动。通过系列业务学习和培训，进一步提升工作人员业务素质和办事能力。

【人防宣传教育】 积极组织人防宣传教育进学校。每年8月上旬，由"三防"知识教育工作领导小组牵头组织，县人防办、县教育局分工合作，对县城4所中学开展"三防"知识理论学习和实际操作教育。通过组织观看电教片、展示实物等方式，使师生了解人民防空任务及其重要性，进一步提高广大学生的国防观念和人防意识。佛冈县人防办不断拓展宣传方式和途径，组织放映、配放人防电影科教片《居安思危、备战人防》，订购2015年《中国人民防空》杂志20份，发送到各个镇、教育局等，多渠道、多层次宣传人防知识，加大人防宣传力度。

【指挥通信体系建设】 加强人防组织指挥体系建设，提升人防应急指挥能力。一是县人防办积极派员参加由市人防办组织的全市新型人防综合救援队训练，通过相关防护与救护等知识的培训，使人防综合应急救援队伍的军事素养、应急能力和团结协作能力得到进一步提高。二是夯实人防宣传教育基地。2013年，县人防办与县人武部共同筹资建设国防和人民防空教育基地。该项目建筑面积2673平方米，至2015年底，已经进入设备采购阶段。教育基地的建成，将为佛冈县国防、人防教育迈上新台阶提供基础保障。三是通过细化建设方案，加强部门联系沟通，积极筹措资金开展佛冈县人防指挥所、机动指挥所"三位一体，互联互通"的指挥体系建设。

【人民防空工程建设管理】 规范和完善人防行政审批程序和报建联审机制，加强人防工程建设和管理，人防工程面积持续增加。佛冈县人防办对在建的碧桂园清泉城、佛冈勤天城等人防工程开工前进行事前监督告知，使各责任主体明确自己的职责和县人防办的管理方法，保证人防工程程序合法，质量合格。2015年征

2015年12月15日，清远市人防办副主任许景旺（左二）在县人武部部长谭华军（右二）的陪同下调研佛冈2015年的人防工作情况 （温杏云摄）

收入防易地建设费8宗，收取易地建设费311.32万元，人防的报建率达100%。历年在建"结建"工程16宗，建筑面积82 449平方米，竣工验收工程5宗，建设面积8543平方米。较好地完成了清远市下达的"城市新建筑依法修建防空地下室"的考核任务。

【人防财务和资产管理】 佛冈县的人防经费纳入县财政预算，严格执行人防财务管理规定、会计制度及人防预算外资金管理规定，收入、支出均纳入年度预算管理。按照相关文件精神，所收人防易地建设费全部缴入财政专户，做到按规定划拨、使用和及时上缴易地建设费，无侵占、挪用、平调现象，并自觉接受财政、审计部门的监督。征收工作组织得力，各级领导无违规减免易地建设费现象。人员与办公费用以住房和城乡规划建设局为单位下达，经费需要增加时，报县批准追加预算。近年来，县财政全力保证人防经费正常运行，确保全县人防事业的顺利发展。

（温杏云）

醉美乡村 （李国标摄）

政　法

责任编辑：黄常远

政法·综治

【概况】 全县政法机关贯彻落实党的十八大和十八届四中、五中全会以及中央、省、市政法工作会议精神，紧紧围绕县委、县政府的中心工作，践行党的群众路线，维护全县的政治安定和社会稳定，圆满完成2015年的政法综治维稳各项工作任务。

【各种犯罪活动预防和打击】 2015年，政法机关以深入开展"四项建设"工作为总抓手，以开展"3+2"专项打击整治行动为契机，开展"亮剑"07、08、09系列专项行动，狠抓各项维稳和打防工作措施的落实，始终坚持司法公正，继续推进司法公开三大平台建设，接受群众监督，落实"一村一法律顾问"制度，开展"转变执行作风、规范执行行为"专项活动及"一打三反"活动等，工作成效显著。

公安机关案件 2015年，县公安机关接刑事和治安警情2956起，与上年同比下降30.45%；立刑事案件1369宗，同比下降31.7%，破案468宗，同比上升18.2%；打掉犯罪团伙33个，抓获犯罪嫌疑人434名，与上年同比上升15.11%，逮捕220名，与上年同比上升61%，起诉225人，与上年同比上升68.97%；受理治安案件1410起，同比下降21.36%，查处1256起，同比下降27.4%；查处吸毒人员727人，同比上升13.9%，收戒吸毒人员421人，同比上升3.9%。有力维护全县社会治安大局稳定。

检察机关案件 县检察机关受理公安机关提请批准逮捕案件152件230人，审结146件223人；受理立案监督案件3件次，发出应当逮捕犯罪嫌疑人建议书3份4人，向公安机关发出纠正违法通知书5份、检察建议书6份；受理移送审查起诉案件165件238人。经审查，向法院提起公诉163件236人，不诉2件2人。立案侦查贪污贿赂类职务犯罪案件11件14人，涉案金额475万元，追回赃款147.49万元，其中查办受贿案件7件7人，单位受贿案件1件2人，单位行贿案件1件2人，个人行贿案件2件2人，查办损害群众利益的职务犯罪案件11件13人，均为大案。逮捕案件中无捕后撤销、无罪判决、不起诉的案件，无捕后因证据不足而不起诉的案件，起诉案件一审有罪判决率为100%，无撤诉案件，体现较高的办案质量，有力地维护法律的公平正义。

审判机关案件 县审判机关受理各类案件3120件，办结2424件：受理刑事案件161件225人，审结133件185人；受理各类民商事案件1940件，审结1570件；受理行政诉讼案件18件，审结16件；受理行政非诉讼案件171件，审结96件；受理各类执行案件830件，执结609件，执行结案标的金额10 385万元，执行到位金额4740万元，为维护社会稳定、促进经济发展作出贡献。

县司法行政机关工作 县司法行政机关开展矛盾大排查690余次，参与调解案件共1561件，调解成功1553件；参与调处各类重大疑难复杂民间纠纷65件；防止群体性上访48起，无因调解不及时而发生民转刑的案件。累计接收社区矫正人员311人，解矫171人，其中2015年接矫53人；在矫140人，其中缓刑125人、假释11人，暂予监外执行4人。2015年，全县有回归刑释解教人员194人，其中刑释人员140名，解矫人员48名，全部登记造册，落实安置帮教措施，全部表现良好，无一人重新犯罪。

【矛盾纠纷排查化解】 **矛盾纠纷排查调处** 2015年，全县综治信访维稳三级工作平台受理排查矛盾纠纷591件，办结及成功调处540件，占91.37%，全县没有发生重大群体性事件。其中，县综治信访维稳中心受理14件，办结11件；镇级综治信访维稳中心受理97件，办结90件；村（居）综治信访维稳工作站受理480件，办结439件。真正发挥村（居）基层"前沿阵地"的作用，把矛盾化解在基层，做到小事不出村，大事不出镇。从群众来信来访类型看，矛盾纠纷主要集中在山林纠纷、征地拆迁、劳资纠纷、涉法涉诉、涉军群体、历史遗留问题以及其他农村社会矛盾等问题上，维稳压力依然严峻。

突出问题专项治理 根据省市工作部署，5月11日，由县维稳及综治办牵头制订、县委办印发《关于在全县范围内深入开展社会矛盾五大领域四方面突出问题专项治理工作的通知》（佛委办〔2015〕17号），统筹协调各相关职能部门制定专项治理工作方案，落实各领域专项治理工作责任分工、治理重点和目标。各牵头部门积极与上级沟通联系，起草制定工作方案，按照市直对口部门的要求完善和细化，并严格按有关程序下发；各镇和县直各牵头单位相继成立以一把手负总责的领导机构和办事机构，落实工作任务，推动全县专项治理工作深入有效开展；强化矛盾纠纷台账的管理，及时了解各专项领域治理的进展情况和全县辖区内各领域的矛盾纠纷，研究解决突出问题的措施。通过采取有效的治理措施，各领域基本能解决一般性矛盾纠纷，有效遏制重大矛盾纠纷、重大群体性事件和到省进京非正常上访事件的发生。2015年，全县组织各镇各职能部门排查纠纷100次，排查出列入县级矛盾纠纷台账的案件8宗，调处化解7宗，调处化解率88%。

【司法体制和工作机制改革】 推进司法执法公开三大平台建设 通过微博庭审直播、全程录音录像等方式开展审判流程公开；通过在大堂查询机上公开执行案件信息，2015年3月将1984年以来的未执结案件信息录入执行信息系统进行执行信息公开；以上网为原则、不上网为例外，将生效的裁判文书除法律规定不宜公开的，一律在本院网站发布并上传到中国裁判文书网。

执法规范化建设 推广量刑建议、量刑辩论制度，开展"转变执行作风、规范执行行为"专项活动及"一打三反"（打击"拒执罪"，反规避执行、反干预执行、反消极执行）专项活动，通过开展专项活动，对拒不执行的个人及单位采取强制执行措施。

推进主动执行改革 受理主动执行案件700多件，完善执行联动机制，开展集中打击拒不执行判决、裁定等犯罪行为专项行动。成立领导小组，与公安、检察机关召开联席会议，对开展专项行动作出具体部署，明确法院、公安和检察机关任务分工，形成协调作战的工作格局。

【司法公信力建设】 严格执法，保障公正司法 县检察院按照上级检察机关的统一部署，着手建立司法机关内部人员过问案件记录制度和制订柔情法案做报告的记录、通报和责任追究实施办法。实行办案质量终身负责制和错案责任倒查问责制。建立健全司法人员履行法定职责保护机制。落实国家关于违法违纪司法人员、法律服务人员禁止从事法律执业的实施意见。强化诉讼过程中当事人和诉讼参与人的知情权、陈述权、辩护辩论权、申请权、申诉权的制度保障。县检察院全力落实罪刑法定、非法证据排除等法律原则的法律制度，完善对限制人身自由司法措施和侦查手段的司法监督，加强对刑讯逼供和非法取证的源头预防，健全冤假错案防范、及时纠正机制。县法院严格执行三大诉讼法的规定，全面落实罪刑法定、疑罪从无、非法证据排除等法律原则。

规范涉案财物处理程序 县检察院建立分工明确的证赃物管理制度。县检察院已明确证赃物由案件管理中心专责负责，并专门于2015年上半年新建一间证赃物室集中管理，配备必要的设备，落实管理工作人员。县法院从2015年10月开始，涉案财物经评估公司完成评估后，县法院全部统一移送市中院。操作流程遵循清远市中级人民法院下发的《清远市中级人民法院网上司法拍卖（变卖）实施细则》。

构建阳光司法 推进审判公开、检务公开、警务公开。法检两院建立互联网公开信息制度，提高司法信息的公开透明度，同时进一步完善办案信息查询系统，增强互动功能，当事人可及时了解案件执行进展情况，让案件执行过程在阳光下运行。坚持开展公众活动，增加与公众的接触。每年不定期开展"检察开放日""法院开放日"系列活动，深入推进司法公开，自觉接受社会各界的监督。顺利完成人民陪审员"倍增计划"，一审普通程序案件90%以上由人民陪审员组成合议庭参与审理。

【法治社会建设】 着力推进基层治理法治化 按照"一镇一中心、一村一联系点"的要求，统一标准建设镇级行政服务中心，设立村级联系点，全面开展全程代办服务，使村民足不出村便能办成事。全县6个镇，90个党政公共服务站均建立公共服务中心平台，形成政府服务中心、综治信访维稳中心、计生服务中心等服务场所"三点一线"的服务格局。

完成社区（村）网格化管理试点启动工作 2015年10月，全县社区网格化服务管理试点工作正式启动。现阶段振兴和城东两个试点社区已完成制定工作方案、区域情况摸底调查、网格宣传、网格划分、信息表编印等工作，部分网格的相关数据的采集整理工作也正在进行中。全县有12个社区，开展社区网格化管理工作的社区有2个，网格化管理覆盖率为16.67%。

建立诉前联调机制 县法院与县综治办、县司法局、清远市高速公路一大队、县工商局等部门制定"诉前联调"相关工作规章制度，建立诉讼调解与非诉讼调解对接机制。2015年，诉前联调工作室调解案件106件，司法确认105件，解决标的金额2000多万元，实现诉前联调"便民、高效、成本低"的目的。

做好一村（社区）一法律顾问工作 全县90个村（社区）与5个律师事务所签订村（社区）法律顾问合同，实现全县村（社区）法律顾问工作全覆盖。

推进社会管理综合治理 全面开展视频建设实地踩点评估工作。县视频办对全县的治安视频建设布控点进行实地踩点和评估，2015年，完成各镇的踩点任务，并抓紧对县城的布控点进行踩点和评估。

健全群体性事件预警应急处置机制 县、镇综治信访维稳部门根据各时期各阶段工作要求和特点，制定预防群体性事件应急方案和劝返方案。省委巡视组进驻佛冈期间，县信访局接访群众11批，其中集体访5

批;"9·3"维稳期间劝阻一批6人次,劝返一批2人次进京非访。

严格司法体制改革 根据2015年6月18日省纪委、省委组织部、省委政法委文件精神和2015年5月11日省委政法委、省纪委、省委组织部《关于严格司法体制改革试点期间有关工作纪律的补充通知》精神,有效确保改革试点工作的平稳有序。根据《公务员法》《法官法》《检察官法》,建立健全法官、检察官职业保障机制,严格程序,按照要求从符合条件的律师、法学专家中招录法官、检察官。

【平安佛冈创建】 **推进"亮剑"系列专项行动** 2015年,全县以推进"3+2"专项打击行动、强化安全生产监管、化解劳资纠纷等为重点,开展了"亮剑"07、08、09三期专项行动,推进"3+2"专项打击行动。以公安机关为主力军,严打各项犯罪,全力维护社会治安稳定。截至2015年底,全县立刑事案件1369宗,破案468宗,立"两抢一盗"案件948宗,破案294宗,打掉犯罪团伙33个,抓获犯罪嫌疑人209人。受理治安案件1410起,查处1256起,查处涉赌人员247人,查处吸毒人员614人。基本完成市下达的"3+2"专项打击行动各项指标,圆满完成年初制定的"立案率同比下降、破案率同比大幅上升"的目标。全县社会治安日趋稳定,重大安全生产事故零发生。

全面构建立体化治安防控体系 继续推进社会治安视频监控体系前期筹备。全力做好前端定点,出台建设方案;抓好专职群防群治队伍建设,提升数量、提高质量,全县90个村(居)有群防群治队伍2138人,与2014年(1691人)同比增长26.4%,平均每个村居(社区)建成了23人以上的专职群防群治队伍。警民联动得到强化,村(居)民自治联防水平明显提升。

开展"平安细胞"工程建设 2015年,各项"平安细胞"达标率均已超过95%,夯实平安创建基础,重大群体性事件零发生。"平安校园""平安医院""平安市场""平安家庭"等成效彰显:学生溺亡事故零发生;佛冈机关幼儿园成功建成清远市食品安全A级"阳光厨房";发生医疗纠纷11宗,与上年14宗同比下降21.4%;石角镇中心市场、供销市场、鸿兴商行等单位(公司)开展食品安全规范化、标准化建设,初步通过市考核验收;全县87 919户家庭中有84 335户成功创建为"平安家庭",创建率达96%,石角镇还对"平安家庭"创建活动表现突出的冈田村780户家庭授予牌匾。

确保创平工作统筹推进 平安创建工作时间长、范围广、项目多。佛冈县把每一个具体项目作为载体,坚持每月一督导、半年一考核。从强化工作组织领导、制度化建设、人员业务能力、台账规范化建设等方面与综治信访维稳工作协调推进。通过强化督导检查,抓牵头促后进,确保平安创建工作统筹均衡推进。

营造"全民创安"良好社会氛围 佛冈县通过建立全方位宣传载体,健全信息员工作网络,广泛开展宣传,坚持走好群众路线。加强与移动、电信、电视台的合作,群发短信、宣传标语,委托移动公司对各镇政法工作满意度、公众安全感和创平工作知晓率、满意度进行电话问卷调查。以创平综治集中宣传月、南粤幸福活动周等各类活动为载体,开展平安创建、综治和法制宣传。构建全社会动员体系,形成良好的创安社会氛围。

【非法开采矿产资源问题整治】 根据县委县政府的工作部署,由县委政法委牵头完成打击非法开采矿产资源"铁拳"行动作为重点工作。成立以县委常委、政法委书记为组长的工作领导小组,制定工作方案,部署开展打击矿产资源盗采专项行动,并按照工作方案对盗采矿产资源行为进行全面清查打击,严肃查处矿产资源盗采行为;加强动态巡查,完善日常巡查台账;制定出台监管办法,建立监管长效机制,有效遏制盗采矿产资源行为。2015年8月,全县实施集中整治非法勘查开采矿产资源专项行动,开展全面清查摸底。高岗镇清查出稀土矿点8个,迳头镇清查出稀土矿点14个,水头镇清查出粘土矿点12个、取土点2个、矿证过期铅锌矿1个,石角镇清查出稀土矿点1个,龙山镇清查出黏土矿点16个。县国土局会同县打击非法开采联合执法队及县公安局开展打击非法开采矿产资源行动共29次,累计出动执法人员210人次,发出《责令停止国土资源违法行为通知书》18份,现场证据保全非法开采挖掘机6辆、非法开采车辆1台。县水务局组织执法巡查167次(其中夜间13次),出动执法车辆193台次,查处非法采砂案15宗,依法扣押拖拉机1台、挖掘机5台、铲车8台、抽砂泵1台、抽砂船1艘、其他违法作业车5辆,从实从严打击非法采砂行为,加强对县中小河流整治工程、各镇"以河养河"清障工程与南部砂场的监督力度。

(黄银燕)

审 判

【概况】 2015年,县法院围绕"努力让人民群众在每一个司法案件中感受到公平正义"的总目标,坚持司法为民、公正司法,以司法公开为抓手,狠抓执法办案第一要务,审判执行工作和司法队伍建设都取得新的成就。受理各类案件3144件,首次突破3000件大关,比上年增加476件,增幅17.8%,审执结2838件,同比上升13%,收结案均创下历史新高。法定审限内结案率99.75%。蓝榕概被授予"清远楷模""全国先进工作者"荣誉称号;苏运机被评为第二届"佛冈好人""全国法院司法警察先进个人"。

【刑事审判】 坚持宽严相济，依法打击犯罪，维护社会稳定。受理刑事案件177件，审结162件，结案率为91.5%，判处罪犯231人，其中判处5年以上有期徒刑的21人，判处有期徒刑缓刑的50人。依法严惩各种严重刑事犯罪活动，审结故意杀人、故意伤害、抢劫、强奸等暴力犯罪案件39件，判处罪犯60人。严厉打击毒品犯罪，审结涉毒犯罪案件21件22人。依法惩处职务犯罪，审结贪污贿赂、渎职犯罪案件10件，判处罪犯11人。注重财产刑的适用，对盗窃、抢劫、诈骗等41件68人侵财类犯罪案件，在对其判处以人身自由刑的同时依法判处罚金刑。认真贯彻宽严相济刑事政策，对具有从轻、减轻情节的，依法从轻、减轻处罚，对未成年人犯罪案件，坚持"教育、挽救、感化"的方针，注重人性化审理，做好未成年犯的矫治工作。

【民事审判】 坚持调判结合，及时化解矛盾，促进社会和谐。受理各类民商事案件2047件，审结1884件，解决争议标的金额47 388.8万元，结案率为92.04%。受理民商事再审案件2件，均审结。充分发挥民商事审判平息纠纷、化解矛盾、规范秩序、保障发展、促进和谐的职能作用，妥善处理婚姻、家庭、邻里纠纷，努力化解婚姻家庭矛盾，促进婚姻、家庭关系的和睦，促进邻里关系的和谐，审结婚姻家庭、乡邻关系纠纷案件511件。慎重审理个人高息借款等易引发社会矛盾的民间借贷案件，在依法打击"高利贷"行为的同时，提高该类案件的审理速度，及时采取诉讼保全措施，最大限度地维护当事人的合法权益，审结民间借贷案件265件。妥善化解民事纠纷，保障民生，促进和谐，审结劳动争议、交通事故、医疗事故等涉及民生案件352件。积极服务经济体制改革，规范市场秩序，依法保护各类市场主体的合法权益，依法制裁各种违约失信行为，审结买卖、借款、房地产等合同纠纷585件，保障经济市场健康有序运行。

【行政审判】 坚持监督与支持并重，全面加强行政审判，助力法治政府建设。受理行政诉讼案件18件，审结17件，结案率为94.44%；受理行政非诉案件171件，审结96件，结案率为56.14%。坚持监督与支持并重，把握好行政审判监督和支持的平衡点，依法维护行政秩序，保护行政相对人的合法权益。行政非诉案件涉及非农建设，当事人意见大，关系紧张，情绪激动。审理案件中，注意矛盾的化解工作，引导当事人正确维护自己的合法权益。

【案件执行】 坚持刚柔并济，保护合法权益。受理各类执行案件892件，执结765件，结案率为85.76%，执结标的金额14 456万元，执行到位金额8049万元。加强执行案件信息管理，对1984年以来的未执结案件信息全部录入全国法院执行信息系统，进行跟踪监督管理。加大主动执行力度，主动启动执行程序案件612件，执结427件，标的金额6778万元。加大对拒不履行生效裁判文书行为的惩戒力度，进一步完善失信被执行人的信用惩戒机制，开展集中打击拒不执行法院生效裁判等犯罪行为的"一打三反"（打击"拒执罪"、反规避执行、反干预执行、反消极执行）专项行动，在网络及媒体上公开曝光失信被执行人1531人和22个法人，罚款50.25万元，司法拘留51人，依法追究拒不执行判决、裁定罪犯1人，有力打击"老赖"行为。

【调解工作】 做好调解工作，化解社会矛盾。将调解工作贯穿于审判、执行全过程，贯彻到刑事、民事、行政审判各个领域，全年调撤案件768件，调撤率40.4%。不断扩大"蓝榕概法官调解工作室"服务辐射范围，服务更多的群众。工作室调解案件250件，调撤率88.7%，诉前联调案件49件，参与当地综治维稳化解矛盾纠纷28件。将蓝榕概法官调解工作经验，通过信息简报、新闻媒体、成功案例等渠道推广出去，供学习、借鉴，推动调解工作发展，惠及更多的群众。诉前联调工作室积极开展诉前联调工作，取得良好的社会效果，工作室调解案件111件，司法确认110件，解决标的金额2000万元，实现诉前联调"便民、高效、成本低"的目标。

【立案信访】 全面落实立案登记制。5月1日立案登记制实施后，对符合起诉条件的，当场进行登记立案；对于诉讼材料不齐的，实行一次性告知和补正；对于不符合法律规定起诉的，依法作出裁定，并载明理由。立案登记制实施以来，受理立案登记1521件，当场立案1518件，当场立案率为99.8%。为残疾人、孤寡老人、困难群众及农民工等弱势群体开设诉讼绿色通道，实行立案、收费、信访、咨询"一站式"服务，做到及时立案、及时审理。认真做好群众来信来访工作，坚持领导接访制度，每周安排一名班子成员、每天安排一名中层干部接访群众，处理群众来信23件次，接待来访群众108人次。加强释法答疑工作，组织判后答疑3件4人。

【司法救助】 开展巡回审判活动，为残疾人、孤寡老人等弱势群体提供诉讼便利。带上国徽、卷宗，到偏远地区或行动不便等群众所在地的村中、田间地头进行开庭、调解，把法庭现场搬到群众身边。在巡回审判中，设点进行法制宣传，及时为群众提供法律帮助、法律咨询。巡回审判制度实现当场立案，现场开庭，现场调解，当天解决问题。因高效便捷，受到广大群众的认可。严格按照规定开展司法救助活动，对30件案件48位经济确有困难的当事人予以缓交、减交或免交诉讼费21.89万元，其中为20名经济困难的当事人免交诉讼费5.77万元。对16名经济困难的当事人发放司法救助金8.5万元。同时，为保障被告人合法的诉讼权益,依法为未成年人、限制行为能力的刑事被告人指定律师出庭辩护。

【司法公开】 全力推进司法公开,保障公众对司法的知悉权。继续推进司法公开三大平台建设,通过微博庭审直播、全程录音录像等方式开展审判流程公开;11月19日、12月4日,开展两次法院开放日活动,邀请人大代表、政协委员、律师代表和群众参加,提高法院工作透明度,自觉接受监督;建立和完善官方网站、微博、微信等信息发布平台,及时发布、更新审判、执行信息;主动搭建公众参与司法公开的平台,向前来立案的当事人和咨询、信访的群众发放满意度调查问卷,多方面拓宽群众对法院工作的了解和监督渠道;将1984年以来未执结案件录入执行信息系统进行公开;将生效的裁判文书(除法律规定不宜公开的外)在本院网站发布并上传到中国裁判文书网进行裁判文书公开,裁判文书上网667份。

【审判管理】 加强审判管理,提高案件质量。为提升整体案件质量水平,确保审判执行工作各项指标朝着"当好排头兵"的目标要求向好发展,充实审判管理队伍,加强审判管理。依托全省法院综合业务系统管理平台,加强对审判流程关键节点的管理和监控,确保程序合法。落实案件质量评查机制,坚持每年一度的案件质量评查工作,全面评查2014年办结并已发生法律效力的案件2335件,并由县法院案件质量评查组进行抽查评查,同时接受市中院及兄弟法院交叉评查。省高院、市中院通过对县法院案件质量的抽查,认为县法院的案件质量达到规定要求。

【综治工作】 充分发挥审判职能,参与法治佛冈建设。开展法制宣传,充分发挥"内宣"作用,编写《信息》《简报》和《动态》62期,编写典型案例13个;充分利用典型案例开展法制宣传,在《人民法院报》《法制日报》《南方日报》《清远日报》以及《佛冈手机报》等多家平面媒体和电子媒体刊登案件新闻50多篇。参与未成年犯社区矫正工作,建立未成年人帮扶机制,对判处非监禁刑的未成年犯,建立帮扶档案,及时掌握他们的动向,定期进行走访,及时了解他们的思想动态、生活学习、社会交往等方面的情况,制定帮扶计划,使他们改变过去不良行为,融入社会获得新生。开展国家宪法日系列宣传活动,大力弘扬宪法精神,营造浓厚的尊崇宪法、宣传宪法的氛围。开展普法工作,干部职工参加普法学习,参学率、参考率和合格率均为100%。安排资深法官参加"全县行政执法人员法律知识培训班"学习的执法人员授课。开展"送法进校园"普法宣讲活动,全国优秀法官、全国先进工作者蓝榕概为城东中学2000余名师生上法制教育课,并赠送《未成年人保护法》等漫画书籍。开展庭审警示教育活动,组织近100名党员干部旁听原国土局副局长周某受贿案的庭审,亲身感受一次零距离的反腐倡廉法纪教育。

【司法建议】 对审判中发现的行政执法及社会管理问题,及时向相关单位通报情况或提出司法建议,促进经济建设和生活管理机制的完善,从源头上预防和减少各类矛盾。提出司法建议21份,收到反馈采纳意见14份。在审理涉县公安交警大队行政处罚案件中,发现交警大队作出行政处罚时所引用的法律法规不明确等问题时,在依法作出判决后,行政庭主动到交警大队进行座谈,并提出司法建议,得到交警大队的认可,切实发挥行政审判的职能,促进法治政府建设。

(张方针)

检 察

【概况】 佛冈县人民检察院着力规范司法行为,准确把握职能定位,主动适应履职新常态,推进检察改革,强化队伍司法能力和作风建设,为建设幸福佛冈提供强有力的司法保障。2015年被评为清远市先进基层检察院,检察长卢跃科被评为2015年度优秀基层检察长。反渎职侵权局苏石金在第四届全省检察机关优秀法律文书说理评比活动中获优秀奖。

【职务犯罪案件查办】 坚持以办案为中心,以侦查能力建设为主线,以关注民生民利、服务发展大局为出发点,强化办案质量与办案数量的统一、社会效果与法律效果的统一,精心组织、周密谋划,查办一批社会影响较大的职务犯罪案件。2015年立案侦查贪污贿赂类职务犯罪案件11件13人,其中查办个人受贿案件7件7人、单位受贿案件1件2人,单位行贿案件

2015年12月4日,第二个国家宪法日,县法院举行首届宪法宣誓活动

(县法院供稿)

1件2人，个人行贿案件2件2人。立案侦查医疗卫生系统中商业贿赂犯罪案件9件9人。立案侦查佛冈县教育局单位受贿案，该案是佛冈县近五年查办的首例单位犯罪案件。加大行贿犯罪的打击力度，立案侦查行贿犯罪2件2人，单位行贿罪1件2人。案件的查办中加大办案力度，突出办案重点，更新查办职务犯罪的观念，维护群众切身利益。反渎职侵权局立案查办涉农渎职犯罪案件5件5人，其中立案查办盗伐林木背后的涉农渎职犯罪案件3件3人，为保护生态环境提供强有力的法制保障。

【预防职务犯罪宣传教育】 2015年开展预防咨询10次，参与重点工程同步预防4个，开展预防宣传和警示教育32次，受理行贿犯罪档案查询375次。撰写预防调查报告5份、职务犯罪分析11份，向案发单位发出检察建议11份。围绕查办和预防涉农领域职务犯罪专项工作，预防科与派驻汤塘、迳头检察室联合开展"服务基层，延伸法律监督触角"专题系列活动，深入全县六个乡镇开展村级干部预防职务犯罪专题讲座50次，深入乡村与村委干部开展法治教育和反腐宣传座谈会60次，受教育人数达2000余人。充分发挥"案前、案中、案后"专项预防和检察建议的重要作用，帮助相关单位建章立制，堵塞管理漏洞。坚持联动配合，实现涉农职务犯罪预防的社会化，主动向党委和人大汇报涉农职务犯罪工作情况，加强与纪检、公安、审计、信访以及农、林、水利、民政等主管农村工作部门的协作配合，形成齐抓共管的大预防格局和信息畅通的预防工作合力。

【依法打击刑事犯罪】 充分发挥审查批捕、起诉职能，依法打击刑事犯罪，促进平安佛冈建设。2015年受理公安机关提请批准逮捕案件188件282人，与上年同比分别增加51.6%和50.8%。经审查，批准逮捕176件250人，不批准逮捕14件34人，不捕率为11.97%。受理移送审查起诉案件210件315人，与上年同比分别增加87.5%和85.3%。经审查，审结案件171件231人，向法院提起公诉167件218人，派员出庭支持公诉161件210人。无捕后因证据不足而不起诉的案件，起诉案件一审有罪判决率为100%。紧密结合当前治安形势，在打击黑恶势力犯罪、严重暴力犯罪等的同时，配合公安机关开展"3+2"专项行动，抽调业务骨干优先办理"3+2"案件，依法从重从快打击毒品犯罪，受理公安机关提请批准逮捕毒品犯罪案件比上年同期上升250%，有力地维护社会秩序稳定，提升群众的安全感。

【刑事诉讼监督】 履行公诉职能，加强刑事诉讼监督，依法追加遗漏犯罪5件5人，所追诉的漏罪均被法院作出有罪判决。对认为确有错误的裁判提出抗诉1件，抗诉意见得到支持。审查发现侦查、审判活动中违法行为，向公安机关、其他行政单位发出书面检查建议书4份，向公安机关发出纠正违法通知书5份，向法院发出纠正违法通知书1份，均被采纳。7月，县人大常委会第46次会议审议并原则通过《佛冈县人民检察院关于开展诉讼监督工作情况的报告》，充分肯定该院公诉工作。受理立案监督案件3件5人，向公安机关发出"应当逮捕犯罪嫌疑人意见书"3份，"要求说明不立案理由通知书"2件次，公安机关主动立案2件5人。追捕漏犯5人，发出纠正违法通知书6份、检察建议书6份。发现并移交职务犯罪线索1条，侦查部门依法介入并成功立案2人。

【刑罚执行监督】 加强驻所检察，监管场所安全与稳定防范，保障国家刑罚的正确执行。会同看守所召开联席会议、狱情分析会议10次，开展清仓安全大检查16次，及时了解在押人员思想动态，对在押人员谈话教育196次，向佛冈县看守所书面纠正监管活动违法12次，口头纠正监管活动违法5次，向佛冈县司法局书面纠正监外执法活动违法19次。成功办理10件羁押必要性审查案件；成功建议县法院依法对暂予监外执行条件消失的罪犯罗某等四人重新收监；成功督促看守所收监一名暂予监外执行的罪犯；圆满完成对14名服刑罪犯特赦工作的法律监督，彰显法律的公平公正。

【控告、申诉、检察职能履行】 受理群众来信来访14件。其中立案复查刑事申诉案4件，转县检察院民行科民事执行监督4件，直接答复来访人3件，转县检察院侦查监督科立案监督2件，国家司法救助1件。

【民事及行政诉讼监督】 切实加强对民事行政诉讼活动的监督，办理执行监督案件8件，其中办理执行监督案件6件，向佛冈县人民法院发出检察建议2份，佛冈县人民法院采纳检察建议并对案件进行恢复执行。2015年县检察院首次在督促行政机关履行职责方面工作取得突破，成功督促佛冈县石角镇人民政府和佛冈县国土资源局依法履行职责。开展公益诉讼案件探索，维护国家和社会公共利益，摸排案件线索。

【案件管理】 规范案件管理中心运作，发挥"管理、服务、参谋、监督"功能，进一步规范执法办案。接收各类案件452件707人，其中要求补充更正材料后才受理案件4件；送案审核423件654人，对116件即将超期案件提出口头预警。全面推进案件信息公开工作，案件程序性信息公开353条，重要案件信息公开24件，法律文书公开105件。接待当事人或近亲属、律师、诉讼代理人查询案件信息50次，接待律师申请阅卷23次，安排律师阅卷22次，要求听取意见1次，申请会见1次，其他申请3次。建立高标准的专用涉案财物保管室，保管室的消防、安保、温控等专用设

2015年12月10日，举办检察开放日活动，县委常委、县委政法委书记袁卫国（左一）参观远程视频接访室　　　　（县检察院供稿）

备一应俱全。做好电子卷宗运行部署工作。2015年办理涉案款项出入库558.24万元，涉案物出入库10件。

【检察宣传】 举办检察开放日活动1次；开展以"落实举报工作规定，推进反腐倡廉和规范司法行为"为主题的举报宣传周活动，深入到石角镇、迳头镇和汤塘镇设点宣传。开通互联网门户网站和官方微信、微博"正义佛冈"，推进阳光检务进入"微时代"。派驻汤塘、迳头检察室，充分发挥贴近基层、联系群众特点，延伸法律监督触角，开展涉农法律宣传，协助县检察院"预防职务犯罪宣讲团"到镇各系统开展预防职务犯罪主题宣讲活动，提高广大村干部、农民群众的政策、法律观念和维权意识，并结合检察业务，参加社会治安综合治理，化解社会矛盾，为民办实事好事。以汤塘镇石门村委为试点首创实现"村章共管"制度，建立全县首个"村章管理室"。

【职务犯罪查处】 佛冈县人民检察院在办理审查批捕"破坏环境资源和危害食品药品安全犯罪两个专项立案监督活动"刑事案件的同时，充分履行监督职能，注意深入挖掘刑事案件背后的渎职、受贿等职务犯罪线索，有力打击破坏环境资源刑事犯罪背后的保护伞。2015年6月13日、6月15日，县检察院反渎职侵权局以涉嫌徇私枉法罪分别对高岗镇派出所副所长张某某、迳头镇派出所辅警李某某立案侦查；6月30日，清远市人民检察院对2人依法作出逮捕决定；10月12日，2人因涉嫌徇私枉法罪被提起公诉；12月30日，清远市英德市人民法院以徇私枉法罪一审判处张某某、李某某各有期徒刑一年。此案是挖掘查处普通刑事案件背后司法人员涉嫌职务犯罪线索的典型案例，也是清远市检察机关在开展"两个专项立案监督活动"以来，全市首例对负有监管职责和侦查职责的司法工作人员徇私枉法罪查处的案件。

（黄翠容）

公　安

【概况】 2015年，佛冈县公安局以建设"平安佛冈、法治佛冈"为目标，以维护稳定为主线，以民情民意为导向，以基层基础工作为抓手，以"四项建设"为牵引，深入开展"3+2"专项打击整治行动，严打防、强管理、抓实效，推进各项公安工作，全力为深化改革保驾护航。

【维护社会政治稳定】 2015年，佛冈县公安局坚持"稳定压倒一切"的基本方针。国保、治安等警种深入基层、深入群众，切实加强对征地拆迁、山林坟地纠纷、劳资纠纷等不稳定因素的滚动排查梳理，深入分析研判，及时预警，为党委、政府和各级公安机关开展维稳工作提供强有力的情报信息支持。充分发挥派出所排查化解矛盾纠纷的前沿作用，坚持把矛盾纠纷化解在萌芽状态、解决在当地。密切关注社群、网络、手机短信等途径传播的不良信息，加大对敌对势力的防范打击力度，牢牢掌握斗争主动权。2015年，收集并上报市局、县委、县政府及有关部门120多条有价值情报信息。全县公安机关妥善化解各类矛盾纠纷100多起，处理群众来信来访107件，受理并办结各类信访案件12件，信访案件办结率100%。做好处置突发事件的应急预案及演练工作，确保处突队伍随时拉得出，稳得住。年内成功处置龙山博华陶瓷厂职工欠薪拦国道、黄包车司机堵截县政府等10起群体性事件，对23名群体性事件组织者、策划者和挑头人依法实施行政拘留，及时平息事态，确保社会稳定。

【"3+2"专项打击整治行动】 2015年，根据省厅、市局的工作部署，结合佛冈县实际，佛冈县公安局深入开展"3+2"专项打击整治行动，严厉打击涉黑恶、涉毒、涉盗抢、涉赌、涉诈骗等五类突出违法犯罪。

涉黑恶专项 全县破涉黑恶案件20宗，抓获犯罪嫌疑人133人，逮捕79人，起诉66人。刑侦大队成功抓获涉黑犯罪嫌疑人谭某泉、冯某康。经审讯，两人均交代参与谭某光黑社会性质组织，实施多起强迫交易、绑架、非法拘禁、敲诈勒索、故意伤害、开设赌场的犯罪事实。

涉毒专项 成功打掉6个贩卖毒品团伙，侦破毒品刑事案件77宗，查处吸毒人员739名，收戒吸毒人员423名，逮捕毒品犯罪嫌疑人56名，缴获海洛因、冰毒、K粉等各类毒品共计3703.58克。

涉盗抢专项 2015年佛冈县作为全省打击整治盗抢专项行动重点县

2015年10月13日上午，县公安局在公安局大院内召开退赃大会，将近期在盗抢案件中缴获的赃物悉数归还失主 （县公安局供稿）

区，县公安局高度重视、精心组织、多措并举围绕盗抢犯罪迅速掀起严打。侦破盗抢案件346宗，抓获犯罪嫌疑人93名，逮捕犯罪嫌疑人55名，起诉犯罪嫌疑人66名，起获被盗车辆38辆及其他涉案物品一大批，挽回经济损失100多万元。

涉赌专项 成功打掉赌博犯罪团伙8个，抓获涉嫌赌违法犯罪人员450人，刑事拘留108人，逮捕70人，行政拘留121人，行政罚款221人。抓获人数、逮捕人数以及破获赌博犯罪团伙数均比上年增加。

涉诈骗专项 侦破诈骗案件14宗，抓获诈骗犯罪嫌疑人22名，逮捕9名，起诉11名。成功打掉租骗出租车、转卖高价"抗癌药"及以"帮忙搬运货物"为由实施诈骗的犯罪团伙。

【公安便民改革】 佛冈县公安局实施新生儿入户、无犯罪记录证明、自助办证一体机办理出入境8大业务、本省户籍居民户口迁移"一站办"、交通罚款网上异地缴纳、爱车号牌网上自由选等便民措施。一年来，户政部门为群众办理二代身份证21 908张，受理居住证11 283个，审批、办理其余户政业务3.5万件次；出入境办理出境业务2万件次，车管所办理业务1万多件次。基层派出所组织民警进村入户1000多人次，为5000多名计划外出生小孩受理出生登记；为本省籍外地居民办理无犯罪记录证明、地址证明1000多份；推行异地就近办理出入境证件，为异地800多名群众办理出入境证件，极大地方便人民群众。宣传部门不断创新抓宣传安民心，结合政府信息公开工作，通过网站、报刊、电视、微信、微博等媒体，及时向社会宣传报道警情动态，让群众了解公安机关深化改革、服务群众的做法及成效，提高群众安全感和满意度。通过互联网"微创新"，以创建"平安佛冈"微信平台为龙头，开通佛冈交警、消防、沿江派出所等微信平台，拥有6600多名支持者。

（朱小珊）

【巡警工作】 **巡逻防范** 巡警大队坚持将县城巡逻勤务摆在工作第一位，确保全年县城社会治安秩序持续稳定。2015年，巡警大队出动机动车3966台次，出动警力15 865人次，接处警1542起，其中有效警情1360起，受理各种违章821起，维护交通事故现场86起，调解民间纠纷453起，为群众办好事48次，救送伤病人员18名，寻找走失人员8人，劝回轻生群众12人。办理行政案件100宗，其中赌博案件15宗，涉毒案件85宗，协助破获贩毒案件7宗、赌博刑事案件3宗，抓获各类违法犯罪人员276人，其中涉嫌抢劫4人，涉嫌抢夺18人，涉嫌殴打他人16人，涉嫌盗窃17人，参与赌博人员65人，涉毒人员91人，强制戒毒57人，逮捕涉毒人员8人，铲除赌博窝点15个。

打击街面现行犯罪 24小时不间断巡逻以及快速反应机制，及时向群众伸出援手，解其之困，有效地打击恶性犯罪行为。巡警大队坚持"以巡为主，重在盘查，以动制动，以快制胜"的巡逻策略，加强对公共场所、重点路段、车站、银行、学校、工厂、市场等部位的治安巡逻防控，加强对假牌套牌机动车辆的检查力度，加强对街头发案情况的综合分析，在打击街面犯罪、维护社会治安稳定工作中投入100%的警力和精力。巡警大队针对重点路段、时段和治安复杂场所，有针对性地实行动态布警，通过采取面上巡逻与定点执勤相结合、武装巡逻与便衣队便衣巡逻相结合、设卡堵截与伏击守候相结合等多种防控方式，严厉打击街面违法犯罪活动。2015年，巡警大队现场抓获抢劫嫌疑人4人，抢夺嫌疑人18人，扒手17人，抓获盗窃机动车案犯15名。

处置公共突发性事件 巡警大队重视治安维稳，要求每位民警要在思想上、组织上做好充分的准备，随时应对突发事件。同时，加强对各类群体性事件的模拟实战演练，组建群体性事件应急小分队，每周五进行处置群体性事件队形训练及体能训练，不断提高整体协调作战能力，确保在群体性事件发生时能拉得出一支有战斗力的队伍。9月，巡警大队组织50岁以下民警参加清远市公安局举办的"应对暴恐袭击专题训练班"，全面提升大队民警处置暴恐袭击类警情的水平及技能。2015年，巡警大队与其他部门合作，协助党政部门妥善处置群体性事件66起，有效维护社会的稳定。

（廖素珍）

【交警工作】 2015年，佛冈交警

大队以全面推进"四项建设",着力做好事故预防、规范执法、服务群众和信息共享为目标,以春运、清明、五一、端午、"9·3"庆祝抗战胜利70周年交通安保为工作重点,狠抓各项道路交通安全管理工作,取得较好成绩。全县发生道路交通事故3310宗(简易程序处理2870宗),与上年同期比上升4.88%;造成49人死亡,与上年同期比下降32.88%;2797人受伤,与上年同期比上升3.52%;直接经济损失84.356万元,与上年同期比下降8.73%。

确保道路交通安全畅通 2015年,佛冈交警大队根据上级公安机关的统一部署和要求,并结合佛冈的实际,持续不断地开展各项交通秩序专项整治,交通秩序得到进一步好转。切实做好春运道路交通安全保障,佛冈交警大队制定切实可行的春运工作方案,认真落实各项工作措施,全面完成春运交通安全保障,交通事故四项指数全面下降。做好节假日道路交通安全保障。为确保清明、五一、端午三个重大节日的道路交通安全,佛冈交警大队根据交通流量的变化和106国道佛冈北段实施改造工程的实际,提前制定工作方案、应急预案、督导方案,扎扎实实地开展宣传发动、安全隐患排查治理、交通秩序专项整治等工作,全力以赴确保三个重大节日的交通安全。特别是4月5日清明节当日,执勤民警和交通协管员从上午7时开始,一直坚持至晚上10时,指挥疏导重点路段的车辆井然有序通过,为群众祭祖扫墓提供安全有序、畅通和谐的道路交通环境。当日出动警力215人次,警车60辆次,疏导车辆39 383辆,快速处理交通事故52起。

县城交通秩序专项整治 2015年,大队根据摩托车交通违法、交通事故比较突出的情况,向县委县政府汇报,加强与县交通运输局的沟通联系,联合整治县城三轮摩托车行驶秩序。2月10—12日、5月7日,在县城范围内开展集中整治三轮摩托车专项行动。行动抽调公安局武警、交警、刑侦、治安、巡警、各派出所民警等警种200多名警力,抽调交通运输局20多名执法人员,查扣三轮摩托车152辆,其中无号牌车35辆,拘留12人,查处各类交通违法行为180起。6月1日,佛冈县成立由公安交警大队、交通运输局、城监大队、市场监督管理局抽调30人组成县城交通秩序整治工作专项小组,对县城范围内的交通秩序进行整治,主要整治对象为三轮摩托车。全县查扣三轮摩托车1000多辆。深入开展查处酒驾、夜间道路通行安全检查统一行动,整治危险化学品道路运输安全隐患统一行动,集中整治道路交通违法行为专项行动,"安全生产月"活动,集中整治黄标车违法行为统一行动,整治旅游客车、"营转非"客车统一行动,整治套牌假牌车辆统一行动,整治营运客车、危险货物运输车统一行动,整治校车统一行动,整治"酒驾""毒驾"统一行动和"秋风"行动。

集中整治农村交通秩序 县政府印发《佛冈县开展农村道路交通安全工作重点任务目标实施方案(2014—2015)》,成立领导小组,明确具体的要求和目标。由县政府牵头召集相关部门召开专门会议,研究部署此项工作。全县6个镇成立交管站,83个行政村成立劝导站并聘请交通协管员。各村委初步排查本村驾驶员、车辆信息,聘请的交通协管员在日常工作中协助交警部门做好劝导工作。7月16日,佛冈交警大队组织县交通秩序整治工作专项小组执法队员30人和学田中队警力10人在省道354线开展农村地区交通秩序集中整治行动。此次行动出动执法人员45人次,执法车9辆次,查处和纠正各类交通违法行为153起,查扣机动车34辆,其中两轮摩托车31辆,三轮摩托车2辆,大货车1辆。

加大路面巡逻管控力度 为预防和减少道路交通事故的发生,佛冈交警大队除按支队的联勤制度巡逻外,还结合佛冈实际,采取交通巡逻和治安巡逻相结合的举措,切实加强国道、省道、旅游景区、事故多发路段、危险路段的巡逻管控力度,努力提高见警率和管事率,有效遏制交通事故的发生,也减少公路刑事、治安案件的发生。5月13日,佛冈大队石角中队查获套牌车2辆,消除对原车主的影响。

危险路段排查治理 佛冈交警大队根据上级的部署和要求,主动与公路、交通、安监、城建等部门联系,共同开展事故多发路段、危险路段的排查治理工作,并及时向县政府反映道路交通标志、标线等方面存在的问题,得到相关部门的重视,并采取措施予以解决。3月17日,佛冈交警大队大队长罗显习、副大队长宋求贵会同佛冈公路局相关负责人再次深入106国道排查事故黑点和事故多发路段,针对106国道2391km至2401km路段发出整改通知,要求相关部门及时对排查发现的隐患进行整改治理。5月19日,佛冈交警大队联合县安监局、县公路局等相关部门对正在维修改造的省道354线安全隐患进行地毯式排查,并针对存在的安全隐患进行现场办公,提出整改意见,落实解决方案。9月1日,机动中队在开展道路隐患排查时发现国道106线佛冈三八路段中心绿化带生长过高过密,造成驾驶员、行人视线受阻,存在严重的交通安全隐患。为确保道路交通安全,机动中队与佛冈县公路局相关负责人进行沟通协调。9月2日,佛冈公路局组织人员对中心绿化带进行修剪,保证道路行车安全,消除安全隐患。

努力提高群众安全意识 2015年,交警大队以驾驶人、学生、农民、外来工等为重点宣传对象,开展全方位的交通安全宣传,取得较好效果。各重大节假日前,车管中队的民警都主动深入交通运输局及其所属的4个客运企业,开展交通安全宣传教育;综合中队主动争取县教育局的重视与支持,利用"校讯通"发送交通安全短信,提醒学生和家长自觉遵守交通安全法规；依托"双微"（微博、微信）平台，广泛宣传交通安全知识，及时发布交通信息；与电视、广播电台等媒体联合做好交通安全宣传工作；根据推进公安部进一步加强农村交通安全宣传教育工作文件精神，开展创建"农村交通安全示范村"活动，设置农村交通劝导站。2015年，佛冈交警大队撰写工作简报99期，开展宣传活动55场，到中小学校、幼儿园和企业上交通安全课33堂，印发宣传海报7000张、宣传小册子2500本，联合媒体宣传36次，发表微博、微信702条，"双微"粉丝900多人。接受交通安全教育达12万人次。

筑牢预防事故防线 佛冈交警大队根据上级交警部门的统一部署，切实加强机动车和驾驶人管理，为构筑构牢预防道路交通事故第一道防线做了大量工作。切实加强机动车管理，严把车辆准入关、年审关；切实加强驾驶人管理，严把驾驶人考试关；深化、完善、提高车管中队警务规范化建设；主动深入运输企业开展交通安全宣传活动；组织摩托车驾驶员考证考试。2015年1—10月，车管中队办理机动车登记注册6248辆，过户846辆，摩托车驾驶人考试过关并核发摩托车驾驶证154人。车管中队为确保客车、校车安全，多次深入客运企业、学校开展面对面的交通安全宣传活动，督促落实各项整改措施，确保客车、校车的交通安全。

（龙清学）

【消防工作】 佛冈县公安消防大队下辖一个执勤中队，有人员36名，其中现役官兵28名，合同制人员8名。大队现有监督执法干部6名，中队灭火救援干部4名，灭火救援现役战士18名、合同制消防员2名，大队合同制文员6名。大队现有执勤消防车5辆：22米登高平台消防车1辆，载3吨水和0.8吨泡沫灭火剂的城市多功能主战消防车1辆，载6吨水和2吨泡沫灭火剂的MAN牌泡沫水罐车1辆，载7吨水和1.5吨泡沫灭火剂的斯太尔泡沫水罐车1辆，小型抢险救援车1辆。大队现有执法用车3辆，地方牌照后勤采购皮卡车1辆。

灭火救援 2015年，佛冈消防接警出动289次，其中灭火救援168次，抢险救援121次；出动车辆657台次，出动警力2026人次，抢救疏散被困人员103余人，灭火成功率达到100%。大队官兵无人员伤亡，佛冈无重特大火灾事故。

执勤岗位练兵 2015年，大队狠抓执勤岗位练兵活动，开展实战化训练，全面提升部队战斗力。大中队全体官兵对全县消防安全重点单位进行定时、定点的全面熟悉和演练，对全县灭火救援事故特点进行整理，制定8大类型的灭火救援联动预案。为提高基层中队实战能力，做到训练向实战看齐、训练为实战服务，省消防总队统一部署推广日常实战化训练。在总队和支队的部署与精心指导下，大队深入开展日常实战化训练，由一名副大队长监督指导，中队干部具体指挥，全体战士广泛参与，每周安排2～4个半天的日常实战化训练。通过训练，中队指挥员的临场指挥能力和战士的实战能力都得到迅速提升，整体配合进一步顺畅。在清远支队组织的日常实战化训练会操中均取得较好的成绩。

思想政治教育 佛冈消防大队以建设结构优化、团结有力的党组织班子为标准，选拔配齐新的大队、中队两级班子成员。根据总队和支队部署，佛冈消防大队先后开展"牢记强军目标、献身强军实践，永做忠诚消防卫士""学习践行强军目标、做新一代革命军人""正风肃纪，依法履职""三严三实"等一系列主题教育活动，切实抓好集中整治消防执法腐败问题，部队纪律作风明显改善，部队执行力增强，内外形象得到大幅度优化。2015年，大队开展各类教育学习90次，开展教育实践活动50余次，布置教育板报20余期，思想政治教育成效明显。

后勤保障 始终抓好经费保障及营房装备建设不放松。消防大队业务经费达到108万元，确保消防业务经费增长10%。消防大队与县财政局、人社局沟通，于8月份落实官兵补贴，切实保障官兵福利。消防大队投入3万余元建设中队电子门岗系统，2万余元更换营区电动门，投入8000余元为训练塔安装金属护栏，对储藏室柜子进行维修更新，并向县政府争取到洗漱室维修专项经费10万元，对其进行全面维护改造。争取到年度消防车辆器材装备配套经费105.4万元，新购置大功率水罐消防车1辆以及消防员个人防护装备等特种和常规消防器材100余套（件）。

防火监督 消防大队扎实推进消防安全网格化管理，开展大排查大整治活动。集中开展违规场所住人、"三小"场所整治，对养老院、学校、大型商场、酒店等人员密集场所进行消防安全检查。全年检查社会单位1066家，发现火灾隐患973处，督促整改火灾隐患或违法行为971处，下发责令改正通知书686份，下达行政处罚决定书13份，责令"三停"单位9家，下发临时查封决定书12份，拘留3人，行政罚款30.5万元。协助指导全市火灾隐患重点地区汤塘镇抓好火灾隐患的排查整治，顺利实现"除患、摘牌"。

社会宣传 广泛开展消防宣传教育培训，组织全县各镇（场）、村、社区分管消防工作的领导、干部、网格员进行大轮训。全年发送消防安全宣传短信5000多条，播放消防公益广告124次，开展消防安全培训24次，开放消防站11次，重点单位消防安全责任人、管理人培训100%覆盖；落实消防监督人员每周半天以上时间开展宣传教育活动，协调有关部门将消防安全知识纳入相关职业教育、培训和技能鉴定内容。完成"消防宣传培训年"工作任务，推进"移动互联网消防信息服务平台"建设，目标人群信息采集、录入率达到100%。

（张子衡）

司法行政

【概况】 佛冈县司法局坚持服务大局、以人为本、执政为民，扎实开展法治宣传、社区矫正、人民调解、法律援助、公证事务、政府法制、一村（社区）一法律顾问等，全力推进公共法律服务体系建设。

【普法宣传教育】 "六五"普法验收 组织全县"六五"普法规划总结验收组对各镇及县直有关单位"六五"普法工作进行检查验收。做好"六五"普法迎检工作，完善工作台账，制作"六五"普法专题片、PPT，获得清远市"六五"普法规划总结验收组的充分肯定，顺利通过市"六五"普法规划总结验收组的考核。

农村法治宣传阵地建设 投入20多万元在全县各镇、村（社区）建成96个法治宣传栏，定期更新宣传栏内容，将广大群众普遍关注的法律法规及新实施的法律法规传播到农村基层、厂矿企业。借助新闻媒体工作平台，经常性播放法律法规知识和公益宣传广告，把法治建设与社会主义核心价值观建设紧密结合起来；深入推进"法律六进"，增强法治宣传实效。

法律进机关 坚持和完善党委中心组集体学法以及任前法律考试制度，举办公务员职业道德建设、政府公共危机管理、依法行政等内容的培训，提高领导干部运用法治思维和法治方式化解矛盾、推动发展的能力。

村、居两委干部学法 指派专业人士在县委组织部举办的2015年村（社区）党组织书记、主任及后备干部培训班上讲授依法治村、农村信访维稳等内容。借助一村（社区）一法律顾问工作平台，在农村开展专题法治讲座，讲授农村发展常用的法律法规。

青少年法治教育 全县中小学校邀请政法机关、县关工委、团县委等部门到学校举办法律法规知识讲座，开展法律知识竞赛、"青少年犯罪案例分析"等活动，从小培养青少年遵纪守法的良好习惯；积极落实"谁执法谁普法"的工作责任制，主动参与、组织协调各行政机关、社会团体开展形式多样的法治宣传活动，如三八妇女维权周、"3·15"消费者权益保护日、"12·4"法治宣传周，司法所、律师所、法援处、一村（社区）一法律顾问的党员律师积极参与其中，主动组织协调，推进普法工作的开展。

【人民调解】 社会矛盾纠纷排查化解 在继续做好常见的、传统的矛盾纠纷的排查调处基础上，化解劳动争议、道路交通等专业、行业领域的矛盾纠纷，切实把矛盾纠纷解决在基层，消除在萌芽状态。2015年，司法所协助各镇开展矛盾大排查690余次，各人民调解委员会参与调解案件1561件，调解成功1553件；参与调处各类重大疑难复杂民间纠纷65件；防止群体性上访48起，无因调解不及时而引发民转刑的案件。

人民调解组织规范化建设 按照调解组织"五有六统一"要求，在6个镇人民调解委员会率先开展调解组织规范化建设，完善工作制度、工作流程、工作文书，提升人民调解工作规范化、制度化水平。同时，在汤塘的两个企业人民调解委员会开展规范化建设，开创企业调委会规范化建设的先河。

拓展人民调解组织网络 发挥人民调解在矛盾纠纷多元化解机制中的基础性作用，及时化解各领域的社会矛盾纠纷，至2015年12月，全县已建立人民调解委员会141个，其中镇调委会6个、村（社区）调委会90个、企业调委会40个、交通事故调委会1个、医患纠纷调委会1个、劳动争议人民调解委员会3个，构建覆盖全县各镇、村（社区）和200人以上的企业及医疗卫生、劳动等行业的人民调解网络。

完善人民调解"以案定奖"工作 规范相关资料的上报流程，严格把好资料的审查关，杜绝错报、虚报现象，并按照规定将奖励款发放给调解员，较好地调动调解员的工作主动性。

【社区矫正与安置帮教】 社区矫正人员的教育监管 综合利用手机定位监控系统、指模识别鉴定机、执法记录仪、录音设备等现代新科技新技术进行管理，预防出现漏管、脱管现象。截至2015年12月，累计接收社区矫正人员316人，解矫197人（其中2015年接矫56人）。在矫119人，其中缓刑的104人，假释的13人，暂予监外执行的2人。此外，应人民法院、监狱、公安等部门委托，开展适用社区矫正前的调查评估54次，累计开展167次。

定期组织社区矫正人员集中学习教育 开展公民道德教育、法律法规知识教育，从思想上、心态上进行全方位的教育矫正，增强社区矫正人员社会责任感和遵纪守法意识，防止出现社区矫正人员重新犯罪行为。严格执行社区矫正工作的有关规定，采取分类管理方式，制定矫正人员个人矫正方案，建立矫正人员月汇报、月面谈、月走访、不定期督查制度，完善社区矫正人员外出请、销假制度。

开展社区矫正人员的走访调查 对违反社区矫正管理规定的社区矫正人员进行思想教育、发出警告，全年对违反规定的社区矫正人员发出警告6次。完成社区矫正人员特赦专项工作，对照特赦专项工作的要求，全面排查社区矫正人员各方面情况，及时上报符合特赦条件的社区矫正人员名单，在市中级人民法院裁定特赦人员后，组织特赦社区矫正人员现场宣布特赦。全县报请特赦的社区矫正人员15人，法院裁定特赦14人，其中13人为未成年人，1人为参加过保卫国家主权安全和领土完整的对外作战人员。

开展"三类"暂予监外执行罪犯专项行动 组织暂予监外执行人员到市级医院进行身体健康检查,对不符合暂予监外执行条件的人员及时向人民法院提出收监执行建议,对体检不符合规定的保外就医人员向省监狱局建议收监执行剩余刑期。全年对11名暂予监外执行(保外就医)人员提出收监执行建议,并配合公安机关对人民法院、监狱管理局作出收监执行的11名暂予监外执行(保外就医)人员予以收监执行。认真做好服刑在教人员基本信息核查、反馈工作。每月核查辖区内服刑在教人员基本信息,在规定时间内向监所反馈,全年核实服刑在教人员信息816人,保证服刑在教人员提供信息的真实有效,从源头上杜绝"三假"人员,强化刑释解教人员的衔接管理。根据监所提供的基本信息和评估意见,落实帮教责任单位和责任人,制定帮教方案,确保帮教措施的有效落实。2015年,全县有回归刑释解教人员194人,其中刑释人员140名,解矫人员54名,全部登记造册,落实安置帮教措施。刑释解教人员全部表现良好,无一人重新犯罪。

【**法律援助**】 坚持以人为本、服务为民,拓展法律援助工作网络,完善各项工作制度,扩大法律援助覆盖面,为困难群众提供法律服务,做到应援尽援。全年办理法律援助案件64件,其中刑事案件53件,民事案件11件,接待来访群众和来电咨询300多人次,免费代写各类文书20多份。

【**公证服务**】 坚持"主动、有为、有效"的工作理念,秉承"真实、合法、客观、公正"的工作原则,发挥公证工作证明、监督、服务职能作用,热情为群众提供优质高效的公证法律服务。办理各类公证1061件,接待、解答当事人法律咨询2800多人次。

【**律师服务**】 全县有律师事务所3家,执业律师人数7人,实习律师1人。律师事务所提供专业优质的法律服务,2015年办理刑事案件23件,民事案件87件,行政诉讼案件5件,法律援助案件60件,业务收入约35万元;开展法治讲座及"12·4"法治宣传周"以案释法"活动;协助政府法制工作,协办行政调解案件3件,主办行政复议案件1件,处理各类投诉申诉案件、网络投诉事项6件,协助审查规范性文件、合同等31件;参与重大案件的研讨、信访事项的接访、行政执法案卷的评查等工作;组织、协调、指导一村(社区)一法律顾问工作,加强与律师、司法所以及各村居的沟通交流,指导信息联络员进行管理系统操作,确保工作有序顺利开展。

【**一村(社区)一法律顾问**】 2015年1月8日,在县人民中心西楼403室召开一村(社区)一法律顾问工作动员大会,举行一村(社区)一法律顾问工作启动仪式。启动仪式上,石角镇和汤塘镇的两个村(社区)主任分别与律师事务所现场签订佛冈县一村(社区)一法律顾问合同,律师事务所安排律师进驻村(社区)担任村(社区)法律顾问,村(社区)法律顾问工作全面铺开。工作开展以来,司法局建立健全相关工作制度,广泛开展宣传,协调工作中出现的问题,保证该项工作协调推进。村(社区)法律顾问到所驻村(社区)举办法律知识讲座,参与农村社会矛盾纠纷化解,为村(社区)管理提供法律建议,为群众提供法律咨询和法律援助,提高村(社区)依法治理能力,增强群众的法治意识。一年来,村(社区)法律顾问累计进村(社区)1200多次,接待来访群众2800多人次,提供法律服务1478次,举办法治讲座及法律培训265场,受教育人数3000多人,参与人民调解22宗。

【**"六五"普法验收会议**】 2015年8月7日,在县人民中心主楼109室召开"六五"普法规划总结验收会议,接受市"六五"普法总结验收工作组对"六五"普法工作检查验收。县人大常委会副主任黄小云,副县长、公安局局长陆上顶参加会议,汇报佛冈县"六五"普法工作情况,陪同市检查工作组观看"六五"普法总结专题片,并到县食品药品监督管理局、城北中学、石角镇政府、石角镇二七村民委员会实地察看法治硬件设施建设情况。

2015年12月4日,县普法办组织县有关部门、律师所在县人民公园广场开展以"弘扬宪法精神,建设法治佛冈"为主题的"12·4"法制宣传活动(县司法局供稿)

【企业人民调解委员会揭牌】 2015年7月8日,清远加多宝草本植物科技有限公司人民调解委员会举行揭牌仪式。仪式上,县人大常委会副主任黄小云与加多宝草本植物科技有限公司总经理共同为企业人民调解委员会揭牌,这是本县首个开展人民调解组织规范化建设的企业人民调解委员会。县司法局局长陈湘中、副局长郑万里、汤塘镇党委委员古柱高参加揭牌仪式。

【"12·4"全国宪法日宣传活动】 2015年12月4日,县普法办组织有关单位和律师所在县人民公园广场集中开展以"弘扬宪法精神,建设法治佛冈"为主题的"12·4"法制宣传活动,通过解答群众咨询、发放宣传资料、摆放展板等方式宣传宪法和有关法律法规,营造崇尚法治的良好氛围。

(李拥飞)

春回大地

(卢小丽摄)

经济管理

责任编辑：郑中扬

发展与改革

【概况】 2015年，佛冈县实现地区生产总值104.6亿元，同比增长10.3%。其中：一、二、三产业分别完成10.5亿元、49.3亿元、45亿元，分别增长10.3%、10.4%和10.3%；三次产业结构由2014年的10.4∶46.3∶43.3调整为10.0∶47.2∶42.8。完成规模工业增加值40.78亿元，同比增长4.9%；完成全社会固定资产投资38.9亿元，同比增长17.2%；完成社会消费品零售总额37.1亿元，同比增长9.6%；完成出口总额3.6亿美元，同比下降26.4%；完成公共财政预算收入9.8亿元，同比增长5.6%；城乡居民人均可支配收入15 432元，同比增长9.4%；城镇登记失业率2.37%；人口自然增长率控制在6.16‰；万元GDP能耗、主要污染物减排等约束性指标均实现预期目标。

【投资情况】 一是投资拉动作用明显。2015年完成固定资产投资38.9亿元，增长17.2%。其中：工业投资13.8亿元，同比增长91%；基本建设投资6.1亿元，同比增长135%；城建、交通、能源、农田水利、信息等基础设施类项目建设顺利推进。全年争取省市专项资金1.13亿元，较上年增长138.3%。二是项目支撑作用增强。2015年，全县引进清远恒业包装、广东雅迪、沃龙科技有限公司等6个项目，合同投资额为13.5亿元人民币，新旧项目实际投入18.26亿元人民币。全年合同外资总额为897万美元，实际利用外资为1316万美元。三是发展平台不断夯实。省级产业集聚申报工作取得实质性进展，与广州经济技术开发区共建广州（清远）产业转移工业园（佛冈集聚区）申报获准，享受省产业转移政策。

【工业效率】 2015年，面对经济下行、工业企业生产困难等现状，全县积极落实企业跟踪服务，确保重点企业继续保持正增长。2015年全县规模以上工业总产值170.8亿元，同比增长3.6%；规模以上工业增加值43亿元，同比增长10.5%，规模以上工业增加值率达25.0%；高技术制造业、先进制造业、传统优势产业等现代产业的带动能力显著增强，增加值占GDP比重超过30%；集聚、集约化程度显著提高，初步形成四大工业集聚区和空调制冷、食品饮料、电子化工、新型材料等支柱产业，共有企业63家，累计投资78亿元。

【"十二五"规划实施情况】 "十二五"时期，佛冈县以加快转变经济发展方式为主线，坚持工业主导、产业集聚、城乡统筹、和谐惠民的发展思路，紧紧围绕"共创富民强县，建设幸福佛冈"的核心任务和全面推进"三区一城"的战略布局，圆满完成"十二五"规划的主要目标和任务。2015年，完成本地生产总值（GDP）104.6亿元，5年内年均增长9%。其中：第一产业增加值完成10.5亿元，年均增长2.5%；第二产业增加值完成49.3亿元，年均增长8.5%；第三产业增加值完成45亿元，年均增长11%；三次产业比重由基期的10.1∶49.8∶40.1调整为10.0∶47.2∶42.8；人均生产总值达到3.3万元（按常住人口计算），年均增长8.5%。地方公共财政收入9.8亿元，年均增长9%；全社会固定资产投资累计38.9亿元，年均增长1.8%；消费品零售总额37亿元，年均增长9%；出口总额36 041万美元，年均增长2%。

【"十三五"规划纲要编制】 编制过程 县发展和改革局于2015年开始着手组织编制本县"十三五"规划纲要（以下简称《纲要》）。2015年3月，开展规划编制的前期研究和"十二五"完成情况评估及"十三五"相关资料收集。6月，成立规划编制工作领导小组，印发《佛冈县"十三五"规划编制工作方案》，建立由发改局牵头、各镇及相关部门参与的工作机制，协调县直有关部门编制专项规划18项，聘请暨南大学课题组执笔编写规划纲要。《纲要》撰写从思路、提纲、初稿、征求意见稿、草案到审核形成文件，历时9个月。期间，根据中共中央、广东省委、清远市委和佛冈县委《关于制定全县经济和社会发展第十三个五年规划的建议》对规划编制工作的指导，对《纲要》进行认真修改、补充和完善，并广泛征询各镇、部门、专家学者和社会各界的意见，通过召开县人大、政协和各镇、各单位等不同形式的会议让公众参与，通过听证和互联网广泛吸收意见和建议，并将收集到的有建设性的意见和建议增加到《纲要》内容中。《纲要》经十多次修改三易其稿，并于2016年3月9日提交县人大十四届六次会议审议通过。

《纲要》内容 《纲要》从国际、国内和佛冈县自身情况出发，紧抓"珠三角"地区的产业调整和转移、广东大力实施粤东西北地区振兴战略和"广佛肇+清云"新型大都市圈以及广清一体化建设为佛冈县提供新的区域合作机遇期，加强承接平台建设，带动佛冈县的不断融入。同时，不断加强和改善县域内基础设施建设，进一步优化发展的内外硬环境，在发展中不断提升和改善佛冈县的内涵和品位。《纲要》紧扣全面建成小康社会的目标科学编制规划，根据中央"十三五"建议提出要确保2020年实现生产总值比2010年翻一番的目标；广东省提出要在2018年率先全面建成小康社会；清远市提出"十三五"期间年均增长10%左右的要求，确定佛冈县未来五年本地生产总值增速保持年均增长12%左右，既有可能达到，又能够保证与全市同步进入小康社会。《纲要》要求增强忧患意识、责任意识，准确把握战略机遇期内涵的深刻变化，更加有效地应对各种风险和挑战，着力在优化结构、增强动力、化解矛盾、补齐短板上取得突破性进展，以确保如期完成到2020年全面建成小康社会的发展目标和使命。

【社会民生】 2015年城乡居民人均可支配收入达到15 432元，年均增长9.4%。积极做好就业再就业工作。全县城镇新增就业人数6500人，新增转移农村劳动力4076人。其中就近就地转移2629人，珠三角及省外就业1447人，促进创业就业人数321人。

各类社会保险扩面 全县参加城乡居民养老保险11.26万人，职工养老保险（含退休）9.5万人，失业保险3.6万人，基本医疗保险34.04万人，工伤保险4.05万人，生育保险3.2万人，社会保险基本实现全覆盖。

做好城乡保障工作 现有各类社会福利单位7个，有社会养老床位1458张，其中养老机构床位430张。

社会救济 加强社会救助和救济，切实做到应保尽保。城镇居民最低生活保障418户1091人，农村居民最低生活保障4253户10 726人。发放城乡居民最低生活保障资金2586.94万元，其中城镇505.77万元，农村2081.17万元。农村五保供养2269人，发放供养资金1476.87万元。扶贫"双到"任务全面完成，累计投入扶贫开发资金1.2亿元，贫困户脱贫率100%。

教育基础设施建设 启动13项学校基础建设工程，改建10所附属幼儿园为独立建制的公办幼儿园，全县6个镇100%被评为省教育强镇，45所义务教育阶段学校100%被评为标准化学校，2所普通高中100%入选为国家级示范性普通高中，2015年佛冈县成功创建全国义务教育发展基本均衡县。

医药卫生体制改革 稳妥推进医药卫生体制改革，医疗卫生服务均等化得到加强。扩大改革覆盖面，按照"总量控制、结构调整、有升有降、逐步到位"原则，将县中医院纳入县级公立医院改革范畴，制订出台新的医疗服务价格调整实施细则，重点提高诊疗、手术、护理、床位等服务项目价格，降低大型医用设备检查、治疗价格，使广大患者从中得到实惠。大力推进对口帮扶医疗卫生工作，与白云区卫计局签订帮扶协议。县人民医院顺利通过二甲等综合医院复评。基层医疗机构建设不断完善，加快推进迳头镇中心卫生院、石角镇卫生院项目建设，完成19所行政村卫生站标准化建设。

人口与计划生育 计划生育工作全面完成市下达的各项指标任务，顺利通过省对佛冈县人口与计划生育目标管理责任制入户调查。2015年度全县常住人口出生4076人，人口出生率为12.81‰，自然增长率为6.16‰。

科研开发和科技成果转化 2015年，全县专利申请量累计66项，获得授权专利31项。建滔实业等2家企业被认定为高新技术企业（重新认定），新菱空调公司等4家企业申请高新技术企业，经复审并通过公示。

（谭绍文）

【公务用车制度改革】 为进一步贯彻落实国家和省、市公务用车制度改革工作部署，切实做好全县公务用车制度改革工作，成立佛冈县公务用车制度改革工作领导小组，办公室设在发改局。该领导小组分别于9月25日、12月30日对县直单位和各乡镇核定取消的公务用车进行封存，合计封存公车228辆，保留268辆。2015年11月，完成县直单位车改参改人员的核定工作，县直单位参改人员共1285人。

（邹玉林）

物价管理

【春运票价检查】 成立春运工作小组，对春运期间客运站场、城市公交、出租车等价格进行严格的检查和巡查。各企业和收费主体能严格执行客运运价政策，按规定权限、程序对上限票价完成核定备案，并在客运站场张贴公布审核后的上限票价，做好明码标价工作。

【教育收费检查】 联合县教育局在2015年4月9—10日，分别抽查县城、县城南部及北部学校10间，重点检查收费公示、服务性收费和代收费、中小学教辅材料收费、公办幼儿园收费及公办高中择校生"三限"政策落实情况。

对群众投诉清远盛兴中英文幼儿园（佛冈分区）违反《幼儿园收费管理暂行办法》的实施细则规定，在幼儿注册前或跨学期（月）预收保教费的行为责令整改，并责成清远盛兴中英文幼儿园（佛冈分区）对已按学期预收保教费要求退学的家长进行全额清退，共8人退学，退款金额14 100元。同时，要求其调整伙食费标准按规定程序备案（由15元调整为25元），并做好收费公示。

【物业收费检查】 根据群众投诉热点问题，联合县住房和城乡规划建设局于2015年7月对群众投诉问题较多的11个小区物业服务收费进行检查。检查发现物业服务企业存在未按规定公开服务费用收支情况，未规范公示住户公用水、电分摊明细资料及收费公示不规范等问题，要求予以纠正，并向物业服务企业下发限期整改通知书，规范物业服务企业价格行为。

【景区价格检查】 联合县旅游局对县内6个景区的门票价格政策执行情况进行检查，重点检查景区收费公示及不按规定对未成年人等特定群体落实价格减免优惠政策的情况，对不规范的标价行为予以纠正，规范经营者定价行为。

【印章刻制明码标价】 制作《佛冈县印字行业印章刻制明码标价公示牌》式样（含制作说明），下发印字行业印章刻制经营店，督促和告诫印字行业印章刻制经营店按规定于2015年5月1日前做好明码标价工作，并报县发改局备案。

【价格举报投诉】 2015年受理来信、来电、来访45件，办结率100%，分别对物业服务收费、电信资费、药品价格、客运票价、幼儿园收费、普通公路救援服务费等投诉进行检查，退还消费者1.46万元。

【价格调控】 价格调控围绕加快完善市场决定价格的机制，按照《广东省定价目录》（2015年版）和省市的规定，对可实行市场调节价的商品和服务，坚决放开由市场形成价格，绝不截留定价权，取消或停征行政事业性收费项目10项；放开住宅小区停车服务收费等9个服务价格；对小微企业免征收费项目16项；废止和宣布失效部分服务价格政策文件33份。进一步规范政府机关的收费行为，严把价格收费审批关，核（换）发收费许可证164个。强化对放开价格及行政事业性收费的事中事后监管工作，确保放开价格及行政事业性收费规范有序。

【民生项目监管】 依法调整民生价格，稳步推进价格改革。按照《广东省定价目录》（2015年版）和省市的定价权限，坚决执行成品油价格，规范天然气价格政策，保持牛羊猪机械化屠宰加工费、公租房租金的稳定。根据由第三方提供的成本审核资料，通过调查研究、听取社会各方面意见，完善对小区物业收费、民办幼儿园保教费的备案工作。此外，按照《关于印发清远市县级公立医院综合改革医疗服务价格调整的指导意见的通知》规定，请示县政府同意，县公立医院医疗服务价格按《关于调整我县公立医院医疗服务价格的通知》执行。

【临时价格补贴】 认真贯彻执行清远市人民政府办公室《关于进一步完善低收入群众临时价格补贴和保障标准与价格上涨联动机制的通知》精神，依据县统计局发布2015年全年居民消费价格指数（CPI）等启动联动机制参数，佛冈县参数未达到启动补助联动机制条件，经请示县政府领导，不发放临时价格补贴。

【平价商店建设】 根据省发展和改革委的要求，为主动适应经济发展新常态下的价格调控形势，有效提高价格调节基金的使用效率和整体效益，全面构建农副产品价格调控平台，县发改局对已建成的22家平价商店进行重新入库申报。经省发改委考核认定佛冈县5家平价商店作为2015年省农副产品价格调控项目入库单位。

【价格调节基金管理】 努力开展价格调节基金征收工作，全年征收价格调节基金180万元。经县政府同意，对平价商店进行扶持补助39万元。

【价格指数】 2015年全县居民消费价格指数累计上涨1.4%。全县物价水平保持稳定。

【价格鉴定】 做好涉案财产价格鉴定工作，为司法机关、行政执法机关办理案件提供价格依据。2015年受理公安机关刑事案件价格鉴定673宗，鉴定标的362万元。

【价格评估和价格认证】 积极参与行业或企业进行调定价工作前期调研和可行性研究咨询，对国有资产的报废进行价格认证。为配合全县城镇建设、招商引资等征地补偿工作，提供地上附着物评估，推进全县招商引资、城镇化建设的顺利进行。2015年，受理行政执法机关行政案件价格评估11宗，评估标的35万元。

（黄建文）

市场监督管理

【概况】 佛冈县市场监督管理局于2015年6月由佛冈县工商行政管理局、佛冈县质量技术监督局合并成立，为县政府工作部门。其职能是：贯彻执行国家、省、市有关工商行政管理、质量技术监督工作的方针政策和法律法规，组织指导依法规范和维护各类市场经营秩序等。

【机构改革调整】 积极稳妥推进管理体制调整 稳步推进"落地"工作。主动向上级局和地方党委、政府汇报体制调整工作进展情况，加强与有关部门沟通协调，确保人、财、物移交工作稳步推进。同时，对干部档案、经费、国有资产进行全面清理。2015年3月13日和3月30日，县工商系统和质监系统分别在县政府举行交接签字仪式，标志着佛冈工商、质监部门正式划归地方管理。

加快推动部门整合 在筹建新单位过程中，牢固树立全县市场监管工作"一盘棋"思想，加紧对原工商、质监的工作职能、人员和资产的整合，尽快缩短体制调整的"磨合期"。10月15日，原县质监局实施整体搬迁，与原工商局合署办公。至11月底，全系统已完成机构设置，队伍凝聚力和战斗力正逐渐增强，呈现出"合心合力合拍"的良好局面。

抓好各项保障措施落实 积极参与职工互助保障计划，为有困难的干部职工提供医疗保障。完成退休人员享受高一级待遇工作以及公务员职务与职级并行工作。进一步强化"三公"经费管理，全面深入推进办公用房专项检查和"车改"等重点工作，为机构改革提供坚实保障。

【**商事登记改革**】 **持续深化商事改革** 在继续落实好企业资本认缴制、"先照后证""一址多照"等宽松改革措施的基础上，进一步深化行政审批制度改革，全面推进"三证合一、一照一码"改革工作，为大众创业、万众创新注入新动力。2015年，全县实有市场主体11 835户，同比增长8.79%。全年新增市场主体1511户，同比增长6.78%。共发出"一照一码"执照213份，新增"个转企"21户，有效助推全县经济转型升级。

顺利完成首次年报 从加强政策宣传、开展警示教育、强化服务引导等方面入手，抓好年报、公示推进工作。4月，针对市场主体不主动完成年报的情况，及时采取"面对面"宣传、"点对点"联系、"一对一"服务、"手把手"指导等强有力措施，全力投入服务经营者个报公示工作，截至2015年6月30日，2013年度报告情况为：内资企业年报率94.63%，私营企业年报率86.87%，个体户年报率83%；2014年度报告情况为：内资企业年报率94.8%，私营企业年报率86%，农民专业合作社年报率65%，个体户年报率84.16%。其中，企业年报率在全市位居前列。

探索践行监管新手段 继续实施"双告知"制度。实施商事登记后，及时向有关职能部门发出登记情况通报函。2015年，共18次通过政府OA系统将设立的商事主体1321户、增加审批项目的商事主体101户的登记数据发送各职能部门，有效推动先照后证的事中事后监管责任的落实。牵头起草有关商改文件。按照县政府的要求，牵头制定出加强商事制度改革后续监管的实施意见，组织协调县属有关职能部门对照《清远市商事制度改革后续监管清单（2015）》和市级对应部门的监管细则，按照"谁审批、谁监管"的原则，切实履行监管职责。

推行信用分类监管 加大《企业信息公示暂行条例》的贯彻力度，加强对异常经营名录的规范管理，认真组织开展企业信用公示抽查工作。截至2015年12月底，组织年报公示信息抽查工作4次，抽查商事主体214户，对公示信息虚假、隐瞒的责令限期整改。对未按时参加2014年度年报的174户企业、49户农民合作社列入经营异常名录，改正后申请移出经营异常名录17户。对未按时参加2014年度年报和失联的1434户个体户完成标记异常状态。

【**监管执法工作**】 **建立市场监管新模式** 紧紧围绕营造公平竞争的市场环境这一目标，坚持放管结合，积极探索事中事后监管的新模式，努力当好公平市场秩序的"守护神"。2015年，立案查处各类经济违法违章案件108宗，案值78.32万元。

加大商标专用权保护力度 严厉查处商标侵权仿冒、虚假宣传、商业贿赂和限制竞争等各类不正当竞争行为，查处不正当竞争案件20宗，案值36.82万元。

加强新形势下无照经营查处 结合商事改革后无照经营有所减少，但"证前抢跑"问题频发的实际，加强新登记市场主体的回访复查工作，对存在"有照无证"等现象的行为进行督促改正，发出限期整改通知书20多份，立案查处无照经营案件10宗，案值21.65万元。

建立健全广告监管长效机制 积极开展电视、互联网等多媒体广告监测和户外广告专项整治行动，严厉查处打击广告虚假宣传、误导消费者等行为。监测广告90条次，检查广告媒介和广告经营户185户次。核准登记发布户外广告12宗，制作广告金额109.64万元，查处违法广告案件9宗，案值3.2万元。

整治利用合同格式条款侵害消费者权益违法违规行为 提升经营者和消费者的合同意识及维权意识，营造公平竞争和安全放心消费的市场环境，检查经营合同51份，约谈企业6次，纠正违法合同条款3条，立案查处合同违法行为案件3宗，案值0.8万元。

【**整顿市场秩序**】 **流通环节产品质量整治** 以电器、家居用品、服装、日用品等与群众生活密切相关的商品为重点，有针对性地开展流通领域商品质量监测，加强产品质量监管，严厉打击制假售假违法行为和质量违法行为，组织商品监测29批次。开展元旦春节期间打击走私联合行动、疫区牛肉走私综合整治行动、车用燃油专项整治行动、农村商品质量专项整治行动、打击手机商品销售服务领域侵害消费者权益行为专项执法行动等各类专项整治行动32次，出动执法人员2868人次，检查相关经营户3667户次，查处规范一批违法违规经营行为，促进辖区流通环节产品质量持续好转。

网络市场监管 对全县的网络市场经营主体建档信息进行数据完善和补录，建立起较为完整详实的网络经济户口数据库，完成网络监管平台主体数据核查29家,检查企业网站29家。组织开展网络市场整治专项行动,出动执法人员193人次,检查网络经营户371户次,维护网络市场秩序初显成效。

特种设备监管 严格加强电梯安全的监督管理。从2015年4月起,对大型超市、医院、高层住宅小区、宾馆等人员密集场所使用的电梯和自动扶梯开展专项整治工作,检查电梯使用单位22家,电梯56台,下达《特种设备安全监察指令书》4份,监督整改问题和隐患6项。对涉及公共安全的游乐设施开展重点检查。组织执法人员对人员密集场所的游乐设施进行检查,杜绝无证使用、无证上岗,保障游乐设施安全运行。检查大型游乐设施使用单位1间,检查游乐设备8台,未发现安全隐患。

"打传"工作 积极履行"打传"工作牵头单位职责,深入推进"创建无传销县"创建活动。建立对传销活动"打、防、管、控"的长效机制,严厉打击传销,严格规范直销,全年开展8次打击传销专项行动,出动执法人员71人次,清查出租屋31间,悬挂宣传横幅23条,发放宣传资料2100份,以"打传"办名义向辖区内的手机用户发送打击传销短信息5.8万条次,有效遏制传销人员的驻足和传销行为的蔓延。2015年2月,经市政府及相关部门审批,成功申报为"无传销县"。

开展"计量促诚信"活动 引导加油站、液化气站、医疗机构等签订诚信承诺书,有9家单位签订诚信计量承诺书。在集贸市场、医疗卫生单位等全面推行计量器具检定合格公示制度,引导经营者自我承诺,自觉遵守计量法律法规,诚信经营。进一步开展对农资化肥、水泥生产企业定量包装计量执法检查,检查企业32家,立案3宗,严厉打击短斤缺两行为,努力营造市场诚信经营秩序。

【**服务企业**】 抓好商标发展战略 给企业"加分" 引导企业增强商标意识,走争名牌、创名牌发展道路,大力推动品牌带动战略实施,对有一定规模、有创牌意愿的企业,积极为其提供"一对一""多对多"的联络服务,尽可能帮助其解决实际问题,指导其发展品牌经济,拉长市场链条,增强市场竞争力。全年服务企业申请商标注册和受理咨询58人次,行政指导经营者正确使用商标、发布广告27户(件)。目前全县商标保有量385件,其中广东省著名商标5件,中国驰名商标1件。

做好股权出质登记 帮企业融资 按照即时登记,急事急办、特事特办的原则,进一步开展股权出质登记,帮助企业解决融资难题,全年登记股权出质37件,股权出质数额2.32亿元,助企业融资5.7亿元,受到企业好评。

用活动产抵押登记 助企业发展 指导企业以注册商标特别是著名商标、驰名商标作价出资或质押融资,不断延伸抵押担保范围,推进企业多渠道、多形式融资。全年指导帮助企业办理动产抵押登记13宗,为企业融资担保主债权金额总数4.59亿元,帮助企业增强发展后劲。

推进标准化建设 促企业规范化 积极推动地方标准的制订、修订工作,协助广东盖特奇新材料科技有限公司完成《无机高性能纤维复合材料检查井盖》《无机高性能纤维复合材料》两个广东省地方标准制订修订项目,现已完成并公布。帮助企业完成执行标准登记1家26个,制定并完成企业标准备案1家1个。

创新质量监管方式 强企业素质 推行首席质量官制度,进一步落实企业质量主体责任,提升质量管理水平,增强企业质量竞争力。深入开展宣传,积极介绍和推进首席质量官制度,主动对约克(广州)空调冷冻设备有限公司、国珠塑胶有限公司、广东兆联纺织有限公司、松峰机械有限公司等企业相关负责人进行约谈,重点围绕首席质量官制度内容,企业质量第一责任人的职责,如何通过引进首席质量官制度,追求卓越的质量意识,促进企业管理水平的有效提升等问题进行深入研讨,使企业通过不断地评价自我管理业绩,从而实现卓越管理,将先进的管理理念和企业管理实践完美结合,进一步提高企业自身发展素质。

开展"守重"企业评选 开展"守合同重信用企业公示"活动,促使信用转变为企业发展的"金字招牌",帮助企业做大做强。全年有92户企业通过"守重"公示,其中新发展"守重"企业14户。

【**维护消费者权益**】 一是以组织开

2015年3月15日,县工商局、县消委会组织各成员单位在县人民公园举行"3·15"国际消费者权益日活动,现场解答群众咨询　　　　　(县市场监督管理局供稿)

展"3·15"国际消费者权益日系列活动为契机，贯彻新修订的《消费者权益保护法》。开展以"携手共治 畅享消费"为主题的宣传咨询服务活动，派发宣传资料500多份，接受群众咨询27人次，现场受理投诉举报4宗，有效促进消费者增强自我维权意识和能力。二是及时调处申诉举报案件。突出建材装修、电信通讯、美容美发、水电油气等重点行业，针对质量安全、价格欺诈、霸王条款等重点问题，进一步加大消费维权监督力度，受理举报47宗，受理处理消费者申诉113宗，成功调解消费者投诉纠纷案件99宗，为消费者挽回经济损失8.64万元。有效发挥便捷服务、就地维权、及时化解矛盾的作用。三是"打假"工作取得新成效。开展质检利剑、定量包装商品计量、建材产品、农资、强制性认证产品、液化石油气、童车童装等消费品、特种设备等9项专项执法行动。全年出动执法人员908人次，检查生产加工企业251户次，检查经销企业49户次，立案查处案件10宗，受理举报投诉15宗，全部处理完毕并及时作出答复。

【"两建"工作】 **推进"两建"深入开展** 组织有关单位进行专题调研、座谈，制定佛冈县"两建"信息平台建设工作方案和信息平台软硬件建设方案，购置软硬件设备到位并安装完毕，按计划组织开展培训工作并开展协调督导。2015年，"两建"信息平台建设有序，排在全市前列。

推进重点项目建设 制定社会信用体系重点建设项目20个，市场监管体系重点建设项目16个，其中由县市场监督管理局牵头开展的重点建设项目5个。截至10月底，各子体系重点项目建设有序，其中市场监管体系重点项目完成6个，社会信用体系重点建设项目完成8个，预计年底全部建设任务将按时完成。

【法治市监建设】 **加强法制宣传教育** 组织干部认真学习各项业务法律法规，促进各级人员提高依法行政水平，全系统参加网上学法培训600余人次。举办各类业务培训9期，培训人员260多人次，为高效履职打牢素质基础。

梳理归集权责清单 积极清理权力清单、责任清单，进一步清理执法依据，促进体制调整后全系统全面正确履行职责。经清理，编制行政许可、非行政许可审批、行政处罚、行政强制、行政征收、行政指导及其他行政行为等7项行政职权目录，清理出各类行政职权1078项提交审核。

落实"两法衔接"机制 深入贯彻落实《关于建立工商行政执法与刑事司法相衔接工作机制的意见》，充分运用"清远市行政执法与刑事司法共享平台"，通过平台报送案件备案28宗，促进行政执法与刑事司法有效衔接，有效防范执法风险。

（曾德坚）

食品药品监督管理

【概况】 2015年，佛冈县食品药品监督管理局以开展农贸市场、较大型超市食品安全规范化标准化建设和开展食品药品网格化监管为重点，深入推进食品药品安全治理，全年无发生重大食品药品安全事故，保障全县人民群众的饮食用药安全。至2015年底，佛冈县有食品生产企业28家、食品流通企业1615家、餐饮服务单位660家、药品零售企业96家、保健食品经营企业100家。

【食品安全综合协调】 **制度建设** 由佛冈县食品安全委员会办公室负责调研起草，县政府印发《佛冈县食品安全举报奖励办法》《关于加强基层食品安全协管员队伍建设的意见的通知》，把食品安全协管员工作补助列入政府财政预算，按每人每月补助200元的标准发放。

农贸市场管理 县政府把"在全县4个农贸市场和1个较大型超市开展食品安全规范化标准化建设"工作列为2015年十件民生实事之一。县食品安全委员会办公室协助县政府起草和印发《佛冈县农贸市场和较大型超市开展食品安全规范化、标准化建设实施方案》，确定石角镇中心市场、小商品市场、城东市场、供销社市场、鸿欣商行为建设单位。组织各成员单位开展建设工作，完成各项建设工作任务并通过市的检查验收。在建设工作中，创新监管模式，运用现代信息化技术，采用互联网，在全市率先建立运行佛冈县农贸市场农产品二维码溯源平台，有力促进食用农产品的监管工作。

食品安全综合治理 组织各成员单位开展春节、清明节、中秋节、国庆节等节日期间的食品安全专项检查，高考期间学校及其周边食品药品安全专项检查，集体食堂节前聚餐食品安全专项检查，食品药品安全方面整治侵害群众利益行为专项行动等。

食品安全应急演练 2015年12月8日，县食品安全委员会办公室组织县委宣传部、县食品药品监管局、县卫计局、县公安局、县科农局、县教育局、县疾控中心、石角镇等单位，开展食品安全突发事件应急处置演练（桌面演练）。通过桌面演练，使各食安委成员单位熟悉本部门相关应急流程，做好食品安全突发事件防范工作。

【行政许可】 2015年，核发餐饮服务许可证154个，食品流通许可证412个；核发药品经营许可证15个，换发药品经营许可证49个；核发保健食品经营企业卫生许可证30个。

【食品安全案件查处】 2015年，县食品药品监督管理局查处食品药品案件190宗，移送公安机关处理的食品药品案件44宗。经公安机关核查，因犯罪事实显著轻微，不需要追究刑事责任，均不予立案。同时，妥善处理食品药品相关投诉举报88宗。

【食品药品抽检】 2015年,抽验检验食品药品1024批。其中:抽检药品125批,药品评价性抽验20批,合格率为100%。药品监督性抽验105批,不合格率为19%;抽验医疗器械3批、保健食品5批、化妆品4批,合格率为100%;开展食品及餐具抽检743批,其中食品评价性抽验40批,合格率为100%。开展食品监督性抽验501批,不合格率为14%;开展食品药品快筛快检抽检315批。

【药品医疗器械监管】 **药品监督检查** 2015年,加强对药品经营企业的日常监督检查工作,组织开展规范药房建设、疫苗专项监督检查、医用氧专项治理行动等。出动检查人员118人次,检查相关单位105间次。同时,做好药品、医疗器械不良反应/事件报告与监测工作。2015年佛冈县上报药品不良反应117例,医疗器械不良事件43例。

农村药品"两网"建设 加强农村食品药品协管员队伍法律法规、业务知识的培训教育,全年组织培训300多人次,提高队伍的整体素质和履职能力。在日常检查中,加强与协管员的沟通,引导协管员利用乡医例会或者下乡接种疫苗加强农村药品质量的了解,及时上报有关农村药品质量信息,全面加强农村药品供应网点的监督检查。

【食品生产环节监管】 组织开展食用植物油专项整治,开展酒类生产经营主体清理规范工作。对持证食品生产企业监督检查实现全覆盖率。重点检查原材料购进索证索票、生产场所环境卫生、食品添加剂使用、质量管理制度落实等情况。

【食品流通环节监管】 组织开展打击食品生产流通单位制售病死猪肉及其制品的违法行为,开展羊奶粉专项检查、儿童食品和校园及其周边食品安全专项整治工作。同时,整治保健食品市场。印发《2015年佛冈县打击保健食品"四非"专项行动工作实施方案》,重点对营销产品合法性、产品质量及宣传等方面进行监督检查。开展保健食品经营企业量化分级管理工作,对82家企业进行量化分级,其中A级4家,B级67家,D级11家。

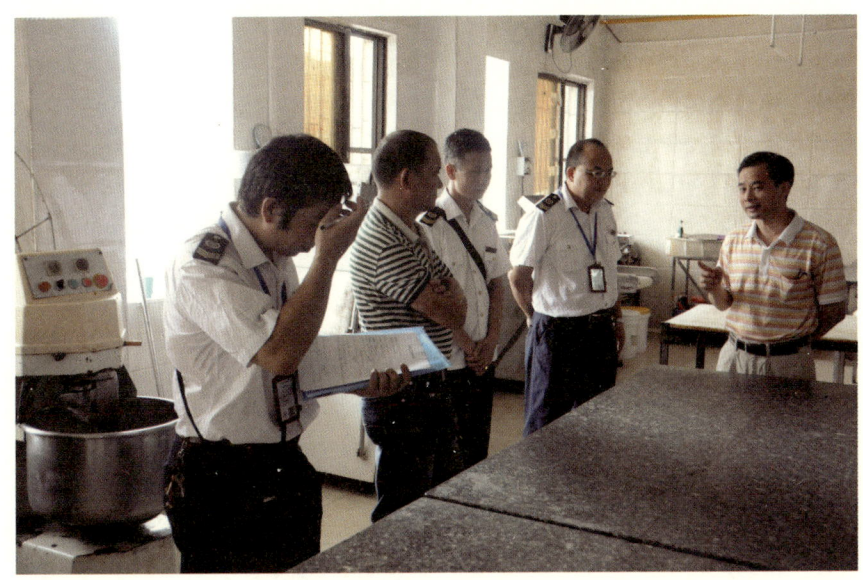

2015年9月23日,县食品安全委员会在副县长范辉煌(右一)的带领下开展节前食品安全检查 （县食药监局供稿）

【食品餐饮监管】 加强对集体食堂的监管。开展2015年学校食堂食品安全专项检查,开展工厂、企业食堂食品安全专项检查工作。

学校食堂"灭C"行动 全县餐饮服务食品安全量化分级A级的学校食堂9间,B级学校食堂73间,全面完成佛冈县城镇学校食堂量化分级"灭C"的工作任务。

"明厨亮灶"工程 制定《2015佛冈县餐饮服务单位实施"明厨亮灶"工作方案》,开展"明厨亮灶"建设工作。全县实施"明厨亮灶"餐饮服务单位达204间,占餐饮服务单位总数的30.05%,其中各类餐馆82间,学校食堂79间,单位食堂11间,其他餐饮服务单位32间。示范单位40间,有视频监控式113间,透明玻璃式35间,开放式54间,多形式混合2间。高风险的重点餐饮服务单位以及餐饮服务食品安全示范单位基本实施"明厨亮灶",全县城区学校食堂全部实施"明厨亮灶"。

食品安全量化分级管理 2015年已实施量化分级管理的餐饮服务单位657间,其中A级单位10间,B级单位366间,C级单位281间。

【化妆品监管】 **化妆品市场治理** 以化妆品主流经营企业、专业批发市场、妇婴专营店、电商微商为重点环节,以祛痘、祛斑、美白等宣称功能性产品为重点品种,严厉查处化妆品"四非"行为,规范化妆品注册备案秩序。

市级化妆品市场安全示范街建设 佛冈县市级示范街道试点定在佛冈县城建设路段(振兴路以西,即步行街)与银座一楼,涵盖化妆品批发(专卖)店、商场超市、美容店、美发店、酒店等。督促化妆品经营企业落实质量主体责任,按照建设标准,对照化妆品安全风险清单,守法规范经营。加大监管力度,不定时检查,每2周检查频率不少于1次。化妆品市场安全示范街建设工作已通过上级的验收。

【酒类监管】 开展酒类生产经营主体清理规范工作。自2015年1月起,对辖区酒厂进行逐个检查,并就检查中发现的问题要求企业依法完成整改。加强对流通环节酒类经营的日常监管，组织辖区内酒类专营批发的企业开展《食品安全法》等法律法规的学习培训。

【食品药品宣传】 2015，强化食品药品安全宣传教育培训工作，提高群众的食品药品安全自我保护和消费安全意识，努力筑牢食品药品安全防线，构建食品药品安全社会共治局面。利用佛冈政务网、清远市食品药品监督管理局网站、佛冈手机报、微信平台等媒体发布食品药品安全信息60多条，"佛冈发布"发布食品安全相关信息13条，在佛冈政府网开设"食品药品安全"专题专栏。开展2015年食品安全宣传周、新修订《食品安全法》《广东省食品生产加工小作坊和食品摊贩管理条例》宣传咨询活动，派发宣传小册子、宣传资料4万多份。发放到食品药品相关单位张贴的食品安全宣传画、标语1万多份。利用广播、电视、新闻等媒体发布食品安全预警公告，播放食品药品安全监管的相关新闻。召开食品安全新闻发布会发布食品安全信息。组织开展食品药品从业人员的培训工作，先后组织食品安全管理员、保健食品卫生管理员、学校食堂食品安全管理员的培训，培训相关人员2500人次。在高岗、迳头、汤塘、龙山建立食品安全户外宣传栏和县城的户外食品安全公益宣传广告牌。加强食品药品安全协管员队伍的培训教育工作，对食品药品安全协管员进行法律法规和业务培训18场次，培训人员300多人次。

（曾毅峰）

审 计

【概况】 2015年，佛冈县审计局紧紧围绕上级审计机关和县委、县政府的中心工作，切实发挥审计"免疫系统"功能，依法履行审计监督职责，落实审计监督全覆盖。按照中央八项规定要求，县审计局加强对"三公"经费使用情况、专项资金收支和津贴补贴发放等内容的审计。全年完成审计项目（调查）31个，查出管理不规范金额53 970万元，应收缴财政29万元，查出违规金额179万元，核减工程投资额417万元，协助检察院查处职务贪污公款案件1宗，提出审计建议60条，撰写审计信息3篇。配合和派遣2名业务骨干参加上级审计机关组织的书记、县长异地经济责任审计和城镇保障房安居工程审计。

【财政税务审计】 围绕建立透明规范的公共财政框架总体要求，坚持以规范预算管理、提高财政资金使用效益为目标，以预算执行为主线，以财政支出为重点，组织对县本级预算执行情况审计和5个单位的部门预算执行情况审计，对涉及教育、卫生、林业、民政等方面的8项专项资金支出情况进行审计调查。通过审计，促进财政部门细化部门预算，规范财政预算分配秩序，提高财政资金使用效益，为县委、县政府提供真实、可靠的决策依据，为县人大常委会监督财政预、决算提供准确的信息。

【行政企事业审计】 贯彻落实稳增长、促改革、调结构、惠民生、防风险的决策部署，加强对重点领域、重点事项和重点专项资金有关政策落实情况的跟踪审计。重点审计龙山镇农村饮水安全工程管理情况、县总工会财务收支情况、县二轻公司资产负债和财务收支情况。通过审计，促进相关政策措施的落地生根和不断完善，促进财政资金统筹使用，为县委、县政府科学决策提供真实、可靠的依据。

【经济责任审计】 贯彻落实《党政主要领导干部和国有企业领导人员经济责任审计规定》，稳步推进领导干部经济责任审计。完成经济责任审计项目13个，查出违规金额179万元，管理不规范金额3268万元，为财政增收节支29万元。通过审计，促进领导干部守法守纪、尽职尽责，提高领导干部依法行政、依法履职的意识和能力。

【固定资产投资审计】 围绕提高政府投资项目的效益这一中心，加大政府重大投资和重点建设项目审计监督。在审计方式上，由原来的审减工程金额转变为项目前期监管审计，重点关注工程的环评和招投标方面。在提高审计质量上，2015年8月采用公开招标方式选聘3家具有甲级资质的中介机构作为政府投资审计协审单位。全年完成城镇保障性安居工程项目、县妇幼保健院综合大楼主体工程项目、佛冈中学运动场改造工程项目等7个项目的审计，送审金额5864万元，审减金额417万元，审减率为7.11%，有效提高政府投资的绩效。

【清远市审计系统职工运动会在佛冈县举办】 12月16—18日，由清远市审计局主办、佛冈县审计局和佛冈县体育局承办的清远市审计系统第十一届职工运动会在佛冈维尔胜体育馆举行。参加本届运动会的运动员有120多名，比赛项目设有三人篮球赛、羽毛球团体赛和扑克比赛三个项目。县审计局获得比赛的"道德风尚奖"和"组织奖"两个奖项。

（温柏能）

统 计

【概况】 2015年，佛冈县统计局紧紧围绕全县中心工作和统计重点工作，进一步提高数据质量和公信力，加快统计信息化进程，加强对经济运行和社会发展的统计监测，扎实开展常规统计工作，认真组织实施各项统计调查，大力推进统计方法制度改革，进一步提高统计服务质量，在佛冈县加快推进"三区一城"建设的进程中做贡献。

【统计调查】 统计调查工作坚持实事求是、不重不漏的原则，务求客观、真实、可信。全面完成2015年全县农业及农村经济、规模以上工业、限额以上批零餐饮和住宿业、服务业、旅游、房地产开发、建筑业、固定资产投资、交通运输、能源、科技、城镇单位劳动工资、邮电通信、基本单位调查、外经贸、财政、金融保险业、国民经济核算、CPI等专业统计（年、季、月报）的全面调查，收集、审核、录入、汇总、上报各项数据并进行质量评估，开展统计分析工作。

【抽样调查】 一是开展城乡一体化住户调查。调查采取抽样方法在全县抽选12个调查点，每个调查点10户进行定点调查，坚持每天记账，以12个点120户的经济收支情况来反映和监测全县住户全面小康进程。二是组织实施规模以下工业企业和个体工业以及限额以下小型批发零售住宿餐饮企业、个体批发零售住宿餐饮业的抽样调查工作。三是组织实施企业用工情况问卷调查、城镇私营单位和乡镇企业劳动工资调查。四是组织开展非公有制企业（单位）人才资源状况抽样调查。五是组织实施主要畜禽检测抽样调查。主要畜禽检测抽样调查是利用第二次全国农业普查原始资料，编制主要畜禽抽样框，结合全县主要畜禽生产发展的实际情况，运用科学的抽样理论和更为有效的抽样方法进行抽样。

【联网直报】 进一步做好企业联网直报工作。加大宣传力度，开展形式多样的宣传，向外界宣传企业联网直报的意义。深入开展大范围的企业联网直报，按照省、市局统一部署，把对佛冈县经济发展起重要作用的服务业企业纳入统计范畴。县统计局抓好原有直报企业的统足统全工作，并开展新增服务业企业的摸底调查工作，使直报范围更广，直报数据更好地体现全县经济社会发展成果。

【普查工作】 第三次全国1%人口抽样调查 根据广东省2015年全国1%人口抽样调查工作协调小组办公室的通知要求，结合佛冈县实际，5月6日上午，县协调办召开相关单位工作会议，布置全县2015年1%人口抽样调查工作。5月7—14日，完成县1%人口抽样调查的前期村（居）人口摸底工作。8月4日县协调办组织各镇负责抽样调查的业务骨干进行业务培训，主要学习抽查区、抽查小区对边界的标绘、边界的确认及调查区图的绘制和标绘的方法。10月10—15日，县协调办组织业务骨干到各镇，对抽中小区的普查员进行培训，对各项调查指标进行讲解。在入户摸底过程中县协调办又针对遇到的实际问题进行集中讲解，以确保摸底登记清楚、明确、规范。10月26日县协调办在正式入户登记前组织两员进行调查前的动员大会，对这次正式抽样调查提出明确要求。11月1日零时为抽样调查时点。当天，县协调办及时组织两员进行入户登记工作，到15日完成此次人口抽样调查工作。接着进入数据审核和修改阶段，县协调办将组织有关人员对调查数据按调查的要求进行严格审核，确保数据质量。

【镇党政班子实绩指标考评】 按照县委有关要求，将落实党政班子实绩考评作为统计工作的重中之重来抓。认真做好相关指标的审核上报工作，对市考核县的全部经济指标统计情况进行分析总结。县统计局承担对镇的实绩考核工作，收集16个指标责任单位，对各镇相关指标考评分数进行汇总整理，得出各镇实绩考核成绩，顺利完成县考核办交给的考核工作任务。

【统计服务】 一是继续做好统计数据发布工作。每月编印出版《佛冈统计监测月报》60份发至县有关领导，编写统计公报和《佛冈统计年鉴》，向社会大众及时、准确公布。二是加强宏观经济运行的监测预警。建立主要指标预警预测机制。三是加强经济运行分析，当好领导参谋。出版25期《佛冈统计》，为全县经济可持续发展提供科学决策参考。为县史志办编纂《佛冈年鉴》组织撰写7篇文章。

【统计法律宣传】 加强统计法律法规宣传，充分利用培训班、学习会、专业年报会、统计监测月报和统计开放日等形式广泛宣传。一是制定2015年全县统计法制工作要点，继续深入开展统计法制宣传教育，进一步加强和改进统计执法工作，全面推进依法行政。二是加强统计局内部干部职工和广大统计从业人员对《统计法》《统计违法违纪行为处分规定》等统计法律法规的学习。2015年，组织法规宣传活动（包括各类培训班）5次，参加活动人数200多人次。三是每月编

2015年9月23日上午，县统计局在人民公园开展"中国统计开放日之佛冈"活动

（县统计局供稿）

印相关资料,发至县领导及有关部门,加强对统计法律知识的普及教育。四是充分利用统计开放日开展统计业务知识咨询、统计法律知识和1%人口抽样调查工作宣传活动。9月23日,县统计局在人民公园设点开展"中国统计开放日之佛冈"活动,活动期间就统计业务等方面问题接受市民咨询,并现场发放宣传资料500多份。

【统计教育】 县统计局通过多种途径,积极开展统计教育培训工作,不断提高广大统计人员的专业知识水平。一是通过以会代培的形式对在职统计人员进行培训。全县参加以会代培的统计人员300多人次。二是继续抓好统计专业技术资格考试培训。全县有5人参加统计专业技术资格考试。三是积极开展统计从业资格培训和继续教育培训工作。2015年,是统计从业资格认定工作和统计继续教育培训工作转移的第一年。县统计局选取办学条件好、师资资质高的金博士培训学校为合作单位,与合作单位签订合作协议,制定监管办法,加强对统计从业资格认定工作的管理。2015年全县参加统计从业资格认定的有68人,参加统计继续教育培训的有68人。

【乡镇统计基础建设】 2015年是全省推进统计基层基础建设年。为加强对基层基础建设年工作的领导,县统计局成立县统计基层基础建设年活动领导小组,制定具体实施方案。按实施方案的安排,4月进行摸底调查,全面掌握佛冈县乡镇统计站和"四上"企业在统计工作岗位和人员配备、统计工作职责、统计业务工作、统计工作保障等方面的基本情况。要求乡镇统计站做到"五有六化","四上"企业做到配备专职(兼职)统计人员并持证上岗,做好电子统计台账登记工作。根据省统计局《关于全面落实乡镇(街道)和联网直报企业统计人员持证上岗的实施意见》要求,建立统计人员持证上岗年度清查制度,组建乡镇和联网直报企业统计人员持证上岗信息库。加强对乡镇和联网直报企业统计人员的跟踪服务,及时收集乡镇和联网直报企业统计人员变动信息,有效保障新入职统计人员持证上岗,及时对统计人员持证上岗信息库进行更新管理,通过年报会、专业培训会等形式,积极组织开展对乡镇和联网直报企业统计人员的业务培训。

(梁曼莉)

安全生产监督管理

【概述】 佛冈县安全生产监督管理局紧紧围绕安全生产工作重点,强化安全生产监管体制机制改革,完善安全生产责任体系,严格落实安全生产"党政同责、一岗双责、齐抓共管"要求,加强基层、基础和基本功"三基"工作,强化防控体系建设,以建设"幸福佛冈"为中心,进一步强化安全生产监督管理,推进安全生产基层基础和长效机制建设,有效保障全县安全生产形势的稳定。2015年全县工矿商贸行业没有发生人员死亡的生产安全事故及火灾事故;发生生产经营性道路交通事故9宗,死亡7人,受伤8人,事故宗数、受伤人数、死亡人数同比分别减少30.8%、38%和12.5%;对比市下达的控制指标,交通事故死亡7人,占全年控制指标8人的87.5%。

【安全生产"一岗双责"】 强化对安全生产工作的组织领导,推动安全生产资金投入、保障措施和支撑体系等的落实。认真组织县镇两级政府、部门认真学习贯彻,进一步健全完善安全生产"一岗双责"责任体系,把安全生产"一岗双责"的贯彻落实情况纳入安全生产责任考核,把安全生产纳入全面深化改革的战略部署,完善考核表彰奖励机制,实行安全生产"一票否决"和责任追究制度,切实加强对安全生产工作的领导。

【行业领域专项整治】 以"八打八治"打非治违专项行动和重点行业领域专项整治工作为重点,结合地区和行业实际,制定检查督查方案,细化明确检查督查的重点内容、方法、标准、要求,精心组织开展消防安全、道路交通、非煤矿山、建筑施工等八个重点领域的安全生产大检查。全年检查矿山企业89家次,发出责令限期整改通知书12份,查处事故隐患197处;检查危险化学品和烟花爆竹

2015年8月17日,清远市安委办检查组到佛冈县车站检查人口密集场所安全设施情况

(县安监局供稿)

26次，出动检查人员122人次；检查生产企业18家次，经营企业112家次，查处安全隐患136处，下达停产通知书3份，下达整改指令书5份；检查职业卫生相关企业58家次，出动257人次，查处职业卫生隐患480余处，实施行政处罚1次，收缴罚款5万元。

【企业安全生产标准化建设】 按照省、市安全监管局的要求和部署，进一步推进安全生产标准化活动创建工作。开展企业安全生产标准化建设，强化源头管理，落实企业安全生产主体责任，夯实安全生产"双基"工作，改善安全生产状况，建立安全生产长效机制。全县非煤矿山及危险化学品生产经营单位已全部完成安全生产标准化创建工作，规模以上企业完成标准化建设工作的有44家。

【安全生产宣传教育】 **举办安全生产培训** 组织生产经营单位从业人员开展安全生产知识培训。举办烟花爆竹从业人员、生产经营单位主要负责人培训班各1期，培训相关从业人员198人。

开展"安全生产月"活动 现场开设佛冈县2015年"安全生产月"宣传专栏，现场免费派发《安全生产法》《广东省安全生产条例》《职业病危害防治手册》等安全生产知识、常识读本，利用公园LED大广告屏幕播放《依法治安的法律重器》宣教片，向全社会宣传新《安全生产法》。咨询日活动派发宣传单张3000多份，拉宣传横幅一条，播放安全生产宣教片和公益广告120分钟。

安全生产政策法规宣传 制作派发安全制度、职业卫生警示牌2500份，安全法规规定3000份，安全常识小册子600本，安全挂图300张，安全图书150本。

组织安全生产监管人员参加上级业务培训 组织安全生产监管人员参加省、市安监局举办的各类业务培训班9期，借助培训，省、市、县、镇四级监管人员进行工作交流，有效解决安全监管监察队伍建设中面临的实际困难和问题，激发安全监管监察人员的工作积极性，努力造就一支敢抓敢管、公正廉洁、务实高效的安全监管监察队伍。同时，深入开展新《安全生产法》宣传工作，组织生产经营单位观看新《安全生产法》视频2次，参加企业51家106人。

【安全生产应急演练】 全县范围内开展学校自然灾害应急演练、突发公共安全事故交通运输应急演练、电梯安全事故应急演练、佛冈供电局生产场所防恐怖袭击应急演练（双盲演练）、佛冈供电局电力供应及客户服务事件应急演练（桌面演练）、华润燃气气站泄漏事故应急演练、旅游景点突发事件应急演练、宏泰公司民爆器材运输工具事故应急演练、农机事故应急演练、非煤矿山汛期突发事故应急演练等多场多种形式的演练活动，参与演练人数5000多人。县应急办、安监局、公安局、国土资源局、交通局、质监局、住建局、科农局、旅游局等职能部门领导积极参与并认真指导应急演练工作的开展，形成政府领导、部门配合、企业负责、社会力量广泛参与的良好工作格局。

（黄敏红）

公共资源交易管理

【概况】 依据《佛冈县组建公共资源交易中心人员分流安置草案》和《佛冈县公共资源交易中心竞争上岗实施方案》文件精神，县公共资源交易中心完成人员分流安置和竞争上岗的相关工作，于2014年7月28日正式投入运作。内设机构分别是办公室、政府采购部、国土资源交易部、建设工程交易部、综合交易部及相关业务股室。还根据工作场所需要分别设置办公室一间、业务办公股室一间、业务办事大厅一间、招标拍卖室两间、评标室两间、机房信息室一间、档案室一间。拟制订《佛冈县公共资源交易管理暂行办法》，实行公共资源交易事宜一次性告知管理制度。

【公共资源交易】 建设工程交易部完成工程交易33宗，工程预算金额18 475.90万元，中标金额19 644.10万元，节约资金1168.20万元，资金节约率5.95%。国土资源交易部完成土地交易68宗，土地协议转让66宗，成交金额10 918.15万元；公开交易2宗，成交金额3247万元。政府采购部完成公开招标17宗，项目预算金额1771.72万元，中标金额1623.49万元，节约资金148.23万元，资金节约率9.13%。

【公共资源交易网站开通】 佛冈县公共资源交易中心门户网站于10月20日开通，标志着佛冈县公共资源交易中心门户网站正式建立。公共资源交易中心门户网站建设是转变公共资源交易中心职能的有效途径。门户网站建设按照建设服务型公共资源交易中心的要求，立足应用，强化服务功能，增加服务内容，扩大服务范围，提高服务质量，塑造网上服务型公共资源交易中心形象。公共资源交易中心门户网站是电子政务建设的重要组成部分，是公共资源交易中心实现政务公开，实现与各县、市中心交易信息的互联互通的重要渠道，从原来的面对面交易转为背靠背交易，从而提高中心各业务的办事效率。完成公共资源交易中心门户网站的建设，实现网上办事、交易，从而提升公共资源交易中心的服务水平。

（朱照方）

市场管理

【概况】 佛冈县市场开发服务中心是副科级三类公益事业单位，经费自收自支，实行非税收入收支两条线管理，负责全县城乡集贸市场开发建设、维修，市场经营管理，市场服务。根据佛冈县机构编制委员会《关于核减县市场开发服务中心事业编制的通知》，核减编制3名，核减后编制20名，其中，中心主任、副主任各1名。内设机构分别是办公室、经营股2个正股级单位。下辖3个管理站，即石角管理站（正股级），管辖石角中心市场、小商品市场、龙南市场；汤塘管理站（正股级），管辖汤塘市场、四九市场、龙山市场、民安市场；水头管理站（副股级），管辖水头市场、高岗市场，兼管烟岭市场。另有县农副产品批发市场，暂时改变经营用途，引入南海食街和环球家具商场进驻（均于2013年10月30日合同期满。环球家具商场合同期满后已撤场；南海食街合同期满后，采用逐年签约的方式续签）。管辖的农贸市场有11个，市场占地面积合计1.29万平方米。县城及各乡镇的9个市场内开设自选商场和农产品平价超市，改善人民群众购物环境，提升各集贸市场的整体形象。2015年市场设施费收入382.13万元（上缴地方税收后非税收入返回367.59万元），比2014年增长2.5%。

【市场服务管理】 市场中心把握市场机遇，盘活国有资产、开源节流，为努力实现城乡清洁工程和菜篮子工程服务。

市场服务 以"诚信服务，以人为本"的服务理念，营造"重商、亲商、护商"的良好氛围，为经营户和消费者提供优质服务：加大投入改善市场硬件设施，做好市场亮化、美化工程；加强市场卫生秩序维护工作，规范经营行为，实行划行归市，分区经营，做到各类商品上台摆放，活禽入笼，水产入池，熟食带罩，净菜上市；按照《关于做好活禽经营市场休市监管工作的通知》要求，做好每月16号的"活禽休市日"工作，做好防控疑似H5亚型禽流感传染疾病的发生、传播。开展便民便商服务工作，做到文明管市、热情服务，服务意识和服务水平不断提高。

市场监督 积极开展食品安全规范化、标准化建设。市场开发服务中心所辖的石角中心市场和小商品市场为佛冈县2015年十件民生实事之"在全县4个农贸市场和1个较大型超市开展食品安全规范化标准化建设"中，市场中心积极督促其落实市场食品安全"两化"建设各项工作。9月、10月，两个市场分别顺利通过清远市"两化"建设检查组的验收，全面提升佛冈县农贸市场的食品安全管理水平。

平安市场创建 为深入推进"平安市场"创建工作，市场中心根据本单位实际，特制定《佛冈县市场开发服务中心2015年创建"平安市场"工作计划》，并根据《平安市场创建标准》，充分发挥市场主管部门的管理服务职能，取缔场内违法违规经营活动，努力净化市场，推动和促进全县肉菜市场的健康发展，营造平安有序的市场环境和良好有序的消费环境，建立起组织机构健全、设施安全完善、主体诚信自律、交易稳定有序、制度科学有效、群众满意放心的平安市场。为配合高岗镇创建消防安全示范镇工作，市场中心为高岗市场投入近两万元资金安装消防设施。

【市场设施改造】 市场中心以经济建设为中心，紧紧围绕佛冈县"十大"民心工程之一（镇级肉菜市场升级改造建设工程）的启动，积极推进所辖市场硬件、软件设施的改造升级，全面提升市场基础设施、购物环境、交易条件和服务管理水平。

龙山市场升级改造 根据县政府印发《佛冈县、镇两级肉菜市场升级改造实施方案的通知》精神，龙山市场升级改造任务在2015年完成，市场中心对市场内档位设施进行调整布局，将空置的约300平方米残旧设施拆除重建为肉菜市场并入原有的龙山市场内，灵活增加市场利用率，扩大市场收益。

市场闲置资源整合 为整治水头镇长期存在的马路市场和镇区"以街代市"脏乱现象，市场中心对水头市场进行整体布局改造。将600平方米的大交易棚改建为市场台位设施，划行归市，分区摆卖；将市场长期空置部分框架场地800平方米改作大型超市。改造完成后，使水头镇马路市场、"以街代市"的脏乱现象得到改善。

【市场开发规划】 市场中心对县城各市场的管理情况进行多次调研分析，对照县城五大肉菜市场空置档位

2015年升级改造后的龙山市场，更名为龙山综合市场

（县市场开发服务中心供稿）

可分流安置占道设摊摆档情况作了详细的统计。根据统计数据，拟制订全县农贸市场改造、提升规划方案，以尽快改变集贸市场建设规划不全面、设置不尽合理的现状。

（张　辉）

国土资源管理

【概况】　2015年，按照县委、县政府和市国土资源局的各项工作要求，紧紧围绕"共创富民强县、建设幸福佛冈"的核心任务，狠抓中心工作和重点建设项目，开拓创新、扎实工作，以"保护资源、夯实基础、保障民生、提升素质"为目标，多管齐下，各项国土资源管理工作顺利推进。

【基础业务】　**土地登记发证**　2015年佛冈县集体土地所有权发证工作和归档建库的工作基本完成。

矿政管理　2015年完成编制土地复垦方案并备案的矿山企业有12个，余下的6个矿山企业正进行土地复垦方案的编制，其中有3个已完成编制并参加评审。已签订《土地复垦费用使用监管协议》3份，预存保证金126.96万元。清理已过期矿业权矿山2个。通过节前、季度和不定期的检查，现场填写矿山巡查表，发现问题，立即纠正。2015年持证矿山没有发生一宗安全生产事故，扬尘治理、超限超载等方面都达到要求。

土地变更调查　2014年度土地变更调查工作于2015年6月获国土资源部确认，自2015年9月1日起开始使用，并按上级要求开展2015年土地变更调查工作。

数字县建设　硬件设备的装机调试工作已于2015年8月底完成，系统开发工作于2015年11月中旬完成，并开展试运行。完成一村一镇一地图外业调查工作，内业完成出图60%，并进行数据库建库。

【耕地保护】　严格落实耕地保护责任制，县、镇、村层层签订耕地保护责任书。强化国土资源动态巡查，实行耕地保护关口前移。加强镇级国土资源协管员的建设和管理，确保耕地面积不减少，质量不降低，用途不改变。

高标准基本农田建设　2012年度2.89万亩建设任务已通过市级验收并核发验收意见函。2013年度2.46万亩建设任务中的6个项目区已通过市级验收。2014年度2.06万亩建设任务已全面动工建设。2015年度建设项目已通过公开招标方式落实项目测绘、规划设计单位，作业单位已进场开始测绘设计工作。

灾区恢复农田生产　第一批省级补助资金221万元已确定用于石角镇、水头镇、迳头镇3个镇的7个项目点，共586亩受灾较为严重的基本农田进行专项资金垦复，已基本复垦完毕。从园地山坡地开发补充耕地的省级补助资金中列支85.82万元，用于石角镇黄花村灾毁农田复垦工作。

耕地质量等别年度更新与监测评价工作　2015年全国耕地质量等别调查评价与监测工作于2015年10月进行公开招标，确认该项工作的技术承担单位。同时完成资料收集、监测区域划分及检测样点布设工作。

【建设用地管理】　**建设用地供应计划**　2015年度的国有建设用地供应计划于2015年3月按时完成，已上报国土资源部，并报省国土资源厅备案。

土地市场动态监测与监管系统　2015年，国有建设用地供应18宗，面积14.1884公顷。出让14宗，面积11.9292公顷，其中，招拍出让2宗，面积5.3846公顷；协议出让12宗，面积6.5446公顷。划拨用地4宗，面积2.2592公顷。

城乡建设用地增减挂钩试点　2015年4月完成面积1001.02亩的复垦项目，及时归还省国土资源厅的1000亩周转指标任务。2013年8月获省国土资源厅批准开展增减挂钩水头镇项目区复垦项目，面积1523.51亩，开展拆旧复垦工作。利用社会资金投资复垦的石角镇等5个项目区的拆旧复垦方案已于2015年7月份上报市国土资源局，面积约1000亩。

项目用地报批　2015年上报省国土资源厅审批批次用地4宗，面积58.2429公顷；省国土资源厅批准批次用地5宗，面积42.5805公顷。

用地审批　2015年，备案设施农用地10宗，面积90.03亩。农村集体建设用地上报110宗，县政府已批复的有69宗，其中，宅基地65宗；文化室4宗。正在审批的有41宗，其中，39宗为宅基地；2宗为文化室用地。

清理闲置土地　2015年有40宗面积56.12公顷土地，纳入佛冈县2015年度涉嫌闲置土地调查范围。经督促后已动工建设的有28宗，面积10.71公顷；认定为闲置土地并处置的2宗，面积6.3公顷；已经收回的2宗，面积1.01公顷。

土地规划修编　《石角镇规划修改方案（新农村建设试验区）》《龙山镇规划修改方案（龙山110千伏民安输变电工程项目）》已获市政府批复和省国土资源厅备案，华润风电项目预审工作已获省国土资源厅批复，完成106国道扩建项目，汕湛高速惠州至清远段一期、二期用地预审工作。成功申报佛冈县产业集聚发展区，集聚区用地范围共6个地块，面积合计5225亩。

【地质灾害防治】　县国土资源局出资聘请17个监测人员，对全县18个地质灾害危险隐患点进行汛期雨天24小时监测。主汛期间，出动人员180人次，下发防灾工作明白卡77份、防灾避险明白卡238份，竖立警示牌100个，发送手机短信息15 217条。向上级申请地质灾害治理资金，投入治理资金94.5万元，治理消除地质灾害隐患点17个。其中，2015年6月申报的佛冈县水头镇西田村龟咀村后山滑坡治理工程资金90万元，省已下拨到位，工程正在设计勘查。2015年，佛冈县遭遇特大洪灾，县国土资源局班子成员分组分片带领相关人员进行巡查，转移和撤离地质灾害隐患点群众，使全县在册对人构成威胁的地质灾害隐患点未出现伤亡事故。

【创建地质灾害防治高标准"十有"县】 2015年10月，县国土资源局成立地质勘察与环境股，地质灾害防治高标准"十有"县创建工作有序进行。

【执法监察】 根据国土资源政策法规，大力监督检查土地和矿产资源开发利用的违法违规行为，规范土地市场和矿业市场秩序，维护社会稳定，促进全县经济社会又好又快发展。

政策法规宣传 2015年"4·22"是世界第46个地球日，县国土资源局在城北中学进行突发性地质灾害防灾避险应急演练，取得良好效果。县国土资源局与共青团县委联合省有色金属地质勘查局940地质队在县人民中心开展防治地质灾害宣传活动，充分发挥电视、广播、报刊等新闻媒体的作用，普及地质灾害基础知识，增强公众的地质灾害防灾意识。2015年6月，县国土资源局与团县委在佛冈一中联合开展以"节约集约利用土地 推动土地利用方式根本转变"为宣传主题的系列活动。开展以走进校园宣传教育及知识竞赛等一系列围绕宣传国土知识的主题活动，在全县各村(居)委制作固定国土宣传栏87个，开展电视专栏宣传7期，派发各类宣传单张5000多份，取得较好的宣传效果。

土地矿产卫片执法 2014年度国土资源部下发佛冈县监测图斑564个中，经核查确定违法图斑252宗，承诺拆除整改图斑75宗中整改63宗，剩余12宗列入整改计划，涉及面积71.6亩。违法变更图斑177宗，面积675亩，均依法依规做出处理。2015年省第二季度图斑205个，上报违法图斑50宗，总面积232.8亩。其中，农村建房和村集体文化室违法用地26宗，面积63.7亩；落实整改工作13宗，面积66亩；其他违法用地11宗，面积103.1亩。

违法违规用地查处 2015年立案的土地违法案件297宗，违法面积705.8亩，涉及农村建房面积25.4亩，新农村建设用地面积88.5亩，商服用地512.6亩，其他用地79.3亩。

矿产资源违法行为查处 县国土资源局配合县公安局抓获违法人员20人，刑拘15人，已批准逮捕2人，缴获价值80多万元的稀土矿物。联合高岗、迳头、水头等镇开展打击非法偷拣稀土尾矿行动80多次，出动执法人员700多人次，出动大型挖掘机摧毁尾矿点15次，捣毁偷拣尾矿不法分子的摩托车10多台，抽水机60多台，捣毁大小矿池、矿井及其他采矿设施300多处。查办其他非法采矿案件21宗，证据先行保存作案挖掘机25台，其他车辆2台。

国土资源信访工作 2015年处理信访案件62宗，其中市转办15宗，县转办1宗，网络投诉30宗，群众来电来访16宗，办结率98%，另办理行政诉讼3宗。信访工作落实领导包案责任制，并联合当地政府部门作出答复，做到宗宗有回复，事事有反馈。

【农村土地突出问题三项治理】 对未落实征地补偿款问题，已建立台账，督促各镇加强协调沟通，做好票据统计工作，核实已支付的征地补偿款，并且每个月填报整改进度。对未落实留用地问题，已落实留用地1.8888公顷。清查出"三乱"事件46宗，涉及土地面积33.3亩，耕地5.81亩。已对46宗案件全部完成立案，其中28宗已依法移送法院，其余正按规定处理。

【不动产登记】 2015年，县国土资源局积极协助县不动产登记中心组建，开展相关工作。县不动产登记中心于12月3日正式挂牌运行，当天发出佛冈县第一本不动产权证书，截至2016年1月底，颁发不动产权证书724本，证明1068本。

（易德林）

2015年6月25日，县国土资源局、团县委联合在佛冈一中举行纪念第25个全国"土地日"宣传活动 （县国土资源局供稿）

土地开发与储备

【概况】 佛冈县土地开发储备局的主要职能：组织编制和执行土地储备规划和计划，负责开发、整理、复垦土地资源，统一经营全县城镇规划区内土地，统一征用、开发城镇规划区内土地，统一收购、处置由县政府依法没收和收回的闲置土地，为城镇建设储备土地资源，并统一办理出让城镇规划区内国有土地使用权的前期工作，负责土地储备资金的筹措、运作和管理工作等。

【土地开发整理】 在开展高标准基本农田建设中，2012年度建设任务2.89万亩和2013年度建设任务2.46万亩均已通过验收，其中2013年度高标准建设任务荣获省国土资源厅150亩国有建设用地指标的奖励；全面开展2014年度建设任务2.06万亩项目建设；2015年度建设任务1.91万亩已完成项目立项、规划设计与预算编制等前期工作。

【土地储备】 **土地储备规划** 根据全县土地资源的现状，科学编制《2015年土地储备计划》和《2015年佛冈县储备土地供应计划》，同时协助县国土资源局编制《2015年佛冈县土地出让计划》，继续重点开发龙凤新区和城南新区土地储备工作，其中龙凤新区项目于2015年成功收回原代鸿公司用地1200亩。

土地收储及管理 无偿收回8宗国有建设用地10.14万平方米，并与县国土资源局对接，初步核定12宗储备土地申请调规工作，涉及面积1330.85亩。

土地经营 抓住时机，适时向市场推出成熟的地块，有效调节土地开发市场。2015年成功组织出让土地3宗，总面积12.06万平方米，成交总金额5227万元。

（华　锋）

扶贫开发

【概况】 佛冈县扶贫开发领导小组办公室是经佛冈县机构编制委员会批准成立的公益一类正科级事业单位。单位主要负责全县扶贫开发、老区建设、不具备生产生活条件村庄搬迁移民工作，对农村扶贫开发项目实施监督管理；按照政策规定管理、使用各种扶贫资金；承担全县贫困状况监测、登记、建档立卡和统计工作，实行贫困人口动态管理；拟订本县农村贫困户安居工程规划，并组织实施。根据《关于印发〈佛冈县扶贫开发领导小组办公室机构编制方案〉的通知》，全办在编人员6名，其中主任、副主任各1名（主任由县委农办副主任兼任，编制在县委农办），内设综合股，设股长1名。第二轮扶贫开发工作开展以来，各帮扶单位按照扶贫开发"规划到户 责任到人"工作的目标任务和考评要求，落实领导责任，制订帮扶措施，明确工作任务；各单位一把手定期听取驻村干部工作汇报，到驻点村调研指导；落实驻村工作经费，协助争取帮扶项目和资金。14个重点帮扶村共投入帮扶资金11 131.038万元，其中帮扶到户资金1559.9642万元，为重点帮扶村新办集体经济项目361个，户帮扶项目7979个。重点帮扶村经济社会发展取得阶段性重大成果，各级帮扶单位均如期全面完成本轮扶贫开发"双到"工作目标任务。

【扶贫开发"双到"】 在第二轮扶贫开发工作中，全县有省重点帮扶村14个，其中佛山市南海区对口帮扶5个，市直单位对口帮扶5个，本县对口帮扶4个；全县省重点帮扶村有劳动能力的贫困户749户3097人。全县已驻村单位101个，开展产业、智力、项目扶贫，各项工作进展顺利。

建立帮扶机制 各级帮扶单位均制定工作制度，确保人员到位、资金到位、措施到位。把任务落实到单位，把责任细化到个人，全县采取单位定向帮扶贫困村责任制。同时，为巩固脱贫成果，逐步建立和完善政策保障、产业开发、金融服务、教育培训、社会帮扶、考核激励、财政投入和村级脱贫长效机制等措施。各帮扶单位从实际情况出发，采取"一村一策"的办法，帮助村集体建立起脱贫致富的长效机制。通过入股县周转房、入股县德诚投资有限公司、入股养牛场、入股水电站、建商铺出租等项目增加村集体收入。到2015年底村集体纯收入均超5万元，平均值达13.77万多元，比帮扶前增长744%。

拓宽帮扶渠道 在增加贫困户收入方面，各帮扶单位和干部推出"一户一法"与"七种模式"（即产业化、专业合作社、公司+基地+贫困户、大户带贫困户、互助金、劳务输出、智力扶持等七种基础扶贫模式）有机结合，把制定长效可持续发展的脱贫项目作为重点，加强动态管理，及时跟踪问效。实行定点、定人、定责包干帮扶，通过帮助贫困户发展种养、输出劳力等有效方式增加收入。到2015年底，全县贫困户年人均收入从帮扶前的2340元提高到9500元。

推进农村基本公共服务均等化建设 重点帮扶300人以上村道硬底化率达100%，三年来，建设"三面光"水圳等水利设施14 000多米，文化活动场所45个，饮水安全比例100%，村卫生站等公共设施拥有率100%，村容村貌和生产生活条件明显改善，公共服务设施建设和服务水平明显提高，基本改变落后面貌。

创建清远市扶贫改革示范村 佛冈县成功申报市扶贫改革示范村5个，分别是龙山镇良塘村、汤塘镇围镇村、高岗镇三江村、水头镇西田村、石角镇小潭村。目前各示范村的工作开展良好，其中，水头镇西田村、龙山镇良塘村分别获得9万元和5万元改革示范奖励。

（梁井生）

广州市白云区对口帮扶

【对口帮扶工作机制】 一是加强组织领导，建立联席会议制度，每年定期由白云区、佛冈县两地党政主要领导组织召开帮扶工作会议。二是积极推动两地部门对接，通过帮扶工作队牵线搭桥，两地共有13个部门建立对接帮扶关系，其中县旅游局、卫计局和教育局分别签订对口帮扶协议。三是密切两地企业间的联系交流，帮扶工作队多次推介白云区优秀的企业到佛冈县实地考察调研，创造更多招商引资机会。

【交通基础建设帮扶项目】 在推进中心城区扩容提质方面,积极与清远指挥部沟通,争取广清投资基金的支持,加快推进全县中心城区扩容提质,促进全县新型城镇化建设。组织县交通运输局到白云区交通局开展对接帮扶工作,争取到30万元帮扶资金用于支持石角镇观山村东壁桥、黄花村大龙坝桥梁建设,以解决当地群众交通出行难题,避免各种安全隐患事故的发生。

【现代农业帮扶项目】 一是推介白云区科力农业投资开发有限公司在佛冈县迳头镇引进草菇种植项目,项目总体规划建设3000亩,项目总投资4000万元。该项目落成后,不仅能改善该镇的乡村道路、水利灌溉等基础设施建设,还将通过典型示范作用带动周边群众种植草菇,增加经济收入并拉动旅游业发展。二是帮扶工作队多次组织村民到白云区江高镇水沥村参观学习,引进红葱头种植。在白云区水沥村红葱头种植合作社的帮助下,石角镇龙南新区试种60亩红葱头,分别为泰国红和水沥红两个品种,红葱头种植产销良好。

【佛冈旅游新路线开辟】 组织佛冈县旅游局与白云区旅游局、广清指挥部旅游专责小组对接,共同商讨开拓佛冈县旅游新局面,两地旅游局通过图片展示、策划游戏等方式,介绍两地旅游资源和优质旅游景区特色,并与广东信游国际旅行社有限公司联合组织广州市50多家旅行社及20多家媒体逾百人到佛冈县上岳古村、金龟泉温泉度假村、田野绿世界景区开展"清远温泉特色旅游踩线采风"活动,共同搭建多元化、多层次、多服务的合作平台。

2015年6月8日,广州市白云区卫生计生局与佛冈县签订医疗卫生对口帮扶协议。县委常委、副县长黄镜秦(后排左二),人大常委会副主任黄小云(后排右二),副县长黄丽(后排左一)出席签约仪式 （县卫计局供稿）

【社会民生帮扶项目】 2015年拨付到佛冈县的帮扶资金为1405万元（其中白云区1000万元,广清指挥部300万元）,将重点安排在社会民生方面。通过县政府审定安排800万元供县二小、龙山镇中心小学、石角镇中心小学用于教学楼建设,100万元用于佛冈县人医儿科专科建设工程等。对纳入对口帮扶的相关项目,按照《广州市白云区对口帮扶佛冈县专项资金管理办法(试行)的通知》以及《广州对口帮扶清远市(市、区)帮扶资金使用管理办法》的要求,严格把关,对已经如期完成的工程建设、通过验收的项目加快落实资金拨付,确保专款专用。

（严玉峰）

财政·税务

责任编辑：黄常远

财　政

【概况】 2015年，财政工作贯彻落实省、市财政及县委工作会议精神，科学应对严峻复杂的经济形势，抓好收入征管，不断优化支出结构，着力提高财政保障能力和管理水平，较好地完成各项财政工作任务，财政预算执行情况良好。

全县一般公共预算总收入279 495万元（决算预计数，下同），比去年实绩204 826万元增长36.45%。其中：地方一般公共预算收入97 968万元，完成调整预算的100.06%，比去年实绩91 131万元增长7.5%（可比口径增长5.56%）；税收返还、一般性转移支付和专项转移支付等上级补助收入112 287万元，比去年实绩87 176万元增长28.8%；调入资金21 402万元（其中：政府性基金预算调入21 366万元，国有资本经营预算调入36万元）；债务转贷收入840万元；上年结转结余收入46 998万元。

2015年，全县一般公共预算总支出210 635万元，比去年实绩157 828万元增长33.46%。其中：一般公共预算支出194 970万元，完成调整预算的120.45%，比去年实绩155 019万元增长25.77%（可比口径增长23.07%）；上解支出2658万元；债务还本支出840万元；增设预算周转金1954万元；安排预算稳定调节基金9770万元。

一般公共预算总收支相抵滚存结余68 860万元，结转下年使用。其中：上级专款结转结余58 719万元，县级专项结转结余10 138万元，净结余3万元。

【强化收入征管】 加强税源控管力度，提高征管质量和效率，采取有效措施完善综合治税各项工作。加强与税务部门的衔接配合，做好税收收入的落实，全方位掌控税源，深入研究经济发展形势和财税政策，保障地方税收收入。开展税源调查，对纳税大户进行重点调研。

【财政支出保障有力】 重点保障和改善民生，加大对"三农"、教育、医疗卫生、社会保障、城乡基础设施建设等民生领域的投入，推动全县经济社会协调发展。

加大支农力度　拨付各类支农专项资金19 896万元。其中，拨付农业部门专项资金2698万元，林业部门专项资金1117万元，水务部门专项资金9376万元，国土部门高标准基本农田建设项目资金1540万元，扶贫专项资金1299万元，住建部门农村危房改造补助资金2214万元，农业综合开发项目建设资金760万元。落实各项涉农补贴及招商引资优惠政策。采用"一卡通"形式发放粮食直补和农资综合补贴资金1503万元，惠及农户5.34万户；规范兑现各镇招商引资奖励资金3842万元，促进镇、村创优发展环境及企业的增资扩产。

支持科教文体事业　教育投入资金42 737万元，确保教育的优先发展。其中，拨付义务教育公用经费4604万元，农村义务教育阶段住宿生伙食补助127万元，高中阶段困难学生助学金158.60万元，学前教育资金1045万元，农村边远地区义务教育学校教师岗位津贴1140万元。投入文

2015年12月14日，佛冈县2015年加快财政支出进度工作会议在县财政局三楼大会议室召开
（县财政局供稿）

化体育事业资金1308.84万元，支持全县群众文化体育事业的发展，优化公共文化体育服务，实现县、镇、村基础文化设施免费开放。

确保社会保障支出需要 各级财政累计投入社会保障类资金3746万元，财政专户发放城乡居民养老保险4200万元。2015年各级财政安排城乡居民最低生活保障资金2969.95万元；五保供养人员生活保障资金1862.25万元，其中财政已支付1229万元。认真落实复员退伍军人、五保供养人员、孤儿、80周岁以上高龄老人等人员的生活补贴资金；继续提高居民医保、城乡居民养老保险财政补助标准。各级财政累计投入医疗卫生资金17 079.70万元，其中，医疗卫生服务均等化年初预算安排资金1823万元，食品安全专项经费资金116万元，城乡基本公共卫生服务经费357万元，充分保证全县基层医疗卫生机构的平稳运行和发展。

【**财政监督检查**】 **开展专项检查** 开展会计财务监督检查，重点加强对民生工程、支农、教育、医疗、社保、社会救助等专项资金的监督检查。配合市做好2015年省级财政专项转移支付资金和一般性转移支付资金使用情况重点检查。

政府投资项目评审管理 2015年完成工程预算审核235个，送审金额55 403万元，核减金额2999万元，核减率为5.41%；完成工程结算审核208个，送审金额10 096万元，核减金额702万元，核减率为6.95%。

政府采购监督管理 加强政府采购中、后期监督管理。2015年全县政府采购预算资金7305万元，实际支付资金6938万元，节约财政性资金367万元，节约率为5.02%。

【**财政体制改革和创新**】 **推进预算改革** 2015年是新预算法颁布的第一年，组织预算法的学习培训，贯彻实施新预算法各项内容。加强政府全口径决算的编制和管理，开展一般公共预算、政府性基金预算、社会保障基金预算、国有资本经营预算的编制，增强政府财力综合运筹能力。加强财政结转结余资金管理，强化预算指标控制管理，提高部门预算的科学性和透明度。控制预算追加规模，提高预算执行严肃性，加大预算的执行力和约束力，有序推进预算绩效管理。同时，围绕财政科学化、精细化管理目标，加大资金监管力度，确保资金使用安全有效；全面开展财政预算公开工作，对预算公开内容细化，并在县政府门户网站上公开2015年地方一般公共收支预算、政府性基金收支预算、国有资本经营收支预算、社会保险基金预算及"三公经费"支出预算等。

国库集中支付制度改革 2015年县财政局国库支付中心办理资金拨付15 260笔，拨付资金约29.22亿元。同时，公务卡消费改革向纵深发展，全县公务卡消费理念提高，大额现金支出审核控制得到加强，预算单位现金支出管理得到规范。

推进规范化财政所建设 以高岗、龙山两镇为试点的规范化财政所建设，正有条不紊地按标准进行创建，为全县规范化财政所建设发挥示范作用，力争早日实现全县规范化财政所全覆盖。

【**国有资产保值增值**】 加大对全县国有资产的管理，以国有资产管理平台为依托，加强全县行政事业单位的资产管理，做到账实相符，有效防止国有资产的流失。加强村委会入股政府周转房建设资金专用账户的管理，摸清全县行政事业单位资产出租情况，做好全县闲置资源调查、整合和处置方案。2015年行政事业性资产出租收入达1762万元；至2015年底，实现资产总收入5227万元。加大融资力度。为确保全县各项事业的较快发展，推动县委、县政府重点项目的顺利实施，在努力增加收入、严格控制支出的同时，协助县德城投资开发有限公司加大融资力度，强化树立借力发展的经营理念。

（吴　胜）

公共资产管理

【**概况**】 2015年，佛冈县公共资产管理中心为规范和加强佛冈县国有资产的管理，提高国有资源的合理流动和优化配置，努力实现国有资产的安全完整和保值增值。做好计划垂直单位办公楼资产情况和有关单位搬迁后原办公楼资产使用情况的调查工作；配合县车改领导小组开展全县公务用车制度改革工作，并制订《佛冈县各镇和县直党政机关公务用车制度改革车辆处置办法》；做好广州办事处资产接收和管理工作；做好县级国有资本经营预决算的编报和调查工作；部署和完成2015年度国有企业、集体企业和金融企业的年终报表统计；做好省国资委和市国资委国有企业每月快报的汇总上报；认真做好全县行政事业性资产、国有企业等国有资产的管理和处置的审核，并做好国有企业转制后剩余资产以及企业留守人员工资发放等。

【**资产存量**】 佛冈县国有资产按其经营形式分为经营性资产和非经营性资产两大类。实行企业化管理并执行企业财务会计制度的事业单位，实施企业国有资产有关规定。随着国有企业改制工作的全面深化，企业通过有偿转让等方式对国有资产进行处置，除了少数公益性企业（县供水服务中心、水电公司及部分流通企业）持续经营外，大部分国有企业已完成改制工作。经营性资产在全县国有资产总量中所占份额不大，国有资产分布的重点在行政事业单位。

【**资产运行管理**】 **融资工作** 按照县政府工作部署，拓宽投融资机构，提高政府融资能力，并继续完善政府融资的后续工作，积极配合县德城投资有限公司开展新项目融资工作。原来政府融资平台和县公资中心融资贷款总额38 040万元，至2015年底，已偿还贷款总额31 728万元，剩余贷款总额6312万元（其中750万元已转作政府债券）。按照县政府文件精神，参与和配合县德城投资有限公司开展县城龙凤大道、龙凤新区土地整合开发项目2.8亿元的融资工作。

资产租赁调查 对2015年度全县行政事业单位及国有企业等单位固定资产租赁情况进行调查。2015年度出租统计的单位67户，租赁总收入1761.7万元。其中：土地租赁年收入163.2万元，租赁面积601.1万平方米；商铺租赁年收入886.7万元，租赁面积2.32万平方米；房屋租赁年收入711.8万元，租赁面积9.95万平方米。

资产经营管理 做好县金叶发展公司和县资产经营有限公司的管理工作。到2015年底，县资产公司已上缴税后租金结余44.35万元，县金叶发展公司上缴股权利润分配收入373.54万元。做好佛冈县城市信用合作社债权追收工作，并协调处理以房产抵偿债务的相关工作。

【**县政府周转房入股资金管理**】 鼓励经济落后村委会筹集资金入股县政府周转房工程，是县委、县政府为解决"三农"问题，以收取租金形式，增加村集体经济收入，推进社会主义新农村建设，实现全县经济落后村委会一举脱贫的措施。做好全县经济落后村委会入股政府周转房建设资金的管理工作，为全县低收入村委会合理分配收入提供依据。全县经济落后村委会共52个，规划入股总数为159股。到12月31日止，完成规划入股数152股，未完成规划入股数7股，完成入股任务的村委会有47个，未完成入股任务的村委会有5个，筹集入股资金总额为958.4万元，发放奖励和分红收入140.1万元，上调县财政统筹资金560万元。

【**存量资产的调查**】 对全县行政事业性存量资产进行的全面调查以及出租情况的调查摸底，为建立资产信息管理实时动态监控系统的管理机制提供依据。结合省财政厅、市财政局的工作精神，要求各县（市、区）建立行政事业单位资产信息管理实时动态监控系统平台建设。建立行政事业资产管理信息系统，对国有资产实行动态管理，及时将资产变动信息录入管理信息系统，随时掌握国有资产变动信息，为编制资产预算打基础，为资产预算和财政部门预算相结合创造有利条件，并充分考虑到资产系统与部门预算、国库集中支付、财务监管、政府采购等系统的统一平台整合，为实现资产管理系统与其他上下级单位、同级各部门之间各系统的对接预留接口，加强上级与下级单位以及三级财政中的数据连接，以便对国有资产起到监督和管理，实现资产的保值增值。各系统之间将在同一平台之下有机衔接，实现数据资源共享，为进一步深化行政事业资产管理改革和促进财政管理打下坚实基础。

【**资产的优化配置和整合**】 对有关非税收入资源进行调查摸底，做好整合和处置的计划，积极配合土地储备局整合有关闲置土地资源，依法公开处置。据统计，已整合处置部分闲置土地和拍卖其他资产，实现资产处置收入5227万元。

（曾宪跃）

住房公积金管理

【**概况**】 清远市住房公积金佛冈管理部成立于2003年6月，属佛冈县并参照公务员管理的事业单位，副科级建制，经费由县财政核拨，归口县财政局管理。核定编制3人，合同制人员2人。主要负责全县住房公积金的管理工作，编制、执行住房公积金的归集、使用计划，负责记载职工住房公积金的缴存、提取、使用等情况，负责住房公积金的核算，审批住房公积金的提取、使用，负责住房公积金的保值和归还，编制住房公积金归集、使用计划执行情况的报告，承办住房公积金管理委员会决定的其他事项；确保住房公积金的资金安全。

【**提取、贷款、增值收益指标均创新高**】 2015年，全县归集住房公积金19 121万元，同比增长2%。历年累计归集住房公积金116 902万元，剔除职工因购买、建造住房、归还住房贷款、离退休等原因提取使用，住房公积金归集余额45 467万元。全县职工因购买、归还住房贷款、离退休、离退职及重大疾病等原因，提取使用住房公积金5858笔共15 857万元，同比增长2.35%。历年累计提取使用住房公积金71 434万元。发放住房公积金贷款405笔10 910万元，同比增长121.52%；历年累计发放住房公积金贷款58 601.5万元，贷款余额40 007.27万元，存贷比为88%。实现住房公积金增值收益983.87万元，比上年增加328万元，增长50%；提取风险准备金590.32万元，累计提取风险准备金总额2292万元。提取廉租住房补充资金272.56万元，累计提取廉租住房补充资金总额982.14万元，为住房保障建设提供有力的资金支持。

【**规范缴存机制**】 创新归集扩面方式方法，拓宽归集渠道，稳步提高归集率和覆盖面。做好政策宣传，充分利用县政府门户网站、电子公文交换平台、电视广播电台、报纸等媒体，加强对公积金优惠政策和新出台政策的宣传，吸引企业和职工自觉建立住房公积金制度。依托各商业银行大平台的作用，制定对银行的考核奖励机制，通过银行途径引导非公经济企业落实住房公积金政策。规范机关事业工作人员缴存行为，维护公积金制度的公平性。2014年底市人社局、市财政局、市审计局对佛冈县机关事业单位计提住房公积金进行检查，提出整改意见，管理部按照市的整改意见，结合2015年9月市出台调整基数的政策，联同县人社局、县纪检监察部门对全县机关事业单位调整基数作明确、规范的要求，严格细致审核全县机关事业单位的调整基数申请。

【个贷发展稳妥】 支持缴存职工购买首套和改善型住房需求，提高住房公积金的使用率，让更多缴存职工实现"安居梦"。从2014年底，佛冈县根据清远市出台多项贷款新政，通过调整贷款条件、降低贷款门槛、实现广清互贷，住房公积金贷款额大幅度增加，大幅提高住房公积金的使用率。推进异地住房贷款业务。住房公积金异地贷款"破冰"，大幅度刺激职工跨地区流动，在就业地缴存、回原籍购房的需求将日益增多，提高住房贷款额度。住房公积金个人最高贷款额度由原来的30万元调整为40万元，夫妻双方最高贷款额度由原来的40万元调整为50万元。贷款额度的提高成为减轻职工购房压力、保障刚性住房需求、促进房地产市场健康发展的重要"砝码"。降低住房贷款门槛。职工申请公积金贷款时，由原来的必须连续足额缴存住房公积金12个月缩短为6个月；职工使用住房公积金贷款购买首套自住住房缴纳的首付款比例由原来的30%降低为20%，购买第二套自住住房缴纳的首付款比例由原来的60%降低为30%，已结清第一套住房贷款的首付款比例降低为20%。住房公积金政策的连续调整，不仅贷款资格放宽，首付款比例也大幅度降低，体现住房公积金制度的保障性、福利性、互助性。实行广清一体化发展，根据广清公积金互贷新政实施佛冈广州住房公积金互贷新政。2015年7月，清远与广州签订广清住房公积金互贷项目协议，广清住房公积金互贷项目正式启动。佛冈将有力地支持广佛两地市民的购房需求，更好地发挥住房公积金的社会效益，使广清两地城市之间公共服务融合更加

深入，对加快推进广清一体化战略具有重要的现实意义。

【服务流程优化】 改善服务环境。设置新的住房公积金服务大厅，设立服务窗口、办公区和会客区等各个功能区，配备视频监控、叫号机、查询机和宣传用LED电视等。转变工作作风。窗口工作人员统一着装，服务态度亲切友善，使用文明礼貌用语，认真细致办理业务，耐心解释政策规定，解答各种疑问。缩短办理时限。提取业务办理时间从原来的十个工作日缩短为当天办结，从原转账到单位简化为直接转入申请人个人账户。通过转变作风，提高服务质量，提高办事效率，得到广大干部职工的普遍好评。

【综合业务管理系统建立】 促进公积金业务管理精细化、服务手段多样化、辅助决策科学化，佛冈县正在推进智慧公积金业务系统建设。信息化系统建设项目工程和费用庞大，建设过程较长且复杂，全县上下通力合作，系统建设已完成立项、专家评审、环保评估，通过网监、保密及电子政务中心等部门的审核，做好招标工作，系统硬件核心和各管理部终端设备建设，软件开发，设备的综合调试，业务存量数据的移植，系统软件的安装，从业人员的培训以及与银行网络的对接。2015年10月起系统正式上线，提升缴存、提取、贷款管理服务水平和管理机制的监管水平。新系统上线后更加便民高效，客户在办理提取业务时直接在管理部窗口"一站式"办理完毕，系统实现自动转账到客户个人账户。

（刘辉明　陈怡）

国家税务

【概况】 佛冈县国家税务局的主要职能是贯彻执行党的路线方针政策，贯彻执行国家的各项税收法律、法规和规章，负责辖区内国家税收征收管理工作，主要负责增值税、消费税、车辆购置税、企业所得税等税种的征收管理和出口货物退（免）税管理。内设机构8个：办公室、政策法规股、收入核算股、纳税服务股（办税服务厅）、征收管理股、人事教育股、监察室、税源管理股，级别为正股级。1个直属机构：稽查局，级别为副科级。1个直属事业机构：信息中心，级别为正股级。1个社会团体：税务学会。有员工123人，其中干部职工67人，离退休人员26人，劳务派遣人员30人。

【税收情况】 2015年，县国税局实现税收收入87 477万元，同比增收7766万元，增长9.74%，其中：增值税54 777万元，企业所得税24 036万元，车辆购置税8564万元，消费税100万元。完成市局年初下达计划任务83 330万元的104.98%，其中：完成县级收入18 448万元，同比增收1615万元，增长9.59%；完成县委、县政府年初下达计划任务20 203万元的91.31%。

【征收管理】 推进税收征管规范落实　深化征管规范推行，切实推进税收现代化建设。佛冈县国税局认真做好《全国税收征管规范（1.0版）》和《全国税收征管规范（1.1版）》的落实，并以此为抓手，切实提升各项税收征管工作的规范性。

增值税发票管理系统升级　县国税局通过加强宣传、营造氛围、分批推广、错峰升级、统一服务、规范操作等措施，5月11日全面启动辖区内全部增值税一般纳税人和起征点以上的小规模纳税人增值税发票系统升级版的推行。2015年升级872户。其中，按发行设备分类，发行金税盘596个，发行税控盘276个；按纳税人类型分类，一般纳税人421户，小规模纳税人451户。

落实小微企业税收优惠政策　县

国税局切实把小型微利企业优惠政策落实到位,使企业真正享受到税收优惠,促进全县就业和经济稳健发展。2015年享受小型微利税收优惠的纳税人97户,减免税额34.36万元,盈利面16.03%,实际受惠面100%。

"营改增"试点　县国税局开展营业税改征增值税扩围,做好扩围行业的调研、测算、培训、业户接收和日常管理。同时,根据市局的要求,规范已纳入"营改增"试点范围纳税人的管理,开展行业调研,做好效应分析和纳税评估,防范执法风险。

电池、涂料消费税征收　按照上级制定的工作方案,佛冈县国税局迅速分解工作任务,明确工作时限,分清工作职责,迅速确定征收范围,将辖区内1户电池行业纳税人、4户涂料行业纳税人纳入征收范围。对以上5户纳税人及时做好税种登记和税收政策宣传,确保纳税人熟悉有关政策,做好纳税申报辅导,保证纳税申报工作顺利实施。5户纳税人已顺利完成新政策后的首次纳税申报,实现销售收入4 176 150.41元,征收消费税341.33元,共减免消费税166 704.69元。

推进国地税合作　佛冈县国税局在联合税务登记、互设办税窗口、个体定额管理、委托代征税款、非正常户管理等方面开展国地税合作事项。主要包括:在佛冈地税局汤塘分局摆设一台国税办税自助终端机,方便纳税人"进一家门,办两家事"。在代开发票并征收增值税时,由国税代征城市维护建设税、教育费附加、地方教育费附加等相关税费,共计2.7万元。每季度交换非正常户管理信息,共交换非正常户信息21条。共享定期定额户核定信息,联合开展日常监管,消除双方户籍管理差异。国税共享定额信息229条,地税共享定额信息241条。

落实固定资产加速折旧政策　县国税局切实按照国务院及税务总局的部署,加强固定资产加速折旧优惠政策的宣传辅导、管理服务,发挥主观能动性,做好固定资产加速折旧优惠的跟踪落实,确保符合条件的纳税人及时享受优惠政策。2015年,享受固定资产加速折旧的企业11户,固定资产原值2251.31万元,正常折旧额81万元,税收加速折旧额114.56万元,享受优惠33.56万元。

推进"三证合一、一照一码"登记改革　佛冈县国税局通过精密部署,加强各部门的沟通协作,使"三证合一、一照一码"登记制度改革工作推进较为顺利。截至12月31日,佛冈县工商局办理"一照一码"情况:新办103户,变更340户,注销5户;接收登记信息情况:新办93户,变更281户,注销5户。

开展税法宣传　巧借体育活动开展税收宣传。举办"税宣杯"税企足球赛、羽毛球邀请赛及"迷你马拉松"等体育活动。开展"税宣公益行"——关爱留守儿童活动。巧借微信平台开展税收宣传。这种新颖的宣传方式让更多的纳税人了解税收宣传相关情况,获得了纳税人的一致好评。联合地税开展"税收服务与创业论坛"。县国税局与县地税局在县技术职业学校联合开展"税收服务与创业论坛"活动,将税收服务的相关知识带进校园,同时促进国地税的合作交流。

创新纳税服务形式　一是着重开展绿色通道、善意提醒、延时服务、导税服务等,对纳税人进行耐心细致的各类辅导。二是在办税服务厅设置便民箱,准备常用药物和生活用品,供纳税人使用。三是对发票领购、红票开具等环节提交的资料进行简并,缩短办税时间。四是开展"双委托"服务。委托邮政代开普通发票、委托邮政代征税款,有效解决了边远乡镇取得临时经营收入纳税人申请开具发票难的诉求,减少纳税人涉税业务办理时的等待时间。佛冈县国税局"双委托"代开发票共1806份,代开金额3363万元,开票税额97万元。

正式成立"纳税人学堂"　为多元化纳税服务方式,优质化纳税服务质量,2015年3月26日,佛冈县国税局正式挂牌成立"纳税人学堂",根据纳税人迫切的业务需求,对其进行最新的政策法规培训,辅以有效的税收知识宣传。

【国税文化建设】　**发展国税精神**　广泛宣传"务实·发展·和谐"的佛冈国税精神,使国税文化内化于心,外化于行。

开展制度文化建设　对现行制度进行一次全面的梳理、检查和完善,

2015年12月3日,县国税局开展"书香·文化"读书日主题活动

(县国税局供稿)

对不符合组织管理理念的进行修改、废止或完善，对未形成规范的制度进行查漏补缺。

开展行为文化建设 增强团队意识，培养积极向上的精神，开展各类精神文化建设活动，包括：组织学雷锋志愿服务队开展送温暖活动，深入扶贫联系点，为扶贫联系点30多名贫困儿童送温暖；组织志愿者参加无偿献血活动，发扬无私奉献精神，树立典型，加强精神文明建设；做好市级巾帼文明岗的推荐和宣传，推广先进典型，税源管理二股荣获清远市"巾帼文明岗"荣誉称号；组织开展篮球、足球、羽毛球、摄影、瑜伽等兴趣小组活动，累计50多名干部职工参加文化建设兴趣小组活动。

开展"书香·文化"读书日活动 佛冈县国税局充实和丰富图书馆的藏书和种类，并组织开展"书香·文化"读书日主题活动，打造长效机制，完善读书制度，以"读书日"活动为载体掀起全局人员读书的热潮，为干部职工搭建一个"读书、感悟、交流"的互动平台，确保读书活动进入正常化、规范化的运行轨道，营造良好的国税文化氛围。

（唐佩佩）

地方税务

【概况】 2015年，佛冈县地方税务局不断推动税收征管、纳税服务、队伍建设和党廉建设等工作，巩固地税系统科学事业发展的良好势头。累计组织税收收入64 528万元，同比增收2200万元，增长3.53%，完成年度任务101.14%。其中：中央级收入5810万元，同比减收950万元，下降14.05%，完成年度任务101.93%；省级收入18 228万元，同比增收800万元，增长4.59%，完成年度任务100.71%；市县级收入40 490万元，同比增收2350万元，增长6.16%，完成年度任务101.23%。全年组织社保费收入37 668万元，同比增收4329万元，增长12.98%。累计组织其他收入（含教育费附加、文化事业建设费、其他罚没收入、堤围费、残保金及地方教育费附加、价格调节基金、工会费等）6744万元，同比增收188万元，增长2.87%。

【税收征管】 **推进征管改革** 先后五次对原有征管数据的相关信息进行逐户逐笔核实和清理；通过"以测代训"深入开展金税三期业务测试工作，确保人人能够熟练掌握操作业务；按照市局开展万兆网络综合布线工作的要求，圆满完成此次改造工程，为信息网络安全提供保障，为网速的提升做足准备。"职能调整"顺利推进。多次召开会议研讨征管职能调整方案，为操作过程中存在的困难探讨可行解决方案，为2016年实施的征管机构职能调整打下坚实基础。"一照一码"顺利改革。加强与工商、国税等部门的协同合作，参与配合解决推行"一照一码"工作中遇到的问题，做好税收管理衔接工作。"电子办税"顺利扩面。扩大自助办税业务范围，实现"双减负"。2015年，县地税局投入7台自助办税设备，建立3个自助办税厅，累计打印电子缴款凭证18 670份，个人所得税完税证明99份。抓好电子办税厅的推广应用，提高网报开户率、推广率。网报开通户数1523户，网报开户率105.91%，累计开通CA认证户数304户，开户率排名全市前列。"全市通办"顺利推行。10月份起正式启动实行"全市通办"业务，业务推行后，佛冈县与其他市县纳税人可自行选择到全市任何一个办税服务厅办理涉税业务，不再受区域限制，形成"管理分区域，服务不分区"的新格局。

强化税种管理 个人所得税管理。2015年，个人所得税明细申报为588 681人次，申报个人所得税工资薪金3366.36万元，实行个人所得税明细申报的企事业单位、社会团体数为1356，占总数的87.59%，排除可申诉原因，实际申报率为97.89%，行政机关、事业单位已全部进行明细申报。加强企业所得税管理。2015年度县地税局应汇缴企业户数为319户，同比增加35户，实际汇缴319户，汇缴率为100%，核查企业共补缴税额332.58万元。做好土地增值税清算。成立土地增值税清算小组，清算房地产开发项目土地增值税入库税款约2000万元。做好"两业"营业税清算工作。通过核查，县地税局共征收入库营业税23 520万元，同比增长8.4%。做好耕地占用税税收管理工作。主动与国土、财政等部门沟通协调，提取相关数据资料并要求各主管税务分局积极核实清理，堵塞征管漏洞，入库耕地占用税及滞纳金共4539万元，同比增长3.46%。

以评促管，强化数据采集 在日常管理中，加强与工商、金融、国土等部门的横向联系，多方面收集、掌握、跟踪企业的生产经营、资金变化等情况，有针对性地采取措施，防止税收流失。强化评估显成效。运用土地使用税纳税评估模型对52户疑点企业进行验证，查出需补税企业18户，申报不规范的企业16户，涉税资料没有完整提交的17户，应补缴税款340 856.85元。

【规费征收】 加强规费、税费"五同"管理。按照"五同"管理实行税收与社保费同征同管，在办理新增单位税务登记的同时办理社会保险费登记和险种核定，社保登记率、核定率达95%；社会保险费征缴率达98.28%、催缴率达100%。做好三方协同工作。与社保、人社三方定期召开联席会议，建立三方协同工作机制，对参保率较低企业采取联合执法，确保全年扩面任务完成。

【依法治税】 **规范税收征管** 推进《全国税收征管规范（1.0版）》建设工作，组织全体一线征管人员对税务登记、认定管理、申报纳税、税收优惠等11个业务环节进行有针对

2015年1月8日,县地税局局长丘成炽(右一)到城区税务分局巡视"金三"双轨运行上线　　　　　　　　　　　　　　　　　(县地税局供稿)

性的研究学习,推进税收征管工作走向统一化、规范化、集约化、科学化和法治化。

下放行政审批权　4月份开始,县地税局对税务登记证注销及土地权属登记征免证明的审批权力下放到基层分局,由分局全面把关审核,提高工作效率。

强化税务稽查　认真做好打击发票违法犯罪活动,对3户未按规定使用发票的企业进行查处,完成市局下发检查任务。开展专项检查。与市局共同筛选出1户企业作为今年税收专项检查的企业,通过稽查人员的核查,现已结案。

【税收优惠】　落实税收优惠政策,做好存量房减免。全年减免1534户,减免营业税1516.21万元,个人所得税249万元,城建税75.81万元,教育费附加45.48万元。做好小微企业税收优惠。全面落实小型微利企业所得税优惠政策,全年享受小微企业所得税优惠政策的企业38户,减免企业所得税28.50万元,受惠面100%;符合暂免征收部分小微企业营业税优惠政策企业416户,免征营业税79.36万元;减免588户个体工商户和其他个人营业税425.36万元。

【纳税服务】　**便民办税**　结合便民办税"春风行动",全面细化规范纳税服务,打通服务纳税人"最后一公里"。推行"纳服通报"制度,督导提升纳税服务质效,努力打造"春风行动"升级版,擦亮"4S"服务品牌。将服务热线(4272373)、佛冈县政务网、清远市统一政务咨询和行政投诉平台等受理的投诉、问题反映按季度进行分类统计、分析,向分局提出整改意见或建议,并将具体情况进行通报。全面推广应用《全国县级税务机关纳税服务规范》(以下简称《规范》),结合"金三"上线,重点统筹做好《规范》试行与"金三"的融合工作,确保全国县级税务机关纳税服务规范真正生根落地、开花结果。

等级评定　联合县国税局开展2014年度纳税信用等级评定,对全县范围内符合本次评定条件的688户纳税人进行纳税信用评价,评出A级纳税人27户,B级纳税人660户,C级纳税人1户。注重加强信用等级评定后续管理,实行差别化管理服务,对A级纳税人开通"绿色通道"等便捷服务,共同推进全社会诚信体系建设。

创新税收宣传　4月,是全国第24个税收宣传月。县地税局紧紧围绕宣传主题,开展一系列活动。联合县国税局、县职校和碧桂园清泉城,举行税收宣传月活动启动仪式暨"税宣杯"迷你马拉松邀请赛,全面拉开税宣帷幕。与县国税局、县职业技术学校等相关单位联合举办第二届"清香逸远·与税同行"税收服务与创业论坛。通过体育"搭台"税宣"唱戏"强化税收宣传,举办"税宣杯"足球邀请赛、羽毛球邀请赛,通过体育竞技增进与各单位、企业的沟通交流,向各个单位、企业宣传税收法律法规以及相关政策。借力微信平台开辟网上税宣,利用当地知名的微信公众平台"搜罗网",发布税宣活动信息,增强税宣效果。

(欧少玲)

金融业

责任编辑：陈国材

综述

【概况】 2015年，佛冈县各金融机构执行央行稳健的货币政策，切实维护辖区金融稳定，全面提升金融服务水平，发挥货币政策在稳增长、调结构、转方式、惠民生中的作用，立足佛冈经济运行的实际状况，盘活存量、优化增量、优化信贷结构，不断加大对县域"三农"、中小微企业等领域的支持力度，助推地方经济发展，全县金融运行呈稳中有进、稳中向好的良好局面。2015年末，全县本外币各项存款余额112.62亿元，比年初增加5.37亿元，增长5.01%；本外币各项贷款余额65.93亿元，比年初增加7.62亿元，增长13.07%。存贷比为58.54%，同比上升4.17个百分点，比全市各县（市）存贷款同比增幅分别高出1.41个百分点和1.76个百分点。

金融监督管理

【金融运行情况】 **各项存款** 2015年全县人民币各项存款稳中有升，保持平稳增长。全县人民币各项存款余额111.92亿元，比年初增加4.81亿元，增长4.49%。其中：居民储蓄存款余额74.89亿元，比年初增加4.54亿元，增长6.45%。人均储蓄存款2.39万元，位居全市各县（市）第二位，居民储蓄成为各项存款较快增长的主要动力。广义政府存款余额（财政性存款、机关团体存款）21.84亿元，比年初增加1.5亿元，增长7.37%。广义政府存款拉动各项存款增加，超各项存款增长速度。

各项贷款 2015年全县人民币各项贷款继续保持平稳增长。2015年末，全县人民币各项贷款余额63.28亿元（不含佛冈县百利达小额贷款有限公司0.99亿元，建行、邮储等上级行向佛冈发放贷款余额共0.98亿元），比年初增加6.13亿元，增长10.73%；全县人民币境内贷款余额63.18亿元，占各项贷款的99.84%。其中：人民币中长期贷款余额50.4亿元，占比79.65%；人民币短期贷款余额11.25亿元，占比17.78%；票据融资余额1.53亿元，占比2.42%。中长期贷款占比居高不下的主要原因是维持对房地产自住型需求、普通住宅建设以及佛冈重点项目建设的贷款支持。全县农业贷款余额25.5亿元，比年初增加1.48亿元，增长6.16%；全县中小微企业贷款余额27.5亿元（不含建行、邮储等上级行向佛冈发放的0.98亿元），比年初增加0.84亿元，增长3.15%；向县农信社发放支农再贷款余额1.1亿元。继续加大对"三农"、中小微企业的信贷支持力度。

信贷投向 全县银行业金融机构贷款主要投向制造业（中小微企业）、批发零售业、住宿餐饮业、房地产业（个人住房按揭）和"三农"等行业。投放以上行业占比95%。

国库资金 2015年，共办理国库业务50.6万笔。其中：一般预算收入49.7万笔，金额24.07亿元；一般预算支出8530笔，金额20.8亿元；预算收入退库515笔，金额2.41亿元。国库资金总体运行平稳。

外汇业务 继续推进跨境人民币结算和落实贸易投资便利化措施。2015年，全县银行结汇收入2.14亿美元，同比上升49.94%；银行售汇支出0.54亿美元，同比下降21.19%；结售汇顺差1.6亿美元；全县发生跨境贸易人民币结算业务金额23.92亿元，占全市的18.9%。

保险业务 2015年，佛冈财产保险公司、人寿保险公司保费收入共0.8亿元，比上年同期增长2.63%。其中：财产保险收入0.22亿元，比上年同期增长25.27%；寿险收入0.58亿元，比上年同期下降3.89%。财产保险公司和人寿保险公司赔付总支出0.45亿元，比上年同期下降26.45%。其中：财险赔付支出0.09亿元，比上年同期下降21.63%；寿险赔付支出0.36亿元，比上年同期下降27.65%。

证券业务 2015年，安信证券股份有限公司清远佛冈证券营业部业务交易额79.41亿元，比上年同期增加41.63亿元，增幅110.19%。

非银行类融资 2015年，佛冈县百利达小额贷款有限公司积极稳妥地开展各类小额贷款业务，贷款累计发放1.23亿元，对促进全县经济平稳发展起到有益的补充作用。贷款余额0.99亿元，其中"三农"贷款余额0.44亿元，个体经营贷款0.55亿元。

【金融服务】 2015年，全县各金融

机构以优化金融服务为着力点，全面提升金融服务水平。

农村金融服务网点建设 在全县78个行政村布放自主服务终端，全面推广银行卡助农取款服务工作，为广大农民客户办理银行卡消费、行内转账、跨行汇款和取款等业务，更好地满足广大农户客户医保、养老保险、小额资助贷款等方面的金融服务需求。2015年，已设立农村金融服务站90个，覆盖全县78个行政村、12个居委，覆盖率100%；已设立和安装助农取款点（机）191个，助农取款13 147笔，金额329.31万元，受惠群众13 147人次。

农村金融改革 营造普惠金融环境。推动农村信用体系建设。由佛冈县政府牵头，人民银行佛冈县支行积极指导和协助，各镇政府参与实施，全面铺开农户信用信息采集录入工作。全县农户数量共63 292户，采集62 054户，完成98.04%，成功导入农户信息61 867户，农户信用信息入档率达97.75%，位居清远辖区首位。全面推广"政银保"贷款模式，且成效明显。"政银保"农业贷款已成功发放贷款14笔，共1035万元；"政银保"小微企业贷款已成功发放贷款6笔，共450万元。

配合创建信用村 在协助建设县级综合征信中心的基础上，逐步扩大信用信息评价与运用范围，每个镇选取基础较好、信誉良好的村，稳妥开展信用村建设工作；因地制宜制订农户信用信息评级标准，依托村民理事会等基层组织开展信用户、信用村的评定工作，全面提高农民的金融意识和信用意识。全县78个行政村，均已授予"信用村"称号，超额完成全县行政村建成"信用村"的工作目标任务。

"村廉通"业务 全县78个行政村已开通"村廉通"业务，实现全县全覆盖。"村廉通"是为大力推进农村财务管理规范化建设，提升监管水平，利用电子化金融手段优化农村资金监管，实现助农取款、助农缴

2015年11月18日，人行佛冈县支行组织辖区各行、社开展新版人民币100元券宣传活动

（佛冈人行供稿）

款、助农转账、水电费和手机话费缴交等功能的一种新的服务方式。采取事前防控、事中跟踪、事后公开的措施，全程对农村资金进行监督，提高农村财务管理水平，达到资金安全、财务透明、缴款便捷的目的，从源头上杜绝"坐收坐支"、公款私存等不良现象，增强农村"三资"监管活力，有效加强农村党风廉政建设。

农村合作金融 人行佛冈县支行不断加强信用体系的宣传、建设，营造良好的信用环境，带动县域推广创建新型合作经济组织，充分发挥民间金融互助作用，有效推进农村金融改革信用合作组织试点工作，不断深化农村金融改革。全县成立1939个经济合作社，并报县农信社开设账户，其中已报人行佛冈县支行审批发证1879户。

【**金融法治环境**】 2015年，全县各金融机构开展金融知识进课堂、进乡村、进社区活动以及"3·15"消费者权益保护日、"6·14"信用记录关爱日、百姓金融风险教育周、2015年征信专题宣传等系列宣传活动，向不同群体普及防范金融风险和电话诈骗、假币识别、银行卡安全用卡、支付结算、金融消费权益保护、信用征信、金融理财基础知识等，提高广大群众金融素养。清远市金融消费权益保护联合会佛冈县工作站，积极推进金融消费权益保护工作。通过开展金融消费保护行业评价、非诉调解、宣传教育和舆论引导等工作，进一步维护好金融机构和消费者合法权益，推动和谐金融生态建设。2015年度，佛冈县工作站获得清远市金融消费权益保护联合会先进工作站称号。

（黄洁敏）

银行业机构选介

【**中国工商银行股份有限公司佛冈支行**】 中国工商银行股份有限公司佛冈支行（简称佛冈工行）位于清远市佛冈县石角镇振兴中路120号，是中国工商银行清远分行辖属一级支行。下设行长室、办公室、市场信贷部，下辖营业部、城中支行、汤塘支行三个营业网点。自助银行服务覆盖县城、汤塘、龙山等地区，服务渠道覆盖面广。

经营业务 2015年末，各项存款日均余额19.98亿元，占当地四行总额的42%，其中个人储蓄存款日均余额为11.16亿元，对公存款日均余额为8.83亿元；全行中间业务收入3133万元。实现国际业务贸易融资累放量12 544万美元，跨境人民币结算量84 826万元。

拓户工作 抓好信息收集，服务跟踪落实，尤其针对重点客户，做到全方位、多维度重点跟进。一是组织开展拓户营销活动。成立拓户团队，确定目标，积极推出营销服务方案，支行领导亲自带队与客户经理积极深入市场，巩固和加强业务联系，抢抓

账户营销先机。在此基础上，针对不同客户，分别制定营销服务方案，及时跟进营销。二是跟紧服务工作。对重点机构客户均安排客户经理跟紧服务工作，为后续的机构营销起到重要的推动作用。2015年，佛冈工行对公存款日均5万元以上（含）账户净增106户，新增代发工资户数净增16户，企业网银证书版客户数净增104户，法人理财客户数净增39户，私人银行客户净增3户，机构拓户净增104户（其中住房公积金归集户净增22户，建筑工人保证金二级账户净增11户，工会账户净增15户，其他账户净增56户）。

中间业务收入 2015年国内外经济与金融市场复杂多变，人民币汇率波动贬值。佛冈工行牢牢把握省行打造国际业务一流品牌行的大方向，通过国际业务多产品组合，加大付汇理财通、境外结售汇、"T+3"超短期结汇及外结内购等产品推广，对存量客户做深做实做透，时刻跟紧国际业务部门的步伐和各项发展指标，继而引导客户办理高收益或战略性的重点产品，切实提高国际业务各项指标全面发展，历史性地实现国际业务中间业务收入超千万元，达1027万元。

信用卡业务 2015年，佛冈工行坚持抓大不放小，全员营销的信用卡发展理念，积极扩大信用卡覆盖率，新增信用卡客户800户，有效推动信用卡中间业务收入的快速发展。实现信用卡中间业务收入625.3万元，在个人金融中间业务收入中，信用卡中间业务收入占比不断提升，进一步提升在当地的市场竞争力。以信用卡分期付款业务为载体，以汽车、车位及装修分期付款业务为抓手，直接锁定自身潜在客户资源开展精准营销，实现信用卡分期付款中间业务收入356.5万元；通过加大商户收单市场的营销拓展力度，优化收单商户结构，实现商户中间业务收入奖励159.6万元。

严守信贷资产质量 高度重视信贷风险防控，把稳定资产质量作为现阶段信贷工作的重中之重。一是对全行法人信贷客户开展"拉网式"的信贷风险排查。通过现场检查和非现场监测相结合的方式进行逐户排查，不定期上门拜访客户、走车间、看仓库、调阅资料和凭证等多种形式，深入企业生产和经营现场，实地调查，多维度、多渠道地收集企业经营动态，形成真实的贷后检查报告，严防信贷风险事件发生。二是加强对个人按揭项目贷款准入条件的审核。严格落实双人调查和面谈面签制度，将风险控制摆放在第一位，加强对客户账户资金的监控和跟踪，对账户资金不足的，及时与客户联系，确保资金到位按时归还贷款和利息，有力地保障个人信贷业务的健康稳定发展。

内部案防管理 坚持每月召开内控案防工作分析会议，认真听取部门及网点负责人的案防工作汇报，对存在问题进行分析、研究，提高全行的风险意识和自我保护意识。同时加强日常工作中的业务操作规程管理，预防各项经济案件的发生，创造一个良好有序的内部环境。

员工素质培训 先后举办多期职工强化培训班。通过强化培训，使新职工基本上了解和掌握涉及金融法律法规知识、业务知识、业务技能等方面的知识。组织员工进行政治和业务知识学习，进一步提高全员职工政治和业务素质，特别是对新入行的职工进行强化培训，并召开主题为"职业生涯"的青年员工座谈会，迅速提高新职工的综合素质，尽快适应工作的需要。

"幸福后花园"文化建设 为进一步关爱员工，调动员工的积极性和主动性，营造"共创共健共享"的和谐家园文化氛围，增强凝聚力和向心力，在2015年度内开展多项活动，如"欢乐闹元宵"趣味运动会活动、"创意缤纷季，浓香亲子情"亲子DIY蛋糕活动、历时100天的"迈步从头越，健康伴我行"员工健走竞赛活动、参与县政府五一职工趣味运动会、参加清远分行举办的"我参与、我快乐·员工才艺大比拼"和"严字当头"演讲比赛，不断丰富员工文体生活，关爱员工，调动员工的积极性和主动性，营造"共创共健共享"的和谐家园文化氛围，增强凝聚力和向心力。同时参加系列爱心活动，如参加爱心助残募捐、清远市见义勇为基金会募捐以及"广东扶贫济困日"募捐活动。

（吴启起）

【**中国农业银行股份有限公司佛冈县支行**】 中国农业银行股份有限公司佛冈县支行（简称农行佛冈县支行）位于佛冈县石角镇振兴中路149号，是中国农业银行清远分行辖属一级支行。下设行长室、综合管理部、运营财会部、客户部、风险管理部，下辖位于县城（石角镇）的支行营业部、振兴支行、石城支行和石角支行，以及位于汤塘镇的汤塘支行等共5个营业网点，是佛冈县四大商业银行中网点最多的金融机构。自助银行服务覆盖县城、迳头、汤塘等区域，金穗惠农通自助服务点遍及佛冈县90个行政村、居委，为广大客户提供便捷的金融服务。

经营业务 2015年末，各项存款余额达16.3亿元，其中：对公存款余额4.7亿元，日均增量5024万元；储蓄存款余额11.6亿元，存量位居四行同业第一。各项贷款余额6.6亿元，其中：法人贷款余额12 909万元；个人贷款比年初增长1.4亿元，其中个人住房贷款余额4.5亿元，比年初增长1.5亿元，住房贷款累计及增量创历年来新高。

"三农"业务 一是开展社保卡激活活动，由支行客户部牵头，带领各网点客户经理到佛冈县石角镇行政村、居委实行社保卡激活上门服务。2015年，全行共对18个行政村、居委开展上门社保卡激活活动53场次，激活佛冈县社保卡8.66万张，占全县26%。二是开展"三农"业务，"惠农通"服务点达118个，全覆盖佛冈县90个行政村、居委，服务点覆盖率达100%,实现覆盖率和有效率"双百"目标,完成多个村委"惠农通"服务示范点形象提升工程,得到县委县政府的充分肯定。同时,"惠农通"工程通过广东省政府金融办"普惠金融"工程中助农取款服务点验收,受到县委县政府的高度评价,为拓展政府社保资金代发工作及政府统筹的金融业务打下坚实基础。

优质文明服务 一是充分利用业务功能的优势,为客户提供适合的各种零售业务,深得客户的信任。2015年,个人电子银行活跃客户、K宝有效客户、个人信使客户、K码支付客户、掌上银行等都有大幅增长;另外,贷记卡新增、贷记卡客户新增、有效商户、信用卡消费额均在清远分行排名前列。二是通过规范化管理以及渠道建设,为客户提供良好的软硬件服务,在龙山镇增设金融便利店,完成装修网点1个,新增柜员机28台,超级柜台5台,并成功打造1个标杆网点,自助设备覆盖迳头镇、汤塘镇、龙山镇及县城范围。

内控外防管理 一是认真做好员工的网格式管理工作,落实日常行为排查,强化层层排查机制的执行力度,发现问题及时处理,从源头上强化内控管理。二是狠抓履职工作,严格尽职检查制度,落实相关业务的监控和在线监管,并做好监察管理。三是继续开展"创建平安农行"及做好综治维稳工作,通过开展反腐倡廉教育宣讲会、案防分析会、内控风险合规及运营条线合规宣讲、邀请县检察院检察官进行法规宣讲、警示教育等宣讲活动,以案说法促使全行干部职工时刻保持清醒头脑,守住防线。四是加强员工学习培训,重点学习《银行业金融机构从业人员职业操守指引》和《员工行为守则》,定期召开操作风险业务分析会,全面提升员工的综合素质、服务水平和风控能力。持续推进"三化三铁"创建工作,加大对账单催收力度,提高对账率和对账质量,重点账户对账率达100%。

党建工作进一步夯实 一是深入开展"三严三实"专题教育,完善基层组织设置,共设立网点独立党支部4个,按要求配齐各支部委员,各党支部均建立党员活动室。以活动为契机,夯实党建工作。二是做好困难党员帮扶工作。2015年,在佛冈农行党委带领下,为行动不便的困难退休员工居住地安装楼梯扶手,机关党支部组织4人对困难退休党员进行慰问。特别是在扶贫慰问活动中,组织党员实行"一对一"帮扶。此外,配合政府新农村建设和扶贫开发政策,创新金融服务模式,参与"美丽乡村"建设项目。三是"比学赶超"树先进,通过设立党员示范岗、党员责任区,以点带面在员工中掀起爱岗、重责、合规的高潮,带动其他员工争先赶超,党员先锋模范作用得到了进一步凸显。通过以上工作的开展,受到上级行的肯定,支行网点支部被广东省分行评为先进基层党支部,佛冈支行党委被广东省分行评为先进基层党组织。

企业文化建设 一是做好"送温暖"工作。坚持"以人为本",爱惜员工,以为员工办好事实事为己任,关心员工疾苦,及时掌握生病、困难员工的情况,及时把农行大家庭的温暖送给每一位员工,进一步增强员工的归属感。二是践行家园活动。通过举办六一儿童节亲子活动、员工趣味运动会,组建太极拳队等,有效丰富员工生活,充分展示出员工团结进取、努力拼搏、蓬勃向上的精神风貌。三是助力企业文化。及时更新企业文化宣传画报,完善员工之家、员工书屋的建设工作,专门为员工购买《用心去工作》等书籍,提升全行凝聚力。四是彰显创先争优。注重对人才的培养和管理,涌现出一批业务先进单位和个人。佛冈支行获得2015年上半年农户贷款增量和新型农业经营主体(双完成)奖全市第二名,支行营业部、振兴支行、汤塘支行均被清远分行评为2015年上半年代理保险业务"十强网点",邓穗聪被评为2013—2014年度清远分行"合规之星",冯亿斐在2015广东省国民金融知识教育普及暨金融消费权益保护工作技能大赛中,取得总分第四名的好成绩,并获"广东省职工经济技术创新能手(前五名)""广东金融知识宣传教育金牌讲师"荣誉称号和"卓越大奖""最佳课堂教学奖"两个奖项。

(冯焕音)

【**中国建设银行股份有限公司佛冈支行**】 中国建设银行股份有限公司佛冈支行(简称建行佛冈支行),内设行长室、综合部,下设营业部、振兴路分理处。

2015年11月2日,佛冈农行参加市、县社保局举办的城乡居民养老保险及城乡居民医疗保险扩面缴费现场宣传会　　(佛冈农行供稿)

经营业绩 2015年末,各项存款余额9.19亿元,各项贷款余额8.38亿元,其中小企业贷款余额7000多万元,新发放小企业贷款1156万元,个人住房贷款余额7.68亿元,新发放个人贷款3.8亿元,比年初新增3.14亿元,新增占比52%,居四大行第一,新发放个人公积金住房贷款3480万元,实现税前利润2379万元,不良贷款控制在600万元以下,不良率为0.23%。

拓展业务发展 2015年,国际结算量达到3亿多美元,跨境人民币结算量10多亿元,海外代付发生额2710多万美元,从而扩大经营业务范围。加大资产业务的发展,新发放个人住房按揭贷款3.8亿元,占当地新增住房按揭贷款50%以上,贷款余额排在当地四大商业银行之首;建行佛冈支行自成立中小企业贷款经营中心以来,加大县中小企业贷款投放,投放资金近1亿元。2015年10月建行佛冈支行在龙山镇电信公司增设两台存取款一体机,方便群众办理金融业务。在迳头镇社评村委安装了助农取款POS机,方便当地群众取款。另外,利用电子银行的优势,引导客户使用电子渠道办理转账、汇款、挂失等非现金业务,减少客户排队等候时间,方便群众,提高工作效率。

推进大零售战略和网点"三综合"建设 2015年是网点"三综合"建设全面推进之年,根据省分行党委提出"落地、细化、融合、提升"八字方针和12大方面93条具体措施,支行综合经营网点、综合营销团队、综合柜员制取得初步成效。经省分行现场验收,建行佛冈支行下属两个网点达到总行"三综合"要求。

培养员工营销技能 建行佛冈支行狠抓电子产品等常态化营销工作,针对市分行下达的任务逐步分解到个人。建立战略性产品联系责任人制度,使每一项战略性产品都有专人负责。要求每个客户经理每周制定工作计划,利用班前、班后会定期汇报计划实施情况,分析存在的问题,提出解决的措施。经过一系列措施,员工的营销意识增强,业绩也得到显著的提高。在做好企业单位代发工资业务的同时,增加单位公积金归集、代扣电费、代扣社保、医保以及其他行政性代收款项。

实现连续11个"安全年"目标 自2005年建行佛冈支行开展"安全年"活动以来,已连续实行11年"安全年"活动。2015年,结合新形势、新要求,制定"安全年"活动的工作目标。一是加强对省、市分行"要情通报""案件防控工作动态"和"十九条禁令"等文件的学习,不断提高员工安全防范意识;二是落实安全工作责任制,支行与部门、网点员工层层签订"安全年"责任书;三是加强职业道德教育,引导员工树立正确的世界观、人生观、价值观和荣辱观,不断提高政治思想觉悟,为业务发展保驾护航;四是按规定认真落实检查制度,定期进行各种预案演练,提高安全防范能力,彻底消除隐患,确保各项业务健康持续发展;五是加强对内部审计、安全保卫和会计检查等发现的问题整改落实,对出现违规的员工对照《员工违规行为积分办法》主动积分,有效控制事故的发生;六是坚持执行员工行为排查制度,从源头上堵塞漏洞,化解、防范风险,实现省分行提出"安全年"工作的目标;七是严格执行中央八项规定,廉洁自律。通过强化内部管理和风险管理,到2015年止,建行佛冈支行实现"零案件"的内控管理工作目标,并成功堵截数起诈骗案件的发生,配合公安部门抓获犯罪嫌疑人数名。

(范桂松)

【中国银行股份有限公司清远佛冈支行】 中国银行股份有限公司清远佛冈支行(简称佛冈中行),主要经营公司金融业务、个人金融业务、国内结算业务、国际结算业务以及金融代理业务等。支行下设行长室、业务发展部、营业部。

经营业绩 2015年,佛冈中行坚持"以客户为中心,以市场为导向"的经营理念,服务地方经济,不断提升服务质量,支持县域经济发展。2015年,各项存款比上年增长1.8亿元,其中对公存款比上年增长1.6亿元,对私存款增长2000万元。

业务拓展 佛冈中行根据市场环境调整战略目标,重点营销国际结算业务,使国际结算业务实现跨越式发展。全年国际结算业务量达1.06亿美元,跨境人民币业务量达5.82亿元,获得中国银行清远分行2015年度"特别贡献奖"。

优化业务流程 佛冈中行继续优化业务流程,优化核心业务流程,支持核心业务的良性发展,精简客户服务流程,尤其是在社会保障卡密码挂失业务中,对流程进行优化精简,缩短办理时间,有效提升服务质量。

改善金融服务 佛冈中行不断推进业务发展的同时,推动金融服务的改善,提升员工服务意识、提高服务质量。2015年参加清远市银行业文明服务礼仪竞赛,通过参加竞赛改进不足、规范服务标准,带动整个支行服务水平的提升。2015年7月8日,位于湖滨桥南振兴北路64号离行式自助银行正式投入使用,提供24小时全天候金融服务,有效提升服务范围,方便周边商户以及居民。社会保障卡投入使用后,更加方便正在使用社会保障卡的群体。2015年9月新版人民币100元纸币推出后,在佛冈人流量较多的人民公园以及汽车客运站举办的两场宣传活动,通过折页、实物宣传新版100元纸币的防伪标识等知识,取得良好的宣传效果。

内控和安全保障到位 加强内控管理,确保各项业务健康发展。以"控风险、防案件、促管理"为宗旨,结合上级行"读透风险,管理要更加严密"和"内部管理提质"的工作要求,狠抓员工内控风险意识教育和管理,加强内控机制建设,强化条线和业务经理内控履职管理,认真抓好授信业务、柜面业务、反洗钱等重点业务和高风险管控,严格落实责任追究,确保各项业务健康发展,有效防止案件发生。佛冈中行获得中国银行清远分行2015年度"内控防案突出奖"。

积极的企业文化 2015年,清远分行党委和工会继续加大建设积极的企业文化的力度。佛冈中行先后参加分行组织的趣味运动会、全民健身运动,在趣味运动会中团结一致、精诚合作,获得第二名。同时,增强企业的凝聚力和向心力,通过全民健身活动,在郊游、爬山等有益身心的活动中加强新老员工的融合,促进员工间的交流,增强员工归属感,同时有效舒缓日益繁重的工作压力,以良好的心态服务当地群众。

（莫海铭）

【佛冈县农村信用合作联社】 2015年,佛冈县农村信用合作联社（简称佛冈农村信用社）积极应对各种挑战,不断加强法人治理,不断深化改革,不断强化全面风险管理和内部控制,较好地完成各项工作计划。

经营业绩 2015年,佛冈农村信用社资产总额603 687万元,比年初增加3337万元,负债总额514 669万元,比年初增加1807万元,所有者权益89 018万元;各项存款余额443 179万元,比年初增加33 914万元,各项贷款余额311 090万元,比年初增加24 242万元,贷存比为70.2%。在2015年全省农合机构综合考核中,佛冈农村信用社获得一类社一等奖、深化改革转型升级奖和金融服务创新奖。2015年度创税4427万元,为地方税收作出重要贡献,被佛冈县人民政府授予"十佳纳税企业"荣誉称号。

着力支农支小 一是在支农方面,佛冈农村信用社结合普惠金融工作要求,落实可行措施,多方位对接佛冈县农村综合改革,切实支持"三农"发展。截至2015年12月末,涉农贷款余额249 823万元,占各项贷款余额的80.31%,比年初增加15 093万元,增幅6.43%,比各项贷款增幅高1.02个百分点,完成"一个高于"目标。二是在支小方面,佛冈农村信用社在产品政策、营销模式、审批流程等方面加大支持力度,加快促进该类业务发展。小微企业贷款余额197 934万元,占各项贷款余额的63.63%,比年初增加17 168万元,增幅9.5%,比各项贷款增幅高1.05个百分点;贷款240户,户数同比增加13户;小微企业申贷率达90%以上,完成"三个不低于"目标。

服务平台建设 建立财政统发工资、商家联盟、农村金融便利店和消费金融业务等内容的四大营销运营平台。通过财政统发工资平台,为全县80多个机关事业单位的8500多名职工个人提供统发工资服务。通过商家联盟平台,联合商家开展系列活动,促进农信社与农户、居民、商户以及其他经济组织的深度融合。借助佛冈县农村综合改革的重大契机,通过建立78个农村金融便利店平台,为全县农村集体经济组织开立银行账户,并以此为纽带配合县纪委推进"村廉通"建设,加强农村基层治理。通过消费金融业务平台,开展"高薪贷"等消费信贷业务,使之成为佛冈人民的"信用卡"。

农信文化建设 建设标杆文化,评选优秀中层干部、优秀网点负责人、优秀综合柜员、优秀大堂经理等,形成"争当先进、争作明星"的标杆文化氛围。建立企业年金制度,推出"夕阳计划",增强职工的归属感,共享改革发展成果。建立职工互助会,支援救助因遭遇家庭突发事件而陷入经济困难的员工。落实"三严三实"专题教育工作,引导激励党员干部加强党性修养,坚定理想信念,增强宗旨意识,严以修身、严以用权、严于律己,引导激励干部树立正确的政绩观,谋事要实、创业要实、做人要实,强化责任担当。成立文体团,组织各项文体活动,积极参加佛冈县2015年"舞动飞扬·农信杯"广场舞大赛,展现农信魅力。

抓牢风险管控 一是加大对存量不良贷款的处置力度,成立不良贷款清收小组,全面开展清收工作,清收不良贷款2427万元。加强贷后管理,对存量贷款落实专职客户经理进行定期与不定期相结合的交叉贷后检查模式,通过及时对贷款户的家庭情况、经营情况、收支状况等进行全面排查,加强信用风险管理。二是落实案件防控工作,开展"合规管理年"活动,提高全员合法合规执行力,提升整体合规管理水平,推行落实每日必查制度,将员工道德行为、机构网点管理、业务操作规范、监控及安保设施等四大类41个子项基础性工作

2015年12月1日,试验区第二届农村趣味运动会暨智慧乡村推介会开幕,县委常委、副县长韦学民作讲话 （陈丽嫦摄）

纳入日常管理范畴，强化岗位、流程和系统控制，做到隐患早发现、矛盾早解决、问责早启动。三是加强对网点负责人和一线员工的行为管控，严格印章和重要空白凭证的授权管理及使用，防范员工参与民间借贷、充当资金"掮客"、从事"飞单"业务，切实防范重点领域和关键部位发案风险。加强主要风险监管指标值的动态监测，确保资本充足率、杠杆率、不良贷款率、流动性比例、核心负债依存度等20多个监管指标持续达到审慎监管要求。

（曾志润）

【中国邮政储蓄银行股份有限公司佛冈县支行】 中国邮政储蓄银行佛冈支行自2007年3月成立以来，始终牢记自身"普之城乡，惠之于民"的使命和责任，紧密围绕服务"三农"、社区、中小企业的市场定位，把小额贷款、个人商务贷款和小企业贷款等小微金融业务做成了"大事业"，走出了一条融合"普惠金融"和商业可持续发展的特色道路。

普惠金融服务 邮储银行高度重视"三农"金融服务工作，深入研究服务"三农"的有效途径。邮储银行积极通过贷款服务"三农"，积极创新信贷产品，开办设施农业贷款、林权抵押贷款、再就业小额担保贷款等服务"三农"的贷款产品体系，将资金直接反哺农村，为农民致富解决资金难题。

防范和打击非法集资活动 为做好防范和打击非法集资巡展工作，贯彻落实《关于在全市开展非法集资工作巡展的通知》和县处非办（财政局）的要求，县支行按照文件要求认真开展了此项工作。一是组织储蓄网点人员进行学习和观看宣传影片，让员工懂得此项活动的重要性；二是在储蓄网点通过LED灯显示此次活动的宣传口号"远离非法集资，抵制非法集资"，并摆放宣传资料；三是在储蓄网点设立"处置非法集资工作巡展"活动咨询台，摆放《清远市防范和打击非法集资宣传手册》；四是营销人员结合出外营销拓展业务、组织推介会和理财沙龙会时，现场向客户宣传和讲解《清远市防范和打击非法集资宣传手册》，宣传合法的投资渠道、理财方式和理财产品，引导群众理性投资。

金融产品创新 邮储银行开展创新创业创富大赛活动，支持"大众创业、万众创新"，践行普惠金融、助力实体经济发展的重要工作，帮助小微企业融资融智的创新实践。举办创富大赛系列活动，通过引入政府、专家、媒体多方参与，将融资和融智结合，为个人创业者和小微企业打造以"一个联盟、四大平台"为基础的创富综合服务平台。"一个联盟"，是指建设以支持小微企业客户发展为目的、以提供综合性金融服务为支撑点的创富联盟。"四大平台"分别包括资金支持平台、品牌传播平台、技术指导平台以及商业模式交流平台。2015年，佛冈县有23人报名参加创富大赛。

（潘海燕）

保险业机构选介

【中国人寿保险股份有限公司佛冈县支公司】 中国人寿保险股份有限公司佛冈县支公司（简称佛冈县支公司）按照2015年广东省保险工作会议提出"抢抓新机遇，迎接新挑战，推动广东国寿发展迈上新平台"的年度目标，围绕"一个中心、两个对标、四位一体、五个聚焦"的发展路径，即以加快发展为中心，强化个险人力和期交两个对标，始终坚持业务发展、队伍建设、基础管理、客户经营四位一体，在"做大期交、做强个险、做实队伍、做优城区、做出效益"五个方面实现聚焦突破，打造广东国寿"一核四驱六平台"三年发展规划升级版。2015年佛冈县支公司实现速度与效益、规模与结构、贡献与增长的协调发展，获得清远市分公司的"先进经营单位"先进集体的奖励。

业务经营情况 2015年佛冈县支公司总保费收入是5787.80万元。其中长期险新单保费1826.64万元，续期保费3462.74万元，短期险保费498.42万元。全年医疗给付234.34万元，伤残给付17.48万元，死亡给付172.24万元。

个险渠道 个险渠道首年标保完成668万元，达成进度148%，同期增长34%；首年期交完成983万元，达成进度121%，同期增长22%；十年期交及以上完成821万元，达成进度146%，同期增长51%；短险完成174万元，达成进度108%，同期增长27%，其中意外险完成140万元，达成进度126%，同期增长32%。

银保渠道 长险首年标保23万元，同比增长43.2%，进度65.7%；首年保费735万元，同比下降10%，进度48%；首年期交保费133万元，同比下降24%，进度69%；5年期及以上期交保费21万元，同比增长22%，进度100%；短险保费2.85万元，进度71%。

团险渠道 短期险保费361万元，同比增长31.6%，进度116%；政保类保费25.25万元，同比增长70%，进度79%；银团类保费43.9万元，同比增长100%，进度116%。

寿险服务 强化服务意识，提高服务水平。利用早会、司务会要求柜面人员重点学习服务礼仪，从心态及仪态上严格要求柜员。强化责任意识，提高风险防范能力。严格执行用户密码保密制度，柜员与柜员之间不能串岗，各岗位要严格执行自己的岗位制度。对于客户的相关信息不能随便向外透露，客户申请领款时，柜员按保全实务的相关要求，认真核对准确领款人的身份、手续，并且杜绝现金领款，这在一定程度上控制了造假风险。认真开展满期给付工作。为做好满期给付工作，积极与销售渠道沟通，特别是银保渠道，通过渠道网点、客户经理留存资料等多种方式及时与客户取得联系，较好地完成满期给付工作。

风险防范管控 坚持在支公司三大业务渠道及员工群体进行每月定期宣导教育，案例分析，加强建立销售人员的工作风险防范意识。建立柜台异样工作情况汇报制，通过业务受理、实务处理过程了解销售人员的工作及生活状态，发现异样必须及时向经理室、销售支持岗汇报。

（邓育文）

【**中国人民财产保险股份有限公司佛冈县支公司**】 2015年，中国人民财产保险股份有限公司佛冈县支公司内设组织机构有经理室、综合部、直销业务一部、直销业务二部、直销业务三部、中介业务一部、汤塘营销服务部、大坪营销服务部、科旺营销服务部，员工及代理营销员共43人。贯彻落实省市分公司的工作部署"对标市场加快发展，改革创新提升品质"，努力做"让客户满意、让员工自豪、让地方认可、让上级放心"的县支公司，勇于开拓创新，业务取得快速发展，效益显著。

业务发展情况 保费突破2000万元，公司发展跨越新台阶。认真贯彻落实省公司"对标市场加快发展，改革创新提升品质"的工作要求，认真开展市场调研，分析形势，明确目标任务和努力方向。坚持"以市场为导向、客户为中心"的经营理念，深化销售改革，落实销售人员和销售团队管理规定，制定差异化的业务考核方案及效益型险种和分散性业务发展的奖励措施，充分调动员工积极性，促进业务的快速发展。2015年保费收入2171.85万元，同比增加438.42万元，增长25.29%，完成全年计划任务的104.6%。公司获得人保财险广东省分公司"支公司30强"表彰，获得2015年度人保财险清远市分公司系统先进集体。

优化业务结构，提高经营效益 坚持以"价值创造为主基调，调整优化业务和结构，提升经营效益"为主线，坚持效益第一，在科学管理中求效益。一是实行差异化费率，制定发展效益型险种和分散性业务的奖励措施，大力发展效益型险种。二是做好风险防范。贯彻落实承保管理规范，开展风险调查，对高风险及进入"黑名单"客户进行调整改造，严把风险入口关。经调整优化业务结构，加强承保风险管控，经营效益显著提高，2015年完成利润计划的186.1%。

积极参与"农金改"，抢占农村保险市场 2015年8月，佛冈支公司与佛冈县农村金融改革创新综合试点领导小组办公室签订《佛冈县农村金融服务站保险业务合作协议》，于2015年9月10日，利用县政府举办全县"农村普惠金融"培训班的机会，专门组织公司讲师对参加本次培训班的100多名镇村两级金融服务站人员开展保险知识培训，积极支持服务地方经济社会发展，成为"让地方认可"的县级保险机构。充分利用农村金融服务站人员开展保险业务，抢占农村保险市场增长点，取得初步成效。

服务保障地方经济 2015年为各机关团体企事业单位和个人共提供88.83亿元的风险保障，累计支付各类自然灾害、意外事故和医疗保险赔款941.74万元，同比下降21.62%，其中车险赔付749.30万元，同比下降16.55%；商业非车险赔付155.94万元，同比下降29.35%；农险赔付36.50万元，同比下降44.78%；政策性农房赔付32.50万元。

（巫汉辉）

2015年9月10日，县政府举办佛冈县"农村普惠金融"培训班

（人保财险佛冈支公司供稿）

【**中国太平洋财产保险股份有限公司佛冈营销服务部**】 中国太平洋财产保险股份有限公司（简称太平洋产险）清远中心支公司佛冈营销服务部成立于2004年3月，负责太平洋产险在佛冈县的财产保险业务和管理。主要经营业务范围：车辆保险、企业财产保险、意外伤害保险等。办公地址：佛冈县石角镇振兴北路128号。秉承"诚信天下，稳健一生，追求卓越"的核心价值观，以"用心承诺，用爱负责"为服务理念，开拓进取，锐意创新，拓宽服务领域，竭诚为广大客户提供风险保障服务。

业务经营状况 2015年，佛冈营销服务部完成保费收入1340.18万元，同比增长0.3%，其中车险保费979.73万元,非车险保费360.45万元。

理赔工作 认真做好索赔咨询、现场查勘、资料收集、赔付反馈等各个环节的工作。理赔工作正常有序,赢得客户的认可。全年车险理赔款536.3万元,非车险理赔款198.47万元。

经营管理 加强车险业务经营管理。车险业务一直以来在整个业务经营中具有举足轻重的地位和作用,必须做大做强,做精做细。在继续加快发展车险业务且保持较快的发展速度的同时,严格控制高风险、高赔付的业务,从承保源头抓起,从每一笔业务、每一件赔案、每一个环节抓起,从每一位承保人员抓起,全面提高车险业务经营管理水平,增强盈利能力,使车险真正成为增收保费和创造利润的骨干险种。

强化内部管理 认真贯彻落实"提高盈利和提高优质业务占比,注重实现优化业务结构为重点"的工作方针,努力提升营销服务部创造最大价值的能力。积极发展保险销售渠道,大力发展渠道业务,以确保全年销售任务顺利完成。

(刘新梅)

古村的希望 (林红途摄)

农 业

责任编辑：何道井

综 述

【概况】 2015年，佛冈县统筹城乡发展，紧紧围绕清远市委、市政府深化农村综合改革的总体部署和要求，以推进农业产业化为核心，把促进农业发展、农民增收作为首要任务，落实强农惠农富农政策，强化"三农"服务，推动省级现代农业示范区项目建设，开展农业结构调整，重视重大动物疫病防控工作，推动科技产业发展，切实加强农产品质量监管和农业行政执法工作，大力发展农业机械化工作，实现农业和农村经济持续稳定发展。

（黄焕光）

农村综合改革

【概况】 2015年，佛冈县把农村综合改革工作列为县委、县政府工作的"一号工程"，以"三个重心下移"和"三个整合"为重点，大力推进农村综合改革工作，深度激发农村活力，促进农村经济发展，增加农民收入，改善村容村貌。

【村级组织建设】 2015年，佛冈县下辖6个镇，农村综合改革调整设置167个村委会、78个党总支、415个村党支部、1663个村民理事会、1997个农村集体经济组织。全县完成"八有"的农村集体经济组织1954个，占比98%。全县成立401个农民合作社、52个家庭农场。

【涉农资金整合】 2015年，全县整合财政涉农资金12 066.9万元，其中普惠性资金2167.9万元，非普惠性资金9899万元。全县6个镇、78个行政村（片区）全部开展涉农资金整合，签名同意开展涉农资金整合的经济社1764个，占比92.2%。整合后的资金用于改善村容村貌项目22个，金额307.5万元，用于农业生产基础设施建设项目81个，金额274.4万元，用于其他建设项目120个，金额213.3万元。

【土地资源整合】 2015年，全县签名同意整合土地的经济社1845个，占比96.4%，整合面积12.68万亩，占比97%，实际已开展土地整合的经济社766个，占比40%，实际整合到户面积5.08万亩，占比39%。整合后有集体经营土地的经济社123个，经济社集体经济经营的土地面积8036亩；制定产业发展规划的经济社101个。

【涉农服务整合】 县级"三资"信息平台已初步建好，已完成"三资"信息录入工作，并进入试运行阶段。建立镇级6个公共服务中心、6个三资管理平台、6个产权交易平台、6个农村信用合作部（5个已运营，1个在建）、19个涉农服务平台（建成投入使用18个，在建1个）、37个村级淘宝服务站。全县6个镇90个村（居）委已全部建成社会综合服务中心（站），网上办事大厅普及率达到100%；涉农服务不断从政务向生产、生活服务延伸。

【乡村公园建设】 佛冈县原建设156个乡村公园，总面积76.5553万平方米，总投资8427.78万元。2015年，佛冈县乡村公园考评工作小组对全县6个镇新建设乡村公园进行考评，评出符合奖励的乡村公园有64个，其

2015年7月30日，清远市委常委、宣传部部长崔建军（右三）到佛冈调研农综改
（黄超贤摄）

中一类公园 36 个，二类公园 15 个，三类公园 13 个，并按相关程序将奖励资金 545 万元划给各申报行政村。

【示范村建设】 佛冈县原建设示范村 10 个，财政累计投入建设资金 1069 万元。2015 年，县委农办牵头组织县科农局、汤塘镇政府、潖江村委、江坳村委和工程设计、预算、监理、施工单位负责人成立工作验收小组，对佛冈县 2014 年第二批示范村创建点汤塘镇潖江村委的方田自然村、门一自然村、船二自然村、久四自然村和江坳村委的虎山头自然村共 5 个自然村进行验收，并按相关程序完成验收工作。

（黄秀群 黄杰华）

农业经济工作

【集体经济组织建设】 佛冈县根据省、市精神，结合清远市农村综合改革要求，出台《佛冈县农村集体经济组织的指导意见》。据统计，2015 年佛冈县有 6 个经济联合总社、78 个经济联合社、1913 个经济合作社，经济组织总数 1997 个；规范经济组织建设，达到"八有"的有 1954 个。全县实际整合耕地 3.72 万亩，开展清理核实"三资"的农村集体经济组织 1997 个。

【农业经营体培育】 2015 年，佛冈县有省级重点农业龙头企业 2 家，市级农业龙头企业 4 家。积极引导农民专业合作组织建设和发展，佛冈县农民专业合作社达 176 家。其中，注册商标 5 家，绿色食品认证 3 家，出口基地认证 3 家，有机认证 3 家。被评为市级以上农民合作社 12 家，其中省级农民合作社 6 家。开展家庭农场认定工作，2015 年佛冈县认定家庭农场 52 家。

（何道迎）

【一事一议财政奖补】 2015 年，佛冈县规范一事一议工作程序，按照村民议定、村申报、镇初审、县审批的程序，编制奖补项目计划，建立滚动式项目库。根据奖补资金情况，有计划、有重点地安排实施项目，形成"建成一批、滚动一批、充实一批"的良性循环机制，加快推进一事一议项目建设。落实配套资金，加强项目资金管理。2015 年佛冈县计划实施村级公益事业，建设一事一议财政奖补项目 555 个，总投资 2.08 亿元。已竣工验收项目 244 个，分布全县 6 个镇 62 个行政村，总投资 8569 万元。申请财政奖补资金 2472.12 万元，落实奖补资金 825 万元。其中，中央、省财政 660 万元，市财政 82.5 万元，县财政 82.5 万元。

（廖君明）

【农业执法】 县农业部门开展 2015 年农资打假专项治理行动和"放心农资下乡"活动，强化农资产品和农产品质量安全监管工作。2015 年共出动执法人员 312 人次，检查单位和个人门店 143 家，抽取样品农药 26 个、肥料 6 个、饲料 4 个，进行送样检测。立案查处 7 宗，结案 7 宗。对佛冈县 11 个蔬菜生产基地、5 个农民专业合作社的 521 个蔬菜和水果样品进行监测，经检测合格率 99.8%。检测生猪尿液样品 1.37 万份，全部为阴性，农产品质量安全得到有效保证。

（彭志皓）

农业产业化

【现代农业示范区建设】 实施方案和申报指南 佛冈县农业部门制订 2015 年度的现代农业示范区建设的实施方案和申报指南，并在佛冈政务网、电视台、电台公开发布。实施方案突出重点，把资金重点投放到农业装备、生态农田、健康环保养殖、安全体系、科技体系、培育主体、休闲农业、农村改革和新农村建设等方面。召开现代农业示范区建设 2015 年项目申报工作会议，组织农业企业、农民专业合作社、种养大户申报项目。成立项目评审领导小组，组织佛冈县相关部门专家筛选建设项目。

项目建设 加强项目建设指导和监管，推动项目的落实。佛冈县现代农业办及相关工作部门组成督查组，每个季度到项目实施单位开展督查，发现问题及时协调、解决。2015 年竣工验收项目 7 个，基本建成并即将验收项目 32 个，正在实施

2015 年 11 月 20 日，县委副书记、县长梁金鉴（正面中）到高岗镇三江村同盛生态农业投资有限公司调研百香果种植项目

（高岗镇供稿）

项目1个；13家农业企业、农民专业合作社办理政银保农业贴息贷款1415万元。

【现代农业项目】 2015年，特色农业基地数量增长较快，连片种植50亩以上的特色农业基地有54个，面积8152亩，其中100亩以上连片基地26个，面积5000多亩。佛冈县省级现代农业初具雏形，培育一批适销对路、效益良好、适合本地种植的特色品种，发展芦笋、槟榔香芋、淮山、莲藕、叶菜、葡萄、香蕉、粉蕉、百香果、大果山楂、火龙果、鹰嘴桃、青枣、益肾子、茶叶、油茶、药材等多元化产业，产业成效显著。香蕉、粉蕉连片种植1000多亩。联心合作社，惠文合作社、惟德农业、丰业、云峰葡萄合作社等葡萄亩产1500公斤，产值4.5万元/亩，农业生产基地成效突显。大棚芦笋从原来的40亩发展到250多亩，亩产2500公斤，产值达3.5万元/亩；龙山镇槟榔香芋种植合作社的香芋亩产2000公斤，获利0.6万元/亩。

（华彩虹）

种植业

【概况】 2015年，在稳定粮食生产面积基础上，抓好粮食生产，保证粮食生产安全，同时调整农业产业结构，扩大经济作物种植比例。粮食作物以水稻为主，2015年生产粮食7.181万吨，其中水稻5.52万吨，玉米1397吨，豆类713吨，薯类1.45万吨。主要经济作物有花生、甘蔗等。2015年花生种植面积3.43万亩，产量6471吨；甘蔗种植面积242亩，产量494吨；蔬菜种植面积11.77万亩，产量11.79万吨。水果主要以柑桔、荔枝、龙眼为主。2015年柑桔种植面积10.25万亩，产量7.61万吨；荔枝1.61万亩，产量4897吨；龙眼0.72万亩，产量3157吨。

【落实粮食补贴政策】 农业部门宣传贯彻国家关于扶持粮食生产的政策措施，对种粮情况开展调查，协同财政等部门完成农资综合直补及种粮直补各项工作。2015年完成种粮补贴面积调查核实工作，补贴22.4万亩，受益农户5.27万户，受益农民人数25.67万人，补贴标准82元/亩（其中农资综合补贴61元/亩，种粮直补6元/亩，良种补贴早晚稻各15元/亩），由县财政部门发放补贴金1838.44万元。开展政策性水稻种植保险工作，完成投保面积16.42万亩，投保金额328.4万元；当年水稻成灾面积0.65万亩，理赔金额86.51万元。

【柑桔果园清理】 佛冈县出台《关于进一步落实柑桔黄龙病树及残次果园清理工作的通知》，加大对防治柑桔黄龙病、清除病树的宣传工作。向各镇、村发放《关于清除柑桔黄龙病树及残次果园的通告》，明确连续两年荒废土地的，按《土地管理法》由集体收回土地承包。通过电视台、手机报等媒体宣传清理黄龙病改种新品种的效益。在工作中实行分类指导和每月督查，动员果农清理沙糖桔病树后，水田地改种水稻、蔬菜或其他适合发展的短期作物；旱地、山坡地改种其他水果、药材、茶叶。2015年全县共清理沙糖桔黄龙病残次果园13万亩，改种水稻、蔬菜、水果及其他经济作物6万多亩。

【农业技术推广】 2015年，县农业技术推广中心定期派出科技人员300多人次下乡指导农业生产，重点安排农技人员对名优特新品种的芋头、莲藕、蔬菜、葡萄、草莓、芦笋、黑山羊、生猪、白鸽等生产基地进行全程服务和指导。大力推广测土配方施肥技术，完成测土配方施肥项目沙糖桔试验的采样、测产、化验、总结等相关工作。做好耕地地力监测点维护、采样工作。推进国家级基层农技推广体系改革与建设项目，组织全县基层农业管理干部和农业科技人员到广东省农业厅培训中心接受为期一周的业务培训，系统学习专业知识，努力提高业务水平。

（赖杏梅）

【植保植检】 2015年，全县植保植检站开展柑桔黄龙病与柑桔木虱监测调查工作，在龙山、汤塘、石角、水头4个镇分别选取一个沙糖桔果园作为调查点，做好柑桔黄龙病综合防控与改种提供预警信息工作。开展全县柑桔果树种苗检疫专项执法检查，核查生产经营单位（种苗繁育场）14家。联合华南农业大学在汤塘镇竹山村开展粉葛病害调查与防治试验，在水头镇开展芦笋虫害防治试验工作，在石角镇开展芋头虫害防治试验工作。佛冈县植保植检站编印《病虫情报》10期1000份发放至各镇村、种植专业户，及时指导农民进行农作物病虫害综合防治。针对农田鼠害上升趋势，开展农区灭鼠工作。2015年下发《关于开展农区灭鼠工作的通知》，县植保植检站负责技术指导，发动农民开展全面统一的灭鼠行动，全年投入17.5万元购买灭鼠毒谷21.9吨发放到各镇、村，使农区鼠害比往年同期明显减少。

（黄昶成）

畜牧与水产

【概况】 2015年，佛冈县生猪饲养量19.16万头，年末存栏9.49万头；牛饲养量0.52万头，年末存栏0.40万头；家禽饲养量194.08万羽，上市家禽115.23万羽。2015年生产肉类约1.25万吨，其中猪肉9199吨，牛肉225吨，羊肉74吨，家禽肉2996吨，禽蛋产量5891吨。渔业以四大家鱼、罗非鱼为主。可用于水产养殖的淡水水面1064公顷，产量7500吨。落实能繁母猪饲养补贴工作，促进生猪生产持续健康发展。投保能繁母猪1.11万头，配套补贴资金3.58万元；投保蛋鸡30万只，配套补贴资金3.93万元。

【H5N6疫情处置】 2015年8月6日，石角镇莲溪村一鸡场发生鸡只非正常死亡，经过广东省和国家实验室确诊后，于8月12日农业部兽医局发布H5N6亚型禽流感疫情通报。疫情发生后，县委、县政府迅速启动应急预案，按照预案和防治技术要求，组织疫区做好封锁、消毒等工作，并对疫区内38 110只禽鸟全部进行扑杀和无害化处理。9月8日，佛冈县高致病性禽流感疫情应急处置工作经清远市重大动物疫情应急专家组验收合格；9月9日，县政府发布解除封锁令，应急处置和防控工作取得阶段性成效。

【动物疫病防控】 县农业部门加强动物防疫监督，落实防疫监督员与镇动监分所分片包干责任制，加大对禽畜交易市场、规模养殖场和边远地区的检查力度。落实养殖户申报检疫和经营者收购前报检制度，强化产地、运输、屠宰等环节的检疫。设立疫情测报点，对畜禽主产镇、京港澳高速公路出入口所在镇及国道沿线等高风险区域进行监控。组织各养殖场和屠宰场开展全省"动物防疫消毒灭原日"活动；做好清远市每月16号开展活禽交易休市日相关工作。

【畜禽污染治理】 根据《佛冈县2015年度创建国家环境保护模范城市实施方案》，完成2015年计划22户畜禽规模养殖场减排设施建设。全县80%以上规模化畜禽养殖场和养殖小区配套建设固体废物和污水贮存处理设施，禁养区内禁止新增畜禽养殖。对佛冈县人大督办的北山公园、大窝水库等养殖场污染问题，县农业部门组织石角镇和环保、国土、住建、林业等相关部门召开联席会议，各司其职，大力开展对禁养区畜禽养殖清理取缔工作。完成佛冈县禽畜养殖污染治理，推动养殖废弃物的肥料化和沼气化处理工作的开展。

【生猪定点屠宰管理】 县农业部门开展生猪屠宰专项整治工作，加大对屠宰企业日常监管力度，重点检查屠宰企业肉品质量安全制度的建立和执行情况。督促屠宰企业严格执行生猪入场查验登记、待宰静养、肉品品质检验、"瘦肉精"自检、无害化处理等制度。开展生猪定点屠宰资格审核清理工作，对原三八、龙南屠宰场下发《责令关闭规划外屠宰场通知书》，按要求予以关闭；对各镇整改的屠宰厂（场）严格按规定开展复核审查，仍不达标的依法取消定点资格。

（李 迅）

农业机械化

【概况】 2015年，完成机耕面积11.69千公顷，下田作业拖拉机1079台，机插面积375.5公顷，机收面积9.4千公顷，综合机械化水平达63.13%。2015年全县拖拉机累计注册登记3377台（其中新注册登记310台），拖拉机上牌率88%；全县联合收割机拥有量61台，累计注册登记38台；完成拖拉机年度安全技术检（审）验2060台，拖拉机年检率61%；拖拉机驾驶员累计在册数2123人（其中新核发拖拉机驾驶证213人），拖拉机持证率82%。2015年佛冈县使用中央财政农机购置补贴资金107.96万元，受益农户391户（人），购置农机具486台（套）。全年未发生农机伤亡事故。

（曹伟权）

【农机安全监督管理】 加大农机安全监管力度，强化农机安全监督管理。建立和健全应急预案机制，开展农机维修网点排查、农机年检审验"送检下乡"、拖拉机安全专项整治、农机事故应急演练等活动。

农机安全专项整治 2015年，重点整治拖拉机无牌、无证行驶，未按规定参加年度安全技术检验，无证驾驶，证照不全或过期，伪造、变造证件，违法载人，酒后驾驶等违法违规行为。专项行动中，出动执法车辆42辆次，执法人员107人次，检查拖拉机250辆，查扣50辆，发出教育整改书39份，发放农机安全宣传资料700份。

"送检下乡"惠民活动 2015年4—5月，县农机安全监督管理站开展"送检下乡"惠民活动。通过农机监理信息服务平台对农机驾驶员发出年（检）审信息，营造氛围，为驾驶员提供"一站式服务"。活动期间，

2015年4月27日，开展"送检下乡"惠民服务　　（陈日云摄）

农机监理工作人员到村委现场为驾驶员办理拖拉机年审入户、过户、保险等服务，出动检测车32辆次、监理工作人员152人（次），为871台拖拉机办理年审、入户、过户等手续。

（陈日云）

林　业

【概况】 2015年，佛冈县紧紧围绕中心工作任务，大力推进重点林业生态工程建设，强化森林资源保护管理。2015年全县林业用地面积8.88万公顷，有林地面积8.20万公顷，森林覆盖率72.32%，森林活立木总蓄积量449.4万立方米，森林资源总量持续增加。

【重点林业生态工程建设】 一是开展重点工程造林。佛冈县2015年森林碳汇重点工程造林任务为2.75万亩，其中：工程造林2500亩，社会造林2万亩，封山育林5000亩。全县实际完成新造林27781亩，其中：森林碳汇工程造林面积2781亩，社会造林面积2万亩，封山育林5000亩，超额完成全年任务。二是开展乡村绿化美化工程。全县纳入建设任务的有16个行政村；经过绿化美化的乡村达到入村有景观路、村边有水源林、村中有小公园、房前屋后有绿化的建设要求。三是落实2015年黄花湖县级湿地公园和汤塘长盛谷、水头潭洞、高岗长江3个镇级森林公园的建设任务。四是开展全民义务植树活动，全县义务植树50.4万株。

【林政管理】 一是严格执行采伐限额管理，合理控制森林资源消耗。县林业局坚持采伐审批公示制度，落实采伐设计错误追究责任制，伐区调查设计率达100%。2015年，佛冈县采伐指标为18.84万立方米，发放采伐指标15.49万立方米。二是加强木材运输放行的管理。严格按照放行量低

2015年8月24—28日，佛冈县组织开展森林防火扑救演练，进一步提高森林消防队员的扑火技能　　　　　　　　　　　　　　　　（廖阳西摄）

于采伐量的原则，坚持凭木材采伐证、完税发票等办证材料办理放行，全县共办理出县放行木材9.35万立方米，主要树种为桉树。三是开展林地保护管理工作，及时制止和依法查处毁林和乱占林地的行为，严格把好征占用林地的审核审批关，向上级申请办理占用征用林地6宗，已批准2宗，批准征占用林地面积8.85公顷。四是开展林业生态红线划定暨林地年度变更调查工作。五是加强木材加工企业管理，规范台账登记，减低资源消耗。

【山林纠纷调处】 深入开展社会矛盾五大领域涉林维稳专项治理活动。县林业局切实做好社会重大不稳定因素的排查及建立台账工作，对社会不稳定因素进行全面的大排查、大调处；认真落实一月一上报制度，坚持分级负责制和领导包案负责制。2015年，全县受理山林纠纷案件1宗，调处解决3宗。作出行政处理决定1宗，涉林面积约691亩。接待群众来访152人次，回复信访件2件。全年没有发生因涉林纠纷引起的集体上访或群体械斗事件。

【林业有害生物防治】 2015年，佛冈县林业有害生物成灾面积为0.1万亩，成灾率0.8‰，防治成灾率控制在指标内。

【生态公益林管理与补偿】 认真落实生态公益林管护责任，明确管护职责，管护合同签订率100%。抓好生态公益林效益补偿资金发放工作。全县生态公益林总面积32.6万亩，2015年省下达佛冈县生态公益林损失性补偿资金735.24万元，完成损失性补偿资金发放332.58万元，占发放任务总量的45.2%。由于全县开展"三农"资金整合工作，损失性补偿资金推迟发放。

【森林防火】 严格执行森林防火工作行政首长负责制，做到"四落实、一强化"。一是加大对森林防火经费的投入。全县共投入防火资金376.1万元，其中：投入培训和宣传经费4.3万元，队员装备18.5万元，护林员经费228.8万元，省财政资金投入60万元购置费，购买1台森林消防运兵车、60台风力灭火机、10台油锯；各镇共投入64.5万元防火经费。二是抓好防火宣传活动。在佛冈电视台开辟森林防火专栏，林业局分管领导在专栏上作主讲嘉宾，宣教活动内容，组织开展"森林防火宣传月"活动的统一启动仪式。进入特别防火期，每天晚上在佛冈电视台开设节目专栏，播放森林防火宣传标语；利用中国移动平台，向手机用户发送森林防火宣传信息，扩大宣传教育面。三是进一步提高扑火指挥员的指挥能力和扑火队员的扑火安全技能。县森林防火指挥部组织208名森林消防队员，开展森林

防火培训和火灾扑救演练工作，通过培训和演练提高一线人员的扑火技能和安全意识。2015年，全县发生森林火灾3宗，当日扑灭率达100%。森林火灾过火面积752.7亩，森林火灾过火面积受害率0.55‰。

【森林案件查处】 案件查处情况 2015年，全县共受理各类森林案件43宗，查处42宗。其中，刑事案件12宗；破案10宗（盗伐林木案3宗，滥伐林木案3宗，失火烧山案3宗，非法收购珍贵濒危野生动物案1宗）。林业行政案件受理29宗，查处30宗（滥伐林木案3宗，森林火灾案3宗，擅自改变林地用途案15宗，违法运输木材案9宗）。依法处理各类违法人员64人次，其中，取保候审7人，监视居住1人，林业行政处罚51人次。为国家挽回经济损失63万元。

专项整治行动 森林分局陆续开展"天网行动""禁种铲毒""缉枪治爆""蓝天行动""雷霆行动""涉野行动"等一系列专项整治打击行动，为林区创造安全、稳定、良好的社会治安环境。森林分局全年共组织专项清查行动多次，出动执法人员265人次，车辆66台次，清理市场、酒楼食肆等场所38处，收缴野生保护动物248只（头）。

【集体林权制度改革】 2015年，全县办理林地所有权林权证17本，涉及面积0.57万亩，办理林木使用权林权证107本，涉及面积3.8万亩。在林地所有权明晰的基础上，鼓励林农放活经营权，引导森林资源规范有序流转。全县办理林权流转登记71本，涉及面积3.76万亩。积极推广政策性森林保险，全县政策性森林保险投保面积共38.6万亩，投保金额76.11万元，其中生态公益林投保面积36.1万亩，投保金额72.02万元；商品林投保面积2.5万亩，投保金额4.09万元。办理林权银行抵押贷款业务5宗，融资430万元。

（廖阳西）

稻田春色 （邓振华摄）

水务·气象

责任编辑：何道井

水 务

【概况】 2015年，佛冈县水务局紧紧围绕"民生水利""水利管理年"的中心工作任务，带领全体干部职工围绕工作目标，积极争取省、市、县的资金支持，完成水利总投资近2亿元。

【中小河流治理】 佛冈县中小河流综合治理工程是以"清障、清违、清淤、护岸固堤"为专项的河道治理工作，全县规划治理洪灾频繁发生的河流共有26条，分29宗治理工程项目，治理河长299.8公里，总投资5.03亿元。其中：列入中央水利投资项目，县2015年十件民生实事之一的中小河流治理工程有3宗，项目总投资8000多万元，治理河长30.04公里，3宗工程均已开工建设，争取2016年底完成建设任务；列入省中小河流治理资金工程有4宗，即潖江河上游综合治理工程（省试点工程）、龙南河治理工程、潖江上游窑洞水口至西田陂治理工程、大陂水治理工程均已动工，计划于2016年4月完工。

【省农村易涝整治试点工程】 纳入全省农村易涝区整治试点工程的龙山镇荷田排站改造工程是2011年省农村易涝区整治试点工程，工程于2015年4月底通过试运行，在抵御2015年"5·6"和"6·20"强降雨中发挥排涝作用，解决了龙山荷田涝区往年逢雨必淹的历史问题，为当地的农业丰收打下坚实的基础。

2015年10月3日，佛冈县中小河流综合治理工作领导小组成员单位参加全县中小河流综合治理工作推进会 （县水务局供稿）

【水利工程建设】 2015年，全县动工各类水利工程156宗，其中水毁水利修复工程58宗，冬修水利工程69宗，重点灌区改造工程6宗，中小河流综合治理及河道"三清"工程23宗（中小河流治理项目），2015年完成施工任务146宗，完成工程投资2.49亿元，占总投资的89.4%。

【县城优质自来水水源供给工程】 筹措1000多万元资金，完成供水服务中心至放牛洞水库输水管总长7780米的县城优质饮用水源供给工程，全县10多万居民用上放牛洞水库库区优质水源。县供水中心规划有枯水期供水不足的备用水源和应急供水方案。

【农村供水】 2015年新增（完成）农村人口饮水安全工程14宗，分布于全县5镇12个行政村，受益农户4446户。同时，该14宗新增饮水工程均纳入农村饮水安全工程运行管理费补贴范畴。

【县城市政排水设施】 2015年，加大排水管网的建设力度，对县城积水严重的龙溪路、沿江路、康乐街等路段进行整治，完成佛冈县城市污水处理厂配套集污管网工程。清疏公司还对县城的教育路、沿江路、振兴路、环城路等45条街道进行清疏，保证街道的排水畅通。

【冬修水利工程建设】 全县2015年冬修水利工程35宗，总投资200多万元。水务局贯彻落实省、市冬修

2015年3月22日，"3·22"世界水日、中国水周期间，县水务局开展"节约水资源，保障水安全"宣传教育
（县水务局供稿）

水利工作的精神，加强监督和技术指引，各镇已顺利完成2015年度冬修小型水利工程的修复及竣工验收工作。

【水库移民后期扶持安居工程】 2015年实施大中型水库后期扶持项目有：2013年度库区和移民安置区应急资金项目；2014年度佛冈县省级预留大中型水库移民后期扶持结余资金项目、第一批中央大中型水库移民后期扶持结余资金项目、第二批中央大中型水库移民后期扶持结余资金项目、第三批中央大中型水库移民后期扶持结余资金项目。自水库移民后期扶持政策实施之后，2015年度安置区水库移民年人均收入4400元，库区基础设施日趋完善，村村公路基本硬底化。

【水务行政执法】 县水务局集中执法力量，通过重拳出击、联动执法、加大巡查，加强对全县主管河道巡查力度，依法查处各类水事违法案件。全年组织大小规模执法巡查472次，出动执法车辆529台次，查处河道非法案件20宗，水资源案件1宗，水土保持案件1宗，查扣非法作业汽车5辆，处罚没款13.35万元，追回水资源费3.96万元，维护河道采砂的正常秩序。

【水资源管理】 一是开展纪念"3·22"世界水日、中国水周宣传教育、水法规宣传教育、节约用水宣传教育、最严格水资源管理等主题宣传活动。通过宣传车、派发宣传小知识的册子等多形式开展水行政法律法规宣传，让水情、水法规深入民心。二是严把水资源管理"三条红线"关，实行最严格"三条红线"水资源管理工作。三是加强取水许可审批力度，完成佛冈金城金属制品有限公司、佛冈县盈泰纺织品染整有限公司等企业取水许可审批及发证工作。四是完成最严格水资源考核资料整理编制工作，并通过电视台、报社、网络等媒体，多渠道开展水资源节约、利用和保护的宣传教育工作。

【电灌站和排站工程建设管理】 龙山镇良塘电灌站技改工程、石角镇黄花电灌站技改工程已完工，水能规划资料已按省农电局要求上交，并在2016年春耕抗旱中发挥工程效益，解决良塘村和黄花村的灌溉问题。大庙峡电站、刀排电站增效扩容改造工程项目进展顺利；学田排站、官路唇排站、良塘排站、下岳排站均能正常运行，在2016年汛期发挥排涝作用。

（叶宗惠）

"三防"工作

【概况】 2015年在省市三防部门的大力支持下，佛冈县三防办全体干部职工团结协作，真抓实干，全力做好三防工作，实现全年大雨大汛无大灾的工作目标。

【雨情】 2015年佛冈县降雨频繁，其中较大的有2次。一是5月6日，全县各地出现大暴雨到特大暴雨的降水过程。当天全县平均雨量171毫米，37个降雨自动监测站，有11个雨量站日降雨量超200毫米，29个监测站1小时降雨量超50毫米，其中16时到17时石角镇羊角山上小洞水库降雨126.5毫米，为佛冈县有记录以来最高1小时雨量（大庙峡水文站1970年6月3日录得1小时雨量124毫米）。二是5月19—21日，全县各地出现暴雨到大暴雨的降水过程。19日8时至21日8时，全县平均雨量126.3毫米，最大雨量155毫米，37个降雨自动监测站中有3个雨量站测得1小时雨量超过50毫米，大庙峡洪峰水位48.26米。

【灾情】 2015年5月，全县受灾6个镇44个村委相继出现山洪灾害，受浸村庄26个，倒塌房屋25间；受灾人口18 829人，安全转移人口2930人；受浸农田3.05万亩，成灾面积1.48万亩；道路塌方122处，中断交通公路16条次；部分供电、水利工程设施受损。灾害造成直接经济损失2857.5万元。

【防汛救灾】 加强防汛检查 开展三防监测、预警、通信等专用设施检查。3月，县三防办邀请广州水文局、广东华南公司对全县所有水情雨量监测站点、计算机网络、无线广播系统、半自动雨量报警器、手摇报警器等设施进行全面检测调试和保养维护，使全县24个雨量自动观测站、14个自动水位自动观测站能正常运行，保障监测预警预报系统正常运行；同时安装网络传真系统，达到通信和信息传递畅通。对佛冈县水利工程进行全面系统的安全检查。对全县29宗小（二）型以上水库、69宗小山塘、14座千亩以上堤围、9宗蓄水电站等进行全面检查，将检查发现的问题进行通报并发督导文件，限期改正。

加强河道管理 加强河道管理工作。针对个别群众在河边等堆放建筑生活垃圾、在河道内种植高秆作物、在河道堤岸边乱采乱挖河砂等严重影响行洪安全的行为，县三防办会同县水政监察大队加强巡查，发现一起处理一起。

做好应对措施 开展电排站机组设备调试检查。对全县机电排站进行全面检查，并针对电排机组设备陈旧落后、标准低的特点，实行逐台机组检测调试，严格执行达到安全运行指标才予以发证运行的制度。同时，对"人字"门闸进行检查，克服过去无法自动关闸的问题，确保全县6座电排站机组设备正常投入运行。

【防汛物资储备】 2015年佛冈县三防办共储备防洪沙500立方米，大石500立方米，碎石500立方米，编织袋5.5万个，土工布（膜）2500平方米，6米宽塑料彩条布500米，救生衣341件，松桩200方；同时增加防汛救援物资的购置，配置冲锋舟8艘、橡皮艇13艘；配备卫星电话5台（5个乡镇），完全满足佛冈县防汛要求。

（田家和 郑红日）

气象事业

【概况】 2015年，佛冈县气象局加快推进气象现代化建设，大力提升气象防灾减灾服务能力，全力做好"三农"气象服务专项试点工作，发挥县预警信息发布中心（县应急指挥中心）作用，提升预警信息发布和突发事件处置能力。"5·6"大暴雨和"5·20"大暴雨等灾害性天气气象预报准确，为抗击灾害赢得有利的时间。被省气象局评为"气象现代化新型台站"。

【基本气候特点】 2015年平均气温21.7℃，比历年平均气温偏高0.6℃。极端最低气温4.0℃，出现在1月3日。极端最高气温37.1℃，出现在7月13日。年降雨量2648.0毫米，比历年平均降雨量偏多23%；5月降雨量1164.3毫米，比历年平均降雨量偏多223%；12月降雨量215.4毫米，比历年平均降雨量偏多381%。全年日降雨量≥0.1毫米的降雨日数166天，日降雨量≥50.0毫米的暴雨天气日数15天。最大日降雨量225.3毫米，出现在5月6日。年日照时数1456.8小时，比历年平均值偏少244.9小时。无霜期365天。

【气象灾害】 5月6日受强降雨云系影响，佛冈县普降大暴雨。据县三防办统计，全县6个镇32个村委相继出现山洪灾害，受浸村庄18个，倒塌房屋6间，受灾人口7200人，安全转移人口1450人，受浸农田7850亩，猪场受浸1个，面积1000平方米（养有600头猪），道路塌方50处，中断交通公路1条，部分供电、水利工程设施受损。直接经济损失1345万元，其中水利设施直接经济损失440万元。5月20日受强降雨云系影响，佛冈县出现暴雨到大暴雨。据县三防办统计，全县4个镇12个村委相继出现山洪灾害，受浸村庄8个，倒塌房屋3间，受灾人口2250人，安全转移人口39人，受浸农田0.12万亩，成灾面积0.05万亩，道路塌方2处，中断交通公路1条次，部分供电、水利工程设施受损。直接经济损失252万元，其中水利设施直接经济损失170万元，未造成人员伤亡。

【地面气象观测】 2015年1月1日起，取消温度、风向风速、水银气压表等人工观测任务，取消蒸发人工观测，使用大型蒸发设备进行自动观测，人工能见度和日照等观测业务不变，保留现用的人工观测方法，正式启用新型自动气象站业务运行，原DZZ1-2型自动站只作为备份自动站使用。2015年地面气象观测共完成1825份天气报，81份重要天气报，观测数据799万个，没有出现错情。2015年4月落实探测环境强标备案工作。全年3人次被清远市气象局评为"百班无错情"。罗桂森参加第九届全国气象行业职业技能竞赛，荣获个人全能第20名，被授予优秀奖。

【天气预报服务】 2015年佛冈县气象局坚持"你的冷暖 在我心中""你若安好 便是晴天"的服务理念，全力做好气象监测预报预警服务工作，成功抗击"5·6""5·20"大暴雨等灾害性天气。利用电视、报纸、短信、

2015年3月21日，佛冈局围绕2015年世界气象日主题"气候知识服务气候行动"，组织开展气象日开放活动

（县气象局供稿）

网站、电子显示屏、农村大喇叭、微信、微博等渠道及时发送天气预报和预警。开展城市内涝灾害风险普查,推进城市暴雨公式编制工作。2015年佛冈天气微博共发布天气信息338条,佛冈天气微信共发布天气信息232条,接受采访25次,提供稿件在电视新闻播出48次,与佛冈广播电台天气连线230次,发布各类天气预警信号65次,重大气象信息快报24期、专报5期,决策短信225条29.1万人次。

【防雷减灾】 **气象防雷社会管理** 重点落实防雷装置到期的加油站、加气站、烟花爆竹仓库、厂矿企业等场所定期检测制度。严格按照规范、规定,加强对新建、改建建设项目的防雷审批工作,确保交付施工的防雷施工图纸符合规范要求。全年共对26个项目进行防雷设计审核,验收项目34个,发放防雷装置设计审核意见书52份,防雷装置竣工验收意见书72份。56个危险化学品、易燃易爆场所和46个一般项目的防雷设施全部按要求进行年度检测。

气象科普知识宣传 在"3·23"世界气象日、世界地球日、"5·12"防灾减灾日、安全生产日、科普进社区进校园、"12·4"法制宣传日期间,利用报纸、有线电视、网站等新闻媒体,刊登或播报气象科普防灾减灾知识。向佛冈县第二小学赠送部分气象科普教育仪器,安装气象科普宣传栏。开展气象知识进课堂活动,派出技术人员到佛冈县机关幼儿园第二分园讲解气象科学知识和气象防灾减灾救灾知识。向公众派发《天气预报的奥秘》《防雷减灾36计》《如何应对气象灾害》《四季天气与保健养生》《中小学气象灾害防御指南》《气象灾害防御明白卡》《气象灾害防灾避险指南》等科普读物1万多份,普及防灾减灾科学知识,提高社会公众的防灾减灾意识,增强群众的自救能力,降低气象灾害事故的发生。

联合开展专项检查行动 联合县安监局、教育局、公安局、住建局、经信局、消防等部门,开展危化品场所、气象灾害防御暨防雷安全生产执法检查行动等防雷专项检查。通过检查行动,加强部门联动,切实提高各相关单位防雷安全意识,普及防雷减灾安全生产知识,杜绝防雷安全生产事故隐患。

【气象现代化建设】 **健全机制** 县政府转发《清远市人民政府办公室关于印发清远市人民政府与广东省气象局联席会议纪要实施方案》;印发《佛冈县贯彻落实全面深化气象管理体制改革实施细则》,将气象管理体制改革工作纳入全县深化改革的总盘子;印发《关于公布佛冈县首批气象灾害防御重点单位的通知》,向社会公布放牛洞水库、约克(广州)空调冷冻设备有限公司等9家单位作为首批气象灾害防御重点单位。通过政策文件的出台,为佛冈气象现代化建设注入动力。

气象设施管理 加强全县15个自动气象站(1个遥测站),1个GPS/MET(基于全球卫星定位系统)水汽观测站,1个CMA Cast(中国气象局卫星数据广播接收系统)、能见度仪、闪电定位仪、大气静电场仪和小型空间闪烁站的管理工作。

建成县预警信息发布中心(应急指挥中心) 在省、市气象局和县委县政府的大力支持下,县预警信息发布中心完成平台建设,于2015年2月投入使用。县预警信息发布中心整合部门资源,实现应急、公安、三防、气象、纪检监察、交通、林业、国土等部门资源接入,实现资源共享和应急指挥功能。应急指挥中心实现与各级应急、三防、气象部门视频会商,与各镇召开视频会议,通过手机3G、4G信号与各应急现场进行视频连线。通过整合资源,做到大应急、大指挥,充分发挥预警信息发布中心和应急指挥中心的作用。

建成镇应急管理综合服务站 按照多站合一、一站多用的原则,会同县应急、三防等部门,整合乡镇服务站。将镇级应急指挥办公室、三防指挥办公室、气象信息服务站整合为应急管理综合服务站,切实提高乡镇应对自然灾害和突发事件的能力。遵循"多员合一、一员多用"的选择,在所有镇政府设置由镇干部担任的气象协理员,在所有行政村设置由村干部担任的气象信息员,全县有气象信息员87名。

落实停课机制 根据《广东省气象灾害防御条例》和《佛冈县台风暴雨停课工作实施细则和佛冈县台风暴雨学校停课安排指引》规定,台风黄色、橙色、红色或者暴雨红色预警信号为停课信号。停课信号生效期间,全县所有托儿所、幼儿园、中小学校停课。将县教育局和各学校指定负责人纳入气象决策短信平台,在停课信号发布后第一时间通知到相关责任人。5月6日15时、5月11日14时县气象台发布暴雨红色预警信号,期间全县中小学停课。

(周国明)

工　业

责任编辑：何道井

综　述

【概况】 2015年，全县规模以上工业企业94家，规模以上工业企业总产值174.79亿元，同比增长10.9%；规模以上工业企业增加值40.78亿元，同比增长4.9%；规模以上工业企业主营收入150.8亿元，同比增长5.2%；规模以上工业企业利润总额9.73亿元，同比增长47.4%；规模以上工业企业收入达到1亿元以上企业8家，收入超10亿元以上的3家。

【产业结构优化】 佛冈县依据国家经济调控政策，引导优势传统产业，主动淘汰落后产能，力促产业结构优化。2015年重工业总产值132.85亿元，同比增长4.8%；轻工业总产值38亿元，同比负增长0.4%。坚持执行国家和省的产业政策，严格执行行业准入门槛，避免高污染、高耗能和产能过剩行业入驻佛冈县。

【产业转型升级】 2015年是佛冈县工业企业转型升级三年攻坚战第一年，围绕扩能增效、智能化改造、设备更新、公共服务平台建设和绿色发展，抓好新一轮工业企业技术创新、技术改造工作，加快产业转型升级进程。对印染、水泥、钢铁和陶瓷等行业实施节水行动和自愿清洁生产。2015年，有4家印染企业投资1000万元实施节水工程，有21家企业实施清洁生产，有11家工业企业实施技术改造。

【产业和劳动力双转移】 2015年，佛冈县抓住省委、省政府产业园扩能增效这个大好机会，根据《广东省经济和信息化委等8部门推动各地依托产业园区带动产业发展》文件精神，积极组织产业集聚区的申报工作。在县发改局、县国土局、县规划办和县环保局等部门的鼎力支持下，省经信委于9月同意佛冈县产业集聚范围纳入相应园区统计、考核，一并享受省产业转移政策，获得省政府5000万元发展启动资金。佛冈县产业集聚区范围包括佛冈县石角镇、汤塘镇，与广清产业园佛冈拓展区相邻，用地总面积5225亩。佛冈县产业集聚区基础配套设施完善，主导产业是食品饮料、电子信息和通用装备制造，解决6754人就业，为产业和劳动力双转移提供平台支撑。

【淘汰落后产能】 "十二五"期间，全县累计淘汰落后工业企业6家。其中：淘汰2家落后水泥生产线及设备，淘汰落后水泥产能26万吨；淘汰落后钢铁企业3家，落后产能2.2万吨；淘汰落后造纸企业1家，淘汰落后产能0.5万吨。此外，引导印染、水泥、陶瓷等高污染高耗能企业开展自愿清洁生产，灌输绿色生产理念，"十二五"期间，全县共有20多家工业企业开展清洁生产。2015年下半年，按市经信局要求，制订"十三五"淘汰落后产能计划。经县政府同意，2018年前，淘汰2家造纸企业的落后设备、落后生产线。

主要产业

【概况】 2015年，全县产值最高的是金属制品业，产值为31.31亿元，同比增长111.1%。第二大行业是通用设备制造业，产值为28.17亿元，同比下降7.4%。电气机械及器材制造业稳居第三位，产值为25.78亿元，同比增长2%。规模以上企业产值下降（接近或超过）25%的行业有非金属矿物制品业、黑色金属冶炼和压延加工业，规模以上企业上升（接近或超过）25%的产业有金属制品业及文教、工美、体育和娱乐用品制造业。

【金属制品业】 金属制品业规模以上企业主要有佛冈保禄铸造有限公司、佛冈若望铸造有限公司、佛冈罗阁铸造有限公司、佛冈路加铸造有限公司、佛冈达味特钢有限公司和广东省佛冈金城金属制品有限公司，主要产品为金属结构制造。2015年，该行业规模以上企业总产值为31.31亿元，同比增长111.1%。

【通用设备制造业】 通用设备制造业主要企业有约克（广州）空调冷冻设备有限公司、广东亿利达风机有限公司、新菱空调（佛冈）有限公司、佛冈县粤华空调设备有限公司、健泰（佛冈）五金电器有限公司、清远市友奥电器有限公司和佛冈县润记空调设备有限公司等，主要产品有阀门、轴承、齿轮、风机、金属密封件、精密弹簧、制冷空调设备等。2015年，该行业规模以上企业总产值28.17亿元，同比下降7.4%。

【电气机械及器材制造业】 电气机械及器材制造业主要企业有佛冈鑫源恒业电缆科技有限公司、建滔（佛冈）积层板有限公司和建滔（佛冈）积层纸板有限公司等企业，以电力电元器件制造为主。2015年，该行业规模以上企业总产值25.78万元，同比增长2%。

【酒、饮料和精制茶制造业】 酒、饮料和精制茶制造业主要企业有清远加多宝饮料有限公司和清远加多宝草本植物科技有限公司等企业，该行业以软饮料制造为主。2015年，该行业产值13.98亿元，同比下降9.4%。

【有色金属冶炼及压延加工业】 有色金属冶炼及压延加工业主要企业是佛冈建滔实业有限公司等，产品为有色金属压延加工。2015年该行业规模以上企业总产值10.76亿元，同比下降13.6%。

【非金属矿物制品业】 非金属矿物制品业主要企业有广东博华陶瓷有限公司、佛冈龙清电力器材有限公司、佛冈县佳润混凝土有限公司、佛冈县亨地水泥有限公司、佛冈县金峰水泥有限公司、佛冈县山深陶瓷原料有限公司、佛冈县同庆瓷业有限公司和佛冈县湛江水泥有限公司等企业。主要产品有瓷质砖、水泥、商业混凝土等。2015年，该行业规模以上企业总产值10.13亿元，同比下降34.1%。

【计算机、通信及其他电子设备制造业】 计算机、通信及其他电子设备制造业主要企业有盈展（佛冈）电子有限公司、科惠白井（佛冈）电路有限公司和科惠（佛冈）电路有限公司等企业。其中，科惠白井（佛冈）电路有限公司是规模以上的中型企业，主要产品为各线线路板，产品销往东南亚、欧美等。2015年，该行业规模以上企业总产值9.93亿元，同比下降0.7%。

【文教、工美、体育和娱乐用品制造业】 文教、工美、体育和娱乐用品制造业包括佛冈县万兴电子塑胶制品有限公司、万兴（佛冈）玩具有限公司、华联（佛冈）机械制造有限公司、骏达（佛冈）玩具有限公司、清南（佛冈）玩具制品有限公司、幸运（佛冈）五金塑胶有限公司等企业。该行业属于劳动密集型行业，企业的落户为佛冈县提供了良好的就业平台，大幅提升本县的就业率。2015年，该行业规模以上企业总产值8.33亿元，同比增长24.5%。

【纺织业】 纺织业主要企业包括广东顺意佳纺织服装有限公司、广东兆升纺织有限公司、佛冈盈泰纺织品染整有限公司、广东兆联纺织有限公司、佑丰（佛冈）印染有限公司、佛冈顺亚纺织染整有限公司等企业，主要产品有棉、化纤印染精加工和棉及化纤制品制造。2015年，该行业规模以上企业总产值5.17亿元，同比增长19.9%。

【黑色金属冶炼及压延加工】 黑色金属冶炼及压延加工业规模以上企业主要有佛冈县圻鑫五金制品有限公司和佛冈映德卷管制品有限公司等，产品主要有钢压延加工和黑色金属铸造。2015年，该行业规模以上企业总产值3.61亿元，同比下降58.1%。

2014年佛冈县规模以上主要工业产业概况表

行业代码	行业名称	2015年产值（亿元）	2014年产值（亿元）	同比增长（%）
1500	酒、饮料和精制茶制造业	14.0	15.4	-9.1
1700	纺织业	5.2	4.3	20.9
2400	文教、工美、体育和娱乐用品制造业	8.3	6.7	23.9
3000	非金属矿物制品业	10.1	15.4	-34.4
3100	黑色金属冶炼及压延加工业	3.6	8.6	-58.1
3200	有色金属冶炼及压延加工业	10.8	12.5	-13.6
3300	金属制品业	31.3	14.8	111.5
3400	通用设备制造业	28.2	30.4	-7.2
3800	电气机械及器材制造业	25.8	25.3	1.98
3900	计算机、通信及其他电子设备制造业	9.9	9.9	0

企业技术改造·技术创新·品牌建设

【概况】 县政府出台《佛冈县工业转型升级三年攻坚战实施方案》（2015—2017年），通过召开会议、印发宣传资料，现代媒体宣传及在企业召开座谈会等形式，广泛宣传省、市工业企业技术改造政策。县经信局指导企业进行技改备案，组织符合条件的工业企业申报省、市政府技术改造扶持资金，加快产业转型升级。2015年，有2家工业企业4个项目申报清远市市级工业企业技术改造专项资金，3家工业企业申报省级财政支持技术改造项目库。落实科技扶持政策，鼓励企业进行科技创新和产品创新，不断提高科技含量和市场竞争能力。

【企业技术创新】 全县认定高新技术企业9家，占全市的14%，3家企业6个产品申报认定为高新技术产品。高新技术制造业、先进制造业、传统优势产业带动能力显著增强，占GDP比重超过30%。科技创新助推产业发展，传统优势产业不断升级，新兴产业强势崛起。

【企业技术改造】 2015年，全县工业企业在经信局备案实施技术改造的工业企业有11家，其中主营业务收入5000万元的有6家，实际完成投资3.38亿元，项目完成并顺利投产后，新增产值15亿元，新增税收1.7亿元。设立企业研发中心3家，机器代替人力2家。

【品牌建设】 加强宣传引导、信息跟踪和实地指导，有序推进全县重点骨干品牌培育，以质量、诚信获得消费者对企业产品的认可。约克（广州）冷冻设备有限公司采用先进精良的生产及检测设备，同时配以完善的流水生产线并按照美国约克严格的生产标准和企业管理方法，确保产品质量达到美国约克进口设备的优质水平。该公司凭借先进的生产经验、科学的管理方法以及持续改进的文化理念，先后通过ISO9001质量体系认证及ISO14001、OHSAS18001一体化管理体系认证，先后获得第四届制冷学会推荐产品、全国质量服务消费者满意企业、全国质量信得过产品、全国机械制造500强、中央空调10强等各项殊荣，被广东省评为高新技术企业，该企业连续几年产值超20亿元。

（李辉胜）

中小企业和民营经济

【概况】 2015年，通过贯彻落实国家和省关于发展民营经济的各项政策，采取多项措施大力扶持中小企业的发展，使全县民营经济呈现蓬勃发展的态势，并占有越来越重要的地位。2015年，全县民营企业增加至1289家，注册资金38.55亿元，同比分别增长15.6%和15.3%；全县个体工商户9989户，注册资金4.14亿元，同比分别增长7.73%和16.75%。规模以上民营企业46家，实现产值68亿元，比上年增长24.8%，占全县规模以上工业总产值的39.8%，成为全县经济增长的生力军。民营经济的迅速发展，增强了全县经济发展的活力，加快了新型工业化和城镇化进程，大批农村人口和生产要素向城镇聚集，同时，第二、第三产业也得到迅速发展，成为全县经济发展的重要支柱。

【中小微企业帮扶】 积极开展"百企帮扶"活动 面对经济大环境下行的严峻形势，根据县委、县政府要求，在全县的中小微企业中推荐108家（其中民营企业58家）效益高、贡献多、成长性好的优质企业作为重点帮扶对象，并将百家企业帮扶任务分解到县四套班子成员进行跟踪落实。各镇收集企业存在的问题和困难合计95件，已解决38件，特别是协调解决企业外来员工子女就学70多人，较好地解决企业外来管理人员及部分员工子女的入学难问题。未解决的57件问题和困难正在解决或协调解决之中。

协助解决企业融资难问题 在县政银保合作办公室全体成员的共同努力下，"政银保"合作小微企业

2015年5月14日，市经信局调研组在副县长王卓越（右四）陪同下到佛冈调研工业发展情况
（县经信局供稿）

贷款工作顺利推进，并取得一定的成效。2015年，佛冈县累计发放"政银保"合作小微企业贷款6笔共450万元，及时解决佛冈县部分小微企业的融资难问题，对小微企业的发展起到较大的推进作用。

【中小企业公共服务】 一是完善佛冈县中小企业信息服务网，从而更好地帮助全县的中小企业尽快融入目前国内最大、访问量最多的信息服务网。通过电话、QQ群联系等方式，了解企业的生产经营情况及在生产中存在的问题和困难，掌握企业发展的动向，加强与统计、税务等部门的沟通协调，做好资料的收集工作，为领导决策提供依据。加强政策宣讲和咨询服务，使企业能用好、用足、用活相关政策，助推企业长期稳定发展。二是举办各类培训学习班和提供各种无偿服务，为企业和行业之间创造互动的新局面。三是组织企业参加每年一届的全国中小企业博览会，使企业大显风采，展示自己，展示产品，拓展市场，为中小企业对外交流与合作营造优良环境。

【民营经济效应】 民营经济的迅速发展，加快产业集群的崛起。各级政府采取有效措施，大力支持民营经济、产业集群、专业镇和中心镇的发展。佛冈县民营产业已初步形成集群经济，随着资源配置的优化，各门类产业比较齐全，空调制冷（机械制造）、电子化工、节能材料、食品饮料、冶金、纺织、建材、陶瓷等主体产业体系不断发展壮大，一批高新技术产业发展势头良好，民营企业整体竞争力增强。

（黄慧芳）

招商引资概况

【概况】 2015年，全县引进广东雅迪电动车有限公司、清远恒业包装有限公司、广东沃龙科技有限公司、佛冈涞嵫办公椅业有限公司等7家企业，合同投资总额为13.5亿元，其中上亿元项目2个，实际投入18.60亿元。在利用外资（港、澳、台以及境外）方面，2015年佛冈县实际利用外资金额为1316万美元，合同外资金额为897万美元。

【意向洽谈项目】 2015年，佛冈县可推进的洽谈项目有10个，所需用地约1000亩，分别是松铃摩托整车项目、通用集团电梯产业项目、精细化工工业园、中航技轻型电动车佛冈项目、生物有机肥项目、广度涞伦家居制品生产项目、广东盖特奇新材料科技有限公司佛冈项目、广东韶能集团股份有限公司佛冈项目、松峰机器人项目、比亚迪汽车佛冈项目。

【推动项目落实】 加强跟踪落实 对清远恒业包装有限公司、广东沃龙科技有限公司、华润风电等已签约的合同项目，加强跟踪力度，充分了解企业难落地原因并协助解决，落实保障措施，帮助企业到省、市相关部门办理项目立项、工商注册等手续，加快项目的进驻速度，力争项目早开工、早建设。

推进项目建设 对能在年底投产的已开工项目，尤其是重点项目，如广东雅迪电动车有限公司、清远恒业包装有限公司、佛冈涞嵫办公椅业有限公司等企业加强协调服务力度，加快项目工程进度，完善相关基础配套设施，确保能在年内顺利投试产。

强化服务和督查 结合开展重点项目督查工作，切实加强领导，明确责任，细化服务措施，加大服务力度，全程跟踪落实，主动为企业排忧解难，做到能够就地解决的问题，就地予以解决；对解决难度较大的问题，研究商定具体措施，并要求责任单位限期落实，确保企业的正常运行。

（宋晓丹）

部分工业企业概况

【建滔（佛冈）积层板有限公司】 建滔（佛冈）积层板有限公司是建滔化工集团旗下全资子公司，地处佛冈县石角镇建滔工业园，距离106国道及京珠高速入口仅600米，交通便利。2015年，公司累计固定资产投资4亿元人民币。公司已通过ISO9000及TS16969质量体系认证，并通过国家"清洁生产"验收。

公司主要产品为布基及复合基覆铜板，产品除在国内销售外，还远销欧盟、北美、澳洲、东南亚等20多个国家和地区。多个国际国内知名品牌成为公司下游客户，如海拉、富士通天、德尔福、三星、HP、联想等。2015年，公司产值达到19.5亿元。

公司非常注重产品研发，拥有一支高学历的研发队伍和一个高标准的实验室，不断对产品工艺进行优化，积极开发新产品，保证产品能够适应客户的不同需求。

【佛冈盈泰纺织品染整有限公司】 佛冈盈泰纺织品染整有限公司是一家新兴的民营企业，建在佛冈县迳头镇烟岭村，公司环境优美，占地面积约13万平方米，主要承接全棉、人造棉、拉架棉、波比、T/C、CVC、绦沦等针织布的染整加工。公司设备精良，技术达到国内领先水平。

公司十分重视人才的引进、培养与竞升，始终坚持"人才是企业之本，人才是利润之源"的管理理念；公司秉持"务实、创新、团结、奋进、专业、高效"的企业精神，目标一致，价值一致；公司一贯推进精益求精的质量方针，始终以"质量第一，创优质品牌；顾客至上，争满意服务"为中心，服务于客户，服务于社会，服务于生活。

公司制定科学的能源定额管理制度，对各车间有详细的产品能耗定额考核指标，建立并完善工序及产品单耗考核管理体系，实施分级考核，严格执行节奖超罚制度,以推动公司在生产管理、设备运行、过程控制等方面的节能潜力,达到节能降耗和降低成本的目的。

通过清洁生产和节能减排的推进,实现减污增效的成果,改善公司的工作环境,树立良好的企业形象。公司获得多项荣誉,主要有:全国第一批获得印染行业准入资格,广东省清洁生产企业,清远市清洁生产企业;县政府授予"文明诚信企业"称号;广东省环境保护宣传教育中心授予环境安全公益奖。

【广东顺意佳纺织服装有限公司】公司位于佛冈县城,是最有质量保证的牛仔棉纱供应商之一,专门致力于高性价比的牛仔棉纺织品的研发。一直打造差异化产品并不断地推陈出新,在牛仔棉纺织领域推动产业升级及变革,并在行业中享有一定的声望。借助长期累积与高端客户的合作经验,具备预测牛仔面料纱线发展趋势的能力;对新型纱线的应用,亦能紧密地与牛仔面料研发结合,快速实现产业升级。

公司树立清晰的核心价值观,目标是成为中国领先的牛仔棉纺织企业;发展高性价比产品,全面提供增值服务;为员工、客户创造最大价值,真诚回馈和服务社会。弘扬"专业、创新"的企业精神,确立"专业化、差异化"的发展战略,恪守"诚实合作、创新卓越、客户导向"的行动纲领。借助多元化的融资结构,依托优秀的人力资源团队,充分发挥集团拥有的创新和快速应变核心能力,将企业做大、做强。

【国珠集团有限公司】国珠集团有限公司是一家集技术研发、产品设计和生产制造为一体,专业从事塑料包装机械、精密模具、塑料瓶生产的国家高新技术企业。公司占有土地6万多平方米,在职员工500多人。

国珠集团有限公司属下有佛冈县国珠塑胶有限公司、广东国珠精密模具有限公司、佛冈国珠吹瓶设备有限公司、佛冈辉英注塑系统有限公司、佛冈国珠瓶盖模具有限公司。主要产品有:全自动塑料模具、全自动旋转式吹瓶机、半自动吹瓶机、注塑机、PET瓶坯、PET瓶等。

公司努力开拓国内外市场,市场覆盖全国,部分产品出口到日本、俄罗斯、缅甸、格鲁吉亚、越南、巴西等国家和台湾、香港地区。公司先后被授予"国家质量信用企业""国家高新技术企业""优秀供应商""文明诚信企业""广东省守合同重信用企业""中国模具骨干企业""广东省采用国际标准生产企业""广东省著名商标——国珠""广东法治文化建设示范企业"等荣誉称号。拥有十多项国家专利,不断开展技术创新。其中,"全自动24工位旋转式吹瓶机""全自动注塑系统"的成功研发,使设备的生产效率得到提高的同时,降低了能耗。

【广东华劲汽车零部件制造有限公司】广东华劲汽车零部件制造有限公司位于佛冈县迳头镇106国道旁的华劲工业园,是专业生产载重汽车车轴总成、各种悬挂系统、支承装置及其配套零部件的生产制造厂家。公司占地面积15.3万平方米,员工400人,设计年生产车轴24万支,年产值10亿元。公司主要产品有德式、美式一体车轴及其配套零部件。工艺涵盖锻打、车、铣、刨、磨、钻、焊、铆、中频、喷涂、装配、热处理等。公司拥有全新一流的厂区、成熟精湛的技术,先进精良的设备以及遍及世界60多个国家和地区的客户群体。

公司自成立以来,除了致力于生产、研发外,一直注重员工队伍的建设与培养。始终秉承人性管理、劳资共赢办厂理念,"家的温暖、家的归宿"是员工的共同体验;"为家奉献、共同创业"是员工的集体表现。

【建滔化工集团】建滔化工集团在佛冈县建成建滔(佛冈)信息产业科技城,共有8家企业,分别是佛冈建滔实业有限公司、建滔(佛冈)绝缘材料有限公司、科惠白井(佛冈)电路有限公司、科惠(佛冈)电路有限公司、建滔(佛冈)积层板有限公司、建滔(佛冈)积层纸板有限公司、建滔(佛冈)特种树脂有限公司、建滔(佛冈)化工有限公司。

佛冈建滔实业有限公司,是建滔化工集团的代表企业,该公司成立于1993年,投资金额9.4亿元,主要生产及销售高新科技产品电解铜箔。2015年工业总产值8.8亿元,营业金额9.18亿元,税收1195万元,并通过高新技术企业认定;是国内同行业中生产规模最大、自动化程度最高的电解铜箔生产基地之一。铜箔生产能力进入世界前三位。

【清远恒业包装有限公司】清远恒业包装有限公司系香港大型印刷企业恒业集团投资设立,紧随战略合作伙伴清远加多宝饮料有限公司在佛冈设立生产基地,辐射整个华南地区。公司位于佛冈县龙山镇学田工业区,紧邻106国道,东北靠京珠高速汤塘出口,距离广州白云机场仅1小时的车程。公司购买全新现代化全自动生产设备,拥有印刷行业各种专业技术人员20多人,以及一大批专业的管理人员和生产团队,具有年生产各种彩盒2.5亿只的生产能力。产品种类涵盖各种中高档包装盒、画册,如医药、化妆品、日用品等产品的包装盒及其他精美彩盒包装与装潢产品。公司拥有大型预印机、多层纸板线、卷筒分切机、自动啤机等国内外先进的印刷、印后配套生产设备,并通过了ISO9001:2008版的国际质量管理体系认证,使产品质量得到有效的保证。

2015年,公司投入1500万元,购买全新先进生产设备,实现当年销售收入近千万元。随着生产经营活动的开展,企业迅速进入发展期,生产销售将会成倍增长。

公司有着稳定的市场份额,有着成熟的管理团队。在现有基础上,

【清远加多宝草本植物科技有限公司】 清远加多宝草本植物科技有限公司是加多宝集团旗下的全资子公司，公司生产模式采用最新研发的凉茶浓缩汁工艺技术，日产浓缩汁100吨，是目前全国最大的专业生产凉茶浓缩汁的生产基地。

公司坐落于佛冈县汤塘镇聚龙湾畔，占地面积612亩，毗邻京珠高速公路与106国道，交通十分便利。为了配合加多宝集团实现全球化发展战略，集团研发部门自主研发并借鉴国内外先进的高科技饮料生产经验，在草本原料的使用、生产工艺的制定、凉茶原有风味的保持、食品安全的保证等方面进行了反复的论证、试验和技术攻关，经过两年多的研发，浓缩汁生产工艺最终研制成功，各项指标符合生产高品质产品要求。

公司的凉茶浓缩汁生产线主体设备均来自美国、意大利等欧美发达国家，全自动中央智能控制系统与自己独特的浓缩汁生产工艺巧妙结合，确保产品品质始终如一。公司从厂房设计、原料使用、设备选型、过程生产、包装运输到质量控制等全过程均符合GMP（良好操作规范）标准。在管理上应用ISO9001：2000、ISO22000、HACCP（危害分析和关键控制点）等一系列管理体系对产品质量和食品安全进行规范管理，产品已获得QS质量安全认证。

在加多宝集团弘扬中国凉茶文化的宏伟远景下，清远加多宝草本植物科技有限公司以科技带动生产，用科技创新创造效益，始终坚持高效环保理念，以努力争创国家高新技术企业为目标，致力于生产优质的凉茶浓缩汁产品，为加多宝"凉茶中国梦"的实现贡献力量。

【清远南玻节能新材料有限公司】 清远南玻节能新材料有限公司系中国南玻集团股份有限公司在佛冈县投资建设的全资子公司，公司坐落于佛冈县迳头镇，距离广州市区110公里，距离清远市区100公里，占地450亩。

清远南玻节能新材料有限公司采用南玻集团拥有自主知识产权的特种玻璃生产技术，专业研发、生产、销售超薄浮法铝硅电子玻璃（0.4～2.0毫米厚度）。产品填补国内高端电子玻璃产品的空白，产品广泛应用于智能手机、平板电脑、触摸显示、光学、汽车等科技领域。

公司遵照国家节能减排的政策，积极履行社会责任，采用清洁能源天然气为燃料，并同步建设烟气除尘脱硝系统，力争建成集"绿色、节能、环保"于一体的世界一流工厂，实现企业效益、社会效益与周边环境的三赢。

公司秉承集团"求实、创新、团结、高效"的企业文化精神，持续创新的理念与思维，以科学的管理、优质的产品、一流的服务回报广大客户，建立面向广东、面向全国、辐射全球的电子超薄浮法铝硅玻璃生产基地，通过科学管理、精心组织、规范运作、安全文明生产，为员工创造一个良好的工作和生活环境，力争打造中国高端电子玻璃民族品牌，为社会做出更大的贡献。

【约克（广州）空调冷冻设备有限公司】 约克（广州）空调冷冻设备有限公司位于佛冈县龙山镇，主要设计及制造中央空调、空调末端产品、商用及家用空调、IAQ改善室内空气品质系列产品等，适用于商务大厦、体育馆、商场、宾馆、医院、公寓、机场及化工、食品、石油等行业。公司占地近8万平方米，拥有员工900多人，年产值超过20亿元人民币。

公司生产涉及面广，促使亿利达、润记、健泰等八家供应商在附近建厂。公司采用先进精良的生产及检测设备，同时配以完善的流水生产线并按照美国约克严格的生产标准和企业管理方法，确保产品质量达到美国约克进口产品的优质水平。

凭借先进的生产经验、科学的管理方法以及持续改进的文化理念，公司先后获得全国第四届制冷学会推荐产品、全国质量服务消费者满意企业、全国质量信得过产品、全国机械制造500强、中央空调10强等各项殊荣，被广东省评为高新技术企业。

（罗志勇）

电力工业

【概况】 佛冈供电局是中国南方电网公司直属企业，内设7个职能部门，下设3个中心供电所，其中包含3个附属所，负责全县6个镇的生产生活用电，用电客户14.43万户。现有员工320人，其中管理人员70人，专业技术人员89人，大专及以上学历220人。

佛冈县现有10千伏高压公用变电站共7座，其中，220千伏变电站1座，主变3台，变电容量为540兆伏安；110千伏变电站6座，主变13台，变电容量为610兆伏安。共有10千伏线路92回，其中，公用线路57回，专用线路35回；公用线路总长804千米，其中架空线路723千米，电缆线路81千米；公用配电变压器729台，总容量为18.06万千伏安，专用配电变压器1069台，容量为63.944万千伏安。基本形成以220千伏潖江变电站为中心，以110千伏线路为主干、10千伏线路为基础的"统一开放、结构合理、技术先进、安全可靠"的佛冈电网。

2015年完成供电量17.37亿千瓦时，售电量17.78亿千瓦时；综合线损率-2.36%，同比下降3.89个百分点。

【电网建设】 结合佛冈社会经济的发展,重点解决主网供电"卡脖子"问题,使电网稳定性逐步提高。"十二五"期间,供电局不断改善网架结构,共计完成电网建设投资1.6亿元,完成清远环城(佛东)输变电工程、清远佛冈湛江站#3主变扩建工程以及其他大修技改和配网项目。电网建设质量进一步提高,10千伏迳烟线新建上角配电台区被评为广东电网有限责任公司"安全、优质、文明"样板工程,并授予金质工程称号。

【电力供应】 **加强有序用电管理** 全力确保迎峰度夏、重要节假日期间有序供电。重点抓好恶劣天气、高温负荷和保供电期间配电网的巡视管理,完成中压开关柜局放测试100宗、红外测温228宗,实现消缺及时率100%。高度重视低电压问题,2015年完成低电压台区整治46个,占低电压总台区数量的69.69%,受益自然村74个,受益用户数1426户,受益人口数5348人,切实提高农村电压质量。

加强电网运行维护管理 不断提高供电可靠性,大力推广带电作业,"十二五"期间共完成带电作业265宗,可多供电量达37.65万千瓦。对低电压台区进行全面整治,完成低电压台区整治46个。有效提高10千伏网架的供电可靠性、电能质量等指标,2015年用户平均停电时间2.03小时/户,与2010年相比下降435%;城市、农村电压合格率分别由2010年的98.02%和97.81%提升到2015年的100%和99.99%。

【优质服务】 深入开展走访重点企业和大用户工作。建立与客户良好的沟通机制,了解客户需求,共开展工业园区和县重点项目调研走访19次,确保客户服务与项目启动同步。制定《佛冈供电局2015年客户服务改进行动方案》,定期召开客户服务抱怨分析会,进一步解决影响客户满意度的存在问题。不断加强核心业务流程、规范制度,推广多渠道受理用户用电业务,如通过95598、微信、网上营业厅和现场报装等方式进行业务受理,全面推广实行电子账单,电子账单覆盖率达100%。针对专变用户,全面扩大业务,缩短报装时间,实现可控环节办理时间15.76天,较服务承诺要求减少21.24天。因地制宜,全面推行中心供电所管理模式,将辖区内6个供电所整合为3个中心供电所,达到"整合资源、综合调配、专业管理、减员增效、提升水平、方便客户"的优化企业格局的目的。

【安全生产】 开展施工作业现场安全督查641次,发现问题并完成整改率100%,落实三个关键和三个维度评价,实现人身安全"零事故"。辨识梳理出安全生产5类20项主要风险,制定87项风险预控措施。修编完善8个专项应急预案、1个总体应急预案和全年应急演练计划,各生产单位对应修编适用的应急处置方案,实战演练计划,完成率100%。成功应对汛期连续性的强降雨袭击,保障佛冈电网的平安稳定运行。圆满完成佛冈"5·6"抗洪复电、湛江抗击强台风"彩虹"抢修复电工作任务;累计动员抢修人员205人次,应急抢修车辆50台,充分发扬"舍小家、顾大家、特别能吃苦、特别能战斗"的精神,得到佛冈县政府及湛江市政府和清远供电局主要领导的充分肯定。在南方日报等媒体广泛报道供电抢修先进事迹12篇,赢得各界群众的赞誉,用实际行动践行"万家灯火、南网情深"的核心价值观。

【企业文化】 深入推进企业文化建设,深化落实"关爱员工八条"措施。注重人文关怀,积极解决员工在工作、生活中热点、难点问题,努力构建企业文化。以活动促建设,不断提升企业软实力;举办摄影、文学讲座等形式多样的培训班,丰富职工的业余文化生活,营造健康积极的生活方式和行为理念。注重企业对外形象,加强本单位志愿者队伍建设,2015年共组织开展和参与志愿服务活动14次,参与总人数140人次,服务总时长将近80小时。组建企业通讯员团队,通过向各大新闻媒体积极投稿的方式,塑造企业的良好形象,全年完成通讯稿件124篇,图片新闻486篇,其中在省公司及市以上平台登稿36篇,刊登图片43张。

(黄 蕾)

交通·邮电·通信

责任编辑：陈国材

交通综述

【概况】 佛冈县交通运输局为县直属科级单位，履行交通运输行政管理监督职能，与交通战备办合署办公，内设部门有办公室、财务审计股、运输行政管理规划基建和安全股、综合行政执法局4个部门；属下单位有佛冈县地方公路管理站、佛冈县交通管理总站；市县交通运输局的双管单位有清远市振兴客运站，公路管理事业单位有清远市佛冈公路局。

2015年，县交运局围绕县委十二届八次全会提出"把佛冈努力打造成为清远融入大广州的重要对接点、全市新的重要增长极和城乡一体化发展的先行区"三个定位的目标，积极履行交通管理职责，不断推进交通基础设施建设、运输行业管理、交通行政执法、安全生产等重点工作。

2015年，完成农村公路硬底化建设共37.13公里、39条，完成县道374线、县道375线、县道362线、县道839线、县道829线重点水毁及一般水毁项目修复共19处，完成28座水毁桥梁的修复重建工作。全县公路通车里程为2160.1公里。其中：高速公路55.8公里，国道60.5公里，省道91公里，县道95.4公里，乡村公路1857.4公里，全县公路密度为166.13%，位居全市前列。完成长途客运量78.608万人次，客运周转量9606.243万人公里；城镇公交车完成年客运量475万人次，客运周转量1.37亿人公里；完成客货营运车辆、教练车辆年审1012辆，驾培企业全年接收机动车驾驶学员4728人。

【交通基础设施建设】 2015年，交通运输局大力加强农村地区交通基础设施建设和养护管理，重点从"建、养、管"三个方面继续推进全县农村公路建设工作，取得显著成效。

公路和桥梁建设 投入资金73.9万元，完成县道375线路面改造工程；投入资金77.4万元，完成县道362线安保工程；投入资金约99万元，对县道373线、县道839线绿化树进行补种植；投入资金31万元，对乡道017线实施路面灌缝。抓好水毁道路桥梁的修复重建工作。2015年，累计投入资金4197万元，完成县道374线、县道375线、县道362线、县道839线、县道829线重点水毁及一般水毁项目修复共19处。稳步推进水毁桥梁的重建和危桥的维修加固工作，各镇实施水毁桥梁的重建和危桥的维修加固13座，工程累计总投资800万元；2013—2015年，全县被省列入乡村道重点水毁的项目16个，争取补助资金共392.12万元，完成28座水毁桥梁的修复重建以及部分县乡道重点水毁修复工作，累计投入资金2600万元。

公路养护管理 全县农村公路里程管养1944.12公里，其中县道养护里程95.37公里，乡道养护里程860.57公里，村道养护里程988.18公里。县道优等路92.83公里，良等路2.54公里，平均好路率达100%；乡村公路平均好路率90%。季节性养护公路，保持晴雨通车。2015年，3个养护所完成人工清扫路面12次，清铲水沟4次、边线草2次、清铲边坡2次，修剪绿化带6次，完成培路肩土850立方米，清理水毁塌方1560立方米，按期按质按量完成公路养护管理工作任务。同时，投入建设资金约56万元，对水头养护所进行翻新装修，大大改善养护工的工作和生活环境。

路政管理 交通运输局路政管理部门坚持规范执法与行业文明创建相结合，有效地维护路产路权，保障公路的安全畅通。2015年共出动路查执法人员606人次，巡查里程11 500公里，处理路产赔偿案件2宗，收取路产赔偿费4200元，行政审批案件1宗，收取公路赔（补）偿费5730元，拆除违章建筑21平方米、广告牌3座，清理路肩、路面堆放杂物326平方米；签订公路协议书6份。

【交通行政管理】 **开展质量信誉考核** 交通运输局通过在全县交通行业开展质量信誉考核工作，进一步提高全县交通行业资质水平。2015年上半年，完成对全县旅客运输企业、公共交通企业、驾驶员培训企业以及机动车维修企业共100多家企业的质量信誉考核工作。其中：2家旅客运输企业质量信誉考核评定结果均为AAA级；5家机动车驾驶员培训企业质量信誉考核评定结果为AAA级1家，AA级2家，A级2家；16家二类机动车维修企业质量信誉考核评定结果为AAA级12家，AA级3家，B级1家。

道路运输行政许可审批 交

交通·邮电·通信 JIAOTONG·YOUDIAN·TONGXIN

2015年11月8日，佛冈县2013年农村公路水泥硬底化建设工程竣工验收会议
（县交通运输局供稿）

通运输局运管部门严格遵守《行政许可法》规定，把好行政许可审核关。全年通过行政许可14宗，其中新开业企业5宗，企业续期9宗；行政审批10宗，其中更新车辆5宗，新增车辆2宗，开通公交线路2宗，企业申请备案证明1宗。同时，认真履行道路运输行政管理职责，加强对全县道路运输车辆审验工作。2015年完成客货营运车辆、教练车辆年审共1012辆，其中客车266辆，货车715辆，教练车31辆；新增货车共271辆，新增客车共86辆；报废货车共5辆，报废客车共28辆。全县运力结构得到不断调整完善。

交通安全生产管理 交通运输局继续坚持以"科学发展、安全发展"为宗旨，结合"安全生产月"活动，认真开展安全生产检查和汛期防灾抗灾工作，通过组织开展安全生产知识竞赛活动，以及突发公共事件交通运输应急专业队伍拉动集合演练，提高安全防范意识和应急处置反应能力；加强对道路危险品运输安全监管，严查无资质车辆非法运输危险化学品以及驾驶员、押运员不具备危险货物道路运输资质等行为；狠抓重大节假日关键时段的安全生产监督管理，切实加强道路运输行业安全生产管理力度，严格履行"三把关、一监督"的交通安全管理职责。2015年全县交通运输行业未发生道路运输责任事故，营运客车万车事故率为零，万车死亡率为零；未发生特大行车事故、火灾责任事故、职工因工伤亡事故、集体急性中毒责任事故，无重大公务、工程用车责任事故以及因公路管理不善、安全设施不符合有关要求而造成的道路交通事故，全县道路运输行业安全生产形势较为稳定。

整顿客运秩序 根据全县运输市场复杂多变的情况，切实加强对运输市场准入、线路牌设置、运输秩序和安全生产的监管；严格查处公交车不按许可线路行驶、不按站点停靠上下客，出租车不打表营运、议价、拒载等行为，不断规范运输市场秩序，有力打击非法营运和违章经营行为。加强对运输企业、维修和驾培行业的指导、检查、监督和考核，促进运输市场主体加快转型升级，提升运输服务质量。运管部门加强对道路危险品运输安全监管，切实履行交通监督管理职责。

【交通行政综合执法】 交通运输局交通行政综合执法主要从道路运政执法、公路路政执法、治理超限超载三方面开展交通执法整治工作。

道路运政执法 一是开展打击非法营运专项行动。继续开展"打非治违"专项行动，严厉打击无牌无证运输、盗牌套牌运输、超限超载运输等违法违章行为。一年来，共出动执法人员4688人次，检查车辆400台，查处各类违章车辆20台，查处各种违法、违章经营行为案件103宗。其中，涉嫌非法营运案件33宗，擅自改装车辆案件40宗，使用无效营运证案件3宗，车载物品扬洒10宗，其他违章案件17宗。同时协同公安交警部门开展违法载客三轮摩托车专项整治行动，共查处违法载客三轮摩托车1000多辆。通过整治，有效地打击各种违法经营行为，进一步维护运输市场秩序。二是认真开展危险化学品运输车辆检查工作，交通运输局组织执法人员加强对危险化学品运输车辆检查及危险化学品经营企业的检查，重点对危险化学品运输车辆、驾驶员、押运员、装卸员等的资质情况展开检查。2015年查处未经许可，擅自从事危险货物运输车辆1辆，查处无押运员违法行为并移交公安部门1辆，保障人民生命财产安全和道路运输环境安全。

公路路政执法 交通运输局认真做好县路域整治、"公路及两侧"整治、"迎国检"等工作，对县内国道、省道、乡道沿线的违法行为进行专项整治。2015年查处路政违章案件1宗，对路域范围非法设置的广告牌、路障、堆放物进行清除，有效保障公路的安全畅通。

治超工作 2015年，根据省市关于治超工作新的精神，交通运输局重新调整工作方案，采取源头治理和路面港湾式治理相结合，积极调动各方面力量，协同作战，使超限超载车辆得到有效控制。一是加强治超监控工作。通过治超视频监控系统对第一期12间货运源头企业实行24小时监控、登记，县治超办印制装载证明，免费发放到货运源头企业，并要求各源头货运企业要严格按照市的要求规范填写使用，货运车辆随车携带，切实加强对超限超载企业的监管力度，把超限超载现象控制在萌芽状态。二是加强对源头企业的监管、巡查工作。县治超办还抽调执法人员组成3组流动治超小组，对货运源头企业实行24小时监控，不定期组织执法人员对重点货运源头企业进行督查监管。2015年，出动治超执法人员25 360人次，检查车辆385 144辆，查处非法改装车40辆，查处超限超载车辆241辆，卸货转运4238.95吨，对驾驶员记分241人次，共记分1352分。通过实行源头治理和港湾式治理新举措后，治超工作效果更加显著，县域内车辆超限超载率大大下降。三是做好治超视频监控中心搬迁工作。随着治超监控范围的扩大，原有的治超监控中心已不能满足工作的需要，加上治超监控中心恰好位于雷区，机房面积较小，且未加装防雷防静电等设施，遇雷雨等恶劣天气常遭雷击，已多次造成设备损坏，严重影响视频监控系统设备正常运作。经县政府批准，将治超视频监控中心搬迁到县交通运输局大楼5楼，进一步提高监控效率。

【**汕湛高速公路佛冈段的前期工作**】 汕湛高速公路清远段起于佛冈与从化交界处的长山，途经佛冈的汤塘、龙山，佛冈境内约36.2公里。途经佛冈境内的汕湛高速公路于2015年全面启动，佛冈县交通运输局协助省公路勘察设计院有限公司开展项目初步设计的路线勘探和相关资料的收集工作。2015年10月14日，县政府以佛府〔2015〕67号文发布通告，对汕湛高速公路佛冈段部分土地实行控制，汕湛高速公路惠州清远段筹建处聘请省国土厅测绘院对汕湛高速公路佛冈段沿线500米范围进行航拍。此次航拍，主要是对项目沿线的地形地貌进行拍摄，并结合实地拍录组成一个立体的资料库，最大限度地防止可能出现当地群众的抢种、抢建行为，为下一阶段开展征地拆迁工作提供依据和技术支持。

【**城乡公交**】 为贯彻落实全县十大民生实事，交通运输局致力于发展城市公交，全县运力结构、交通网络不断得到调整完善。2015年9月初，完成县道362线安保工程，并于9月7日通过安保工程竣工验收；9月30日，正式开通佛冈至迳头青竹公交线路，线路走向为：佛冈—迳头新政府—大陂—湖洋—青竹村，每日运行六个班次。佛冈至迳头青竹公交线路的开通，进一步完善县城公交网络，加快推进城乡公交一体化建设，解决该片区群众乘车难的问题。

（邱小华）

交通运输

【**概况**】 2015年，佛冈交通运输主要以公路货运和客运为主。其中，货运经营主要是社会运输业户，客运经营企业有清远市粤运汽车运输有限公司佛冈县振兴汽车客运站、佛冈县安利通运输有限公司、佛冈县永通公共汽车有限公司以及佛冈县顺万通小汽车出租有限公司。

2015年全县有营业性货运车辆1385辆，吨位17438.2吨；客运企业4家，长途客运车辆89辆，座位4050个，长途客运班线21条，城镇公交客车90台，其中：城乡公交车辆74台，城乡公交线路12条，环城公交车辆16台，环城公交线路3条。全年完成客运量475万人，客运周转量1.37亿人公里，客运出租车150辆。全县公交通达率达95%。全年完成长短途客运量193.7万人次，客运周转量19 928万人公里。

2015年，全县新增及更新客货车辆共392辆，其中货车306辆，客车86辆，运力结构得到调整完善，全县客货运力与运量基本保持平衡，满足运输市场需要。一年来，交通运输行业始终坚持以科技进步与创新推动行业不断发展，以道路运输节能减排为目标，不断调整优化运力结构，积极推进城乡一体化交通网络建设，运输生产能力和服务水平不断提升，为佛冈县经济社会发展提供安全、稳定的交通运输环境。

（邱小华）

【**清远市粤运汽车运输有限公司佛冈分公司**】 分公司从事公路旅客运输，客运车辆共33台（包含自营车5台）；其中线路经营车辆30台，旅游包车3台，总客座1492座位，共经营线路9条，基本上以珠三角地区为主，有佛冈至广州、深圳、珠海、佛山、从化及清远等地。至2015年底固定资产1283.29万元，分公司在册建制岗位员工（含司乘人员）150人，离退休人员77人。

2015年分公司33台车辆完成客运量81.8万人次，客运周转量8540.92万人公里。

【**清远市粤运汽车运输有限公司佛冈振兴汽车客运站**】 2015年，客运站每天进站发班的市际、县际营运车辆99台，每月共发5768班次，平均月发送旅客65 497人次，完成

清远市粤运汽车运输有限公司佛冈分公司运力分布

班　线	运力（辆）	班　线	运力（辆）
佛冈—佛山	1	佛冈—深圳福田	2
佛冈—深圳龙华	2	佛冈—深圳龙岗	2
佛冈—珠海	3	佛冈—从化	1
佛冈—英德	1	佛冈—清远	3
佛冈—广州	15	旅游包车	3

2015年11月5日，振兴客运站举行青年志愿服务站启动仪式

（佛冈汽车客运站供稿）

客运量78.6081万人次，客运周转量9606.2425万人公里。

生产经营情况 2015年，根据粤运交通、清远粤运的发展战略，分公司从7月开始将承包合同到期的车辆收回自营，其中7月收回清远班线1辆，9月收回深圳龙岗和广州从化班线各1辆，10月份收回清远班线2辆、旅游车1辆。大力发展乐驿便利店项目，将快件业务与乐驿便利店整合为一体化经营。根据上级公司布置，积极开展微信购票宣传活动，自开通微信购票和网上售票以来，共售票4828张，实现营业收入237 092元。

为倡导青年志愿者广泛开展志愿服务，激发青年团员奉献社会的意识，2015年11月搭建青年志愿者服务平台，深入开展对旅客的优质服务。

全年营业收入1041.35万元，与上年同比增加12.73%，实现利润381.5万元，与上年同比增长35%。

安全生产情况 营运车辆安全行驶总里程5 573 130公里，其中自营车221 382公里。安全三指数：百万车公里事故率、百万车公里伤人率、百万车公里死亡率均为零。安全生产领导小组成员及专职安全管理人员坚持参加每月2次以上的司乘人员、承包经营者安全学习例会，牢固树立全体员工和司乘人员"安全第一、预防为主"和"安全生产责任重于泰山"的安全生产意识，严格执行"回场必检、合格放行"制度，全年安全例检客运车辆11 370台次，检查发现不合格车辆和处理安全隐患217台次。充分利用GPS监控平台，及时纠正驾驶员的违法行为，有效遏制驾驶员超速、超载等违法违章、疲劳驾驶的行为发生。

（范小凤）

【**佛冈县永通公共汽车有限公司**】佛冈县永通公共汽车有限公司成立于2003年4月，是佛冈县内唯一一家城市公交、城乡公交客运企业。多年来，公司以创新规范管理、创优规范服务，树立以乘客为中心的目标，秉承"安全第一、顾客至上"的服务宗旨，用便民、舒适的服务创造公交优先品牌的公司经营理念，积极推进佛冈县公交事业的快速发展。至2015年底，公司拥有公交客运车辆101辆，其中已投入营运90辆，11辆停运（已报废待更新）。城乡公交车辆74台，环城公交车辆16台，至2015年底县城至各乡镇的公交线路共12条，每天共发往各镇330班次。为贯彻落实佛冈县十大民生实事，于2015年10月1日正式开通佛冈至青竹新公交线路，有效解决青竹沿线居民出行难问题。县城内环城公交线路3条，每天运行班次约160班次，2015年全县公交通达率达95%，基础设施不断加强，线网覆盖面逐步扩大。

生产经营情况 公司车辆运营总里程达360公里，通公交总里程达220公里。公交线路主要分为城乡班线和城内环绕班线两类。城乡公交线路分为南线、北线，南线主要是县城至学田（黄塱）、汤塘、四九、龙南、民安、黄花等，北线主要是县城至烟岭（太平）、水头、高岗（礼溪）、迳头等，城乡运行公交车辆74台。县城内公交班线主要有3条，主要以县城振兴路、教育路、环城路等主干道为中心，连接客运站、政府单位、学校、商贸区、住宅区、旅游景点等，运行公交车16辆。2015年，公司完成客运量475万人次，客运周转量1.37亿人公里。

车辆运行时间 公司城乡公交线路最早班发车时间为5：50，末班车最晚发班时间为18：15，由各终点站返回县城的末班车发车时间为19：00。南北线班车平均每隔12分钟一趟，县城公交早班车发车时间为6：00，末班车发车时间为22：00，节假日期间公司根据客源情况增加发车班次，以方便广大群众出行。

县城公交车上落点 城乡公交车主要是以各镇为终点站，沿途停靠载客。县城内环城公交线路沿途在重要路段均设有候车亭及线路标识，环绕县城公交线路主要途经环城路、振兴路、教育路、青松路、青云路、文明路等县城主干道，途经学校、人民公园、上三角、下三角、医院（人民医院、妇幼保健院）、银座购物广场、菜市场、振兴客运站、县政府、住宅区（悦生明珠花园、名汇花园、钱隆天下、城市春天）等人流较密集的地点。

（黄建文）

交通行政管理

【**概况**】佛冈县交通管理总站为佛冈县交通运输局直属股级事业单位，主要负责县境内的交通运输行政管理工作。2015年，佛冈县交通管理部门认真履行交通行政管理职责，切实加强对全县交通运输行业监督指导，重点对公路运输、客货运输站场、机动车维修、机动车驾驶员培训、出租车等行业进行监督管理，切实把好安全生产监督关，并做好全县道路运输的有关数据信息统计报送工作。

【客运企业管理】 2015年，全县客运经营企业主要有清远市粤运汽车运输有限公司佛冈县振兴汽车客运站、佛冈县安利通运输有限公司以及佛冈县永通公共汽车有限公司3家。为加强对道路运输市场监督管理，交通管理部门认真履行交通监督管理职责，坚持以企业质量信誉考核为核心，根据佛冈县运输市场复杂多变的情况，切实加强对运输市场准入、线路牌设置、运输秩序和安全生产的监管；严格查处公交车不按许可线路行驶、不按站点停靠上下客、出租车不打表营运、议价、拒载等行为，不断规范运输市场秩序，有力打击非法营运和违章经营行为。2015年上半年，完成对全县旅客运输企业、公共交通企业等多家企业的质量信誉考核工作。其中：清远市粤运汽车运输有限公司佛冈分公司和佛冈县安利通运输公司评定为AAA级。同时，交通管理总站从抓好企业源头管理入手，重点从企业的内部管理制度、安全管理、车辆的维护保养、服务质量意识、站场服务设施的完善等方面加大监督力度，定期检查监督，严格把好市场准入关和安全监督关，全县交通客运市场逐步走向健康、有序、稳定发展的轨道。

【出租车行业管理】 随着载客三轮摩托逐渐退出运输市场，为满足广大群众出行需要，经县政府和交通部门批准同意，2015年新增65台出租车，城市公交和出租车成为广大群众日常出行的主要工具。交通管理总站重点对出租车的安全管理、驾驶员管理、服务质量管理三方面进行严格监督，定期到出租车公司进行监督检查，发现问题的立即下发整改通知，责令其限期内整改，要求出租车公司不断完善内部管理制度，对驾驶员建立有效的管理措施，不断提高服务质量。2015年，佛冈县顺万通小汽车出租有限公司拥有出租小汽车150辆，基本满足城市客运市场需要。在2015年的质量信誉考核中，佛冈县顺万通小汽车出租有限公司评定为AA级。

【机动车维修行业管理】 机动车维修行业管理 交通管理部门每月定期到企业检查工作，督促维修企业完善安全生产制度、维修质量管理制度和质量保证期制度，并严格执行机动车维修出厂合格证制度，对所承接的二级维护、总成修理、整车修理业务的机动车建立维修档案。

安全生产及信誉考评 2015年8月，根据《清远市一、二类机动车维修企业安全生产达标化三级达标考评实施细则（试行）》的通知要求，佛冈县有3家二类机动车维修经营企业通过三级安全生产达标化考评工作。同时，交通管理部门结合机动车维修企业质量信誉考核工作要求，按照《机动车维修企业质量信誉考核办法》开展对全县范围内的机动车维修企业年度质量信誉考核工作，通过企业自评、专家现场考评及资料审核等方式进行全面的检查考核，16家二类机动车维修企业质量信誉考核结果为：13家AAA级，2家AA级，1家B级；三类汽车维修企业参加考核单位有67家，其中有4家AAA级，51家AA级，12家A级。至2015年底，全县持有营业资格证的机动车维修经营企业306间，其中二类汽车维修企业18间，三类汽车维修企业118间，二类摩托车维修企业170间。

【机动车驾驶员培训管理】 改善设施 县交管部门加强对驾培机构的培训资质、教学设施、教学质量以及经营行为等方面的审查整治，全县驾培机构均能严格按照驾培的教学大纲要求和管理规定开展培训工作，教练场地、基础设施等培训设施不断改善，培训质量不断提高，驾培市场逐步走向规范化。至2015年底，全县共有4家二类驾驶员培训机构拥有教练车辆141台，持有教练资格证181人，基本满足全县驾培市场需求。据统计，全年培训和吸收机动车驾驶学员共4728人。

信誉考核 结合2015年机动车驾驶员培训质量信誉考核工作以及交通部办公厅关于做好《机动车驾驶员培训机构资格条件（GB/T 30340—2013）》和《机动车驾驶员培训教练场技术要求（GB/T 30341—2013）》两项国家标准实施工作通知精神，围绕驾校的资格、经营行为、教学管理、培训质量、安全管理、诚信服务等6个方面的指标，由市总站组织的审查组于2015年9月对全县4所二类驾培企业进行一次全面的实地检查验收和量化考核，全县4所二类驾培企业顺利通过验收。经过质量考核，5家机动车驾驶员培训企业质量信誉考核评定结果为AAA级1家，AA级2家，A级2家。通过不断加强培训质量监督管理，全力打造"依法经营、诚实信用、安全规范、服务优良、竞争有序"的驾培市场，逐步形成结构合理、市场规范、供需平衡的驾培体系。

【交通运输行业安全生产监督】 佛冈县交通运输局坚持以"科学发展、安全发展"为宗旨，结合"安全生产月"活动，认真开展安全生产检查和汛期防灾抗灾工作，通过组织开展安全生产知识竞赛活动，以及突发公共事件交通运输应急专业队伍拉动集合演练，提高安全防范意识、应急处置和反应能力。

安全隐患专项整治 加强对道路危险品运输安全监管，严查无资质车辆非法运输危险化学品以及驾驶员、押运员不具备危险货物道路运输资质等行为。

重大节假日关键时段的安全生产监督管理 为做好节假日期间的交通安全工作，交通部门按照"以客为主、科学组织、协调配合、安全有序"的工作原则,通过制定科学合理的运力计划,加强交通安全监督检查,保障节假日期间全县交通秩序安全畅顺。2015年春运,全县共投入春运客车183辆,其中长途客车88辆,城市公交车95辆。春运40天,累计发车28432班次,运送旅客737303人次,与上年同期相比上升24.9%。整个春运期间全县交通运输行业没有发生道路运输安全生产责任事故。

安全生产指标 通过大力加强道路运输行业安全生产管理力度,严格履行"三把关、一监督"的交通安全管理职责。2015年,全县交通运输行业未发生道路运输责任事故,营运客车万车事故率及万车死亡率均为零;未发生特大行车事故、火灾责任事故、职工工伤亡事故、集体急性中毒责任事故,无重大公务、工程用车责任事故以及因公路管理不善、安全设施不符合有关要求造成的道路交通事故,全县道路运输行业安全生产形势较为稳定。

(邱小华)

国道、省道建设与管理

【**概况**】 清远市佛冈公路局是清远市公路管理局下属正科级事业单位。局机关设综合办、生产办、财务办、安全办、工会办和路政所6个股室,下设惠爱亭、二七、龙山3个养护所。管养线路里程137.98公里,其中国道106线一级公路60.53公里,省道252线二级公路53.58公里,省道354线二级公路23.87公里。2015年,公路部门按照"建设大交通、促进广清一体化"整体思路,在集中力量抓好国省道干线公路管养工作的同时,完成境内国道106线和省道354线、252线等道路升级改造工程。

【**公路建设**】 2015年,主要工程建

2015年1月6日,县长梁金鉴(右三)到县城段扩建工程项目部召开会议

(佛冈公路局供稿)

设项目有:一是国道106线佛冈北段路面改造工程,项目路线全长33.860公里,总投资1.86亿元,于2014年8月下旬动工建设,2015年9月底全面完工。二是省道354线佛冈四九至汤塘段路面改造工程,项目路线全长19.640公里,总投资0.45亿元,于2014年9月中旬动工建设,2015年9月底全面完工。三是省道252线佛冈县枫树山至官厅段二级公路路面改造工程,项目路线全长16.983公里,总投资0.39亿元,于2014年9月中旬动工建设,2015年7月底已全面完成。四是国道106线佛冈县城段(二七至企岭)扩建工程,项目路线全长5.579公里,总投资预算1.32亿元,该工程是佛冈县2015年的35项重点工程项目之一,正在加快推进征地和拆迁等工作。五是国道106线佛冈汤塘京珠出口至龙山段养护示范路工程,项目路线全长11.096公里,总投资预算876万元,2015年11月初开始动工建设,计划2016年上半年前完成。六是国道106线佛冈北段英德佛冈交界处至佛冈县城英佛路口养护示范路工程,项目路线全长36.296公里,预算投资2709万元,2015年底开始动工建设,预计2016年6月底前完成。

【**国省道养护**】 **养护里程** 2015年养护公路总里程137.98公里,其中二七养护所管养国道106线北段14.08公里和省道252线高岗段21.98公里,养护里程共36.06公里;惠爱亭养护所管养国道106线33公里和省道252线龙南段31.59公里,同时还肩负着省道292线(英佛公路)17.71公里的养护工作,养护里程共82.30公里;龙山养护所管养国道106线南段13.43公里和省道354线龙山段、四九段23.87公里,养护里程共37.30公里。

养护质量 2015年,公路部门从保持日常养护常态化、加强路面清扫力度、预防性养护、路域环境综合整治、保障公路桥梁安全、养护机械化上狠下功夫,着力改善路容路貌,提高路况质量,保证路况常年保持良好状态,实现"养好公路、保障畅通"的目标。全年累计清扫路面264 912公里,沥青修补路面1600平方米、水泥碎石修补路面878.18平方米,疏通边沟、排水沟、急流槽655.8公里,更换公里牌65块、百尺桩284块,补种示警桩488根、轮廓桩204根。

【**公路抢修**】 2015年5—6月,佛

冈县遭遇强降雨极端天气，在暴雨灾害天气期间，县域国省道公路出现不同程度的边坡塌方、公路水浸、结构物坍塌等水毁情况。因持续强降雨导致坍塌方76处，1310.70立方米；挡墙坍塌11处，463.06立方米；护坡坍塌1处，580立方米；1处因上边坡塌方出现交通中断，累计水毁造成直接损失约58.71万元。公路部门及时组织救援力量，调集人员、机械抢修工具等迅速投入抢险工作，采取有效措施全力保障公路的安全畅通。经统计，参与抢修人员368人次，出动抢修工具有油锯8台、铲车7个台班、养护车车辆66个台班、5T车辆4个台班，投入交通防护标志一批，共计投入机械设备85个台班，累计投入抢通资金14.43万元。

【路政管理】 2015年，路政管理工作重点为抓好路域环境综合整治，主要打击侵占公路路产和设施的违法行为，拆除公路建筑控制区内的违法建筑物、构筑物和非公路标志牌，治理公路沿线的"脏、乱、差、堵"现象。

巡查制度 严格执行《广东省公路管理局关于公路路政巡查的管理规定》，进一步完善路政、生产、安全等部门的"联合巡查"工作制度，切实加强公路巡查的力度和密度，依法治路，维护路产路权。

法规宣传 利用多种形式积极向社会做好《公路法》《路政管理规定》《公路安全保护条例》和《广东省公路条例》等有关法律、法规的宣传，不断增强群众自觉维护公路路产路权的意识，有效地保障公路路产路权。

环境整治 联合各镇政府、公安、交通、国土等部门进行路域环境整治，加强整治力度，营造"畅、安、舒、美"的路域环境。全年累计巡查里程26 700公里，巡查天数301天，清理路障110处150立方米，清理路肩水沟堆积物、乱堆乱放杂物1000立方米，清拆违章建筑4处40平方米，拆除违法广告标牌180个550平方米，发现违法横幅广告460处，拆除面积367平方米，清理乱摆卖30处，办理行政审批2宗，查处路政案件43宗，结案率为100%，收取损坏、占用公路路产赔偿费、补偿费共15.48万元。

【安全生产】 "平安工地"建设 严格落实和规范公路养护施工作业安全措施，针对检查发现的问题积极制定整改措施，从源头杜绝安全隐患，全力抓好公路在建工程安全施工管理。

单位安全生产 加强基层班组安全思想教育，全面提高全局全员安全生产责任意识。认真开展第十四个"安全生产月"活动，积极参与市、县举办的公路安全应急演练活动，严厉整顿路面、桥梁施工和养护作业安全。

安全经费投入 切实抓好安全隐患路段的整治。全年共投入安全专项经费30多万元，分别用于公路安全标志、警示灯、安全服装、防洪电筒等。

机械设备管理 进一步提高养护机械化水平。全年机械设备共投入140多万元，其中扫路车47万元，养护车27万元，沥青拌和设备66万元。

【公路"迎国检"】 2015年是交通运输部五年一度的全国公路大检查。公路部门严格按照国检标准抓落实，认真开展自查自纠，全力做好"迎国检"的各项工作。重点对国道106线佛冈北段35.081公里进行整治，投入资金82.72万元，其中材料费13.83万元、机械费33.25万元、人工费35.64万元。全面整合及增补翻新标志标线、修剪树枝、修剪路肩草、粉刷路树、修复构造物、埋设里程碑及百米桩等，补种公路牌12块、百米桩138块、轮廓标82条、示警桩138条、路口警示桩56条、桥梁标志20个、更换波纹板12块、修复损坏水沟280米等。路政人员共清理水沟堆积物、乱堆乱放杂物约80处650立方米；清理路肩、路基和公路用地范围内农作物约70处480平方米；清拆违章非公路标志20块50平方米；粉刷路政宣传标语150平方米。

【公路文化建设】 结合2015"公路文化建设促进年"的目标，积极利用新闻媒体，大力宣传公路建设、路域环境综合整治、好路和美路等，提升公路部门的新形象。2015年，共有21篇新闻报道被刊发在各大媒体；2首诗歌分别在杂志《作品》《广东交通教育培训》和《清远作家》刊登；论文《浅谈如何提高职工的素质教育》获2014年中国交通教育研究会（公路）职工分会论文二等奖；故事《母亲的背影》选登在佛冈县征文作品集《我的家风、家训、家教》；读后感《读〈曾国藩的正面与侧面〉有感》获第五届清远市"廉洁读书月"活动优秀征文。通过举办第五届职工运动会、鼓励干部职工参加廉政诗歌朗诵、摄影展等活动，丰富职工的文化生活，传播公路文化，切实转变工作作风，把"争创一流业绩，培育优秀人才，锻炼健康身心"的核心价值观融入公路日常工作当中。

【公路建设"十三五"规划】 按照《清远市综合交通运输"十三五"发展规划》，佛冈县公路建设有五大改造项目纳入"十三五"交通规划中。一是国道106线佛冈县城段（二七桥至企岭）扩建工程；二是省道252线佛冈县城段改建工程；三是省道252线高岗一桥至京珠高速出入口段扩建工程；四是省道252线沙岗至民安段改建工程；五是佛冈县国道106线至迳头菜洞尾（新丰交界）段新建工程。未来五年，这些工程建设项目的全面完成，将进一步推动佛冈公路事业又快又好发展，营造更安全、更便捷、更畅通、更舒适、更优美的公路交通环境，为佛冈经济发展提供强有力的交通保障。

（朱俊芬）

地方公路建设与管理

【概况】 佛冈县地方公路管理站为佛冈县交通运输局直属股级事业单位，2015年有养护所3个，负责95.367公里县道线的养护工作，各镇设立农村公路养护办，养护农村公路1944.112公里。此外，地方公路路政管理所负责地方公路的路政管理工作。

【地方公路建设】 2015年完成农村公路硬底化建设39条共37.13公里。完成16座危桥改造及加固维修工作；完成县道374线、县道375线、县道362线、县道839线重点水毁及一般水毁项目修复共19处；完成县道375线路面中修工程，完成县道362线安保工程；完成县道373线、县道839线补种绿化树；完成乡道017线路面灌缝及裂缝处理工程。同时，做好2013年特大洪水灾害对乡村道公路重点水毁项目的修复。通过与上级交通主管部门的沟通协调，全县被省列入乡村道重点水毁项目的共16个，争取补助资金共392.12万元。

【通自然村公路水泥路面硬底化建设】 2015年，全县有农村公路1944.12公里，其中县道8条95.37公里，乡村公路1848.75公里。在地方公路中，二级公路95.37公里，占总里程的8.1%；其余为四级路和等外路。为提升公路等级，发挥好地方公路网络的作用，近年来重点实施通自然村公路水泥路面硬底化建设。在原有公路的基础上进行改造，铺筑水泥路面，路面宽度一般要求4.5米，有困难地段不得少于3.5米。至2015年底，完成乡村道路水泥硬底化建设633条共1072.3公里。

【公路桥梁普查】 2015年，根据清远市地方公路管理总站印发《关于加强我市地方公路桥梁安全隐患排查的通知》的要求，县地方公路管理站组织工程技术人员对全县纳入广东省公路桥梁数据库的324座农村公路桥梁进行安全隐患检查。通过检查，发现全县59座农村公路桥梁存在一定安全隐患，亟待整改。根据普查情况，地方公路管理站已分别致函各镇政府，要求针对各镇辖区内的桥梁采取相应的整治措施，如设立警示标志、进行维修加固等，并积极争取上级资金支持，配合各镇政府做好危桥的维修加固工作。

【地方公路养护】 养护里程 全县农村公路里程管养为1944.12公里，其中县道养护里程95.37公里，乡道养护里程860.57公里，村道养护里程988.18公里。县道优等路92.83公里，良等路2.54公里，平均好路率达100%，乡村公路平均好路率90%，季节性养护公路保持晴雨通车。

养护方式 全县县道线公路实行包干计量的养护方式，年初核实养护里程的工程量确定养护经费，每月进行验收计量支付，并定好项目的质量标准，没有达到所定标准的责令整改，扣留当月养护经费，直到按要求整改完成，才支付养护经费。通过以上措施的落实，让养护工人明确工作职责，增强工作积极性和自觉性，各条线路的路容路貌均有所提升。

【地方公路路政管理】 路政管理部门认真落实上级文件精神，坚持规范执法与行业文明创建相结合，加大路政管理宣传力度，提高路政执法水平，坚持做到依法行政，规范执法，有效地维护路产路权，保障公路的安全畅通。2015年出动723人次，巡查里程13 629公里，处理路产赔偿案件1宗，收取路产赔偿费290元，行政审批案件1宗，收取公路赔（补）偿费3540元，拆除广告牌3座，清理路肩、路面堆放杂物326平方米。此外，签订公路协议书2份。

（罗成通）

邮政通信

【概况】 中国邮政集团公司广东省佛冈县分公司（以下简称：佛冈县分公司）共设16个部门机构，其中职能部门3个，分别是综合办公室、市场经营部、代理金融部；生产班组4个，分别是环城中邮政营业班、振兴路支行、文明路营业所、投递部；非生产班组2个，分别是大客户中心、技术组；邮政支局3个，分别是龙山邮政支局、高岗邮政支局、水头邮政支局；邮政委代办网点4个，分别是汤塘邮政代办所、烟岭邮政代办所、迳头邮政代办所、民安邮政代办所。共设投递邮路16条，其中县城邮路7条，乡镇邮路9条。2015年末，佛冈县分公司在册员工（不含速递）共85人。

2015年5月12日，清远市公路管理局在佛冈召开2015年清远市公路路政管理工作会议　　　　　　　　　（佛冈公路局供稿）

【推行邮政机构改革】 根据集团公司《中国邮政集团公司关于实施法人体制调整有关事项的通知》和《关于做好我市分公司子改分工作的通知》的精神,2015年4月开始实行邮政机构改革。管理体制由之前的母子公司两级法人体制改为总分公司一级法人体制,省邮政公司所属的市、县分支机构以更名形式统一变更隶属关系至集团公司名下。佛冈县分公司严格按照集团公司改制的进度步调,切实加强领导,保证子改分工作顺利进行,"佛冈县邮政局"于2015年4月10日变更为"中国邮政集团公司广东省佛冈县分公司"。

【邮政经营情况】 2015年佛冈县分公司全力推进公司运营改革和专业化经营改革,进一步明确发展重点、调整激励政策、优化资源配置、创新营销模式。全年完成业务收入1464.20万元(资费口径),完成年计划1442.50万元的101.50%,同比增长10.22%;完成收支差133.15万元,占年计划133万元的100.11%。确保用户满意度达到95分以上,确保无生产、资金安全事故发生。邮政企业各专业发展情况如下。

代理金融类 全年完成代理金融收入988.88万元,同比增长16.88%,完成计划目标的102.05%,业务收入占比为67.54%。其中,利差收入738.80万元,同比增长10.38%;保险收入104.33万元,同比增长114.36%;其他收入(含银信通、汇兑、中间业务等)完成145.75万元。

邮务类业务 全年完成邮务类收入311.84万元,占比21.30%。其中函件业务保持均衡发展,2015年完成116.22万元,略有下降。重点抓住《佛冈商讯》、邮资封片、无名址函件、电商小包等业务,从原来着眼于开发贺卡和《佛冈商讯》等业务,转型向开发长效性政务类宣传为主业务,纵深拓展国内小包业务。持续举办书信节,2015年与教育局、赞助商供电局沟通,以绿色环保——用电知识安全为主题,向全县中小学生开展书信征文比赛活动,将企业经营与青少年教育有机结合,使邮政企业所肩负的普遍服务职能得以有效深化和提升。

集邮专业 2015年举行4场网点的集邮巡展,共销售邮品2.8万元,举办"祥和中国"熊猫集邮品鉴会,成功开发"儿童笔记本邮折收藏套装"、生日礼仪的个性化姓氏银章等项目。

商会邮局 拓展商会邮局文化。积极寻找和商会的合作机遇,在业务上实现互助、互利,实现业务发展的双赢。继2014年5月20日成立湖南商会邮局后,2015年3月8日成立佛冈客家文化邮局(梅州商会)。

电商合作 积极探索在金融、仓储配送和电商产业园等方面与政府广泛合作,获得政府支持政策,配合政府推进农村电商发展,提升邮政农村金融服务能力。佛冈县分公司成功在省级项目——佛冈龙南龙塘村委便民服务中心叠加了寄递业务,初步与各镇农综改服务中心达成共识,全面切入邮政金融、电商、寄递、代办类等业务。

物业出租 2015年完成172.04万元,完成市计划的117.03%,同比增长22.01%。在房产物业的安防、权属、租赁、系统应用、实物应用以及租金管理等方面均做了大量的工作。2015年9月全市邮政物业实物资产工作现场会在佛冈县分公司召开,会上由佛冈县分公司办公室陈瑞康做经验介绍,其设计的房产实物相册图文并茂、清晰美观、内容翔实、成本低廉、运用灵活,成为全市实物台账的参考标杆。

【构建和谐企业】 继续做好职工之家、职工小家及投递员之家建设,2015年投资8万元对县分公司职工宿舍、饭堂、乡镇职工小家(重点龙山支局)的场地、设施等进行了大幅改善;继续完善模范职工小家示范点建设;继续抓好城市投递站"投递员之家"建设;继续完善"网运之家"建设。进一步完善困难员工帮扶、重病互助长效工作机制,对符合帮扶条件的在职人员、退休人员实行适当的帮扶。加强员工维权机制建设,加强劳动关系预判、预警及隐患排查。充分发挥凝聚员工、贴近员工的优势,以班组建设为载体,开展"建功立业"

2015年6月26日,县邮政分公司举办2015"生活更美,只因有你"书信征文比赛颁奖典礼
(县邮政分公司供稿)

工程。表彰一大批县邮政先进集体和个人；四大中心支局继续保持市邮政优秀职工小家称号，其中水头支局成为省邮政模范职工小家；原被授予"青年文明岗"的几个基层网点也保持一流的优质服务。4月组队参加由县总工会举办的"佛冈县职工第二届趣味运动会"，并多次自行组织篮球赛、青春邮政晚会等文体活动，丰富职工文化生活，进一步增强企业凝聚力和向心力。

【维稳综治工作】 制定《佛冈县分公司综治工作实施方案》，明确综治工作的指导思想、对象与范围、实施办法与步骤以及应达到的目标。做好来人、来访、来电的三来工作，全年接待来人、来信、来电共2次，解决处理问题共2宗。重点为落实内控管理制度，防范金融道德风险，较好地提高干部职工的法律意识、法制观念和综治意识，使社会治安综合治理工作得以巩固。严格执行《佛冈县关于加强邮件、快件寄递安全管理工作的实施方案的通知》对邮件安全的要求，网点负责人及县分公司相关管理人员严格按照上级规定频次对邮件加强检查监督，确保邮件寄递质量，没发现有违禁物品。

【财务资产管理】 2015年，佛冈县分公司重抓财务管控水平，为企业发展给予大力支撑。一是加强收入管理，年初准确下达财务计划，健全收入稽核制度，减少资金沉淀，提高收入质量，确保收入数据真实准确。二是管控预算。推行全面预算管理，继续加强成本预算工作，把全年预算做细做实，严格把控收支方向，使企业在全年运作中做到收支合理。三是管控支出，以成本费用预算管理为切入点，逐步探索经营预算、资本性支出预算财务预算方式，完善成本费用定额，统一成本费用支出项目，压减可控管理费用，压缩弹性成本，杜绝不必要支出。四是管控库存和欠费，盘活和压缩库存，加强欠费管理与追缴。五是强化资产管控，强化全网观念、成本观念和经营观念，不断提升资产使用效益；将超标准配置和使用的房屋资产用于对外出租；合理调整邮务类网点分布，对于地理位置优越、租金价格较高的自用资产腾空用于出租；大力推进房产租赁权试点，实行拍租，进一步盘活闲置资产；加强邮政物业租赁管理，控制租赁成本；加大房屋土地确权办证力度，确保资产合规安全。

【安全生产管理】 坚持"安全第一、预防为主"的方针，以资金安全、财产安全、行车安全、邮件安全等为重点，进一步严肃经营纪律、财经纪律，规范企业经营和财务管理行为，加大自查自纠力度，狠抓各项防范措施的落实，确保企业健康有序发展；层层签订安全责任书，高强度、多频次开展安全检查，发现问题及时整改，把安全隐患消灭在萌芽状态。坚持开展代理网点普查活动、储汇人员轮岗管理专项排查、金融资金安全联合大检查等，邮银双方每月定期召开"风控会"，进一步夯实管理基础。

（陈瑞康）

电信通信

【概况】 中国电信佛冈分公司是佛冈县最大的全业务综合信息服务提供商，共有在册员工99人，业务外包人员82人。分公司下设综合部、销售部、客响维护部、政企客户服务中心和4个营销服务中心，为全县近15万客户提供固话、移动通信、互联网接入及应用、数据通信等综合信息服务。作为地方主体电信运营企业，中国电信佛冈分公司一直承担着电信普及服务、党政专网通信、应急通信、战备通信和抗洪抢险通信保障的任务。

【市场经营】 2015年，佛冈县地方经济发展放缓，通信行业需求明显下降，经营面临与邮电分营10多年以来最艰难的局面。佛冈分公司坚定执行上级战略部署，深化"新三者"转型战略，坚持"一去两化"的工作要求，牢牢把握"变革创新、开放合作、提质增效"三大关键，夯实管理基础，改变业务发展模式，推动网络升级改造，推进企业转型发展。2015年，主营收入完成年度预算的91%，累计同比下降11%。一是重视客户质量，狠抓融合。通过推进智慧家庭大礼包及ITV销售，优化平移现场，主推双百兆，从4G及ITV演示体验抓起，通过各渠道不断加强培训，强化考核、激励，重点关注新入网客户的融合效果，以及老用户的质量提升。2015年佛冈新入网宽带融合率27.91%，全市排名第一。二是重视互联网视听（IPTV）的发展。从7月起，分公司启动ITV专项营销，全面推广ITV。通过细分营销场景、调整激励方案、加强ITV的营销和宣传，快速提升存量及新增宽带用户ITV加装率，加强融合电视业务的渗透，取得明显效果。2015年佛冈IPTV完成年进度87.42%，全市排名第三；新入网宽带加装IPTV率47.44%，全市排名第一。

【服务创新】 **狠抓服务质量** 建立月约谈机制，落实短板提升措施及督办。以"首响"为抓手，严抓严控，提升客户满意度。针对市公司对在途工单进行的预警通报，采取有效措施消化积压工单。推行"白+黑"安装模式，提升放装效率。优化激励机制，激发内生动力，压缩放装时限。加强培训，以技能竞赛为平台，提升装维能力。

以"随销"为切入口，推进营维合一 一是前后端紧密配合，成功完成汤塘TDM退网，实现全市第一个"全光"镇。针对汤塘镇区的目标小区楼盘、分散住户，结合一户一案的营销方式，抓好"方案制定、现场体验、现场营销、二次攻坚"四个关键点，做精做细成片光改。二是

2015年5月17日，5·17国际电信日各营销中心开展电信业务促销活动
（中国电信佛冈分公司供稿）

以两人为一个营销小组，采取上门面对用户进行直销的手段，同时对前期已经营销过的目标小区用户进行电话外呼营销相结合的方式，宣传电信的光纤宽带和高速宽带优势，带动用户新装和平移的需求。通过营销人员的共同努力，汤塘成功完成TDM退网。从8月16日活动开始到12月12日活动结束，成功完成平移宽带491户，平移固话485户，新增互视481户。

【网络运营】 网络保障高效有力，有效保障市场发展和客户感知。完成驻地网项目需求点1000个，共建11 332个端口。完成五个FTTH光驻地网合作分成项目，新建投产108.02万元，共建2328个端口，有效地推进了光网络的发展。完成大客户应急光缆接入项目65个，较好地满足大客户业务需求。与此同时，积极推进铜缆退网，通过内部调配、市公司支持等手段完成85个点的电缆割接，新建8060线AG，新建3360线AD端口；完成FTTO光覆盖项目（汤塘退网项目）58个需求点，建成520个端口，有效地节省了维护成本，提升了宽带质量。4G无线网络建设方面，完成80个站点的建设。设备维护效率不断提高，优化全年全网设备故障处理及时率保持在100%，政企客户故障处理及时率100%，未发生用户投诉和不满等情况，全力保障全网设备安全高效运行。

【基础管理】 进一步夯实基础管理，助力企业发展。

盘活资源，提升资源利用率 在公平、公正、公开的基础上，最大限度地盘活城区、汤塘营销中心和原佛冈传送中心划转过来的闲置物业，为企业新增近24万元的物业出租收入，带动营业厅周边客流量的提升，拉动了移动、宽带业务的发展，在激烈的市场竞争中取得行业发展的资源优势。

加强成本管理 严格管控成本，把有限成本用在必要的地方，同时，要求部门及员工在工作中对成本的使用做到月清月结，实现对成本的有效管理。

加强员工管理 企业保持稳定和谐，通过与员工的日常沟通，创造良好的上下级沟通氛围。同时，组织员工开展气排球、乒乓球、羽毛球比赛等一系列文体活动，对外开展足球、篮球交流活动，丰富员工业余文化生活。关心关怀员工，积极开展"送温暖""送清凉"活动。在改革绩效分配体系的情况下，员工收入保持稳中有升，企业运营和谐稳定，保持健康的发展。

（郭慧芳）

移动通信

【中国移动通信集团广东有限公司佛冈分公司】 佛冈分公司有员工81人，下设综合部、市场部、政企客户部、网络部4个部门。市场部下辖4个微区域中心和3间县城服务厅，为全县21万用户提供移动通信、互联网接入、固话等通信服务。

业务经营 2015年，各项重要业务保持全面均衡发展，顺利完成上级公司下达的各项工作任务。全年净增46 172户4G客户，净增集团专线213条，净增宽带5614户，市场份额及净增份额均位居行业第一。2015年，分公司运营收入超1.3亿元，各项指标完成良好，获得全市2015年经营业绩考核二等奖。

网络建设 落实政府光进铜退和宽带中国的战略部署，全面实施光纤到户工程，对县城光纤网络进行深度覆盖，对乡镇镇区实现全面覆盖，逐步对乡村提供光纤宽带服务，为各大企业提供专线接入服务，进一步完善光纤基础通信网络，助力提升当地投资环境。全年新建光缆200公里，新增宽带18 000户，实现光纤接入率100%，带宽接入能力提高至100M。大力开展4G网络建设，全年共新建4G基站66个，不断提升4G网络覆盖范围，逐步实现全县范围的连续覆盖。进一步优化4G网络，对当前覆盖区域进行不断优化完善，对热点区域进行室内覆盖，提升用户网络体验，实现由被动解决用户投诉到主动发现解决问题的转变，上半年共发现并处理40多起网络信号问题，进一步提升4G网络质量。

信息化建设 一是协助政府搭建无纸化办公系统，打造低碳型、节约型、效能型的绿色高效会议服务，该系统已于5月份开始投入使用，实现无纸化办公系统和政务OA的融合，使无纸化办公系统能方便接入到佛冈县的政务OA系统。二是协助政府开展"无线城市"网络建设，建设公共免费WIFI无线接入点，提升城市功能，优化电子商务环境和生活环境，满足群众日益增长的信息通信服务需求，为广大市民和投资者提供更加优质便利的信息服务，树立佛冈"无线城市"新形象，佛冈移动建设的17个无线接入点已于2月投入使用。三是推动农村信息化发展，完成龙南龙塘村信息化试点工作，建设专线接入和自助终端，后续将逐步在全县各村开展，为群众提供充值缴费等便民服务。四是推动教育行业信息化发展，为全县134所中小学校提供有线接入，7所学校提供无线WIFI接入。

实名登记 全面执行国家关于实名制的政策要求，规范电话用户真实身份信息登记工作，在新用户实现100%实名登记的基础上，大规模开展存量用户的实名制登记工作，截至2015年底，存量用户实名制登记达92%，完成工信部2015年末手机实名率达到90%的任务要求，保障电话用户和电信业务经营者的合法权益，维护网络信息安全，促进电信业的健康发展。

社会责任 通过积极服务佛冈地方社会，承担企业社会责任，以实际行动回馈社会。一是积极开展扶贫双到工作，对清远移动牵头挂扶的三江村，扶贫期间为帮扶单位筹集资金、省市县专项资金52万元建设商铺收租，为帮扶村每年增加集体经济收入8.4万元。筹集10万元单位资金和省市县专项资金，为帮扶村入股分红，每年为三江村增加集体经济收入2万元。争取省市县专项扶贫资金、帮扶单位和当地政府资金为帮扶村建设完成太阳能路灯、乡村公园、村级卫生站、低收入农户住房改造、水泥硬底化公路和县道374线公路等项目。到2015年年底村集体经济收入达到12万元以上，帮扶村结对帮扶的贫困户全部脱贫。

（廖小彬）

【**中国联合网络通信有限公司佛冈县分公司**】 中国联合网络通信有限公司佛冈分公司（简称联通佛冈分公司）有员工29人，下设综合部、政要营服公司、2间县城服务厅，联通佛冈分公司全体员工坚持向质量规模型、效益规模型发展的全面转型，坚持以客户为中心、以市场为导向，全面深化发展转型，推动改革创新，业务发展的四大引擎取得新进展，实施"超卓网络"计划取得成效，客户服务能力、基层活力、基础管理能力得到显著提升。

营销工作 通过优化移动业务营销体系，扁平化社会渠道管理，移动宽带业务收入占比增长了8.24%，移动宽带业务从"推动发展"向"质量规模发展"转型取得新进展。"智慧沃家"充分发挥融合业务优势，以两个"转化率"为抓手，推动公众业务向家庭市场转型取得新进展。通过开展"月访百家"等活动，以新型业务突破带动收入规模上量，推动集客业务向新型领域转型取得新进展。树立全省级智慧气象、环保标杆，市级智慧地税、水利标杆，市县联动智慧医疗标杆。以黏性保有为基础，狠抓二充率，4G机卡网匹配促进价值提升，推动存量经营向基于大数据支撑的精准化转型取得新进展。

网络支撑能力 2015年，全网4G基站由22个大幅提升至77个。3G基站由69个提升至79个，3G/4G在核心区域的网络覆盖和速率超越友商。网络持续优化，提升传输接入能力，网络平均下载速率超过58Mb/s，提升用户感知。宽带资源方面，新增FTTH端口1.11万个，较2014年新增长10.5%，实施"超卓网络"计划成效明显。

机制体制改革 联通佛冈分公司作为省公司的一体化运营改革的试点单位，率先完成省—市—营服三级组织架构调整和营服公司管理人员的调整、选聘工作，完成全公司岗位统一梳理，初步建立了集约化的大支撑体系，平稳推进整体改革。通过优化考核重点，将考核指标与公司战略方向紧密结合，基层单位将收入规模、新增收入作为重点指标，制定管理人员及一线各团队的收入完成专项奖励方案，激发团队活力。强化一体化支撑，优化营销资源配置体系，鼓励各级单元争创增收；调整配套激励，用简单直接的激励方案激发团队活力；依托大数据平台协助一线精准定位落实营销策略，提高信息化对一线的支撑水平。

（黄月嫦）

信息化建设

【**概况**】 随着佛冈经济和社会的快速发展，信息化作为城市现代化重要引擎的带动作用日益增强，信息化进入快速发展阶段，在信息基础设施、电子政务、社会信息化、企业信息化和电子商务、电子信息产业等方面取得明显成效，开辟一条具有佛冈特色的信息化发展道路。

【**信息基础设施建设**】 **完善基础设施** 截至2015年底，电信网络、有线电视网络和宽带互联网覆盖全县。以移动通信为例，移动客户数量已突破30万户，4G无线信号覆盖率达95%以上；300栋楼宇覆盖光纤宽带网络，基本实现宽带网络到户。各类互联网用户总数超过25万户，同类指标位于全市乃至全省前列。有线数字电视也在建设完善中。各类网络建设的不断完善，已成为一张覆盖面广、通信质量高的网络。

整合通信网络资源 加强与中国电信、移动、联通等相关部门的沟通合作，重点推进佛冈"无线城市"建设工作的开展，成立佛冈县"无线城市"建设领导小组，积极做好38个公共WIFI免费接入点的选点、建设等相关工作，截至2015年初，全县38个公共WIFI免费接入点已全部竣工并为市民提供优质的免费互联网接入服务。

【电子政务】 **电子政务发展** 全面实现政府各部门间的横向以及"县、镇（街道、居委会）、村"间的纵向互联互通，政府办公自动化系统已覆盖县属各单位、6个镇、78个村（居）的整个事业单位体系，社会和农村信息化的村镇信息服务站、点建设已覆盖全县6镇78个行政村，6个镇各建有1个信息服务站，做到每个行政村均建有信息服务点，在节约办公经费、提高办公效率、促进共享程度方面取得实效。

佛冈县政务网的网站群建设 率先借鉴国外成功网站"以人为本"的建站理念，梳理不同使用者的需求，对政府信息和网上办事项目进行分类，分级指引，切实提高网站易用性和实用性。政府依托佛冈政务网加强信息公开功能和信息公开力度，不断完善网上公开程序，广东省网上办事大厅清远佛冈分厅共进驻服务事项680项，其中650项可以在线申请办理，截至2016年4月，在线申办服务事项19 247项，业务办结19 154项，办结率为99.5%，依法审批事项公告信息77 014条。

电子政务类的OA系统使用与网站建设 2015年，使用佛冈县电子政务系统平台的单位有76家，佛冈县工程建设领域项目信息公开和诚信体系与县行政审批监察管理系统初步建成，全县电子政务从普及应用进入资源整合、业务协同阶段，提高各级政府部门的服务水平。

【中小企业信息服务平台及农村信息化体系建设】 根据广东省企业情况综合数据平台建立全县企业情况综合采集报送体系，协调各镇政府企业办认真做好每年的全县企业情况综合数据采集工作。掌握佛冈县经济运行态势，服务企业良好发展，运用大数据技术整合企业信息资源和服务。2015年度本级所在的机构共采集330家企业，经过街道、区县、地市、省审核并最终纳入分析的企业有289家，有效样本率达87.58%，参与2015年数据采集并最终纳入分析的有268家。大数据资源有效地支持全县企业数据资源优化分析，为佛冈县今后企业经济发展提供数据依据。

【两化融合管理体系贯标试点工作】 2015年度通过广东省两化融合贯标试点的企业有广东松峰机械有限公司、广东国珠精密模具有限公司、约克（广州）空调冷冻设备有限公司、佛冈县万兴电子塑胶制品有限公司等4家企业，上述企业信息化、自动化程度相对完善，能实现相关生产工艺环节自动化生产和信息交换联动。同时，积极推动老虎高性能涂料（佛冈）有限公司、华联（佛冈）机械制造有限公司、佛冈壹朗印刷有限公司、美雅迪（佛冈）家具制造有限公司等相关符合条件的企业申办2016年度广东省两化融合贯标试点。

（邓志敏）

无线电管理

【概况】 佛冈县无线电管理办公室为公益一类股级事业单位，受清远市经济和信息化局与佛冈县人民政府的双重领导。其主要职责是：贯彻执行《中华人民共和国无线电管理条例》和《广东省无线电管理条例》及有关法律、法规；负责辖区内京广航线以及三防重要频点的监听、监测；进行电磁环境测试、分析，为无线电主管部门进行频谱规划、频率指配和审批无线电台（站）提供技术依据；查找无线电干扰源和未经批准使用的无线电台（站），并进行协调、处理。

【无线电台站管理】 无线电频谱是国家战略资源。和矿产、土地、森林等自然资源一样，无线电频谱是一种稀缺的国有资源。随着无线电技术的迅猛发展，频谱资源日趋紧张。只有科学管理，合理分配，才能使无线电频谱资源的社会效益最大化。佛冈县频谱使用机构和单位登记在册共10家，2015年依法审批登记台站66个。

【重点频段保障监测】 佛冈毗邻广州新白云国际机场，京广航线途径佛冈上空。随着社会的不断发展，无线电台使用数量不断增加。县无线电管理办公室在无线电管理工作中认真做好日常监听、监测和监管工作，从源头预防和减少干扰事件的发生，维护空中电波秩序，保障民航飞行的安全。在防洪救灾抢险期间，节假日、重大会议及国庆、七一期间，以及春运、高考、防空警报试鸣活动等重点时段，积极做好重要频点的监听、监测工作和警报遥控专用频率的监测、监管，保障重要无线电通信的正常运转，为民航、公安、交通、"三防"等重要部门工作的正常开展，提供良好的无线电通信环境。

【"黑广播"治理】 近年来，不法分子擅自设置无线电广播电台（俗称"黑广播"），以广播方式向一定区域受众传送声音或视频信号的现象日益突出，发展蔓延迅速。"黑广播"占用频率资源，干扰民航通信导航，传播各类非法信息，扰乱无线电通信管理秩序，严重危害国家安全、社会稳定和人民群众的生命财产安全。2015年8月佛冈县无线电管理办公室接到居民投诉，在县城接收到FM91MHz疑似"黑广播"的非法电台，每天24小时不间断播放药品广告，误导民众。为尽快找出"黑广播"电台的安装位置，佛冈无委办向清远市经信局无线电管理办公室申请技术支援，与县公安局、县文广新局开展联合行动，通过无线电测向、定位，在

2015年8月20日,佛冈县无线电管理办公室联合清远市经信局无线电管理站在青松东路进行无线电信号定位　　　　　　　　　　　　　　　（李臻摄）

石角镇青松东路的一栋九层民宅楼顶发现广播天线,在该民宅九楼当场查获并收缴电台设备。

【无线电台设台申请与审批】　申请设置业余无线电台的条件　熟悉无线电管理规定;具备国家无线电管理机构规定的操作技术能力;无线电发射设备符合国家相关技术标准;法律、行政法规规定的其他条件。单位申请设置业余无线电台的,其业余无线电台负责人应当具备第一项规定的条件,技术负责人应当具备第一项和第二项规定的条件。个人申请设置具有发信功能的业余无线电台的,应当年满十八周岁。应当向设台地方无线电管理机构提交下列书面材料:（1）业余无线电台设置（变更）申请表。（2）业余无线电台技术资料申报表。（3）个人身份证明或者设台单位证明材料的原件、复印件,申请人为单位的,还应当提交其业余无线电台负责人和技术负责人身份证明材料的原件、复印件。（4）具备相应操作技术能力证明材料的原件、复印件。

设台审批　地方无线电管理机构在验证前款第三项、第四项规定的证明材料的真实性后,应当及时将原件退还申请人。业余无线电台执照的有效期不超过五年。业余无线电台执照有效期届满后需要继续使用的,应当在有效期届满前三十日向核发执照的无线电管理机构申请办理延续手续。

（范立京）

古村童乐　　　　　　　　　　　　　　　（林红途摄）

城建·房产·环保

责任编辑：郑中扬

重点工程立项

【固定资产投资】 2015年，县发改局审批建设工程项目156项，总投资19.24亿元。其中：工业类9项，总投资14.24亿元；基础建设类147项，总投资5亿元。严格履行对社会提出的各项承诺，提高工作透明度，严格确定审批项目，界定审批范围，明确审批条件，凡符合相关法律法规的项目，进一步简化工作流程，提供更高效、便捷的服务。同时，继续严把项目准入关，严禁"三高"企业项目进入，为佛冈的投资环境创造更有利的条件。

【重点项目】 2015年全县35个重点建设项目，总投资243.4亿元。其中：市重点建设项目14项，总投资50.29亿元，年度计划投资10.3亿元。2015年完成投资约12.44亿元，占年度投资计划的121%，2015年底已开工建设项目11项，未开工建设或无工程量项目3项（国道扩建项目、华润风电项目、恒益包装项目）。总投资1亿元以上项目27项，总投资199.4亿元，年度计划投资29.7亿元。2015年完成投资34.99亿元，占年度投资计划的118%，2015年底已开工建设项目14项，未开工建设或无工程量项目13项。

【佛冈县青松路建设项目】 总投资6000万元，2015年计划投资3000万元，全年完成投资950万元。项目重新调整指挥部领导小组成员，拟定"以山坟迁移为突破口，地上种植物补偿同步进行"的工作原则。建设用地于2015年4月得到省国土厅批复。2015年底青松东路基本完成征地工作，大部分已铺砂石路面。

【国道106线佛冈县城段扩建项目】 总投资19 989万元，2015年计划投资3000万元，全年完成投资950万元。2015年底已成立指挥部，开展征地工作，协调沿线管线迁移。

【华润佛冈福鑫风电场项目】 总投资46 258万元，2015年计划投资5000万元，全年完成投资2000万元。2015年底项目已得到省发改委批复，其他手续不断完善中，开展征地工作和生态区调规。

【佛冈县湛江上游综合整治项目】 总投资6245.49万元，2015年计划投资4000万元，全年完成投资5200万元。2015年底各河段已进入紧张施工中，整体工程进入尾声阶段。

【佛冈顺意佳纺织服装有限公司项目】 总投资10 372万元，2015年计划投资5000万元，全年完成投资5700万元。2015年底已建成两栋厂房主体，并投入生产，各项设施不断完善中。

【广东吉多宝制罐有限公司项目】 总投资63 000万元，2015年计划投资12 000万元，全年完成投资33 000万元。2015年底完成厂房、办公楼建设。

【佛冈县雅迪电动车项目】 总投资20 000万元，2015年计划投资10 000万元，全年完成投资5500万元。至2015年底已完成部分厂房建设，并安装部分生产线。

【佛冈县观音山生态茶叶种植观光园项目】 总投资6000万元，2015年计划投资3000万元，全年完成投资8000万元。2015年底茶叶种植面积600亩，道路、水利等设施基本完善，展览馆、牌坊建设中，茶叶种植初具雏形。

【佛冈县恒益包装制品公司项目】 总投资12 000万元，2015年计划投资5000万元，全年完成投资2100万元。项目在龙山镇租用厂房进行临时生产，2015年底生产线已试产。汤塘镇地块继续开展征地工作。

【勤天国际温泉大酒店项目】 总投资50 000万元，2015年计划投资16 000万元，全年完成投资45 900万元，2015年10月底已试业。2015年底酒店及旅游设施建设基本完成，各项设施继续不断完善，住宅区继续加紧装修。

【鹤鸣洲温泉度假村项目】 总投资80 000万元，2015年计划投资20 000万元，全年完成投资6300万元。2015年底住宅区已基本完成装修，外部设施不断完善中，筹划酒店建设。

【佛冈观音山王山寺旅游开发扩建项目】 总投资100 000万元，2015年计划投资3000万元，全年完成投资3200万元。2015年底寺庙、观景区等旅游设施翻新工程已完成，正申请土地调规、筹备扩征土地、筹建舍利塔等。

【广州涉外经济职业技术学院汤塘校区项目】 总投资80 000万元，2015年计划投资5000万元，全年完成投资2500万元。2015年底国道北面地块已完成填土工程，实训中心大楼主体基本建成，下一步进入装修阶段。

【佛冈县迳头卫生院项目】 总投资3000万元，2015年计划投资2000万元，全年完成投资1000万元。2015年底各项前期手续已具备，已完成地块围墙和主体打桩工程。

（邹玉林）

城乡规划、建设与管理

【概况】 2015年，佛冈县住房和城乡规划建设管理局加快规划编制进度，提升规划水平和品质，加强城市综合管理和城镇基础设施建设，强化建筑行业监管，打击违章违法建筑，做好美丽乡村、住房保障、农村生活垃圾处理、垃圾填埋场、青松路等民生工程和重点项目建设，扎实做好各项工作，积极推进城镇化与新农村建设，促进城乡共同繁荣。

【城乡规划】 2015年，县住建局积极协助各镇开展镇区总体规划修编工作，有效地促进城乡规划建设的健康有序发展。全年审批43份修建性详细规划方案公告，总用地面积224.3万平方米；55项规划设计，用地面积33万平方米；组织佛冈县城乡规划委员会专家小组审议15项方案，通过9项议程。

编制城市规划 开展佛冈县县城总体规划新一轮修编工作和佛冈县"三规合一"规划、佛冈县县域历史建筑保护规划、佛冈县城市生态控制线、佛冈县燃气专项规划。开展美丽乡村、传统村落保护发展规划等规划编制工作。

各镇规划修编 组织编制《佛冈县汤塘温泉小镇概念规划暨重点地段城市规划》《佛冈县水头镇总体规划（2015—2035）和美丽小镇建设规划》等规划项目。并于2015年10月29日由县规划委员会通过，12月公示。

城乡规划管理 进一步规范、完善城乡规划报建制度和核发程序等规划管理工作，提高规划管理人员依法行政能力和执法水平。2015年办理城乡建设用地规划许可22宗，批准建设用地总面积4.1万平方米，比上年减少93.34%；办理建设工程规划许可62宗，批准建筑面积68.14万平方米，比上年减少43.37%；办理建设工程竣工验收32宗，批准建筑面积53.47万平方米，比上年减少24.58%。另外，办理户外广告、招牌、指示牌设置规划许可6宗，临时建设工程规划许可9宗，城市道路挖掘许可4宗。同时，抓好《中华人民共和国城乡规划法》《广东省城乡规划条例》《中华人民共和国行政处罚法》和《广东省行政处罚听证程序实施办法》的宣传和学习，组织规划管理工作人员加强规划、行政法规学习，提高规划管理人员依法执政能力和执法水平。

查处违法违章建筑 为规范全县土地和房地产市场秩序，切实遏制违法建设、销售"小产权房"和"两违"建筑，县住建局加强打击违章违法建筑力度，完善相应机制建设。一是进一步调整和充实领导小组成员，成立以局长为组长，局办班子及相关股室负责人为成员的工作领导小组，下设办公室（地点设在10楼会议室）。二是成立55人组成的五个应急中队，及时处置违法违规建设行为，采取有力措施遏制违法行为。三是成立"两违"建筑案件办案工作组，下设外业组（主要负责现场勘察、文书送达、区域巡查、数据统计和材料上报工作）、资料组（主要负责违法建筑物立案、绘制勘察图、执法询问和统计资料）、案件审查组（主要负责案件审查和处置）、听证组（主要负责案件的主持、听证、记录等工作）。四是建立分区巡查和包干的责任机制，将县城规划区和城中村分为4个巡查区域，落实好各区域的巡查人员及巡查要求。五是加强与其他部门的协调和联动，一方面将发现违法建设行为及时向县政府报告，并发函供电和水

2015年8月19日，副县长朱小松（右三）在县住建局班子领导的陪同下到佛冈县建筑工地开展调研活动

（李小燕摄）

务部门，要求配合做好违法建筑物停水、停电工作；另一方面积极做好整合执法力量工作。六是责令在建的"两违"建筑当事人立即停工及限期改正违法建设行为，并拟定专项行动实施方案，对逾期仍不改正的"两违"建筑采取行政强制措施予以强制停工。七是继续加强舆论宣传，采取悬挂标语、巡逻车宣传等有效的方法和途径积极向群众宣传关于"小产权房"和"两违"建筑查处的相关事项。

（黄懿 高兴强 沈家强）

【县城建设】 **县城市政建设** 2015年，佛冈县城市政基础建设做了大量的工作。一是总投资257.2万元，完成佛冈县振兴路与青松路、青松路与教育路交叉口改造工程、振兴路沿线平交口行人道护栏安装工程、县城环城路、振兴路、青云路、青松路等道路实施绿化补植项目等10项工程。二是投资31.6万元，完成青松东路临时排水、砂石石粉回填等6项的前期工作。三是完成佛冈县康乐街（园山街至106国道段）建设工程、德星南街延长段建设工程完成预算审核。四是完成佛冈县2015年路面修复工程政府采购招标程序，并确认中标单位。五是完成振兴路沿线平交口行人道护栏安装工程等6项设计工作。六是完成振兴南路绿化升级改造工程等6项预算工作。

市政道路管理 2015年佛冈县城乡规划管理办公室审批挖掘许可4项；组织修复破损的砼及沥青砼路面、人行道等市政道路设施297.2平方米。

城市桥梁管理 2015年8月19日至20日县住建局委托广东省建筑科学研究院集团股份有限公司对湖滨大桥和塘二大桥进行特殊检测，检测结果为佛冈县湖滨大桥和塘二大桥试验跨度满足汽车–20级设计使用要求。按照《城市桥梁检测和养护维修管理方法》和《城市桥梁养护技术规范》的要求，加强巡查，扎扎实实做好湖滨大桥和塘二大桥的日常养护管理工作。

城镇燃气管理 2015年，出台《佛冈县城镇燃气突发事件应急预案》，代县政府拟定《关于加强佛冈县城镇燃气工程建设管理的通知（试行）》（征求意见阶段），规范城镇燃气工程报批程序，保障公共安全和公共利益，促进城镇燃气事业健康发展。委托有资质单位编制全县燃气发展规划《佛冈县燃气专项规划（2015—2030年）》。抓好安全生产检查工作，在各相关职能部门的密切配合下，县住建局不断夯实燃气生产管理基础，贯彻落实企业安全生产责任制，从源头上确保企业安全生产，组织5次燃气安全大检查，重点针对合骏燃气有限公司及各个镇燃气门市部的日常工作中存在的安全隐患进行排查，并下安全隐患整改通知书1份，要求派专人负责，落实整改，及时而有效地消除隐患。一年来全县没有发生燃气安全事故。2015年佛冈华润燃气有限公司完成振兴路、青松路、青云路、环城路等市政道路天然气管道的埋设工作，长度13.2千米，总投资1220万元，佛冈县正式进入管道天然气时代。

（朱冲）

【镇区建设】 加大对各镇区建设的支持和指导，推进各类乡镇规划的修编和管理工作。一是组织编制汤塘温泉小镇、水头美丽小镇、佛冈县生态控制线划定规划等专项规划的修编工作。二是推进各镇区的城市基础设施建设完善，提升城市服务功能。迳头镇投入2.08万元进行市政公用设施建设和维护，完成1.1公里供水管道安装；龙山镇投入123万元进行市政公用设施建设和维护，完成5公里供水管道安装和2公里排水管道安装，完成道路铺设长度4000米，面积16 000平方米，完成14 000平方米绿化种植；汤塘镇投入5万元进行市政公用设施建设和维护，完成0.3公里供水管道安装。

【新农村规划建设】 全面推进新农村规划建设各项工作，在名镇名村示范村建设、美丽乡村建设、村庄规划编制、改善乡村环境卫生和铺设道路、供水等基础设施建设方面取得实效。一是完善村庄规划编制、改善乡村环境卫生和铺设道路、供水等基础设施建设。其中石角镇安装20公里的村庄供水管道，铺设20公里村庄道路；汤塘镇完成自然村规划编制2个；高岗镇完成自然村规划编制2个。二是集中政府和群众等各方社会力量，投入900多万元完成15个美丽乡村的建设任务。三是对全县农村危房对象进行重新核查和确认，完成对象的数据更新、完善和录入系统等相关工作，全力以赴完成全县2015年1201户农村危房急需改造对象的改造实施工作。

【宜居城乡创建】 按照省、市关于建设宜居城乡工作的相关文件要求，继续做好佛冈县宜居城乡创建工作。龙山镇上岳村在2014年成功创建"广东省宜居示范村庄"的基础上，经县住建局推荐申报全国"美丽宜居村庄示范"，被住建部评授予全国"美丽宜居村庄示范"称号，为广东省至今获此称号的三个村庄之一。

（高兴强 沈家强）

【新农村试验区建设】 2015年新农村管委会按照新农村建设目标，不断探索创新，深化农村综合改革，继续推进和完善"三个整合"和"三个重心下移"，着力发展现代农业、乡村旅游业，发展新型农业经营组织，创新农业规模经营和社会化服务体系的内容方法，为农民的生产和生活进行全程服务，初步形成新农村建设"科学发展布局美、村容整洁环境美、创业增收生活美、乡风文明身心美"的新格局。

完善管理体制 激活"四方共

建"机制，促成"四方联席会议"常态化、规范化。2015年4月在清远市区召开试验区共建四方工作会议。会议决定，完善合作共建机制，原则上每半年召开一次联席会议，及时研究、协调解决发展中的重大问题；加大人才支持力度，省委农办派一名干部到佛冈县挂职，强化对试验区的领导，加强与上级有关部门的协调沟通。

"三个整合"改革 一是推进土地资源整合。坚持群众自愿原则和因地制宜的原则，通过土地互换或重新规划分配，以"一户一块""一户两块"等多种形式深入推进农村土地资源整合，解决细碎化及弃耕问题。如龙塘村通过农民以土地入股或收取租金两种方式，集约土地200亩成立龙大专业合作社；小梅汶胜村为发展村经济，成立汶胜生态种植合作社，整合120多亩土地，种植青花梨；里水村将整合土地的86%发展红葱种植产业。通过建立农户、合作社、市场"三维"现代农业经营模式，提高农民收入。二是整合涉农资金。试验区引导各村将零散的资金与普惠性资金整合利用，进行基础设施建设。如小潭红崩冈村发动村民和社会各界捐资，筹得10万元资金，结合惠普性资金兴建公共设施，其中文化室已基本完工；大田村筹得路灯款15万元。

同时，试验区积极探索非普惠性涉农资金整合，以提高涉农资金使用的社会效益和经济效益。至2015年底，共整合普惠性资金22万元，非普惠性资金40万元。三是整合公共服务平台。在管委会的推动下，龙塘村建立便民服务中心。龙塘便民服务中心以建设"村廉通"为抓手，改进农村集体资金监管方式，加强农村党风廉政建设；通过引入社会资本参与，拓展非行政服务领域，丰富便民服务内容，推动公共服务体系升级，切实解决农村村民"资金难""技术难""创业难""缴费难""买卖难""信息不畅"等问题，从而增强农村服务监督功能，繁荣农村经济，逐步形成村级政治、经济、文化交流中心。

"三个重心下移"改革 一是推广龙塘便民服务中心和小梅村"三个重心下移"经验做法，推广村务管理平台建设，进一步完善试验区6个片区党政公共服务站，24个党支部、村委会，154个村民小组服务功能。二是指导五个示范片以大田村为样板，建立健全村民理事会，完善村民理事会章程，充分发挥村民理事会自治功能。如中和村、福联村等通过村民理事会发动村民和乡贤捐款，结合"一事一议"资金，建立文化室，修建自来水工程，并通过收取适当的

水费用作村公共设施管护费用。三是指导农村集体经济组织按"九个有"健全组织架构，按"五个有"规范运行，塑造合格的市场经济主体，充分发挥农村集体经济组织经营、管理、协调和服务的功能。

建设多彩试验区 规划"水墨龙南"，建设多彩试验区，拉伸试验区新农村建设架构。2015年管委会以申报省级新农村示范片建设项目为契机，对试验区新农村建设作进一步的规划布局，推进中心区整体设计规划，定位各示范村发展特色，以特色产业和特色村落发展乡村旅游业，带动示范片村居发展，进而在建设过程中寻求机制体制的创新与突破。

培育新型农业经营主体 新农村管委会从培育经济主体、发展特色产业入手，以多种形式发展农民专业合作社、培养种养大户。2015年内，试验区组建龙大蔬菜种植专业合作社、丰源专业合作社等6个专业合作社；在原基础上壮大包括洪荣蔬菜专业合作社、嘉华水果专业合作社、天皇鸽业专业合作社、惠文优质种养专业合作社等10个农民专业合作社，其中嘉华水果专业合作社于2015年获得绿色认证；培养合格的种养大户13户。为合作共建特色中草药综合示范基地、合力打造"南药之乡"，11月10日，佛冈县政府与广东食品药品职业学院、广东省中药研究所三方签署战略合作框架协议。合作三方将积极探索县域农村经济发展和高校改革发展新路子，建立"产研学"基地，促进食品药品科研成果转化，推进特色中草药种植"产业化"，打造"南药之乡"，助推试验区乃至佛冈县社会经济发展。

发展乡村旅游 一是实施稻菜轮作。从2015年9月起，管委会统筹在试验区范围内播种2000亩油菜花、紫云英及波斯菊，营造今冬明春试验区的花海世界。二是打造特色村落。管委会以生水塘、南田、大田为中心，分阶段有步骤地打造乡村休闲生态游发展重点村。生水塘村主要利

2015年6月10日，新农村试验区龙塘便民服务中心揭牌　　（胡文财摄）

用旧围村改造成知青特色村落,发展特色乡村游;南田村以专业合作社为主体进行运作;在大槐村建百香果等产品的游客采摘果园,配套建设停车场、农副产品一条街;在原有产业、村落建设基础上发展农家乐、乡村旅馆,打造特色旅游文化基地。三是丰富乡村旅游内涵。2015年推出"千村客栈"品牌。该品牌实行统一规范运作、统一宣传、统一LOGO,确保对游客提供优质住宿服务。区内的特色产品不断丰富:大田华琪生态村的绿色健康生态食品,格林现代农业发展有限公司的拉松草莓系列,田野绿世界的台湾大白柚、大青枣等,伊甸园的台湾青枣、百香果等,智垒农业有限公司的澳洲坚果等。2015年12月1日,管委会在大田举行智慧乡村推介会、趣味运动会,推介以"千村客栈"为主题的民宿、以乡村体验旅游与产品组合为特色的乡村旅游。四是建设示范村。2015年,新农村管委会选取龙蟠、汶胜、鲤冈、格岭、红崩冈五个村为建设示范村。在此基础上,挖掘完善各村特色文化,将龙蟠村的祖德宗族文化、生水塘的知青文化、鲤冈庙会文化、格岭的武术文化等发扬光大。五是建立农村资金"蓄水池"。龙塘信用合作部自成立以来,不断发挥农村金融服务的社会功能,资金服务三农。截至2015年11月,信用合作部有发起人会员15个,其他会员153个,合计168个,其中团体会员6个,农户个人会员162个,吸收互助金246.64万元。发放投放金78笔,合计金额734.3万元,回收投放金44笔,回收金额473.6万元,投放金余额260.7万元。投放金主要用于农户扩大种养殖规模等生产经营需要,投放金使用费率基本控制在12‰以内。

寻找农民增收突破口 自沙糖桔衰败后,试验区存在缺乏支撑农民取得较好收入的农业主导产业或模式,农民收入来源主要依靠务工。为破解这一困局,管委会于2015年采取一系列措施:一是成立青创茶室,为万众创业提供交流场所、培训阵地、学习园地;二是培育新的经营主体,如龙大蔬菜专业合作社、华琪专业合作社等;三是与广东食品药品职业学院和广东省中药研究所战略合作,共建特色中草药综合示范基地,合力打造"南药之乡";四是敦促龙南河治理工程开工,在防洪治理基础上,融入旅游、产业发展元素;五是协调有关部门用好用活现代农业示范县核心区的专项资金,引导社会资本投向现代农业和休闲旅游业,为农民增收奠定基础。

探索便民、利民新途径 一是将经济联合社下的各经济合作社、信用合作部等功能平台、专业合作社等经济实体、生产生活农经服务等综合服务纳入"村廉通"监管之下,实现助农取款、助农缴款、助农转账、财务管理等功能,提高农村资金流转效率,增加农村财务管理的透明度,从而达到资金安全、财务透明、缴款便捷的目的。二是打造综合性便民服务中心,以便民服务中心为平台,为村民提供综合服务,包括青年创业服务、农村产权交易服务、一事一议服务、三资管理服务、农业技术服务、农业机械服务、植物医院服务、农资供需服务、农产品流通服务、金融便利服务、劳务服务等,实现生产在家、服务在社。三是探索由政府引领、社会协同、公众参与、多元主体互动创建整合服务平台的新模式。例如龙塘便民服务中心,是以县纪委牵头建设"村廉通"为核心,引入移动公司、县农信社、省农业科学院植物保护医院等多元主体参与建设并提供服务的新型平台。

总结推广试验成果 管委会认真总结,将成果向全县乃至全市推广。2015年,高岗、水头、汤塘镇均已按龙塘信用合作部的模式开办信用合作部,卫生保洁模式也在各镇推广应用。

(陈丽嫦)

【**城市园林绿化**】 加大县城园林绿化的投入,围绕"山水园林城市"总体目标,把城镇绿地系统规划纳入城镇总体规划之中同步规划。县城建成区(含县城水轴线)的树木、花灌木、绿篱和草坪的灌溉、修剪、施肥和病虫害杂草防治、修补、垃圾清理等工作由绿化养护中标公司承包日常养护工作,县规划办工作人员每月进行检查评分,确保县城公共绿化整洁有序,管理有序。2015年,佛冈县建成区绿地面积598.39公顷,建成区绿地率为37.8%;绿化覆盖面积659.33公顷,建成区绿化覆盖率41.6%,城市人均绿地面积15.04平方米。

(朱 冲)

【**城建监察**】 2015年,佛冈县城市建设管理监察大队坚持以科学发展观统领城市管理工作,一手抓创建,一手抓组建,以完善的体制机制建设、队伍建设和制度建设,促进和推动文明县城创建、城市管理工作上台阶、上档次。

提高依法行政能力 完善制订各项相关制度规定,成立效能监察小组,在加强单位效能的同时,强化常规性督查与抽查。以谁主管、谁负责为抓手,把作风建设贯穿于各项工作中,细化任务分工,强化责任落实,严格考勤、考评工作,提高服务意识和责任感。城监大队在执法工作中坚持查处与引导相结合、教育与处罚相结合、管理与服务相结合的文明执法方式,使执法有理有节,处罚有理有据,从而做到依法行政,严格执法程序,严守执法纪律,文明执法、热情服务,杜绝不文明执法和违法行为的发生。

定期整治乱摆乱卖 一是对摊档摆卖、占道堆物和残旧破损雨棚影响市容观瞻等现象进行清拆整顿;对临摆区不够规范的摊档进行统一划线,规范经营。县城监大队结合创文工作,制定2015年《佛冈县县城脏乱差、乱摆乱卖的整治方案》,并按照方案坚持打造以振兴路为样板街,引导县城流动摊贩入室入市经营。针

2015年8月20日，县城监大队队员向青云东路违建屋主送达立案通知书

（县城监大队供稿）

对振兴路户外烧烤档扰民的问题，城监大队在11月对振兴路的烧烤档发送《关于取缔振兴路烧烤档的通知》50余份，从12月1日开始取消振兴路流动烧烤档经营资格，彻底取缔振兴路（户外）烧烤档。二是坚持在主次干道、景观道路实施"零摊点"管理的同时，有计划地在背街小巷、疏导地段设置一些临时销售网点，限时、限品、限地经营，并且加强对各大市场周边的流动摊贩的管理，突出抓好马路市场取缔、劝导工作，规范整治好城区马路市场，为文明创建构建良好的城市秩序。三是针对为食街占道经营现象，配合创建"全国文明县城"，改善为食街周边环境，城监大队于9月向为食街临建商铺发出《关于拆除为食街铁棚屋的通知》，要求各临建商铺自行清理物品并空出临建铺位。10月，城监大队组织人员拆除为食街临建商铺10间，改善为食街的周边环境，还路于民。

开展违法违章建筑查处 城监大队抽调专职人员全面配合县住建局开展县城违法违章建筑调查摸底、查处行动，有效制止部分正在违建抢建的违法违章行为。2015年收到违建类投诉109件，查处小产权房126宗，其中立案55宗，发出责令停止违法行为通知书、责令改正违法行为通知

书200余份。处理主管局交办处罚案件21宗，其中已结案15宗，另外6宗案件已进入调查阶段。配合有关部门拆除违法建筑2处，累计出动队员60人次，拆除面积437平方米，进一步规范县城的建筑秩序。

清理城市"牛皮癣"和户外广告牌 一是针对乱贴乱画、乱涂乱喷等各类"城市牛皮癣"现象，县城监大队组织执法人员多次集中开展店外墙体、沿街建筑物张贴各类宣传画、文字广告清除等"城市美容"治理活动。除原有的3名协管员，在11月还另外聘请15名社会人士专门负责县城"牛皮癣"的清理，加强对乱贴乱画乱涂各类广告行为的查处力度，及时清除违规小广告。全年清理"牛皮癣"3万余条，使县城"牛皮癣"现象得到有效整治。二是针对县城户外广告牌不规范以及乱拉挂的现象，于4月和10月分别向县城内各商铺发送《关于对县城范围内残缺破损户外广告招牌限期整改的通知》2000余份，要求各店主自行维护、修复或拆除本门店的残旧破损广告牌，逾期仍不整改的由城监大队组织强制拆除，并对拆卸物予以没收处理。全年拆除大型户外广告15块，破损灯箱200余块，门店广告招牌36块，取缔条幅60余条，有效改善佛冈县城综合

环境。

整治建筑工地乱象 针对建筑工地车辆携泥污染道路、水泥墩阻碍道路的现象，县城监大队对县城的大型在建项目及工地进行排查，对出入车辆撒漏、建筑余泥污染道路现象进行专项整治，对人行道上影响市民通行的水泥墩和出店经营现象进行清理，减少道路交通安全隐患，并指定车辆、派出专人每天数次巡逻。全年出动队员120多人次，清理水泥墩2000多个，余泥达20余车次。

及时处理群众投诉 县城监大队注重提高为人民服务的意识，建立《佛冈县城监大队来电（来信、来访）有关工作制度》，对政务网、来电来信的投诉以及人大、政协建议、意见，都能及时到现场做好勘查处置工作，对超出职责范围的投诉向群众做好解释工作。2015年，接到县电子政务网群众投诉145宗，清远热线办投诉5宗，人大建议3宗，政协提案6宗，信访来信8宗，群众来访7宗，电话投诉1000余次，均能够做到"事事有落实，件件有回复"。对关于百乐街4、5巷被堆满垃圾、杂物一案，为食街占道经营扰民等投诉难题均耐心处理，使群众满意度大幅度提高。

（朱小曼）

【**城市供水**】 2015年，佛冈县供水服务中心以保障县城居民生产和生活用水为根本，以发展为主线、服务为龙头，努力夯实供水安全生产管理基础，提升优质服务水平，强力推进各项工作。全年实现供（销）水量1013万立方米，最高日供水量4万立方米，服务用水户数34 639户，年度月平均抄表量34 135个，抄表率99%，新建改造供水管网0.27公里，全年共安装82个工程项目（含新建楼房和旧楼改造的供水管道安装），安装各种型号水表547个，其中新大楼宇安装192个，复杂的旧楼改造安装355个；厂区内各项供水设施、设备运行良好。

供水设施建设与维护　一是完成企业"加多宝"DN600专用管道的修复安装工作,逐级抓实堂胜新城楼盘全长1780米的供水主管安装工程;完成勤天、中毅等企业的供水管网的维修、安装工作,确保县重点企业项目的供水畅通、安全。二是中心加大投入,更换一套更为清晰的液晶监控视频,重新安装16个监控探头,加强对安全生产的全方位、全过程、常态化管理,确保安全生产的可控性。三是对存在风险的英佛路白坟前路段约500米长的DN300球墨铸铁供水管道,先后共搞11个支墩加固DN300球墨铸铁供水管道,保障安全供水。四是全年完成管道爆漏维修71宗,及时做好8宗制井下沉、制井盖损坏维修工作,有效降低年度漏水率。五是新建1000立方米清水池一座,提高县城供水系统安全储水能力和调节能力。六是完成新旧两座清水池的清洗工作,确保供水水质指标符合国家饮用水标准。七是对县城供水管网进行高水压排水,圆满完成县城四十多公里供水管网清洗工作。通过管网清洗,有效排放供水管道内的铁锈,确保供水水质安全。八是以高压态势配合落实"清违"工作,规范整治用水市场,严格规范居民用水,实施3次拆除违章建筑用水,共拆除违章建筑用水15户。九是组织开展水源污染突发事件应急演练,加强供水设备检查,对各送水泵房的水泵、管道、阀门、仪表等进行检查和维护,确保各类设备安全可靠运行。

供水服务质量持续改善　把履行好服务职能作为工作重点,积极联系群众,确保各项服务落实不拖延、不变通、不走样,努力提升服务质量,提升用水户对供水服务中心的满意度。一是配合做好三八水厂通往碧桂园通水处架设通水口,为石角镇二七党政公共服务站解决村民饮用水难的问题。二是对石角镇冈田村联三村宅基地、石角镇冈田村陂头队实施自来水安装工程。同时,急用水户所急,加班加点快速完成华府、鑫统仕车用热系统、生活垃圾填埋场、翰林世家等几个大型且复杂的用水安装工程,保障各方用水需求。三是投入5.3万元,全面修复戒毒所、看守所、武警中队三个单位共同使用的供水专用管道,恢复正常供水,切实帮助驻佛冈军事单位解决其急需解决的用水问题。四是12月23日,在副县长范辉煌的亲自指导下,中心投入12万元顺利完成位于佛冈县沿江路17号2幢1梯101房住宅楼地下一条直径200mm的供水主管道的抢修工作。五是8月5日,由佛冈县人大农村委主任邹昌军带队,组织县农、林、水等部门的人大代表,到县供水服务中心调研县城供水设施建设和管理工作情况,着重了解并解决现时县城供水设施建设和管理中存在的问题。六是扩大服务覆盖面,拓宽宣传渠道,开通"佛冈县供水服务中心"微信公众平台,及时发布停水公告、供水行业活动等动态信息,大力宣传用水知识,让广大群众更加了解供水行业,提升供水服务的影响力。七是抓好维修服务工作。全年维修人员上门服务用户600余次,其中非工作时间抢修200余次,协助用水户解决各类用水问题。八是做好来电来访服务。全年受理来电咨询投诉132件,已办结132件,受理网上咨询投诉45件,已办结45件,办结率达100%。

做好人才培养　组织供水人员参加广东省水协举办的"办公室协调能力和管理水平"交流会议、安全供水保障的有关问题分析及应对措施等学习会议,着力抓好人才教育与培训。全年在广东省水协网、中国节水报、南方日报等网站及报刊报道供水信息15篇,采稿率达80%,县供水服务中心1名通讯员被广东省城镇供水协会评为通联工作积极通讯员,被中国城镇供水报广东通联站评为通联工作优秀通讯员。在理论与实践中,凝练供水文化,不断提高干部职工的整体素质,以优良的供水服务,展示供水人的风采。

（陆志新　曾德英　朱雪花）

2015年2月17日,佛冈县供水服务中心维修龙腾街供水主管道

（县供水服务中心供稿）

【市政路灯】　佛冈县路灯管理所管理的路灯设备主要有:县城大街小巷、县府中心广场、北山公园、城中村、国道106线佛冈段、英佛公路、清佛公路、黄花湖景区、石角镇（黄花、三八、龙南）、汤塘镇（四九）、龙山镇（民安）、水头镇、高岗镇、迳头镇（烟岭）街道的各类路灯1.6万余盏（包括县城景观灯、桥梁亮化灯

饰、路灯），路灯线路总长830多公里，路灯专用变压器31个，路灯控制箱146个，亮化工程控制箱15个的维修、维护、管理工作。

路灯新建和改造 随着照明消耗能源的比例不断增加，为尽可能地减少全县1.6万余盏路灯的能耗，县路灯所在保障路灯高效照明的前提下，对全县路灯进行整改，力争达到既满足县城照明的要求，又节约能源。2015年，先后完成国道106线佛冈北段620基杆路灯拆除及安装修复工作；石角镇中心小学凤围分教点27基杆路灯安装工作；德星一巷至十巷、德安居11盏挂壁灯安装工作；莲花江村6基杆路灯安装工作；努力街、爱民路、拥军路、解放路10盏挂壁灯安装工作；高岗镇街道加装11盏挂壁灯、8基杆路灯安装工作；迳头镇新圩至旧圩68基杆路灯安装工作；烟岭大桥到范氏祠堂路段6基杆路灯安装工作；迳头镇敬老院、新桥头13基杆路灯安装工作；黄花湖勤天大桥12基杆路灯安装工作；振兴路154基杆中华灯安装工作（LED路灯节能改造二期项目）；黄花湖国道106线至勤天大桥段27基杆改造工作；振兴路与青松路口、教育路与青松路口交汇处路灯迁移工作（配合交通灯安装）。

路灯管理和维护 2015年维修更换各类型灯泡、节能管474只，镇流器82只，触发器95只，熔断器、单极开关68只，计时器、交流接触器12只，更换灯罩102只，更换灯头、灯座、灯托等散件173个，更换、敷设PE管733条，更换中国结76套，更换被盗、烧毁、维修各类导线13 814米，更换LED35W投光灯242套、LED40W投光灯115套，处理18宗交通事故路灯杆被撞损修复工作；做好31台路灯专用变压器的维修、检测工作。

路灯运行故障处理 公布报修电话，实行24小时服务制，专人接报，详细询问并记录在案。向社会做出服务承诺：一般故障24小时内予以修复，复杂故障48小时内予以修复，遇有交通事故撞杆及路灯设施发生偷盗时，除不可抗力原因外，接报后5个工作日内修复。在新建、巡视、维护任务繁重的情况下，面对烦琐的故障报修电话、被撞修复、迁移改造工作，路灯工人始终树立"保路灯明亮，让群众满意"的良好职业道德，做到新建、维修、防盗修复工作三不误，确保全县路灯设备的正常运行和设备完好率，更好地服务于社会。

（陈谷源）

【**市容卫生**】 佛冈县县城市容环境卫生管理所是归属县住房和城乡规划建设管理局管理的公益一类副科级事业单位，内设办公室、财务股、环境卫生管理股、设备安全管理股4个职能股室。主要职责是：负责县城内道路清扫保洁与生活垃圾的收集清运及终端处理，以及公厕管理、公厕改造和粪便清运工作；负责县城内公厕及其他公共场所的蚊蝇消杀，提供有偿的除四害服务；负责县城卫生服务费征收、管理工作；承办县委、县政府和县住房和城乡规划建设管理局交办的其他事项。

环卫保洁 佛冈县城清扫保洁面积约180万平方米，日产垃圾约120吨，现有清扫保洁人员177人。以环城路为界划分为两大清扫管理片区，由早上5时至晚上9时，全天共16小时清扫保洁（每个地段2名工人，按6个班时轮班，每人3个班时，每天工作时间共8小时），按"定路段、定人员、定职责"的管理方式，每片有责任分管领导、股室负责人及环境卫生管理员负责管理。共有环卫作业车辆41辆：压缩中转站配套吊厢车5辆（4辆用于乡镇垃圾压缩中转站），车厢可卸式（拉臂式）垃圾车8辆，压缩式垃圾车6辆，摆臂式垃圾吊斗车2辆，垃圾桶装车2辆，拖拉机9辆（可倒挂垃圾桶垃圾拖拉机5辆），高压清洗车1辆，扫路车1辆，铲车3辆，推土机2辆，吸粪车1辆，吸污车1辆。2015年，县城生活垃圾实现日产日清，清运量达到4.38万吨，主要清运至佛冈县石角镇龙溪村委会柯木迳生活垃圾填埋场进行简易填埋。2015年10月27日佛冈县生活垃圾卫生填埋场试运行，结束佛冈县简易填埋生活垃圾的历史，进入无害化处理填埋的新时代，无害化处理率将达到90%以上，为全县建立"户保洁、村收集、镇清运压缩、县处理"的四级农村垃圾收集处理一体化管理体系夯实基础。2015年，县城共征收城市生活垃圾处理费135.013万元，县城清洁卫生服务费465.7566万元。两项费用严格实行收支两条线管理，专款专用，专项用于支付垃圾清扫、收集、运输和处理费用，环卫经费得到保障。

市容环境卫生整治 多措并举推进县城环境卫生整治工作，力争创文工作达标。一是加强县城环境卫生日常清扫保洁工作，振兴路清扫保洁时间延长至23时，洒水车增加22：00—凌晨01：00、凌晨01：00—04：00班时进行高压清洗降尘，扫路车增加22：00—00：30班时进行机械化清扫保洁，努力提高县城环境卫生质量。二是为切实推进创建国家文明县城工作，确保各项工作指标达到创建要求，经请示县政府和主管局同意，将振兴路全段清扫工作试对外承包2个月（2015年12月和2016年1月），试行期间环境卫生质量明显提高，环卫工人积极配合工作，服从管理。同时，作为推行县城环卫工作市场化的试点，了解经济手段下环卫管理和经费支出情况，为推行县城清扫工作全面市场化提供参照依据。三是加大环境卫生的强化监督检查力度，在全面抓好主次干道保洁管理的同时，将环境卫生监察的重点向小街小巷、城乡接合部、商业区及农贸市场等薄弱环节延伸。在12月发出创文期间环境卫生整治通知2000份，提高群众创文知晓率、支持率和参与度。四是加强街道垃圾收集和垃圾清运日常管理，添购500个铁垃圾桶和 3 台可挂桶拖拉机，做到及时更换、增设垃圾桶，加强内街内巷、城乡接合部垃圾清运，其中一辆拖拉机专用于清运沙发等大型垃圾和应急清运工作。五是全面清理各市场、楼房间狭窄通道、城乡接合部等卫生死角、路边杂草以及水渠沟渠，有效改善县城环境卫生面貌。累计出动人员 83 人次，环境整治面积达 0.7 万平方米，清除各类积存垃圾 7.3 吨，清理卫生死角 37 处。六是全面检查县城 10 座公厕，对损坏部分进行修缮设计、预算，于 12 月修缮完毕。同时，增加公厕清洁人员，加大对城公厕的管理力度，使公厕环境达到"六净六无"标准，大大改善市民的如厕环境。七是切合"全民参与爱国卫生，共建共享健康中国"爱卫月主题和创文工作，坚持环境卫生整治和喷洒灭蚊药物相结合的措施，大力开展病媒生物防治工作。出动消杀人员 5 人，使用灭蚊器械 4 台，灭蚊面积达 137 万平方米，使用灭蚊药物 215 斤，另外完成县城范围老鼠洞填补工作。八是积极向县政府申请建设县城大型垃圾压缩中转站，配合新生活垃圾卫生填埋场投入使用，促进县城生活垃圾收集基础设施建设和生活垃圾无害化处理工作。九是做好佛冈县生活垃圾卫生填埋场监督管理工作，逐步建立健全佛冈县生活垃圾卫生填埋场运营管理体制，全面提高全县生活垃圾无害化处理水平。十是结合创文工作，悬挂横幅、LED 轮播创文标语，全面更新县城垃圾桶身、垃圾箱面、车辆车身宣传标语，全力营造创文氛围。

配合农村垃圾综合整治 认真贯彻执行《佛冈县农村生活垃圾收运处理工作方案》，按照县建立的"户保洁、村收集、镇清运压缩、县处理"的四级农村垃圾收集处理一体化管理体系，积极配合农村垃圾综合整治。一是完善转运生活垃圾设施。由县环卫所负责转运所需的四辆乡镇垃圾转运车和一辆吸污车已完成政府采购，并已安排清运人员转运迳头镇、水头镇生活垃圾。二是落实转运镇级生活垃圾及渗滤液运作费用。2015 年 5 月 4 日县政府常务会议决定：县环卫所因转运各镇生活垃圾而增加的车辆运输费用由县财政负担 20%，各镇负担 80%。具体收费标准按县投资审核中心审核确定的金额执行，确保全县农村生活垃圾整治工作的落实与长效管理。三是全县农村开展生活垃圾收运处理。按照《佛冈县农村生活垃圾收运处理"以奖代补"考核办法（试行）》考核内容，积极指导其他乡镇根据属地实际，选择农村生活垃圾收运处理模式，配备垃圾收集器、清运车辆等设备。同时，指导做好中转站压缩设备安装调试工作，做好中转站试行、转运垃圾所需车辆、清运司机的安排工作，努力实现全县 6 个镇的生活垃圾统一收集、转运，进行无害化处理，改善农村环境卫生的"脏乱差"面貌。

（朱慧玲）

建筑业管理

【**概况**】 2015 年，县住建局强化建筑行业管理与监督，抓好建筑安全与质量管理工作，着力提升建筑行业管理素质，积极做好建筑市场诚信体系建设，严格查处建设市场中违法违规行为，全面整治建筑市场秩序，切实抓好工程造价管理工作，全面加强房产管理工作与物业管理工作，确保建筑行业发展安全稳定推进。

【**勘察设计管理**】 加强对建设工程勘察、设计活动的监督管理，保证建设工程勘察、设计质量。一是进一步规范施工图审查程序，落实施工图审查备案制度。做到工程事前审查，审结备案，持备案报告办理工程招投标及施工许可证等相关手续，增强审查工作的时效性和准确性。同时，着重对住宅设计中燃气入户及节能建筑设计项目的审查。未经审查或审查不合格的项目不予通过。二是加强管理，委托协会组织相关人员进行系统性学习，加强施工图设计文件的管理，提高管理质量。三是加强自律、倡导诚信，推动勘察设计企业快速发展，推进"诚信为本、操守为重"的信誉建设。多方参与、多方监督，共同维护市场秩序，实现行业自律。四是开展工程勘察设计质量回访试点工作。组织建设业主、施工单位、工程设计单位、施工图审查机构定期对有代表性或重点工程设计项目进行回访，总结设计工作经验和存在的问题，不断改进设计工作，提高设计质量。佛冈县建筑工程设计室有限公司 2015 年完成设计项目 169 项，市政道路工程设计 7 项，乡镇消防专项规划 1 项，路灯工程设计项目 11 项。

（吴志君）

【**建设工程施工管理**】 2015 年，县住建局对县建筑市场开展各项专项检查。其中 4 月和 11 月重点开展上半年建筑工程质量安全、建筑市场、建筑节能与消防安全专项执法检查和下半年建筑工程质量安全、打非治违、建筑市场、招标投标、勘察设计质量、建筑工人工资分账管理专项执法检查工作，检查发出建设工程质量隐患整改通知书和建设工程安全隐患整改通知书 4 份，要求各责任主体进行整改。12 月，按市局《关于落实房屋建筑和市政工程工人工资支付分账管理工作的通知》要求，严格落实工人工资支付分账管理工作，对县在建项目首次开展建筑工人工资分账管理抽查，重点检查建筑企业是否做好用工管理，建立工资支付台账，实行工程款和工资分账管理。全年办理工程施工报建 29 宗，建筑面积 33.54 万平方米，投资金额 5.14 亿元。发出停工通知书 17 宗，办理工程竣工验收备案 27 宗，建筑面积 28.09 万平方米；办理建筑节能设计审查备案 30 项；办理主体责任人员变更 8 项，完成招（投）标工程 11 项；完成施工图初步设计审查工作 9 项。节能方面，2015 年受理建筑节能备案面积 42.69 万平方米；完成建筑节能工程竣工验收备案面积22.7万平方米，新建建筑面积设计阶段节能强制性标准实施率达到100%，施工阶段建筑节能强制性标准实施率达到98%以上。

（张荧莹）

【建设工程质量监督】 2015年开展工程建筑实体检验的钢筋保护层委托检测，加强对建筑实体质量的监控；着重监督工程防水施工和墙体施工质量，重点防治工程渗漏、裂等质量通病；完善对工程建筑节能施工的质量监督和验收；开展城市旧楼危楼安全排查整治工作并取得一定成效。监督工程项目31个，总面积869 762.93平方米，完成基础验收21项，主体验收26项，主体抽测35项，分户验收17项，竣工验收28项，编写监督报告29份。开展工程质量大检查6次，对商品混凝土公司检查4次，处理群众信访投诉11项。全年发出监督意见书4份，签发工程质量隐患整改通知书61份，作出扣分处理36人次。2015年是工程质量治理两年行动的第二年，继续严查工程质量违法违规问题，落实工程质量终身责任承诺制，对各工程质量监管要求更严格更细致。工程质量管理状况良好，工程质量可靠，未发生一起较大质量事故。

（陈少凡）

【安全生产文明施工管理】 2015年，办理建设工程安全备案登记项目27个，监督面积28万平方米，出具安全评价书47份，参加11项重大危险源分部分项工程的专家论证会。成功创建清远市房屋市政工程安全生产文明施工示范工地1个。实现建筑施工在建项目全年安全无事故。

安全检查 一是开展上、下半年，第二、第三季度建筑施工安全生产执法大检查。二是开展各类脚手架和悬挑式卸料平台、建筑劳务、出入口洗车槽、现场封闭围挡、消防安全、建筑起重机械、高大模板支撑体系和深基坑等坍塌事故安全检查，悬挑式钢管脚手架、卸料平台专项整治，在建工程文明施工专项整治、防蚊灭蚊、建筑起重设备实体专项检查，对在建工程施工污染环境进行安全防护集中整治，危险性较大的分部分项工程落实施工方案等安全专项整治。三是开展"打非治违"专项行动。四是开展全国"两会"、春节、国庆期间、雷雨天气、汛期、台风、暑期等重要时期、恶劣气候条件下的安全生产专项检查等。下发限期整改通知书78份，暂停施工通知书12份，施工安全监督（抽查）记录32份。对全县在建工程施工作出动态扣分记录59条，对3个企业、43人次作出量化扣分处理。通过开展上述安全检查，形成对建筑施工安全管理工作的高压态势，加大对较大危险源的管理力度。

2015年5月19日，县安监站开展佛冈县2015年"安全生产月"建筑施工安全生产知识竞赛的初赛活动，图为参赛选手正在回答抢答题 （李小燕）

安全教育 以"加强安全法制，保障安全生产"为主题，以宣传国家有关安全生产法律法规、安全生产知识，增强建筑施工行业从业人员的安全意识和防范事故的能力为重点，开展建筑施工安全生产知识竞赛活动，派员参加县安委会组织的"安全生产月"咨询日活动，派发建筑施工安全生产知识宣传彩册100多本。3个施工企业开展安全生产应急救援演练活动，进一步强化全员对安全工作重要性的认识，提高在建项目防范安全事故的能力，取得较好成效。

（李小燕）

【建设工程造价管理】 认真履行造价监督与指导职能，加强建设工程招标控制价、施工合同、竣工结算备案的管理，调解建设工程造价纠纷并及时发布本县建设工程人工、材料综合价。2015年，佛冈县建设工程造价管理站累计受理政府投资项目招标控制价、施工合同备案7宗（招标控制价备案3宗，工程结算备案3宗，施工合同备案1宗），受理非政府投资项目工程建设规模的核定16项，建设规模达50.2万平方米，投资金额达7.64亿元。2015年1月，发布2014年下半年建设工程人工、材料综合价，同年4月、7月及10月，分别发布2015年第1、第2及第3季度建设工程人工、材料综合价。在认真调研的基础上，增加市场上高层建筑常用建筑材料种类的综合价，对佛冈县建设工程人工、材料综合价实行按季度发布，进一步加强本县建筑材料综合价的指导作用。

（吴宇杰）

【散装水泥管理】 认真贯彻执行《广东省促进散装水泥发展和应用规定》《广东省建设工程项目使用袋装水泥和现场搅拌混凝土行政许可规定》，做好全县的预拌混凝土工作。6月中旬做好广东省推广散装水泥宣传周活动；全年处理投诉12宗，核发使用袋装水泥和现场搅拌混凝土许可1宗，处罚现场搅拌混凝土案件2宗；协助佛冈县佳润混凝土有限公司、佛冈锦华混凝土有限公司、佛冈县诚康商品混凝土有限公司完成企业诚信档案登记。2015年，全县散装水泥用量6.19万吨，预拌混凝土销售量23.05万立方米。

（林志刚）

【城建档案管理】 加强建设工程档案归集管理，发挥档案为城市建设服务的作用。2015年，城建档案6310卷，其中综合类档案63卷，城市勘察类档案214卷，城市规划类档案452卷，城市建设管理类档案1074卷，市政工程类档案33卷，公用设施类档案18卷，交通运输工程类档案51卷，工业建筑类档案30卷，民用建筑类档案4101卷，名胜古迹、园林绿化类档案1卷，环境保护类档案29卷，县（村）镇建设类2卷，水利、防灾类档案2卷，工程设计类档案171卷，地下管线类66卷，声像类档案3卷。提供利用档案279卷，279人次。

（朱燕伶）

住宅与房地产业

【房地产开发管理】 2015年，县住建局加强对房地产开发企业的资质管理，严格执行商品房预售制度，加强商品房预售资金监管，强化商品房预（销）售行为监管，完善房地产市场监管机制，建立房地产开发企业信用管理体系，促进房地产市场健康、有序、稳定发展。

房地产管理 2015年，全县具有合法房地产开发资质企业42家，其中四级资质企业23家，暂定资质企业19家。核发房地产开发企业资质证1项。深入房地产项目现场进行经常性检查，加强房地产开发建设全过程的监管。2015年办理房地产工程项目报建11宗，商品房新开工面积25.22万平方米，投资金额4.02亿元，竣工面积15.42万平方米。

商品房预售、销售管理 房地产企业申办预售前，办事人员严格核查该工程项目的现场情况，确保建设施工进度，严格按照商品房预售条件发放预售许可证，规范房地产开发经营行为，维护开发市场秩序，创造良好的开发环境；预售资金全部纳入监管账户，专款专用，确保预售资金用于商品住房项目建设，保障买受人的购房权益。准确掌握每个项目的监管账户资金情况，确保资金安全，并留有足够资金保证项目竣工交付。2015年核发商品房预售许可证17个，预售面积32.45万平方米，办理商品房预售许可证延期23宗；审核商品房预售款提用609宗，进账金额16.22亿元，申请金额14.96亿元，监管预售资金额达1.26亿。规范房地产市场销售行为，定期抽查房地产销售现场，对开发企业宣传环节、销售环节、资金监管环节进行重点监督，规范预售、销售行为，完善房地产市场的管理制度。全县商品房销售面积47.9万平方米，销售金额23.49亿元，其中住宅面积41.83万平方米；销售金额20.74亿元，房屋交易套数为3749套。开展房地产市场企业诚信工作专项整治，建立起保证房地产市场健康有序运行的长效机制。9月，印发《关于实行商品房预售款提用与房地产企业诚信挂钩管理的办法》的通知，进一步建立科学完善的商品房预售款存提制度，加强县商品房预售款监督管理力度，确保商品房预售款专款专用，结合建设部《建筑市场诚信行为信息管理办法》及省市有关建筑行业诚信办理办法，对县房地产企业提用商品房预售款与开发企业的诚信登记挂钩，实行弹性管理。2015年办理商品房预售款提用与房地产企业诚信挂钩管理的诚信登记12宗。

物业管理 定期开展物业服务检查工作，加大物业服务行业监管力度。2015年全县持有物业管理服务企业资质证的有21家，6家外地驻清物业服务企业，13家三级资质物业服务企业，2家暂定资质物业服务企业。成立业主委员会的住宅小区有6个，其中2个是县机关事业单位主导所建的住宅区（楼）。落实"平安小区"创建工作，考核排名前2名的小区碧桂园·清泉城和云星·钱隆天下获得2015年平安小区的称号，并对小区内工作突出者授予"平安小区"创建工作先进个人荣誉称号。至2015年底，全县累计物业维修资金的本金和利息共5265.85万元，商品住宅维修资金的使用数额为39.39万元。

【房地产开发重点项目】 2015年，佛冈县围绕打造"现代化山水园林城市"的目标，凝心聚力，监督协调，加快推进港深豪苑三期、雅丽新轩、碧翠景湖轩、龙山新城项目小区等多个重点房地产开发项目的建设工作。

港深豪苑三期 位于县城沿江中路段，龙溪路北侧，由佛冈县联合房地产开发有限公司投资开发，占地面积35 741.3平方米，总建筑面积130 403平方米，绿地面积18 006.34平方米，项目总投资3.3亿元。该项目由6栋电梯洋房组成，居住总户数1035户，室内机动车位约600个。该项目分三期进行开发：第一期1号楼建筑面积19 221平方米，192套。第二期工程由4、5号楼组成：4号楼建筑面积16 199平方米，192套；5号楼建筑面积18 706平方米，144套。第三期工程由2、3、6号楼，地下车库及空中花园组成：2号楼建筑面积23 310.27平方米，168套；3号楼建筑面积10 863.82平方米，118套，6号楼建筑面积23 588.01平方米，221套，地下车库及空中花园建筑面积18 514.91平方米，地下车库分三层可容纳约600部车辆停放；空中花园基本完成园林绿化种植、儿童游乐及健身器材设施安装，给业主提供一个舒适休闲娱乐的场所。

雅丽新轩 位于佛冈县石角镇

德星四巷，坐落佛冈县城中心，交通便捷，生活方便，雅丽新轩项目是由佛冈恒业房地产开发有限公司开发，该项目定位为一栋11层电梯住宅楼及一栋3层市政配套，11层住宅楼布局为两梯六户，小区规划建设居住户（套）数60套，建筑占地面积730平方米，总建筑面积约7315.99平方米，其中市政公用设施用房689.11平方米，绿地率达35%，其中拟定停车位30个，项目总投资约800万元。

碧翠景湖轩 位于佛冈县石角镇环城东路，紧连广州的从化，相连106国道和京珠高速公路，距广州市区仅50多分钟车程。碧翠景湖轩项目是由佛冈县碧翠房地产开发有限公司开发投资的商住项目。小区规划建设居住户（套）数336套，占地面积7119.3平方米，总建筑面积46 397平方米，绿地面积2562平方米，项目总投资约1.2亿元。其中地下室面积约5500平方米，拟定停车位158个，环城东路商铺9间，住宅总户数336户。项目分2期进行开发，第一期2栋26层住宅，总建筑面积24 206平方米，住宅200套。第二期2栋18层住宅，总建筑面积17 048平方米，住宅136套。

龙山新城项目小区 位于佛冈县龙山镇，紧邻广州的从化，属广清交界处最近广州市区的地段，毗邻京珠高速鳌头、汤塘双出口，与106国道紧邻，出入便利。龙山新城项目是由佛冈县昌川房地产开发有限公司在佛冈开发投资的首个旅游地产项目，小区总绿化面积43 140.37平方米，绿地率26.65%，机动车位1900个。项目分两期进行。其中二期4、6、7、8栋为洋房，总建面积44 968平方米，工程投资额约为7000万元；小区4栋为6层步梯楼，6、7、8栋为9层带电梯楼，居住户（套）数共390套。

（欧彩霞 张荧莹）

【房产管理】 根据县编办《关于设立佛冈县不动产登记中心通知》精神，原佛冈县房管所于2015年12月撤销，12月3日，设立佛冈县不动产登记中心，原县房管所整体划入县不动产登记中心。中心属县政府的职能部门，归佛冈县国土局管理的副科级公益二类事业单位，办公地点在石角镇振兴中路290号。内设综合股、登记发证股、测绘股、档案信息股、交易股、管修股6个职能股室。主要职责是：负责全县土地、房屋、林地以及过渡期后农村土地承包经营权等不动产登记具体事务；负责本县的公房租赁工作；实施县级基础测绘工作，为全县经济建设提供测绘服务，承担统一现代测绘基准的建设维护，承担突发公共事件的县级应急测绘保障，协助测绘管理部门对测绘成果进行检查、验收；从事房产交易的技术性服务工作。

房屋交易和产权发证 全面实行一手楼网上签订合同和交易鉴证，建设公开、公正、透明、诚信的房产交易平台，是房地产调控和行业监管的一项基础性工作，为科学分析房地产市场形势和发展态势，维护交易活动当事人的合法权益提供第一手准确信息。2015年房产总交易5439宗，面积54.72万平方米，交易额21.74亿元，交易面积同比增长54.57%，交易金额同比增长22%。其中，一手楼交易4005宗，交易面积40.61万平方米，交易总额17.04亿元，交易面积、交易总额分别同比增长63.15%、17.9%；二手楼交易1434宗，交易面积14.11万平方米，交易总额4.7亿，交易面积、交易总额分别同比增长34.25%、39.58%。2015年，核发房屋产权证6979本，办理他项权证3578个，整理办证档案15 864宗，为群众及单位提供查档服务15 204次，出具查档证明11 266个。

产权专门档案管理 房产档案是关乎民生的重要档案，加强档案管理工作成为2015年重点工作之一。全部房地产档案按照分类进行案卷装订，按照排列和编号储存在档案柜中，档案室中有冷气和除湿器，防止档案的损坏，延长档案的使用寿命，维护档案的完整及安全。全部产权产籍档案已录入电脑，真正实现群众查档和档案管理现代化、信息化，提高档案的管理水平和利用质量，为群众提供高效、便捷的查询服务，方便群众办事。2015年档案室为单位和群众提供档案咨询服务15 204人次，出具查档证明11 266个。

加强公房管理 重点加强对公房的维修和安全检查，对公房进行强化管理，消除隐患，维护群众生命财产安全。对人员密集、易发生安全隐患事故的公房，着重从消防安全、用电安全、消防器材设备配置与管理等方面进行安全隐患排查与整治，对检查中发现的安全隐患及时给予整改落实。2015年维修公房5000平方米，既提高公房的使用率，增加租金收入，又保证租住居民的居住安全，杜绝安全事故的发生。

实施公共租赁住房工程 解决城镇低收入家庭住房困难是佛冈县实施的民心工程之一。2015年佛冈县圆满完成市下达的住房保障工作的目标任务。一是实现公共租赁住房开工建设。2014年55套和2015年57套公共租赁住房选在同一地块建设成一幢共112套的公共租赁住房，选址位于石角镇环城西路惠民巷侧，项目占地面积2200平方米，项目预计总投资2500万元，该工程于2015年10月完成封顶，进行外墙施工，预计2016年4月可以完成验收。二是完成保障性住房10套的目标任务。在2014年5月将亿骅公司宿舍楼纳入公共租赁住房统一管理，该宿舍区建筑面积2390平方米，共有宿舍60套，每套约26.5平方米，其中45套已于2014年对外出租，剩余15套是杂物间，经协商后，厂方同意将其中10套搬空纳入公租房管理。三是新增发放廉租住房租赁补贴90户，于6月完成申请住房租赁补贴的住房困难家庭的情况核查、公示和评分工作，7月开始向46户符合条件的家庭发放租赁补贴，并完成外来务工人员及新毕业大学生的核查、公示工作，8月开始向44户新毕业大学生及外来务工人员发放租赁补贴。

房改房工作 根据县政府关于已购公有住房上市有关规定的文件要求，中心房改办认真对照上市交易条件，严格把好政策关，2015年审批上市交易的公有住房154套，面积14 276平方米，审批办理住房货币补贴、提取12人次，审批款105 540元。根据《佛冈县住房货币分配实施办法》，2015年县不动产登记中心制定全县住房货币分配工作的方案，本次住房货币补贴对象是全县财政统发工资单位的离退休及已故人员，其本人及配偶均未享受过房改实物分房（房改房、单位集资房）、私建公助、单位划拨土地建房等形式的政府认定的住房补贴人员。凡当年参加过单位集资建房的，无论其房产权性质是商品房房产证还是集资房房产证，产权人均不能再参加货币分配，其配偶可以按政策参加货币分配。实施时间和步骤是从2016年起，第一年发放已故人员住房补贴，第二至第五年发放离退休人员住房货币补贴。

（张秀色）

环境保护

【概况】 2015年，佛冈县环保局以市、县政府环保"创模"目标责任书为抓手，以环保审批验收、总量减排任务、环境监管责任、环境质量监测、环保宣传教育为重点，认真落实建设项目环评制度，强化治污减排措施，严格环境监管执法，切实加强大气污染防治工作、农村环境保护建设、环境行政处罚力度、环保信息公开力度，环境保护各项工作目标进展顺利，全县环境质量不断改善。

（梁江丽）

【建设项目管理】 环评把关 严格执行国务院《建设项目环境保护管理条例》《广东省建设项目环境保护管理条例》等有关法律法规，加强建设项目环境影响评价审批管理，实行项目环评集体评审制度。着重引进科技含量高、能耗低、排污少的高新技术产业，严格限制新上高耗能、高耗水、高污染项目。对不符合规划要求和产业政策、选址不当和可能造成重大环境影响的项目，一律不予准入。

项目服务 对符合审批的建设项目，积极主动搞好后续管理，积极参与到建设项目"环评"中，指导企业开展污染治理，使"三同时"真正落实到位。2015年审批项目52个，其中审批环境影响报告书项目4个，审批环境影响报告表项目29个，审批环境影响登记表19个。

建设项目竣工环保验收 监督落实环境保护设施与建设项目主体工程同时投产或者使用，以及落实其他需配套的环境保护措施。2015年验收项目31个，其中报告表项目16项，登记表项目15项，涉及项目总投资99 819.4万元，其中环保投资2248.81万元。

（陈间清 刘海声 利启红）

【污染减排】 按"十二五"总量减排责任书要求，全力推进减排工程建设，狠抓减排工作落实，完成农业源和印染行业的减排工程。2015年全县化学需氧量、氨氮、二氧化硫和氮氧化物排放量分别控制在0.447万吨、0.061万吨、0.108万吨、0.251万吨以下，完成上级下达的总量控制目标。通过强化领导、强化督导、强化基础工作等方式促进减排工作的落实，采取针对性研究、倒排工期、督办通报等方式促进减排工程的落实。一是完成21个规模化养殖场减排治理或关闭工作；二是完成佛冈县温氏养殖公司粪便处理中心建设；三是完成4家印染企业的中控平台建设；四是陶瓷行业产品产量与去年相比下降40.5%，完成氮氧化物的控制指标。

（陈间清）

【环境执法】 环境监察 2015年，检查企业380家，出动检查人员1017人次。根据县环境监测站出具的监测报告对佛冈县三门再生纸厂、佛冈县汤塘镇达明五金制品加工厂等56家企业发出限期整改通知书，行政处罚案件25宗，分别对24家有环境违法行为的企业进行立案处罚，罚款金额32.27万元。通过加强执法，促使企业对环保的重视，完善环保治理设施。

网格监管 以镇为基本单元划分网格，将全县环境现场监管划分成南片、北片2个区域共7个监管网格，打造"全覆盖"的环境执法网络。根据企业的行业特征、排放的污染物性质和排放量，将企业划分为3类。其中Ⅰ类企业为国控企业；Ⅱ类企业为省控企业和重点监管企业（重点监管企业包括电镀、漂染、化工、金属表面处理、陶瓷等行业和重点环境信访企业）；Ⅲ类企业为除Ⅰ、Ⅱ类以外的其他常规监管企业。各责任人对网格内企业的环境监管负直接责任，切实履行监管职责，严格按照以下监管频次开展日常巡查：对Ⅰ类企业每月巡查不少于1次，对Ⅱ类企业每2个月或每季度巡查不少于1次，对Ⅲ类企业每半年巡查不少于1次。

饮用水源监管 以潖江和烟岭河等流域隐患为重点，对河流、集中式饮用水源地、自然保护区等生态环境敏感区域进行全面排查和整治。县环保局环境监察分局每月至少一次对放牛洞水库、三八自来水厂两个饮用水源取水点和人工湖取水点进行现场检查，对饮用水源保护区的其他河段、大窝水库、山田水库等进行不定期现场检查。

【环境专项检查】 加强高考期间巡查 2015年高考期间，监察人员采取三项措施，确保良好的环境。一是发出书面通知。在考试前，对考场周边200米范围内的建设企业发出书面通知，要求在高考期间24小时停止机械施工作业。二是现场巡查监测。考试期间，环境监察人员对考场周边

200米范围内巡查和监测，有效整治噪声污染源，为考生营造一个安静而舒适的应考环境。三是处置突发事件。对考场周边200米范围内突发影响考试的机械施工作业进行现场处置。

打击非法加工行业　按照网格化管理方案，对全县各镇范围内出现一些不法分子熔炼再生铝锭（铝灰）、提炼废机油、浸铜、浸铁、浸泡竹片、焙烧工业胶泥、焚烧工业垃圾、焚烧煤杆石等非法生产加工活动进行打击，协助各镇政府组织镇派出所、国土所、供电所、工商所、林业站等职能站所，采取有效措施予以制止，负责拆除非法生产加工点的厂房、设备等设施，清除污染物，取缔非法生产加工点。在环保专项行动中，先后查处高岗镇宝山非法提炼废机油场点、佛冈县乐泰五金模具加工厂、水头镇西田村米仔田焙烧工业胶泥场等非法生产加工点，有效地净化环境。

（蔡文辉）

【大气污染防治】　清洁生产　严格按照《中华人民共和国清洁生产促进法》相关规定做好清洁生产，并结合其他环保法律法规加强监管。2015年全县开展强制性清洁生产企业18家，全部通过评估和验收。

锅炉淘汰　经核定符合淘汰的高污染工业燃煤小锅炉20台。按照清远市环境保护委员会《关于印发〈清远市大气污染防治目标考核实施细则〉的通知》，分配佛冈县淘汰高污染燃料工业小锅炉任务是6台，县环保局将符合淘汰的20台列入淘汰计划，至2015年底已完成8台锅炉改燃和1台锅炉拆除，超额完成任务。

划定黄标车限行区域　佛冈县在2015年5月划定黄标车限行区域，禁行道路包括石角镇振兴路、福田路、环城路、教育路、文明路、青松路、青云路、解放路、建设路、沿江路、龙溪路、塘二桥、文康街、康乐街等道路，禁行范围面积6.24平方公里。已向市局上报有关资料，清远市政府统一公告后即可实施。

机动车环保管理　投入7.8万元建设佛冈县机动车联网平台，并与市局进行实时联网。2015年发放机动车环保标志9919个，其中绿标9826个，黄标93个。

（刘海声　利启红）

【重金属防治】　制定《佛冈县重金属污染综合防治2015年度行动计划》，建立比较完善的重金属污染防治体系、事故应急体系和环境与健康风险评估体系。重金属相关产业进一步优化，污染源综合防治水平显著提升，重金属污染监管能力与应急能力得到加强，重金属污染态势得到遏制，历史遗留重金属污染治理取得较好成效，公众重金属污染防治意识得到显著提高，危害群众健康的重金属污染突出问题基本得到解决。城镇集中式饮用水水源重点重金属污染物指标达标率达到100%。

【危险废物规范化管理】　认真落实危废规范化管理工作，提高企业危废规范化管理和环境风险意识，加强危废规范化管理的宣传培训工作，并根据环境风险应急预案要求，定期开展应急演练，切实提高企业危废规范化管理水平，做好危废物的规范化贮存、运输、收集及处置利用工作，有效杜绝环境风险。2015年对产生单位危废规范化管理抽查合格率达到80%以上，医废处置单位危废规范化管理抽查合格率达到90%以上。

（刘海声）

【环境应急处置】　完善应急体系建设　县环保局印发《佛冈县环境保护局突发环境事件应急预案》和《佛冈县环境监测站突发环境事件应急监测预案》。同时，指导相关企业编制企业环境应急预案。

突发环境事件处置　2015年6月16日，县环保局执法人员发现水头镇水龙尾铅锌矿窿底废水积满矿窿并自然溢出外流，已于当日向该矿发出《关于要求英德市柏顺贸易有限责任公司佛冈水头镇水龙尾铅锌矿采取措施防止环境污染的通知》，要求该公司立即采取措施对窿口进行封堵，防止溢流废水污染周边环境。该公司已按要求对窿口进行封堵。

【环境信访】　县环保局把做好信访工作作为社会建设工作的重要组成部分来抓。接到举报、投诉及发现污染环境行为，第一时间赶赴现场调查取证，按程序依法调处。2015年，群众来信来访（含电子邮件）反映环境污染问题316件，其中废气污染215件，噪声污染58件，废水污染28件，固废污染6件，其他污染9件。做到迅速、认真、依法调查处理，并回复投诉人，做到件件有落实，事事有回音。通过落实信访投诉，大大拓宽群众投诉渠道，有效疏导群众对环境污染的怨气，维护社会平安与稳定。

（蔡文辉）

【"创模"工作全面启动】　2015年5月成立佛冈县创建国家环境保护模范城市工作领导小组，标志着"创模"工作全面启动。通过签订创模责任状、月报制度、通报进度及年度考核的方式推动创模工作开展，2015年创模各项指标达到市创模办的考核要求。

【环境保护委员会成立】　成立由县长任主任、分管副县长任常务副主任的环境保护委员会，制订《成员单位工作职责》《会议决事规则》《环境保护考核办法》等相关规则、办法，构建"大环保"的工作格局。2015年召开两次环委会全体成员会议，主要讨论环保重大工作议决事项，部署当前一段时期环保工作。环委会办公室积极落实环委会议决事项，有效促进环保事业发展。

（潘翠丽）

【环境监测能力建设】 佛冈县环境监测站通过广东省计量认证项目4类61项,其中水和废水42项,空气和废气12项,机动车尾气3项,噪声4项。基本满足全县环境质量监测、污染源监测的要求。拥有2套全进口空气自动监测系统,可以全天24小时连续不间断监测二氧化硫、二氧化氮、一氧化碳、PM10、PM2.5、臭氧六项指标,并且同时监测气象六参数,实现空气质量的全自动监测。2015年委托其他检测机构对放牛洞水库水、潖江坝子坑水进行每季度一次的62项监测、1次109项的全分析。

(杨 丽)

【绿色学校创建】 县环保局把环境教育作为素质教育的重要组成部分,切实提高学生的环境意识,建设绿色清远,推动全县环境教育工作上一个新台阶。2015年佛冈县四九中学、潖江中学、高岗中心小学等三家中小学被清远市环境保护局、中共清远市委宣传部、清远市教育局评为清远市绿色学校。

(刘海声)

【环保宣传】 2015年,采取形式多样的学习活动,围绕新环保法的宣传解读,对新修订的《环保法》进行重点宣贯。一是举办学习培训。召集全县各涉重金属排放企业负责人及环保业务(管理)人员30多人,进行涉嫌环境污染重金属排放企业的学习培训,深入学习新《环保法》,解读配套法规、规章及司法解释,进一步提高企业守法意识。二是召开政企座谈。借用县外商协会平台,召开县政企座谈会——环保专场,重点解读2015年1月1日开始实施的"长牙齿"的《环保法》,把《环保法》中的"按日处罚""限产、停产整治""查封扣押""行政拘留"和《刑法》338条"环境污染罪"比喻成"四颗牙齿"和"一把刀",以此提醒企业提高认识,做好环评、验收,持证排污,并做好污染物排放处理,达标排污,做到合法生产,切勿越过法规底线。

(梁江丽)

【环境统计】 2015年,统计重点污染企业45家,其中含有电镀工艺的企业5家,造纸企业2家,印染企业4家,水泥企业3家,印制线路板企业3家,陶瓷企业2家,钢压延加工企业1家,其他企业25家。2015年全县工业废气排放总量为41.69亿标立方米。工业废气中二氧化硫排放总量1203.13吨,氮氧化物排放量1504.52吨。2015年工业废水排放量876.478万吨,化学需氧量排放量895.09吨,氨氮排放量115.54吨。2015年工业固体废物产生量3.33万吨,综合利用量3.33万吨,综合利用率100%。危险废物处置量0.83万吨。

(陈间清)

观音山王山寺春色 (邓光添摄)

商贸流通·服务业

责任编辑：刘瑞生

综 述

【概况】 2015年，佛冈县积极应对国内外经济形势发展变化，进一步扩大内需、促进消费，推动商贸流通业持续健康发展。抓好搞活流通、扩大消费的政策措施落实工作，加大促销力度，积极扩大消费。通过政府搭台、企业唱戏、市场化运作的模式，开展内容丰富、形式多样的促消费活动。加快建设现代流通体系，优化市场环境，发展农村电子商务，推动城乡流通网络建设，促进商贸流通市场繁荣。抓好生活必需品储备和管理，组织商贸流通行业典型企业做好统计工作，加强市场监测，健全市场调控机制，保障供给能力进一步得到增强。2015年，全县实现社会消费品零售总额37.06亿元，同比增长9.6%。其中，城镇市场完成消费品零售额33.29亿元，同比增长9.3%；农村市场完成消费品零售额3.77亿元，同比增长12.7%。社会消费品零售额加快增长，增长速度同比上升1.1个百分点。

【批发零售业】 批发业实现消费品零售额6.17亿元，同比增长12.7%，增长速度同比上升2.7个百分点；零售贸易业实现消费品零售额25.0亿元，同比增长9.2%，增长速度同比上升0.1个百分点。

行业发展特点 批发零售业仍是全县消费品市场发展的主导力量。限额以下的经营单位是批发零售业的主体，是批发零售业稳步增长的主导力量。个体经营和私营经营占绝对地位。随着批发、零售行业不断发展，连锁经营、加盟经营以及专卖、超市、物流配送等新型流通方式逐步建立，批发、零售等市场货足价稳，市场活跃，规模不断扩大，批发、零售行业的消费品零售总额平稳增长。

行业面临困难 批发零售业融资难，租金、原材料、人工成本高，经营成本不断上涨。电子商务网购活动对批发零售业的冲击进一步扩大，越来越多的城镇和农村消费者在网上购物，对经营服装、鞋类、食品、电子产品、家电产品等零售业实体店的冲击越来越大。受交通条件和运输成本的制约，零售业实体店开展线上线下相结合的电子商务业务，面临很大的困难。

【住宿餐饮业】 住宿业实现消费品零售额0.59亿元，同比增长4%，增长速度同比上升3.4个百分点。餐饮业实现消费品零售额5.30亿元，增长8.8%，增长速度同比上升3.7个百分点。

行业发展态势 住宿餐饮业限额以下经营单位所占比重较大，成为住宿餐饮发展的主导力量。住宿餐饮业高端继续遇冷，中低档大众化消费依然旺盛。大众化餐饮经营将不断延伸，特色餐饮将更加突出。旅游餐饮、养生餐饮引导餐饮新趋势。旅游业的发展继续推动住宿餐饮业的发展。随着假日制度的落实与优化，住宿餐饮消费的持续升温，住宿餐饮市场活跃，成为节假日消费的一大亮点。

行业面临困难 住宿餐饮业逐步复苏，但增长速度较慢。中央改进工作作风"八项规定、六条禁令"和"三公"消费的限制等系列措施，对住宿餐饮行业的影响依然存在。随着市场竞争加剧，税费、原材料价格、人工、房租支出快速上涨，住宿餐饮业经营成本进一步提高，经济效益不容乐观。

【农村电子商务】 农村淘宝项目2015年先后建立37个村级服务站。村级服务站为村民提供网上代购服务，方便村民生产生活，其主要购物品种有家电、日常用品、学生用品、果苗等等。

农产品网上行 联合农村淘宝服务中心，就农产品上网销售问题与农场主座谈，了解农场主的意愿和计划。配合阿里巴巴开展农村农产品网上行调研，着力推荐特色农产品竹山粉葛参与阿里巴巴组织的农产品淘宝网上行活动，竹山粉葛、水头芦笋、烟岭莲藕等三种农产品已由县农村淘宝中心上报给阿里巴巴淘宝总部。在农村淘宝中心的支持下，农村经营者在淘宝网上开设广东粤北山区农产品店、佛冈特色馆、佛冈土特产迳头店等农产品淘宝网店，并顺利开展网上交易。

培育农村电商 培育发展电子商务企业。全县已成立优品同城、搜罗商城等两家电子商务企业。电商平台优品同城、搜罗商城已相继开展网上销售农产品业务，丰业葡萄庄园、聚宝生态农庄等已在优品同城电子商务平台开设网店，实现农副产品网上销售。京东商城公司已在佛冈县设立县级服务中心（仅在县城设立服务中

心，不在镇村设站）并正式运营，利用自营物流的优势，推进网货下乡入镇，逐步吸引青年创业者上网开店。

农村电商创业培训 阿里巴巴佛冈农村淘宝服务中心联合县人社局、团县委举办四期电子商务创业培训班；团县委联合县金博士职业培训学校举办佛冈县青年电商创业培训班；县新农村管委会联合团县委立新农村建设试验区（佛冈）青年创业服务中心（简称"青创茶室"），引导试验区青年依托试验区旅游业和现代农业基础，大力发展农村电子商务，拓宽就业创业渠道。团市委推荐佛冈优品同城网络科技有限公司参加全国首届青年APP创业大赛，顺利通过初赛、复赛，是清远市唯一一个进入广东赛区决赛的单位。

（江敏哲）

粮食储备管理

【概况】 县级储备粮油是指县人民政府储备的用于调节全县粮油供求总量，稳定粮食市场以及应对重大自然灾害或者其他突发事件等情况。县级储备粮油粮权属县人民政府所有，动用时需经县人民政府批准。加强政府粮食储备是确保国家粮食安全和经济社会可持续发展的需要。根据《清远市人民政府关于进一步加强全市地方粮食储备工作的通知》精神和市相关部署，2015年清远市人民政府下达佛冈县地方粮食储备总规模（原粮）1.05万吨。新增的地方储备规模（原粮）0.71万吨，在2015年底已落实到位40%，2016年底要全部落实到位。2015年县级储备粮食稻谷库存6240吨，县级储备油库存大豆油40吨。2015年佛冈县粮油市场供应充足，粮食供需平衡，没有出现断供、断档、抢购现象，粮食市场价格平稳。

【县级储备粮油管理与销售】 储备粮油管理方案计划 根据《佛冈县县级储备粮管理办法》和关于印发《佛冈县县级储备食用植物油管理实施细则（试行）》通知的相关规定，县级储备粮的储存规模、品种和总体布局方案，由县发改局会同县财政局根据宏观调控需要和财政承受能力提出，报县人民政府批准。县级储备粮油的收储计划，由县发改局会同县财政局、市农发行三家共同下达给县粮食储备公司。县粮食储备公司根据县级储备粮的收储计划，具体组织实施县级储备粮油的收储工作，对县级储备粮油的数量、质量和储存安全负责。2015年佛冈县销售轮换县级储备粮1700吨，食用植物油40吨，完成新增的地方储备粮2840吨的收购任务。

储备粮油轮换 2015年，轮换销售2013年县级储备原粮1700吨，销售收入471.77万元，销售成本499.49万元，毛亏27.72万元；轮换2014年县级储备油大豆油40吨。收购县级储备粮2015年生产的早籼三等新谷4540吨，收购金额1338.5万元，轮入2015年生产的新油40吨。

【成品粮油储备】 2015年清远市政府下达佛冈县县级储备油40吨储备任务，已完成100%。成品粮暂时没有储备任务。

【粮食应急管理】 加强粮食应急管理工作，健全和完善粮食应急保障机制，进一步完善粮食应急体系，增强政府粮食应急保障能力。2014年重新制订《佛冈县粮食应急预案》，成立了县粮食应急指挥部，县长任总指挥，副县长任副总指挥。进一步加强和落实粮食安全责任制，确保在严重自然灾害或重大突发事件等应急情况期间的粮油供应及粮食安全。切实履行粮食应急工作职责，推进粮食应急供应保障体系建设。县发展和改革局与认定的应急加工、运输、供应企业分别签订协议，落实应急加工企业2家，应急日加工能力170吨；落实应急运输企业1家，应急运输能力每天356吨；应急供应点企业8家，应急日供应能力每天320吨。并对以上粮食应急保障点颁发牌匾，做到"有设施、有协议、有牌子"，确保在粮食应急时调得动、用得上、有保障。2015年县政府拨付应急保障网点的建设与更新维护资金1.5万元，确保全县粮食应急工作的顺利进行。2015年全县没有发生与粮食有关的突发公共事件。

【粮食风险基金】 根据国家有关规定，结合佛冈县实际，制定佛冈县县级粮食风险基金管理办法。县级粮食风险基金是县人民政府用于保护粮食生产，平抑粮食市场价格，维护粮食流通秩序，实施经济调控而建立的专项资金，列入年度财政预算，由县财政局设立专户管理。县级地方储备粮保管、轮换价差、贷款利息等费用，按规定在粮食风险基金中列支。2015年，市下达佛冈县粮食风险基金规模90万元，县财政按时足额拨付到位249.56万元，完成277%。佛冈县严格按照粮食风险基金管理办法使用基金，做到专款专用，没有发生风险基金管理违法、违规行为，保障全县粮食安全。

【军粮供应】 佛冈县军粮供应站认真履行军供职责，严格把好军供质量、服务、效益和保密"四个关口"，形成供应稳定、质量可靠、服务优良、部队满意的良好局面。严格执行军供政策和各项规章制度，实施"一批一检一报告"制度。强化管理和服务，做到执行政策到位，及时、按时、按质、按量完成军供任务，确保军粮供应质量符合国家质量、卫生标准要求，让部队吃上放心粮油。2015年，县军粮供应站军供大米10 680公斤，小麦粉2300公斤，一级花生油150公斤。

（郑中林）

供销合作

【概况】 佛冈县供销合作社联合社为正科级事业单位,内设3个职能股:人秘股、财务统计股、业务股。经费由县财政核拨。下属单位有:县土产公司、县烟花爆竹公司、县废旧物资回收公司、县供销嘉鑫农贸有限公司、县基层供销合作社、龙山供销社等6个企业,从业人员总数48人。

2015年,佛冈县供销社围绕提高经济效益这个中心,坚持合作发展方向,推进"一县一社"建设,抓好专业合作社的发展,加强经营管理,强化社有资产保质增量,努力增强供销发展后劲,妥善处理改革改制遗留问题,逐步完善供销为"三农"服务的新型流通网络体系,提升为农服务水平,促进供销社各项工作持续发展。2015年,佛冈县供销社获广东省供销系统综合业绩优胜单位三等奖。

【经营状况】 2015年,县供销系统实现经营总额44 365万元,年增1237万元;商品销售总额23 100万元,年增639万元;实现利润79万元,年增1万元;缴纳税费2万元,年减4万元。

【烟花爆竹经营】 监督检查 烟花爆竹是县供销社的主营商品。在县烟花爆竹专营领导小组的组织领导下,县供销社会同县安监局、县公安局、县工商局、县技监局等有关职能部门,定期或不定期对全县烟花爆竹市场进行监督检查。在春节和清明节等重大节日期间,进行重点检查,对无证经营和无证厂家生产的烟花爆竹坚决严肃处理。

安全管理 坚持"安全第一,预防为主"的方针,把烟花爆竹、雷管炸药的安全管理工作放在第一位。制定仓库安全管理制度、仓库管理员岗位职责、烟花爆竹出入库管理制度等一系列安全管理规章制度。从单位领导到一般职工,职责分明,责任到人,层层把关。同时,组织有关岗位人员加强安全管理知识培训,加强仓库周边执勤巡查。编制事故应急救援预案,定期开展应急救援演练,提高应急实战能力,切实防范突发事件发生。每个季度对各经营门店组织安全管理专项检查,发现隐患,及时纠正,把安全隐患消灭在萌芽状态,实现以春节和清明节为安全重点隐患日的全年无安全事故的目标。

零售布点 2015年,县烟花爆竹公司完成烟花爆竹零售点的撤点布点工作,全县原有烟花爆竹零售点168间,根据全国安监总局及省安监局的相关文件精神,2014年县安监局制定撤点并重新布点的方案,决定由原来的168家零售店减为66家,该方案经县常委会批准执行,将全县120多万元的剩炮回收,残炮销毁。2015年重新布局66家符合安全规定的商店作为零售点,持证经营。县烟花爆竹公司全年销售额78.8万元,年增量与上年持平。

【农业生产资料供应】 经营业务 2015年,县农资流通协会的会员农资经营门店共128间,遍布全县各镇。县供销社农业生产资料流通协会在配合农业、工商等有关职能部门的农资专项检查行动中,对全县农产品生产经营单位、批发市场、销售门店等进行检查。出动执法人员65人次,检查农资生产经营单位128个;同时,成功调解高岗果农、林农和迳头、烟岭果农与农资店纠纷4起,以及四九、石角农资经营门店的投诉2件。在每次市场检查中,严格要求经营门店按照有关部门的要求,做到在市场上流通的产品三证齐全,台账清楚、规范。通过以上工作,为维护全县农资市场的经营秩序和保障农民群众的利益,确保全县农业增效、农民增收而营造良好的农资市场环境。

经营实绩 2015年县供销社系统农业生产资料商品总购进10 221万元,总销售10 915万元,其中:化学肥料销售8932万元,销售量34 382吨,分别比去年增加822万元和3214吨;化学农药销售1946万元,销售量538吨,分别比去年增加5万元和7吨;农用薄膜销售13万元,比去年增加2万元;中小农具24万元,比去年增加4万元。

【农副产品购销】 2015年供销社系统农副产品购销整体情况:采购量20 783吨,比去年减少1530吨;购进额10 329万元,销售额11 682万元,购销额同比分别减少375万元、251万元。

【农民专业合作社调研会】 3月23日,市供销社到佛冈县供销社召开关于农民专业合作社的专题调研座谈会。县供销社主任李伯拈介绍佛冈县农民专业合作社的基本情况、组成模式、发展成效、存在问题及建议。

(张志宽)

烟草专卖

【概况】 广东烟草公司佛冈县公司成立于1991年12月,2007年12月24日变更为广东烟草清远市有限公司佛冈县分公司,隶属于广东烟草清远市有限公司。广东省佛冈县烟草专卖局与广东烟草清远市有限公司佛冈县分公司合署办公,下设综合管理部、营销部、专卖办等3个职能部门。佛冈县烟草专卖局(分公司)奉行"国家利益至上、消费者利益至上"的行业共同价值观,严格依照《中华人民共和国烟草专卖法》及其实施条例开展工作,不断优化卷烟品牌结构,加强专卖管理力度,净化市场,促进卷烟市场的健康发展。

【卷烟经营】 2015年,销售卷烟13 564箱,同比增幅1.31%;卷烟总销售收入38 623万元,同比上升8.82%;实现税利8586万元,同比增

2015年6月24日,佛冈烟草专卖局新办公楼揭牌仪式　　（佛冈烟草局供稿）

长26.04%。

【卷烟销售】 2015年,签约现代零售终端283户,占比23.50%,其中形象店25户,功能店258户。不断提高零售客户终端数据上传率和数据上传质量。扫码上传率80.94%,扫码准确率83.65%。网上订货客户1190户,总户数1204户,网上订货客户占比98.84%,比上年底上升1.58%。电子结算率为96.86%,电子结算成功率为94.24%,电子结算金额占比为92.79%。

【专卖管理】 2015年,专卖稽查共开展排查96次,出动执法人员230人次。全年共查处涉烟行政案件243宗,同比增长200%,人均查处13.26宗,查获"假、私、非"卷烟436.638万支,人均查处13.82万支;查处涉假涉私案件50宗,假烟6.096万支,私烟13.894万支,有效地打击辖区内摆售假烟、私烟的行为;以"3·15""5·15"等活动日为契机展示打假打私成果,发放宣传材料1000份,现场接受咨询100余人次,张贴宣传单800张,提升消费者的法律意识。

【基建工程】 2015年6月24日,佛冈烟草经营业务用房工程顺利完工,交付使用。该工程2013年开工,历时2年。在县委县政府、上级领导关心和帮助下,在佛冈烟草专卖局全体员工的努力下,结束佛冈烟草专卖局租借场地办公的历史,提升佛冈烟草专卖局的形象。

【"三严三实"活动】 县烟草专卖局（分公司）组织开展廉政法规制度再学习活动,对"八项规定"出台以来的一系列中央、国家局、省局、市局的规章制度进行集中学习,重点掌握制度文件中的各项标准和程序规范,对加强规范意识,严格落实制度起到促进作用。开展"三严三实"专题学习研讨会;落实党的群众路线教育实践活动整改工作;开展一次党支部书记讲课活动。

【安全标准化建设】 全面推进安全标准化建设,进行岗位达标的推行工作。2015年共举办3次知识培训,开展2次消防演练活动。2016年开始,将全面实施安保公司管理。

（陈祥明）

食盐专卖

【概况】 2003年7月根据《广东省盐业管理条例》清远盐业总公司在佛冈县设立源潭盐业分公司佛冈经营部,2004年6月成立广东省清远盐业总公司佛冈分公司,2008年7月增挂广东省清远市盐务局佛冈分局牌子,实行合署办公。2010年12月原广东省清远盐业总公司佛冈分公司更名为广东省盐业集团清远有限公司佛冈分公司。依照国家的有关法规行使政府授予的行政执法权利,负责佛冈县地域食盐专营管理工作,保障市场合格碘盐供应和全县的食盐市场安全稳定。

【盐产品销售】 2015年全县持有特许经销食盐批发点10户,重新换发食盐零售户305户,增设食盐直供店10家,"广盐大厨房"1家。市场上主要销售的食盐小包装产品有：250克加碘低钠盐、250克加碘自然食用盐及250克加碘澳洲雪晶盐,并推出新的250克加碘精选海盐品种。全年销售小包装食盐1187.87吨,小工业盐2707吨,食品加工盐309.5吨。

【盐政执法】 加强食盐专营管理,依法治盐。2015年佛冈盐务分局主动与政府及各职能部门沟通配合,密切联系,形成市场执法合力,继续落实食品打假"两建"工作,加强食盐打假专项行动,采取节假日重点检查和平常巡查相结合的方式,开展食盐安全打假专项行动,检查商场、酒店、学校和工厂饭堂食用盐情况,有效地打击各类盐业违法行为。全年出动执法人员524人次,检查市场273个次,检查食盐零售网点1616个,学校及幼儿园食堂27间次,饭店餐饮业320家,食品加工场2个。对查处9起违章跨区域冲销食盐案件,作出行政责令改正,有效地保障人民群众的食盐安全。强化食盐市场的监督管理,维护盐业市场的正常秩序,食用碘盐覆盖率达98.9%以上,确保全县食用盐的安全。

【食盐产品销售网络】 首先,根据对食盐经销商的经营状况、资金实力、经营网络、商圈覆盖、历年销量、信誉程度、配送情况等内容进行综合测评,及时调整。食盐经销商原有的11

家缩减为有实力、守信誉的10家，保障全县食盐供应。其次，对选定的经销商一律与公司签订全市统一的特许经销食盐协议书，规定食盐的购销渠道和销售价格等，并要求经销商向客户直接配送，实现横向到边，纵向到底。第三，为加强监管，明确双方的权、利、义、责，在年终设置多项考核内容。注重客户服务，对外公布经营的服务规程，自觉接受监督，定期上门拜访，征求意见，处理投诉，听取反馈信息，实行满意度调查。加强食盐市场的巡查，使市场监管工作更有力、更到位。2013年年底在分公司增开广盐集团缘味馆，2015年底更名为广盐大厨房。主营销售食盐、酒类、粮油副食等。2014年下半年增设食盐直供店，2015年食盐直供店增至11家，扩大粤盐品牌，消费者通过食盐直供店能够购买到安全的食盐产品。

【食盐安全宣传】 "3·15"消费者权益日和第二十一届"5·15"消除碘缺乏病宣传日期间，围绕"科学补碘，重在生命最初1000天"主题，联合工商、质监、物价、卫生、防疫、经贸、教育等部门开展多种形式的咨询宣传活动。印派发宣传资料4450份，开展咨询活动2次，举办打假展览2次。通过咨询宣传日普及食用碘盐和低钠盐知识，让群众了解食用低钠盐预防心血管疾病的同时，向群众宣传盐业管理法规和如何识别真假食盐的方法，宣传食用假冒食盐对人体的危害性，提高群众自我保护意识，自觉购买合格食盐。

【小工业盐市场供应】 详细调查用盐厂家的情况，把握经营的总体容量与进度，分类营销。对重要客户，经沟通与协定，适当给予让利，并尽量实现货场批量直调。对一般客户，保持正常的供应、服务与监管，做好跟进销售。一方面是客户的订单与发货情况实时统计，并及时录入；另一方面是每月详列货款与承付情况报表，及时送达相关领导，以便掌握与监控。分局人员要求上门拜访、征询意见、受理投诉、实行满意度调查。对食盐制品全部实行配送到位。

【绩效考核】 公司实行绩效考核办法，采取激励与约束机制，促进广大员工积极进取，争创佳绩。一是将全年的生产与销售任务完成情况与绩效挂钩；二是根据推广盐产品的难易程度设定不同的奖励机制；三是将货款回笼情况列入奖励分配，发挥员工的效能作用。

（莫峭辉）

海啸冲浪　　　　　　　　　　　　　　　　　　　　　　　　　　　　　　　　　（陈桂林摄）

对外经济贸易

责任编辑：刘瑞生

综述

【概况】 2015年，佛冈县经信局深入贯彻省市商务部门和县委、县政府各项决策部署，围绕"引外资、扩内需、促消费、保增长"的目标，抢抓发展机遇，以强力招商引商、促进贸易增长、加快网络经济发展为抓手，商务成绩显著。在新企业审批工作中，指导企业熟悉办理流程、准备资料，做好政策宣传，协助企业办理各项前置审批事项，促成企业落户。

【吸收引进外资项目】 2015年，引进外资项目2个，完成合同外资897万美元，同比增长107.16%。主要引进的新项目有：永溢（清远）数控科技有限公司合同外资52.25万美元，清远恒业包装有限公司合同外资129万美元。增资的企业有富湾（佛冈）五金电器有限公司19万美元，广东吉多宝制罐有限公司697万美元。

【实际利用外资】 2015年实际利用外资1316万美元，同比下降46.63%。在2015年投入外资的企业有7家：清远亿威特石材有限公司入资63.82万美元，佛冈华润燃气有限公司入资277.26万美元，慧盈（佛冈）房地产开发有限公司入资142.64万美元，保成（佛冈）机械有限公司入资100万美元，永溢（清远）数控科技有限公司入资17.16万美元，富湾（佛冈）五金电器有限公司入资19万美元，广东吉多宝制罐有限公司入资697万美元。

（余妙玲）

对外贸易

【概况】 2015年，全县实现进出口贸易总额5.56亿美元，同比增加1.8%。其中，出口总额3.74亿美元，同比增长2.7%；进口额总额1.82亿美元，同比增长0.1%。至2015年12月，全县对外贸易进出口企业共有43家，其中加工贸易企业20家，一般贸易企业23家。

【支柱企业出口】 2015年，全县有8家企业出口额排在全市前30名，成为佛冈乃至清远市出口贸易的主力军。这8家企业分别是：建滔（佛冈）积层板有限公司、佛冈建滔实业有限公司、建滔（佛冈）积层纸板有限公司、科惠白井（佛冈）电路有限公司、科惠（佛冈）电路有限公司、约克（广州）空调冷冻设备有限公司、华联（佛冈）机械制造有限公司、佛冈县万兴电子塑料制品有限公司。

【企业抗击风险的能力】 在国家出口退税率降低、原材料价格和劳动力价格上涨对企业压力加大，全球经济放缓和不确定因素增多的重压下，给全县的出口企业造成诸多不利的影响。县委、县政府以及经贸部门积极采取应对措施，引导和帮助企业解决融资难题，规避市场风险，加强业务培训，提高企业市场竞争能力，争取市场份额，渡过经济难关。各出口企业一方面积极开拓国际潜在市场，优化出口产品结构，调整增加出口品种类别，另一方面大力拓展内需市场，针对目标市场的需求，开发产品的新功能，赋予品牌新的价值，根据不同客户的不同需求确定相应的营销战略，平稳地渡过危机。

（余妙玲）

对外招商与展销

【参加广州清远商会的第一届理事、监事就职典礼暨招商会】 2015年11月3日，佛冈县副县长王卓越率经信局、统战部、工商联、园区管委会等相关单位领导参加在广州市白云国际会议中心举行的广州市清远商会第一届理事、监事就职典礼暨招商会。佛冈在此次活动中设立招商推介展位，展示佛冈县不断优化的投资环境，吸引众多企业和人士的关注。会上，县委常委韦学民与巴帝利集团董事长刘凌签订投资合作协议。

【参加2015中国加工贸易产品博览会】 "2015中国加工贸易产品博览会"（简称"加博会"）于6月17日至20日在东莞市厚街镇举行。中国加工贸易产品博览会是目前唯一的国家级加工贸易产品博览会和全国唯一的加工贸易产品内销对接平台。县经信局联系组织尊福（佛冈）竹林有限公司、佛冈县广荣工艺制品有限公司等3家外资企业参加本届"加博会"，申请展位14个。通过"加博会"的平台，打响企业品牌，提升企业形象，帮助企业进一步开拓国内外市场，有效地推动加工贸易转型升级。

【参加第23届广州博览会】 由广州市人民政府组织举办的第22届广州博览会于8月28日至30日在中国进出口商品交易会展馆A区举行。广州博览会是广州精心打造的促进区域经贸交流的一个平台，展示区域合作发展成就的一个窗口，以及国内企业、产品和服务走向国际市场的一个桥梁。佛冈县清远加多宝饮料有限公司携带该公司加多宝饮料，包括罐装饮料、盒装饮料、瓶装饮料等产品在清远名优产食品展区内展销。通过广州博览会这个平台，开展广泛合作，实现互利多赢。

【参加"2015广东21世纪海上丝绸之路国际博览会"】 省政府于2015年10月29日至31日在东莞厚街举办"2015广东21世纪海上丝绸之路国际博览会"，贯彻落实国家"一带一路"发展战略部署，搭建广东与海上丝绸之路沿线国家全方位合作新平台，扩大合作领域，提升合作层次，全面提高广东开放型经济发展水平，构建新常态下广东对外开放新格局。县经信局动员本地知名企业、行业龙头企业邀请20名他们的客户和关联企业到会观展、采购，并负责收集企业与海上丝绸之路沿线国家和地区的贸易往来的有关数据。通过海博会，扩大贸易规模，全力推动受到好评企业产品的进出口，为沿线国家创造更多的合作共赢空间。

【参加2015年中国广州国际健康产业博览会】 中国广州国际健康产业博览会于2015年9月11—13日在广州中国进出口商品交易会琶州展馆举行。该博览会是中国最大的保健有机食品展，是经商务部批准的国家级品牌展会。为推进广清一体化进程，加强企业间的合作与交流，佛冈县加多宝饮料有限公司参加了会议。通过参加会议，提高企业的知名度，为推动企业的全球推广、品牌升级起到促进作用。

【参加清远首届创新·创业·创客嘉年华暨天安智谷创新创业生态圈启动仪式】 清远首届创新·创业·创客嘉年华暨天安智谷创新创业生态圈启动仪式于2015年9月8日在清远天安智谷科技产业园举行。对比珠三角不断上升的创业成本、严峻的竞争环境，佛冈县依托良好的生态环境、全面的支持政策、更低的创新创业成本、更优质的政务服务，成为珠三角创客们创业外溢的最佳选择。佛冈县的方舟化学有限公司参加清远首届创新·创业·创客嘉年华暨天安智谷创新创业生态圈启动仪式。

【参加第十二届中小企业博览会】 由工业和信息化部、国家工商行政管理总局、广东省人民政府联合主办的第十二届中国国际中小企业博览会（简称中博会）于2015年10月10日至13日在广州举行。展会以"加强合作，扩大交流，互利共赢，携手发展"为主题。佛冈县发动约克、新菱、鑫统仕、国珠等40家企业的40多个客商前往参观第十二届中国国际中小企业博览会，同时组织约克、建滔等企业参加了中外中小企业系列论坛和对接交流活动。通过与相关企业的交流，促进全县的对外经贸合作，为推动企业走出去、请进来，推进企业转型升级产生积极作用。

（欧阳珍）

旅 游 业

责任编辑：黄春苗

综 述

【概况】 2015年，佛冈县继续发展生态旅游、温泉度假、乡村旅游的旅游发展战略定位，着力打造"休闲佛冈，健康养生"的品牌内涵，努力建设食、住、行、游、娱、购配套的旅游产业化体系，推动第三产业实现跨越式发展，培育新的经济增长点。继续加强建设旅游产业聚集区——"汤塘温泉小镇"和龙南社会主义新农村"乡村欢乐谷"，深化温泉养生、休闲度假旅游内涵。创新旅游宣传形式，不断提升旅游知名度，增强佛冈县旅游业的区域竞争力。2015年12月26日，佛冈县再次被广东旅游竞争力评价研究中心评为广东省"旅游创新发展十强县（市）"。2015年，全县共接待游客506万人次，同比下降2%；旅游总收入达33.9亿元，同比增长1%。其中，一天游人数为300万人次，旅游收入17.83亿元；过夜游人数为206万人次，旅游收入达16.07亿元。接待国外及地区过夜游客6.8万人（含港澳台三地游客），同比下降11%，其中港澳台游客4.2万人，同比增长16.6%。旅游行业为社会直接提供6000多个就业岗位，带动全县各类第三产业的繁荣和发展。

【旅游综合接待能力】 2015年，佛冈县充分发挥交通区位和资源优势，加强建设旅游产业集聚区，积极发展生态旅游、温泉度假及乡村旅游，全县接待水平不断提高。2015年5月，鹤鸣洲樱花温泉度假村开业；9月，佛冈熹乐谷温泉度假酒店营业。全县拥有高档次酒店15家，按四星、五星标准建设的酒店6家，三星级酒店1家，30多家上档次未评星级的社会旅馆、招待所，床位总数近8000个，各具特色的农家乐50多家，各类旅行社（分公司）4家，专门的旅游特产购物商场5家，全县基本形成以"食、住、行、游、购、娱"等要素为主体、其他产业为支撑，具有一定规模和水平的旅游产业体系。

【2015佛冈旅游攻略征集活动启动】 2015年8月23日，由县委宣传部、县旅游局主办的"行者无疆大美佛冈2015佛冈旅游攻略征集活动"新闻发布会在清远聚龙湾天然温泉度假村隆重举行。活动以佛冈旅游攻略创意为主，围绕如何打造丰富的佛冈旅游景点线路以及如何介绍推广文化美食。参与者需到佛冈县内旅游景点进行旅游，并将过程中的所见、所闻、所想以电子文档形式提交个人《佛冈旅游攻略方案》（包含路线设计、摄影图片、旅游心得）。活动共征集稿件125篇，经县旅游专家评选出一等奖1名（奖金6000元）、二等奖两名（奖金各4000元）、三等奖3名（奖金各2000元），另外还有优秀奖若干名，奖励旅游景区赠券若干张。本次活动是佛冈县贯彻《国务院办公厅关于进一步促进旅游投资和消费的若干意见》，由县政府为推进佛冈旅游发展而举办的首个官方活动。

【粉葛美食旅游文化节】 2015年12月18日，由佛冈县旅游局、佛冈县科技和农业局、汤塘镇政府共同主办，以粉葛为媒促农旅融通发展的"佛冈县粉葛美食文化节"在聚龙湾天然温泉度假村隆重举行。佛冈县县长梁金鉴出席开幕式活动，副县长范辉煌在启动仪式上致辞。在美食节上，佛冈县旅游局与同程网络科技股份有限公司签订战略合作协议书，共同搭建多元化、多层次、多服务的合作平台，打造"互联网+佛冈旅游"目的地。同时，汤塘镇竹山村粉葛专业合作社与广东科力农业投资有限公司正式签约结为战略合作伙伴关系，双方将就"竹山"粉葛的供销对接展开全面、深入的战略合作，进一步打开"竹山"粉葛销售渠道。美食文化节为期三天，来自佛冈县各镇各村共计23家特色农产品合作社、种植户、景区、酒店、农庄等在"粉葛节"摆摊展销，吸引来自珠三角采购商10家，吸引慕名而来的游客5000多人。

【"玩转清远"旅游节庆系列活动启动仪式】 2015年11月15日，"玩转粤港澳最佳旅游目的地"评选活动暨2015玩转清远旅游节庆系列活动启动仪式在佛冈县聚龙湾天然温泉度假村举行。活动的指导单位为广东省政府新闻办、广东省旅游局；主办单位为香港文汇报、广东省自驾旅游协会、广州帮扶清远指挥部、清远市旅游局、佛冈县人民政府；承办单位为清远市旅游协会、广东省自驾旅游协会清远分会、佛冈县旅游局、清远市新里程旅行社、聚龙湾天然温泉度假村。同时，广东省内400位自驾车车

旅游接待与收入

【国外旅游】 2015年，佛冈县接待国外及地区过夜游客6.8万人（含港澳台三地游客），同比下降11%，其中港澳台游客4.2万人，同比增长16.6%。

【国内旅游】 2015年，佛冈县接待游客506万人次，同比下降2%；旅游总收入达33.9亿元，同比增长1%。其中，一天游人数为300万人次，旅游收入17.83亿元；过夜游人数为206万人次，旅游收入达16.07亿元。

【黄金周旅游】 2015年春节黄金周佛冈县接待游客46.5万人次，同比增长2.6%，旅游总收入达3.4亿元，同比增长4.9%。其中，一天游的接待人数41.82万人次，同比增长2.9%，旅游总收入2.988亿元，同比增长5.5%；接待过夜游的游客4.68万人次，同比增长0.2%，旅游总收入0.412亿元，同比增长1%。国庆黄金周佛冈县接待国内外游客25万人次，同比下降29.8%；旅游总收入1.8亿元人民币，同比下降30.8%，人均消费人民币720元。其中，一天游人数为21.1万人次，过夜游游客3.9万人次。

（张诗娆）

旅游行业管理

【旅游行业管理概况】 到2015年底，全县共有旅行社3家，旅行社分社1家（清远国旅佛冈分公司），从业导游人员9人（其中临时聘用导游6人，实际在岗导游3人）；全县星级酒店4家，其中三星级酒店1家，二星级酒店3家；主要旅游接待酒店17家，床位6040张。全年开展旅行社服务质量检查2次，安全生产检查4次，各旅行社及分社均做到依法经营，未发现违法违规经营情况。

【旅游市场规范化建设】 加强行业质量监管 2015年，在春节前和国庆前进行两次"旅游市场检查周"工作，严格按照《旅行社条例》《旅游法》的要求，对旅游景区、星级酒店及旅行社开展质量检查，坚决打击虚假宣传、不按合同办事、欺客宰客现象。累计对35家旅游企业进行旅游质量检查，出动检查人员90人次，提出整改意见103条。

旅游咨询和投诉处理 坚持执行节假日值班制度，春节、五一、国庆等假期都有工作人员24小时在办公室值班，处理旅游咨询和投诉，更好地服务游客，保障节日旅游市场安定。全年接受旅客咨询35次，处理电话及12345转来信访投诉9宗，协调双方和解、处理矛盾的有9宗，占100%。

【旅游安全管理】 2015年，佛冈县推行《景区安全管理标准》，制定《佛冈县旅游局突出事件应急预案》，建立旅游安全应急管理制度。全县旅游业全年没有发生重大事故，没有发生重大群体性事件，全县旅游市场保持平稳、安全、健康运行。

重大节日前安全生产检查 在春节、五一、国庆等重大节日前，对A级景区、星级酒店及旅行社进行安全检查和隐患排查工作。

安全风险隐患排查 对辖区内旅行社、重要景区、星级酒店等共10个单位开展了突发事件风险隐患排查，及时处理羊角山漂流突发事件风险隐患2个。雨季对羊角山、田野、观音山等旅游景区进行地质灾害隐患排查，发现并及时处理隐患3个。

"平安景区"创建工作 2015年初，制定2015年的"平安景区"创建工作计划，并发文到3个创建试点单位，明确3个试点单位的工作目标和检查工作要点。5月，对3个试点的创建工作进行检查，结合实际指导各个企业完成既定工作任务。是年底，对照清远市平安景区创建标准对聚龙湾天然温泉度假村、森波拉度假森林、（金谷）羊角山生态公园3个试点单位进行打分验收，均验收合格。

【旅游人才培训】 积极鼓励各旅游酒店、景区开展内部的服务技能培训。2015年，全县旅游企业均开展服务技能培训，其中聚龙湾、森波拉、篁胜酒店、田野绿世界等4家企业开展业务培训4次以上。组织旅游企业参加智慧旅游培训。在县篁胜酒店开办旅游服务质量培训班，近30家旅游企

2015年9月22日，县旅游局在篁胜国际温泉花园酒店举办旅游服务质量培训班

（县旅游局供稿）

业130多人参与培训。

（刘建新）

旅游资源开发和景区（点）建设

【旅游景点建设】 至2015年底，佛冈自然风景区及旅游景区（景点）共17个，比2014年增加3个。它们是：省级自然保护区观音山、省级森林公园羊角山；中国历史文化名村上岳古村落；国家4A级旅游景区聚龙湾天然温泉度假村和森波拉度假森林；其他旅游景区有黄花湖温泉度假区、金龟泉生态度假村、长盛养生谷基地、鹤鸣洲樱花度假村、勤天熹乐谷温泉酒店、田野绿世界、观音山王山寺、羊角山生态旅游度假区、篁胜国际温泉酒店、快乐无忧生态园、碧桂园清泉城、洛洞乡村旅游区。其中，新增的3个旅游景区（景点）为：快乐无忧生态园、鹤鸣洲樱花度假村、勤天熹乐谷温泉酒店。

【旅游重点项目开发】 **勤天熹乐谷温泉度假酒店** 2015年9月26日，佛冈熹乐谷温泉度假酒店正式对外营业。勤天城项目位于温泉之乡汤塘镇汤塘村黄花湖对岸潖江边，总占地面积1800亩，由广州勤天集团投资建设，是清远市重点项目（包括地产及旅游温泉项目），从2010年开始建设，以架桥开山方式历时5年多建设而成，总投资达6.5亿元。

鹤鸣洲樱花温泉度假村 2015年5月1日，鹤鸣洲樱花温泉度假村以旅游综合项目（旅游及房地产）形式开始试业。鹤鸣洲樱花温泉度假村位于佛冈县汤塘镇黄花湖畔，是清远市重点建设项目，占地120亩，由佛冈县中毅房地产开发有限公司投资，2012年起开始建设，截至2015年累计投入3亿元，建有90栋公寓别墅。同时，结合地形地貌精心建设1.5公里的亲水栈道、樱花主题公园及黄花湖湿地公园等原生态自然景观。

（刘建新）

旅游宣传

【概况】 2015年，县旅游局通过组织开展各类文化旅游大赛，利用"互联网+"宣传，组织旅游企业参加及举办各类展览会、推介会等方式，提高佛冈旅游知名度，增强县旅游业竞争力。

位于鹤鸣洲景区的黄花湖湿地公园

（县旅游局供稿）

【各类文化旅游活动举办】 2015年，佛冈县举办多项文化旅游大赛。1月，在佛冈利鑫国际酒店举办"佛冈旅游咨询杯"游泳大赛。8月，与县委宣传部联合开展"佛冈旅游攻略"征集活动。11月15日，承办2015年"玩转粤港澳最佳旅游目的地"评选活动暨2015玩转清远旅游节庆系列活动启动仪式。同时，森波拉度假山庄、田野绿世界、金龟泉生态度假村等旅游企业主动开展各种多姿多彩的旅游文化活动，比较有吸引力的旅游文化活动有：森波拉度假森林2月的"牛奶也任性——泉王争霸豆腐摔跤大赛"、3月的"奶泉花香节"；田野绿世界2月的樱花节、3月的"醉花节"、五一期间举办的首届槟榔文化节；金龟泉生态度假村的全球华人太太旗袍展示、金龟泉杯全民摄影大赛。

【旅游宣传推介活动】 2015年3月6日—3月8日，组织旅游企业参加在广州琶洲馆举办的2015广州国际旅游展览会。9月，组织聚龙湾、森波拉、田野绿世界、金龟泉生态度假村、熹乐谷温泉度假区、利鑫国际酒店等多家旅游企业参加广东国际旅游产业博览会。11月，组织森波拉、鹤鸣洲温泉度假村、金龟泉、田野绿世界等参加深圳清远旅游推介会。同时，组织县旅游企业参加市组织的各类推介会，如9月广清韶联盟组织的西藏部分地区旅游推介会，10月华南五市东北部分地区的旅游推介会，11月国家旅游局组织的澳门国际旅游展清远团活动等。

【旅游宣传形式创新】 **运用"互联网+"概念，加快智慧游建设** 县旅游局、旅游企业积极利用新媒体进行旅游宣传推介。2015年1月至11月上旬，佛冈旅游微信公众号共发布旅游资讯51条，向佛冈政务网报送新闻信息25条，各旅游景区、酒店利用微信发布营销推介43条。办好佛冈县旅游官方网站，督促、协助旅游景区开通微信公众号。2015

年11月组织佛山、广州、清远等地微信群主精英参加佛冈文化旅游体验活动。

加强与新闻媒体的合作 清远日报、南方日报佛冈视窗等媒体对佛冈县旅游业发展作专题报道。2015年初，县旅游局联合清远日报开展"微信达人·约泡佛冈"宣传推介活动。让微信达人尽情享受佛冈美丽山水和温泉魅力之余，把所见所闻所感分享给微信朋友，同时清远日报同步跟踪报道相关信息。

（刘建新）

旅游商品

【概况】 佛冈县旅游业的大发展，激活并带动当地特色旅游产品的开发。2015年，佛冈旅游市场比较受欢迎的旅游商品主要有农副产品和禽畜鱼类商品、水果类商品、初步加工类商品等三大类22个品种。

【农副产品、禽畜鱼类旅游商品】 **高岗土猪肉** 高岗地区饲养土猪，惯常以谷糠、麦麸、红薯叶等以及家常剩饭剩菜为饲料饲养。所产土猪肉质鲜美，无抗生素、瘦肉精等有害物质，从而形成品牌效应，令高岗土猪肉远近闻名。

潖江大鲩鱼 龙山地区地处潖江中下游，水域辽阔，水质优良，水域为沙质底，所以其蕴养之野生大鲩鱼，味道鲜美，肉质爽脆，无污染，无异味，近年来广受民众食客追捧，甚至以吃鱼及鱼生闻名的顺德人，也前来采购加工食用。

龙山乌鬃鹅 主要产于佛冈县内南部的汤塘、龙山等地。头细，肉瘤黄色，眼大小适中，虹彩棕色，嘴黑，颈长17～28厘米，上缘鬃毛自头顶至最后颈椎有一条约2厘米长的黑色羽毛带，颈左右两侧为白色，躯体宽短而矮，腰稍长平。农民放养的乌鬃鹅形体适中、肉质鲜美，用其制作的菜品深得市民和游客喜爱，是逢年过节的美食佳肴。

竹山粉葛 竹山粉葛是佛冈县汤塘镇的主要经济作物，也是竹山村的传统种植农产品，其产品具有清甜、甘香、无渣、口感好的特点，并可清热解毒、解酒降压。竹山粉葛是广东省特色名优农产品，列入省"一乡一品"项目，并被确定为全国农业生产标准化示范区。用竹山粉葛制作的各种食品是佛冈出名的礼品。竹山粉葛已通过无公害产品认证，成为国家地理标志保护产品。

水头芦笋 水头芦笋主要在水头镇的莲瑶村、王田村种植，面积约有400亩，全部为大棚种植，年产量约200吨。水头芦笋质地鲜嫩，可切成片或整条烹调，炒、煮皆风味鲜美，柔嫩可口，是家庭、酒店日常的主要素菜珍品和送礼佳品。

汤塘红葱头 汤塘本地红葱，颗粒较小而饱满，葱香浓郁，颜色带红，是为一大特色。本地人经常将其拍散用酱汁腌成咸菜食用，是佛冈人日常餐桌必备佐料。

逕头鲜笋 逕头镇地处新丰佛冈交汇处，群山环抱，盛产竹林，当地多有以竹命名之地，如青竹、荆竹园等。当地鲜笋采之不尽。近年来，竹笋的深加工业不断发展，形成特色产业，一年四季皆有鲜美竹笋食用。竹笋具益气和胃、消痰利尿等功效，素有"素食第一品"美誉。逕头竹笋因无污染，色白、肉质鲜甜，制成的笋干、酸笋等各具风味。

石角麦菜 又称石角苦麦菜，是原野生菜，其味微苦，其性温，不凉不败，不燥不热，四时食用皆宜。中医以为正气，男女老少各种体质均可适合食用。民间初始主要食用其大叶，逐渐脍不厌精，以食用其鲜嫩部分为上品。

观音山冬菇 盛产于观音山自然保护区及本县北部迳头、高岗镇的深山老林，采用檀木、枫木、梨木培育，肉厚、嫩滑、鲜美。多用于冬天打火锅，也是蒸鸡的上佳配料。

冬蜜 主产在高岗、迳头、石角、龙山等镇。佛冈县山清水秀的自然环境，出产的冬蜜有很好的清热、补中、解毒、润燥等功效。

【水果类旅游商品】 **黄花柿子** 石角镇黄花盛产柿子，素称"水柿之乡"，其果大、肉厚、皮薄、核小、爽甜，为当地水果之皇后。

四九话梅 汤塘镇四九产的青梅，颗大，称为"大木梅"。用新鲜青梅配以甘草、砂糖精制而成的话梅，品味极佳，有解渴、醒神的功效，为旅游馈赠佳品。

草莓 草莓有较高的市场价值，在佛冈县城三八一带出现一批草莓种植农户，总亩数约200亩。由于允许游客在草莓地里边吃边摘，走时还可以买些作"手信"，从而使"摘草莓"成为游客非常喜欢的、乐趣无穷的活动。格林现代农业发展有限公司在石角镇龙南小潭村建设10亩格林草莓大棚种植基地，亩产约4000斤。

台湾水晶无核番石榴 本品种从台湾引进，是新一代稀有水果，属亚热带名优作物，其果大、肉质脆甜爽口，无核，营养丰富。经华南农业大学检测，每毫升果汁中含维生素B285毫克，居所有水果之首，多吃番石榴对治疗糖尿病有益。当年种植当年挂果收成，投资成本回收快、收益高，是一种高收益水果产品。田野农牧有限公司种植25亩，年总产量1.5万斤。

台湾杨桃 本品种从台湾引进，在田野农牧有限公司大量种植，其特点是果大、汁多、无核、清甜，2014年全年杨桃总产量达15万斤。

台湾大青枣 本品种从台湾引进，是目前青枣品种中的佳品。青枣树生长旺盛，当年7月以前种植，管理得好的话当年12月至翌年2月每株可结果10公斤以上。本品种果形为长椭圆形，果重可达150～200克，皮呈鲜绿色，光滑，味清甜、无涩酸味，耐贮藏运输，抗白粉病，产量高，营养价值高，是投资回收较快的一种高产值水果。田野农牧有限公司种植95亩，年总产量3000公斤。

台湾大白柚　本品种从台湾引进，上品白柚滋味酸中带甜，若沾点梅粉，味道更好；果实甘美多汁，热咳患者及糖尿病患者都可食用，还有解酒、降血压、退烧、恢复体力等功效。10月下旬霜降前后为采收期。田野农牧有限公司种植75亩，年总产量约8000公斤。

台湾莲雾　莲雾在台湾栽培历史颇为悠久，早在17世纪就由荷兰人自爪哇引入。台湾莲雾的品质佳，果实具有特殊的芳香，清脆可口，模样雅观，被视为消暑佳果。田野农牧有限公司种植25亩，年总产量1.3万公斤。

台湾菠萝释迦　学名凤梨释迦，原是台湾所特有的热带水果，和莲雾一起并称为台湾两大特色高档水果。其中，台东出产的凤梨释迦的鳞目主要为绿色，表面粗糙，果形大。果肉呈奶黄色，肉质柔软嫩滑，甜度较高，有凤梨（菠萝）的奇特芳香。果实中含有人体必需的蛋白质、维生素、钙、磷、铁等营养元素和碳水化合物。田野休闲度假农场种植64亩，年总产量6000公斤。

【经初步加工的旅游商品】　**赤蕨干**　佛冈赤蕨主要生产在观音山省级自然保护区和羊角山省级森林公园的原始密林之中。经采摘晒干而成的赤蕨干，有去湿止痢、清热积、解热毒及降血脂之功效，是上佳的无污染的绿色食物。

"广生园"牌初生鸡蛋　由位于佛冈县汤塘镇的清远市广生园畜牧发展有限公司生产，公司利用公司加农户的形式大批量出产纸箱包装的初生蛋，在佛冈县内各大超市、土特产商店均有出售，深受游客喜爱。初生蛋也叫开窝蛋，与常见的鸡蛋相比，开窝蛋较小，蛋壳坚硬，但营养含量高。

"金鲜美"牌大米　由位于佛冈县汤塘镇的广东省佛冈县金鲜美粮油食品有限公司出品，其主要产品金鲜美系列优质大米主要销往广东珠三角地区，其10公斤包装因方便携带成为当地热销的旅游商品。

"盛发"品牌和"双凤"品牌　由佛冈县内两家加工农产品的公司出品的各式凉果和干货品牌，该土特产一直以来是民间的送礼佳品。

（刘建新）

狂欢豆腐节　　　　　　　　　　　　　　　　　　　（宋抗壹摄）

教育·科学

责任编辑：朱家佑

教育综述

【概况】 2015年，全县在校学生42 996人，教职工2953人，其中专任教师2688人。全县有幼儿园65所，在园幼儿15 007人，当年入园幼儿5972人，教职工1437人，其中专任教师802人，高中及以上学历专任教师所占比例为100%。小学33所，在校生27 349人，当年招生5833人，学龄人口入学率100%，教职工1461人，其中专任教师1370人，专任教师学历达标率100%。初中12所，在校生8882人，当年招生3005人，学龄人口入学率99.6%，毕业生升学率99.32%，教职工828人，其中专任教师769人，专任教师学历达标率100%。普通高中2所，在校生5694人，当年招生1589人，教职工526人，其中专任教师425人，专任教师学历达标率100%。中等职业学校1所（含电大、教师进修学校），全日制在校生990人，当年招生168人，教职工128人，其中专任教师114人，本科及以上学历专任教师所占比例为85.96%。特殊教育学校1所（与振兴小学合办），在校生81人（含送教上门人数），当年招生8人，教职工10人，其中专任教师10人。

创强促优 2015年3月，佛冈县被国务院教育督导委员会评为全国义务教育发展基本均衡县。其中，城东中学、振兴小学创建为广东省依法治校示范校；城北幼儿园创建为清远市一级幼儿园；高岗镇艺海幼儿园等4所幼儿园顺利通过清远市规范化幼儿园评估；高岗镇中心小学等3所学校被评为市绿色学校；县二小被评为省一级综合档案管理单位。

民生实事 小学和初中公用经费补助标准分别提高到每生1150元/年和1950元/年；小学残疾学生生均公用经费补助标准不低于6000元/年；中职和普通高中国家助学金提高到每生2000元/年；中职学校免学费补助标准提高到每生3000元/年。县二小一幢教学楼已建成投入使用，另一幢教学楼已完成工程项目招投标，并签订施工合同；城北篁胜小学完成校园整体规划及主体建筑图纸设计。下拨各项专项补助资金，落实学前教育资助制度、义务教育阶段家庭经济困难学生生活费补助、全县小学住宿生和初中住宿困难学生伙食补助、普通高中学校国家助学金、中职免学费和助学金、贫困大学新生助学金、边远地区学生上下学交通补助等教育惠民政策。

普及教育 全面完成各阶段招生任务和"普九""普高"任务。其中：小学一年级招生5833人，学龄人口入学率100%，毕业生升学率99.6%，小学6年保留率101.27%；初中七年级招生3005人，毛入学率116.33%，毕业生升学率99.32%，九年义务教育完成率101.44%；县内普通高中1589人，中职168人，高中阶段毛入学率93.6%；三残儿童入学率100%；学前三年毛入园率97.05%。

校园安全 全县各学校、幼儿园举办应急演练300多次，安全知识讲座100多次，办板报10多期次，30多所学校举办安全知识演讲赛。抓好校园安全工作平台建设，积极发布安全预警信息，提高家长对安全工作的认识，努力构建齐抓共管的格局。经常性组织开展安全大检查，有效净化校园及周边环境。开展学校食堂灭"C"行动，提升学校食堂食品安全量化分级等级。积极开展平安校园建设，有29所学校申报创建佛冈县平安校园。全年无一例校园安全责任事故发生。

【教育督导】 加强教学质量监控，改进评价机制，促进教学管理上水平。加强责任督学与学校的联系，提高督学责任区工作效能。将全县中小学校及幼儿园划分为5个督学责任区，聘请33名兼职督学加强责任区督学工作。成立4个督查组，对2所普通高中、12所初级中学、33所完全小学及其教学点、11所幼儿园开展教学常规督查工作，进一步规范学校的办学行为。

【教育投入】 **投入总额** 2015年，政府教育部门投入年初预算40 300万元，其中公共财政预算安排的教育经费40 202万元，政府性基金预算安排的教育经费98万元。实际投入教育经费44 049万元，其中公共财政预算安排的教育经费44 024万元，政府性基金预算拨款25万元。

投入经费的占比 国家财政性教育经费占国内生产总值的比例为4.24%，比2014年的4.21%增加0.03；公共财政教育支出占公共财政预算支出的比例为21.87%，

2015年4月14日，清远市教育局局长林海龙（左二）到佛冈县开展教育工作调研活动　　（徐海榕摄）

比2014年的25.66%减少3.79%；公共财政教育支出42 736.7万元，比上年39 781.1万元增加7.43%；财政经常性收入82 194万元，比2014年88 629万元减少7.26%。公共财政教育支出增长高于财政经常性收入增长14.69%。

【教学教改】　通过送课下乡、同课异构、中考高考专题研讨、模拟考试分析等活动，丰富教学教改活动内涵与形式。中学开展学段衔接教学研究，从分析起始年级学情开始，研究教育教学衔接工作的策略，开展小课题研究。初中推行"学案导学——交流展示——巩固提升"课堂教学模式实验，做出学校实施方案和学科实施方案；初中数学开展全县集体备课，进行教学设计研讨活动。小学开展语文主题学习实验工作。

【教育科研】　2015年，上送市8个课题，5个成功立项。其中，城北幼儿园郑华红主持的"挖掘乡土资源，开发园本课程"为市级重点课题；县级立项课题7项。佛冈中学的省级重点课题、县职校和高岗中小学的市级校本课题在市教研院的指导下开题。县机关幼儿园、石角镇中心小学英语科的市级校本课题顺利结题。小学语文、数学、英语分别评出3个县级优秀课题进行表彰和示范。上送研究成果5个到市参评，1个获二等奖，3个获三等奖。

【高考中考】　2015年，有2525人参加高考，上第一批本科线90人，上第二批本科A线282人，上第二批本科B线304人，第三批A线666人，上第三批B线834人。全县共录取2133人，其中：第一批本科录取97人，第二批本科A类录取268人，第二批本科B类录取301人，第三批A类录取647人，第三批B类录取820人。全县参加中考学生1927人，总分平均分为557.4分，其中750分以上34人，700分以上141人，600分以上630人。

【教育收费督查】　2015年，佛冈县教育局加大治理教育乱收费力度，治理教育不规范收费行为，防止教育乱收费现象发生，切实巩固治理成果，促进全县教育事业的健康发展。

幼儿教育收费督查　全县幼儿园无收取与幼儿园挂钩的捐资助学费行为，无在《〈幼儿园收费管理暂行办法〉的实施细则》之外收取教材费、资料费，不存在乱涨价行为。

义务教育政策督查　全县各义务教育阶段学校严格落实省免费义务教育政策和取消义务教育阶段借读费等有关规定。无多报、虚报和重报学生人数，无弄虚作假骗取或挪用义务教育资金行为，无对在公办学校就读的本省户籍以及符合省规定免费义务教育条件的外省户籍学生收取书杂费现象，无强迫或变相强迫学生交纳与学位挂钩的捐资助学费现象，不存在"一边免费，一边乱收费"现象。

普通高中收费督查　全县普通高中无违规招收复读生收费或违反"三限"政策招收择校生的情况。2015年春季，全县高中招收择校生174人，择校费共42.39万元，占招生总数的8.9%（高一招生总人数1954人）。2015年秋季不再招收择校生。

中小学教辅材料管理　坚持"一科一辅"和自愿原则，严禁中小学校利用节假日组织学生集体补课。严格执行服务性收费和代收费政策。各中小学建立长效机制，将收费项目、收费标准、收费依据、收费范围长期向社会公布，及时更新《广东省收费许可证》（教育收费），做到亮证收费，使用统一、规范的中小学收费票据，收费公示规范。

【德育教育】　2015年，佛冈县德育教育科研活动效果明显。县职校省立项德育重点课题"'立业成人'目标下农村中职生的社会适应能力培养对策"，振兴小学省立项德育课题"弘扬中华优秀传统文化，促进未成年人思想道德教育"，佛冈一中省立项德育课题"新形势下拓展与创新业余党校德育功能的研究"，佛冈中学省立项德育课题"山区高中学习型班集体建设"，县二小省立项德育课题"实施全员素质教育的途径探索"，正在实验研究中。2015年，县二小李永清和振兴小学吴雪虹获清远市"最美教师"称号，城东中学文溢楠获"最美少年"称号。1名学生被评为广东省"三好学生"，26名学生被评为清远市"三好学生"，25名学生被评为清远市"优秀学生干部"，319名学生被评为佛冈县"三好学生"，259名学生被评为佛冈县"优秀学生干部"。

【教师培训】 培训方式 2015年，佛冈县教育局认真做好省、市各项培训和县教育系统专技人员公需科目培训，全县中小学、幼儿园有5名教师参加"国培计划"，18名教师参加省级骨干教师培训，6名教师参加市级骨干教师培训。全县中小学校长、幼儿园园长共计有77人参加信息技术应用能力提升培训，全县中小学教师有2566人参加广东省信息技术应用能力提升培训。同时，佛冈县教育局组织全县中小学正、副校长和幼儿园园长、青少年宫主任、教育局班子及各股室负责人参加中小学校教育理念和管理专题培训。从5月7日开始举办佛冈县中小学管理干部研修班有380多人次参加。佛冈县教育局决定采取报销部分学费等激励措施，鼓励中小学教师参加研究生学历或硕士学位进修，有90多名中小学教师参加研究生学历或硕士学位入学考试。

培训成效 2015年，全县高中教师研究生学历5人，本科学历420人；中等职业学校教师拥有研究生学历6人，本科学历92人，专科学历15人；义务教育阶段（初中）教师拥有研究生学历2人，本科学历634人，专科学历156人；义务教育阶段（小学）教师拥有本科学历443人，专科学历855人；幼儿园教师拥有本科学历37人，专科学历13人。

【教育装备建设】 对中小学校的常规教育技术装备和信息技术装备进行更新配备。2015年，佛冈县投入620多万元，新装电教平台135套，新购置教师用电脑277台，办公电脑110台，更新计算机室4间，理化生实验室3间，图书室7间；投入76多万元购置图书6万多册；更新一批中小学常规教学仪器；投入100万元用于学校其他信息化建设。

深入开展信息化课题教学培训，进一步提高佛冈教育信息化水平，提高农村教学点教师的信息化课堂教学能力。在第五届"中国移动校讯通杯"全国中小学教师论文大赛中，胡冬萍等12位老师的论文分别获省二、三等奖；在2015年广东省中小学信息技术教育优秀论文、教学设计评选交流活动中，周秀萍等18位老师分别获省二、三等奖。

【扶困助学】 2015年，划拨学前教育资助资金88.92万元，资助2223人次；义务教育阶段困难学生生活费补助资金66.3万元，资助4858人次；普通高中国家助学金158.6万元，资助793人；职校学生国家助学金17万元，资助85人；中职免学费人数831人，每生3000元/年，补助金额249.3万元；农村义务教育阶段住宿生伙食补助122.19万元，资助4073人次；农村义务教育阶段住宿生营养改善计划补助30.81万元，资助6150人次。

基础教育

【概况】 2015年，佛冈县有各级各类学校103所，其中普通高中2所，中等职业技术学校1所，初级中学12所，完全小学33所，幼儿园、托儿所54所，特殊教育学校1所（与振兴小学合办）。专任教师3376人（含民办幼儿园专任教师）。在校学生58 073人，其中普通高中5694人，中等职业技术学校990人，初级中学8882人，小学27 349人，特殊教育151人（含送教到家对象），幼儿15 007人。在普通教育中，有广东省教育强镇6个，广东省国家级示范性普通高中2所，义务教育标准化学校45所，广东省一级幼儿园1所，清远市一级幼儿园6所，清远市规范化幼儿园27所。另有清远市重点中等职业学校1所，清远市示范性乡镇成人文化技术学校6个。

【学前教育】 创强建规 加强幼儿园建设，促进优质办园、规范办园。2015年，高岗镇中心幼儿园等6所幼儿园创建为清远市一级幼儿园；高岗镇艺海幼儿园等4所幼儿园顺利通过清远市规范化幼儿园评估。

民办幼儿园审批 佛冈县教育局履行管理民办教育机构的职能，并委托各镇中心小学对辖区内民办幼儿园进行管理和初步审批。2015年批准新办民办幼儿园5所，至2015年12月31日，全县有民办幼儿园、托儿所43所。

保育教育 严格执行幼儿一日生活作息制度，做好常规常态化的保育教育工作，坚决防止和纠正"小学化"现象。开展幼儿园教学常规工作督导检查，对全县幼儿园的发展与规划、领导深入教学工作、教学工作管理、教研组建设、教学活动、安全卫生保健工作、家长工作等情况进行督查。

【义务教育】 规划建设 制定《佛冈县县城和中心镇教育布局规划（2014—2020）》，对2014—2020年县城和中心镇学校布局进行初步规划，采取扩建县二小、县三小、新建城北篁胜小学，新建汤塘镇中心小学教学楼、龙山镇中心小学教学楼等措施，增加小学学位。

学校管理 规范招生考试行为。抓好防流控辍工作，顺利完成各阶段招生任务和"普九"任务。抓好各级各类考试行为，严肃考风考纪。规范学校章程建设。印发中小学校章程建设方案，加快学校章程建设，促进学校依法、规范办学。4所学校的学校章程通过核准。规范财务及后勤管理。严格把好基建、修缮和采购项目审批关，推行中小学校预算工作。从2014年9月起试行适当范围内的基建修缮、大型物品采购等教育系统内部招投标制度，有72个项目进行招投标，其中：修缮类项目53个，招标金额约1567.01万元；设备采购项目19个，约289.68万元。对5名校长进行届中审计或离任审计，及时纠正不规范行为。规范教学管理，加强教学质量监控，改进评价机制，促进教学管理水平的提高。加强责任督学与学校的联系,提高督学责任区工作效能。继续开展中小学及教学点教学常规督查工作,规范义务教育学校的办学行为。

体、卫、艺、信息技术教育 开展体、卫、艺工作督导,督促学校开齐、开足体育、音乐、美术等课程。开展阳光体育运动和大课间活动。举办中小学生第五届书法及绘画比赛、中小学生艺术展演活动、中学生男子足球赛、小学乒乓球赛、中小学生电脑制作活动、中学生篮球赛、中小学生中国象棋比赛等系列活动。振兴小学的电池调查科技实践活动"'大眼睛'看电池"在全国第三十届青少年科技创新大赛中取得二等奖。组织参加市第五届中小学生艺术展演活动并获优秀组织奖;参加广东省第五届中小学生艺术展演活动,获一等奖1个、二等奖3个、三等奖6个,佛冈县教育局被评为广东省优秀组织奖。

【语言文字规范化】 全县各中小学校以不同的形式开展活动,推进语言文字工作。佛冈县第四小学举行"推广普通话,写规范字"手抄报比赛,县职业技术学校举行《弟子规》诵读比赛,县城东中学开展学生硬笔书法(钢笔字)比赛活动,县一小举行"我与美文同行"朗诵比赛等。6月,组织全县中小学生参加第七届广东省中小学规范汉字书写大赛,获二等奖1人,获三等奖2人,获优秀奖10人。在第二届清远市中小学生规范汉字听写大赛中,小学组代表队佛冈县第四小学获清远市二等奖,初中组代表队城北中学获三等奖。

【广东省2015年学前教育宣传月在佛冈县启动】 2015年广东省学前教育宣传月启动仪式于5月19日下午在佛冈县机关幼儿园举办。广东省教育厅副厅长朱超华、清远市副市长陈建华、佛冈县副县长黄丽、清远市和佛冈县教育局负责人,以及部分幼儿园教师代表、家长代表、幼儿代表200多人参加启动仪式。宣传月主题是"给孩子适宜的爱",倡导深入贯彻落实《3—6岁儿童学习与发展指南》,引导和帮助广大家长理性把握爱的"温度"和"尺度",尊重幼儿独立人格,遵循幼儿发展规律,倾听幼儿心声,陪伴孩子共同成长。

【创建教育现代化先进县加温工作会议】 2015年9月8日上午,佛冈召开全县创建广东省推进教育现代化先进县加温工作会议,对创建广东省推进教育现代化先进县工作进行加温鼓劲。会议由县委书记华旭初主持,县长梁金鉴作讲话。

2015年9月8日上午,佛冈县召开创建广东省推进教育现代化先进县加温工作会议
(徐海榕摄)

【石角中学刘文雯获佛冈县中学生省运动会首枚金牌】 在广东省第十四届运动会田径乙组女子铅球比赛中,佛冈县石角中学刘文雯获学生体育组田径乙组女子铅球金牌,佛冈实现省运会金牌"零"的突破。此次省运动会为历届参赛人数最多、规模最大的一次,刘文雯凭借自己的实力和顽强拼搏的精神,以9.82米的成绩获省十四届运动会学生体育组田径乙组女子铅球金牌。

(黄颖雅 黄光飞 邓坚玲)

县城中学简介

【佛冈县第一中学】 2015年,佛冈县第一中学有58个教学班,学生2809人,教职工266人。专任教师209人,其中硕士研究生4人,高级教师74人,一级教师122人,先后有50多人次获国家、省、市级优秀教师、教坛新秀等称号。

德育为先 佛冈一中坚持"育人为本,德育为先"的教育理念。一是重视各类德育培训及研究工作,全面提升德育队伍素质。通过不定期召开班主任会议、选派班主任外出学习和培训等形式,打造出一支高水平的德育教师队伍。同时,重视学生干部的培训工作,分年级召开学生干部会议,抓好团委、学生会干部和班干部培训。同时,充分利用业余党校,上好每月一次的党课,多渠道地培养德育人才。二是抓常规管理,加强校风、级风、班风、学风建设。抓好"先进班"评比活动;开好班会课,通过开展主题活动,加强爱国、爱校、爱家教育;抓好周一升旗仪式,定好相关主题,开展学生代表在国旗下的讲话活动;重视对差生教育,转化差生,努力缩小差生面。加大对其他违纪学生教育、处分力度,防微杜渐,确保学生违法犯罪率为零,建造和谐、平安校园;抓好"防流、控辍"工作,大力开展贫困生资助活动,成效显著。三是丰

2015年12月28日，佛冈一中举办以"炫动激情，花young年华"为主题的2016年元旦文艺晚会　　（佛冈一中供稿）

富课外活动，活跃校园文化。组织以"好习惯，益终生"为主题的普通话演讲比赛；开展拔河、足球、篮球等各项体育比赛；举行"秋声"硬笔书法比赛，举办首届"青春礼仪"英语演讲比赛，举办以"炫动激情，花young年华"为主题的2016年元旦文艺晚会；组织参观县交警大队，增强交通安全意识；社团活动有序进行。四是加强学校与社会、家长的沟通，形成教育合力。邀请县各主要职能部门领导，召开"佛冈一中2015年治安综合治理联席会议"，邀请县关工委常务副主任吴琼芳、沿江派出所教导员、学校法制副校长黄炎堂和县戒毒所副所长邓斌到校作"珍爱生命、拒绝毒品"禁毒宣讲报告；邀请全国知名青年励志演说家、特别爱教育科培中心高级讲师吴刚到学校作"点燃激情，照亮未来"专题励志报告；邀请县交警大队办公室主任、综合中队中队长龙清学到学校作"交通安全暨法制教育"专题报告会；开展以"弘扬传统美德，造就时代新人"为主题的道德讲堂；召开家长会。2015年，佛冈一中涌现出一大批品学兼优的学生。有1名学生被评为2014—2015学年度广东省优秀学生；3名学生被评为清远市"三好学生"，4名学生被评为清远市"优秀学生干部"；33名学生被县评为"三好学生"，27名学生被县评为"优秀学生干部"。学生违纪现象大大减少，全校师生违法犯罪率为零。

教师培训　2015年，佛冈一中多渠道安排教师外出业务培训。其中，参加省级、国家级足球培训1人，参加省级骨干教师培训2人，参加市级骨干教师培训3人，参加省级专题研修班学习培训6人，参加清远市高考备考专题讲座学习8人，到广州对口帮扶单位——广州市培英中学进行跟岗学习4人，参加清远市音乐、美术教师专项培训1人，参加清远市高中英语教学观摩研讨会1人，高三各学科组的大部分教师参加市级的培训，高三领导小组、教学骨干到江西名校交流学习高考备考经验等。全校中层以上管理干部参加"佛冈县中小学管理干部研修班"的培训。

教研成果　2015年，佛冈一中教师申请省级课题研究3项：其中以朱志勇校长为课题组负责人开展的"新形势下拓展与创新业余党校德育功能的研究"课题已在省级立项。以宋慧明老师为课题组负责人的"高考美术特长生培养的研究"课题和以周新华老师为课题组负责人的"高中物理实验教学研究与实践"课题正在申报中。县级课题立项申请获审批的是以严海娟老师为课题组长的"如何开展高中历史综合探究活动家的研究与实践"的研究课题，校内开展的小课题研究共31项。教师积极参加各级各类征文、论文、成果评比，有80人次的论文获省、市、县级奖。

教学质量　2015年，佛冈一中参加高考1177人，上本科线278人，其中上一本线30人，上二本线248人；上三A线312人，专科以上上线学生达990人。另外高分考生（600分以上）达11人。学科竞赛捷报频传：参加省级竞赛共有152人次获奖，其中省一等奖20人，省二等奖52人，省三等奖80人；学生参加县级学科竞赛获奖11人。学校男子足球队继荣获县教育局举办的中学生男子足球比赛高中组第一名之后，代表佛冈县参加清远市中学生足球赛获第四名。同年9月，在教育部下发的《关于公布2015年全国青少年校园足球特色学校及试点县（区）名单的通知》中，佛冈一中被认定为全国首批青少年校园足球特色学校，成为清远市14所入选学校之一。

后勤保障　一是加强校产管理，提高使用效率。在财产管理上，按规定的管理制度执行，做好财产记账和报损调整工作。二是进一步规范学校食堂管理、食品采购，确保质量和食品安全。采购物品坚持索证制度，不购"三无"产品、过期食品，严防食物中毒。食品制作流程规范并全程视频监控，根据食品药品监督管理部门要求做好食品留样工作，确保食品安全卫生。2015年5月，学校饭堂正式挂牌成为广东省食品安全示范性食堂。三是加大基建建设力度，对校园环境进行较大的改造。投入约15万元，在学校后门建设停车场并改造后门值班室；投入约43万元改造主校道；投入22万元改造电教楼一楼会议室；将教学八号楼（高三楼一楼）改建成一个可容纳100多名教师听课的阶梯课室；投入7万多元，为学生宿舍安装不锈钢房门。

（陈双任）

【佛冈中学】　2015年，佛冈中学有教学班56个，在校学生2885人，教

2015年4月21日，下午放学后的佛冈体育场　　（佛冈中学供稿）

职工260人，其中专任教师216人，高级教师49人，先后有60多名教师被评为全国、省、市、县优秀教师、名教师、教学能手、学科带头人、教坛新秀。

校园安全　学校抓好校园安全管理，多渠道开展德育教育。一是注重护校安园工作的落实。学校采取召开安全专题会议、安全知识讲座、各种安全演练、主题班队会等形式，不断强化宣传工作和安全教育，增强师生的安全防范意识和自我保护能力，形成全员抓安全的浓厚氛围。

教育科研　学校共有国家级课题1个，省级课题5个，市级课题3个。其中，政治科组谭秋玲老师主持的广东省课题"教育信息化下高中政治课堂德育资源整合有效性的研究"举行开题报告会，标志着学校青年教研力量走向成熟。课题研究的开展带动科研，引领更多的教师参与研究。清远市首批中小学名师工作室主持人周长春老师被省委、省政府授予"广东省劳动模范"荣誉称号。学校继续推进周长春名师工作室的名师辐射效应，积极创建其他科的名师工作室。学校先后承担英佛片教研活动研讨课、县属高中公开课、市调研课、市督查调研课等任务，大多数被评为优良课。精心组织教师参加市、县第23届青年教师基本功比赛，获生物科基本功比赛一等奖1人，获地理科基本功比赛二等奖1人。积极参加全国的"一师一优课，一课一名师""微课制作"活动。7人的微课在市优课评比中获得一、二等奖。2015年，在教学论文方面，有50多篇教学论文获县级以上奖励。

业务培训　学校加大骨干教师培养力度，先后派出教师参加县、市的各类业务培训。其中，广东省第一批省级骨干教师生物科的范贞珍在东北师范大学培训。黄素英、徐建忠老师通过省级骨干教师第二批骨干教师申报审批，参加华南师范大学的培训；为今后立足学生、强化班级管理领导力，推动教学质量不断提升研究力，以及成长为名师所必备的厚积薄发的文化力打下深厚基础。8人参加"全省第五届中小学生艺术现场集中展演"观摩活动。

教师获奖情况　张学文老师在2015年广东省中学生地理奥林匹克竞赛中荣获优秀指导老师称号；在2014年广东省农村中学化学优秀教学案例（叙事文章）评选中荣获二等奖3人。在2015年市第七届中小学音乐美术教师基本功比赛中荣获高中组美术单项电脑设计一等奖1人；在"向上·向善"中国青少年书法美术大赛中获优秀作品奖1人；获2015年度"教师成长及专业发展"科研论文评选活动一等奖3人；获2015年全县教职工"三笔字"书写比赛综合排名三等奖3人；在"清远廉博杯"廉段子征集活动中获得"十佳人气奖"2人。有9位优秀教师、6位优秀班主任受中共佛冈县委、县政府表彰。

办学成果　2015年第五届广东省中学生地理奥林匹克初赛，黄振涛等同学获得初赛一、二、三等奖；在佛冈县教育局举办的第五届全县中小学生书法及绘画比赛中获得一、二等奖各1人；获2014—2015年度"广东省优秀共青团员"称号2人；在全国第五届少儿小金钟音乐大赛总决赛中获铜奖2人；有34名学生和1名教师作品入选"我的家风、家训、家教"征文优秀作品集；4人被评为2014—2015学年度清远市"三好学生"，3人被评为2014—2015学年度清远市"优秀学生干部"；佛冈中学被评为"百社千校"阅读活动基地学校之一；2015学年第二学期，学生学科竞赛获国家级奖有4人次，市级奖8人次，县级奖9人次。

2015年，高考取得新突破，县文理科状元均出自佛冈中学。其中，罗丹以655的高分获得县第一名，周希和易碧莹分别以595分获得文科并列第一名。重本上线文理科达36人，重本率达3.15%；2A以上140人，上线率达12.25%；2B以上271人，上线率达23.71%；3A以上587人，上线率达51.36%；3B线达402人，上线率达86.53%。

（黄素英）

【佛冈县城北中学】　2015年佛冈县城北中学有教学班40个，学生1721人，教职员工155人，专任教师145人，其中高级教师13人，一级教师126人。

内涵特色促发展　打造特色学校，促进学校持续发展，提升学校办学品质。结合学校实际，开发课程资源，优化课程结构，在不增加课时前提下，建立"大课程"观，组建各类兴趣、社团小组。开发出以城北中学篮球文化为特色的校本课程，课程以城北中学篮球文化为核心,把学校打造成"一主题公园,一篮球书吧,四篮球文化墙"的人文环境,突出强调团结拼搏、迎难而上的城北精神。在大力推广篮球文化艺术的过程中,学校还结合各学科教学,开展富有特色的"篮球教学拓展活动",把篮球文化与教育教学活动结合在一块,达到"球能健体,球能增智,以球审美,以球启智"文化教学与体育艺术的高度融合。

专业成长显成效 组织教师参加省、市、县的各种专业培训。参加省级培训有3人次,市级培训362人次,县级培训191人次。学校教师参加省、市、县级各类竞赛成绩斐然:获省级一等奖3人次,二等奖3人次,三等奖2人次;获市级一等奖2人次,二等奖2人次;获县级一等奖5人次,二等奖11人次,三等奖19人次,优秀奖1人次。语文科组在佛冈县第三届中小学先进学科教研组评比中,被评为县先进教研组。

注重品行 提高学生法制意识 班级管理进一步完善。强化班级管理的"三抓",即抓思想品质、抓学风班风、抓班级纪律。规范学生行为,注重品行教育。学校日常德育管理坚持抓实抓细,重视学生学习习惯、行为习惯的养成教育,落实《中学生守则》《中学生日常行为规范》的要求。一是开展法制和安全教育。国旗下的讲话成为一项制度执行,法制副校长继续进入教学班开展有效生动的法制知识的课堂授课,承办县第46个世界地球日暨地质灾害应急演练活动,增强学生的知法、守法意识。二是政教处定期每月一次召开班主任经验交流会,取长补短,交流提升。开展一系列德育教育,加强对班级德育指导工作,实现常规教育日常化。每月一次"文明班"评比,促进班级良性竞争,在评比中改进,在评比中进步,在评比中发展。

规范教学 一是规范教师教学常规,提高集体备课成效。教师学习教学常规管理制度,明确对教学活动各个环节优化的基本要求,形成良好的工作习惯和学习习惯,努力做到"五个有效":有效备课、有效上课、有效作业(练习)、有效组织实验、有效实施评价。教导处加强对教学常规的管理工作,强化教学常规的过程监控,定期或不定期抽查听课记录、检查教案与课堂教学的一致性、同步性。注重教案中对课后作业批改后的分析、反思的检查。各教研组长以高度的工作责任心,以身作则,狠抓教师课堂教学目标的科学设定与有效达成,认真检查本组教师的教研、备课、上课、作业批改情况。二是积极开展"阳光体育活动",全面增强学生身体素质。确保学生每天体育活动一小时,积极参加各级各类体育比赛。开展好大课间活动,开展各类文娱体育活动。积极组织指导有特长的学生参加市、县级的相关比赛活动,为学校争得更多的荣誉。三是图音体科组老师充分发挥团队协作的精神,在组织参加县第五届书法、绘画比赛中获得好成绩,2位同学获得一等奖;2位同学获得二等奖;4位同学获三等奖;学校足球队获得县首届足球赛第六名。学校男、女子篮球队双双获得县中学生篮球赛第四名。参加2015中小学才艺展演活动,其中小品表演《网吧风云》获二等奖;绘画组获一等奖1人,二等奖1人,三等奖2人;书法组获一等奖2人,二等奖1人;有2人征文获奖。参加纪念五四运动96周年征文比赛,获一等奖1人,获二等奖1人。参加2015年第七届广东省中小学规范汉字书写大赛,获优秀奖1人。第二届清远市中小学生规范汉字听写大赛,喜获清远市第四名佳绩。在广东省首届"小作家杯"中小学生现场作文大赛,荣获优秀奖2人,学校被评为广东省优秀组织奖,是清远市唯一被评为广东省优秀组织奖的学校。

(廖忠德)

【佛冈县城东中学】 2015年,佛冈县城东中学有教学班42个,学生1989人,教职工156人。专任教师142人,其中,本科学历130人,中学高级教师14人,中学一级教师97人。

师德师风建设 重视师德师风工作,把师德师风工作纳入学校工作重要议事日程。要求班子成员团结实干、树正气、讲奉献,起率先垂范作用。利用每周教师例会组织学习上级师德师风工作文件、学习《教师法》《中小学教师职业道德规范》等,要求全体教师在教学工作中严格要求自己,做学生表率,时时自我反省,自查、自律,提高教师思想觉悟。建立个人自评、教师互评、学校评价的师德考评制度。把师德考核结果与教师奖惩、岗位聘任、专业技术职务聘任和评优评先挂钩,营造良好的师德氛围。

德育教育 国学经典是德育教

2015年4月22日,清远市国土资源局和县人民政府在城北中学联合举办第46个世界地球日暨地质灾害应急演练活动　　　　(县国土资源局供稿)

育的主要内容。2015年,学校开展"国学经典进校园"系列学习、展示活动。七年级重点学习《弟子规》,八年级重点学习《三字经》,九年级重点学习《增广贤文》。经典诵读活动的持续开展,孩子们的行为习惯、思想道德发生明显的变化。校园变得文明和谐,同学们变得谦让、文明。学生写作文时能引经据典,有的学生还能背诵许多文言文名句。清远市将城东中学"诵读国学经典,创建特色学校"列为德育特色窗口。

安全教育 安全教育常抓不懈。通过学生自我教育、自我管理,使学生树立安全意识,教育和引导学生不参与有害身心健康的电子游戏、不到黑网吧上网,重视学生交通安全教育,加强防范意识教育,创建安全文明校园。充分利用法制教育报告会、班会课、国旗下讲话等形式对师生进行普法教育,增强其法律意识和法制观念,使广大师生知法、懂法、守法、用法。在全国中小学生安全教育日,学校举行法制专题教育会。3月31日和10月12日,学校进行安全疏散演练。11月10日,学校进行安全疏散演练和消防知识学习。通过活动,培养师生安全意识,形成自救自护能力。

班主任工作 创新德育,丰富德育内容,不断提高德育工作的吸引力和感染力,增强德育工作的针对性和实效性,遵循学校"德育要注重过程性体验"的指导思想。2015年,学校尝试开展"体验式"主题班会活动,印发相关资料,组织班主任认真学习与实施。4月22日,学校举办七、八年级班主任的体验式主题班会设计方案比赛。其中,肖伟英、张北清老师荣获一等奖,张罗生、曾雪莲、陈志懂、黄伟丹、钟国强老师荣获二等奖。荣获一等奖的两位班主任分别讲了一节体验式主题班会观摩课,县教育局副局长李玉英对班会观摩课作出充分肯定。班会课结束后进行以展示课为载体,交流探讨体验式主题班会的优势及重要作用等内容。

领导任课 城东中学注重发挥行政领导在教学教研方面的引领作用,领导深入教育教学第一线,既是指挥员又是战斗员。学校领导在完善教学教研管理制度的基础上,定期与不定期召开会议,研究和解决教学教研工作中存在的问题和困难。学校行政领导坚持站在第一线上课,副校长黄偕忠、谢碧娥,主任丘民安、黄东、曾少俊,副主任范桂景、林燕萍亲自担任语文、数学、英语等主要科目的讲课。以行政挂课的方式,融入教研组、备课组,蹲在年级组,深入教学第一线,开展听课、评课、课题研究等教研活动,及时发现问题,解决问题,强化教学管理。

教学教研 教学教研活动做到"八有":有计划、有目标、有措施、有落实、有特色、有总结、有检查、有效果。各教研组组织开展各类科组主题教研活动,组内教师的相互听课评课、优秀教师示范教学。重视备课组建设,备课组长帮助和指导备课组搞好集体备课。落实集体备课与个人备课相结合制度。集体备课做到"三定、四备":定时间、定内容、定中心发言人,备教材、备学生、备教法、备学法。教师根据实际情况写好教案。开展"一师一优课、一课一名师"活动。2015年,上交县教研室的22节视频课中有10节被评为县优秀课。采取"走出去·请进来"的形式,分科、分批、分时段派出教师参加培训或邀请专家到校开设讲座。2015年学校投入16.5万元,分层、分科、分批派出教师参加省市县级举办的"三名工程"培训、骨干教师培训、班主任培训、行政人员培训等学习,其中,全体行政人员参加2015年佛冈县中小学管理干部研修班、广东省干部网络培训。积极开展样本培训活动,邀请专家或学校教学骨干开设讲座,开阔教师视野,提高认识水平,提升教师素质。

第二课堂活动 根据学生年龄特点和学科教学的需要,开展多种多样的第二课堂活动,以激发学生的学习兴趣和爱好,拓宽学生的知识面,培养学生的特长。学校组织开展书法、美术和唱歌、舞蹈、象棋、足球、篮球、乒乓球、羽毛球、毽球、演讲、写作等兴趣小组,并开展各种类型的第二课堂活动。学校举行第八届校园文化艺术节,七年级普通话朗诵比赛、七年级和八年级"名著伴我成长"手抄报比赛、全校性的"争当知法守法好学生"法制征文比赛。组织学生参加佛冈县"身边的感动"主题征文比赛,组织学生参加佛冈县"讴歌劳动美 共建佛冈廉"书法、美术、摄影比赛,组织学生参加2015年"未来杯"广东青少年创新创意大赛,组织学生参加第五届中国少儿小金钟音乐大赛,并获取佳绩。

办学成果 2015年,佛冈县学生中考总分前10名中,城东中学学

2015年12月31日,佛冈县城东中学2015—2016学年第一学期讲国学经典故事比赛
(县城东中学供稿)

生占了5名,第一、二名均为城东中学学生,全县前100名学生中,城东中学占了44名。学生参加各类学科竞赛取得优异成绩:参加2015年佛冈县中小学生电脑制作活动比赛,获一等奖和二等奖各1人;参加2015年第五届广东省中学生地理奥林匹克竞赛,获得一等奖5人、二等奖5人、三等奖5人;参加2015年佛冈华府公益杯绘画比赛,获一等奖和优秀奖各1人;参加广东省中学生"化学伴我成长"活动,获一等奖2人、二等奖4人、三等奖5人;参加2015年佛冈县中小学生书法绘画比赛,获一等奖4人、二等奖3人、三等奖2人、优秀奖1人;参加2015佛冈县中小学生艺术展演活动(艺术作品类),获二等奖2人、三等奖2人;参加佛冈县"讴歌劳动美 共建佛冈廉"书法、美术、摄影比赛,获一等奖1人、二等奖1人、三等奖4人;5人参加2015年"未来杯"广东青少年创新创意大赛荣获创意论文组优秀奖;参加2015广东省"牵手你我·携梦人生"书画创作活动,获三等奖和优秀奖各1人;参加第五届中国少儿小金钟音乐大赛(佛冈赛区),获器乐类一等奖和舞蹈类一等奖各1人;参加第七届广东省中小学规范汉字书写大赛,获硬笔中学组二等奖和优秀奖各1人。2015年佛冈县中学生篮球赛,城东中学勇夺全县女子冠军和男子亚军。获得2015年清远市中学生篮球赛(初中男子组和女子组)体育道德风尚奖,2015年清远市中学生篮球赛初中女子组季军。教师参加县级以上各项教学基本功比赛屡获佳绩,其中县级奖13人次、市级奖5人次、省级奖9人次。教师撰写教学论文,获县级奖30篇、市级奖19篇、省级奖38篇。获得佛冈县初中数学青年教师教学基本功比赛解题比赛团体一等奖,化学科组荣获"佛冈县中(小)学先进学科教研组"称号。

(曾少俊)

职业教育与成人教育

【学校概况】 佛冈县职业技术学校创办于1985年,原名为佛冈县理工学校,2003年12月更名为现名,2004年6月与佛冈县教师进修学校、佛冈县广播电视大学合并,设南北两个校区,校园占地面积4万平方米,校舍建筑面积2.2万平方米,有实验实训室25间,多媒体综合电教室16间,电教平台45套,图书馆藏书4.8万册,建立校园网及远程教育网站。学校有教职工151人,负责全县职业教育和成人教育。2012年1月,学校通过省评估,成为省幼儿园园长培训基地的县级单位。2013年,被广东省开放大学附属职业技术学校评为年度先进单位。2014年荣获广东省示范性基层电大称号。

【成人教育】 办学规模 2015年有25个班,在校生1060人,其中本科7个班,共473人,专科18个班,共587人。本科开设法学等13个专业,专科开设会计等3个专业。

办学形式 专科学历教育采用业余制办学,是由广播电视大学举办;本科学历教育采用网络教育办学,是由县教师进修学校和华南师范大学网络教育学院联办。

大专学历教育 2015年,学校设有三个教研组,专职教师44人。分设会计、行政管理、学前教育3个专业,在校生587人,大专毕业生236人。

本科学历教育 2015年,佛冈县教师进修学校与华南师范大学网络教育学院继续联合办学,开设有法学、公共事业管理(教育管理)、会计学、金融学、数学与应用数学(师范)、行政管理、英语(师范)、人力资源管理、计算机科学与技术、汉语言文学教育(师范)、工商管理、学前教育、音乐教育等13个专业,2015年在校学生473人,毕业生113人。

教师进修培训 2015年举办教育系统继续教育公需科目、2015年中小学教师全员培训第一期培训、佛冈县"提升工程"骨干教师培训、佛冈县中小学管理干部研修班、2015年佛冈县中小学教师培训管理员培训班、2015年"C证教师"培训班、2015学年佛冈县支教人员培训班、2015年佛冈县在职教师报考教育硕士考前辅导培训班、2015清远市"提升工程"学科教师全员培训。2015年教师选修课,参加培训的人员共有7540人。通过培训,名校长、名教师、名班主任等广泛接触新知识、新信息,办学理念发生新的变化,为提高教育质量打好理论基础。

【职业教育】 办学宗旨及办学形式 佛冈县职业技术学校的办学理念是"以服务为宗旨,以就业作导向,以质量求发展,以特色铸品牌"。办学宗旨是"一切为了学生,一切服务于学生,让学生成长,让家长放心,让社会满意"。办学形式以全日制为主,同时开设业余班,更好地满足佛冈县职业教育的不同需要。

设施建设 提高教学装备水平,积极改善教学环境。为解决教师上课难题,满足正常的教育教学需要,购买会计、服装、数控、机电专业软件等共计约70万元,现已投入使用,提升学校各专业学生的全方面发展。切实做好后勤服务工作,学校投入6万元改善学生宿舍热水系统;投入23万元对学校变压器进行升级改造,确保学校电力的正常运行。在资金使用方面,重点放在教学设备设施硬件建设方面,让学生有更多实操动手机会,真正掌握一技之长。

技能培训 学校大力加强实践性环节的教学,实训操作率达96%以上,学生双证率达93%。学校组织师生参加2015年"清远市中等职业学校第九届技能竞赛暨2016年广东省技能大赛选拔赛",37位学生分别参加数控车床加工技术等13个项目的比赛;9位教师参加数控综合加工技术等6个项目的比赛。竞赛成绩喜人：学生获得二等奖6人，三等奖25人，优秀奖6人；教师获得二等奖4人，三等奖5人。客房中式铺床和中餐宴会摆台两个项目突破以往成绩，各有一名学生进入省赛。服装两个项目各有一名学生入省赛。2名教师代表清远市进入省赛。本次共有6名师生进入6个省赛项目，是参赛以来参加省赛项目最多的一次。在2015年广东电大系统学前教育技能竞赛中，县职校选送的三组作品均获得优秀奖。

教学模式创新 2015年，学校继续与顺德美的集团、中山奥马电器股份有限公司进行深入合作，实行企业参与教学、企业参与指导学生实训等更全面的校企合作。同年与广东溢达纺织有限公司、兆联（佛冈）纺织、碧桂园等大型企业建立稳定的校企合作关系和实习实训基地，并联合办班，开设有溢达服装班、碧桂园酒店管理班、兆联染整班，为学校招生就业工作提供坚强的后盾。学校通过多种形式，建立稳定、有序、灵活的就业渠道和就业网络，毕业生就业率达到98%。实施终身就业指导服务工程，持续免费为学校历届毕业生联系就业单位；坚持工学结合、校企合作的办学方式，争取毕业生能成为企业的未来职工。

教育扶贫 为更好地保障学生顺利完成学业，学校采取多种途径，给予学生经济补助：为在校学生申请国家助学金，推行勤工俭学，组织学生到对口企业做暑期工和寒假工，使学生技能得到训练的同时获得一定经济收入。

【**农村劳动力技能培训**】 2015年，职业学校采取学校、村委会和实操企业联合办班的培训形式，举办电焊工、汽车修理、维修电工、电子商务、蔬菜园艺培训班，已完成培训377人。开展创业培训工作。2015年开展2个创业培训班，共49人。帮助农村富余劳动力掌握一定的应用技术，为县农村富余劳动力的转移就业、为农民脱贫奔康作出贡献。

（黄秋萍）

科学技术与知识产权

【**科技计划项目申报和结题**】 组织佛冈县相关单位申报广东省、清远市科技项目。申报省级科技计划项目8个，其中省应用型科技研发专项资金项目1个，广东省省级企业研究开发财政补助资金项目的企业有3个，广东省省级企业研究开发财政补助资金备案登记项目的企业有4个。申报市科技计划项目20个，其中市级工程中心项目3个，社会发展领域自筹经费类（医疗卫生类）5个，节能环保技术——新能源与高效节能类项目1个，工业高新技术领域技术攻关——新材料类项目5个，工业高新技术领域技术攻关——光机电一体化类项目1个，疾病防治项目3个，科技型中小企业技术创新类项目1个，创新卷——专项卷类项目1个。佛冈鑫源恒业电缆科技有限公司的《清远市碳纤维复合芯节能导线工作技术研究与开发中心》等9个项目已批准市级立项。组织国家级、省级中小企业创新基金项目结题验收，γ-缩水甘油醚氧丙基三乙甲氧基硅烷在水性涂料上的应用（方舟公司）等4个项目顺利通过验收。

【**高新技术企业认定和培育**】 佛冈县科技部门加强高新技术企业申请认定、复审和入库工作，组织企业人员到省、市参加高新技术企业认定、复审知识、研发经费归集、税收核算等培训班。建滔实业公司等2家企业申报认定高新技术企业（重新认定），新菱空调公司等4家企业开展高新技术企业复审工作，上述企业的认定、复审已通过公示，正在等待上级部门的正式批复。2015年，佛冈县有高新技术企业9家。佛冈国珠吹瓶设备有限公司等3家企业获得高新技术企业培育入库项目立项。

【**知识产权工作**】 组织佛冈县相关企业人员到省、市参加美国知识产权制度巡回研讨会培训，开展专利资助情况调研等工作。2015年，佛冈县专利申请量累计106项，其中发明专利17项，实用新型49项，外观设计40项。获得授权专利67项，其中发明专利9项，实用新型28项，外观设计30项。

【**地震知识宣传**】 佛冈县科技部门印制地震知识宣传简报4万份，发放到全县各中小学校的学生手中。开展广东省防震减灾条例、地震知识百问、农村建房抗震知识指南、城市防震要点等科普知识宣传活动，发放宣传资料800多份；在佛冈县电视台定期播放地震知识宣传片，组织佛冈县卫生职业技术学校全校师生开展地震知识讲座暨逃生演练活动。

（郭庆文）

社科工作

【**概况**】 2015年，佛冈县积极开展社科研究、社科宣传、社科普及等各项工作，服务于转型升级、创新驱动，服务于推进"三区一城"建设，服务于"共创富民强县、建设幸福佛冈"，取得较好工作成效，先后编印《佛冈革命故事》《佛冈县石角镇龙塘村志》《中国共产党佛冈县历史资料汇编》（第三辑）、《佛冈年鉴·2015》《佛冈古村落》《佛冈文物》，并将"我的家风、家训、家教"征文优秀作品结集成书。其中，郑国象的《龚耿光赈灾恤老》、郑大民的《华英观仗义乡里》入选省《岭南历代基层治理故事选编》一书。佛冈中学谭秋玲老师的"教育信息化下高中政治课堂德育资源整合有效性研究"课题项目被评为广东省"十二五"课题。

【**基层社科组织和队伍建设**】 抓好

社科的组织建设和队伍建设，充实教育、工商、会计、计生、国税、地税、个私、旅游等8个基层协会组织建设。经常深入协会调研，定期召开工作座谈会，交流工作经验，指导协会根据《广东省社会科学普及条例》开展工作，并重点做好在全县举办的各类型论坛的规范管理工作。

【社科普及活动】 围绕县委、县政府中心工作和人民群众关心的重点、难点、热点问题，广泛开展以社会主义核心价值观为重点内容的宣传普及活动，传播科学思想、科学方法和社会主义先进文化。在全县范围内广泛开展"寻找优秀共产党员"活动，发现和挖掘优秀共产党员的先进事迹，进一步弘扬社会主义新风，展示新时期共产党员先锋模范形象，发挥典型的示范引领作用。举办贴地气的2015年佛冈县社会科学普及周活动，通过组织开展"共话中国梦"国防教育活动，举办纪念抗战胜利70周年征文、系列展览、文艺表演送戏下乡、电影活动周、奇石文艺作品展、佛冈旅游攻略等系列活动，发放科普宣传资料等方式，提升社会各界的人文科学素质。

（何仲明）

亮丽清泉湾 （邓振华摄）

文化·体育·传媒

责任编辑：朱家佑

综　述

【概况】　2015年，佛冈县文化广电新闻出版局（体育局、版权局）围绕县委确立的"农综改"和创全国文明县城工作重心，落实"四新"（新思路、新环境、新服务、新业绩）要求，加快推进文化创新和公共文化体育均等化建设，大力抓好文化惠民工程建设、公共文体活动服务供给、历史文化遗产传承保护、文化市场监管、文艺队伍建设和作品创作等工作，有效提升公共文化服务水平，促进文化社会和谐发展。

【机构设置】　佛冈县文化广电新闻出版局（体育局、版权局）是佛冈县人民政府负责文化、体育、广播电视、新闻出版、版权的科级行政管理部门。2010年5月，与县委宣传部合署办公，内设机构有综合办公室、市场股，直属行政执法机构有县文化市场综合执法队。属下事业单位有县文化馆、图书馆、博物馆、青少年业余体校、游泳场，挂靠单位有县文学艺术工作者联合会，业务指导各镇文化站。

【主要职能】　贯彻执行党和国家关于文化、广播电视、新闻出版、版权和体育工作的路线、方针、政策，拟定全县文化、广播电影、电视、体育、新闻出版和著作权方面的发展规划和年度计划，并组织实施、协调、指导文化艺术创作和文化艺术活动的开展，指导文物的管理、保护和发掘利用，协调组织图书馆标准化、网络化、现代化建设，组织协调文化遗产的管理和保护，组织实施非物质文化遗产保护等工作。同时，协调和指导全县文化市场管理和综合执法工作，做好广播电视、出版物市场等的监督管理工作，管理直属单位，行使对镇文化、广播电视、新闻出版、体育工作的业务指导。

【公共文化设施建设】　2015年，佛冈县加强对"三馆"免费开放的资金管理，投入资金5万元，对文化馆、图书馆的各项设施设备进行补充完善，进一步满足开展群众性文体活动的需要，提升县文化馆、图书馆、博物馆的服务效能；通过招投标，利用20万元体育彩票公益金购置一批篮球架、室外乒乓球台、健身器材等体育设施，用于美丽乡村和乡村公园共16个基层点的文体配套设施建设。

（陈钰婷）

群众文化

【概况】　佛冈县文化馆是国家一级馆，占地面积5594平方米，建筑面积2667.9平方米，设有展览厅、排练厅、剧场、曲艺排练厅，美术、书法、戏剧、摄影、音乐创作室等功能室，配备专职工作人员12人、文化志愿者120人。2015年新添置一套音响设备和部分灯光设备，完善电子阅览室的30台电脑配置，完成文化广场露天"百姓舞台"的建设，举办文艺演出、培训、展览等活动70多场次，参加人数达15万人次。

【节日系列活动】　春节期间，为活跃广大群众文化生活，营造新春佳节欢乐祥和的气氛，举行2015年"我要上春晚"决赛、春节文艺晚会、年初一春节民俗表演、"新年新跨乐"音乐晚会、元宵音乐晚会等一系列文化活动；2月14日积极协助县文广新局邀请广东省书法院院长李远东与佛冈县书法协会成员，在县人民公园开展现场绘写春联等书法交流活动，向广大群众免费赠送400余幅春联。农历正月十三，组织县音乐协会在高岗举办一场文艺演出，协助高岗镇社岗下村举办豆腐节。正月十五和十六，协助汤塘镇围镇村举办舞被狮活动，喜庆的氛围吸引省内外人士前往观看。

【群众文化活动】　**基层文化活动**　组织送戏下乡活动。充分调动群星艺术团和湛江曲艺团等团队的积极性，组织送戏到镇村、工厂、学校等活动，全年共计40多场次。协助开展高岗豆腐节、汤塘舞被狮等民间民俗活动，使非遗项目活动展演水平得到不断提高。

展演活动　2015年2月5日—3月5日举办"美丽佛冈·中国梦"书法、美术、摄影展和2015优秀春联展。春节期间，开展广州书画院师生书画作品、奇石、兰花展；同时，在该展览厅常年开设各类民间艺术作品展览，不定期更新各类文化艺术作品，进一步丰富全县人民的文化艺

2015年11月24日，佛冈县原创小粤剧《拉良配》参加在花都举办的广东省第八届群众戏剧曲艺花会，荣获银奖 （县文广新局供稿）

需求。国庆期间，开展以"省、市级非遗项目活动图片"为主题的送展览下乡活动。分别到全县各个乡镇举办展览，得到广大群众的一致好评。组织2015国庆晚会暨南粤幸福活动周启动仪式系列活动、首届家庭才艺大赛、"佛冈好声音"比赛活动。组织佛冈代表队的两支队伍参加清远市第十四届广场文化艺术节示活动。组织小粤剧《拉良配》参加广东省第八届群众戏曲花会，并获银奖。承办由广东省文化厅关工委、佛冈县关工委、佛冈县文化广电新闻出版局、佛冈县教育局主办的第六届"新苗杯"中小学生器乐类（钢琴、吉他、爵士鼓）大赛，并成功举办2016年元旦晚会暨"新苗杯"大赛颁奖仪式。

文化惠民演出活动 配合连南、连山歌舞团，分别在汤塘镇、龙山镇、水头镇、石角镇开展9场送戏下乡活动。在引进格调高雅、形式多样的艺术品和摄影作品向广大群众展示的同时，还将排练厅、曲艺室、阅览室、展览厅和乒乓球室等功能室免费对群众开放，每天平均开放时间8小时，部分场馆开放时间多达10小时。另外，设阅览、培训、游艺、体育、演出和为群众业余文艺团队提供活动场地等10多项免费服务项目，并将服务内容进行公示宣传，每天服务时间6个小时以上，努力营造美好、和谐的文化惠民氛围。

【群众文艺创作】 2015年8月，清远市文广新局在佛冈县举办2015清远市文艺创作培训班。美术方面：完成创作作品30件，创作的美术作品分别参加2015清远市文艺家作品展、广东省纪念抗日战争胜利70周年美术作品展、广东省第十三届美术书法摄影作品展和广东书画家邀请展。舞蹈方面：由黎夏红辅导的"舞春牛"参加清远市举办的"春牛争霸赛"获金奖；编排广场舞蹈"荷塘月色"，有300名学员参加学习。组织老干部舞蹈队学习新编排的《人民》和《飞腾的佛冈》两个舞蹈作品，为参加各项演出活动做好准备。同时，在汤塘镇成立舞蹈艺术培训基地，不断提升乡镇少儿舞蹈艺术水平。音乐方面：创作5首原创歌曲，其中两首词曲是由蒲志强创作的《陪我这辈子》和《家》，另外三首是由黄珊作曲的《老来乐》《最强音》和《生命的高处》；同时加强小组合唱《打开春天》和器乐合奏《拉德斯基进行曲》的组织、辅导和演出工作。戏曲方面：组织戏剧曲艺作品参加省级评奖，其中小戏有张春兰的《拉良配》获省一等奖，张凤萍的《彩秀进城》获二等奖；彭仲夫的小品《买鸡》获三等奖；曲艺有张春兰的《大明星》、黄清梅的《雨夜赞歌》获三等奖；参加培训的两名钢琴学生于2015年8月参加"李斯特纪念奖"香港—国际钢琴公开赛，在中国赛区、广州赛区均获三等奖，在香港赛区获二等奖和优秀奖。

【文化艺术培训】 在免费义务培训基层队伍和业余文艺骨干的同时，开办各类书法、美术、音乐、舞蹈、戏剧创作和表演等艺术培训班。2015年3月至7月上旬（为期15节课时），举办以曲艺类的相声、双簧为主要内容的少儿戏剧培训班；3月到6月下旬（为期12节课时），受英德市文化馆邀请，到该馆举办以讲故事、表演小品等以锻炼少儿胆量、交流为主要内容的少儿戏剧表演免费培训班；暑假期间开设书法、音乐和语言艺术培训班；利用周末期间开设中小学生钢琴课20节，人数20人；充分利用晚上时间培训中老年人的声乐和舞蹈课程，得到广大广场舞爱好者的一致好评；不定期举办大型免费培训课程。全年开展国学知识培训讲座60多场次，参与群众达2000人次。7月，邀请在读书法博士李永在文化馆剧场举办书法艺术讲座。

（张春兰　冯军洪）

文化市场

【概况】 2015年，佛冈县文广新局坚持依章办事、依法管理，建立和完善各项管理制度，抓好娱乐场所的经营管理工作和文化市场的监管检查工作，做好文化市场消防安全隐患的排查工作，确保全县的文化市场安全、健康、繁荣、稳定发展。

【正版软件使用培训】 2015年5月，邀请市文广新局新闻出版科相关领导到佛冈召开正版软件使用培训工作会议，县直机关、国有企业、学校、电脑供应商等单位共派出150多人参加培训，学习如何辨别操作系统程序的真假、确认授权是否合法，以及正版软件的采购、安装和使用知识等，有效提高全县使用正版软件工作人员的业务素质。

【文化市场执法】 2015年，佛冈县加强娱乐场所的制度建设，统一制作《佛冈县娱乐场所安全制度》《佛冈县娱乐场所场内巡查制度》《佛冈县娱乐场所消防安全管理制度》《佛冈县娱乐场所灭火、疏散预案》等四项制度图框，并要求所有娱乐场所悬挂上墙。针对未成年人健全完善管理制度，要求每家网吧、娱乐场所都必须在显眼处张挂统一的"禁止未成年人进入"的警示牌，同时签订守法经营承诺书。对网吧、娱乐场所进行多次巡查，开展消防安全隐患排查，切实提高经营企业的公共安全危机意识。严格开展"扫黄打非"工作。全年出动执法人员1427人次，车辆468车次，检查文化市场单位468家次，查缴各类侵权盗版及非法出版物5300多份，依法查处存有色情暴力曲目的KTV歌厅一间，联合县无线委、县公安局依法取缔一家非法电台（盗用佛山广播电台）。

（张春兰　罗志强）

新闻出版

【概况】　佛冈县文化广电新闻出版局负责全县出版物市场的指导和监督管理，履行著作权（包括计算机软件和音像制品著作权）管理职能，处理涉外著作权关系，并负责办理图书、报纸、期刊、内部资料出版物、音像制品、电子出版物、网络出版、计算机软件、光盘复制、印刷等行业的申办、审核发证、核验和监督管理工作。自2012年停止审批内部资料出版物经营许可证。2012年，清远市下放一次性内部资料审批权限，至2015年底，共审批一次性内部资料审批号7个。

【出版物监管】　2015年，以保护国家政治文化安全、保护未成年人健康成长、保护知识产权"三大保护"为重点，组织实施"文化环保工程行动""反盗版行动"。5月28日组织召开正版软件使用培训工作会议，全县县直政府机关所有的电脑都已完成正版软件安装并投入使用。2—4月对全县高危体育市场进行经营许可证的登记、换发工作，严把经营守法关。重点开展"扫黄打非·护苗2015""扫黄打非·清源2015"工作，严厉打击政治性非法出版物、淫秽色情出版物、侵权盗版出版物和非法报刊，加强广播电视安全播出监管；建立健全新闻出版物管理体制和运行机制，一方面从内部管理入手，完善行政审批责任，另一方面完善部门与部门之间的协调机制，齐抓共管，规范市场经营秩序。全年共查缴各类侵权盗版及非法出版物5300多份，其中盗版、非法音像制品162张，盗版及非法书报刊268册，六合彩资料4870份。

（张春兰　罗志强）

【清远日报佛冈新闻部】　2014年开始，清远日报社与佛冈县委合作，接手原《佛冈报》，下设佛冈新闻部，推出《清远日报·佛冈新闻》，每周二出版，内容涉及佛冈政治、经济、民生热点等诸多方面。新闻部成立后，成功推介佛冈抗洪救灾经验，推出"最美交警"刘治刚等典型人物，对佛冈的农村综合改革、广清一体化、乡镇形象营造等方面进行长期跟踪报道，颇具建树，是佛冈县目前最具专业水准的新闻报道团队。2015年，清远日报佛冈新闻部紧紧围绕佛冈县委县政府的中心工作，宣传县委县政府的重要决策，共出版《佛冈新闻》45期，采写各类新闻稿件70万字。对宣传佛冈的正面形象，传播佛冈社会的正能量，营造政令畅通、社会透明的现代法制社会作出贡献。

【南方日报佛冈记者站】　《南方日报》清远记者站成立于1988年，负责《南方日报》在清远的采编等各项业务。2014年7月23日，《南方日报·清远观察》佛冈记者站正式挂牌成立，开办《南方日报·佛冈新闻》，是省委机关报《南方日报》的地方版。2015年7月8日，《南方日报·佛冈视窗》（简称《佛冈视窗》）创刊，是《南方日报·清远观察》与佛冈县政府合作开办的地方版，全省近13000份的发行量一跃成为佛冈地区发行量最大、影响力最大的省级政经大报。2015年，《佛冈视窗》新闻质量、经营水平、报纸发行稳步提升，初步搭建起报网互动的全媒体报道宣传平台。

《南方日报·佛冈视窗》创刊　经南方日报社与佛冈县委商议，2015年6月9日，南方日报社与佛冈县委签订《南方日报·佛冈视窗》战略合作协议，开设全省第四个县级视窗。南方日报社在佛冈设立南方日报佛冈视窗采编部，派遣采编业务主要负责人担任佛冈记者站站长，全面负责《佛冈视窗》的运营工作，同时派遣采编人员进行内容采编。2015年7月8日，备受关注的《南方日报·佛冈视窗》正式出版，创刊号《改革发展看佛冈》用20个版面从"高端访谈""希望之城""改革样本""镇域雄风"四个板块，全面展示近年佛冈经济社会发展的新思路、新亮点、新成效。

《佛冈视窗》纳入南方日报常规版面　《佛冈视窗》于每周四出版一期共四个彩版，随《南方日报》一起发行，覆盖到省委、省政府、省直各机关单位、机场等，同时覆盖清远市委、市政府、市直各机关单位、各县（市、区）和佛冈全县。同时还将制作成电子版，分别在南方日报的电子版和清远新闻网首页同步上网，以方便广大网友随时阅读，成为佛冈县新闻宣传在省委机关报的主阵地。2015年7—12月《佛冈视窗》累计出版23期、近36万字，围绕县委、县政府的中心工作开展新闻宣传，抓大事带全局、抓特色创品牌栏目、抓创新求跨越，弘扬主旋律，树立佛冈"四有"党员、佛冈好人、"全国先进工作者""中国好交警""省劳动模范"等多个榜样，发挥先进典型示范引领作用。

确保新闻质量　2015年7月8

文化·体育·传媒

2015年7月8日,《南方日报·佛冈视窗》正式出版,受到广大读者一致好评,县史志办工作人员正聚精会神阅读创刊号　　　　　　（程浩摄）

日,一篇以《广州之北·希望之城》为卷首语的《佛冈视窗》出现在佛冈街头,为佛冈群众打开通往珠三角思想阵地的大门。新闻质量是第一生命力,《佛冈视窗》趁热打铁推出"打造广州北希望之城,争先融入珠三角"大型系列报道,从工业、农业、交通、基础设施建设、社会管理等方面,全方位报道佛冈对接广清一体化、打造新的增长极的探索经验和未来发展构想,采访部门一把手谈成效、谈亮点、谈未来发展规划,这一系列报道获得了当地党政机关部门和领导的一致认可,在市民群众中反响热烈。在日常报道中,围绕农村综合改革、创建全国文明县城、践行三严三实、经济发展和社会民生等中心工作,深入基层一线,挖掘了解一系列鲜活材料。

作好专题报道　在农村综合改革报道中,向全市推荐佛冈龙塘信用合作部建设、石角黄花村探索互联网+等先进经验;关注县内经济发展,对重点项目的引进、落户、建设过程,重点企业的成功经验进行深入采访,展示重点项目工程建设日新月异的变化和重点项目重点工程的建设实施如何惠及普通百姓;关注民生实事和百姓热点问题,2015年仅佛冈创建全国文明县城一项工作,就跟踪报道近20篇新闻稿件,其中挖掘不少基层素材,树立"佛冈好人"榜样。

丰富版面内容　为了丰富版面内容,增强报纸可读性,通过超前谋划,开辟《佛冈创文进行时》《践行三严三实》专栏,以社论、消息、述评、通讯、图片新闻、专题报道、系列报道等形式,将佛冈县委、县政府的重大工作和各项决策,及时、准确地宣传到各级各部门、基层一线和千家万户。

深化部门合作　在做好本地新闻宣传报道的同时,努力与各部门展开深入合作,开拓政务广告市场,在佛冈县委、县政府和佛冈县委宣传部的支持下,《改革发展看佛冈》创刊号顺利出版,打响政务广告合作第一炮。此外,2015年《佛冈视窗》还成功与佛冈县教育局、佛冈新农村试验区、佛冈县扶贫办等部门达成年度合作,开辟专栏挖掘部门亮点,形成示范作用。

新闻策划　2015年,《佛冈视窗》围绕佛冈县委、县政府中心工作,从领导的关注点、群众反映的热点、市民关注的焦点出发,详细制定和规划全年的宣传重点和每月宣传计划。《佛冈视窗》相继推出《打造广州北希望之城,清远南部率先融入珠三角》《佛冈农综改》等多个新闻专题,以农村综合改革、创建全国文明县城、践行三严三实、经济发展和社会民生等中心工作,深入基层一线,挖掘了解一系列鲜活材料。2015年,《佛冈视窗》与佛冈县委宣传部、佛冈县委组织部、佛冈县教育局、佛冈新农村试验区、佛冈县扶贫办等部门达成年度合作,共推出《佛冈扶贫》《佛冈创文进行时》《佛冈三严三实》等多个专栏。

特刊制作　组织参与《南方日报·清远观察》的《党政一把手访谈录》专题采写工作。

2015年佛冈十大新闻发布　经过《南方日报·佛冈视窗》编辑部的筛选和整理,"2015年影响佛冈的十件大事"于2016年1月6日正式发布,从不同角度记录佛冈开拓进取、真抓实干、奋力拼搏,在过去一年中与佛冈老百姓息息相关,反映佛冈经济社会发展中的亮点及重要事件。

2015年影响佛冈的十件大事分别是:佛冈两会:落实"三个定位"、对接融入大广州、大清远;农村综合改革列为佛冈2015年"一号工程";佛冈获"全国文明县城"提名城市;佛冈启动"创建省推进教育现代化先进县"工作;佛冈黄包车彻底退出营运市场;佛冈正式实施小孩入户与计生脱钩;青松东路正式打通;佛冈整治"为官不为"经验上央视;佛冈县体育馆建设方案公示;佛冈在全省率先启动不动产登记工作。

（程　浩）

体育事业

【概况】　佛冈县文化广电新闻出版局行使体育管理职能,负责全县的体育工作。2015年开展形式多样、丰富多彩的体育健身活动,丰富群众文体生活;积极组织体育队伍参加省、市举办的各项比赛,为运动员提供展示自己能力的平台。

【群众体育】 2015年,佛冈县春节期间举办"贺岁杯"足球赛、篮球赛、乒乓球赛、羽毛球赛、象棋擂台赛等文体活动。8月举办县"体育彩票杯"机关篮球赛。8月8日组织12支队伍参加全民健身广场舞比赛。9月举办佛冈县庆国庆"工会"杯全民健身羽毛球混合团体精英赛、清远市第二届乡镇男子篮球赛和广东省第二届村居篮球赛。2015年,全县共有体育场地430处,包括400米塑胶标准田径场1个,400米沙土标准田径场5个,全民健身广场6个,小型运动场45个,篮球场348个,室内羽毛球场4个,网球场10个,游泳场10个,漂流运动场1处。经过相关部门审批、合法的体育协会7个。各级社会体育指导员460人,达到每万人配置14个社会体育指导员的标准。同时,配送一批价值约30万元的篮球架、乒乓球台等体育设施,完善乡村公园或美丽乡村的功能建设。

【竞技体育】 2015年5月,佛冈县组队参加清远市第十一届国际龙舟锦标赛和英德市龙舟邀请赛,组团参加2015年广东省体育舞蹈公开赛暨清远市体育舞蹈第二届锦标舞比赛。10月组织参加"体彩杯"清远市第十一届业余网球锦标赛。12月推选县羽毛球协会代表佛冈县参加清远市第三届"北江杯"羽毛球赛和连州市羽毛球公开赛。佛冈县青少年业余体校定编4个。业余体校日常加强与教育部门及相关学校联系,对各类项目的运动员进行选拔和培训。2015,在县四小开办击剑训练班,有男运动员12名,女运动员8名。

【体育产业】 2015年,佛冈县体育彩票总销量1518.12万元,为清远各地方县销量最高,新增网点四个:水头镇16138,民安镇16260,四九镇16241,环城东路16101,福田路16243。佛冈县总共有体育彩票网点19个,其中县城网点12个,乡镇网点7个,市区网点分布更加趋于科学合理,乡镇网点分布更加广阔,市场覆盖持续加大。宣传工作方面,在县城人流密集的一号线公交车设置体彩广告;春节期间设置体彩即开型小卖场。6月在佛冈县机关单位全民健身"体育彩票杯"篮球赛会场设置大型体彩广告牌,搭建印有体彩公益宣传标语的各项宣传设施。此外,还有横幅宣传、展架宣传、中奖宣传、业主彩民的口口相传,以及节假日体彩即开小卖场的宣传送礼活动等,大大提升体育彩票品牌的知名度和认同感。

(黄 发)

新闻信息发布

【概况】 2011年10月,经佛冈县机构编制委员会批准,佛冈县撤销佛冈报社,设立佛冈县新闻信息中心。该中心定为公益一类的副科级事业单位,核定事业编制6名,领导职数为主任1名、副主任1名。中心主要职能为配合县委宣传部联系、协调县外各级媒体,对本县发生的重大事件或重要新闻进行宣传报道;协调《南方日报·佛冈视窗》《清远日报·佛冈新闻》两份平面媒体的宣传报道工作;运作"佛冈发布"官方微信平台和"佛冈手机报"等新媒体;审核、更新发布佛冈县政府门户网站的新闻信息。

【平面媒体编辑出版】 8月28日,县新闻信息中心配合县委宣传部建立"佛冈县新闻采编工作例会"机制,每周定期召开,策划新闻题材,正确引导宣传的导向,统一对外宣传的口径。全年召开13次会议,解决媒体宣传策划、宣传口径统一的问题。此外,县新闻信息中心专门安排中心副主任作为新闻协调联络人,及时转发会议通知,对时政新闻进行宣传报道。对合作办报的《清远日报·佛冈新闻》每周二出版前的报道题材进行审核。据统计,2015年共出版46期《清远日报·佛冈新闻》和48期《南方日报·佛冈视窗》。

【新媒体新闻发布平台打造】 优化"佛冈手机报"操作流程 8月,经中共佛冈县委同意,县新闻信息中心与中国移动佛冈分公司协调,将"佛冈手机报"发布端口移至县新闻信息中心,减少程序,优化流程,大大提高工作效率。将佛冈手机报发送至副科以上领导干部手机用户700多人,

2015年9月18日,清远市第二届乡镇男子篮球赛(佛冈赛区)在县人民中心篮球场举行
(石角镇供稿)

文化·体育·传媒

2015年1月27日,"佛冈发布"官方微信平台上线 （县新闻信息中心供稿）

共成功发布手机报250多次,信息量约2000条。

运作"佛冈发布"微信平台 1月27日由中共佛冈县委宣传部主管主办的"佛冈发布"微信平台正式上线。该平台交由县新闻信息中心具体运营。"佛冈发布"已逐步形成政府权威发布和贴近民生的采编风格,不但为广大市民提供丰富的政务资讯,还起到及时有效回应负面新闻、虚假新闻和网络谣言,客观发布突发事件处置情况,积极引导社会舆论的作用。据统计,截至2015年底,"佛冈发布"共更新各类新闻信息250多次,已拥有近5000名微信用户订阅关注。

规范政务网新闻信息发布流程 佛冈县政府门户网站新闻信息审核和发布是县新闻信息中心的工作职能之一。9月,县新闻信息中心与县政府电子政务办协商,由该中心管理门户新闻信息后台,统一审核和发布新闻信息,有效控制网络信息的泛滥,杜绝虚假信息影响政务的隐患。

【舆情监控和对外宣传】 协调处置网络舆情工作 针对1月3日广东南方电视台来佛冈县采访"高岗镇一会所KTV内出现斗殴"、1月9日各微信公众号散播"社会上谣传超生人口入户免缴费用"、8月23日网传"今年考上二本的家庭困难的学生可携带录取通知书和家庭困难证明到县工会领取2000元秋季助学基金"、8月12日佛冈发生H5N6禽流感事件等网络舆情,县新闻信息中心除派专人接待媒体记者,拟写并发表新闻通稿,还积极发动全县网评员队伍在网上引导广大网民积极乐观地看待县内新闻事件。据统计,2015年县新闻信息中心牵头发动网络评论员队伍处置涉及佛冈县负面舆情5起,及时回应媒体与公众关注的涉及佛冈县的热点问题。此外,县新闻信息中心还安排专人处置《清远舆情日报》工作,对市委宣传部转发给佛冈县的负面舆情事件,立即联系涉事单位,做好答复和整改处置方案。据统计,2015年县新闻信息中心共处置《清远舆情日报》转来负面舆情事件11起。

引导县外媒体正面宣传报道 县新闻信息中心的对外宣传小组专门负责联系中央、省、市媒体记者,全力做好对外宣传工作,引导外县媒体正面宣传报道。例如,1月13—15日中央媒体采访团集中采访实践活动、2月16—17日澳门商报广东办事处开展旅游资源开放系列采访活动、8月25—28日中央电视台开展"三严三实"转变干部作风采访活动、8月12日广东电视台报道"新闻最前线""DV现场""佛冈H5N6禽流感"等。县新闻信息中心派专人联系各镇及县委组织部、县旅游局、县科技和农业局等相关部门与采访媒体进行无缝对接,提供相关资料,并把活动的新闻稿件在《清远日报·佛冈新闻》和《南方日报·佛冈视窗》刊登出来。据统计,2015年县新闻信息中心共接待9家县外媒体,很好地将佛冈县各项工作取得的成效推广出去。

（江 静）

图书发行

【概况】 2015年广东新华发行集团佛冈新华书店有限公司（以下简称佛冈公司）在广东新华发行集团股份有限公司、佛冈县委宣传部的领导和大力支持下,立足公司实际,科学制定决策,紧紧抓住为佛冈广大师生、读者服务的宗旨,努力开拓市场、扩大发行、创新发展,全面完成年初制定的各项经济指标任务。

【教材征订发行】 中、小学教材的征订发行工作是佛冈公司的工作重点。佛冈公司严格遵守国家和省对教材发行的有关规定,加强教材征订发行的领导和管理,切实做好佛冈县中、小学的教材征订发行工作。在教材征订发行中,面对教学用书目录下达迟、征订工作任务重、时间紧等困难,严把订单关,避免学校错订、漏订和重订的现象发生;认真做好教材调剂工作,对学校追加、追减的订数及时调剂、上报,保证教材足额、配套、齐全;在争取稳住目录内配套产品的配套率的同时,努力拓展目录外教材。在教材收发阶段,做到随收随发,及时把教材分到佛冈县各中、小学校,确保"课前到书,人手一册"。2015年,佛冈公司在总结2014年目录教辅发行工作成果的基础上,针对教辅发行出现的新情况、新问题,及时与教育部门沟通联系,把握机遇积极应对,进一步强化服务意识、提高服务水平、优化服务质量，认真做好教辅发行的细节工作，争取扩大寒假作业和考试类教辅材料的征订。

【图书营销】 面对竞争日益激烈的图书市场，佛冈公司投入30万元升级改造振兴路购书中心，为读者创造舒适温馨、书香浓郁、方便快捷的购物环境，图书品种由原来的约6000种增加到10000多种。积极调整门市图书结构，将读者是否满意作为佛冈公司工作的出发点和切入点，并在"4·23"世界读书日、六一、寒暑假等节日开展一系列的营销活动，集中突击一般图书的销售。2015年佛冈公司进一步强化市场意识，在门市销售的同时，加大店外销售力度。一方面积极配合县委中心工作的学习要求，把学习文件和政治读物的发行抓紧抓好；另一方面组织员工到单位、企业工厂征订图书。

【公共文化服务项目】 高度重视2014和2015年度省级文化消费补贴项目，主动向佛冈县委宣传部汇报，由佛冈县委宣传部召集县财政局、县民政局和佛冈公司及时制定佛冈县文化消费补贴项目的工作方案，在各镇文化站的积极协助下，完成全县4302户城乡低保对象的文化礼包配送服务工作。

（吴春葆）

广播·电视

【概况】 佛冈县广播电视台的前身是佛冈县广播电视局。佛冈县广播电视局于2005年10月更名为佛冈县广播电视台，2015年4月进行改革重组，改革重组后的县广播电视台为佛冈县委宣传部管理的公益一类事业单位，同时接受县文化广电新闻出版局管理。

佛冈县广播电视台内设7个正股级机构：办公室、总编室、财务室、新闻部、广播部、产业发展部和技术播出部。广告中心为县广播电视台所属事业单位，不分类，不定级。2015年，佛冈县广播电视台按照年初制定的工作计划，围绕中心，服务大局，创新思维，狠抓管理，提升节目质量，充分发挥广播电视的舆论导向作用和社会文化服务功能，各项工作得到稳步推进，为佛冈的经济发展营造良好的舆论氛围。

【广播部】 佛冈人民广播电台，频率为98兆赫，广播综合覆盖率100%。2015年，广播电台紧紧围绕县委县政府中心工作，做好各项宣传报道，同时结合自身特点，在原有节目基础上，不断创新、开辟、制作各具特色的板块、栏目，令电台节目更贴近群众、贴近生活、贴近实际，收到良好的社会效益和经济效益。2015年，广播电台结合主持人的自身优势和特点，打造听众喜闻乐听的切合佛冈人民实际的节目。

行风热线 为促政风行风建设、建设和谐社会，由佛冈县人民政府纠风办、佛冈人民广播电台联合举办的《行风热线》节目在4月重新开始，至12月止，有县公安、住建、安监、财政、卫计、动物卫生监督、社保、科农、文广新局等10个单位上线。上线期间共接到群众有关方面的咨询和合理投诉共60人次，回复率为100%。节目的开设对政风行风建设起到重要的促进作用。

生活常识 针对电台传播的特点，开设众多贴近听众生活的小专栏，每天滚动播放。如《生活小贴士》《小故事大智慧》《汽车小知识》等，提高广播电台的可收听性。

公益广告 在每天的播出时间中不断穿插播放《讲文明、树新风公益广告》《创文、创卫公益广告》《党的群众路线教育实践活动》等类型的公益广告，营造良好的社会氛围。

【新闻部】 电视节目主要以《佛冈新闻》为主，其他为转播节目，全年公共广播节目转播时间8760小时。《佛冈新闻》每日双语播出，以贴近百姓生活为工作目标，多视角、全方位地追踪社会热点。据统计，2015年，新闻部共制作播出《佛冈新闻》230期、《一周回顾》46期、《县市连线》46期，新闻稿件1825篇（条）；广播部共播出新闻2031条（其中本台采编1560条，县属通讯员来稿171条，镇属通讯员300条。）

专题报道 广播部和新闻部先后完成"两会""项目建设""招商引资""城市建设""新农村建设""创文创卫""三严三实""农村综合改革"等重大会议或重要工作的宣传报道工作，重点宣传报道"两会"的重要精神，并及时推出《直击两会》《代表风采》《委员风采》等专题栏目。新闻部的《今日视线》《关注"农综改"》《美丽乡村逐个看》《春耕进行时》及广播部的《百姓身边事》《行风热线》等栏目深受市民关注，深入民心。

【广告中心】 广告中心为县广播电视台所属事业单位，不分类，不定级。广告分类分别有房地产、旅游、餐饮、家具、珠宝、招生、资讯、各类通告等，总体而言，房地产业是2015广告内容的重中之重，份额占据一半以上。按照规定，对一些明星代言、病患现身说法、敏感广告词、虚假广告等违规形式广告进行删减，针对一些有问题的广告在有关工作人员的协调下进行整改，以对观众负责的态度严把广告播出关。

【技术安全保障】 确保电台节目的安全播出，同时提高节目播出质量，上半年投资30多万元更换一套全自动数字广播播出系统。台网分离后，按安全播出的职责要求，电视广告播出与原播出机房分离（原播出机房属佛冈分公司），为此，投资60万多元建设电视广告播出机房，增添播出设备。

【改革重组】 根据《佛冈县广电网

络改革重组工作方案》和《佛冈县广电网络改革重组人员安置方案》的要求，完成广电网络改革重组工作，进行台网分离。3月23日，在广东省广播电视网络股份有限公司清远分公司领导的见证下，佛冈广播电视台向广东省广播电视网络股份有限公司清远佛冈分公司进行广电网络资产移交；4月30日，向广东省广播电视网络股份有限公司清远佛冈分公司进行广电网络人员移交。

（罗志明）

电影放映

【概况】 2015年，佛冈县的电影放映主要由商业性质的天域数字影城放映的商业电影和公益性质的新佛电影传播中心播放的农村电影两部分组成。

【佛冈天域数字影城】 佛冈县天域数字影城共有三个影视厅，三个影视厅均可放映3D电影，影片上映排期与国内各大城市同步，经常放映新片、大片，观众人数、票房收入、上座率均有较大上涨。2015年放映2800场次，票房收入140万元。

【农村公益电影】 佛冈县农村公益电影放映由新佛电影传播中心具体实施，2015年送电影下乡放映936场，观众人数46 800人次。2015年京东赞助的广场公益电影共放映10场，观众约4500人次。春节期间放映广场电影7场，观众约4000人次。

【广播影视技术能手】 佛冈县新佛电影传播中心放映员何高干代表广东省参加2015年5月21日在北京举行的《中国技能大赛——全国广播影视行业职业技能竞赛（农村电影放映员）》，取得全国第八名的好成绩，并被国家新闻出版广电总局授予"广播影视行业（电影放映员）技术能手"称号。

（何高干）

非物质文化遗产·博物

【概况】 佛冈县非物质文化遗产保护中心由佛冈县文化广电新闻出版局负责管理，办公室设在佛冈县文化馆内。该中心发掘出民间故事、笑话、风土人情、饮食习惯等非遗线索超过120条，分别有省、市、县级非物质文化遗产保护名录2项、12项、7项。佛冈县博物馆是县财政全额拨款的公益性一类事业单位，隶属于佛冈县文化广电新闻出版局。县博物馆馆藏文物共有335件／套（实际数量为2525件），其中：国家一级文物1件，是广东省内最早发现的青铜乐器青铜铙；国家二级文物2件，国家三级文物35件，另有两件为具有历史研究价值的纸质资料；其余均定为一般文物。

馆藏文物保护 佛冈县博物馆自开展全国第一次可移动文物普查工作以来，不断精益求精，按照国家关于可移动文物保护工作的要求，做好文物数据资料的收集、整理、录入、归档等工作。同时，为抓好馆藏文物的安全保卫工作，向省争取专项资金，安装博物馆库房监控系统和防盗系统，并购置文物恒温柜对馆藏文物进行恒温恒湿保管。2015年，全年馆藏文物无安全事故。

不可移动文物保护 佛冈县有省级文物保护单位2处（东坑黄氏宗祠、上岳村建筑群），县级文物保护单位4处（三爱亭、清献崔公祠、龙岗市过阶、上岳古围村）。2015年，加大文物保护力度和范围，在11月向局推荐一批具有历史、艺术和科学研究价值的同时具有代表性的不可移动文物点，作为佛冈县第三批县级文物保护单位参加评选。协助局做好上岳村建筑群省保单位保护规划编制的跟踪、服务工作，将上岳村建筑群的保护规划送市、省政府审核和公布。配合县宣传部、文广新局落实和完成上岳古围村国家历史文化名村建设和省保单位保护修缮工程的跟踪服务和监督管理工作。做好年度中央、省文物保护专项资金申报等工作。

文博教育与培训 佛冈县博物馆人员参加县人社局举办的事业单位人员公共课知识培训、省委宣传部组织的"全省基层博物馆馆长培训班"

2015年2月，县博物馆在县图书馆三楼大厅设佛冈古建筑、佛冈民俗等图片展

（县博物馆供稿）

以及各市县区的博物馆举办的各种学术演讲和展览等,学以致用,联合实际,在工作中不断创新、实践并总结经验,力求博物馆的各项事业取得更大的发展。2015年,博物馆干部教育培训课时最高达155课时,有效地提高了博物馆人员的业务素质和专业技术水平。

文博宣传与出版 2015年,佛冈县博物馆首次编印旨在反映佛冈县文化遗产特色的《佛冈文化遗产图册》,参与编印《佛冈文物》《佛冈故事》等。在没有独立馆址的情况下,利用县人民公园、县政府办公楼、县图书馆三楼博物馆展览厅及各个乡镇街市等场所举办多场展览活动:1月举办"佛冈民俗风情·古建·电影院图片展";2月举办"清远市古村落图片展"和"食在广州——南越王年夜饭"展览;5月17日参加省文化厅在惠州举行的"国际博物馆日"宣传活动,并现场发放《佛冈文化遗产图册》《佛冈民俗》和有关佛冈的风土人情文化书刊和旅游资讯资料;5—8月举行"5·18国际博物馆日"图片展的送展下乡活动;9—12月举行"走进东纵——东江纵队历史图片展"原创专题展览。2015年,各类展览参观总人次达1.4万人次。

【非遗保护与利用】 围绕"保护为主、抢救第一、合理利用、传承发展"的非物质文化遗产保护工作方针,引导和带动非物质文化遗产保护工作,推动非物质文化遗产保护工作全面、深入地开展:对代表性传承人进行保护,并按省级非物质文化遗产代表性传承人补贴标准,下达津贴补贴;配合上级部门组织民俗"舞龙""舞春牛""舞凤""舞狮"参加2015年大年初一民间民俗巡演;配合中央电视台拍摄以佛冈县省级非遗保护名录项目"舞被狮"为素材的《记住乡愁之围镇村——家和万事兴》专题片;参加2015清远市"春牛"争霸赛;收集整理资料,将"接送三王"民俗申报省级非遗保护名录项目,该资料已在5月底6月初送省文化厅非遗处;成功收集整理"豆腐节"传承人林贵树的传承资料送评省级优秀传承人。

(张春兰　李子良)

图书馆

【概述】 佛冈县图书馆是国家三级公共图书馆,隶属佛冈县文化广电新闻出版局,为正股级的公益一类事业单位,办公地址位于青松东路文化广场。2015年接待读者64 900多人次,外借图书47 700多册,阅览图书共111 900多册,在基层、企业建立4个流动服务点。

【阅读推广活动】 为进一步培养和提高少儿的阅读兴趣,让小朋友从小培养阅读的习惯,在"4·23"世界阅读日当天举办少儿故事演讲会。6月,图书馆服务宣传周期间举办迎"六一"有奖猜谜活动。8—10月,举办"照亮童年"绘本展览。为配合纪委开展廉洁读书月活动,推出"廉洁书籍"专柜,营造"读廉洁书籍,扬清风正气"的读书氛围。组织一批书籍送到县拘留所、戒毒所,让那里的人员能够通过阅读,吸收知识,补充精神食粮,进一步丰富他们的精神世界。

【专题讲座】 为进一步营造文学、音乐氛围,提升文学爱好者的写作技能和音乐、戏剧爱好者的欣赏、创作水平,9月举办杨湘粤"歌词创作与歌词作品欣赏"专题讲座。10月举办韩忠"相声表演的几个问题"专题讲座。12月举办梁力昌"光影世界的精彩"专题讲座。为营造全社会好人好报的社会共识和崇德尚善的浓厚氛围,12月举办以"爱岗敬业当先锋,无私奉献做楷模"为主题的道德讲堂。

【图片展览】 在"4·23"读书日和图书馆服务周期间,在县图书馆一楼大堂举办"绚丽广东"摄影图片展览,让读者了解广东民俗之美。为纪念抗日战争胜利70周年,9—12月在县图书馆三楼展厅举办"传承东纵革命精神,弘扬爱国主义精神"东纵史实图片展览。为宣扬爱国精神,教育和践行社会主义核心价值观,利用宣传栏展出"伟大的胜利""9·3"大阅兵图片展览和"同盟国的胜利——抗日战争图志"等书展。

【送书下乡】 精心组织一批书籍,利用流动书香车,到基层村开展"共圆中国梦"送书下乡阅读活动,让群众享受阅读的乐趣。开展馆外业务延伸,在村、机关、厂矿建立4个流动

2015年9月2日,县博物馆在县图书馆三楼展示厅举行抗日战争书画展览,吸引大批学生前来参观学习

(张春兰摄)

服务点，并给县武警支队赠送书籍200多册和杂志一批，供武警官兵阅读。

【农家书屋】 2015年，佛冈县认真做好上报省、市添置图书藏书量的各项报表，将省市扶持佛冈县的图书及其他阅读资料，合理配置到全县79家农家书屋，增加书屋的藏书量；督促农家书屋免费和定期开放，做好农家书屋管理员的培训工作，切实实现农家书屋的功能，提高书屋管理员的专业素质和图书管理技能。

（刘小红）

档案工作

【档案资源建设】 档案资源 2015年，佛冈县档案馆依法接收各类档案600卷，15 358件，收集图书资料168件，照片120张，光盘档案4张，实物档案5件；积极开展档案信息资源的开发利用服务工作，共接待利用档案469人次，利用档案3956件；新增到期开放档案159卷，充分发挥档案的社会效益。

档案编研 坚持编写《佛冈县大事记》，为领导决策提供服务。丰富馆藏档案资料，新增4种公开出版刊物：《佛冈改革开放大事纪实》《佛冈经济发展历程》《佛冈社会主义新农村建设资料专辑》和《佛冈县社会主义新农村建设成果画册》。

【档案信息化建设】 加快档案信息化建设，进一步完善档案馆软、硬件设施设备。对档案管理数据库进行全面升级，新购9台电脑、1台多功能传真机、2台高端扫描仪，在2号库房安装档案密集架270立方米，各库房安装气体灭火系统、110报警系统、视频监控集成系统、恒温恒湿系统和门禁系统，对库房的灯光布局进行重新设置，确保档案管理的绝对安全。同时，对档案馆内墙体进行翻新，使档案馆内整体更加整洁、美观。

【佛冈县档案馆晋升国家二级综合档案馆】 2015年根据《清远市档案事业发展"十二五"规划实施方案》，明确要求佛冈县档案馆晋升国家二级综合档案馆。佛冈档案局根据相关的工作要求，向县委、县政府争取到资金上的大力支持，从县财政拨出150多万元用于县档案馆晋升国家二级综合档案馆所需经费。

制定晋升国家二级馆任务分解书表 制定佛冈县档案馆晋升国家二级综合档案馆的任务分解书表，采取责任到人的方式，进一步明确工作职责，局领导适时掌握工作进度情况，切实抓好各项任务的落实。

完善软、硬件设施 调整一间办公室作为数字化工作室，聘请临时工、合同工共16人，加班加点整理馆藏档案，完成文件级目录录入21 358条，全文数字化扫描29 954页。文件级目录录入达到796 696条，文件实体扫描415 441页；调整佛冈县档案馆档案鉴定、开放领导小组，对馆藏满30年的5637卷档案进行重新鉴定、开放；对新接收进馆档案进行消毒处理，对破损较为严重的重点档案共955卷进行修裱。

举办佛冈县社会主义新农村成果展 2015年佛冈县档案馆在馆内举办佛冈县社会主义新农村成果展专题展览，接待社会各界前来参观学习，为创建国家二级综合档案馆奠定坚实的基础。

【"国家档案日"宣传活动】 6月举办形式多样的档案宣传活动，让档案走进家庭，让市民走进档案馆，让广大人民群众了解"家庭与档案"的关系，积极搭建档案与公众交流的桥梁，进一步增强社会档案意识和公民的档案法制观念，拓展档案社会服务功能，使档案工作更加贴近中心、贴近实际、贴近群众。

【佛冈县档案学会成立】 2015年，佛冈县档案局经县民政局批复成立佛冈县档案学会。6月12日，佛冈县举行档案学会成立大会，大会通过《佛冈县档案学会章程》，选举产生县档案学会第一届理事长、副理事长、秘书长、监事长，县档案局朱海燕当选为学会理事长，会员54人。

（朱明采）

方志、年鉴编修

【概况】 2015年，佛冈县地方志、年鉴编修工作有新进度，《佛冈年鉴·2015》首次采用四色印刷，编纂质量和水平有新的提高；完成省地方志办立项《佛冈古村落》编写；在全省率先启动自然村落历史人文普查工作；地方志信息化建设水平不断提高，全县入库数据总量达650多万字。

【地方志资料年报】 2015年，县史志办继续在全县开展地方志资料年报工作。2015年4月20日，在佛冈县史志工作会议上，部署地方志资料年报工作，明确2015年地方志资料年报工作任务，要求各承报单位2015年内完成2007—2014年共8年的资料年报。同时，史志办编辑人员分工负责联系各单位，检查指导资料年报工作。2015年底，这一时期的资料年报工作全面完成。

【《佛冈年鉴·2015》出版】 2015年10月，中共佛冈县委、佛冈县人民政府主办的《佛冈年鉴·2015》由华南理工大学出版社出版发行。全书设28个类目、157个分目、34个子分目、982个条目、86.7万字，配有彩色图片52版，正文随文插图，图文并茂地记载2014年佛冈县经济社会发展的基本情况，反映各行各业的新变化、新发展。按照常编常新的原则，《佛冈年鉴·2015》在上年框架的基础上对部分类目、分目进行调整、充实。如，新增"政党·政权"类目，原类目"中共佛冈县委""佛冈县人民代表大会""佛冈县人民政府""政协佛冈县委员会""纪检监察""民主党派"调整为分目,原分目改为子分目;"佛冈概况"类目中增加"历史文化·传统民俗""县四套班子、县直副科以上单位和省市直管单位及各镇领导人名单(2014年)"分目等。同时,在装帧印刷上首次采用四色印刷,使版面设计更加美观。通过以上调整,年鉴类目设计更科学,归属更合理。

【地方志信息化建设】 县史志办做好地情网站的维护、管理,及时更新史志工作动态,完成《佛冈年鉴·2015》《佛冈古村落》《佛冈革命故事》等地情资料的上传、发布工作。至年底,佛冈县地情网发布综合志书1部、综合年鉴6部及地情资料书11部;各栏目发布文章302篇、图片296幅。总访问量累计达40万人次。

【《佛冈古村落》编纂出版】 2015年12月,佛冈县史志办公室编纂的《佛冈古村落》由中州古籍出版社公开出版。全书共23.6万字,200多幅照片,采用四色印刷、图文并茂的形式,直观、生动、详尽地反映佛冈古村落的传统风貌和地方特色,彰显古村落的历史文化价值。该书收录上岳古村、汤塘围、社岗下村、佛冈村、围镇村等佛冈较为典型的、具有历史悠久、历史文化底蕴深厚特点的15个古村落,其中上岳古村为中国历史文化名村,汤塘围为广东省古村落。该书主要记述各村的地理环境、村落形成、历史沿革、姓氏源流、民居宗祠、民情风俗、历史事件、古今人物、传说故事、古村新貌等10个方面内容,其中涉及一批保存较为完好或亟须抢救保护的古民居、古祠堂、古道、古井、古街巷、古寺庙等历史文物,具有鲜明的岭南地域特色和时代印记。

【《佛冈县石角镇龙塘村志》编纂出版】 2015年10月,佛冈县史志办公室、佛冈县石角镇龙塘村委合编的《佛冈县石角镇龙塘村志》成书出版。全书设8章、31节、25万字,配有彩图34版,图文并茂地记述龙塘村的变迁沿革、发展轨迹,具有资料性及地方特色。同时,该书是佛冈县第一部村志,也是清远市首创镇村与史志部门联合编纂的村志,为全县各地编纂村志及开展自然村落历史人文普查提供参考。

【佛冈县在全省率先启动自然村落历史人文普查】 召开普查工作会议 在制定、印发普查工作方案的基础上,于2015年11月4日,佛冈县召开自然村落历史人文普查工作会议。根据会议部署,普查工作以自然村为普查单位,以名称由来、地理环境、历史沿革、姓氏源流、人口、风俗习惯、宗教信仰、掌故传说等为普查对象,动员部署全县自然村落历史人文普查工作。佛冈县在全省率先启动自然村落历史人文普查。

开展普查工作的意义 普查工作根据省、市的部署开展。据2015年底的普查统计,佛冈县有78个行政村(片区)、12个社区、822个自然村,其中形成于清代及以前的古村落占90%以上。自然村落保存的历史人文文化,是岭南文化的重要组成部分。开展普查工作,对进一步摸清基本县情和镇情、抢救和保护历史文化遗产具有重要意义。

试点先行 全面铺开 2015年5月,佛冈县就开始筹备自然村落历史人文普查工作,并在完成全县15个古村落普查的基础上,编纂出版《佛冈古村落》作为自然村落历史人文普查的参考书。2015年10月27日,佛冈县石角镇作为清远市开展自然村落历史人文普查工作的唯一试点镇,召开了自然村落历史人文普查工作会议,标志着全镇普查工作全面铺开。至2015年12月底,石角镇全镇201个自然村,已全部完成资料搜集以及填报普查表、自然村"调查"条目初稿撰写。同时,全县其他镇也相继召开普查工作动员大会,全县普查工作顺利启动,各镇普查工作全面开展,至2015年12月底,全县共有普查员437人,撰稿人335人。

【地方志资源开发利用】 根据省地方志办《关于申报2015年地方志资源开发利用项目的通知》要求,佛冈县2015年纳入省级地方志资源开发利用项目1个,为《佛冈古村落》(著述)。同时,继续完成上岳古韵新貌展厅建设、布展的整理结项材料报送省地方志办和市史志办,正式结项。继续组织送书下乡基层活动,主动为各级领导和广大群众读史用志提供服务。

(黄春苗)

2015年11月4日,佛冈县自然村落历史人文普查工作会议在县人民中心主楼110会议室召开

(县史志办供稿)

卫生·医疗·保健

责任编辑：黄常远

卫生综述

【概况】 佛冈县卫生和计划生育局是县人民政府管理医疗卫生和计划生育的行政部门。主要承担组织管理全县医疗卫生和计划生育机构、统筹规划与协调卫生资源配置、计划生育协会、公共卫生等工作。内设股室有：办公室、人事股、医政股、预防保健股、政策法规股和信息管理、流动人口与考核评价股。

【县级公立医院价格改革】 扩大改革覆盖面，将县中医院纳入县级公立医院改革范畴。按照"总量控制、结构调整、有升有降、逐步到位"的原则，制订出台新的县级公立医院医疗服务价格调整实施细则，服务价格的调整体现医务人员技术劳务价值，重点提高诊疗、手术、护理、床位等服务项目价格，同时降低大型医用设备检查、治疗价格。调整后的服务价格在2015年10月1日正式实施。

【县级医院服务能力提升】 县人民医院集团服务能力提升 县人民医院集团以县人民医院"二甲"复评为契机，由市人民医院托管，不断强化内部管理，完善各项管理规章制度，医疗服务、医疗文书、处方质量大大提升，在11月初市卫生计生部门专家组的"二甲"复评中获得好评，全院经济效益和社会效益稳步提高。门急诊量达311 286人次，同比增长0.07%，收治住院病人数为19 367人，同比增长0.01%，医院业务总收入达到17 637万元，较上年同期增长13.59%。加强集团医疗资源配置，新购进50万元以上设备有260SL电子胃肠镜、STOZE宫腹腔镜、乳腺活检系统、低温灭菌器、彩色B超（2台）、等离子电切系统、1.5T磁共振等设备，大力提升综合医院的业务技术水平和服务能力。完善健康体验中心、消化中心病房、口腔中心、影像中心、慢性病防治医院社区服务中心建设，新建儿科门诊和预防接种门诊。协调推进县妇幼综合大楼二期装修工程，力争在2016年竣工并投入使用。引进卫生专业人才，先后到南方医科大学实地选拔人才，并举办应届及往届毕业生人才招聘会，先后招聘医学院的5名本科毕业生、1名护士，引进6名副高以上职称医师，为医院专业技术队伍输送新鲜血液。借助清远市人民医院和南方医科大学第三附属医院的帮扶关系，争取到广州医科大学第三附属医院进行对口帮扶。

县中医院服务能力提升 县中医院围绕"抓专科、重技术、促发展"的目标，不断提高医疗质量，规范医疗行为，促进医患和谐。1月，省中医药管理局公布二级中医医院评审结论，县中医院顺利通过二级甲等中医医院评审。4月，正式启用门诊电子处方，建立医生工作站，实现与收费、药房相连接，提高工作效率。积极争取上级资金150万元，拆除建于20世纪50年代的旧礼堂危房，建设40平方米的中药饮片煎药室、病友厨房，对住院部所有病房门、墙体、厕所等进行全面更新改造，医院面貌得到改善。与省中医院签订3年帮扶协议，定期派出专家亲临指导、坐诊、带教，运用中西医结合并发挥中医药的特色疗法治疗妇科疾病。8月购置安装一套腹腔镜设备，填补县中医院微创技术的空白。同时，以中医药服务能力提升工程建设为契机，启动新门诊住院大楼建设。开展中医药服务能力提升工程建设，在县中医院建设中医药适宜技术视频培训平台，在各镇卫生院推广使用15项以上、村卫生站和城中社区卫生服务中心6项以上中医药适宜技术。发挥中医药特色优势，鼓励医务人员应用中医药，中药饮片使用率达33%。

【国家基本药物制度使用扩大】 2015年度，县级医院的基本药物使用率达50%以上，11间镇卫生院所用药品100%实行药物网上采购和零差率销售，78间村卫生站的大部分药品由当地卫生院进行采购。继续按照《佛冈县关于开展平价医疗服务试点工作实施方案》要求，扩大平价医疗服务。

【人事制度改革】 主动协调县编办多次调查研究妇幼保健和计划生育技术服务资源整合，经广泛征求各镇和有关单位的意见，制定《佛冈县优化整合妇幼保健和计划生育技术服务资源实施方案》，报请县政府同意印发并在9月底正式实施。积极协调县财政局制定山区医务人员岗位补贴实施方案，按人均500元落实基层卫生院医务人员岗位补贴，有效地调动基层医务人员的工作积极性。同时，推动社会办医，新开设1家中医医疗机构，办理1家民营一级综合医院的重组改革。大力开放执业医师多点执业，全县已注册多点执业医师12人。

【基层医疗卫生机构建设】 **调整充实11家基层卫生院班子** 对5家卫生院院长和1名副院长进行轮岗，并按照干部任免程序，提拔任用6名卫生院院长和8名副院长。

推进对口帮扶医疗卫生 与广州市白云区卫计局签订帮扶协议，分别由白云区妇幼保健院、太和镇医院、石井人民医院帮扶佛冈县中医院、汤塘镇中心卫生院、龙山镇卫生院。

改善基层医疗机构服务环境 推进市县重点项目——迳头镇中心卫生院建设，积极协调各个部门，完成项目的建设用地变更、招投标等手续，由广东信震建筑工程有限公司中标承建，2015年11月签订施工合同和委托监理合同，并加紧进行基础建设。完成石角镇卫生院建设项目用地确权，报请县发改局进行重新立项。完成汤塘镇四九卫生院、龙山镇民安卫生院和烟岭卫生院等院容院貌建设，为基层卫生院申请定编急救车辆8台。

加强基层卫生院财务管理 7月，印发《关于进一步加强镇级卫生院财务管理工作的通知》，明确财务收支、收费、药品耗材物资采购、固定资产、疫苗等管理措施，要求实行副职财务签批制度，严格执行"三重一大"制度。9月中旬，组织纪检、人事和财务人员对11家卫生院的财务管理进行一次全面督查，发出书面通报，指出存在问题并提出整改要求。

加快推进一体化卫生站标准化建设 2015年建成验收17间。积极落实医疗机构责任保险制度，为78间纳入一体化管理的行政村卫生站购买医疗责任保险，费用由县财政、村卫生站各承担50%。

【卫生监督】 **健康因素监测** 3—4月组织开展食品和公共场所从业人员健康检查大行动，对所有公共场所

2015年8月27日，佛冈县"创建省级人口文化示范基地"启动仪式暨新家庭辅导员培训开班典礼在石角镇政府礼堂举办　　　（县卫计局供稿）

卫生许可证进行换发，为食品和公共场所从业人员体检6145人，其中食品类体检4783人，公共场所类体检1362人；职业体检49人，未发现职业禁忌症和疑似职业病。开展饮用水、餐具和公共场所监测，市政供水监测193份，合格率为81.9%；监测餐具470份，合格率为96.6%；旅业监测362份，合格率为99.2%；卡拉OK杯具监测42份，合格率为97.6%；空气中细菌总数监测15份，合格率100%；仪器现场监测48点次，合格率100%；游泳池水监测36份，合格率为63.9%；农村饮用水水质卫生监测52份，合格率为57.7%。全年监测水样245份，合格率为76.7%。居民合格碘盐食用率为99.3%，碘盐覆盖率为100%；监测学校数48间，监测学生数41 699人，监测学校点中小学生因病缺课人天数903人（天）。

卫生监督执法 依法开展卫生行政许可，受理卫生许可证43间。做好春节、中秋、国节等重要节日的卫生保障和传染病流行高危季节的卫生安全监督，出动205人次、37车次，对98家公共场所和5家自来水厂进行监督检查，发出卫生监督意见书75份，有效防止突发公共卫生事件发生。持续打击非法行医，规范执业行为，检查诊所、卫生站198间，取缔非法行医场所13间，予以行政处罚3500元，没收医疗器械和药品价值17 900元，捣毁户外招牌28个。组织开展"出生医学证明"专项整治行动，对全县13间助产医疗机构的"出生医学证明"管理工作进行督导检查，检查43间次，检查出生医学证明2972份，发现问题2份，已责令问题单位予以整改。

【医政管理】 **医护人员执业管理** 办理执业医师注册48人，执业医师变更注册65人，执业医师多点执业地点2人，遗证补发7人，注销注册15人。办理护士执业注册28人，变更注册43人，延续注册15人，注销注册6人。核发2015年护士执业资格考试成绩合格证明9人。组织482名医师参加定期考核，完成53名护士执业资格和113名医师执业资格报考审核。

住院医师规范化培训 办理参加住院医师规范化培训理论统考的医师47人，其中临床医师43人，中医师4人。办理报批住院医师规范化培训合格证22人，其中临床医师18人，中医师4人。

医疗机构的管理 按程序批准设置医疗机构2家，其中1家为医疗美容机构，填补县医疗美容市场的空

2015年4月25日，县疾控中心在人民公园举办"4·25"儿童预防接种宣传日活动 　　（县疾控中心供稿）

白。校验医疗机构215家，与卫生监督所实地校验、监督医疗机构89间次，发出整改意见书36份。

县120急救中心正常运行　全县纳入120急救中心调度的医疗机构共10间，中心接听电话11 155次，出车2706车次。

处理医疗纠纷事件　邀请市医调委举办医疗纠纷防范与处置学习培训班，为全县公立医疗机构领导、中层管理人员授课。引导医患双方寻求医调委或司法途径解决纠纷。截至2015年底，受理、调解、处理医疗纠纷10宗，已结案的医疗纠纷7宗（包括重大医疗纠纷1宗），没有发生医疗纠纷越级上访事件。

【**基本公共卫生服务项目**】　建立村级卫生站基本公共卫生服务台账，举办两期镇村基本公共卫生知识培训班，制定《村级卫生站基本公共服务项目考核方案》，把全县基本公共卫生服务项目约30%的职能下沉到村卫生站，基本公共卫生服务项目各项指标良好。2015年，全县累计城乡居民健康电子档案达281 626份，以全县常住人口数318 172人计算，建档率为88.51%，规范建档率约85%。其中：老年人健康管理29 552人，管理率88.87%，为老年人提供1年1次健康体检，已体检18 475人，体检率62.52%；已登记管理高血压患者19 726人，管理率62.98%，规范管理14 382人，规范管理率72.91%，血压达标人数9837人，血压达标率50.87%；登记管理糖尿病患者5489人，管理率33.96%，规范管理4516人，规范管理率83.5%，血糖达标人数2823人，血糖达标率52.2%；重性精神疾病患者网络在管人数有1421人，管理率51.37%，规范管理患者1262人，规范管理率88.81%；孕产妇系统管理3772人，0—6岁儿童系统管理29 541人，为1840位农村生育妇女免费补服叶酸，补服率92.4%；婴儿死亡2人，婴儿死亡率0.516‰，无孕产妇死亡。恢复农村孕产妇住院分娩补助每人100元，共补助484名农村孕产妇。

【**疾病预防控制**】　开展为35—64岁已婚农村贫困妇女免费进行乳腺癌、宫颈癌筛查。5月组织各镇对符合条件的1200多名妇女造册登记，6—9月协调市妇幼保健院全面铺开筛查，率先在全市完成筛查任务，全年累计筛查1260名妇女，确诊患乳腺癌1人，宫颈癌2人。认真抓好消除疟疾验收年工作，消除疟疾达到国家标准。举办疾病预防控制业务培训班，加强H7N9禽流感、登革热等传染病监测，妥善处置石角镇簕竹坝碧泉山庄H5N6禽流感疫情。全县没有发生重大疫情。加强健康教育知识普及，举办"5·15"碘缺乏防治宣传日等活动，开通佛冈卫生计生微信公众号，与广播电视台签订专栏协议，定期开展卫生健康、疾病预防知识和卫生计生法律法规宣传。开展家庭发展能力建设、卫计系统南粤幸福活动周"幸福大礼包"等系列义诊宣传活动，派出100多名医务人员，为1250名群众提供诊治服务和赠送价值4.3万多元的药品。

（朱志坚）

疾病预防控制

【**概况**】　佛冈县疾病预防控制中心是副科级公益一类卫生事业单位，是全县疾病预防控制、儿童计划免疫、突发公共卫生事件应急处置、信息管理、健康危害因素监测与干预、实验室检测检验与评价、健康教育与健康促进、健康技术指导与应用研究的单位。2015年疾病预防控制主要抓好全县儿童的计划免疫，疾病预防与控制，消灭脊髓灰质炎、控制甲流、H7N9、乙肝、麻疹为重点。做好各项卫生监测、检验及健康体检和脊灰零病例报告，法定传染病报告。

【**法定传染病报告**】　根据《疾病监测信息报告管理系统》中的疫情数据统计，2015年全县无甲类传染病报告，累计报告乙类、丙类法定传染病17种共2127例，2014年同期累计报告2594例，报告发病数下降467例，下降18.00%。报告乙类传染病11

种，发病1293例，发病率409.64/10万，死亡2例（艾滋病），报告发病数居前五位的病种依次为：乙肝、梅毒、丙肝、肺结核、淋病。报告丙类传染病6种，发病834例，发病率264.22/10万，无死亡。报告发病数居前三位的病种依次为：手足口病、其他感染性腹泻、流行性感冒。

【脊髓灰质炎疫苗查漏补种】 坚持以消灭脊灰，控制甲流、H7N9、乙肝、麻疹为重点。继续做好AFP、麻疹、新生儿破伤风、AEFI及接种率的监测工作。每月及时收集、整理并准时上报各类监测报表。2015年报告34例AEFI个案，及时进行调查报告和处理；报告0例AFP、0例新生儿破伤风病例和0例麻疹病例。

【麻疹疫苗及脊灰疫苗查漏补种】 根据广东省免疫所、清远市卫生和计划生育局的指导意见，4月，对全县0—4岁（2010年4月1日以后出生）儿童开展脊灰、含麻疹成分疫苗查漏补种。查漏补种于4月底完成，全县查漏补种情况为：脊灰疫苗全县累计应种人数2428人，其中本地应种2299人，外地应种129人；实种人数2308人，其中本地实种2186人，外地实种122人，接种率95.1%。含麻疹成分疫苗全县累计应种人数1679人，其中本地应种1555人，外地应种124人；实种人数1614人，其中本地实种1497人，外地实种117人，接种率为96.1%。

【常住儿童免疫规划疫苗接种】 基础免疫接种 接种卡介苗3723人，接种率99.97%；脊灰疫苗5134人，接种率99.94%；百白破4908人，接种率99.96%；麻疹5176人，接种率99.98%；乙肝4799人，接种率100%，首针及时率96.76%；乙脑5118人，接种率99.94%；A群流脑5138人，接种率99.88%；甲肝接种5163人，接种率99.96%。

加强免疫 4岁脊灰疫苗共加强免疫4548人，接种率99.89%；1岁半加强百白破7441人，接种率99.94%；麻疹5460人，接种率99.91%；乙脑2岁加强5402人，接种率99.91%；百白破6岁加强3058人，接种率99.87%。

【突发公共卫生事件处置】 登革热散发疫情的调查处理 全县报告1例登革热疑似病例，经采样送省CDC检测后排除。

埃博拉出血热疫区入境人员的健康监测 佛冈县一直以来密切关注埃博拉疫情情况，对佛冈县从埃博拉疫情流行国家归国的人员进行健康监测，密切关注其健康状况。2015全县未接到有从疫情流行国家归国人员的信息。

指导水灾后消毒防病 5月5—6日，受强降雨云系影响，佛冈县普降大暴雨到特大暴雨，造成佛冈县汤塘镇、石角镇受灾。灾情发生后，县疾控中心紧急启动抗洪救灾防病应急预案，立即做好应急物资和人员的准备，中心主任李功锋带领指挥，派出9名专业人员到各受灾户指导群众做好灾后消毒工作，指导村民开展洪灾后饮用水和环境卫生消毒工作。指导消毒总面积5万平方米，发放消毒粉52瓶，宣传小册子100多份，以防止洪涝灾害后引起大的传染病暴发和流行，确保群众生命健康。

【艾滋病监测】 高危人群外展干预活动 根据防治工作计划的要求，开展吸毒人群和暗娼外展干预活动。县戒毒所有87名吸毒者接受艾滋病高危行为干预，发放《戒毒人员保健手册》87本。干预暗娼22人次，活动形式是发放宣传资料及安全套，主要利用晚上时间进行，发放艾滋病防治宣传折页22份、安全套300只，提高广大女性对艾滋病、性病的防治意识。

自愿咨询检测 县疾控中心接受115人艾滋病自愿咨询检测。其中吸毒人员87人（为哨点监测对象）、自愿咨询检测28人，检测结果HIV初筛阳性5人、梅毒阳性5人。县人民医院咨询检测23人，检测结果HIV初筛阳性1人，梅毒全部阴性。HIV初筛阳性样本送清远市疾病预防控制中心艾滋病确证实验室进行确证检测，所有数据均已录入艾滋病检测咨询信息管理系统。

随访关怀及CD4细胞检测 对现住佛冈县的HIV/AIDS病例随访96人次，失访19人次，及时了解病例的病情，并提供必要的心理咨询服务，发放宣传资料80份，安全套220只。2015年有5人抽血检测CD4细胞，收到检测报告后及时通知患者前来领取，并做好解释工作，达到服药标准的动员其到清远市人民医院接受抗病毒治疗。

流行现状 根据艾滋病防治信息管理系统数据显示，从2001年报告现住址为佛冈县的HIV/AIDS病例起，至2015年12月累计报告HIV/AIDS病例77例（AIDS38例，HIV39例），其中男性53例，女性24例；累计死亡31例（AIDS17例，HIV14例），其中男性26例，女性5例。2015年新增报告HIV/AIDS病例13例（AIDS病例4例，HIV9例），其中男性8例，女性5例；死亡2例，女性，均为AIDS病例。

【不明原因肺炎监测】 县人民医院报告发热肺炎病例监测门诊病例累计总数289 816例，其中流感样病例数526例，均无发热肺炎病例和不明原因肺炎病例；监测入院病例总数17 748例，发热肺炎病例83例，无不明原因肺炎病例。

【霍乱、伤寒、副伤寒和痢疾等重点肠道传染病监测】 无霍乱、伤寒、副伤寒、细菌性痢疾病例报告。肠道传染病监测中，从业人员健康体检中取材6272份，进行伤寒、副伤寒杆菌以及痢疾杆菌的检测，结果均为阴性。

【狂犬病监测】 无狂犬病病例报告，接种狂犬疫苗2582人，其中被犬伤注射2063人，被猫伤注射345人，被鼠、其他动物致伤注射174人，有进行伤口处理2391人，注射抗狂犬病免疫球蛋白6例。全县各犬伤暴露监测门诊均使用广东省急性传染病监测信息平台系统录入狂犬病门诊暴露人群监测资料，县疾控中心每月5日前将数据汇总上报市疾控中心。

【农村饮用水水质卫生监测】 开展农村饮用水水质卫生监测52份，合格30份，合格率为57.7%，主要超标项目为菌落总数、总大肠菌群、耐热大肠菌群。监测水样245份，合格188份，合格率为76.7%。

【碘盐监测】 根据碘缺乏病防治"十二五"规划和相关要求，结合佛冈县的实际情况，居民合格碘盐食用率为99.3%，碘盐覆盖率为100%，监测学校数48间，监测学生数41 699人，监测点校中小学生因病缺课人天数903人（天）。

【高血压病管理】 35岁及以上高血压患者预估人数31 323人，35岁以上居民首诊测血压人数36 125人，已纳入管理人数20 371人，管理率65.39%，随访人次数58 863人次，规范管理人数14 609人，规范管理率71.71%，血压达标人数14 609人。

【糖尿病管理】 35岁及以上预估人数16 160人，已管理人数5631人，管理率34.85%，随访人次数17 641人次，规范管理人数4465人，规范管理率79.29%，血糖达标人数2958人。

【参与H5N6禽流感疫情处置】 2015年8月6日，佛冈县石角镇莲溪村籁竹坝（地名）碧泉山庄罗志强鸡场发生H5N6禽流感，县疾控中心接到通知后立即启动应急预案，成立工作领导小组，有序开展应急处置工作：县疾控中心派出31人次、6车次，参与疫点和疫区消毒，派发消毒粉88瓶，参与消毒面积约17万平方米。对疫点养殖人员及在8月8日、13日进入疫点工作人员237人进行为期一周的医学观察，在H5N6禽流感的最长潜伏期内，所有医学对象未出现发热、不适等异常症状。8月11日、18日、24日派出工作人员对疫点及县城五大活禽市场采集外环境样本121份，疫点养殖场暴露人员咽式子标本，及时送上级进行检验并反馈检验结果。截至8月23日，全县16间医院、卫生院、城中社区卫生服务中心对流感病例、不明原因肺炎、住院重症肺炎病例的监测中，发现56例流感样病例、1例重症肺炎病例（经采样送清远疾病预防控制中心检测，结果为禽流感核算阴性），无不明原因肺炎，未发现疑似禽流感病例。派出工作人员对全县各医疗机构就流感样病例、不明原因肺炎等监测工作进行督导，加强相关监测工作，做好禽流感防控工作。县疾控中心监测组人员在处置过程中通过面对面、贴海报、发放宣传单等形式开展禽流感防控宣传，提高群众对禽流感的认识，做好个人防护，共同防控禽流感。

（范春梅）

2015年8月8日，县防疫工作人员在现场处置H5N6禽流感疫情

（县疾控中心供稿）

卫生监督管理

【概况】 卫生监督所通过加强内部管理，完善各项规章制度，注重卫生执法队伍业务培训，规范卫生监督执法行为，树立卫生监督新形象，开展各项卫生监督执法，整顿个体医疗市场，开展饮用水卫生、学校卫生、公共场所卫生、传染病防治、医疗机构、血液安全管理监督等。

【强化内部管理】 修订完善卫生监督所各项工作制度，以制度管人，保证单位正常工作秩序；建立岗位责任制、首问责任制、责任追究制等管理制度，实行党务、政务公开；公开办事程序，缩短申请办证时间，为群众办证提供方便，使办证效率大大提高，得到群众的好评；加强党的领导及党风廉政建设工作。卫生监督所制定单位党风廉政建设工作计划，全年未发生违反党纪、政纪现象。

卫生监督稽查 卫生监督所成立专门的稽查机构，内强素质，外树形象，认真履行职责。通过集中学习、提高自身素质、建章立制、真抓实干，全所稽查工作进入制度化、法制化轨道。履行全所考勤考核稽查登记。处理举报投诉，卫生和计划生育局转来网上投诉4起，均及时反馈并处理。

【卫生监督员培训】 为适应全员执法、全方位执法的需要，提高全所干部的综合素质，2015年先后选派人员参加省、市、县级举办的培训班，单位举办集中学习23次，参加学习的人员184人次，提高卫生监督人员的思想素质和业务水平。

加强卫生监督协管员的培训 4—5月期间，卫生监督所下基层，对基层协管员进行培训，主要包括卫生监督信息收集与报告，被监督单位信息卡填报，卫生监督协管巡查内容，卫生监督协管文书书写规范。

【卫生法律法规宣传】 为让群众更多地了解卫生法律法规，配合专项卫生监督执法工作，卫生监督所充分利用电视、报纸、宣传车等宣传形式，开展《传染病防治法》《职业病防治法》《学校卫生工作条例》《公共场所卫生管理条例实施细则》《行政许可法》等专项宣传活动，分发宣传资料1000份。为配合各项卫生监督执法活动，先后向市卫生监督所、县政府网站及卫计局简讯各投稿10次。通过开展宣传，使广大群众更多地了解卫生法律知识、更好地配合卫生监督执法工作，收到良好的效果。

【卫生行政许可】 依法开展卫生行政许可，全所业务人员认真开展学习《行政许可法》活动，了解《行政许可法》的规定，明确本级卫生行政许可条件、程序、期限，规范行政许可行为。对卫生行政许可实行服务承诺制、一次性告知制，公开卫生许可审批程序、审批期限、准入条件，为申办者提供须知等材料，热情接待申请人，耐心解释和指导申办人填写有关申请材料等，受到群众的好评。1—12月行政服务中心卫生监督所窗口受理卫生许可64间。

【重大活动卫生安全保障】 春节、中秋、国庆节前卫生保障 节前对辖区37家大中型住宿酒店及文化娱乐场所3间、淋浴场所4间、购物场所1间、公共交通等候场所1间、美容美发12间、自来水厂5间进行监督检查，发出卫生监督意见书35份，培训经营单位负责人66人次，出动执法人员69人次、车辆18车次，确保广大群众春节、中秋、国庆期间的食宿、娱乐游玩的卫生安全，防止突发公共卫生事件的发生。

传染病高危季节的卫生安全监督 对辖区内大中型住宿场所27间、文化娱乐场所7间、淋浴场所4间、购物场所1间、公共交通候车场所1间进行监督检查，发出卫生监督意见书40份，培训经营单位负责人40人次，出动执法人员136人次、车辆19车次，有效防止突发公共卫生事件的发生。

生活饮用水突发事件的卫生安全监督 5—6月强降雨期间，对县供水服务中心、三八自来水有限公司、迳头自来水有限公司、汤塘镇嘉仁自来水有限公司、龙山镇清泉自来水有限公司进行监督，确保不发生传染病疫情和饮用水污染事件。

餐饮具集中消毒 佛冈县餐饮具集中消毒单位有2间（佛冈县永洁餐具消毒服务部、佛冈县永利餐具消毒服务部），2015年2间服务部已送4批次消毒后的成品到清远市食品药品检验所检验，检测报告均合格。同时，对服务部存在的问题予以纠正。

【医疗卫生监督】 打击非法行医，规范执业行为 对县属医疗机构进行全面监督检查，全年检查诊所、卫生站198间，取缔非法行医13间（其中黑诊所4间，无证牙医诊所7间，其他2间），行政处罚人民币0.35万元，没收医疗器械和药品一批，价值人民币1.79万元，捣毁户外招牌28个，出动卫生监督执法人员88人次、卫生监督协管员28人次，车辆58车次，未发现医疗机构聘用非卫生技术人员，没有转让、出租、出借医疗机构执业许可证等行为。

法定传染病漏报及防治 依据《中华人民共和国传染病防治法》，派出联合调查小组，随机调查部分医疗机构及镇卫生院法定传染病漏报工作。出动监督员30人次、出车6车次，同时发出卫生监督意见书15份。重点检查县人民医院及县中医院是否已建立传染病预检、分诊制度及应急处理预案。据检查，人民医院已设置感染性疾病科，并对本单位内被污染物病原体污染的场所、物品以及医疗废物实施消毒或无害化处理。出动监督员39人次，车16车次。

医疗机构监督和废物处置 开展对医疗机构进行医疗机构执业许可证校验，实行医疗机构不良行为记分。县卫生和计划生育局医政股及卫生监督所医疗机构监督股联合对全县卫生站、个体诊所、居委卫生站、单位医务室及县属医疗机构进行一次全面的监督检查，发出卫生监督意见书112份，对能解决的令其立即整改，暂时不能解决的限期整改。依据《医疗卫生机构医疗废物管理办法》对各医疗机构进行现场监督检查，佛冈县医疗机构产生的医疗废物于2015年4月1日起，统一转由英德市佛洁医疗废物处置有限公司处置，各医疗机构都将医疗废物集中存放，村卫生站的医疗废物交辖区镇卫生院集中存放，有交接登记，都能使用专用容器存放医疗废物。对个别存在感染隐患的单位发出卫生监督意见书，责令其限期整改。此次检查，出动监督员39人次，车16车次。

生物制品、放射卫生管理 依据《预防用生物制品生产供应管理办法》，对有使用疫苗的医疗机构进行了现场检查，全部疫苗都是从县疾控中心购进并建立进出台账，冰箱内疫苗放置正确，未发现有过期疫苗。依据《中华人民共和国职业病防治法》《放射工作卫生防护管理办法》《放射工作人员健康管理规定》及粤卫办函〔2015〕89号文件精神，卫生监督所对全县放射诊疗的医疗机构进行一次全面的现场监督，经查正在使用放射诊疗的医疗机构有8间，均已领

2015年1月19—30日，佛冈县卫生监督所对辖区内大中型住宿场所、文化娱乐场所进行节前卫生监督工作专项检查　（县卫生监督所供稿）

取放射诊疗许可证，一间已安装DR完毕待检测，放射诊疗工作人员均已参加清远市疾病预防控制中心培训、体检，都戴有个人剂量章。有工作制度、应急预案、防护用品、警示灯工作正常。

临床用血、出生证补发、卫生监督协管　各用血单位均建立临床输血管理委员会，血液入库登记记录完整，临床用血严格按操作规程，未发现输血事故。在出生证补发过程中严格按规程办事，该处罚的坚决处罚，对申请资料不齐全的不予受理，并及时对资料进行归档。对各镇卫生监督协管中心进行现场检查，存在四大卫生（公共场所、学校、劳动、医疗机构等卫生）巡查次数不够，现场检查笔录及指导意见书的书写不规范等问题。

【**公共场所卫生监督**】　加强住宿、美容美发、游泳场所量化分级管理　全年监督公共场所257间，开展日常监督户数250间，监督覆盖率97.28%。对符合条件的住宿、美容美发场所实施量化分级管理评级，其中A级企业1间、B级企业7间、C级企业262间。

学校卫生安全、游泳场所专项监督　4月13—22日，组织开展春季学校、托幼机构防控H7N9禽流感、登革热等传染病专项检查，共检查县城小学5间、中学4间、托幼机构24间、职业技术学校1间，发出卫生监督意见书42份，发放H7N9禽流感、登革热、手足口病、洪涝灾害预防宣传资料646份。全年对辖区44间学校进行监督检查，确保广大在校师生身体健康和教学的顺利进行。7月7日，对辖区10间游泳场进行卫生监督检查，出动卫生监督员24人次，发出卫生监督意见书10份。开展职业病防治监督，出动卫生监督执法人员32人次，车辆7台次。对县16间大中型公立医疗机构是否开展职业健康检查和职业病诊断进行检查，均未发现有违法行为。

【**信息宣传**】　卫生监督所充分利用现代媒体，多渠道、多角度向社会宣传卫生监督工作的新成就、新形象。全年向县局、市所及其他新闻媒体报送信息22篇。

（杜　平）

爱国卫生

【**爱国卫生运动**】　在元旦、春节和中秋、国庆期间，组织三次县、镇、村三级大清洁行动，清除卫生死角，清理病媒虫媒孳生地。4月份组织开展全县灭蚊大行动，总消杀面积达1万多平方米。

【**创建国家卫生县城**】　加强硬件建设　采用BT投资模式，投入8000万元，在汤塘镇兴建一座占地25.94万平方米的现代化大型垃圾填埋场，并投入使用。同时，佛冈县成为省农村生活垃圾收集处理试点县，按照"户保洁、村收集、镇清运压缩、县处理"的四级农村生活垃圾收集处理一体化模式，进行农村垃圾集中收集处理，较好地解决广大农村的"垃圾围村"的困境。

巩固省卫生县城成果　利用4月爱国卫生月、"5·31世界无烟日"等重大活动，设立咨询台、悬挂标语、制作宣传展板，宣传创卫；在县城街道两侧悬挂固定创卫公益宣传标语、设置健康知识宣传栏等形式，把创卫宣传触角延伸到城区的每一个角落。此外，借助新闻媒体开展宣传，在县电视台定期播出创卫宣传标语和创卫工作动态。

【**禽流感防控**】　印发1000多份宣传海报和单张，发放到全县各个市场和活禽经营户，强化全省活禽经营"1110"制度宣传教育，每月16日组织有关职能部门开展联合执法行动，对全县活禽经营市场统一"休市"进行监管。妥善处置8月石角镇籣竹坝高致病H5N6禽流感事件，有效控制禽流感疫情的蔓延，没有发生人感染禽流感病例。

【**登革热防控**】　开展蚊媒监测，选取三八、森波拉、碧桂园、迳头镇、汤塘镇为监测点，并结合"全民参与爱国卫生，共建共享健康中国"的爱国卫生月主题，开展病媒生物防治，灭蚊面积达137万平方米。

【**创建卫生村**】　组织爱卫人员到高

要市、四会市参观学习"卫生镇""卫生村"的创建经验,制定《佛冈县卫生村创建工作方案》,召开卫生村创建工作会议,组织开展全县753个自然村卫生状况调查,指导各镇省、市级卫生村创建和申报工作。2015年,全县有68个自然村被省爱卫会命名为"省卫生村",297个自然村被市爱卫会命名为"市卫生村",卫生村覆盖率达53.25%。

(赖宏铮)

县重点医院简介

【佛冈县人民医院】 佛冈县人民医院是一家集临床、教学、科研、预防为一体的二级甲等综合医院。2015年继续以"托管"为契机,进一步增强服务意识、创新意识,通过强化内部管理,深化医疗改革,按照年初制定的工作目标扎实工作,全面提升医院综合服务能力,各项工作发展势头良好,社会效益和经济效益稳步提高,医院门急诊374 794人次、住院22 540人次、手术10 820人次,分别与2014年对应的343 844人次、23 312人次、10 445人次相比增长9%、-0.33%、3.59%,业务收入2.14亿元,与2014年1.9亿元相比增长12.63%。

建立医疗质量保障体系 从思想上加强医德医风教育,重点抓职业道德教育,进行医德考评、技术操作考核,从而增强全员服务意识。与此同时,强化院内外监督约束机制,定期召开征求意见座谈会,对门诊、住院、出院病人进行问卷调查,广泛征求病人对医院各方面工作的意见和建议。修订完善《医疗服务质量管理标准和考核奖惩办法》,加大考核力度。

提高医护技术水平 建立健全《人才培养计划》和《业务学习制度》,采取多种形式培养学科带头人及技术人才。采用请进来讲课,开展"三基"培训、考核,加强业务学习,促进业务水平的提高;每年选派技术骨干外出进修、学习;加强继续医学教育,鼓励职工自学、函授学习,提高学历层次。鼓励开展新技术、新项目,通过加强学科建设来促进新技术、新项目的引进和开展。先后到南方医科大学实地选拔人才,并举办应届及往届毕业生人才招聘会,先后招聘医学院的5名本科毕业生和29名护士;引进6名副高以上职称医师。邀请省、市各大医院的知名教授专家为全院职工、进修生、实习生进行全院性学术讲座11次,培训人员达3871人次,申报并通过11项市级继续医学教育项目,外出一个月以上进修人员34人。派出专业技术人员进行短期参观学习、参加会议、培训班等308人次,有效提高医护人员的专业技术水平及医疗、护理工作的整体实力。

打造专科品牌 医院以"二甲复评"为契机,推动医院建设制度化、规范化、流程化,狠抓医疗安全教育,坚持全面全员全程质量管理,更新质量安全观念,运用PDCA循环等多种质量管理工具进行质量安全的持续改进,不断提高医务人员医疗风险防范意识和医疗安全责任意识。医疗纠纷大幅度减少,2014年14宗,2015年减少为9宗。立足"科技兴院、专科兴院"战略,经医院总体设计,在心内科、呼吸内科、消化内科、普外科、骨外科、妇科、产科、儿科等专科逐步形成专业有特色、学科有带头人的格局,通过人才引进以及对口专家支援,不断进行学科建设,形成人力共用、资源共享,带动全院整体业务水平的提高;继续坚持和巩固专科门诊规范化建设,做好双向转诊工作。坚持发展专科,总结合作专科的成功经验,巩固成果,突出打造专科品牌。

实施便民惠民运营战略 医院全面落实医疗卫生改革精神,紧紧围绕为老百姓提供优质、高效、价廉、便捷医疗服务的宗旨,扎实推进提质量、保安全、促改革、惠民便民的各项工作,实施便民惠民运营战略。在保障安全、质量和提供优质、便捷服务的前提下,合理控制患者医疗费用,确保医院的公益性,同时设法降低医院运营成本,提高运营效果。在实施过程中按照现代医院管理制度进行成本核算、预算管理,建立控费长效机制,着重对人员经费、药品费、卫生材料费等进行控制。通过规范采购流程,节约设备耗材成本865万元,通过运营产生的效益2634万元,投入设备购置、基建、信息化建设,还贷资金达3079万元。资产负债率从托管前的68.17%下降到62.99%。

贯彻全成本控制理念 按照医院的发展战略目标,制定预算管理制度,成立预算委员会,确定年度预算目标,逐层分解、下达到内部各个部门,以一系列预算、控制、协调、考核为内容,自始至终将各个部门预算目标同医院发展战略目标联系起来,对其分工负责的运营活动全过程进行控制和管理。同时,引进医院综合运营管理系统,全面、实时采集科室各类成本费用信息,实时掌握各项预算的开支情况,解决财务信息反馈滞后问题;实施耗材月度动态预算,做好过程精细管理;加大科室预算成本监控力度,完善效益分析。启动薪酬改革,按照医改要求,根据医护工作特点,按医护人员提供服务的数量、质量、技术难度和患者满意度等作为重要指标,建立以工作效率、护理质量、社会效益为核心的内部绩效考核机制,以多劳多得、优绩优酬、同工同酬为目标,重点向临床一线、关键岗位、业务骨干、作出突出贡献的人员倾斜,合理拉开收入差距。按照护理人员、医务人员、行政后勤人员分类改革,稳步推进,在全面完成各项医院目标值的前提下,实现职工个人收入与医院及所服务科室发展同步增长。继续努力完善薪酬制度,根据托管前后各类人员的薪酬待遇情况统计,通过不断深化人事薪酬改革,努力将医务人员的收入向珠江三角洲地区靠拢。

完善医疗基础设施 在有计

划地更新补充常规仪器设备的基础上，注重引进国内外先进医疗设备。新增乳腺活检系统、泌尿外科等离子电切系统设备，飞利浦1.5T磁共振项目，以提升医院医疗服务能力，医院诊治病种数、危重症病人抢救成功率、新技术的开展等各项指标均有较大幅度的提升。截至2015年12月，医院开展微创手术1156例，开展较复杂的手术2960例。三级、四级手术占手术比例16.77%，急危重病人抢救953例，成功率为81.53%。基础设备设施进一步完善。将门诊三楼大部分诊室改造为消化中心病房和乳腺中心；原住院部一楼体检中心改造为口腔科；原医院大门右侧职工摩托车停放处改造为慢性病防治医院社区服务中心；将后广场二楼改造为停车场；将一楼部分后广场改造为B超室、心脑电图室，与放射科连接在一起，建设为影像中心；将建设路医院宿舍8卡铺面改造成为儿科门诊部和预防接种门诊部。大大改善医院就医环境，满足群众需求。医院饭堂历经4次外包经营，但始终摆脱不了经营的困境，最后一次承包商于6月停业，这给医务人员及患者就餐带来诸多不便。为吸取几次失败的教训，院领导班子高度重视，先后派出后勤部门人员到清远等地考查调研，最终选定本次承包商，于9月中旬开业，自开业至今，经过加强管理，运营良好，基本解决医务人员及患者就餐难的问题。妇幼综合大楼装修工程正在紧张进行中，力争2016年底竣工并投入使用，从而满足发展需求。

合理诊疗，患者负担得到缓解 保障安全、质量和提供优质、便捷服务，坚持合理诊疗，做到能通过普通检查解决诊断的，不做费用贵的检查；能用国产的、便宜的药物和耗材治好病的，不用进口的、昂贵的。按医改政策取消药品加成，2014年1月至2015年12月减少群众负担1409万元。开放平价诊室3间，平价门诊1292人次，患者减少支出41 821元。2014年门诊平均就诊费用157.7元，下降15.6%。与市社保局沟通，依托市人民医院的检验检查设备，让佛冈的群众不但能够按照佛冈的收费标准享受清远标准的检查，同时住院患者还能按照佛冈的标准享受医保报销，以MRI为例，每位患者每次可节约200元的检查费。

援助镇级卫生院 继续借助市人民医院托管的机会，加强对医院管理、技术提升、服务能力方面的建设，市人民医院除长期派出由12名高级职称人员组成的临床和管理团队外，还有3名经过住院医师规范化培训的医生参与临床一线工作，到各专科前来会诊以及指导手术的达到80余人次，进行全院性学术讲座5次，参加培训人员达1124人次，指导并申报通过11项市级继续医学教育项目，全院参加培训人员达3871人次，充分利用广州全方位对口帮扶清远的战略部署，得到南方医科大学附属第三医院的对口支援，并已得到广州医科大学附属第三医院对口支援的批复。与企业联系，扩大服务范围，截至12月底与本院有业务联系的定点单位、企业有50多家。全年为定点企业工伤服务达123人次，总费用1284 788元，为企业举办各种业务讲座8次，主要涉及急诊急救相关知识培训、心肺复苏培训等讲座，受益外来务工人员达1200多人，受到企业的欢迎及好评。与镇级卫生院联系，对口支助镇级卫生院，举行义诊活动17次，义诊活动受益群众达3300多人次。2015年派出1名产科主治医师到汤塘中心卫生院挂职副院长，加强对基层卫生院的技术指导和对口援助。2015年派出10批专家巡讲团到镇卫生院进行专业技术巡讲，参与培训人数为125人次。

开展宣传及义诊活动 加大对托管后医院在行政管理、技术水平提升、服务能力改善等方面的宣传，与《清远日报·佛冈新闻》、县广播电视台建立合作关系，并推出县人民医院微信平台。协办由省卫计委委托省人民医院承办的在全省21个地级市开展"名医下基层、健康南粤行"技术帮扶与健康知识巡讲活动，帮助基层医务人员提高专业技能和诊疗水平，为群众普及健康及疾病相关的知识。在《佛冈新闻》发表文章35篇，新闻60条，其中专题报道19条，佛冈电视台播放660余次。特别宣传报道医院保安及医务人员奋不顾身抓小偷的见义勇为行为，传播社会正能量，并给予医院保安及医务人员表彰及万元奖励；宣传报道腹外科开展佛冈县首例肝癌大部分切除手术，新建儿科门诊开业时举办"康乐杯"绘画比赛等，受到社会认可，群众知晓率不断提升。同时，在刘群锋院长的关心下组建一支志愿者服务团队。志愿者服务团队有成员41名，开展下乡义诊活动3次，到县福利院开展义诊慰问活动2次，院内活动5次，志愿服务活动达1000多个小时。开展志愿者服务活动扩大影响力，增强医院的美誉度，提升社会公益形象。

（邝佑活）

【佛冈县中医院】 2015年，佛冈县中医院认真贯彻医院"抓专科、重技术、促发展"方针，不断提高医疗质量，规范医疗行为，促进医患和谐。通过全院职工的团结协作、无私奉献，基本完成年初既定的发展目标和各项任务。业务总收入2861万元，门诊94 732人次，住院2965人次。

完善医院信息化工程 4月，正式启用门诊电子处方，建立医生工作站，实现与收费、药房相连接，逐步完善信息化管理，提高工作效率，为中医诊疗提供坚强保障。

提升服务质量 5月，拆除20世纪50年代的危旧礼堂，消除人身财产安全隐患，并在原地建设40平方米的中药饮片煎药室、病友厨房；全面修缮破烂陈旧的职工车棚；对住院部所有病房门、墙体、厕所等进行全面更新改造；县级中医网络视频培训基地建设基本建成。

携手共建中医妇科 8月，得

到广东省中医院的大力支持,省中医院派出妇科专家陈志霞到县中医院挂职一年,协助县中医院组建中医妇科。此外,省中医院妇科还与县中医院签订三年的帮扶计划,为县中医院制定详细的妇科专科发展规划,进行专科人才培养,省中医院定期派出专家亲临指导、坐诊、带教,帮助县中医院运用中西医理论并结合中医药的特色疗法治疗妇科疾病,将省中医院先进的妇科疗法带到基层,造福百姓,打造县中医院妇科专科品牌。

成功开展微创手术 为加强外科建设步伐,提升专科治疗手段,8月购进一套腹腔镜设备,9月成功开展第一例阑尾切除手术。腹腔镜设备的投入使用,填补了县中医院微创技术的空白,不但能帮助县中医院提高诊疗水平,最大限度留住病人,同时提高现有资源的利用率,提升专科专病的研发能力和科研论文质量水平,实现科研成果新突破。

开展关爱老人活动 开展"走遍全县敬老院,关爱老人健康"活动。县中医院治未病中心带领各科室医护人员组成医疗队遍访全县8个敬老院,并到石角凤城村、高岗墩下村、三联村、龙山下岳村、石角山湖村、城南居委等8个村居委为老人们送去健康和关爱,现场开展健康知识讲座及义诊活动,为老人免费健康检查4000人次,免费送药8000多元,并为需住院治疗的患病老人开通医疗绿色通道。

实现药品零差价 自2015年10月1日零时起,县中医院实行药品零差价销售(中药饮片、中药颗粒除外)。这是县中医院迈出公立医院改革坚实的一步,拉开县中医院公立医院改革的序幕。这一重大改革措施的实施,将破除医院"以药养医"的机制,极大地减轻患者用药负担,为下一步深化县中医院公立医院改革奠定坚实的基础。

(黄 华)

【**佛冈县妇幼保健院**】 佛冈县妇幼保健院坚持"以医疗保健为中心,以保障生殖健康为目的,实行保健和临床相结合,面向群体,面向基层和预防为主"的妇幼卫生工作方针,开展妇女、儿童群体保健服务,指导和参与社区、农村初级卫生保健。实行大型资源整合,撤销原有的第二门诊部。将儿科、妇产科住院部整合到县人医集团,实行资源共享。而今独立的门诊部内保留儿科门诊部、妇幼保健科(含公共卫生服务)、检验科、影像科、药剂科和行政后勤办公室等科室。由县政府、清远市人民医院和县人民医院集团牵头,理顺妇幼新大楼的建设,县妇幼保健院积极配合,解决存在的各种难题,力争妇幼新大楼主体早日建成。

设备与配置 拥有四维彩色B超、阴道B超、阴道镜、宫腔镜、利普刀、胎心监护仪、高压氧舱、推注泵、经皮黄疸测试仪、新生儿抢救辐射台、新生儿抢救呼吸机、大型X光机、听力筛查仪、智力测试仪、凝血仪、全自动生化分析仪、五分类血细胞分析仪和尿液分析仪等医疗设备。

妇幼卫生保健 2015年,全县农村孕产妇获住院分娩补助项目497人。全县孕产妇3867人,其中住院分娩3867人,住院分娩率100%。高危孕产妇428人,住院分娩428人,高危孕产妇住院分娩率100%。未发生孕产妇死亡病例,无新生儿破伤风发生。妇科病普查77 111人,普查率85.3%。全县增补叶酸预防神经管缺陷项目,叶酸服用人数1840人,叶酸服用依从率100%,对出生缺陷管理作出重大贡献。在预防艾滋病、梅毒和乙肝母婴传播工作方面,2015年艾滋病咨询人数3849人,检测率99.5%,2例呈阳性。梅毒检测人数3849人,检测率99.5%,其中发现呈阳性8人。乙肝检测人数3849人,检测率99.5%,其中发现呈阳性孕产妇数206人;呈阳性反应的孕产妇分娩的新生儿,在出生后24小时内,均已注射乙肝免疫球蛋白和乙肝疫苗。全县孕产妇系统管理3779人,系统管理率97.7%。产检人数3842人,产检率99.4%。产后访视人数3861人,访视率99.8%。

基本公共卫生服务 根据《佛

2015年9月25日,在龙山镇上岳村,县妇幼保健院医护人员参加佛冈县南粤幸福活动周的大型义诊和健康咨询活动
(县妇幼保健院供稿)

冈县基本公共卫生服务项目实施方案》的要求，全面落实九大项基本公共卫生服务工作。2015年在自愿的基础上，通过上门随访服务的形式，为城南社区（以下简称为社区）常住群众服务。为社区常住居民10 696人建立健康档案（其中3846人为电子健康档案），占社区服务人口的79.3%。县城户籍孕产妇管理情况。2015年孕产妇早孕检查626人，建册608人，建册率97.1%。产后访视624人，访视率99.7%。0—3岁儿童管理。2015年活产数624人，活产新生儿访视人数624人，访视率100%。院内传染病管理。2015年报告传染病18例，规范处理18例，漏报0例，处理率100%。

开展艾滋病、梅毒、乙肝防控 落实《省卫生厅关于加强预防艾滋病母婴传播工作的实施意见》和《预防艾滋病母婴传播工作实施方案》，加强预防艾滋病、梅毒、乙肝母婴传播，开展预防艾滋病、梅毒、乙肝母婴传播的宣传教育、人员培训，建立初筛实验室，开展婚前保健人群及孕产妇艾滋病、梅毒、乙肝检测和咨询，建立信息管理系统等。全年婚检艾滋病检测率100%；婚检梅毒检测率100%；婚检乙肝检测率100%。

（邓晓东）

【**佛冈县慢性病防治医院**】 佛冈县慢性病防治医院，原由佛冈县皮肤病防治站和佛冈县小坑麻风病防治医院合并为佛冈县慢性病防治站，2005年更名为佛冈县慢性病防治医院，2007年经省评审核定为县一级性病检验中心，并于同年9月与佛冈县卫生进修学校合并。县慢性病防治医院于2014年1月归属佛冈县人民医院集团管理，努力改善院容院貌，改善就诊、就医环境，为广大群众提供优质、高效的服务。2015年门诊人次9720人，门诊总收入121万元。

慢性病社区服务中心建设 为

2015年2月6日佛冈县慢性病防治医院在县城城市春天小区举行国家基本公共卫生服务宣传义诊活动　　　　　　　　　　　　（县慢性病防治医院供稿）

使慢性病患者得到更好的检查，提高疾病确诊率，方便群众就医，该院根据慢性病专科建设需要，投入资金20多万元，建成"慢性病社区服务中心"，位于佛冈县人民医院大院内，已投入使用，结防科及精神病防治科已经搬迁到该中心开诊。

基本公共卫生服务 根据《佛冈县基本公共卫生服务项目实施方案》的要求，落实国家基本公共卫生服务工作。在自愿的基础上，通过门诊、上门、电话等的随访方式，为沿江社区的常住居民提供服务。建立居民电子健康档案787份，建档率10.8%，65岁以上老年人已有157人纳入管理，管理率42.2%。

结核病防治 根据"广东省结核病控制项目"的要求，年初项目领导小组召开专项工作会议，制定年度工作计划，落实专项经费，保证项目工作顺利进行。"3·24"世界结核病防治日，单位组织医务人员进行义诊宣传工作，派发结核病防治知识宣传单、小册子和张贴海报，重点宣传国家实行免费治疗肺结核病的优惠政策，并讲解有关结核病防治知识、传染途径，广大群众踊跃参与。联系佛冈县电视台"健康之友电视专栏"节目播放有关结核病的防治知识。2015年，县社保局遵照清人社〔2013〕378号文件要求《关于明确我市肺结核病补助方案的通知》，落实本县肺结核病诊疗补助，对符合条件的61例患者按规定实行补助。按照项目要求对全县各镇进行督导，全年督导各镇6次；直接督导访视病人27例；发放宣传资料3000多份，举办宣传栏68期，现场宣传2次；在5月和8月各组织1次全县各镇相关医务人员结核病防治知识培训，有174人参加学习。不断完善转诊、督导访视制度，加强病人追踪及卫生宣教工作，提高病人发现和治愈率。1—12月共接诊914人，痰检536人次（初诊查痰302人、复诊查痰234人次）；确诊登记活动性结核病人123例，完成总任务165例的75%，其中初治涂阳52例，复治涂阳8例，初治涂阴病人63例，共管治病人169例，治愈涂阳病人46例，涂阴病人完成疗程28例，拒绝治疗2例，丢失5例，非肺结核死亡4例，失败2例，诊断变更1例。利用网络资源，按时准确地进行数据录入、统计和报告。非结防机构网络报告868例，到位754例，到位率86.87%；全年应追踪病例226例，追踪到位率85.4%；对涂阳结核病人的家属及密切接触者筛查586人，筛查率100%，未发现活动性结核。2015年本县的学校发现5例肺结核病，其中学生4例，小学教师1例，对结核病密切接触者进行筛查，筛查449人，筛查出1例学生涂阴患者。

精神病防治 医院工作人员与镇医院治疗精神疾病工作人员互相沟通，对镇医院精神疾病管理工作进行两次督导，对重性精神疾病患者信息要求及时录入，并及时随访，纸质材料与网络资料相符。根据上级文件精神逐步完善网络管理。监控严重精神障碍患者的肇事肇祸发生。对各镇医院精神疾病管理医生进行业务知识培训，提高镇医生的精神疾病管理水平，使镇的精神疾病管理工作顺利进行。组织工作人员到县城及镇派发精神疾病宣传资料，宣传精神疾病防治知识，使广大人民群众了解一般精神疾病的知识，配合医生的治疗。10月10日是世界精神卫生日，组织多名医务人员进行义诊宣传，发放宣传小册子，讲解精神疾病防治知识，得到大众好评。根据文件精神要求，为贫困重性精神疾病患者办理门诊药品补助，有两名患者领取补助，使贫困重性精神疾病患者按政策得到补助，减轻患者的经济负担。2015年度门诊诊治精神疾病765人次，全县重性精神疾病网络管理人数1418人，患者都得到系统治疗，病情比较稳定，未有肇事肇祸的报告。

性病防治 参加上级举办的性病防治工作培训班；5月对全县各镇医院的相关医务人员开办性病防治培训班，提高医务人员的业务水平。制定传染病报告奖惩制度，医务人员认真执行传染病报告奖惩制度，核对门诊日志、报告卡、网络报告，发现错误及时校对、改正。10月对人民医院、妇幼保健院进行传染病漏报调查，漏报1例，已向各单位反馈。2015年全县网报显示，性病报告病例有372例，其中淋病48例，梅毒324例。

麻风病防治 8月，对各镇医院相关医务人员开办"麻风病防治知识"培训班；12月，对各镇进行麻风

2015年7月，县卫生进修学校教师在石角镇里水行政村进行育婴师培训

（县卫校供稿）

病排查，没有发现新增患者。开展麻风病防治宣传，发放麻风病防治知识宣传单，使广大群众了解麻风病的传染途径、对身体的损害和麻风病预防措施。

医院医疗质量管理 医院加强全面质量控制，完善质量管理机制，落实质量管理、院药事、设备管理小组的职能，各科室执行诊疗常规和操作规范，保证医疗质量。通过全面质量控制，尽量减少不良医疗事件的发生，提高治疗效率，降低医疗费用，保证患者的治疗效果。

（张欢喜）

【**佛冈县卫生进修学校**】 佛冈县卫生进修学校创建于1970年，是政府开办的一所公立县级卫校，至今已有40多年的办学历史。学校自1993年开始开展并加强与省内外的大、中专院校联合办学，自2003年以来，经省、市相关部门检评、批准，相继挂牌成为广州卫校、连州卫校及梅州嘉应学院、广东药学院佛冈校区，2015年在校中专、大专学生达到1100多人。县卫生进修学校年度考核从上年的第六名跃升为第五名。

培养学生综合素质 为提升教学质量，教务科组织全体教师参加"课内比教学"活动，每位教师必须至少讲一节公开课，每节课必须有教案、有总结、有教学反思、有评课记录。通过听课、评课，提高教师的课堂教学质量。此外，学校还在课外开设第二课堂活动，开设有"国标舞""社交礼仪""食品药品安全""中药鉴定与炮制""院外急救护理"等活动课程。本学年还举办迎新文艺表演、校运会等活动，组织学生到佛冈福利院慰问老人，从德智体美劳全方位提升学生的综合素质。为适应毕业生就业和社会人员对热门专业的要求，2015年9月县卫生进修学校与广东药学院签订联合办学协议，开展成人药学专科教育，招收药学专业学生86人。

招生圆满成功 县卫生进修学校大力开展劳动力技能晋升免费培训班，面向全社会招生。主要开设的培训工种有：育婴师、按摩师、美容师。培训班招生分别在县城和乡镇内进行，县城内招生涉及美容、药店、餐饮、养生等行业。在石角镇、汤塘镇、龙山镇的17个村委开办以育婴师为主的免费培训班。培训三个工种人员1300多人，考试通过人员1100多人。

专业技术人员继续教育 2015年7—8月，县卫生进修学校协助县人事局、县卫生局举办专业技术人员公共必修课培训班，全县卫生系统

904人参加学习,培训率达95%以上。

转变办学模式 从2010年开始县卫生进修学校转变办学理念,改变办学模式,探索出新的办学路子,实行校企联办,建立教学、实习、就业直通车。如中医学美容专业与百年丽人化妆品公司合作、药品营销专业与大参林连锁药业有限公司合作等,新的办学模式更好地解决学生就业的后顾之忧。

(李彩虹)

龙南生水塘新农村风光 （郑国防摄）

社会生活

责任编辑：黄常远

人口计生

【概况】 围绕"力争人口计生工作达到全省中等以上水平"的目标，通过加强服务管理制度化建设、加大经常性工作的督查及通报力度，人口出生稳定在较低水平，全面完成市下达的指标任务，顺利通过省的平时和年终人口与计划生育目标管理责任制入户调查。2015年，全县常住人口出生4076人，人口出生率为12.81‰，自然增长率为6.16‰；户籍人口出生政策生育率为93.28%，政策外多孩率为0.84%，出生人口性别比为104.36。

【人口计生长效工作机制健全】 制定《佛冈县人口与计划生育目标管理责任制考评细则》，明确镇、村、单位及计生兼职单位的工作责任职责，强化和明细对单位负责人及包干责任人的奖罚。先后印发《佛冈县2015年计划生育工作方案》《关于下达2015年度计划生育基础性工作计划的通知》《关于加大清理计划生育手术库存工作的通知》以及《佛冈县人口与计划生育目标管理责任制考评方案》等文件，完善每月计生例会工作机制，将推进优生健康惠民工程、综合治理出生人口性别比以及流动人口计生服务管理列为工作重点，抓好落实。

【"一票否决"兑现】 经县人口计生考核办组织计生年度考核和综合评估，县委、县政府发出《佛冈县2014年度人口与计生目标管理责任制考核情况通报》，对2个镇、1个县直单位及7个村（居）给予通报批评，并落实计生"一票否决"。每月对各镇落实基础性工作进行一期绩效评估通报，在集中服务活动期间，每周发出一期活动进展情况通报。汤塘镇5月和6月连续两个月落实基础性工作综合评分在60分以下，排在全县最后一位，被全县通报并给予黄牌预警，县分管计生领导对该镇主要领导进行约谈，责成其向县计生领导小组做书面检讨。

【人口计生基层基础工作】 组织开展两次计生集中服务月活动，认真抓好长效避孕节育措施、孕情检查、免费孕前优生健康检查和三病筛查。2015年，全县落实计划生育手术4263例，全年平均查环查孕率为70.95%，参加孕前优生健康检查、产前地中海贫血筛查分别为1236人和3866人。组织开展元旦、春节计生育集中宣传服务月、"5·29"计生协会员日、"7·11"世界人口日、卫计系统南粤幸福周"幸福大礼包"项目、新家庭人口文化示范等主题宣传活动，制作张贴专题墙报、横额标语，派发8万本《人口与健康》小册子和各种宣传资料，宣传婚育新风尚，向群众普及健康婚育知识。

【深化利益导向机制】 有序实施"单独两孩"政策。2014年10月至2015年9月受理"单独两孩"申请102例，已审批办结101例。开展出生缺陷干预工程，2015年度全县参加孕前优生健康检查、婚（产）前医学检查分别为1236人、1014人，参加产前地中海贫血筛查人数为3866人。推行落实长效避孕节育措施激励制度，对自觉在政策规定限期内落实结扎、放置宫内节育器和政策外补救措施的对象发放补贴共20.15万元。

（朱志坚）

2015年5月5日，县人社局举办企业人员申报职称培训班　（县人社局供稿）

人力资源·社会保障

【概况】 2015年，佛冈县人力资源和社会保障局紧紧围绕"深化改革求作为，保障民生促和谐，改进作风惠民生"的目标要求，顺利推进工作目标任务，人力资源和社会保障事业实现新突破、新发展。新增转移农村劳动力4076人，城镇新增就业人数6500人，失业人员实现再就业1502人，就业困难人员实现再就业289人，城镇登记失业人数978人，城镇登记失业率2.37%，促进创业人数321人，组织职业技能培训160个培训班共5386人。企业劳动合同签订率为93%，建立工会的企业集体合同签订率81%，劳动人事争议仲裁累计结案率为100%。全县劳动保障监察"两网化"管理实现100%覆盖的目标。社会保障卡持卡人数33万人。

【城乡就业创业】 2015年，全县"零就业家庭"数动态为零。新增转移农村劳动力4076人，完成计划的101.90%，其中：就近就地转移2629人，珠三角及省外就业1447人；城镇新增就业人数6500人，100%完成全年任务。失业人员实现再就业1502人，100%完成目标任务；就业困难人员实现再就业289人，完成目标任务的240.8%。城镇登记失业人数978人，城镇登记失业率为2.37%。开展"春风行动""民营企业招聘周""就业援助月"等公共就业专项服务活动，全年举办14场招聘会，参加企业426家，提供11 500个岗位，入场人数达9666人，达成就业意向人数2977人。深入挖掘潜力，创业带动就业步上新台阶，成功放贷46笔384万元，且按贴息标准给予贴息100多万元。组织7期创业培训班，共培训210人。根据企业用工需求和劳动者的就业愿望，进村入户充分发动农村劳动力，为劳动者量身打造技能培训内容。全年组织职业技能培训，举办职业技能培训7个工种160个培训班5386人，获证4251人。

【公共就业服务平台建设】 建立起覆盖城乡的基层就业服务平台。全县6个镇已全部建立人力资源和社会保障服务所，12个社区78个村委已建立人力资源和社会保障服务站。开展村居人社平台建设，按每个村居2万元的标准拨发补助资金，统一配置电脑、打印机等相关设备，切实解决服务群众"最后一公里"问题。

【人才队伍建设】 配合做好公务员招录、粤东西北地区乡镇事业单位招聘工作。2015年全县推出52个公务员招考岗位、37个事业单位招聘岗位。创新公务员培训方式，做好公务员初任、全员培训，培训1072人次；开办专业技术人员理论、实操课程，组织全县机关事业单位专业技术人员公需课程培训4707人次。

【收入分配制度改革】 深化机关事业单位工资制度改革，根据国家和省调整基本工资标准的文件精神，落实兑现调整机关事业单位工作人员基本工资标准，增加离退休人员离退休费。开展职务与职级并行制度，首次符合条件晋升职级的有377人，占全县公务员总数的24%。规范事业单位岗位设置管理，逐步理顺岗位设置与职称聘用问题，化解社会矛盾。落实最低工资保障制度，加大宣传力度，加强监察监督，对未按要求执行的企业责令限期改正，切实保障广大职工的合法权益。

【军转干部提高补助】 做好军转干部的日常管理，提高县属企业军转干部生活困难补助标准。对10年军龄以下人员、10—20年军龄人员、20年军龄以上人员补助标准分别提高到1783元、1883元和1983元，同时在军龄补助的基础上增加部队原职务补助，其中连职以下干部每月增加50元，营职干部每月增加100元，团职干部每月增加150元。

【劳动关系协调】 完善劳资纠纷的预防和化解机制，贯彻落实建筑领域工人工资支付管理暂行办法，规范工资支付行为，从源头上治理违法欠薪问题。推进"两网化"建设，全县已划分为6个网格，所有网格已经实现网络全覆盖。加强争议调解仲裁，处理各类劳动争议案件64件，涉案金额274.5万元，调解结案率始终保持在100%。开展创建和谐劳动关系示范区，创建4个和谐劳动示范点和2个和谐劳动关系示范区。加大劳动监察力度，强化执法力量，坚持日常巡查、举报专查和专项检查相结合，加大对重大违法案件的查处力度。全年受理各类劳动保障领域内的举报、投诉案件数量81件，及时处理率100%，为劳动者追讨回工资近4800多万元。开展常规排查13次，针对建筑行业的专项劳资纠纷隐患排查4次。发出询问通知书69份，限期改

2015年2月27日，县人社局举办春风行动暨就业援助月活动专场招聘会

（县人社局供稿）

2015年全县人力资源和社会保障事业发展计划执行情况

序号	指标项目	单位	全年计划目标	2015年1—12月 完成	2015年1—12月 完成比例
一	就业和职业培训				
1	城镇新增就业人数	人	6500	6500	100.0%
2	城镇失业人员再就业人数	人	1500	1502	100.1%
3	就业困难人员实现就业人数	人	120	289	240.8%
4	城镇登记失业率	%	3.50	2.37	——
5	促进创业人数	人	300	321	107.0%
6	新增转移就业劳动力人数	人	4000	4076	101.9%
7	转移劳动力技能培训人数	人	2100	4251	202.4%
二	人才队伍建设				
8	新增专业技术人才人数	人	——	40	
三	劳动关系协调				
9	企业劳动合同签订率	%	93	93	100.0%
10	已建立工会的企业集体合同签订率	%	80	81	101.0%
11	劳动人事争议仲裁结案率（累计）	%	97	98	101.0%
12	劳动保障监察"两网化"管理覆盖率	%	100	100	100.0%
四	能力建设				
13	社会保障卡累计持卡人数	万人	32.4	33	101.9%

（朱　珠）

正指令书42份，行政处理决定书9份。

【企业职工最低工资标准调整】　清远市企业职工最低工资标准自2015年5月1日起从原来的1010元/月调整为1210元/月，上调200元/月。引导全县企业执行清远市最低月工资标准1210元，非全日制职工小时最低工资标准12元的保障制度。

【"春风行动暨就业援助月"专场招聘会】　2—3月，举办5场"春风行动暨就业援助月"专场招聘会，参加企业共167家，提供6236个岗位，入场人数达4307人，达成就业意向人数1477人，现场录用人数424人，派发宣传资料2600份。

社保管理

【概况】　2015年，佛冈县社会保险基金管理局突出征缴、扩面、保发放等工作重点，严格执行各项社会保险政策，完善各项工作制度，提升服务质量，使基金管理做到依法高效运行。

【参保情况】　随着社保业务不断发展壮大，社保政策逐步深入人心，参保人数逐年增加，养老、失业、医疗、工伤、生育保险参保人数均完成上级下达的任务。

【基金运行】　社保基金严格执行"收支两条线"的管理模式，依法依规安全运行。2015年，各项社保基金征缴总收入40 713万元，发放各种社保待遇37 968万元。其中，全县核算的职工基本养老、失业、工伤、生育、城乡养老基金收入33 427万元（含上级划入收入），比上年增长5.46%，支出23 605万元，比上年增长25.7%，本年度基金结余9822万元，基金累计结余85 754万元，同比增长12.94%；市级统筹核算的医疗保险基金收入13 793万元。

2015年佛冈县社会保险参保情况表

	项　目	参保人数（人）	比上年增长（%）	任务完成率（%）
1	基本养老保险	207 950	2.51	100.50
	其中：职工养老保险	95 375	2.82	100.00
	城乡居民养老保险	112 575	2.24	102.53
2	基本医疗保险	340 499	0.27	101.34
	其中：职工医保	47 601	/	100.00
	城乡居民医疗保险	292 898	0.61	101.56
3	失业保险	36 004	/	100.01
4	工伤保险	40 502	1.18	100.00
5	生育保险	32 005	/	100.02

【待遇调整】　执行待遇三级审批制度及财务三级审批制度，确保待遇及时、准确、足额发放。为保障退休人员和参保人的合法权益，按有关规定，为全县退休人员做好待遇调整，企业离退休人员月基本退休金人均月增125元，城乡居民基础养老金标准从7月起由原来的95元/（人·月）提高到100元/（人·月）。同时，根据《关于广东省企业职工基本养老金视同缴费账户有关问题的通知》（粤人社规〔2014〕2号）要求，为1998年6月前的缴费记账利息重新计算，之后重核退休待遇，10月补发金额全部落实到位。

【社保政策宣传】　做好社保政策宣传，落实社保政策，印制各类宣传资料10万多份，通过送政策进企业、到各镇巡回宣讲、召开居民养老保险缴费现场宣传会、举办各类业务培训班、接听民生热线等方式，提高群众对社保政策的认知，提升业务经办人员的办事能力。

【保险关系转移和异地就医联网结算】　简化省内及跨省保险关系转移手续，与广州市建立城镇企业职工社会保险参保等效凭证互信制度，2015年1月1日开始实施，真正实现广州与清远之间的养老保险和失业保险关系无障碍转移。推进异地联网结算，全县与省内21家医院实现异地就医联网即时结算，改变以往先现金垫付再回到社保局报销的被动局面。

【养老"并轨"】　按照中央、省、市的统一部署，开展机关事业单位养老保险制度改革各项工作，增设职业年金股，增加2名人员编制。明确参改对象，从应参保机关事业单位机构编制信息、应参保人员信息、工资信息三个方面摸清底数，做好养老及职业年金征缴比例测算分析，确保能按时启动机关事业单位养老保险工作。

【社保卡应用】　努力与县发卡中心、各大银行进行沟通协调，着力解决社会保障卡发放过慢、参保人激活出错等问题，切实保障参保人的合法权益。全县已有7119名退休人员使用社会保障卡发放退休金，使用社会保障卡领取退休金的人数占退休总人数的97%。

【医疗监管】　稽核专责小组，加大稽核力度，对部分医疗机构出现住院费虚高等现象进行全面核查，有效震慑定点医疗机构骗保等违法行为的发生，切实保障社保基金安全稳健运行。2015年稽核定点医疗机构19家，定点药店65家；夜访定点医疗机构5间，20多人次；受理社保待遇稽核78起，涉及金额500多万元。

2015年1月13日，县社保局到迪米格企业进行社保政策宣传　　（县社保局供稿）

【规范制度管理】 规范业务经办流程,严格执行《人力资源和社会保障窗口单位服务规范》,修订并印制20本《佛冈县社会保险基金管理局廉政风险防控工作资料汇编》发放各股室,形成经办管理有制度、岗位操作有标准、事后考核有依据的风险防范管理体系,提高工作效率,规范办事程序,切实减少腐败风险。

(赖秀芬)

基层政权和社区建设

【广东省村(居)务公开民主管理示范创建活动】 2015年是开展广东省村(居)务公开民主管理示范创建活动五年计划的最后一年,佛冈民政局在全县开展村(居)务公开民主管理示范点的创建活动,并开展检查评比,严格把关,选优上报。2015年申报10个符合考核标准的村,确保完成新增10%的创建目标。申报材料已上报省民政厅并审核通过。通过开展创建省村(居)务公开民主管理示范村(居)活动,完善村(居)务公开工作,使村(居)政务财账更加透明清晰,促进社会稳定,推进幸福佛冈的建设。

【村务公开规范化示范创建活动】 根据《广东省村务公开协调小组办公室关于广东省村务公开协调小组领导和成员单位定点联系县(市、区)开展村务公开规范化示范创建活动的通知》,佛冈县被确定为广东省村务公开协调小组领导和成员单位定点联系县,利用2014—2015年两年的时间,达到"一年达标、两年示范"和村务公开"设施建设标准化、公开内容规范化、公开时间经常化、公开形式多样化、公开地点公众化"的要求。通过各级各部门两年多的共同努力,全县村务公开规范化示范创建工作成效比较明显。本县达到90分以上,辖区内85%的镇和村均达到85分以上,打造汤塘村、鹤田村、王田村、菱塘村为村务公开特色村。按照"县评镇、镇评村、村自评"的方式,逐条逐项进行对照检查、自我评估,向省村务公开协调小组申请认定,经省财政厅的交叉检查验收,广东省村务公开协调小组全体会议审议通过等环节,佛冈县被认定为"广东省村务公开示范单位"。

【村(居)民自治改革创新工程】 根据《广东省民政厅关于印发〈广东省民政厅关于"村(居)民自治改革创新工程"试点工作方案〉的通知》精神,2015年至2016年,通过2年的时间开展"村(居)民自治改革创新工程"试点,开展佛冈县"村(居)民自治改革创新工程"试点,探索基层党组织领导下的村(居)民自我管理、自我服务、自我教育、自我监督的有效途径和创新方式,推动政府行政管理与村(居)民自治有效衔接和良性互动,实现党的领导核心作用突出、行政管理覆盖城乡社区、村(居)民自治高效、村(居)民参与广泛。县民政局精心组织,成立领导小组,制定各项具体方案,选好试点单位,认真组织实施。

【农村综合改革】 村民理事会建设 全县已成立1663个村民理事会。2015年全县理事会召开会议2399次,调解农村矛盾1122次,协调组织开展公益事业建设1253项。村民理事会在村中发挥着重要的作用,如协助调解邻里纠纷,开展帮困互助活动,促进村级公益事业的发展,使村民的自治程度得到提高,凸显村级"自治管理"的正能量。

村务监督委员会建设 全县建立78个村务监督委员会。按照《广东省村务监督委员会工作规则》,各村委会通过村民代表会议推选出296个村务监督委员会成员,每个村务监督委员会设主任1名,成员2—4人。村务监督委员会的职责主要负责村级民主理财、监督村务公开等制度的落实。村务监督委员会成立后,能正确行使职权,开展工作,使村两委工作更加规范化、制度化,在促进全县农村经济、社会和谐发展中取得初步成效。

村民委员会范围调整 按照"有利于发挥农村党组织领导核心作用,便于群众自治;有利于经济发展和社会治理,尊重民意;因村制宜"三项原则,科学调整村委规模。深入农村基层,召开各村民小组会议,广泛征求意见,逐组、逐户宣传文件精神,充分做好村民思想工作,为下一

2015年10月29日,广东省民政厅到石角镇开展基层政权和社区建设工作调研督导

(石角镇供稿)

步开展村委会规模调整和换届选举做好准备。

【社区建设】 全县12个社区居委会的办公用房面积均达到省规定的80平方米以上的标准。建立12个公共服务站，实行"一站式"办公，缩短群众办事时间，提高办事效率。社区居委会的工作经费、人员薪酬待遇纳入县政府财政预算，社区办公经费得到落实，按照中共广东省委办公厅、广东省人民政府办公厅《关于加强城市社区居民委员会规范化建设的实施意见》文件规定，社区居委会工作经费按照社区常住人口户数核定，每千户不少于3万元。县财政已按照文件规定的标准拨付社区办公经费，落实办公经费680 760元，稳定社区工作人员队伍。

（唐彩环）

拥军优属

【双拥工作】 2015年，针对新形势下拥军优属工作中遇到的新情况，解决部队随军家属安置难、子女入学难等问题。加大对驻军的经费投入，围绕支持部队做好现实军事斗争准备，配合驻军搞好军事设施建设。逐年调整义务兵家属优待标准，对义务兵实行优待，2015年每人每年10 396元，向229户义务兵家属发放优待金238万多元。春节和八一期间开展全县性的拥军优属活动，为军烈属排忧解难，做好事，办实事，增进军政、军民相互理解支持和团结。县四套班子领导到武装部队、武警中队、消防大队、75706部队、光荣院、烈军属及重点优抚对象家中进行走访慰问，慰问经费101万元，走访慰问重点优抚对象5310人次。县直部分单位也分别对武装部、武警中队、消防大队、75706部队、光荣院进行慰问，并以座谈会、联欢会等多种形式举行庆祝活动，增强优抚对象的自豪感、荣誉感。在全国烈士纪念日期间，全县举行公祭烈士活动，向烈士墓敬献鲜花，同时开展关怀慰问烈士遗属活动，全县有1000多人到烈士纪念场所参加缅怀纪念活动。走访慰问烈属、伤残军人72人，发放慰问金23 000元。

【优抚工作】 2015年底，全县有各类优抚对象1683人，其中残疾军人58人、在乡老复员军人53人、带病回乡退伍军人35人、"三属"13人、参战涉核军队退役人员571人、"五老人员"126人、部分烈士子女40人、60周岁以上农村籍退役人员787人。

提高优抚标准 下发《关于提高部分优抚对象抚恤和生活补助标准的通知》，提高部分优抚对象的补助标准，各类优抚对象优恤补助标准年增幅为每月10～185元不等。军休干部两个待遇得到落实。

开展解"三难"活动 完善重点优抚对象医疗保障制度。根据省市的要求和《佛冈县抚恤定补优抚对象医疗保障办法》的规定，完善优抚对象医疗费"一站式"结算平台，全年报销住院医疗补助费12.8万元；向优抚对象发放2015年参加医疗保险费用和门诊补贴19.1万元，使优抚对象可以及时享受到政府提供的优质、优惠和方便快捷的医疗待遇。

开展"爱心献功臣"活动 全年组织16名重点优抚对象到西樵山复退军人医院进行为期一个月的疗养。对患病住院后在家疗养或因病致困的优抚对象，开展走访慰问送温暖活动，全年走访慰问对象21人次，发放慰问金2.7万元。

落实农村籍退役士兵补助 落实清远市民政局《转发民政部办公厅关于落实给部分农村籍退役士兵发放老年生活补助政策措施的通知》精神，2015年度新增44名60岁以上农村籍退役士兵老年生活补助的核查和发放。

完成全县零散烈士纪念设施抢救保护项目申报 根据《广东省民政厅 广东省财政厅 转发民政部办公厅 财政部办公厅关于申报2013年零散烈士纪念设施抢救保护项目的通知》精神，争取到17座县级以下零散革命烈士墓和13座零散烈士纪念碑的中央资金支持。目前已经完成升级改造工作的纪念碑9座，其余的已做好前期的改造规划，争取按照上级民政部门的要求完成改造工程。完成46名烈士的换证，在换证工作中未出现错漏。做好优抚对象的来信来访。对来信做到认真查阅，有答复；对来访者能认真接待，并根据有关政策耐心做好解释。

【退役士兵安置】 贯彻执行《安置条例》，做好城镇退役士兵安置工作。2015年接收退役士兵106人，其中农村义务兵71人，城镇义务兵16人，农村复员士官16人，城镇复员士官3人；其中农村籍女兵2人。根据《广东省人民政府关于做好我省2014年冬季退役士兵接收安置工作的通知》《广东省民政厅 广东省财政厅关于调整我省2014年冬季自主就业退役士兵一次性补助金发放标准的通知》和《关于印发做好我市2013年冬季退役士兵接收安置工作补充规定的通知》的相关规定，加大退伍军人安置力度，对2名转业士官进行工作安排，对一名未选择自主就业的城镇复员士官发放自谋职业一次性经济补助款6.2万元，对108名冬季退役士兵（士官）发放一次性补助款共243.7万元。根据《中共广东省委办公厅 广东省人民政府办公厅关于深化退役士兵安置改革实行职业技能培训促进就业的实施意见》，做好退役士兵职业技能培训的专项工作，通过召开动员会、发放宣传资料的方式，让108名退役士兵深深领会到党委、政府的重大优惠决策，全县38名退役士兵免费报读职业技能培训班。

（曾 贤）

社会事务管理

【殡葬管理】 2015年，佛冈县开展以推行遗体火化、惠民殡葬、建设生态骨灰安放设施为主的殡葬改革工作，加强殡葬改革宣传教育，推广先进殡葬文化，加强经营行为的规范和行风建设，规范丧葬用品市场管理。2015年全县火化遗体2086具，火化率保持100%。

实施户籍人口殡葬基本服务均等化政策 2015年10月份出台《佛冈县城乡居民殡葬基本服务由政府免费提供的实施方案》，从10月1日全面实施七项殡葬基本服务（普通殡葬专用车遗体接运费、遗体消毒、3天以内普通冷藏柜遗体存放费、小型遗体告别厅租用费、普通火化设备遗体火化费、简易标准型骨灰盒（盅、缸）、1年以内骨灰寄存费）由政府免费提供，实现殡葬基本服务均等化。10—12月，对447名城乡居民免费提供七项基本服务，县财政拨付殡葬基本服务资金10.2万元。

骨灰安放设施建设 截至2015年末，佛冈县有骨灰楼1座，位于县殡仪馆内；经营性公墓1座，位于龙山镇白沙塘村狐春峡仙人脚；公益性生态公墓20座，分别位于高岗镇新联村、高岗镇新联村茶元坪、高岗镇墩下村、高岗镇长江村瑶村、迳头镇大陂村、迳头镇楼下村、迳头镇大陂村、水头镇镇区、水头镇王田村、石角镇三莲村、石角镇三联村、石角石铺村石离脚下山、石角镇石铺村塘一、汤塘镇大埔村、汤塘镇围镇村围仔山、汤塘镇菱塘村群丰、龙山镇黄塱村、龙山镇关前村、龙山镇车步、汤塘镇高岭村。

殡仪馆开放日 2015年3月30日举行首届"殡仪馆公众开放日"活动，县政府范辉煌副县长等36人参加本次活动。佛冈县首届"殡仪馆开放日"活动开展情况先后在清远日报、南方日报、佛冈县政务网刊登，形成良好的宣传效果。

免费树葬活动 为贯彻落实县政府关于强化殡葬基本公共服务的意见，佛冈县民政局在佛冈县青松永久陵园设置专门的生态殡葬区，并于2015年4月24日组织开展免费树葬活动，葬入3例骨灰。同时，县民政局于2015年制定骨灰树葬、花葬、草坪葬骨灰补贴措施，对2例符合条件的对象各发放补贴1000元。

【殡葬事业单位简介】 2015年，佛冈县有两个殡葬事业单位：佛冈县殡葬管理监察大队和佛冈县殡仪馆，分别担负着全县殡葬管理、殡葬改革推进、殡葬法规宣传、殡葬执法检查和殡仪服务的殡葬改革职能。

佛冈县殡葬管理监察大队 佛冈县殡葬管理监察大队是佛冈县的殡葬管理事业单位，主要负责管理殡葬事宜、推进殡葬改革，殡葬改革与殡葬法规的宣传，殡葬执法检查。2015年有干部职工5人，执法专用车一辆。

佛冈县殡仪馆 佛冈县殡仪馆是佛冈县的殡仪服务事业单位，主要负责全县的遗体接运、火化任务；提供遗体冷藏、整容化妆、悼念服务以及骨灰寄存等殡葬系列化服务；引导群众树立科学、文明、健康的丧葬习俗。2015年有干部职工18人。有火化设备3台，冷藏设备25格，悼念堂2间，遗体运输车4辆，骨灰寄存格位3520格。

（李姣）

【婚姻登记管理】 2015年，坚持严格依法登记，从严执法，婚姻登记管理达到规范化。至2015年12月31日，全县登记结婚3295对（其中涉外结婚登记12对），离婚713对，补领结婚登记885对，补领离婚登记50人。婚姻登记合格率为100%。

【社会组织管理】 按照法律法规程序，按照"宽进严管"的原则，对登记的社会组织收齐相关材料，对上交材料进行审核，经审核符合登记条件，方发给其登记证书。截至2015年底，登记的社会组织有103个（其中社团47个、民办非企业单位56个）；新增成立的社会组织13个（其中社团7个，民办非企业单位6个）。

推进社会组织信息化建设 为配合省、市建立社会组织信息化管理系统，自6月份起，社会组织登记管理过程中的各种行政审批事项，均可登陆"广东社会组织信息网佛冈县社会组织网上业务办理"办理。社会组织的年检工作顺利进行，简化社会组织年审过程中的各种行政审批事项，清楚掌握本县各社会组织的资料。

组织非营利免税资格认定 根据《关于明确清远市非营利组织免税资格认定管理有关问题的通知》要求，指导各社会组织开展免税资格认定，对符合规定的社会组织进行非营利性免税资格认定。经局研究讨论，县交通运输行业协会和建筑行业联合协会获得清远市非营利组织免税资格认定，可享受5年期限非营利组织免税资格。

【两建建设】 推进行业自律体系建设，强化行业组织自律管理。发挥行业自治组织的作用，结合本行业特点制订行规行约，规范行业和会员的生产经营行为，组织制订行业管理、服务规范和技术标准。同时，完善信息公开机制。建立信息动态记录、社会评价、诚信公示、失信惩戒和"黑名单"等信用管理制度，实现信息共享和社会监督。健全社会组织行业自律规范制度。指导交通运输行业协会和建筑行业协会等协会建立信息动态记录、社会评价、诚信公示、失信惩戒和黑名单等信用管理制度，实现信息共享和社会监督。对失信违法的会员根据情节予以警告、取消会员资格或者除名，对诚信守法经营的会员予以公示。

（唐彩环）

扶贫救济

【城乡最低生活保障】 根据《广东省人民政府关于印发提高我省底线民生保障水平实施方案的通知》和《广东省民政厅印发关于提高底线民生保障水平的实施方案的通知》要求,2015年1月中旬完成提高低保补差的一系列工作,即从2015年1月执行新的低保补差标准:城镇补差为每人每月378.1元、农村补差为每人每月175.4元,完成佛冈县2015年十件民生实事提出的城镇和农村低保分别不低于375元和175元。

操作中立足"三个坚持" 坚持定期入户、逢进必查、张榜公示制度。确保操作程序的规范化,严把审批关,设立举报电话、举报信箱,接受群众评议、社会监督,全程"阳光"作业。有效杜绝"人情保""关系保",切实做到应保尽保。2015年底有低保对象4215户10 598人,其中农村3796户9507人,人均月补差176元;城镇1092户1091人,人均月补差381元。发放低保金2586.95万元(其中农村2081.17万元,城镇505.78万元)。低保金按月通过银行社会化发放。

完成低保和五保联合调研督查 8—10月期间,对全县2014年尚未进行全面督查的45个村(居)联合开展低保、五保调研督查。制定《关于开展低保五保对象核查的通知》,召集各镇部署核查,核查的方法可采取直接入户核查或召开民主评议会和入户核查相结合进行。通过入户核查,增加低保、五保透明度,体现低保、五保的公平、公正性,有效杜绝"人情保""关系保"。

【农村五保供养】 提高供养标准 农村五保对象供养标准提高到当地年度农村居民人均纯收入的60%:根据《广东省农村五保供养工作规定》和《广东省民政厅印发关于提高底线民生保障水平的实施方案的通知》精神要求,从2015年1月开始提高全县五保户供养标准,统一从原来的每人每月490元提高到520元,2015年5月按新标准发放,2015年1—4月提高部分按2015年5月五保名册予以补发。

五保供养对象规范化管理 全县五保管理实现系统化管理,所有工作程序受行政审批电子监察系统监督,五保供养工作情况均向社会公开,确保审批工作公平、公开、公正,真正实现五保对象应保尽保。2015年底在册五保户2257人,其中集中供养198人,散居2059人,将五保资金纳入财政预算,全县五保户的生活费按月及时足额通过银行实行社会化发放。全年发放五保资金1449.35万元(其中集中供养129.39万元,分散供养1319.96万元)。

排查敬老院安全隐患 2015年6月,县民政局针对敬老院、五保村可能存在的安全隐患进行逐一排查。9月,与县公安消防大队组成消防安全联合检查组,对全县范围内的敬老院、五保村进行消防安全督查。11月16日晚,县民政局组成检查工作小组,由局领导带队对水头镇和石角镇敬老院进行一次安全检查。同时,下拨7万元经费用于各镇敬老院的配套设施及改造工程,督促有关负责人立即整改,及时消除存在的安全隐患,为五保老人提供一个安全健康的居住环境,确保五保老人生命财产安全。

【城乡医疗救助】 建立和完善城乡困难群众医疗救助制度,推进医疗救助与医疗保险相衔接,实行医疗救助"一站式"结算,真正解决全县困难群众就医困难问题。2015年支出医疗救助资金640.33万元,实施救助13 329人次。

(谭卫卫)

社会福利

【孤儿保障】 孤儿保障做到应保尽保。2015年12月在册孤儿88名,其中散居孤儿76名,集中供养孤儿12名。散居孤儿保障标准760元/(人·月),集中供养孤儿保障标准1240元/(人·月)。2015年,全县发放孤儿保障资金86.748万元。

【社会养老服务】 为及时完成清远市政府下达的"每个镇要有1所为生活不能自理的老年人提供临时托管或日间照料服务的养老服务机构"的任务,佛冈县民政局利用县内现有的资源向中央、省、市级民政部门申报养老服务项目。截至2015年,全县规划建设农村幸福院20个,已建成3个。

【社会福利院】 佛冈县社会福利院的主要任务为贯彻落实国家有关五保供养和福利院工作的方针、政策;收养孤老复退军人、城市"三无"人员和农村五保老人、弃婴;为供养人员提供衣、食、住、行、娱、医、葬。院内设有福利楼、育婴楼、光荣楼、老人公寓,有床位90张(其中老人床位70张,儿童床位20张),工作人员21人,其中管理人员8人、医生及护工13人。截至2015年12月,全县有供养对象73名,其中,弃婴、弃童12名,公费老人8名(孤老复员军人4名,五保老人3名,城镇三无老人1名),自费托养老人53名。

【收养工作】 严格按照收养登记的法律程序办理收养登记,实现网上受理、登记、审核,对前来咨询收养的群众能耐心做好解释。2015年办理国内收养登记5宗。

(李姣)

【福利彩票】 中国福利彩票发行的

目的是筹集福利资金，发展社会福利和社会救助事业，发行宗旨是"扶老、助残、救孤、济困"，主要用于青少年教育、医疗救助、扶贫、助残、充实社会保障基金、社会福利、慈善救助和社会公益事业。秉承扶老、助残、救孤、济困的宗旨，佛冈县在各镇建起多个福利院。今后，福利彩票公益金将更广泛地用于社会救助，为和谐社会作出更多贡献。2015年本县对所有投注站进行自查自纠，通过自查排除擅自利用互联网销售彩票的行为，并严格按照省、市要求对部分投注站进行装修改造，建立投注站示范店。带领各投注站销售人员参加省、市组织的参观学习和培训，努力提高每位销售人员的销售水平和能力。2015年发行销售福利彩票2434.226万元，销量比2014年多25.5292万元，完成全年任务的110.65%，其中电脑票销售2146.075万元，比2014年增长60.8652万元；网点即开型彩票销售288.151万元。为国家创福利金851.9791万元，为社会福利和社会保障事业作出重大贡献。

（邹少英）

老龄工作

【概况】 根据《清远市80岁以上高龄老人津贴制度实施方案》精神，县民政局开展80岁以上高龄老人津贴的发放工作。截至2015年12月，全县发放老年人高龄津贴6841人，发放津贴金额22.873万元。其中：80—89周岁5894人，发放津贴金额17.682万元；90—99周岁929人，发津贴金额4.645万元；100周岁以上18人，发放津贴金额0.54万元。

【统保工作】 通过财政拨款在三季度为全县60岁以上五保、低保户进行统保，保费10元/人，共4081人参保，合计保费40810元。在三八村委、石门村委、围镇村委等三个村委开展现场宣传办理，有80人自费参保，保费8000元。

【"星光计划"项目】 采取政策措施促进"星光计划"项目的落实。截至2015年12月，在各镇建成35个"星光老年之家"。"星光老年之家"是老年人老有所养、老有所学、老有所乐、老有所为的重要载体和途径，成为农村老人颐养天年的良好场所。

【老年人文艺生活】 10月19日晚，由清远市老龄工作委员会、清远市民政局举办的清远市第八届老年文艺汇演晚会在清远市江滨公园众乐广场举行。佛冈县老年人表演的节目《蝴蝶泉边》以独特丰富的背景、大理地区白族的特色舞蹈设计、极具民族特色的华美服装、极具舞台渲染力与表现力，喜获金奖。另一个极具少数民族异域风情的节目《太阳鼓》荣获优秀奖。

（胡碧安）

民族宗教

【概况】 2015年，全县有少数民族745人。其中务工经商流入的少数民族人数为643人，涉及瑶族、壮族、彝族、白族、苗族、布依族、土家族、怒族、侗族、回族、黎族、哈尼族、穿青人族、拉祜族、仫佬族15个少数民族，占全县总人口0.19%；本地户籍少数民族涉及壮族、瑶族、苗族等6个民族，居民人数约132人，占全县总人口0.04%。佛冈县主要有佛教、基督教两大教，信教群众有7415人，分布在全县6个乡镇，其中信仰佛教的信徒7000人，信仰基督教的信徒415人。全县有宗教教职人员7人，其中佛教5人，基督教2人。经政府批准开放的宗教活动场所4处，其中佛教场所2处（佛冈县王山寺、佛冈县龙牙寺），基督教场所2处（佛冈县基督教楼下福音堂、佛冈县基督教石角镇聚会点）。

抓社情动态 维护社会和谐稳定 制定《佛冈县处理涉及民族方面群体性突发事件应急预案》，完善应急工作机制，为及时妥善处理民族问题提供有力的组织保障。坚持每月对可能出现的不稳定因素作为排查重点，坚持以政策疏导为主，切实做好各方面的工作，争取把矛盾解决在萌芽状态，解决在基层。加强部门合作，实行齐抓共管。注重与外来少数民族流出地民族工作部门之间的沟通，争取当地政府部门支持和帮助。加强与信访、公安、城管、工商、民政、卫生等职能部门协调，互通信息，齐抓共管。利用民族代表，发挥疏导作用。充分发挥少数民族代表人士在少数民族群众心目中的作用，协助做好少数民族群众的思想教育，及时发现问题，杜绝涉及民族因素突发事件的发生。

扎实推进民族事务服务体系建设 对少数民族流动人口数据、流出地、就业取向等基本情况进行调查，分门别类建立台账，实行动态数据管理。会同城管、工商等方面的工作人员，加强少数民族流动人员服务管理工作。以诚恳、热情的态度为少数民族流动人员提供经商、务工优质服务。积极维护少数民族群众的合法权益，经常组织干部深入厂矿、企业，了解散居少数民族务工人员及经营者的工作、经营情况，督促企业尊重少数民族务工人员的风俗习惯，遵守国家民族政策，确保少数民族居民在子女入学、务工、就医以及社会保障等方面与本地居民享受平等待遇。注重发挥与公安、劳动保障、卫生、民政等部门的信息共享和协调联动作用，开展民事纠纷调解、医疗卫生、治安防范、介绍就业、落实低保政策等一体化服务，为扎实推进民族事务服务体系建设奠定坚实基础。

督导检查活动场所 县民宗局开展以"国法与教规关系"为主题的宗教政策法规学习月活动，成立宗教政策法规学习月活动的领导小组，加强"宗教政策法规学习月活动"的组织领导。要求各场所主要教职人员、宗教场所管理委员会成员自行组织集中学习，在宗教场所开展法律宣传会，以《宗教事务条例》为基础，学习贯彻国务院和广东省《宗教事务条例》《宗教活动场所财务监督管理办法》等相关法律法规，通过宣传栏、标语、学习资料，加强宣传和学习。通过督导检查，各场所都能开展学习活动，基本达到学习月活动的预期目的。

排查打击非法宗教活动 佛冈县始终高度重视抵制外来敌对势力和邪教组织的渗透，打击非法宗教活动。强化组织保障。成立工作领导小组，制订抵制渗透、打击非法宗教活动实施方案。联合公安局、教育局等部门在全县利用发放资料、宣传册等方式，全力抵制渗透和打击非法宗教活动，坚决抵制外来敌对势力和邪教组织的渗透，打击非法宗教活动。县民宗局联合县公安局国保大队和各镇、社区进行摸点排查，没有发现相关组织、人员及其活动。

专项整治境外宗教渗透 2015年初参加清远市宗教工作协调领导小组第二次会议后，迅速成立机构，制定方案，强化领导，完善措施，努力推动境外宗教渗透专项整治工作有效落实。在县宗教工作协调领导小组的协调指导，县境外宗教渗透专项整治工作领导小组各成员单位的配合下，先后七次进行全面而深入的摸排工作。2015年佛冈县没发现境外宗教渗透组织、社团、活动据点、基督教私设聚会点、天主教地下势力等境外宗教渗透非法活动以及佛道教乱象，没有发现校内外及周边有校园传教，没有发现非法印制、传播、发行、销售出版物、宗教节目、宗教宣传品。

龙牙寺修复工程进展顺利 水头镇龙牙寺的修复建设项目，被县委县政府纳入全县30个重点工程之一，其大雄宝殿主体建设工程已完成，大殿室内外装修装饰工程正有序推进，有望在2016年末全面完成大雄宝殿修复建设工程。

【民族宗教宣传与调研】 加强广大干部、人民群众对党和国家的民族工作方针政策的宣传教育，充分利用县委、县政府召开的各种会议、各种活动，以及部门工作会、座谈会等形式，宣传民族政策法规及民族常识，增强工作主动性。加大《城市民族工作条例》的贯彻力度。主要是通过编发条例宣传小册，指导社区开设宣传栏，组织民族政策法律法规知识竞赛，扩大干部群众的知晓面，为开展工作打下良好基础。开展新形势下全县民族工作专题调研。为全面掌握全县少数民族人口现状，了解少数民族的分布情况、从业现状及发展趋势，建立完善民族工作台账。对全县少数民族分类分布情况、人口基本情况及流动人口数量等进行全面普查，并根据普查资料建立全县少数民族基本数据库，分析研究调查所得各项数据，掌握和摸清全县少数民族干部建设存在的问题及原因。

【民族团结进步宣传月】 9月开展"民族团结进步宣传月"活动。召开动员会议，印发"民族政策知识宣传手册"，开展走访活动，利用广播电视、召开座谈会、悬挂横幅标语等多种形式，宣传党的民族政策，大力营造宣传月的舆论氛围。借助媒体优势，大造舆论声势。县广播电视台利用广告时间插播关于促进民族团结进步的公益广告。撰写宣传稿件10篇，其中：新闻单位采编、报道6篇，及时宣传报道宣传月活动进展情况；悬挂横幅6幅，散发民族政策知识宣传手册资料350多份。召开座谈会，组织党员和少数民族代表人士学习党的民族政策，畅谈新形势下民族工作、民族团结进步事业取得的新成效，分析存在问题，提出2015年后工作的意见和建议。开展走访活动，走访民族团结老模范1人，看望为民族工作作出突出贡献的老党员、老干部2人，慰问特困少数民族家庭1户，让少数民族群众切实感受到党和政府的关怀。通过活动的开展，营造民族团结进步宣

传月活动的良好氛围，扩大民族团结进步宣传月的影响力和感召力。

【依法管理宗教事务】 按照《宗教活动场所财务监督管理办法》等规定，指导协助各宗教活动场所健全完善财务管理、民主管理、学习培训、卫生防疫、消防安全和文物管理等制度，形成用制度理事、用制度管人的长效机制。加大财务管理监督检查力度，对活动场所进行定期督查，要求各场所设置财务公开栏，定期公开财务信息，对管理不规范的宗教场所责令限期整改。财务管理规范化建设，保证宗教活动场所资金流转安全规范。县民宗局按照省、市宗教局相关文件要求，开展宗教教职人员认定备案，指导宗教活动场所加强教职人员特别是主要教职人员进行资料收集整理，填写"宗教活动场所教职人员信息采集表""宗教活动场所主要教职任职备案表"，摸清底数、核实情况、完善档案，每季度上报增减情况，建立教职人员数据库，为推进教职人员认定备案管理常态化奠定基础。同时，县民宗局不定期到各活动场所，对教职人员进行清点和核查，切实掌握教职人员情况，规范宗教教职人员管理，为提高教职人员队伍素质、防止外来人员渗透打下坚实基础。开展"平安宗教活动场所"创建工作，印发《关于做好2015年春节期间宗教活动场所安全稳定工作的通知》《关于做好近期复杂天气及今年汛期宗教活动场所安全工作的通知》《关于印发开展宗教场所安全生产大检查工作实施方案的通知》。开展安全隐患排查工作，会同相关部门对全县各宗教场所进行社会治安、饮食卫生、消防设施、防汛抗灾、抢险救灾、违法违规设立功德箱等方面安全维稳检查，维护好全县宗教界稳定与和谐。各宗教场所、各类大型宗教活动实现"七个未发生"，即未发生群体斗殴事件、未发生食品安全事件、未发生火灾事故、未发生重大交通事故、未发生踩踏事件、未发生重大影响事件、

未发生爆炸事件。

【民族宗教干部培训】 根据《中共广东省委、广东省人民政府关于进一步做好城市民族工作的意见》和清远市民族宗教事务局《关于开设民族宗教政策理论课的通知》精神，2015年将民族宗教政策理论学习纳入县委党校干部年度教育培训计划。在县委党校培训210人次，与2014年同比增加5%。通过培训，提高广大干部的民族宗教政策法规水平和对民族宗教工作重要性的认识。

【民族宗教界慈善公益】 组织开展"广东扶贫济困日"活动。宗教界通过"广东扶贫济困日"活动为城乡贫困人口、弱势群体和困难群众募捐价值5000元的生活生产用品或现金。开展宗教慈善周活动。9月21日至27日在全县宗教界深入开展"宗教慈善周"活动，此次活动以场所为单位、以民间运作为主要方式，开展扶贫5人次、济困1人次、助残1人次、其他10人次，受益群众17人次，筹集及支出善款4726.3元，形成宗教界对慈善的关心、支持、参与的浓厚氛围。

（黄政雄）

居民生活

【全体居民收入】 根据佛冈县住户收支和生活状况调查显示：2015年全体居民人均可支配收入15 432元，同比增长9.4%，其中：城镇常住居民人均可支配收入21 312元，同比增长7.2%；农村常住居民人均可支配收入11 584元，同比增长11.4%。

【全体居民支出】 根据佛冈县住户收支和生活状况调查显示：2015年全体居民人均消费支出为11 877元，同比增长7.6%，其中：城镇居民人均消费支出14 699元，同比增长2.5%；农村居民人均消费支出10 031元，同比增长12.4%。

（罗泽参）

关心下一代

【概况】 2015年，佛冈县关工委抓好关心下一代工作，并取得显著的成绩。12月，县关工委被授予全省关心下一代工作先进集体。县关工委主任黄银带、龙山镇关工委常务副主任刘志洁被评为全省关心下一代工作先进个人，刘志洁还被评为市道德模范和佛冈好人，是全市全县关工委战线的第一人，也是全县关工队伍的荣耀。县关工委、县教育局在全市"三爱"教育清远文化进校园优秀作文比赛中工作突出，荣获优秀组织奖，学生获奖人数位居全市前列。

【第三届"我要上春晚"综艺大赛举办】 由县关工委、县文化馆协办的佛冈县第三届"我要上春晚"综艺大赛，经过初、复、决赛，从语言、舞蹈、声乐、器乐、口技等5大类100多个参赛节目中评选出一等奖1名、二等奖5名、三等奖8名。其中，县委、县政府挑选5个优秀节目和部分表现突出的选手到"2015年春节联欢晚会"上登台表演。

【"感悟幸福，快乐成长"绘画比赛举办】 4月，举办由县关工委、县文化馆和佛冈县凯盈房地产开发有限公司主办，县美术家协会协办的华府公益杯"感悟幸福，快乐成长"绘画比赛。有500多名参赛选手以"我心目中的家"为主题进行艺术创作，按幼儿、少儿、少年三个组别分别评出一等奖1名、二等奖2名、三等奖3名、优秀奖8名和优秀辅导老师一批，10多万人次以微信投票方式选出一名最具人气奖。所有获奖作品在县文化馆、华府图书馆展览。一、二等奖绘画作品与基层关工委选送书画作品一同选送参加省关工委"2015'牵手你我，携梦人生'书画创作活动"，振兴小学老师刘干书法作品、振兴小学学生张怡晖绘画作品《美丽的家》、县机关幼儿园朱颖悦绘画作品《我喜欢幼儿园》等3幅书画作品分别荣获2015广东省"牵手你我，携梦人生"书画创作活动优秀奖。

【讲师团活动】 县关工委讲师团成员深入机关单位、基层、学校举办国防教育、纪念中国人民抗日战争暨世界反法西斯战争胜利70周年主题教育、家庭教育、交通安全和法制教育专题、"中国梦"和社会主义核心价值观专题教育、禁毒宣传教育等报告会，全年举办各类讲座50场，听课5万多人次。

【"新苗杯"艺术大赛】 县关工委与省文化厅关工委、县文广新局、县教育局、县文化馆联合举办"新苗杯"钢琴、吉他、爵士鼓艺术大赛，由各中小学选派选手参赛。大赛按钢琴小学A组、钢琴小学B组、钢琴初（高）中组、吉他、爵士鼓中小学组等四个组别分别评出一等奖1名、二等奖2名、三等奖3名、优秀奖5名。获得一等奖的节目选送参加2016年"我要上春晚"文艺晚会。

【调研与交流】 县关工委先后到县政协办、公安、水务、社保、民政等24个县直机关单位调研关心下一代情况，到各镇调研校外教育辅导、农村创业青年培训和种养创业项目，到各镇中学调研电子阅览室、关爱厨房管理使用、"五失"青少年、禁毒宣传教育等。先后组织各级关工委与梅州市梅县区，清远市连山、阳山、清新、英德，湛江吴川市、麻章区，广州市天河区、增城、从化区、花都区关工委进行交流学习。

【"五好"关工委创建活动】 9月，县关工委在佛冈公路局召开县直机关单位关工委工作会议。佛冈公路局、县公安局、县教育局关工委常务副主任分别在会上介绍工作经验和心得体会，县关工委主任黄银带小结上半年的工作，通报24个县直机关单位关工委调研情况，分析工作中存在的困难和问题，提出今后县直机关创建"五好"关工委的工作任务，推进县直机关单位关工委工作再上新台阶。

【农村创业青年培训】 县关工委与迳头、汤塘、石角镇联合举办农村创业青年培训班并召开农村创业青年联谊会理事会议。联合县扶贫办等有关部门，先后到迳头、石角、汤塘等镇举办大果山楂、莲藕、葡萄、水果木瓜栽培管理技术讲座，农民主动种植大果山楂等经济作物。组织"夕阳红"农业科技服务队到农村举办各类农业管理技术讲座，提供各类咨询等服务，帮助农村青年提升创业水平。县委副书记、县长梁金鉴亲自率领副县长朱小松以及科农、住建等部门主要领导到农村创业青年联谊会副会长罗显同的百香果种植基地调研，现场解决罗显同创业中遇到的困难和问题，指示相关部门助力农村青年创业发展。

【关爱行动】 配合做好爱心助苗活动。由佛冈菁英义工志愿者服务队牵线搭桥，联系广东狮子会橙色服务队到龙山镇开展"爱在延伸——爱心助苗行"活动，在了解孤儿、单亲、特困学生家庭基本情况的基础上，向50多位孤儿、单亲、特困学生送上一大批关怀金和爱心物资等，并组织开展聊天、互动游戏等活动，让贫困学生感受到社会关爱。关爱帮扶后进女学生。3月，县关工委组织帮教小组深入到城北中学，先后召开学校行政领导、后进学生及其家长、班主任等4个座谈会，并与4位问题女学生进行"一对一"帮教。经帮教，问题女学生发生明显转变。关爱活动不断深化。联合教育局关工委深入开展"爱学习、爱劳动、爱祖国"教育进校园征文活动，选送100多篇征文到市参赛。学生获奖人数位居全市前列，工作突出，荣获全市优秀组织奖。配合县卫计局、民政、妇联等开展婚前医学检查、新生儿听力筛查、地贫儿防控等宣传、组织、发动、落实、关爱服务工作。争取到县总工会支持，购买1万元的图书，赠送给四九中学。争取到《人民之声》杂志社重视支持，向汤塘镇人民之声官山希望小学师生颁发"园丁奖""新苗奖"。争取到省委统战部退休干部支助1名单亲学生就读大学。县公安局举办以弘扬五四精神、做好公安工作为主题的座谈会，组织全局青年民警、职工参加"怎样做好一个好民警、职工"征文比赛，评选出6篇获奖作文并予以奖励；暑假期间组织干警职工子女开展书法、画画比赛，评出6幅获奖作品，并对高考进入A线、2A线的局干警、职工子女进行奖励；到挂扶村（龙山镇下岳小学）举办法制讲座。由龙山镇妇联、关工委和镇团委组成的青年志愿者队在门楼富村开展"携手关爱留守儿童 缤纷夏日快乐成长"活动，开展慰问抗战老兵活动，并在文化中心举办中国人民抗日战争暨世界反法西斯战争胜利70周年图片展。迳头镇烟岭校外教育辅导站举办为期5天的暑假留守儿童培训学习班，讲授抗日战争革命故事、传统道德等课程。龙山、迳头镇关工委与中小学举行"贺中秋·迎国庆"留守学生座谈活动。

【宣传工作】 坚持办好《关心下一代工作通讯》、宣传橱窗，奖励一批优秀通讯员，加强与新闻媒体的联系沟通，向省市县新闻单位、刊物投送稿件，扩大关工委的宣传面，提高关工委的知名度，形成关心下一代事业的浓厚氛围。2015年《中国火炬》《秋光·关心下一代》杂志分别征订212、204份，完成征订任务。连续9年被中国关工委《中国火炬》杂志社评为全国先进单位。

（邓春华）

老区建设

【概况】 佛冈县老区建设促进会（简称县老促会），2015年驻会人员3人，其中：会长1人，副会长1人，秘书长1人。县老促会促进佛冈县老区建设，做力所能及的工作，得到省、市老促会的好评。

【老区基础建设】 2015年支持促进老区基础建设21宗，拉动扶持资金240.8万元。资金来源：省、市老区建设项目扶持资金178.3万元；市工商联企业家协会捐资支持老区菱塘村车田桥建设资金34.5万元；佛冈县福利彩票基金支持资金15万元；以及本会老区建设资金帮扶13万元。支持老区建设项目计有：支持老区桥梁建设项目2宗，支持老区乡村文化室建设7宗，支持老区乡村道路建设5宗，支持文化休闲公园建设4宗，支持修复革命旧址（遗址）3宗。

【老区宣传】 老区是革命的摇篮，老区人民的革命斗争精神、革命斗争历史非常丰富，坚持做好老区的宣传，把它运用到今天的建设工作上来，具有很好的现实意义。2015年的老区宣传，对全县原有11间宣传老区的思源室，坚持做好经常性的过问、检查、督促、巩固以及利用的指导。2015年，帮助黄花村委向省老促会争取3.5万元资金，将该村存久洞自然村的革命旧址进行修缮，并把它创办为宣传革命历史的思源室。至2015年底，全县有宣传老区的思源室12间。县老促会继续征订有关宣传老区的杂志《中国老区建设》《源流》等228份，分发到全县老区镇、村及中、小学校，供参考、宣传、学习。配合全国开展纪念中国人民抗战暨世界反法西斯战争胜利70周年活动，县老促会秘书长周都明协同县关工委一道深入到龙山镇、汤塘镇中学，宣讲佛冈县人民的抗日斗争历史，并写成文章在《佛冈生活》刊物发表,获得纪念"两战双胜利"征文二等奖。

【烈士后裔助学】 2015年烈士后裔助学申报和受助学生对象32人,发放补助总金额为160 000元(包括县配套补助资金28 000元)。其中:大专以上学生24人,每人发放助学金为6000元(其中县发1000元);中专学生4人,每人发放助学金为1500元(其中县发500元);高中学生4人,每人发放助学金2500元(其中县发500元)。为做好助学金发放工作,12月11日在县城召开发放会议。会议由县委、县政府牵头,县民政局、县教育局、县财政局、县扶贫办、县老促会联合主办召开。参会人员有:县领导和各有关部门领导、各镇民政干部、在本县读书的助学对象、学校领队教师以及家长代表38人。县老促会会长李玉方作助学工作20年的工作总结。副县长范辉煌作重要讲话,体现党和政府对烈士后裔的关怀。烈士后裔助学工作始自1995年,至2015年已有20年。20年来助学受惠学生总数为1255人次,发放总金额为98.56万元;县拨配套资金为19.9万元。帮助有困难的烈士后裔顺利完成学业、走上社会实现就业的毕业学生有103人。有效地改善烈士后裔家庭的贫困状况,为促进老区社会经济发展注入活力。受助的学生基本上都遵纪守法,勤奋读书,积极向上,20多年来未出现过一个问题学生。佛冈县老促会的助学工作,被省老促会授予——"烈士后裔助学工作二十周年(1995—2015)先进集体"荣誉称号。

(周都明)

农村新景象 (林红途摄)

建 制 镇

责任编辑：黄春苗

高 岗 镇

【概况】 高岗镇位于佛冈县的北部，东经113°3′、北纬24°01′，东与佛冈县迳头镇为邻，南联佛冈县石角镇，西南紧靠观音山省级自然保护区，西北与英德市东华镇相接。全镇总面积为174.03平方公里，其中耕地2万多亩，山地20万亩。2015年，高岗镇下辖长江、墩下、宝山、高岗、新联、高镇、三江、三联8个行政村，高岗1个社区。全镇有105个自然村，241个村民小组，7个居民小组。2015年末户籍总人口31 201人，其中城镇常住人口1209人，城镇化率3.87%。户籍人口以客家人为主。

高岗镇因地处较高山冈上而得名。清嘉庆十八年（1813年）建立佛冈厅，原为英德县（今英德市）大陂都的独石乡、观音乡、高台乡、虎山乡划入佛冈厅。民国三年（1914年）6月佛冈厅改为佛冈县后，高岗镇地域的4个乡归属佛冈县二区；1950年4月归属佛冈县三区，1951年3月设立高岗乡；1958年10月，与其他地区合并为跃进（迳头）人民公社；1961年5月，设立高岗人民公社；1983年12月，撤社改区，改称高岗区公所；1987年1月改称高岗镇。

高岗镇地处丘陵地带。观音山脉为境内主要山脉，主峰亚婆髻海拔1218.8米，为佛冈最高峰。属南亚带亚季风气候，其特点是高温多雨，气候湿润。境内有萤石、稀土、白石、瓷土等矿产。野生动物有山猪、穿山甲、狐狸和白鹇等。

高岗镇有京港澳高速公路、省道252线纵贯镇境，其中京港澳高速公路在镇内设有高岗互通口。发源于镇内的3条河流在镇境内汇成三江水，流向迳头镇，汇入烟岭河。

高岗镇山清水秀，旅游资源丰富，省级自然保护区观音山是高岗镇旅游资源的代表。观音山是广东省重要山脉之一，周围有海拔900米以上的山峰10多座，属高山地貌，拥有优质山、水、瀑布、石、空气及植被资源。主要景点有观音庙、观日亭、观音坐莲、龙潭飞瀑等20多处。该镇推动现代农业的发展，开发出同盛百香果生态产业园、海盛生态种养殖产业园、高岗油茶园等高质量的、广受游客欢迎的乡村旅游产业园。

【经济发展】 2015年，全镇工农业总产值2.43亿元，比上年增长8.97%；实现固定资产投资8319万元，增长14.9%；完成财政收入2013.43万元，国税税收183.83万元，地税税收1280.45万元。

农业 2015年，全镇农林牧渔总产值2.43亿元，比上年增长8.97%。全年全镇粮食种植总面积22 884亩，生产粮食7091吨，其中稻谷6991吨；大豆播种面积2147亩，产量436吨，花生种植面积3378亩，产量663吨，蔬菜种植面积11 704亩，产量12 337吨。生猪饲养量6.6万头，年末存栏1.15万头；养殖家禽14.39万只，家畜2.78万头，白鸽3.2万羽；生产肉类904吨，其中猪肉703吨，牛肉35吨，禽蛋24吨。鱼塘养殖面积1203亩，水产品总产量952吨。水果种植面积1.94万亩，产量1.12万吨，其中沙糖桔9548吨，李子958吨。

基础设施建设 2015年"5·17"和"5·23"水灾期间，全镇乡村公路损毁0.62立方米，抢救资金24.78万元。投入10万元用于重建高岗饮水工程建设，受惠人口达6000人。省道252线重建工程顺利推进。全镇9条乡村公路申报立项7.3公里。落实专人，成立养护队，做好乡村道路水泥路面的养护与管理工作。

招商引资 2015年11月，佛冈信拓矿业有限公司进入试运行。截至2015年底，投入5000多万元用于前期基础设施建设，预期收益年产值为1亿元。

重点项目 2015年广东中粤通油品经营有限公司京珠高速公路高岗加油站（原国防油站）及服务区已建设完毕，计划于2016年1月单边开业运营。高岗新集镇项目完成规划设计工作，项目涉及的58户征地对象中有48户已签订土地征用确认协议，签订率超82%，并逐步推进地上物补偿工作。

农业布局结构调整 2015年，结合清理黄龙病染病果树工作，重点抓好农业产业结构调整，进一步引导农民种植效益好的经济作物，促进农民增收。2015年，全镇种植油茶1200亩，种植青花梨350亩，种植火龙果1200多亩，新种植大果山楂约300亩，新种植百香果150亩，计划近期再种植260亩。同时，养殖业也在逐步壮大，除传统养殖场外，全镇有公司+农户养猪场共13个，规

2015年3月3日，高岗镇社岗下村举办豆腐狂欢节　　　　（韩玫摄）

模化生猪养殖场26个、养牛场6个、白鸽场1个、养鹅场1个。

【社会事业发展】 科技　2015年，举办种植业培训、咨询共2场次，参加人员300多人次。组织各类就业培训班，与县人社局、财政局、佛冈职校联办，开设农村劳动力技能培训班。2015年，全镇"零就业家庭"数动态为零，城镇新增就业人数350人，全镇新增转移就业劳动力450人，下岗失业人员实现再就业人数75人，就业困难人员实现再就业人数10人，促进创业人数20人，组织创业培训人数15人，组织劳动力技能培训162人。

教育　2015年，全镇有幼儿园2所。在园幼儿663人（中心幼儿园及分园、分教点共383人，民办园280人）；完全小学4所，教学点3所，在校生1436人，专任教师84人，小学适龄儿童入学率100%；初中1所，在校生634人，专任教师39人，初中适龄人口入学率100%，小升初升学率100%，九年义务教育覆盖率达100%。2015年中考，高岗中学考上省一级高中的学生有113人，上线率79.6%。

文化体育　结合重大节日开展文化活动，丰富干部群众业余文化生活。在春节期间举行游园活动、斗画眉赛，参加县组织的篮球赛，在社岗下村豆腐节举行舞狮、掷豆腐等活动；联合妇联、团委等相关部门开展各种文化活动；利用中、小学校平台开展各项有益于青少年身心健康的活动，如美术、书画、舞蹈等比赛活动；开展各种宣传活动，在省道252路边树立宣传高岗镇文化特色的大型宣传喷画，重大节日在人多显眼的地方悬挂宣传横额。

计划生育　2015年，高岗镇切实提高人口计生工作管理与服务水平。加强业务培训，利用每月例会，以会代训加强计生专干业务学习。强化利益导向机制，落实兑现优惠政策，强化流动人口管理，严格做到依法管理、依法行政，全方位开展优质服务。全年全镇共出生人口478人，其中一孩252人，二孩211人，多孩15人。其中政策内出生442人，政策外出生36人（政策外多孩出生5人），政策生育率92.47%，出生性别比97.52，政策外多孩率1.05%。常住人口出生339人，出生率12.58‰，人口自然增长率4.66‰。落实四术325例，其中结扎123例，纯二女扎6例，上环175例，补救措施21例。

社会保障　2015年，全镇城乡医疗保险参保人数达26 319人，新型农村养老保险参保达11 368人，覆盖面43%。发放社会保障卡15 874张，完成60%。加强劳动保障工作，全镇新增转移农村劳动力450人，其中：就近就地转移300人，珠三角及省外就业150人。下岗失业人员实现再就业人数100人，就业困难人员实现再就业人数10人。稳步推进新联、宝山、三联村充分就业村创建工作。

民政工作　全面推行"一站式"医疗救助，使低保、五保困难群众及时得到相应的医疗救助。2015年，全镇发放低保金、五保供养资金、医疗救助资金和对敬老院、农村困难家庭、优抚对象、高龄老人、孤儿发放慰问金共451.9万元。通过县外非一站式医疗救助，救助大病困难群众和低保五保对象共51人，发放医疗救助金36.2万元。

【农村综合改革】 2015年，高岗镇围绕农村综合改革目标和总体要求，扎实推进"三个重心下移"，探索"三个整合"有效实现形式，全面推进农村综合改革各项工作。

"三个重心下移" 推进　完善村级党组织设置体系，全镇成立村级党总支及政党公共服务站各8个，村党支部39个，支部党员628人。推动村民自治重心下移，全镇共成立理事会81个，理事会成员513人，村民自治意识增强，社会管理成效初显。推进公共服务下移，提升便民惠民服务水平，镇行政服务中心和全镇8村1居的综合服务站完成建设并投入使用，切实加强新型基层组织建设，把农村基本公共服务延伸到村。

"三个整合" 开展　稳步开展农村土地资源整合工作。积极推动财政涉农资金整合工作。全镇已有222个经济社、8个经济联社、1个经济总社办理组织机构代码证，开设对公账户；整合土地资源及流转18.34万亩；整合普惠性资金515.07万元。积极开展社信用合作部试点工作。9月28日，三江信用合作部正式开业，目前已对会员发放贷款7笔共125.8万元。宝山村整合涉农资金建成最美乡村公园的做法，得到中共清远市委书

2015年2月13日，高岗镇召开农村综合改革暨柑桔黄龙病及残次果园清理工作动员大会
（高岗镇供稿）

2015年1月20日，高岗镇召开党的十八届四中全会精神报告会
（高岗镇供稿）

记葛长伟高度肯定并要求全市学习推广。

【民生工程】 **水利基础设施建设** 2015年获批冬修水利项目9个，国家投资26.6万元，项目已经全部完工。

高标准农田建设 2015年，3461亩高标准农田建设项目进入施工阶段，项目建设完成80%。省级小型农田水利重点县"佛冈县高岗镇路下水库灌区改造工程"项目总投资1100多万元，涉及36个项目，已完成工程总量的60%。

"一事一议" 2015年，全镇共有22个项目通过县"一事一议"办验收，项目投资总额合计771.22万元，申请奖补资金合计234.44万元。年末又加报8个项目，申请奖补资金77.8万元。

扶贫开发"双到" 长江、墩下、三江村被省定为新一轮扶贫开发"双到"工作贫困村，3个村上报贫困户145户，直接受益群众达649人。

【高岗镇第十五届人大第五次会议】高岗镇第十五届人大第五次会议于2015年7月22日召开。大会审议并通过《高岗镇政府工作报告》《高岗镇人大工作报告》及《高岗镇2014年财政预算执行情况和2015年财政预算草案的报告》。会议收到议案4件，意见、建议14条，涉及全镇农业农村工作、交通公路建设、文化教育等方面的问题。对这些问题，镇政府及有关部门已做出答复并安排人员跟进处理。

【综治维稳】 2015年，高岗镇结合省市部署的"3+2"专项打击整治行动，深入开展"亮剑"系列专项行动。继续深化平安创建活动，做好特殊节点的稳控工作，全面铺开社区矫正工作。全年镇综治信访维稳中心受理群众信访件19宗、68人次，其中上级转办1宗，办结信访件19起，成功调处矛盾纠纷19起，组织矛盾纠纷排查29次，大多数影响稳定或可能造成群众信访的问题能在"家门口"得到及时化解或解决。

【党建创新】 **"手机党校"开办** 2015年，高岗镇开办"手机党校"。通过手机党校信息，使农村党员和外出党员能及时了解到镇委、镇政府最新工作动态。

镇党代会年会模式创新 2015年，高岗镇党代会采取"成绩简单讲、问题详细讲、任务重点讲"的方法，改变往年召开党代会占用一大半时间听取有关报告的模式，留出更多的机会给党代表参与讨论，并进行现场回答咨询。

村干部队伍建设 组织后备干部150人（其中村党组织书记后备干部25人）开展跟班学习活动。2015年，新发展党员20个，完成率达100%。

【城乡建设】 2015年，高岗镇严把私人建房审批关，全年受理私人建房用地规划和土地审批6户，批准建筑占地面积2766平方米。受理群众各类建房纠纷16起，调处14起；严厉打击各类违法违章建筑，将查处违法违章建设工作纳入城建办日常工作，发现一处查处一处。做好泥砖房核查、危房改造工作。2015年全镇完成210户低收入住房困难户危房改造工作。同时，为使全镇农村生活垃圾得到有效处理，改善全镇农村环境状况，高岗镇政府为各村（居）配备垃圾清运车、垃圾桶、环卫手推车、铲子、扫帚等工具。

【生态建设】 2015年，新村与蓝屋村的美丽乡村建设已完成并通过市的考核验收。第三批美丽乡村（围角村和茶元坪村）已完成地形图测量工作，形成初步的规划方案。积极推进城乡清洁工程，大力开展"路边"整治工程，全面推行垃圾集中处理，垃圾中转站已完成主体工程。加强镇圩市场的管理，加大对河道清理、村庄绿化等的整治力度。认真做好生态林资金发放、山林纠纷调处、森林防火等工作。始终保持高压态势打击非法盗采稀土矿行为，使非法盗采行为得到有效遏制。

（罗秋玲）

迳头镇

【概况】 迳头镇位于佛冈县东北部，是省中心城镇之一。东经113°40′、北纬24°01′，东面与从化市、新丰县接壤，南面与水头镇相连，西面与高岗镇相接，北面与英德市接壤。全镇总面积185.04平方公里，其中耕地面积2753公顷。2015年迳头镇下辖青竹、湖洋、仓前、迳头、大陂、楼下、龙冈、大村、井冈、社坪10个行政村，迳头1个社区。全镇有103个自然村，219个村民小组，4个居民小组。2015年末户籍人口32 984人，其中城镇常住人口1211人，城镇化率3.67%。户籍人口以客家人为主。

迳头镇因地处山脉（当地人称为"迳"）起端而得名。清嘉庆十八年（1813年）建立佛冈厅，原为英德县（今英德市）大陂都的白石乡、迳头乡划入佛冈厅。民国三年（1914年）6月佛冈厅改为佛冈县后，迳头镇地域的2个乡归属佛冈县二区；1950年4月归属佛冈县三区，1955年6月设迳头区；1958年10月，与其他地区合并为跃进人民公社；1961年5月，成立迳头人民公社；1983年12月，撤社改区，改称迳头区公所；1994年1月，改称迳头镇；2004年5月，烟岭镇并入迳头镇。

全镇山地广阔，属低丘陵地区。北部为低坡度山丘，是主要的粮产区，亦是商家投资兴办企业的福地；南部为高山林地，具有丰富的林木、竹子资源。镇内水力资源丰富，建有11座水电站；自然资源丰富，是发展生态农业和生态旅游的首选。

迳头镇是佛冈北部片区重要的交通枢纽，交通区位优势突出。镇内交通网络纵横交错，106国道贯通全镇南北，南通广州，北往韶关，通往行政村的道路基本实现硬底化。镇中心区距离京珠高速公路高岗路口仅6公里，距离佛冈县城约20公里，距离广州北二环100公里，交通十分便利。主要河流有烟岭河，自西向东北流过镇境后，在英德市汇入滃江。

【经济发展】 2015年，全镇工农业总产值16.7亿元，比上年增长78.6%；完成固定投资5.2亿元，同比增长76%；完成财政收入3448.4万元，国税税收2550万元，地税税收11 338.27万元。

工业 2015年，规模以上工业企业完成生产总值14.5亿元，同比增长21%，完成增加值4.3亿元，增速27%。

农业 2015年，全镇农林牧渔总产值2.23亿元，比上年增长4.9%。稻谷播种面积31 692亩，总产量5327吨；水果播种面积20 048亩，总产量4320吨；其他作物播种面积10 419亩，总产量8546吨；生猪累计出栏13 614头，牛累计出栏428头，三鸟累计出栏166 182只。

基础设施建设 2015年，迳头镇增加资金投入，完善水利设施建设，推进投资额近1700万元的大陂水整治工程、投资额近6000万元的烟岭河治理及南北堤加固工程、大村大陂片灌区改造工程建设；投入建设资金50万元对大村大塘圳等12宗小型水利工程进行维修加固。做好因2014年"5·23"特大水灾受损的道路、桥梁的修复工作。湖洋旗一桥、甲名桥、王厂桥、龙冈黄坑一桥等受损桥梁先后修复通车，同时对青竹村水毁道路进行维修加固。全年全镇完成乡村公路建设10.65公里。

招商引资 2015年，全镇规模以上的投产企业有9家，试产企业4家，在建企业1家。2015年7月，华劲公司成功纳入规模以上企业行列，新增产值约8000万元。

【社会事业发展】 **科技** 因沙糖桔黄龙病蔓延，迳头镇农办积极引导村民改种其他优质作物并提供技术指导。2015年，迳头镇共改种山楂、莲藕、葡萄等优质作物17 795亩。

教育 迳头镇辖区内有初级中学1所，在校学生590人，教职工60人；完全小学3所，在校学生1100人，教职工98人；公办幼儿园、托儿所5家。

文化体育 原烟岭文化站对外开放，满足人民群众日益增长的文化需求。春节期间，舞狮、斗鸡、斗画眉、篮球赛、猜谜等文体活动丰富广大群众的节日生活，为春节增添喜庆的节日气氛。

计划生育 2015年，全镇户籍人口总出生627人，计划生育率为92.66%；出生率为18.98‰；性别比为106.25；人口自然增长率为12.35‰。全镇户籍人口落实综合节育措施为302例。

2015年，烟岭河治理及南北堤加固工程　　　　（黄超贤摄）

社会保障 全镇共有低保户540户，共计1258人，月发放低保金额226 265元。80周岁以上老人740名，月发放补贴金额共26 000元。2015年，全镇"零就业家庭"数动态为零；城镇新增就业人数550人，完成县下达全年任务的100%；城镇失业人员再就业人数100人，完成县下达全年任务的100%；就业困难对象再就业人数10人，完成县下达全年任务的100%；全镇新增转移农村劳动力640人，其中：就近就地转移488人、珠三角及省外就业152人。全镇就业形势总体稳定。2015年度城乡居民医疗保险参保人员共30 546人，参保率102%。全镇新农保参保人员达12851人，完成比率95%。

民政工作 2015年，对全镇范围内的特困低保、五保、重点优抚对象以及重病等特困群众发放棉被、寒衣、大米等救助物资共4批次，总价值25.8万元；对因病或其他原因导致家庭困难的部分群众，发放临时救助金3000余元；全年救助外地流浪人员5人次；共发放困难家庭医疗救助金188 095元，救助29人次。有效地解决困难群众"看病难"的问题，最大限度地解决困难群众因病致贫、因病返贫的状况。对符合条件的重度残疾人553人，发放护理补贴金额995 400元；符合条件的残疾人共269人，发放生活津贴金额322 800元；对2014年冬退伍士兵及部分伤残退伍军人共发放优待金250 000元。

【**生态观光农业**】 迳头镇深入开展农民群众调研，结合农综改"土地整合"和党员干部驻点直接联系群众工作及美丽乡村建设工作，以村小组为单位召开家长会，充分了解农民意愿，结合实际，确定以"生态农业 观光产业"为迳头镇农业发展的总基调，决定以楼下村为试点开展生态农业观光园项目。该项目选址在佛冈县迳头镇楼下村和龙冈村，共计2413亩田地。其中楼下村整合土地1813亩，龙冈村整合土地600亩。2015年11月连片种植油菜花2413亩，预备在油菜籽收获后，利用油菜花秆为绿肥，在原油菜花田上，种植深坑莲藕面积1523亩。同时，配合楼下官墩围已初见规模的葡萄、莲藕种植，达到春观油菜花、夏赏荷花、秋摘葡萄的立体化观光效果，全力发展生态观光农业。

【**美丽乡村建设**】 2015年，迳头镇美丽乡村建设点为大陂土仓下村、龙冈谢屋村和社坪上文岭村。截至2015年底，土仓下村已完成对小广场的挡土墙场地平整和环村道路基础的平整及主巷道排水管道铺设，完成总工程量的25%；龙冈完成塘基的土地平整、排水渠铺设约600米，主道及巷道的地基准备开挖，完成总工程量的35%；社坪已经完成环村道路铺设、排水管道铺设，完成总工程量的60%。

【**迳头镇第十六届人大第六次会议**】 2015年7月24日，召开迳头第十六届人大第六次会议。会议审议并通过《迳头镇政府工作报告》《迳头镇人大工作报告》和《迳头镇2015年上半年度财政预算执行情况报告》。收到议案2件，建议3件，涉及水务、城建、农业方面等问题，均在法定时间内办理完毕，办结率和答复率为100%。

【**农村危房改造**】 2015年，迳头镇成立危房改造工作领导小组，切实加强对危改工作的指导和督促。工作组逐村入户核查农村危房，核实农村"最急需改造对象"。2015年，共有171户农村低收入住房困难户的农户纳入迳头镇符合"最急需改造对象"，并将核实结果在"广东省农村泥砖房改造管理信息系统"进行同步录入。截至2015年底，已完成泥砖房改造89户，在建70户，未动工12户。

【**农村生活垃圾整治**】 迳头镇为解决农村"垃圾围村"等污染问题，美化城乡环境，开展深入调研，以湖洋村为试点，摸索出一套"户到桶、桶到拖拉机、拖拉机到中转站或填埋场"的农村生活垃圾整治"迳头新模式"，各村都展现出宜居乡村的新面貌，得到群众认可及省内各级媒体广泛报道。迳头镇先后投入350万元推进农村生活垃圾整治工作，聘请清洁工、清运工组成环卫队，配备垃圾运输车和清运垃圾自卸拖拉机，并在各村建立保洁队伍。全镇共聘用保洁人员229名，投放垃圾桶745个，确保辖区内垃圾收集点全面覆盖以及垃圾及时回收。同时，垃圾压缩转运站已全面投入使用，压缩规模为50吨/天，实现生活垃圾的统一收集和压缩，并统一运送到县填埋场进行无害化处理。

【**打击"拾尾矿"行为**】 2015年，镇规划办、农业办联合国土所、派出所、林业站等相关部门继续打击开采稀土矿违法行为。2015年，迳头镇全年共组织打击"拾尾矿"专项行动171次，出动执法人员600多人次，有效遏制"拾尾矿"现象，并已对非法开采稀土矿的部分区域进行复绿。

（杨朝安 黄汉超）

2015年8月6日，迳头镇垃圾压缩中转站全貌　　　　（迳头镇供稿）

水头镇

【概况】 水头镇位于佛冈县东部,东经113°40′,北纬23°53′,东南与从化市交界,西南与羊角山接壤,北与迳头镇、西北与高岗镇、西与石角镇相邻,距离佛冈县城11公里。全镇总面积146.21平方公里,其中山地面积174 313亩,耕地面积15 219亩,其中水田面积11 616亩。镇政府驻水头圩,下辖潭洞、西田、石潭、桂田、桂元、新联、铜溪、王田、新坐、莲瑶10个行政村,水头1个社区。全镇有135个自然村,195个村民小组,无设立居民小组。2015年末户籍人口31 040人,其中农业人口30 323人,非农业人口717人,城镇常住人口1650人,城镇化率5.3%。

该镇为潖江的源头,故名"水头"。水头历史悠久,清嘉庆十八年(1813年),属佛冈厅吉河乡,民国期间属佛冈县一区天水乡,1949年10月新中国成立后属佛冈县二区水头乡,1955年设水头区,1957年改乡,1958年10月属从化县佛冈人民公社水头大队,1961年5月属佛冈县水头公社,1983年12月复设水头区,1987年1月撤区建镇,称水头镇至今。水头镇居民全部为汉族,语言以带地方色彩的清远白话为日常交际语言,也有一部分自然村落以客家话为主。镇内世居村民主要有易、徐、黄、李、廖、崔、邹、禤等姓氏,分布相对集中,其中第一大姓为黄姓。

水头镇有县道373线横贯镇境,水头镇为低山丘陵区,地势东高西低,多为山地、丘陵。在镇东面的通天蜡烛山海拔1047米,为全县第二高峰。水头镇地域属亚热带气候,年平均气温20.6℃,高于10℃年积温约7519℃,年平均降雨量2206.8毫米,全年无霜期266天左右。具有较为丰富的地热矿泉水(即温泉),水温常年保持在37℃~38℃之间,日流量为1500立方米。自然土壤主要为花岗岩发育的赤红壤,土层深厚肥沃。林木资源丰富,森林覆盖面积达1.64万亩,阔叶林积蓄量在5万立方米以上。山地丘陵多种植沙糖桔与茶叶。野生动物有野猪、黄猄、穿山甲、野狸等。矿藏资源主要有铜矿、石墨、煤、铅锌、铁矿、耐火黏土等,集中在铜溪、石潭、新坐等地。水资源蕴藏丰富,有发源于水头境内通天蜡烛(山名)的潖江和潖江的支流铜溪水、黄塘五洞水,潖江自镇内上潭洞发源后自东向西流经镇境。传统农业以种植水稻、薯类、花生等作物为主,积极培育新型农业产业,打造出西田村芦笋、桂田村槟榔香芋、王田村百香果、独王山鹰嘴桃、铜溪村青花梨、石潭火龙果等多个特色农业作物。

水头镇生态旅游资源丰富,境内有在湖水中独立一柱,形如巨烛,且保留原始气息的通天蜡烛;可供休闲娱乐的独王山等。也有历史悠久的文化古迹黄氏东坑祠、清献崔公祠、龙牙寺以及革命历史遗址邹华衍故居和华衍亭等。

【经济发展】 2015年,全镇工农业总产值2.7亿元,比上年增长6.9%;实现固定资产投资15 634万元,同比下降58.8%;完成财政收入2286.3万元。

工业 全镇工业总产值1.39亿元,同比增长7.2%,规模以上工业总产值完成4683.5万元,同比增长8.03%;工业增加值完成611.2万元,同比增长12.7%;销售产值实现4662.7万元,产销率达到99.56%。

农业 2015年,水头镇农林牧渔总产值达到1.31亿元,比上年增加6.55%。有耕地面积15 219亩,粮食播种面积11 616亩,粮食总产量9503吨,其中水稻7998吨。蔬菜种植面积2208亩,产量945吨。林地面积16 407亩,全年累计造林539亩。水果种植面积3042亩,产量1509吨。生猪饲养量4567头,年末存栏1780头;家禽饲养量3.69万羽。生产肉类300吨,其中猪肉198吨,牛肉10吨,禽蛋8吨。鱼塘养殖面积253亩,产量114吨。名优特农产品有芦笋、槟榔香芋、百香果、鹰嘴桃、青花梨、火龙果。全年共发放种粮补贴6462户,金额34.74万元。

基础设施建设 2015年,全镇公交车站设莲瑶站、王田站、水头站、桂元站。2015年末有邮政网点1个,投递路线单程总长度72公里,投递点26个,乡村通邮率100%;全年投递国内函件7.3万件,国内汇票业务完成2320笔,国内异地特快专递信件完成2104件,征订报纸402份、杂志340册,业务收入8.6万元。2015年末有电信企业1家,服务网点1个;电话交换机总容量4096门,固定电话2033户;移动电话用户2654

2015年4月的通天蜡烛风景 (黄超贤摄)

户，比上年增加321户；光缆线路总长88公里，主干电缆达53对公里，互联网端口总数1024个，其中已占用端口总数747个，宽带接入用户747户；全年电信业务收入161万元。2015年末城区道路总长度2.3公里，人均拥有道路长度0.24公里；道路铺装面积0.38平方公里，人均拥有道路面积16.9平方米；城市桥梁1座，长度0.152公里。2015年末城区有自来水厂1座，铺设干线水管3000公里，生产能力420吨/日，年工业用水620吨，生活用水375吨，居民自来水普及率100%，年人均生活用水41吨；排水管道6.2公里。发电企业（水电站）11家。2015年末拥有中压配电线路5条，总长度74公里，年售电量累计完成2950万千瓦时，综合电压合格率99.8%，供电可靠率99.1%。

消费品市场 2015年，全镇社会消费品零售总额348万元。水头墟日（即传统赶集日）为每月逢3、6、9日，适逢墟日，很多农民会将农土产品带到墟镇售卖，吸引很多人来趁墟。全镇有大型肉菜中心市场一个，位于水头镇墟中心，占地约2000平方米，主要经营生鲜食品，有50平方米以上的超市3个。

招商引资 2015年，全镇招商引资实际利用资金完成1.24亿元，引进项目合同资金完成1.75亿元。其中位于水头王田村的水头镇骏鸿鞋业加工厂，2015年7月成立，计划总投资4500万元，截至2015年底完成投资500万元，提供就业岗位150个，预计年产值1500万元。

【社会事业发展】 **科技** 加强农民技能培训，提高农民的就业技能和整体素质。2015年，开展由国家农业部牵头，中山大学专家教授讲授的关于农田水稻相关技术培训，主要有插秧技术培训、施肥技术培训、收割技术培训等，全年累计开班16场次，培训农民100多人次，确保农民从水稻种植的每一个环节得到科学的技术管理。

教育 2015年末有幼儿园2所，在园幼儿626人，专任教师6人；小学2所，在校生1139人，专任教师68人，小学适龄儿童入学率100%；初中1所，在校生507人，专任教师44人，初中适龄人口入学率100%，小升初升学率100%，九年义务教育覆盖率达100%。

文化·体育 2015年末有体育场地16处，有篮球场16个。全镇的社区和行政村均安装有健身器材，经常参加体育活动的人员占常住人口的30%。2015年末有文化站1个，建筑面积500平方米；公共图书室12个，建筑面积600平方米，藏书5000册；文化从业人员14人，其中事业单位从业人员2人。地方特色民间艺术有舞春牛。

计划生育 贯彻落实《水头镇计划生育长效机制》，落实计划生育奖励机制，健全利益导向机制。2014年10月到2015年10月，全镇出生人口数为478人，全镇计划生育率为92.47%，性别比106.03，人口自然增长率为5.44‰，顺利通过市、县两级年终考核。

社会保障 加快完善社会保障体系，全面提高社会保障水平。水头镇参加2015年度城乡医疗保险人数为27876人，其中：一般参保人员25908人，特殊参保人员1968人，参保率达100.8%。城乡居民养老保险扩面工作，截至2015年底，参保率达到94.56%。加强五保、低保的动态管理，完成五保、低保联合评审及系统数据更新工作，做到应保尽保。推进农村劳动力技能培训、劳动力转移就业、职业介绍、就业指导、政策咨询等工作。新增转移农村劳动力600人，累计完成县下达任务数的100%，较好地解决农村富余劳动力的就业问题。力抓精准扶贫，与碧桂园共同开展"阻断贫困代际传递专项活动"，大力推进教育扶贫，2015年共帮扶37户困难家庭，帮助45名学生免费实现上学梦。

民政工作 2015年，全镇共426户989人纳入低保范围，全年发放低保救济金210多万元（不包含中秋、春节慰问）。低保资金实行专项管理，专项专用，并实行社会化发放，杜绝依靠关系网和隐瞒收入等手段骗取低保金现象的发生。全镇有五保对象292人，全部纳入五保供养保障范围，全年发放五保救助金180多万元（不包含中秋、春节慰问）。全镇累计办有第二代残疾证的残疾人700多人，对其中合乎救助政策的446名残疾人发放护理费，138名残疾人发放残疾人津贴，全年发放残疾人相关补贴97万元，帮助4名残疾人居家改造、4名残疾人居家康复及4名盲人定向培训，组织13名残疾人参加县举办的招聘会，其中8人顺利就业。进一步开展拥军优属工作，全年发放优抚补助金51万元。加大医疗救助工作力度，全年对19人发放大病救助金15万元。开展殡葬改革宣传活动，2015年10月，全县户籍居民已全部实行免费殡葬基本服务。

【水头镇第十五届人大第五次会议】 水头镇第十五届人大第五次会议于2015年6月11日隆重召开。会议听取、审议水头镇《政府工作报告》《人大工作报告》和《政府财政执行和预算工作报告》，并选举产生水头镇新一届人大主席，水头镇委书记谢振权当选为水头镇人大主席。代表团共提出建议13件，会议在规定时间内对所有建议进行了处理。

【农村综合改革】 水头镇是清远市深化农村综合改革试点镇，通过积极推进基层党组织建设、村民自治和农村公共服务"三个重心下移"进一步完善农村基层治理体系和治理模式，优化基层组织配置，全镇村级党总支调整为10个，党支部调整为50个。创新思路，实施"青苗培训工程"，着力打造坚强后备村级干部队伍，选定150人作为后备干部，从10月开始，分十期安排到镇政府各部门跟班

2015年5月14日，清远市委农办到水头镇独王山调研农综改情况

（水头镇供稿）

培训学习，截至12月底已开办三期培训，共培训人员45人，并颁发结业证书。同时，积极探索"三个整合"，进一步完善农业基本经营制度，努力创新和转变农业生产经营方式。提升村民自治意识，促进农村和谐稳定，实现农村经济发展新突破。截至2015年底，整合土地171 266.1亩，其中整合耕地13 070.53亩，整合率为98.04%，整合林地158 508.4亩，整合率为90.9%。实际开展耕地整治面积6320.77亩，占全镇耕地整合面积的48.36%，户均承包集中连片3块以下经济社81个，完成率41.3%。2015年度整合普惠性涉农资金230.43万元，占比97.3%。整合涉农综合服务平台4个，其中西田、莲瑶、潭洞便民服务中心已建成运营，桂田便民服务中心正在建设。

【农业产业发展】 2015年，水头镇通过土地整合，推动"一村一品"特色农业经济发展，积极培育新型农业产业。2015年成立农民专业合作社27家，建立家庭农场5个，打造出西田村芦笋、中草药、桂田村槟榔香芋、王田村百香果、独王山鹰嘴桃、铜溪村青花梨、石潭火龙果、新坐家校通亲子种养体验基地等16个特色农业百亩种植示范基地，规模种植面积达到4000亩，实现集约规模经营，进一步夯实农业发展基础。特别是已成熟运转的西田村芦笋大棚种植项目示范基地，占地65亩，2015年6月第一批西田的独王山牌芦笋正式出产。平均每天产出250公斤，年收益达300万元。

【美丽小镇建设】 2015年，美丽小镇建设工作完成规划设计。完善"大清洁、乡村美"农村清洁长效机制，共投入65万元进行街道综合改造和夜景亮化（安装50盏街灯），投入30万元对镇肉菜市场进行全面升级改造，使镇容镇貌有所提升。加大城乡清洁卫生基础设施建设力度，投入200多万元，建成镇垃圾中转站，购买8辆拖拉机、560个垃圾桶，在全镇铺开生活垃圾清运。全镇共建成乡村公园31个，乡村文化公园覆盖率达到100%，在全县范围内率先完成"村村建公园"民生工程。

【精准扶贫】 2015年，水头镇按照习近平总书记提出的"扶持对象精准、项目安排精准、资金使用精准、措施到户精准、因村派人（第一书记）精准、脱贫成效精准"的六个精准指示，做好新时期精准扶贫相对贫困户的申报登记工作。通过认真细致的调查核实，全镇完成730户贫困户、1419名贫困人员的精准识别工作，为各项扶贫工作的开展并落到实处创造条件。全镇375户在册贫困户已全部落实干部职工挂钩帮扶。西田、铜溪、桂田三个省级贫困村累计投入扶贫资金1359万元。同时，清远市人大将"西田模式"作为"扶贫开发"新经验在清远全市介绍推广。

【碧桂园集团帮扶项目】 2015年，水头碧桂园集团继续在水头镇开展帮扶项目，成效明显。

全民技能培训提升项目 继续对全镇劳动力进行长期学历教育帮扶和中期职业技能培训。在长期学历教育帮扶项目中，截至2015年底，共帮扶922个在读职业技术学校的学生解决学费和生活费，帮扶资金超过460万元；按照重点大学6000元、普通本科4000元和大专院校3000元的补助标准对贫困大学生进行一次性帮扶，累计完成11个大学生的帮扶。开展中期职业技能培训项目，截至2015年底，共完成6958人的培训工作，共有4962人取得相关的证书，其中叉车学员982人、吊车学员304人、电工学员153人、焊工学员11人、计算机技术学员1127人、室内设计学员229人、汽车维修学员2人、家政学员1974人、财务会计学员180人。同时，学员培训的后期跟踪、管理、宣传、就业推荐等工作也相继展开。

其他帮扶项目 碧桂园集团大力开展"阻断贫困代际传递专项活动"。截至2015年底，共帮扶37户困难家庭，45名在校高中、大学生。参与兴建万人饮水工程，碧桂园集团出资500万元与水头镇政府合作建设莲瑶村、新坐村万人安全饮水工程，使莲瑶、新坐村民用上自来水。完成路灯亮化工程，改善莲瑶村民的出行条件。整村推进，按照"政府领导、统一规划、碧桂园帮扶、农民自筹自建"的模式，碧桂园集团帮扶500万元在潭洞村新联村民小组开展整村推进房屋改造项目，建成潭洞新村，使75户村民住上110平方米的新房。至2015年底，碧桂园集团投入帮扶资金累计2500多万元。

【潖江河道"三清"综合整治】 截至2015年底，潖江河道水头段清淤工程投入资金480多万元，清理竹木13万条，果树4.1万棵，鱼塘面积

100多亩；拆除违建房屋35间，全面完成潖江河水头段的河道清淤清障工作。同时，完成小河流整治10条（段）长47公里。采用堤脚用隔笼窦石护堤、迎水陂用生态直墙砖护岸的河道加固办法，至2015年底，水头镇河道加固治理工程总长度22公里，总投资5000万元。河道治理加固完成后，河道宽度比原来增加3~5倍，河流行洪抗灾能力比原来提高5~8倍。

（赖晶晶）

石 角 镇

【概况】 石角镇位于佛冈县中部，东经113°32′，北纬23°52′，是县城镇，是全县的政治、经济、文化活动中心。东面为水头镇，东北与观音山自然保护区相邻，北面与英德市毗邻，西面与龙山镇相接，南面与汤塘镇及羊角山林场相邻。全镇总面积347.68平方公里，其中耕地面积3.3万亩，山林面积37.5万亩。2015年，石角镇下辖片区分别是科旺、吉田、冈田、凤城、莲溪、观山、黄花、诚迳、二七、三莲、三八、小潭、石铺、里水、龙塘、小梅、山湖17个党政公共服务站，城东、附城、振兴、站前、城南、沿江6个社区，201个自然村，487个村民小组，45居民小组。2015年户籍人口117 871人，其中农业人口65 320人，城镇常住人口68 052人，城镇化率57.73%。常住总人口138 282人。

石角镇，建于清雍正九年（1731年），因清代时已有石角圩而得名。民国期间，今石角镇地域与水头合并为第三区，后改为第一区。1951—1956年，先后称为石角区、石角乡。1958年10月，与其他地区合并为佛冈人民公社。1961年5月，建立石角人民公社。1983年12月，撤社改区，改称石角区公所。1987年1月，改称石角镇。2002年5月，黄花镇并入石角镇。2004年5月，三八镇、龙南镇并入石角镇。石角镇商贸活跃，交通四通八达，有京港澳（G4）高速公路、国道106线、省道252线、292线（英佛公路）贯穿全镇境内，并设有一个京港澳高速公路出入口。镇内有潖江河、龙南河、诚迳河、黄花水等主要河流。镇内居民主要以汉族为主。

石角镇自然资源和旅游资源丰富，拥有钨、锡、钼等金属矿产；水泥石灰岩、硅石、瓷砂、稀土矿、地下热水、温泉、矿泉水等非金属矿产，在观音山、羊角山、黄花石寨等有丰富的风力等资源有待开发利用。

石角镇现已开发利用的旅游资源和旅游景区主要有：以温泉养生为主题的森波拉度假世界，碧桂园温泉酒店，篁胜温泉国际花园酒店，以佛教祈福为主题的王山寺风景区，以休闲度假、体育健身为主题的羊角山漂流，以乡村生态休闲为主题的龙南片省新农村试验区建设之乡村风情长廊——美丽大田、田野绿世界、春季油菜花观赏区。还有尚待开发的观音山自然保护区下的放牛洞水库、王山寺峡谷、凤围的山田水库和黄花的石寨等。近年来石角镇重点建设以乡村旅游为主题的农家乐、农家客栈、乡村公园、美丽乡村建设等，加强农村基础设施建设，促进城乡协调发展，提升品位，逐步形成健康养生、乡村风情、休闲度假等多元化、全方位、全覆盖的特色旅游事业。

【经济发展】 2015年，全镇工农业总产值75.74亿元，比上年增长8.3%；实现固定资产投资16.21亿元，增长7.9%；完成财政收入3600.30万元。

工业 2015年，石角镇完成工业总产值71.8亿元，增长4.2%；工业增加值完成15.3亿元，增长8.3%。开展"一对一""百企服务"等活动，推进县、镇重点项目建设。顺意佳纺织项目已投产；碧桂园三期、篁胜新城已顺利开盘销售；东建项目已完成征地539亩，正在招拍挂工作；观音山王山寺旅游开发扩建项目、港深商业广场项目、华润风力发电项目等正在抓紧推进。推进广清转移工业园区（佛冈集聚区）发展，搭建发展平台，积极承接珠三角产业转移，加快产业转型升级，优化产业结构，为园区经济发展和孕育新的经济增长点打下良好的基础。推进广东松峰机械、鑫源恒力、新力化机、老虎涂料、碧桂园等一批企业实现增资扩产，发展总部经济，提升企业竞争力，加快转型升级。

农业 2015年，农林牧渔业完成3.94亿元，增长10.4%。稻谷播种面积48 521亩，总产量1.6万吨；水果种植面积2万亩，总产量4万吨；蔬菜种植面积14 500亩，总产量1.45万吨；生猪饲养量10万头，累计出栏9万头；三鸟累计出栏16万只。发挥村民自治作用，清理沙糖桔病树和残次果园4.4万多亩。扶持华琪生态农业等特色农业产业发展，培育农业龙头企业，推进农业产业结构调整，

佛冈县田野绿世界休闲农业旅游示范园　　（宋钊明摄）

2015年9月29日，2015年石角镇"迎国庆暨南粤幸福周"活动在县人民中心篮球场举办　　　　　　　　　　（石角镇供稿）

提高农业生产规模化、组织化、市场化程度。通过整合农村土地，成立专业合作社61个，整合、流转土地3万多亩。做好三防工作，开展河道清理清障，确保汛期没有发生重大洪水灾害。已完成黄花、里水、二七、小梅等道路、桥梁清理清障和水毁工程建设等40多宗。投入120万元开展黄花复产复垦工程建设。全镇水稻投保面积4.3万多亩，理赔金额11.69万元。

基础设施建设　加大资金投入，修复道路、河堤塌方工程20宗；桥梁、道路清障工程4宗；投入60多万元，修复水利陂头20宗；利用广州帮扶单位的帮扶资金，观山东壁桥镇人大议案项目和黄花车头桥重建项目已建成并投入使用；中小型灌区改造和高标准基本农田建设通过市级验收，农业生产发展基础设施得到强化。投入4864多万元完成"一事一议"财政奖补项目128个，已验收项目60个，总投资2280万元，申请奖补资金648万元。积极配合开展国道106线北段改造、佛东变电站、龙凤新区、华龙新城、青松东西路、港江上游及龙南河的综合整治等重点市政工程建设，加快县城扩容提质。按照"户保洁、村收集、镇清运、县处理"的方式和镇、村、组"4∶3∶3"模式，投入200多万元，深入开展城乡环境卫生综合整治，完成农村卫生垃圾清理保洁工程，形成城乡生活垃圾清理清运新机制。

环境保护　调动全镇人民的积极性和参与性，落实举报奖励制度，加强巡查打击力度，深入开展打击非法开采稀土矿，提炼再生铝锭，提炼废机油，焚烧工业胶泥，倾倒工业废水、废料等破坏环境和污染环境的违法行为，发现一宗查处一宗。全年查处、打击黄花滴水岩非法加工提炼再生铝锭、三八枧头村非法倾倒工业废水废物、三八上里村倾倒废机油和工业胶泥等事件。

招商引资　2015年签订意向项目2个，在谈项目2个，实际利用外资8.6亿元。

旅游　打造乡村旅游养生基地。加快以森波拉、王山寺、田野绿世界为重点的旅游资源整合和转型升级，促进旅游事业健康、快速、持续发展。以龙南片新农村试验区建设为起点，推进"美丽乡村""乡村风情长廊""农家客栈"等精品乡村旅游建设，带动农村产业调整和转型升级，促进农业农村工作持续快速发展。旅游、商务、服务事业稳定发展，旅游竞争力明显增强。全年共接待游客300多万人次，旅游收入4.5亿元。

【社会事业发展】　科技　2015年，石角镇加快农业技术推广体系建设，全镇建成科技示范基地10个，科技示范户2000户；申报通过验收的家庭农场有观山西岭百亩果竹农场等5家，正在申报的10家。全年推广种植优质新品种台湾青花梨等2.3万亩。

教育　2015年，石角镇加大教育投入，完善教学设施建设，促进现代教育均衡发展，巩固教育创强成果，全面提升教育发展水平。全镇现有初级中学2所，完全小学4所、分教点6个，幼儿园32所，成人文化技术学校1所。适龄儿童入学率保持100%，小学生辍学率为零，小学生毕业率100%；初中阶段学生毛入学率99.5%，初中生辍学率为1.1%，初中生毕业率100%。

文化·体育　2015年，石角镇进一步完善镇文化基础设施建设，加强城乡文化阵地建设。全年新增村级文化室33个、文化体育设施100个。开展古村落调查和自然村落历史人文普查工作，挖掘文化底蕴，充实历史文化资料。开展送戏下乡活动12场次，丰富农村文化活动。

计划生育　2015年，全镇出生1725人，出生率14.26‰，人口自然增长率8.57‰；出生人口性别比104.1，政策生育率93.68%，已婚育龄妇女综合落实率73.72%。省级"新家庭计划——家庭发展能力建设"试点项目稳步推进。投入20多万元新建成小潭人口文化公园，投入60多万元、总面积463平方米的小潭"新家庭发展能力建设"大楼正在抓紧建设；全镇50名"新家庭人口文化辅导员"以"1+10"模式服务群众。

社会保障　2015年，石角镇加快社会保障体系建设，全面完成城乡医疗保险和农村新型养老保险任务。2015年城乡医保参保人数62 950人，完成99%；城乡居民养老保险续缴15 510人，完成101.52%。

劳动就业 2015年全镇完成农村劳动力培训转移就业850人，城镇新增就业人数1900人，完成年度计划100%；城镇失业人员再就业人数875人，完成年度计划100%；就业困难对象再就业人数70人，完成年度计划100%；实现创业100人，完成年度计划100%。对下岗失业人员灵活就业社会保险补贴的发放申请做到认真审核、及时登记，2015年失业登记人数600人，"4050"人员认定66人。联合碧桂园集团等单位和部门，举办育婴师、电脑、电工、会计等免费培训班，培训1000多人次，为企业、劳动力市场输送具备一定知识、技能的劳动者。创建吉田、冈田、科旺、观山4个充分就业村。

民政工作 2015年，全镇1296户低保户3598人的低保补贴得到提高，生活保障水平不断改善。全镇80岁以上老人都纳入高龄补贴领取范围。发放重度残疾人护理补贴1441人，贫困残疾人生活津贴510人，共320.58万元。

武装和民兵工作 2015年，石角镇扎实做好征兵工作，全面完成征兵任务，送出"双合格"优秀兵员52名，其中2名女兵。

【农村综合改革】 2015年，石角镇围绕提高村民自治、农民增收、农村公共服务水平，深入推进"三个重心下移""三个整合"，形成"党—村—会"三套马车齐发力，重点推进"一党一会""一村一人""一村一策""一村一品"和"一户两块"，在全市率先建立第一个农村金融合作部，即黄花金融合作部正在抓紧建设。全年全镇完善农村集体经济组织建设503个；完成土地整合39.08万亩，其中耕地2.9万亩，整合率98.8%；整合普惠性涉农资金534.53万元、非普惠性资金4346万元。建成黄花、诚迳、小梅、龙塘等四个便民服务中心。通过资金整合，全镇新建成农村公园107个、文化室137个、桥梁12座、农村道路28条42公里、农村安全饮水工程14宗、村道路灯1450多盏、综合服务平台23个。全镇对完成对公账户、便民服务中心建设、三个整合、城乡环境卫生综合整治、美丽乡村建设、沙糖桔病树残次果园清理等进行奖励，发放奖励金625万元。

【美丽乡村示范村建设】 2015年，石角镇按照"政府主导、农民主体"和"四不补"的原则，积极推进美丽乡村建设。完成9个"美丽乡村示范村"建设并通过验收，2个正在抓紧施工建设。拆除违章建筑11宗；坚持公平、公正、公开的原则，完成农村危房改造260户。

【石角镇第十六届人大第五次会议】 2015年6月3日召开石角镇第十六届人大第五次会议，出席代表108名。大会审议并通过陈志锋作的《石角镇政府工作报告》。经石角镇第十六届人大第五次会议审议通过，决定同意袁卫国代表辞去石角镇第十六届人大代表职务，其石角镇人大主席职务相应终止；决定同意谢振权辞去石角镇镇长职务；决定同意科旺选区刘月辉、黄秀群辞去石角镇第十六届人大代表职务的请求。大会依法补选陈发兴为石角镇人大主席、陈志锋为石角镇人民政府镇长。接收议案7件，建议、批评、意见7件（含议案转建议6件）。

【平安石角创建】 2015年，全镇共受理信访案件23宗92人次，同比下降4.2%；调解成功率100%。领导干部大接访活动共接待群众89批258人次，现场办结12宗，有效减少越级上访案件的发生。化解五大领域四方面突出问题3宗。创建平安家庭户35 329户，覆盖面96.3%，创建平安村（居）23个，覆盖面100%。深入开展"一村（社区）一法律顾问"服务工作，服务群众733人次，提供服务416人次。按照"一岗双责"和网格化管理要求，深入开展安全生产、"八打八治""三加二"等专项行动和重点领域安全检查整治，全镇未发生重特大安全生产事故和火灾事故，确保经济社会顺利发展。

【党的基层组织建设】 以"三严三实"主题教育活动为契机，进一步加强党员干部的培训教育，增强党的宗旨意识、服务意识，转变工作作风，提高执行力。组织新成立的农村基础组织和党员开展培训教育，增强服务群众意识；对排查出来的13个软弱涣散基层党组织制定政治方案，落实领导挂点联系负责制，较好地完成整治任务，达到整治的目的。2015年全镇新发展党员共50名，其中35岁以下的24名，大专以上学历11名。

【驻点联系服务群众工作】 采取"领导带队、团队运作"的模式，组建23个联系服务群众团队，固定每周二下午开展驻点直接联系群众工作，团队

2015年1月8日，石角镇小潭村公园落成剪彩　　　（石角镇供稿）

成员通过与群众零距离接触，面对面交流，建立起群众表达诉求的实时渠道、党员干部联系服务群众的快速通道、协商解决群众问题的工作平台。2015年入户率达到100%，共收集问题644个，已解决608个，解决率94%，上报县36个，已解决14个。

【"新家庭计划——家庭发展能力建设"】 2015年石角镇被省选定为"新家庭计划——家庭发展能力建设"试点镇和"广东省人口文化示范基地"。石角镇成立工作领导小组，制定工作方案，加大资金投入，选定小潭村作为"新家庭计划——家庭发展能力建设"示范点，设置功能室。同时，以"广东省人口文化示范基地"为契机，培训50名家庭文化辅导员，以"1+10"的工作方式，对育龄妇女进行婚、性、孕、育全方位的辅导。

【人才强镇战略】 2015年，石角镇人才和培训工作坚持党管人才原则，紧紧围绕全镇经济社会发展，进一步深入实施人才强镇战略。在"510"人才工程和赛马工程人才申报工程当中，石角镇严格按照申报条件和程序开展人才调查工作，把好申报工作质量关，认真核实申报材料，确保申报材料的真实性。2015年，全镇共有2名企业人才成为赛马工程入选人才，有4名企业人才成为"510"人才工程入选人才，为争当实施"桥头堡"战略排头兵提供人才支撑和智力保障。

（胡秋芳）

汤塘镇

【概况】 汤塘镇位于佛冈县南部，东经113°28′，北纬23°25′，东接从化区良口镇，南接从化区鳌头镇，西接龙山镇，北接石角镇。全镇总面积为229.37平方公里。2015年，汤塘镇下辖汤塘、湴江、江坳、石门、四九、竹山、高岭、黎安、菱塘、洛洞、升平、脉塘、暖坑、田心、联和、官山、大埔、围镇、新塘19个行政村，汤塘、四九2个社区。全镇有141个自然村，480个村民小组，5个居民小组。2015年末户籍人口7.06万人，其中城镇常住人口2848人，城镇化率4%。户籍人口多讲白话。

汤塘镇是广东省中心城镇之一，入选"全国重点镇"名单，拥有"广东省教育强镇""广东省宜居示范城镇""广东旅游特色镇""广东名镇"等称号，2015年12月成功入选"广东省新型城镇化'2511'综合试点镇"。

汤塘镇因辖区内有热水塘（即温泉）而得名。民国三十一年（1942年），为清远县汤塘乡。1953年2月，改为清远县第七区后划归佛冈县管辖，列为佛冈县第四区。1955年6月，改称汤塘区。1957年3月，分为汤塘、荣埔、四九3个乡。1958年10月，与龙山合并成立潖江人民公社。1959年5月，从潖江人民公社分出成立汤塘人民公社。1983年12月，撤社改区，改为汤塘区公所。1987年1月，改为汤塘镇。2004年5月，四九镇并入汤塘镇。

汤塘镇地势西高东低，地形属平原地区。属亚热带季风气候，夏季高温多雨，冬季温和少雨。镇境内已探明地下矿藏有黑色金属矿、稀有金属矿、耐火黏土、花岗岩等。具有丰富的地热矿泉水（即"温泉"）。

境内有京港澳高速公路、国道106线和省道354线通过，其中京港澳高速公路在镇内设有汤塘互通口。全镇县道、乡村公路全部实现水泥硬底化，各村紧密相连，交通区位优势凸显，已融入广州市"一小时经济圈"。潖江自北向南转向西面流入龙山镇。

2015年，汤塘镇依托便捷的交通区位优势和本地优质的温泉资源，积极发掘温泉养生文化，大力实施"工业富镇，旅游旺镇，品牌立镇，产业化与城镇化互动科学发展"的战略部署，抢抓机遇，开拓创新。在工业上，由加多宝、国珠、新菱等高新技术产业助力汤塘经济持续稳定增长；在旅游发展上，逐步在黄花湖地区形成以聚龙湾、金龟泉、勤天城等度假村组成的温泉产业链；在农业上，产业结构不断优化，金鲜美米业、双凤凉果、广生元等一批省、市重点农业龙头企业稳步发展，竹山粉葛、四九荔枝、龙眼、马蹄等特色农业规模不断扩大，各具特色的"农家乐"不断涌现；城镇建设扩容提质不断加快。汤塘镇的各类传统民俗活动也大放异彩，流传较广的有舞被狮、舞鲤鱼灯、舞龙、撞彩门等，其中"舞被狮"被列入"省非物质文化遗产"名录，并在中央电视台百集大型纪录片《记住乡愁》栏目作为专题详细介绍。

【经济发展】 2015年，全镇工农业总产值48亿元，比上年增长17%；实现固定资产投资13.3亿元，增长34.6%；国税税收2.26亿元，地税税收0.8亿元。

工业 2015年，实现规模以上工业产值45亿元，同比增长17%；规模以上工业完成增加值13.19亿元，同比增长31.1%；国地两税税收3.06亿元，实际利用外资416.1万美元。食品饮料集聚区规划建设不断完善，加多宝系列项目建设进度不断加快，吉多宝制罐在建项目进展顺利。不断推进高等院校产业发展，广州涉外经济技术学院项目加紧推进，经济实现多元化健康发展。

农业 2015年，农林牧渔业完成3.2亿元，增长4.9%。稻谷播种面积38 950亩，总产量12 796吨；水果种植面积33 905亩，总产量15 989吨；蔬菜种植面积12 683亩，总产量13 690吨；生猪饲养量28 129头，累计出栏14 402头；三鸟累计出栏432 404只。汤塘镇专业合作社和家庭农场发展迅速，全镇19个村共成立专业合作社76个，成立家庭农场28家，涉及种植业、养殖业、农业机械化等领域。返乡农民积极创办家庭农场如香芋基地、火龙果基地、马蹄基地等，种植、养殖大户不断涌现，使汤塘镇农业发展呈现欣欣向荣的局面。全镇建成五大现代农业产业基地（"金鲜美"粮食生产基地、"双凤凉果"加工基地、竹山粉葛特色食品加工基地、凉粉草特色农业种植基地、"加多宝"绿色饮料生产基地）。竹山粉葛成功通过国家地理标志保护技术审查，广生元蛋鸡场正积极申报省农业标准化示范区。

基础设施建设 水库移民新村建设顺利推进。2015年，争取水库移民资金179万元，已完成元二、新屋、烟仔厂、迳口、上围以及带新共6个移民村的基础设施建设项目和移民住房改造项目，共有59户移民305人受益。建成山角和红心村民小组的文化室和移民住房改造项目，共有23户108人受益。

镇村建设 "全国重点镇"创建工作顺利完成，汤塘成功入列全国重点镇。宜居城乡建设不断加快。新区农贸市场建设完成并投入使用，有效解决镇圩乱摆乱卖、占道经营的问题。积极推进"美丽乡村"建设，脉塘村西料自然村、大埔村火山自然村等6个自然村成功创建"美丽乡村"。"村村通"水泥道路硬底化全面实现。农村生活环境得到改善，真正做到"美化、亮化、绿化、净化"。镇级垃圾中转站即将投入使用，全镇范围内建成垃圾屋21间，各自然村共建立垃圾收集点约500个。镇、村成立保洁队伍，建立城乡保洁制度，基本实现"户保洁、村收集、镇清运、县处理"的镇村垃圾收集清运体系。

旅游 高端旅游休闲度假区逐渐形成。勤天城、鹤鸣州、国鑫聚龙湖等旅游度假项目集聚黄花湖，构建起具有岭南山水风光特色的高端旅游房产产业集群。积极推进以黄花湖为中心的"温泉小镇"规划建设，规划设计方案已上报市委、市政府审批。全镇旅游环境和服务质量明显改善，全面激活旅游经济的发展。

温泉名镇品牌效应 依托独有的温泉资源优势，推动农家乐、自驾游、休闲观光农业和民俗文化旅游等特色旅游项目与温泉养生旅游品牌项目融合发展，旅游元素不断丰富，初步形成"吃住行游购娱"+"文养居"的"6+3"旅游模式，总体上形成旅游度假区集聚下的"大旅游、大产业"的发展形式。

【**社会事业发展**】 **科技** 2015年，汤塘镇加快农业技术推广体系建设，全镇建成科技示范基地5个，科技示范户155户；申报通过验收的家庭农场有24个。全年推广种植优质新品种Y两优7号、珍优9822号等9000亩。

教育 巩固提升省教育强镇水平，推动教育均衡发展；加强师德师风建设，进一步提升教育质量；强化校车安全管理，实现校车安全零事故记录；举行中小学消防安全逃生演练，增强学生安全意识；开展交通安全暨法制教育活动，创建平安校园；办学条件不断完善，教学信息化水平和教学仪器配备水平不断提高；大力推进广州涉外经济学院建设进程，为汤塘教育事业扩容提质。

文化·体育 完善汤塘镇全民健身广场户外健身器材、灯光篮球场、乒乓球场等设施设备，为群众开展文娱健身活动提供良好的场所；举办春节系列文体活动，丰富当地群众的文化生活；积极协助各村（居）举办活动，如围镇村的"舞被狮"、竹山村的"粉葛节"等。加强对村级文化室扶助和管理，营造良好的镇域文艺氛围。

计划生育 引导广大育龄夫妇自觉落实计划生育避孕节育措施，自觉参加查环查孕和免费孕前优生健康检查，降低"四术"库存，降低出生缺陷。2015年8月始，汤塘镇每月制定人口和计划生育工作落实方案，以村（居）为单位统一下达工作任务，按照各单位完成"四术"、免费孕前优生检查、查环查孕等任务情况下拨付工作经费，充分调动各级干部工作积极性。

社会保障 截至2015年11月，汤塘镇基本养老保险的参保总人数达27 232人。2015参加城乡居民合作医疗保险人数有6.9万人，超额完成县级下达的任务；在全年的合作医疗工作中，共受理异地住院报销单据1020份；发放社会保障卡共58 459张并协助没有社会保障卡的1343位村民向人社部门申请制卡；在农村富余劳动力的输出工作中，累计转移输出劳力850人，其中参加劳动技能培训并获得职业资格证书人员共501人。

民政工作 2015年，全镇民生和社会事业共投入1079万元。城乡居民医疗保险人均筹资标准达到389元，农民养老金领取待遇标准达到每人每月80元，城乡低保标准分别达到每人每月380元和176元，五保集中供养、分散供养标准达到每人每年520元，发放救助资金328.7万元；发放低保家庭大学生入学资助、困难家庭救助等各类补贴453万元。组织镇政府干部、镇属机关单位及汤塘镇区内中小学生积极参加烈士纪念日各项纪念活动。完成位于高岭村内的梁

汤塘镇四九村便民服务中心正式运营

（汤塘镇供稿）

礼晨、梁铭然烈士纪念碑的建设维修工作。

人民调解 2015年，汤塘镇累计成立人民调解委员会38个，其中乡镇调委会1个，村居委调委会21个，企业性调委会15个，社会团体调委会1个。人民调解组织覆盖率达90%以上。

【农村综合改革】 **推进农村金融改革** 汤塘镇借鉴先进地区信用合作部经验做法，在四九村开展农村金融改革试点，建成四九信用合作部。四九村经济联合社信用合作部是继石角镇龙塘村经济联合社信用合作部成功运营后成立的全县第二批农村信用合作部中的一个，是汤塘镇首个农村信用合作部试点。截至2015年底，四九信用合作部发展25名会员，筹集股金210万元，发放投放金170万元。

积极整合涉农服务平台 2015年，全镇建成四九村、高岭村和菱塘村3个便民服务中心。四九便民服务中心设有农技农资服务、便民超市、农村淘宝、社会综合服务站、信用合作部等。高岭村便民服务中心面积100多平方米，依托现有的便民商铺，设有便民维修站、便民超市、便民小食店及电子商务功能区。菱塘村便民服务中心建筑面积400多平方米，设有农机农具服务站、便民农资店、便民商店、便民药店、社会综合服务站等功能区。3个便民服务中心运营良好，为群众提供便利的生产生活服务。

【汤塘镇第十六届人大第五次会议】 2015年12月4日召开镇第十六届人大第五次会议，认真审议人大、政府、财政三个工作报告，并依据汤塘镇民生热点问题提出议案、建议共15件。

【"一、四、七"工程实施】 2015年，汤塘镇继续实施"一、四、七"工程（即立足2011年、2014年、2017年村两委换届工作，将年轻有活力的"能人"推选为村级基层党组织带头人），打造强力"火车头"，深入推进农村综合改革，以选"能"促"好"的具体做法，抓住关键少数，抓好农村基层组织建设，将一批想干事、能干事、干成事的能人选作农村基层组织带头人，团结带领村"两委"成员，积极干事创业，带动农村发展致富。截至2015年底，全镇村干部中致富能手达到63人，占全体村干部56%，其中村支部书记达15人，占全体村书记79%。

【人才建设】 **农村后备干部建设** 汤塘镇全力推进农村后备干部建设，推选出后备干部158人，其中书记后备干部27人。加强后备干部的培养与管理，开展后备干部培训，安排他们到镇各办公室跟班学习，为2017年换届选举做好充足的准备。

"两新"组织 截至2015年年底，全镇成立"两新"组织党支部14个，其中示范党支部7个，国珠党支部被推荐为省"双推双培"示范单位。2015年，入选县"510"人才工程和赛马工程人才10人，其中加多宝党支部书记黄毓祥被推荐为省"优秀党员骨干"。

【"双到"扶贫工作】 2015年，落实干部挂扶的有劳动能力贫困户451户，挂钩帮扶率100%。全镇有2个省定点帮扶贫困村，全部落实帮扶项目，共投入帮扶资金2233万元，其中帮扶到户资金386万元，启动村帮扶项目41个，户帮扶项目12个，贫困村经济社会发展取得阶段性重大成果，生产生活基础设施建设基本完善，村庄环境整洁，公共服务设施和服务水平明显提高，基本改变落后面貌。

（周 川）

龙 山 镇

【基本情况】 龙山镇位于佛冈县南部，东经113°23′，北纬23°45′。东接汤塘镇，南邻广州市从化区鳌头镇，西南靠清远市清城区飞来峡镇，东北连石角镇。全镇总面积160.57平方公里，其中耕地面积2.6万亩，粮食播种面积2.3万亩，林地面积11.39万亩。2015年，龙山镇下辖关前、黄塱、门楼富、浮良、车步、浰镇、官路唇、鹤田、白沙塘、良塘、从化围、下岳、上岳、清水迳14个行政村，龙山1个社区。全镇有145个自然村，293个村民小组，23个居民小组。2015年年末户籍总人口48 320人，其中常住人口45 850人，城镇化率约为38%，外来人口约1万人。

龙山镇因辖区内建于1924年的龙山圩而得名。民国三十一年（1942

2015年12月28日，汤塘镇首台电子图书借阅机正式启用，工作人员介绍电子图书借阅使用方法 （程浩摄）

2015年6月5日拍摄的龙山镇郭围古村风貌　　　　　（县史志办供稿）

年），为清远县龙山乡。1953年初，改称清远县第六区。1955年9月，改称龙山区。1957年9月，改称龙山乡。1958年7月，清远县龙山乡划归佛冈县管辖。1958年10月，龙山乡与其他乡合并为潖江人民公社。1959年5月，从潖江人民公社分出成立龙山人民公社。1983年12月，撤社改区，改称龙山区公所。1987年1月，改为龙山镇。2004年5月，民安镇并入龙山镇。

龙山镇地处佛冈县南部，地势北高南低，地形以平原为主，主要山脉为乐格山。属南亚带亚季风气候，高温多雨，气候湿润。境内最大河流为潖江，属北江一级支流，自东向西流过镇境后汇入北江。地下矿藏有石英砂岩、耐火黏土、叶腊石等。主要旅游景点有上岳古民居。

镇内有省道252线、省道354线、县道376线、国道106线从镇境东南角进入贯穿境内，与省道354线境内相接，即将动工建设的汕湛高速交汇贯穿，离京珠高速公路出口、广州白云机场只有30分钟车程，公路村村相通。电力、通信设施完善，发展环境优化。龙山镇是佛冈县的工业重镇，形成空调冷冻设备制造、玩具、五金铸造、电子等产业群。特色农业的发展格局初步形成，荔枝、龙眼、火龙果等优质水果的种植向基地化发展。潖江鸡、乌鬃鹅、潖江萝卜、沙葛等为县名优特产。

【经济发展】　2015年，全镇工农业总产值达到42.28亿元，同比减少11%，完成固定资产投资1.83亿元，同比增长84%；实际利用外资1.27亿元，同比减少18.34%。完成财政收入3607.95万元。

工业　2015年，完成规模工业总产值39.45亿元，同比减少13.4%；工业增加值9.66亿元，同比减少9.9%；完成固定资产投资1.83亿元，同比增长84%；实际利用外资1.27亿元，同比减少18.34%。全年全镇以"工业园区化，产业集聚化，集聚高端化"为方向，以江森约克制冷产业集群升级示范区为载体，发挥约克公司等龙头企业的带动辐射作用，走新型工业化道路，工业园区配套设施建设不断完善，重点项目稳步推进。其中，约克公司二期扩建项目已建成并正式投产。2015年整个约克公司工业总产值达22.5亿元，同比减少5.72%。广东亿利达风机有限公司扩建工程已完成，于2015年9月正在试（投）产，每年可新增产值1.1亿元，年创税1700万元。恒业包装有限公司总投资1000万元港币，2015年10月份投入生产后每年可新增产值1800万元，年创税260万元。

农业　2015年，农林牧渔业完成2.83亿元，增长6.7%。耕地面积2.6万亩。粮食种植面积23 105亩，粮食产量1.62万吨。水果种植面积32 552亩，总产量24 159吨；种植无公害蔬菜面积1830亩，新种优质水果1600亩。林地面积11.39万亩，森林覆盖率47%。生猪饲养量25 113头，累计出栏14013头；三鸟累计出栏282 639只。加大农作物布局调整力度，加强沙糖桔替代品种的引种工作，全镇近6000亩土地种植槟榔香芋、花生、玉米、香蕉、火龙果、朝天椒、丝瓜等农作物，种植槟榔香芋300多亩，有效地拓宽农民增收渠道。充分发挥温氏集团的龙头企业带动作用，鼓励农民发展养殖业。全镇瘦肉型猪出栏量17 000多头，养畜专业户60户，家禽出栏量38万多只，养禽专业户45户。

基础设施建设　开展"大清洁，乡村美"农村清洁工程和"三旧"改造，配合做好民龙线扩建改造项目以及西气东输工程等交通、能源配套基础设施的升级改造工程。规范龙山墟街摆摊市场并投资15万元疏通墟镇的全部下水道，使龙山墟镇经营面貌焕然一新；以村委会为实施主体，发挥镇政府指导作用，通过"一事一议"财政奖补政策，以群众筹资筹劳为基础，全年上报并通过验收项目24个，总投资900多万元，申请财政奖补资金195.01万元。

重点项目　2015年，龙山新城住宅区4、6、7、8座及度假区83套别墅、商业街、度假酒店正在内墙装饰，人防工程地下室正在开挖，浸泡池1、2号泉建设主体工程，泡池周边绿化正在建设；恒益包装有限公司，总投资1000万港币，2015年9月底正式投入生产；8月引进的广东雅迪科技发展有限公司，配套设施等建设已经基本完成，3条生产线已安装完毕。

【社会事业发展】　科技　龙山镇抓好农业科普及推广工作，聘请有关专家和教授到龙山镇举办科技讲座，共开展科技知识讲座23期，参加人数1506人次，印发病虫情报14期共9000多份，发放各类农产品种植书籍300多本，并新建龙山镇科普宣传栏。大力提高农业机械化水平。至2015年底，全镇累计完成各类农机补贴购机66户共87台，补贴金额共158200万元，农业综合机械化生产能力大幅提升。建立农村基层建设农业推广体系，村级成立农业指导员，全镇共42户示范户，全年得到2.7万元财政物资、实物支持。

教育 2015年龙山镇有初级中学2所，完全小学6所，公办幼儿园4所，民办幼儿园4所，在校中学生1145人，小学生3536人，教职工316人，幼儿教职工132人。校园设施建设逐步完善，黄塱小学、浮良小学两栋教学楼建设已竣工并投入使用，中心小学教学楼已动工建设，中心小学师生宿舍楼和上岳普美小学教学楼正在办理报建手续，从化围小学教学楼也正在申请立项当中。全年教师共有92人次获县级以上奖励，其中16人次获国家级奖励，33人次获省级奖励，8人次获市级奖励，35人次获县级奖励；学生方面55人获县级以上奖励，其中12人获市级奖励，43人获县级奖励。

文化·体育 全镇投入资金10万元，完善文化设施场地。全年开展篮球赛、拔河、象棋赛、舞狮、乒乓球赛等群众喜闻乐见的文体活动。举办科普、法制、农技、安全等讲座、展览7场次。继续完善镇村文化站室和农家书屋建设。2015年底，镇辖属14个村均建有文化室，全部完成"农家书屋"建设，共有书架56个，书桌84张，书籍近6万册。

计划生育 2015年龙山镇全年已婚育龄妇女10211人，常住人口出生582人，常住人口出生率12.92‰，人口自然增长率为6.08‰，户籍人口计划生育率93.48%。龙山镇卫生院2015年为本辖区居民建立健康电子档案25320人，免费体检3137人次，门诊人次18406人次。民安医院2015年为本辖区居民建立健康电子档案350人，免费体检4350人次，门诊人次25647人次。龙山和民安卫生院对辖区65岁及以上的老人进行健康管理，累计接受健康管理人数为4637人。2015年6月，龙山镇代表县接受省卫计委年中飞行检查并顺利完成考核。

社会保障 社会保障覆盖面不断扩大。2015年，龙山镇养老保险参保8353人，参保率85.33%，城乡合作医疗参保44836人，参保率达到100%。

民政工作 社会保障制度和社会救助体系进一步完善。2015年，共发放低保、五保、孤儿、优抚、80岁以上老人等生活补助900多万元；积极开展2015年残疾人护理和生活津贴申请工作，全镇困难户生活条件均得到明显改善。发放给困难群众大米2.5万斤，旺旺饼及糖各478包，蓝色铁罐曲奇饼478盒；继续深化殡葬改革，对困难家庭减免部分殡葬费用，全镇火化率达到100%。

食品安全 2015年，龙山所共出动执法车辆157辆次，出动工作人员489人次，检查药品生产企业4家次、药品经营企业48家次、保健食品经营企业20家次、医疗器械经营企业2家次、医疗器械使用单位25家次、食品生产企业8家次、食品生产小作坊35家次、食品流通企业63家次、餐饮企业60家次、化妆品经营企业2家次，抽检食品29批，监督抽检药品15批，处理群众投诉举报5宗，发出责令改正通知书50份，立案查处案件18宗，结案12宗，货值10671.75元，罚没金额28388元。一年来辖区内未出现重大食品药品安全事故。

综合治理 严格落实24小时值班制度，落实不同级别的防控措施，努力做到息诉罢访，及时把矛盾化解在萌芽状态。2015年，全年共受理群众来访案件15宗，已调处完结15宗，调处成功率为100%；积案2宗，已全部结案。开展清理非法开采矿产资源的联合执法行动12次，查扣钩机、车辆等作案工具17台，有效地遏制镇内违法开采矿产资源行为。同时，大力打击龙山街面犯罪、打架斗殴现象。2015年，龙山成立专项整治领导小组，开展整治工作，共出动警力168多人次，破获各类案件40宗，查处治安案件47起，使镇域社会治安环境进一步好转。

武装工作 2015年，龙山镇顺利按时、按质、按量完成上级下达的新兵征集任务，为县选送优秀新兵15名，顺利完成兵役登记。民兵应急分队在执行急、难、险、峻任务中发挥重要的作用，积极完成防汛、防台风和社会维稳任务。

【**农村综合改革**】 自开展深化农村综合改革以来，龙山镇各项工作扎实推进。

村小组经济合作社银行账号开户 2015年，全镇293个村民小组需办理机构代码证，已完成100%。

整合土地资源 2015年，整合"碎片化"耕地25514亩，清理黄龙病树及残次果园35512亩，已有10000多亩被流转出去，用于发展现代农业、特色农业。同时，特色农业项目不断增加，有槟榔香芋种植专业合作社、香蕉种植基地、农业部南方花生原原种扩繁基地、惟德蔬菜基地、联心种养专业合作社等；近6000亩土地种植槟榔香芋、花生、玉米、香蕉、火龙果、朝天椒、丝瓜等农作物，不断拓宽农民增收渠道。

涉农资金整合 全镇293个经济社累计整合资金总额达140.05万元。

涉农服务平台建设 上岳和门楼富是龙山镇涉农平台建设试点村，两个村初步建成集供销、卫生、农业技术、便民超市、农产品电商于一体的服务平台，下一步逐步完善设施、设备，更利于服务大众。

【**美丽乡村建设**】 **路边整治工程** 积极配合县交通、公路部门做好国道106线龙山段沿线的绿化、美化、洁化工程。重点集中整治106国道龙山段、民龙线和省道252线龙山段两侧"脏、乱、差"现象，努力建设"洁、畅、绿、美、优、安"的集镇形象。目前国道106线龙山段沿线两旁乱堆乱放现象已基本消除,民龙线和252线沿路环境整治也有一定成效。

城乡清洁工程 自农村生活垃圾整治工程开展以来,龙山镇已投入85多万元,购买自动装卸垃圾桶拖拉机改进版14台,环卫垃圾桶800个,聘请专职环卫工人14人,负责各区域的卫生打扫及垃圾清理工作;投资150万元的垃圾中转站设备全部安装完毕,可投入使用,全镇的环卫设施进一步完善。全镇多次组织全体镇干部职工、村干部、师生开展以墟镇街道、社区死角为重点的卫生清洁整治大行动,共计清理卫生死角30多个,垃圾100多吨,全镇环境卫生明显改观;加大环保检查工作力度,严格控制废水、废气、固体污染物的排放,营造整洁有序、优美舒适的城乡环境。

【龙山镇第十六届人大第五次会议】 2015年6月26日,龙山镇召开第十六届人大第五次会议,县政协主席袁镜焕、副主席谢国华、龙山镇党政班子、龙山镇人大代表以及列席人员共近100人出席大会。会议主要听取并审议通过《龙山镇人大主席团工作报告》《龙山镇政府工作报告》等多个工作报告。收到代表提出的议案5件、建议、意见10件(含议案转建议5件),涉及龙山镇农村饮用水、修复损坏桥梁、水利设施建设等问题。2015年底,经镇人大主席团督查已办结建议7件,列入计划逐步解决的建议有3件。

【党建工作】 全体党员干部深入开展党员干部直接联系群众活动,党员干部通过走访调研,观察民意,听纳民心。党员干部共深入各村(居)调研4800多次,走访党员群众11000多户,查找出问题394个,解决问题321个,让直联活动真正为民办实事好事,达到"解民困,帮民富,聚民心"的效果。

"六时六有"特色活动 龙山镇2015年继续扩大具有龙山镇党建特色的"六时六有亲情活动"。惑时有人解:全镇开展领导干部大接访活动11次,接访群众236人次,帮助群众排解难题36个。平时有人访、难时有人帮:镇党委政府利用节假日走访单亲母亲、孤儿、困难群众、患病党员共205人次,发放慰问金及物品10多万元。病时有人探、老时有人惦、终时有人送:为全镇674位留守老人提供走访关爱服务。

基层组织建设 2015年,全镇共发展党员41名,培养入党积极分子145名,为基层党组织注入新鲜血液。顺利组建约克广州空调冷冻设备有限公司党支部,进一步加大党组织在"两新"组织中的覆盖面。落实、提高在职村干部的工资报酬,共为81名在职村(社区)干部办理社保、医保;全年办理正常离任村干部固定生活补助139人,其中17人领取一次性生活补助。加强后备干部培训。在"青苗培育工程"中,对后备干部共152人进行信息管理及开展到镇村跟班学习;在"技能提升工程"中,村书记、主任、后备干部参加县委组织部培训班3期51人次,各村书记、主任开展培训班2期32人次。

【扶贫开发】 2015年,镇政府积极与帮扶单位沟通,全方位、多渠道筹集帮扶资金投入到帮扶村中,累计投入各类资金2173.5万元,其中到村资金1723.8万元,到户资金449.7万元;实施帮扶项目81个,其中到村项目55个,到户项目26个。经过帮扶,良塘、清水迳两个省定贫困村的人均纯收入、村集体经济收入均有大幅度增长。2015年度申报的120户低收入住房困难改造工程扎实推进,其中73户已竣工,47户在建中。

【城镇化水平提升】 龙山街市场改造 为了营造良好的市场环境,改变镇墟流动商贩摆卖"脏、乱、差"的状况,建设龙山镇市场,并于2015年3月完工,龙山镇街道的市场经营面貌已焕然一新。由于龙山镇墟的下水道年久失修,每到雨季,整个街道就会浸水,2015年镇政府投资15万元将整个龙山墟的下水道全部疏通。

城镇管理工作 扎实开展整治违章建筑、占道经营、广告牌匾三项整治工作,坚持"发现一处清理一处",2015年共拆除违法建筑3处,面积近1570平方米。

(郑银春 李卓凡)

2015年6月26日,龙山镇召开第十六届人民代表大会第五次会议

(龙山镇供稿)

自然保护区·林场

责任编辑：黄春苗

广东佛冈观音山自然保护区

【概况】 广东佛冈观音山省级自然保护区成立于1985年，是省和县共管，以佛冈县管为主的副处级事业单位。保护区位于佛冈县西北部，东北与高岗镇相接，东南、西南与石角镇相邻，西北与英德市交界，现有面积2566公顷。

保护区管理处是省财政核拨的事业单位，核定事业编制10人，现有在编人员8人，护林员13人。保护区管理处下设2个科室（综合科、保护管理科）和4个管理站（上坪、龙潭下、大陂坑、东二）。日常主要工作是保护区域内生物多样性和珍稀自然遗迹，维护生态平衡，包括自然生态系统保护、生物物种保护、遗传基因保护、自然遗迹保护、自然保护科学研究、自然保护宣传教育、自然资源合理开发利用试验示范、自然保护区生态旅游管理。

【资源管护】 联合县森林公安在辖区范围开展打击破坏森林和野生动植物资源违法犯罪行为，严厉打击非法进入保护区内砍伐林木、采挖苗木、石头、采摘野果、竹笋、药材以及猎捕野生动物等违法行为。组织巡山设卡50余次（处），捣毁简易捕鸟器150余套，诱捕龟笼15个，确保保护区森林资源安全，有效促进森林资源多样性持续发展。

【资源调查】 集中力量开展新一轮的资源调查。安装15台红外相机监测保护区内野生动物资源活动情况，摸清辖区的本底野生动物资源分布情况。积极配合广东省昆虫研究所在佛冈县境内的野生动物资源调查，进一步摸清野生动物的本底情况，为省、市提供更加全面有效的资源调查数据。在保护区内开展1200平方米植物多样性永久性样地调查监测工作。同时，跟进华南农业大学、华南师范大学植物类专家教授完成2014年植物资源本底调查后续工作，形成本底调查成果书籍资料一批。

【制度建设】 结合日常巡护、执法巡护、监测巡护等工作，建立完善巡护值班制度，制定《广东佛冈观音山省级自然保护区管理处护林员森林资源管护考核管理办法》，确定巡护人员巡护路网和范围，实施定面积、定人员、定职责、定任务、一奖励的"四定一奖"制度，把岗位职责细化到每一个职工和巡护员，形成保护区资源管护责任有人担、片片森林有人管的格局，管理和巡护工作逐步规范化、科学化和效率化。强化对《广东佛冈观音山省级自然保护区管理处管理办法》的贯彻落实，推进保护区"一区一法"建设。

【森林防火】 落实《广东佛冈观音山省级自然保护区管理处森林防火应急预案》，按照预案分工，各负其责，各司其职，落实领导带班、工作人员值班24小时带班、值班制度。投入6万元对辖区内41公里的生物防火林带进行抚育，对山火重点防护部位进行铲修；投入1万元购置护林员护林、灭火等装备；投入4000多元更

2015年3月，观音山省级自然保护区工作人员深入保护区布设红外相机监测野生动物
（佛冈观音山自然保护区管理处供稿）

新防火宣传牌；新添置风力灭火机2台、油锯1台。9月组织保护区森林消防队伍进行安全扑火应急培训及扑火演练，提高安全扑火的意识。

【科普宣传】 多形式推进宣传教育工作。利用9月份森林防火宣传月，广泛开展森林防火宣传教育活动；组织护林员深入保护区周边的田间地头，走村串户，对保护区周边村民每户家庭和相关人员单位共发放4000册《广东佛冈观音山省级自然保护区管理办法》宣传小册子；在保护区周边旅游景区、自然村和保护区管理站横挂野生动植物保护、森林防火宣传横额、警示标语50条；新制作30块进入观音山风景登山游道永久性生态保护宣传警示牌，加强周边社区群众的护林防火、保护生态意识。

（范秀泽　黄清香）

国营羊角山林场

【概况】 国营羊角山林场成立于1958年，位于佛冈县石角镇三八五虎擒羊。林场经营总面积2672公顷，属正科级。林场是自收自支的事业单位，设一个党支部。2015年年末职工人数81人，其中在职人数31人，退休50人，党员27人。林场下设2室3股3个工区（办公室、森林公园办公室、生产股、保卫股、计财股、场部工区、大白洞工区、下坪工区），2间水电站股份经营（一、二级电站），装机容量1625千瓦。日常主要负责经营营林、木材生产、护林防火、保护生态公益林等工作。林场辖下一个农业队（又叫大白洞村民小组），分为2个自然村，农业队经济独立核算，主要从事农业生产，以种植水稻和水果为主。

【林场改革】 2015年，羊角山国有林场做好国有林场改革，成立林场改革小组，部署相关工作，召集有关人员对林场的人员、债务等进行清算，制定国营羊角山林场改革实施方案（初拟稿），并上交市局批准。

【营林抚育】 迹地造林总任务47.3公顷，完成53.33公顷；改培杉树丰产林任务15公顷，完成15公顷；中幼林抚育任务306.67公顷，完成308.63公顷；中幼林施肥任务113.33公顷，完成113.33公顷；低产林改造任务54.1公顷，完成44.1公顷。

【道路维修】 林道维修任务50公里，完成50公里；防火线维修任务42公里，完成42公里；公路维修任务19公里，完成19公里；车仔道开设任务17公里，完成17公里；车仔道维修任务10公里，完成10公里。

【安全生产和森林防火】 2015年，羊角山国有林场落实清远市林业局要求和《广东省林业厅转发国家林业厅安全生产大排查的通知》要求，多次到林场险点、盲点进行安全隐患大排查，责令未达到要求的立即整改，林场安全生产状况大局稳定。同时，制定《关于森林特别防火期加强防火工作的有关规定》，实行24小时防火值班制度，对辖区内的险点、盲点、重点地段加强巡查，重新张贴防火标语，对外来人员进行宣传教育，并与开发商、电站签订防火安全责任书，全年场区未出现火情、火警。

【突发事件处理】 2015年6月29日，林场会同当地三八森林派出所，对林场职工黄某某侵占林地种植农作物进行彻底清理，确保林场林地不受侵占。

（陆展飞）

人 物

责任编辑：黄春苗

2015年新任县级领导

冯炽兴 男，汉族，1968年3月出生，佛冈县人，大学学历，1988年参加工作，1991年10月加入中国共产党，现任中共佛冈县委常委、县政府党组副书记、副县长。

1988年8月至1997年7月，任佛冈县汤塘镇二中教师、团委书记、副校长、校长（期间于1992年9月至1995年6月参加广东教育学院教育管理专业本科函授学习）；1997年8月至2000年1月，任佛冈县成人中等专业技术学校副校长（主持全面工作，副科级）；2000年1月至10月，任佛冈县成人中等专业技术学校校长；2000年10月至2001年1月，任佛冈县城北中学校长（正科级）；2001年1月至2003年3月，任中共汤塘镇委副书记、镇长；2003年3月至6月，任中共汤塘镇委书记、镇长；2003年6月至2007年1月，任中共汤塘镇委书记、人大主席；2007年1月至2009年3月，任佛冈县人大常委会副主任、党组成员，中共汤塘镇党委书记、镇人大主席；2009年3月任佛冈县人民政府党组成员；2009年4月至2011年9月，任佛冈县人民政府副县长、党组成员，2010年12月兼任中共佛冈县住房和城乡规划建设局党组书记；2011年9月至2011年11月，任中共佛冈县委常委、县政府党组成员、副县长、县委政法委书记、县住房和城乡规划建设局党组书记；2011年11月至2015年3月，任中共佛冈县委常委、县委政法委书记；2015年3月起任中共佛冈县委常委、县政府党组副书记、副县长。

韦学民 男，汉族，1962年9月出生，河南淮阳人，大学学历，1980年6月参加工作，1984年1月加入中国共产党，现挂任清远市委副秘书长、佛冈县委常委、副县长。

1980年6月至1983年8月，为空军第二航空兵学校学员；1983年8月至1985年7月，为空军航空兵正排职飞行员；1985年7月至1988年12月，为空军航空兵副连职飞行员；1988年12月至1991年12月，任空军航空兵政治处正连职干事、理论教员；1991年12月至1993年8月，任空军航空兵政治处副营职干事；1993年8月至1997年4月，任空军航空兵政治教导员；1997年4月至1998年3月，任空军航空兵团政治处主任；1998年3月至1999年2月，任空军航空兵团副政治委员；1999年2月至2002年3月，任空军桂林场站副政治委员；2002年3月至2006年7月，任空军航空兵团政治委员；2006年7月至2011年10月，任空军航空兵师副政治委员；2011年10月至2014年7月，任广东省扶贫办业务处调研员；2014年7月至2015年7月，任广东省委农办扶贫开发处调研员；2015年7月起挂任清远市委副秘书长、中共佛冈县委常委、县政府副县长。

杨轶明 男，汉族，1979年5月出生，江苏无锡人，硕士研究生学历，2004年7月参加工作，2006年8月加入中国共产党，现挂任中共佛冈县委常委、县政府副县长。

2004年7月至2005年6月，任广东省金融办政策法规处试用期干部；2005年6月至2008年5月，任广东省金融办政策法规处副主任科员；2008年5月至2010年1月，任省金融办政策法规处主任科员；2010年1月至2011年10月，任省金融办政策法规处与规划处主任科员；2011年10月至2014年7月，任省金融办政策法规处与规划处副处长；2014年7月至2014年10月，任省金融办资本市场处副处长（主持工作）；2014年10月至2015年2月，任省金融办资本市场处处长；2015年2月起挂任中共佛冈县委常委、县政府副县长。

黄河 男，汉族，1971年11月出生，佛冈县人，大学学历，1992年8月参加工作，1999年5月加入中国共产党，现任中共佛冈县委常委、县委宣传部部长。

1992年8月至2003年9月，任佛冈县财政局干部，曾任外经股副股长、办公室副主任、正股级干部（1993年9月至1996年7月参加广东省广播电视大学函授大专班财务会计专业学习，1999年9月至2002年7月参加中共广东省委党校函授本科班现代经济管理专业学习）；2003年9月至2004年5月，任佛冈县接待科副科长；2004年5

月至 2005 年 12 月，任佛冈县接待科副科长、县人民政府办公室副主任；2005 年 12 月至 2009 年 3 月，任佛冈县财政局局长、财税系统党委书记；2009 年 3 月至 2009 年 4 月，任佛冈县人大常委会党组成员、县财政局局长、财税系统党委书记；2009 年 4 月至 2009 年 7 月，任佛冈县人大常委会党组成员、副主任，汤塘镇党委书记；2009 年 7 月至 2011 年 11 月，任佛冈县人大常委会党组成员、副主任、汤塘镇党委书记、镇人大主席；2011 年 11 月至 12 月，任佛冈县人民政府党组成员、副县长、汤塘镇党委书记、镇人大主席；2011 年 12 月至 2015 年 3 月，任佛冈县人民政府党组成员、副县长；2015 年 3 月起任中共佛冈县委常委、县委宣传部部长。

袁卫国 男，汉族，1969 年 6 月出生，佛冈县人，大学学历，1992 年 8 月参加工作，1993 年 12 月加入中国共产党，现任中共佛冈县委常委、县委政法委书记。

1992 年 8 月至 1996 年 11 月，任佛冈县职业高级中学教师、总务处主任、团委书记；1996 年 12 月至 2000 年 9 月，任中共佛冈县委组织部干部、干审股股长；2000 年 10 月至 2001 年 12 月，任中共佛冈县四九镇委副书记；2002 年 1 月至 2003 年 4 月，任中共佛冈县四九镇委副书记、镇长；2003 年 5 月至 2004 年 5 月，任中共佛冈县四九镇委书记，2003 年 5 月当选为镇人大主席；2004 年 5 月至 2007 年 3 月，任中共佛冈县委组织部副部长（保留正科级）；2007 年 3 月至 2009 年 4 月，任中共佛冈县高岗镇委书记，2008 年 1 月当选镇人大主席；2009 年 4 月至 2013 年 3 月，任中共佛冈县石角镇委书记，2009 年 7 月当选为镇人大主席；2013 年 3 月至 12 月，任佛冈县人大常委会党组成员、副主任，中共石角镇委书记、镇人大主席；2013 年 12 月至 2015 年 3 月，任佛冈县人大常委会党组成员、副主任、县总工会主席，石角镇党委书记、镇人大主席；2015 年 3 月至 4 月，任中共佛冈县委常委、县委政法委书记，县总工会主席，石角镇党委书记、镇人大主席；2015 年 4 月起，任中共佛冈县委常委、县委政法委书记。

黄小云 女，汉族，1964 年 6 月出生，佛冈县人，大专学历，1982 年 8 月参加工作，1990 年 11 月加入中国共产党，现任佛冈县人大常委会党组成员、副主任。

1982 年 8 月至 1993 年 5 月，任佛冈县商业贸易中心副主任、采购员；1993 年 5 月至 1996 年 8 月，任佛冈县饮食服务公司副经理、商业贸易中心经理；1996 年 8 月至 2003 年 5 月，任佛冈县饮食服务公司经理，2002 年 9 月至 2003 年 5 月兼任工业园区经理；2003 年 5 月至 2008 年 5 月，任佛冈县对外贸易经济合作局副局长，2005 年 8 月起任正科长级干部；2008 年 5 月至 2012 年 1 月，任佛冈县旅游事业局局长，2009 年 8 月起任中共佛冈县旅游事业局党组书记；2012 年 1 月至 2015 年 3 月，任佛冈县经济和信息化局党组书记、局长；2015 年 3 月至 2015 年 4 月，任佛冈县人大常委会党组成员、副主任，佛冈县经济和信息化局党组书记、局长；2015 年 4 月起，任佛冈县人大常委会党组成员、副主任。

朱小松 男，汉族，1963 年 10 月出生，佛冈县人，大学学历，1986 年 9 月参加工作，1990 年 4 月加入中国共产党，现任佛冈县人民政府党组成员、副县长。

1993 年 1 月至 2001 年 11 月，在佛冈县工商行政管理局工作，1996 年 4 月任石角工商所所长（期间于 1994 年 9 月至 1997 年 8 月参加中共广东省委党校函授大专班经济管理专业学习，1999 年 9 月至 2001 年 7 月参加中共广东省委党校函授本科班现代经济管理专业学习）；2001 年 11 月至 2003 年 5 月，任佛冈县工商行政管理局副局长、党组成员、纪检组长；2003 年 5 月至 2004 年 5 月，任中共佛冈县石角镇委副书记，2003 年 12 月当选镇长；2004 年 5 月至 2008 年 5 月，任佛冈县水头镇党委书记，2004 年 10 月当选为水头镇人大主席；2008 年 5 月至 2014 年 6 月，任佛冈县社会保险基金管理局局长，2009 年 8 月起任党组书记；2014 年 6 月至 7 月，任中共佛冈县住房和城乡规划建设局党组书记；2014 年 7 月至 2015 年 3 月，任县住房和城乡规划建设局党组书记、局长、县防空办主任、县规划办党组书记；2015 年 3 月至 4 月，任佛冈县人民政府党组成员、副县长，县住房和城乡规划建设局党组书记、局长，县防空办主任，县规划办党组书记；2015 年 4 月起，任佛冈县人民政府党组成员、副县长。

（县委组织部）

2015 年获"全国先进工作者"称号人物

蓝榕概 1968 年出生，1991 年参加工作，佛冈县人民法院汤塘人民法庭庭长。从事法院工作 23 年以来，勤勤恳恳、任劳任怨，在平凡的工作岗位上做出不平凡的业绩。2012 年 12 月 11 日，全省法院首个以法官个人名字命名的"蓝榕概法官调解工作室"正式在汤塘法庭挂牌成立，为发展当地经济、化解社会矛盾发挥其重要的职能作用。他在近几年先后获得"广东省先进工作者""全国优秀法官""广东省人民满意公务员""广东好人"等荣誉称号。2015 年被中共中央、国务院授予"全国先进工作者"称号。

（范兰修）

2015年获"全国优秀工会工作者"称号人物

何永中 1969年4月生,佛冈县总工会常务副主席,从事工会工作9年。他解放思想,开拓进取,开创佛冈工会工作的新局面。2013年,佛冈县总工会在清远市总工会和佛冈县科学发展考核中均获一等奖。他着力夯实工会工作基础,2007年3月至2015年7月,全县工会会员净增4万多人。税务代收工会经费工作起步快、效果好,走在全市的前列。他着力提高工会组织影响力,近年来主持策划举办佛冈县"最美劳动者 最美新农村"美术书法摄影大赛、佛冈县"讴歌劳动美 共建佛冈廉"职工书画摄影大赛、两届佛冈县职工趣味运动会、新中国成立以来劳模座谈会、汶川地震募捐、全县职工工装展示大赛等一系列在县内有影响的工会活动。他指导佛冈公路局和惠爱亭公路养护所创建为"全国模范职工之家""全国工人先锋号",县供电局书屋成功创建为全国"职工书屋"。他严谨细致做好劳动模范的培育推荐工作,填补佛冈县建国60多年以来没有全国劳模的空白。他先后组织筹集帮扶慰问资金400多万元开展帮扶活动,受惠群众3000多人次。2014年他被广东省总工会授予"广东省优秀工会工作者"称号,2015年11月被中华全国总工会授予"全国优秀工会工作者"称号。

(范兰修)

2015年获"广东省劳动模范"称号人物

周长春 1963年1月生,1986年7月参加工作,佛冈中学教研处副主任、物理科组长。他从事教育事业29年来,全心投入教育事业,敬业奉献,培养物理单科高考市状元1人、佛冈县第一个本土考入清华大学的学生。他先后担任三届高三物理老师,每届均有学生在广州一模综考试中物理获满分;每次都包揽全县前3名,2015年包揽前5名,且前52名的成绩均高于兄弟学校。2015年,他主持5个课题(已有3个结题),其中有两个课题分别是佛冈县第一个立项的省重点课题和国家重点课题,有5项被最具权威的《中学物理教与学》全文转载。他多次在市级、省级教研会上作专题报告,主持的成果获广东省第八届教育教学成果一等奖。他建有原创题库、教学素材库,拥有一套完整的、具有自主知识产权的高中物理教学设计。课题研究和科组建设经验通过《清远教研》《课程教学研究》向全省、全国推广,该校物理教研组被授予"广东省示范教研组"称号。他于2012年获"清远市先进工作者"和"广东省南粤优秀教师"称号,2014年被授予"清远市拔尖人才"称号,2015年被省委、省政府授予"广东省劳动模范"称号。

(范兰修)

2015年获"佛冈好人"称号人物

陈月梅 女,1966年11月生,佛冈县石角镇黄花存星村党支部书记。2014年5月23日该村遭遇严重水灾时,陈月梅得知村里河道河水上涨的速度越来越快,同时村的电站也发出预警信号,马上组织村民转移到高处。在带领村民转移时,一些上了年纪的老人不相信会出现洪灾险情,不愿撤离。陈月梅便锲而不舍地做思想工作,确保村民都转移到安全的地方。她为保护群众安全转移,虽多次折返村里却无暇顾及自家财产,致家里财产遭受重大损失。2015年6月,获"佛冈好人"称号。

黄国源 1940年2月生,石角镇黄花车二村群众,曾任黄花车头村委治安主任兼大队队长10余年。1974年的一天,黄国源的母亲李池招因乘坐的拖拉机翻车受伤,致双腿骨折,不能行走,只能整天躺在床上静养。由于兄弟姐妹们都在外工作,黄国源主动承担起照顾母亲的任务。黄国源在母亲卧床期间,每天为母亲喂药、喂饭菜、端茶奉水;梳头洗脸、洗澡;清理大小便,把房间打扫得干干净净。每晚睡前都要用温水给母亲洗脚,每隔几天就给母亲洗澡;老人腿脚不灵便,他就一个人把母亲抱到屋外散心;老人胃口不好,就变着花样做好吃的满足老人口味。他40年如一日,无微不至地照顾母亲,整天面带微笑,没有一句命运不济的抱怨,更没有一句带情绪的怨言,默默地伺候着自己的母亲。2015年6月,获"佛冈好人"称号。

林贵锦 1957年4月生,高岗镇新联村委员。林贵锦外祖母朱连(无儿子),家住佛冈县迳头镇龙冈村委中心村,老伴去世后,无人照料。1977年8月,林贵锦用自行车将远在30里外的外祖母接到家中赡养。1978年8月,其外祖母由于中风瘫痪,起居生活、饮食都由林贵锦料理,一直至其外祖母去世。其堂姑妈林凡是孤寡老人,家住国营英德黄岗林场,2001年10月因生病住院,出院时左手左脚瘫痪。林贵锦将其接到家中居住,并负责料理其起居饮食。为了方便照顾老人,林贵锦在其堂姑妈居住的房间架起木板床,晚上就睡在木板床上。后来,其堂姑妈病情加重,全身瘫痪,大小便都不能自理,林贵锦无怨无悔,帮其清理大小便。由于得到精心照料,其堂姑妈虽然瘫痪多年,仍得高寿,直到2014年9月才去世,终年91岁。林贵锦十三年如一日照顾瘫痪堂姑妈,他孝顺老人的先进事迹感动着村里的每一个人。2015年6月,获"佛冈好人"称号。

刘 建 女,1971年7月生,水头镇王田村委会妇女主任。刘建重视妇女教育工作,关心妇女,在村委工作中确定"以党建带妇建"的工作原则,把妇女工作放在村委工作的重要日程上,与村"两委"团结协作,积极支持妇女、儿童扶助工作,使王田村成为广东省首批"妇女之家"示范点之一。同时以"妇女之家"为阵地,搭建"游学乐园",鼓励村民参与技能培训,积极推荐村民就业,让村民以技能武装自我,提升自身价值。利用有利时机,开展关爱弱势群体活动,服务社区,组建妇女舞春牛舞蹈队。面对落后,积极提高自身素质,带领群众勇于勤劳致富。通过努力使得王田村在各项民生工程中获得实惠。近年来,刘建先后被评为广东省"三八红旗手"、清远市"优秀巾帼志愿者""佛冈县十佳村居计划生育干部"等。2015年6月,获"佛冈好人"称号。

刘志洁 女,1949年2月生,佛冈县关工委讲师团成员、龙山镇关工委常务副主任。刘志洁是一名广州知青,多次放弃返广州顶职机会,留在佛冈从事教育事业。2002年,她放弃到广州与家人团聚和到企业任职的机会,从事关心下一代事业。刘志洁于2008年创办佛冈县首个校外教育辅导站,成为"五老"关爱青少年的重要平台,引导农村青年戒掉赌瘾,投身沙糖桔种植,走上致富路。挑选好学上进、立志创业的有志青年到省、市、县参加培训,将他们培养成"双带"型(即带头致富、带领群众共富)领头人。10年来,共选送培训150多人。同时,坚持到中小学举办报告会,开展以雷锋精神、新时期广东精神、中国梦·中华魂·放飞梦想等为主题的教育活动。关爱弱势群体,到中小学举办"庆中秋·迎国庆留守学生座谈会";举办报告会超过160场次,听课人数近10万人次。2015年6月,获"佛冈好人"称号。

刘治刚 1979年7月生,三级警督警衔,佛冈县公安局交通警察大队烟岭中队指导员。2014年5月29日凌晨,刘治刚带领民警驾驶警车在国道106线巡逻时发现一辆重型半挂牵引车涉嫌违法,遂通过车载喊话器告知该车司机靠边停车接受检查,正当他在警车左侧通道路外位置检查车辆及驾驶人证件时,一辆沿国道106线由北往南行驶在路肩的轿车狂奔而来。危急关头,他用力推开司机,自己却被小轿车撞飞跌落到快车道上。刘治刚当场陷入昏迷,被立即送到县人民医院ICU病房抢救。经医生诊断,刘治刚脾脏破裂,出血量1000毫升,左大脑挫裂伤,全身多处挫伤。经过手术,刘治刚的脾脏被切除,法医鉴定为重伤。佛冈县公安局特为刘治刚申报个人二等功。2014年获"广东好人"称号,2015年4月获"广东省先进工作者"称号。2015年6月,获"佛冈好人"称号。

苏运机 1959年7月生,佛冈县人民法院司法警察。苏运机从事司法警察工作20多年来,始终牢记全心全意为人民服务、为审判执行工作提供保障服务的思想。2007年5月,他发现身患癌症,2010年体检时发现除患癌症外,还伴有肝硬化、胃静脉血管曲张等多种疾病,但他仍以顽强意志和昂扬精神与病魔抗争,圆满完成各项工作任务。在他的影响下,县法院司法警察大队干警政治坚定、业务精通、作风过硬、纪律严明,为服务于法院审判执行工作和社会稳定做出突出的贡献。他本人因无私奉献的精神,多次被评为本院先进工作者,2009年4月被清远市中级人民法院授予"个人三等功",2013年12月被最高人民法院授予"全国法院司法警察体能达标活动先进个人"荣誉称号。2015年6月,获"佛冈好人"称号。

童秋旭 1987年9月生,任职于碧桂园法务部、广东省国强公益基金会。2012年7月,童秋旭全面接手碧桂园集团在佛冈县的扶贫工作。在水头镇开展全民技能提升项目前期,童秋旭和同事走进村里挨家挨户调查培训意愿,几乎从每天晚上夜访到凌晨,整整持续一个多月。为确保水头镇的村民能享受全民技能提升计划,2012年7—12月,他待在佛冈,直至在结婚前一天才请假回家。经过童秋旭和同事的努力,水头镇全民技能提升项目顺利开展,受益群众达到8600多人。在推进水头镇万人饮水工程,莲瑶、新坐路灯工程,潭洞整村推进的工作中,童秋旭和同事天天入户收集群众的意见和建议,及时反馈回镇村工作组,积极配合镇政府和村委开展工作,使工程得以顺利动工建设,获得社会各界的一致好评。2015年6月,获"佛冈好人"称号。

徐金龙 1961年7月生,佛冈县信访局副局长。徐金龙从事信访工作7年,在工作岗位上敬业奉献,遇到重大信访事项敢于面对,第一时间赶赴现场,多次协助县领导出色处理突发信访事件。为提高基层干部调处农村社会矛盾的能力,近两年来为全县信访工作人员和基层干部授课800多人次,讲课稿被南粤信访杂志收录。他耐心接访群众,为群众排忧解难,多次资助有困难的信访群众,受到群众好评,群众自发送锦旗10多面。徐金龙还兼任青松路建设指挥部征地迁坟组组长,他不怕工作困难,忍受着个别群众的谩骂,利用晚上时间走访征地户,耐心做思想工作,带领征地组成员攻克"硬骨头"户,为征地拆迁工作减少阻力,受到县建设指挥部的称赞,曾被评为"清远市佛冈县优秀党员"。2015年6月,获"佛冈好人"称号。

钟国强 1970年6月生,城东中学教师、县文学协会会长。钟国强在讲台上23年如一日,全心投入教育事业,取得显著的成绩。他博览群书,刻苦钻研,生动、活泼、多样的授课形式深受学生欢迎,教学成绩优异。如2014年中考,他教授的3个学生成绩分别列全县第一、第三、第五名,学生潘旭洋、罗智光高考语文全县第一名。同时,钟国强注重学生的全面发展,培养学生的综合素质。如在城东中学,他的班2010年取得八年级男子篮球赛冠军。2013年,他的学生取得佛冈县自行车公开赛业余组的冠军和县第一届达人秀冠军。2014年,清远市教育局委任他为佛冈县班主任工作室的主持人。此外,他还担任佛冈县文学协会会长,协助县文联出版《佛冈民俗》《佛冈故事》《佛冈文物》《潖江文艺》等著作,为佛冈的文化事业贡献力量。2015年6月,获"佛冈好人"称号。

(刘慧萍)

秋天的观音山王山寺　　　　　　　　　　　　　　　　　　　(曾锦龙摄)

名 录

责任编辑：钟榕斌

2015年获得市级以上先进单位与先进个人名单

国家级先进单位

单位	授予单位	荣誉称号	授予时间
石角镇人民政府	中央精神文明建设指导委员会办公室	全国文明单位（继续保留）	2015.2
佛冈县人民政府	国务院教育督导委员会	全国义务教育发展基本均衡县	2015.3

国家级先进个人

姓名	单位	授予单位	荣誉称号	授予时间
蓝榕概	佛冈县人民法院	中共中央、国务院	全国先进工作者	2015.4
罗桂森	佛冈县气象局	中国气象局	"第九届全国气象行业职业技能竞赛"个人全能优秀奖	2015.1
苏运机	佛冈县人民法院	最高人民法院	全国法院司法警察先进个人	2015.6
何永中	佛冈县总工会	中华全国总工会	全国优秀工会工作者	2015.11

省级先进个人

姓名	单位	授予单位	荣誉称号	授予时间
刘治刚	佛冈县公安局交通警察大队烟岭中队	中共广东省委、广东省人民政府	广东省先进工作者	2015.4
周长春	佛冈中学	中共广东省委、广东省人民政府	广东省劳动模范	2015.4
李倩	佛冈县职校	省委教育工委、省教育厅、省人力资源社会保障厅、省总工会	南粤优秀教师	2015.9
罗志民	佛冈县石角中学	省委教育工委、省教育厅、省人力资源社会保障厅、省总工会	南粤优秀教师	2015.9
刘卓坚	佛冈县第一小学	省委教育工委、省教育厅、省人力资源社会保障厅、省总工会	南粤优秀教师	2015.9

续表

姓 名	单 位	授予单位	荣誉称号	授予时间
冯尚明	佛冈县四九中学	省教育厅、广东中华民族文化促进会、教育学会	广东省乡村优秀教师	2015.9
范常青	佛冈县迳头镇中心小学	省教育厅、广东中华民族文化促进会、教育学会	广东省乡村优秀教师	2015.9

市级先进个人

姓 名	单 位	授予单位	荣誉称号	授予时间
蓝榕概	佛冈县人民法院	中共清远市委	清远楷模	2015.1

守合同、重信用企业

佛冈县2015年度（1—5年）"守合同重信用"企业名单

企业名称	性质	地址	法定代表人	年限	备注	所属地域
佛冈县石角镇帮民中介服务部	公司	佛冈县石角振兴中路40号	廖勇彬	3	佛冈公示	石角
佛冈县舜锋贸易有限责任公司	公司	佛冈县石角镇教育路298号泰康新邨第4幢1、3号	巫卉苑	3	佛冈公示	石角
广东省佛冈县电力有限责任公司	公司	佛冈县石角镇106国道北供电局办公楼（仅供办公使用）	郑智平	2	佛冈公示	石角
广东省佛冈金鲜美粮油食品有限公司	公司	佛冈县石角镇教育路13、15、17、19号	郭键铭	2	佛冈公示	石角
清远市盈辉远大机电工程有限公司	公司	佛冈县石角镇名苑路10号名汇花园A幢402房	郭礼娇	1	佛冈公示	石角
佛冈县安利通运输有限公司	公司	佛冈县石角镇福田路276号	王海霞	1	佛冈公示	石角
佛冈县同创物业管理有限公司	公司	佛冈县石角镇106国道北供电局综合生产基地内	白敏丰	1	佛冈公示	石角
佛冈篁胜国际温泉花园酒店有限公司	公司	佛冈县石角镇县人民中心西北角	周金娇	1	佛冈公示	石角
佛冈锋润农牧投资有限责任公司	公司	佛冈县石角镇凤城村山田水库口	黄剑海	1	佛冈公示	石角

佛冈县2015年度（6—9年）"守合同重信用"企业名单

企业名称	性质	地址	法定代表人	年限	备注	所属地域
广东烟草清远市有限公司佛冈县分公司	公司	佛冈县石角镇振兴中路189号	冯其普	9	佛冈公示	石角

佛冈县2015年度（10年以上）"守合同重信用"企业

企业名称	性 质	地 址	法定代表人	年限	备注	所属地域
广东国珠精密模具有限公司	公司	广东省佛冈县汤塘镇黄花湖工业区	朱国平	11	佛冈公示	汤塘

森波拉春景 （黄超贤摄）

附 录

责任编辑：钟榕斌

关于2015年国民经济和社会发展的统计公报

2015年，佛冈县委县政府认真贯彻落实中央、省和市的各项方针政策，主动适应和引导经济发展新常态，全力推进稳增长、调结构、促改革、惠民生，经济实力显著增强，产业转型升级步伐加快，全县经济社会保持平稳健康发展的良好势头，总体平稳，较好地完成了全年的各项工作任务。

一、综合

初步核算，2015年全县实现生产总值1 037 874万元，比上年增长8.8%。其中，第一产业增加值103 693万元，增长5.4%，拉动GDP增长0.5个百分点；第二产业增加值484 178万元，增长9.0%，拉动GDP增长4.8个百分点；第三产业增加值450 003万元，增长9.5%，拉动GDP增长3.6个百分点。三次产业结构为10∶46.7∶43.3。佛冈人均生产总值达到33 117元，增长8.2%。

全年居民消费价格总指数101.4%，累计上涨2.1%，对总指数拉动1.6%。三大类规格品（食品类、医疗保健和个人用品类、家庭设备用品及维修服务类）指数上涨拉动累计比提高。其中以食品类为主要拉动力：食品类累计上涨幅度最大，有3.7个点的升幅，对总指数拉动率是1.4%。其中肉禽及其制品累计上涨8.3%，对父类指数拉动率为3%；水产品类累计上涨3.2%，对父类指数拉动率为0.3%；干鲜瓜果累计上涨2.3%，对父类指数拉动率为0.1%；在外用膳食品类商品累计上涨4.8%，对父类指数拉动率为0.6%。其次是医疗保健和个人用品类累计上涨2.2%，拉动总指数上涨0.2%，以医疗保健的商品价格的上涨为主，其直接拉动父类指数上涨2.4%，其中中药材、中成药和消化系统用药的拉动最为明显。再次是家庭设备用品及维修服务类累计上涨1.8%，拉动总指数提高0.1%，以家具和家庭服务价格指数为主要拉动力。烟酒类价格累计指数对总指数也有些许拉动。

全年末全社会从业人员16.29万人，比上年增加0.29万人，增长1.8%。其中非农产业从业人员8.8万人，比上年增加1万人，增长12.8%。据劳动部门统计，2015年城镇新增就业人数6500人，完成市下达全年任务的100%；城镇失业人员再就业人数1502人，就业困难对象再就业人数289人；城镇登记失业率为2.37%，全县新增转移农村劳动力4076人，完成市下达全年任务的101.90%，全县就业形势总体稳定。

全年规模以上工业综合能源消费量29.07万吨标准煤，比上年下降15%。单位GDP能耗下降18.54%。全年全社会用电量20.79亿度，比上年下降1.71%，其中工业用电量17.8亿度，比上年下降1.92%。

二、农业

2015年，农林牧渔业总产值15.43亿元，比上年增长6.1%。其中农业产值11亿元，增长10.4%；林业产值1.35亿元，下降10.8%；牧业产值2.33亿元，增长2.1%；渔业产值0.59亿元，下降2.6%；农林牧渔服务业产值0.16亿元，增长4.2%。

全年粮食作物播种面积19.6万亩，下降0.4%，其中稻谷播种面积17.94万亩，下降0.8%。油料作物种植面积3.43万亩，增长92.3%。蔬菜种植面积11.48万亩，增长24.1%。水果种植面积15.42万亩，下降4.6%，其中柑桔橙种植10.26万亩，下降8.7%。

全年粮食产量7.19万吨，增长19.2%。其中稻谷产量5.53万吨，下降0.4%。甘蔗产量0.05万吨，增长56.3%。花生产量0.65万吨，增长103.1%。蔬菜产量11.79万吨，增长24.1%。水果产量9.37万吨，下降6.5%。其中柑桔橙产量7.61万吨，下降10.5%；荔枝产量0.49万吨，与上年持平；龙眼产量0.3万吨，与上年持平。

全年肉类产量0.78万吨，增长1.8%。其中猪肉产量0.57

万吨，比上年增长1.5%；禽肉产量0.18万吨，与上年持平。生猪全年出栏量6.93万头，下降7.6%；家禽出栏量127.58万只，比上年增长3.6%；水产品产量0.75万吨，与去年持平。鸡蛋产量0.37万吨，增长12.1%。

全年农用化肥施用量（折纯）2.2万吨，下降3.8%；农药使用量0.07万吨，下降17%。

三、工业

2015年，全县规模以上工业总产值170.85亿元，同比增长3.6%。规模以上工业增加值43.03亿元，同比增长10.5%。其中轻工业增加值13.14亿元，增长3%；重工业增加值29.89亿元，增长15%。

分经济类型看，股份制企业实现增加值17.12亿元，增长42.5%；外商及港澳台企业实现增加值25.82亿元，下降3%；其他经济实现增加值0.1亿元，下降42.5%。私营企业实现增加值11.35亿元，增长63%。民营企业实现增加值20.09亿元，增长27.7%。从企业规模看，大型企业完成增加值2.51亿元，下降24.4%；中型企业完成增加值23.98亿元，增长0.7%；小型企业完成增加值16.51亿元，增长41.9%；微型企业完成增加值0.03亿元，增长0.4%。

分行业看，我县规模以上工业涵盖22个行业，其中6大行业产值超10亿元。通用设备制造业、电气机械和器材制造业、非金属矿物制品业、有色金属冶炼和压延加工、计算机通信和其他电子设备制造业、黑色金属冶炼和压延加工业、酒饮料和精制茶制造业、金属制品业、文教、工美、体育和娱乐用品制造业及纺织业产值超过5亿元，成为我县工业发展的支柱行业。九大行业合计产值143.55亿元，占全县规模以上工业产值的84%。

高技术制造业增加值2.75亿元，增长1.5%。其中电子及通信设备制造业增加值增长1.9%；医疗设备及仪器仪表制造业增加值下降5%。

先进制造业增加值24.65亿元，增长22.9%。其中装备制造业增加值增长25.7%；钢铁冶炼及加工业增加值下降54%；石油及化学行业增加值下降0.2%。

传统优势产业增加值19.53亿元，增长23%。其中纺织服装业增加值增长23.9%；食品饮料业增加值下降7.8%；家具制造业增加值下降9%；建筑材料增加值下降20.8%；金属制品业增加值增长128.2%。

现代产业合计完成增加值33.55亿元，同比增长9.9%。

全年规模以上工业企业的产品产量：饲料产量7.76万吨，增长0.3%；软饮料11.18万吨，增长785.8%；印染布1.21万米，下降26.1%；塑料制品1.09万吨，增长5.5%；水泥产量39.81万吨，下降34.4%；商品混凝土产量11.05万立方米，下降33.8%；瓷质砖产量1599.07万平方米，下降41.2%；铜材1.75万吨，增长4.2%；风机438.89万台，增长9.8%；印刷电路板173.55万平方米，下降32.8%。

四、固定资产投资

全年我县固定资产完成投资额38.92亿元，同比增长17.2%。第一产业完成投资1.0亿元，第二产业完成投资13.79亿元，同比增长91.0%，占整体投资的35.4%，其中：制造业完成投资12.74亿元，同比增长87.1%；电力、燃气及水的生产和供应业完成投资1.05亿元，同比增长157.9%。第三产业完成投资24.13亿元，同比下降4.7%，占整体投资的62.0%。

全年资质等级以上建筑企业2个，比上年减少1个；建筑业实现增加值5.12亿元，同比增长0.2%。

房地产开发投资额12.92亿元，同比下降31.3%。商品房施工面积206.22万平方米，同比下降4.9%；商品房竣工面积22.47万平方米，同比下降37.8%；商品房销售面积41.69万平方米，同比增长48.4%，其中住宅销售面积37.58万平方米，同比增长39.4%。商品房销售3217套，同比增长19.7%，实现销售额20.48亿元，同比增长28.2%。

五、国内贸易和对外经济

全年我县实现社会消费品零售总额37.06亿元，增长9.6%。其中，城镇市场完成消费品零售额33.29亿元，增长9.3%；农村市场完成消费品零售额3.77亿元，增长12.7%。分行业看，批发业实现消费品零售额6.17亿元，增长12.7%；零售贸易业实现消费品零售额25亿元，增长9.2%；住宿业实现消费品零售额0.59亿元，增长4.0%；餐饮业实现消费品零售额5.3亿元，增长8.8%。

全年进出口总额34.54亿元，同比增长1.8%。其中出口总额23.25亿元，同比增长2.7%；进口额11.29亿元，同比增长0.1%。贸易顺差2.99亿美元。在出口贸易中，一般贸易出口1.86亿美元，增长59%；加工贸易出口3.03亿美元，增长34.1%。

全年我县围绕农业、工业、旅游服务业等主要产业共引进项目7个，合同利用资金13.5亿元，亿元以上项目2个，新旧项目累计实际投入18.60亿元。截至12月底全县合同外资897万美元，实际利用外资1316万美元。

六、旅游

全年各景点接待游客506万人次，比上年下降2%。其中，国内游客463.66万人次，下降1%；港澳台同胞42万人次，下降0.8%；外国游客0.7万人次，下降1%。接待过夜游客206万人次,增长0.5%。全年旅游总收入33.9亿元,增长1%。全县年末共有星级酒店1家,拥有客房80间。全县拥有名胜风景区和文物保护区13个,A级景区2个,11个未评级。

七、财政和金融

全年来源于佛冈的财政总收入17.93亿元,比上年下降5.9%。地方公共财政预算收入9.8亿元,增长5.6%,其中税收收入5.89亿元,增长7.2%;公共财政预算支出19.5亿元,增长22.8%。

年末全县金融机构本外币存款余额112.62亿元,比年初增长5.0%。其中,居民本外币储蓄存款余额75.02亿元,比年初增长6.5%。金融机构本外币贷款余额65.93亿元,比年初增长13.1%。其中,短期贷款13.9亿元,比年初增长43.3%,中长期贷款50.4亿元,比年初增长5.1%。

八、教育、文化科技和卫生

全年我县财政一般预算支出中,用于教育支出4.27亿元,比上年增加0.46亿元,增长12.1%。目前拥有普通中学14所,其中高级中学2所,初级中学12所。按地域分,县镇11所,农村3所。专任教师1194人,招生4594人,在校生14 576,毕业生5706人,高中毕业生升学率达到84.48%,比上年减少1.56个百分点,初中毕业生升学率99.32%,比上年减少0.68个百分点。小学33所,其中县镇11所,农村22所。专任教师1370人,招生5833人,在校生27 349人,毕业生3017人,学龄儿童入学率100%,小学毕业生升学率99.6%,九年义务教育完成率101.44%。共有幼儿园65所,在园幼儿15 007人,增加1.38%。

全县共有文化站6个,公共图书馆1间,藏书10.43万册,比上年增加0.23万册,电子书籍10万册。全年出版《清远日报·佛冈新闻》45期,《南方日报·佛冈视窗》48期。广播人口覆盖率100%,有线数字电视人口覆盖率70.63%。

我县专利申请量逐年提高,据统计,我县2015年全年共计申请专利106项,其中发明专利17项,实用新型专利49项,外观设计专利40项,同比增长58.21%;获得授权专利67项,其中发明专利9项,实用新型专利28项,外观设计专利30项,同比下降4.29%。

2015年全县财政用于医疗卫生与计生事业支出1.96亿元,减少33.1%。年末全县共有政府办卫生机构17个,其中医院2个,基层医疗卫生机构11个,妇幼保健机构1个,专科疾病防治机构1个,疾病预防控制中心1个,卫生监督检验机构1个。各类卫生机构实有床位643张,同比下降2.1%。各类卫生技术人员1234人,同比增长2.7%;其中执业医师和执业助理医师376人,同比增长5.6%,注册护士444人,比上年增加15人。

九、人民生活与社会保障

据县公安部门统计,年末户籍总人口33.38万人,比上年末增加了1.2万人。其中,石角镇11.79万人,龙山镇4.83万人,汤塘镇7.29万人,水头镇3.10万人,迳头镇3.24万人,高岗镇3.12万人。全县非农业人口6.01万人,农业人口27.37万人;男性人口17.27万人,女性人口16.11万人;全年出生人口0.65万人,死亡人口0.15万人。据市统计部门反馈,2015年末佛冈县常住人口31.4万人,其中城镇人口12.72万人,城镇化率40.5%。

2015年在岗职工年平均工资(含劳务派遣人员)53 298元,同比增长12.9%。其中,企业在岗职工年平均工资46 093元,同比增长8.8%;事业单位在岗职工年平均工资69 437元,同比增长17.3%;行政单位在岗职工年平均工资70 405元,同比增长21.4%。

2015年全体城乡居民人均可支配收入15 432元,比上年增长9.4%,消费支出11 877元,比上年增长7.6%。其中城镇居民人均可支配收入21 312元,比上年增长7.2%,消费支出14 699元,比上年增长2.5%;农村居民人均可支配收入11 584元,比上年增长11.4%,消费支出10 031元,比上年增长12.4%。

全年我县参加职工养老保险9.54万人,比去年同期增长2.8%,失业保险3.6万人,比去年同期下降7.22%;社会基本医疗保险34.05万人,比去年同期增长0.27%,其中职工医疗保险4.76万人,比去年同期下降1.65%,居民医疗保险29.29万人,比去年同期增长0.62%;工伤保险4.05万人,比去年同期下降1.25%;生育保险3.2万人,比去年同期下降8.83%;城乡居民养老保险11.26万人,比去年同期增长2.27%。

全县职工养老、失业、工伤、生育(统计)、城乡居民养老保险基金总收入33 427万元,较去年同期增长5.46%;基金总支出23 605万元,较去年同期增幅25.76%;当年基金结余9822万元,比去年同期减少24.01%,累计结余85 754万元,比去年同期增长12.94%。全县基本医疗保险统计总收入25 414万元,统计总支出17 435万元,当年统计结余7979万元。

全县共有各类社会福利单位10个,合计拥有床位440张,供养人数271人。其中敬老院6个,床位360张,供养人数175人。城镇居民最低生活保障人数419户,合计1092人;农村居民最低生活保障人数3796户,合计9507人;农村五保供养人数2257人。

十、环境与资源

全年县城区空气质量处于良好状态，监测数据有效天数 365 天，361 天为优良等级，大气环境质量达到国家二级标准。工业固体废物综合利用率为 100%；工业二氧化硫排放量 1203.13 吨，氮氧化物排放量 1504.52 吨；工业废水排放总量 876.478 万吨，化学需氧量排放量 895.09 吨，氨氮排放量 115.54 吨；建成项目环保"三同时"制度执行合格率 100%。

全年全县耕地面积保有量 18 881.87 公顷，比上年减少了 10.35 公顷。森林覆盖率达到 72.32%，比上年增长 0.1%。全县共有省级自然保护区 1 个，佛冈县观音山省级自然保护区面积 2785.4 公顷。

注：
1. 本公报部分统计数据为年快报数。
2. 生产总值以及各产业增加值、农业总产值的绝对数按现价计算，增长速度按可比价计算。
3. 2015 年的交通、邮电数据省暂未反馈。

（县统计局）

佛冈县国民经济和社会发展情况表

项　目	单　位	2014 年	2015 年
一、资源			
行政区域面积	平方公里	1295.17	1295.17
年末耕地总资源	公顷	18 896	18 882
其中：常用耕地面积	公顷	18 896	18 882
自然保护区个数	个	1	1
自然保护区面积	公顷	2566	2785.4
二、人口			
年末户籍总人口	万人	32.97	33.38
其中：非农业人口	万人	6.27	6.01
其中：女	万人	15.9	16.11
当年出生人口	人	4132	6517
当年死亡人口	人	1615	1534
年末总户数	户	85 692	88 202
其中：乡村户数	户	68 148	66 209
年末常住人口	万人	31.28	31.4
其中：城镇人口	万人	12.49	12.72
三、综合经济			
（一）地区生产总值	万元	948 174	1 045 999
第一产业增加值	万元	94 928	104 686
第二产业增加值	万元	447 059	493 356
第三产业增加值	万元	406 187	447 957
人均生产总值（当年价）	元	30 424	33 376

续表

项　目	单　位	2014年	2015年
生产总值指数（可比价）	上年=100	112.1	108.8
第一产业	上年=100	103.1	106.5
第二产业	上年=100	125	110.1
第三产业	上年=100	99.7	107.5
人均生产总值指数	上年=100	111.3	108.2
（二）财政、金融			
财政总收入	万元	204 826	208 964
其中：地方财政一般预算收入	万元	91 131	97 968
各项税收	万元	54 973	58 938
地方财政一般预算支出	万元	155 019	195 413
年末金融机构本外币各项存款余额	万元	1 072 453	1 126 180
其中：城乡居民储蓄存款余额	万元	702 416	750 165
年末金融机构本外币各项贷款余额	万元	583 120	659 274
四、农业			
农林牧渔业总产值	万元	140 117	154 289
农作物总播种面积	公顷	20 289	23 266
粮食作物播种面积	公顷	13 122	13 069
其中：稻谷	公顷	12 054	11 962
蔬菜播种面积	公顷	6172	7653
粮食总产量	吨	60 275	60 283
其中：稻谷	吨	55 490	55 271
水果产量	吨	100 221	93 698
肉类总产量	吨	7706	7842
禽蛋产量	吨	3562	3718
蔬菜产量	吨	95 038	117 933
水产品产量	吨	7506	7500
五、工业			
规模以上工业企业			
工业企业单位数	个	64	92
工业总产值（现价）	万元	1 650 766	1 740 790
工业总产值指数	上年=100	114.4	103.6
工业增加值	万元	375 167	407 785

续表

项　目	单　位	2014年	2015年
工业增加值指数	上年=100	131.8	110.5
工业企业利润总额	亿元	6.76	9.73
六、固定资产投资			
全社会固定资产投资	万元	332 169	389 157
按三次产业分			
第一产业	万元	6628	9962
第二产业	万元	72 203	137 943
第三产业	万元	253 338	241 252
七、交通运输、邮电通讯			
境内公路里程	公里	2138	2138
其中：高速公路	公里	55.8	55.8
民用汽车拥有量	辆	17 569	21 113
本地电话年末用户	万户	3.84	3.65
移动电话年末用户数	万户	28.15	30.04
全社会用电量	万千瓦时	191 797	207 897
其中：工业用电量	万千瓦时	181 487	178 006
八、贸易、外经、旅游			
社会消费品零售总额	万元	323 467	371 935
出口总额	万美元\万元	48 872	232 468
当年实际使用外资金额	万美元	2466	1316
星级饭店个数	个	1	1
星级饭店客房总数	间	80	80
名胜风景区和文物保护区个数	个	8	13
九、教育、科技、文化、卫生			
普通中学数	所	14	14
小学数	所	33	33
普通中学专任教师数	人	1299	1194
小学专任教师数	人	1363	1370
普通中学在校学生数	人	15 873	14 576
小学在校学生数	人	24 629	27 349
初中升学率	%	100.00	99.32
高中升学率	%	86.00	84.48

续表

项　目	单　位	2014年	2015年
全年专利申请数	件	67	106
公共图书馆图书总藏量	千册	102	104.3
卫生机构数	所	215	217
卫生机构床位数	床	688	678
卫生机构技术人员数	人	1268	1348
其中：医生	人	453	468
十、人民生活			
在岗职工工资总额	万元	140 581	149 858
在岗职工年平均工资	元	47 484	53 442
在岗职工＋劳务派遣年平均工资	元	47 213	53 298
城乡居民人均可支配收入	元	14 103	15 432
城镇常住居民人均可支配收入	元	19 878	21 312
农村常住居民人均可支配收入	元	10 396	11 584
十一、社会保障			
各种社会福利收养性单位数	个	7	10
各种社会福利收养性单位床位数	床	443	451
参加基本养老保险职工数	人	92 757	95 375
参加基本医疗保险职工数	人	48 448	47 601
参加失业保险人数	人	38 805	36 004
城镇居民最低生活保障人数	人	1105	1092
农村居民最低生活保障人数	人	9871	9507
参加城乡居民医疗保险人数	人	291 133	292 655

（县统计局）

2015年佛冈县各镇基本情况统计表

镇　名	人口（人）	规模工业增加值（亿元）	增长（%）	农业总产值（亿元）	增长（%）	固定资产投资（亿元）	增长（%）
石角镇	117 871	14.58	8.3	3.99	8.3	16.21	7.9
龙山镇	48 320	9.06	−9.9	2.84	6.7	1.83	84
汤塘镇	72 893	13.19	31.1	3.22	6.3	13.3	34.6

续表

镇 名	人口（人）	规模工业增加值（亿元）	增长（%）	农业总产值（亿元）	增长（%）	固定资产投资（亿元）	增长（%）
迳头镇	32 431	3.89	27.1	2.23	4.9	5.29	89.5
水头镇	31 040	0.07	12.7	1.33	7.8	1.56	−58.8
高岗镇	31 201			1.80	5.5	0.71	−1.9

（张小燕）

佛冈县2015年度环境保护状况公报

一、概况

2015年，在县委、县政府的正确领导和上级环保部门的精心指导下，全县环境保护工作紧紧围绕经济、社会发展大局，以环保优化发展、确保环境安全为主线，以生态文明建设和饮用水源保护为重点，突出环境质量改善和环境执法监管，加大污染物总量减排和总量控制，为推进全县经济、社会又好又快发展提供了强有力的保障。2015年度环境质量总体保持稳定，主要指标基本达到国家标准。

二、环境保护状况

（一）水环境

1. 饮用水源。全县饮用水以集中式供水为主，取水水源为放牛洞水库，监测点位为凉亭断面和湖心断面，全年监测12次。根据统计，2015年放牛洞水库水质总体保持良好，水质状况为优，达到《地表水环境质量标准》（GB3838—2002）Ⅱ类水质标准，饮用水源水质达标率均为100%。

2. 地表水。地表水以潖江河、烟岭河为主，潖江河监测点位为坝子坑、升平、良塘断面，烟岭河监测点位为文昌阁断面，全年监测6次，监测项目达31项，2015年水质较好，基本达到《地表水环境质量标准》（GB3838—2002）Ⅲ类水质标准。

（二）空气环境

1. 县城区空气。县城区空气质量处于良好状态，监测数据有效天数365天。其中，361天为优良等级，大气环境质量达到国家二级标准。县城两测点二氧化硫年均值分别为0.017毫克/立方米和0.026毫克/立方米，二氧化氮年均值分别为0.017毫克/立方米和0.029毫克/立方米，PM10年均值分别为0.052毫克/立方米和0.059毫克/立方米，全部达到二级标准，降尘年均值为2.94（吨/平方公里·月）在推荐标准以内。可吸入颗粒物是我县环境空气中的主要污染物。

2. 酸雨。2015年全县的降雨总量为2298mm，pH均值为6.22，无酸雨现象。

三、工业三废排放情况

2015年，共统计重点污染企业45家，其中含有电镀工艺的企业5家，造纸企业2家，印染企业4家，水泥企业3家，印制线路板企业3家，陶瓷企业2家，钢压延加工企业1家，其他25家。

1. 废气。2015年全县工业废气排放总量为41.69亿标立方米。工业废气中二氧化硫排放总量为1203.13吨，氮氧化物排放量为1504.52吨。

2. 废水。2015年工业废水排放量为876.478万吨，化学需氧量排放量为895.09吨；氨氮排放量为115.54吨。

3. 固体废物。2015年工业固体废物产生量为3.33万吨，综合利用量为3.33万吨，综合利用率100%。危险废物处置量为0.83万吨。

（杨丽　陈间清）

文献专载

在县委十二届八次全会上的报告
（2015年2月3日）
华旭初

同志们：

现在，我代表县委常委会向大会做报告。

一、过去一年的主要工作

过去一年，面对经济下行带来的挑战，我们深入学习贯彻党的十八届三中、四中全会和习近平总书记系列重要讲话精神，深入贯彻落实省委、市委重要部署，扎实开展党的群众路线教育实践活动，全面深化改革、全力加快发展，着力推进"三区一城"建设上新台阶，加快了"共创富民强县、建设幸福佛冈"步伐。

经济保持较快增长。初步统计，2014年GDP增长12%，分别高出全省、全市4.3个、4.1个百分点，位居全市前列。工业经济快速增长，规模以上工业增加值38.9亿元，增长31.8%，高出全市平均水平17.6个百分点，居全市首位。地方公共财政预算收入9.1亿元，增长10%。完成固定资产投资33.2亿元，增长18.9%。实际吸收外资、节能减排等超额完成市下达任务。

产业发展取得新突破。与广州经济技术开发区共建广清产业合作园佛冈集聚区基本达成合作意向，白云区对口帮扶的项目建设初见成效。重大项目建设实现新突破，华劲、加多宝饮料纸包装等企业顺利投试产，南玻项目就在今天顺利点火，达味特钢、建滔等企业完成技改项目11个，加多宝饮料等5家企业实现增资扩产。县域旅游竞争力不断提升，以总分第二荣获"省旅游创新发展十强县（市）"称号，汤塘温泉小镇规划设计加快推进，乡村风情长廊建设日趋完善。特色农业产业发展势头强劲，省级现代农业示范区建设初见成效，全县清理黄龙病残次果园4万多亩，新发展各类特色种植基地4000多亩。

新型城镇化水平进一步提高。推进县城扩容提质，初步完成华龙新区、龙凤新区和城南新区规划方案。国道106线佛冈北段、省道252线高岗段、354线汤塘段和县城青松东路等工程顺利推进。生活垃圾处理设施建设和管理体系逐步完善，城乡环境整治初见成效。国道106线佛冈南段路域整治成效显著，成为全省示范性文明路段，12条美丽乡村顺利通过市验收，成功创建2条省级文明村，获得全国文明县城提名资格。

抗洪救灾取得了新胜利。众志成城抗击"5·23"洪灾，在灾情更严峻的情况下，损失只有2013年的六分之一，切实保障了人民群众生命财产安全，得到了国家水利部和省、市主要领导的充分肯定。加快复产重建工作，完成了"全倒户"家园重建和重点水毁项目修建工作。农村基础设施不断完善，省级小型农田水利重点县建设扎实推进，完成高标准农田建设5万多亩。省基层三防能力建设示范县工作有序推进，通过整合三防、气象、应急、国土、公安、消防等信息渠道资源，建立了全省最先进的县级预警信息发布中心（应急指挥中心），提高了处突应急能力；6个镇成功创建"气象防灾减灾标准化示范乡镇"。

民生和社会事业扎实推进。全年财政投入民生领域12.3亿元，占全县一般公共预算支出80%，同比增长20.6%。较好地完成了十件民生实事。基本公共服务均等化水平不断提升，全面提高了特殊困难群众的补助标准；全国义务教育发展基本均衡县创建工作成效明显；计生工作达到全省中等水平；县人民医院集团托管扎实推进；基层卫生医疗水平不断提升；社会保险实现了服务对象全覆盖。着力加强新时期政法工作，加快平安佛冈创建步伐，深入开展"亮剑"系列行动和"社会矛盾化解年"活动。

全面深化改革取得新成效。全力抓好中央和省市部署的各项改革任务，重点领域、面上改革均取得明显成效。党建、纪检监察、商事登记、基本公共服务均等化等领域改革亮点突出。县级公立医院改革有序推进。完善村级基层组织建设推进农村综合改革试点工作可圈可点，形成"宝山经验"（涉农资金整合）和"上西模式"（土地流转），得到市委的充分肯定。新农村试验区的成果引起学术界的高度关注，中国农村研究院出版了《佛冈试验：可持续的新农村建设》一书，总结和推广试验区的丰富实践经验。

党的建设进一步加强。认真开展党的群众路线教育实践活动，以"六个始终坚持"完成规定动作，特色鲜明地开展了"三四五六"自选动作，成效显著，得到朱小丹省长、葛长伟书记等挂点领导的充分肯定以及中央和省市主流媒体的报道推广。活动中共解决群众反映的突出问题826个，建立健全制度963项，党员干部经历了深刻的党性党风锻炼和群众观点教育，贯彻群众路线的能力普遍提高，进一步密切了党群、干群关系。深入开展在全省率先推行的以第一书记为抓手的"六民六先锋"主题实践活动。强力整治18个软弱涣散基层党组织并实现全部达标。率先建立党员干部直接联系服务群众制度，全县党员干部走访群众11 600多户，收集问题970多个，解决问题680多个。严格落实中央八项规定，开展"效能风暴"和"公述民评"，作风建设成果明显。保持打击腐败的强劲势头，全县纪检监察机关共立案45宗，其中查处科级干部8人，给予党纪政纪处分42人。认真贯彻落实干部人事制度，强化对选拔任用干部的监督管理，提拔、改非、交流、调整领导干部78人次，严格实行民主推荐、民主测评、公开公示、组织考察、集体研究、任前谈话等程序和要求，切实把好选人用人关，有效地提高了选人用人质量。"510"人才工程项目在全省县级项目考核中排名第二，再次获得资金扶持。顺利完成村（社区）换届选举任务，实现了村级领导班子配齐配强的目标。宣传工作亮点纷呈，营造了加快发展的浓厚氛围。汤塘"舞狮被"入选全国138个春节特色文化活动；歌曲《人民》获得省"五个一"工程奖，为清远建市以来第二次获此殊荣；涌现出全国"最美交警"刘治刚，"肥佬法官"蓝榕概等先进人物。强化党管武装工作，加强对人大、政协的领导，发挥统一战线在协商民主和汇聚力量方面的重要作用，广泛调动了各方面的积极因素。

同志们，过去一年，面对国际国内复杂形势和改革发展稳定的艰巨任务，我们克服困难，奋发进取，保持了经济社会平稳健康发展。这些成绩的取得，凝聚了全县各级党组织、广大党员和干部群众团结奋斗的智慧和汗水。在此，我代表县委常委会表示衷心的感谢！

二、全力做好2015年工作

2015年是全面深化改革的关键之年，是全面完成"十二五"规划的收官之年，做好今年工作意义重大。

展望今年的发展形势，机遇与挑战并存。挑战方面，从国际形势看，世界经济仍处在深度调整期，总体复苏疲弱态势难有明显改观；从国内形势看，经济发展进入新常态，下行压力仍然较大。机遇方面，国家不断推出微刺激措施，改革开放红利持续释放，省委振兴粤东西北发展战略和广清一体化深入推进，为我县经济转型升级开辟了广阔空间。市委、市政府去年在我县召开现场会，特别强调佛冈是清远中心区的重要组成部分，要求佛冈努力打造成为清远融入大广州的重要对接点、全市新的重要增长极和城乡一体化发展的先行区。这"三个定位"，符合佛冈实际，适应形势要求，为我们今后一个时期的发展指明了方向。

我们要正确认识当前的形势，增强忧患意识，把困难和挑战估计得更充分一些，抢抓发展机遇，坚定发展信心，努力争取经济社会发展的更好成绩。

今年工作的总体要求是：全面贯彻落实党的十八届三中、四中全会和省委十一届四次、市委六届八次全会精神，深入学习领会习近平总书记系列重要讲话精神，落实"三个定位"要求，坚持稳中求进工作总基调，适应经济新常态，全面振兴发展、全面深化改革、全面依法治县、全面从严治党，努力提升"三区一城"建设水平。今年的经济增长目标是地区生产总值增长8.5%。

（一）加快对接融入大广州大清远。

广清一体化的环境下，与广州、清远的对接既是政治需要，又是双方互融发展的需要。我们要发挥主观能动性，全面地开展深度对接。

必须强化大广州大清远思维。市委、市政府已把佛冈作为清远中心区的重要组成部分，定位为清远融入大广州的重要对接点。我们要自觉地把佛冈置身于全市、全省大局中考虑。从大广州来看，以区域中心城市为核心的大都市经济圈必然是区域经济发展的主要支撑和增长动力，佛冈已经融入广州一小时经济圈和生活圈，将会获得比其他地方更多的发展机会。去年以来，广清两市大力推进城市功能、基础设施、市场要素、产业布局、生态环境和民生社会事业等方面的一体化，仅2014年广州对口帮扶清远项目就达223个，20亿元的广州（清远）投资基金、18.6亿元的粤东西北振兴发展股权基金开始运作。目前广州正在规划十大主导产业，有些是在广州市现有规划范围内无法承载的，必须有腹地跟其互补、互联、互动。从大清远来看，在年初召开的市委全会上，市委市政府主要领导多次提到佛冈，对佛冈的工作给予充分肯定和高度评价，并提出了新的要求，寄予厚望。葛书记强调，佛冈要努力成为加快发展的重要增长极，做大做强主导产业，抓好广清产业合作园佛冈集聚区规划建设，加快县城扩容提质，规划建设好新农村试验区。市委全会强调，市直部门要全力支持佛冈把握机遇加快发展，及早开展连（州）佛（冈）高速公路前期工作；争取汕湛高速出口北移到县城，建成佛冈通往清远城区的快速通道。这些利好政策和大好形势为我县的发展带来了难得的黄金机遇。我们要紧抓广清一体化的先机，主动融入，充分对接，实现稳中求进的目标。

必须深化对口帮扶工作。依托广清对口帮扶合作领导小组联席会议制度，完善佛冈和白云区两地高层领导互访制度，共同深入开展专题研究，明确对口帮扶的主要路径、具体办法和保障制度。尽快制定2015年对口帮扶项目库，积极争取广州帮扶资金，加快项目建设，确保对口帮扶工作取得实实在在的成效。各级各部门要切实增强主体意识和机遇意识，积极与白云区镇（街）和部门对接，争取全方位的帮扶和合作，拓宽两地民生社会事业、旅游、文化、农业等方面的帮扶，继续推进两地的医院、学校、企业建立结对帮扶关系，加强人才智力交流合作。

必须突出城市功能对接。抓好广清产业合作园这个平台，加快佛冈集聚区的规划建设，突出"产城融合"，打造成为广州科学城的升级版，实现我县省级工业园区零的突破。当前要加快龙凤新区、华龙新区、城南新区的规划建设，进一步明确发展什么、该干什么、怎么把它撬动，找准启动的路子，让它尽快建起来，实现与广州城市功能的互补互联。完善城市功能和基础设施，增强城镇综合承载能力。大力推进国道106线县城北段升级改造、省道252线县城段改道、龙凤大道、青松路、生活垃圾填埋场等基础设施的规划和建设。

（二）调整和优化产业结构。

市委、市政府主要领导多次强调，佛冈的产业基础是全市最好的，三次产业结构相对优化。要依托优势特色产业，加快调整和优化的步伐，精准用力，实现经济新常态下的新作为。

加快工业经济转型升级。实践证明，工业是支撑我县经济增长最有效最有力的产业，去年对GDP增长的贡献率达到95%。工业发展的载体在园区、支撑在项目集聚。一要坚持不懈推进园区化战略。紧抓空调制冷、电子化工、食品饮料、新型材料四大主导产业园区扩能增效，今年建成一批企业，引进一批新的产业项目，形成项目建设和产业集聚的规模效应。二要做大做强骨干企业。将"企业集中服务月"活动常态化，帮助企业解决实际困难，积极争取上级资金和政策支持，推动企业增资扩产、转型升级、做大做强。三要解决好用地问题。积极做好土地文章，加大土地处置力度，把盘活存量用地作为今年的重要工作来抓。各镇要认真排查辖区内的闲置用地、低效用地，县国土局要制定出台处置闲置、低效用地的硬措施，把一些办了证却没有用的土地充分利用起来，把一些比较低效的"睡觉企业"用地置换出来，用于发展更好的产业。加大力度做好城乡建设用地增减挂钩工作，争取今年有更大的进展。加大土地储备工作力度，做活土地经营文章，为产业发展、城市扩容提质破解资金瓶颈。

加快省级现代农业示范区建设。充分发挥金融的杠杆作用，进一步完善"政银保"、贷款贴息机制，更大地吸引社会资金的投入。积极探索公司化、园区化、合作化等农业发展新路径，提高种植的规模化、集约化和专业化水平。积极发展多种形式适度规模经营。正确认识农业产业规模，一个产业项目，若干小户集聚连片发展，就是规模产业。因此，现代农业扶持资金的安排要兼顾小户，鼓励家庭农业和小户生产经营，积少成多，连片覆盖，以发展普惠性农业种植实现后沙糖桔时代的农业产业转型。强化互联网思维，高度重视农村电子商务产业的发展，加快建设农村电商示范基地，做好电商产业集聚点规划建设，尽快实现电商在我县农村全覆盖。优化农业产业布局调整。全面清理沙糖桔病残树，以市场需求为导向，大力发展特色种养业、农产品加工业。积极扶持发展一村一品、一镇一业，带动农民就业致富。

大力促进旅游产业集聚发展。佛冈过去的旅游发展，走的是传统思路，分散开发，产业链短，造成项目小、散，过夜游客少，旅游消费跟不上来，没有形成产业规模。旅游产业发展的新态势是建设旅游产业集聚区。集中规划建设汤塘温泉小镇，加快完善环湖旅游大道等公共服务配套设施，扎实推进勤天城、聚龙湖酒店、慧盈酒店等项目建设。打造新农村试验区"乡村风情长廊"品牌，提升我县旅游整体水平和竞争力。

（三）加快推进城乡基本公共服务均等化。

在城乡之间，由基本公共服务不均等而导致的机会、服务以及资源配置不平衡等问题普遍存在，有些问题解决不好，将影响社会和谐稳定。

加强县城管理。近年来，县城管理水平不断提升，脏乱差现象有一定改观，为创建全国文明县城和卫生县城打下了良好基础，但与广大市民的期望还有差距。为此，我们应大胆改革，政府该管的要毫不含糊地管起来，管不好的大胆地交给社会、交给市场去管，善于用现代的管理理念来管理县城。加强社区治理，提升社区治理能力和服务水平，力争年内建成2～3个特色社区。

大力推进农村工作。一是加快推进农村综合改革。市委今年重点推进"三个重心下移"和"三个整合"，要求创新和改变生产经营方式，完善农村基层治理体系和农业基本经营制度。今年确定高岗镇作为"财政涉农资金整合"试点镇，水头镇作为"农村土地资源整合"试点镇，积极探索具有佛冈特色的经验做法。各镇要充分发挥村党支部、村委会和村民理事会、监事会的作用，做到各司其职、形成合力，在村民自治中发挥积极作用。二是全力提升新农村试验区建设水平。试验区建设是今年工作的重中之重，要举全县之力强势推进。进一步明确试验方向，切实推进省级新农村示范片建设，进一步推进农村产权制度改革，创新农业经营体制，培育新型农业经营主体，打造现代农业产业体系。加强对试验区创新实践的总结提升和宣传，形成可复制、可借鉴、可推广的经验。三是改善农村人居环境。农村要留得住青山绿水，系得住乡愁。我们一直在探索农村垃圾处理的有效办法，有的地方也总结出了一套经验，各镇村要认真学习和推广，逐步形成农村垃圾处理长效机制。加强河道整治，争取将潖江北段、烟岭河打造成为全省中小河流整治的样板。充分发挥村民理事会的作用，引导村民自发参与美丽乡村建设。

着力推进民生改善。改善民生是改革发展的根本目的，也是党委政府工作的重心。要多站在群众立场想问题、办事情，努力做好民生实事，下大力解决好群众最关心最直接最现实的利益问题，不断提升民生保障水平。今年是新一轮扶贫开发"双到"工作的收官之年，要扎实推进贫困村基础设施建设，促进贫困农户增收脱贫，确保高质量完成扶贫任务。去年洪灾后，一些灾毁道路、桥梁和水利设施还没有完全修复，复产重建工作力度仍需进一步加强。加大创业政策扶持力度，健全覆盖城乡劳动者的终身职业培训体系，推进劳动力转移就业。全面改革户籍管理制度，出台有利于农村人口落户城镇的政策措施，营造有利于城镇集聚人口的良好环境。科学谋划教育资源布局，着力解决县城教育资源紧缺问题。更加重视德育教育，加强未成年人保护，决不能让孩子受到伤害。加强计划生育工作，力争达到全省先进水平。深化卫生医疗领域改革，加快县级公立医院综合改革，加强基层医疗机构标准化建设。继续扩大以养老、医疗保险为重点的社会保险覆盖面，建立更加公平可持续的社会保障体系，让群众老有所依、病有所医。继续推进"文化惠民工程"，加快县镇村三级公共文化设施网络建设。

切实维护社会和谐稳定。随着经济的快速发展和全面深化改革的不断推进，积累的矛盾和问题更加集中地暴露出来，维护社会稳定的任务更加艰巨。要毫不松懈推动社会矛盾化解。去年以来，我们把公开大接访活动下沉到镇，进一步打开政府和群众面对面交流的大门，切实解决了许多问题，但又出现了新的问题，有的领导干部在接访日中只是走走过场，群众的问题没有得到解决，新问题变成老问题，初访户变成老访户、缠访户，增加了解决问题的难度。要提高领导包案解决问题的质量，加大联合接访力度，解决好群众合理合法的诉求。推进信访法治化，落实涉法涉诉信访制度改革，建立信访依法终结制度，严厉打击缠访、闹访行为。深入推进平安佛冈建设，继续推进"亮剑"系列专项行动，加快完善社会治安防控体系，推进平安细胞工程，加强城乡公共安全视频监控系统、网格化管理和社会协同防控机制建设，确保社会面安全。继续实施非法采矿"铁拳"行动，让"山根主"、采矿老板及其"保护伞"付出代价。加大对违章建筑的打击力度，强化监管问责。

形成推进依法治县的强大合力。认真贯彻中央和省市关于依法治国（省、市）的部署，切实树立法治思维，努力建设法治政府、法治社会，积极营造法治化发展环境。切实提高全民守法水平，领导干部要带头学法、守法，加强对各级领导的党纪政纪法纪教育培训。把法治建设成效作为衡量领导班子和领导干部工作实绩的重要内容，督促党组织主要负责人严格履行推进法治建设第一责任人职责。加快法治政府建设，提高依法决策水平，完善重大行政决策风险评估、实施跟踪反馈、实施后评估等制度。完善政府法律顾问制度，支持镇建立法律顾问制度，依托政府法制机构建立法律顾问室。深入开展法治镇和民主法治示范村创建活动，切实发挥一村（社区）一法律顾问作用。

（四）全面推进从严治党，推动形成作风建设新常态。

抓工作有没有想法，抓落实有没有办法，关键在于党建抓得实不实，效果好不好。从群众路线教育实践活动看，一些单位工作干不好，很大程度上是思想、作风、制度、反腐倡廉建设有薄弱环节。

深入学习习近平总书记系列重要讲话精神，教育党员干部坚定理想信念，严守政治纪律。学习贯彻习近平总书记系列重要讲话精神，是事关全局的重大政治任务，必须持之以恒抓好落实。要在坚定理想信念、强化宗旨意识上久久为功。习总书记在中央党校第一期县委书记研修班学员座谈会上提出"四有"要求，我们要牢记总书记的教导，践行"四有"要求，争当党和人民的好干部。县委决定，今年开展"四有"好党员、好干部评选活动，县委组织部要抓紧制定评选方案。现在，社会上一些人信仰缺失，也有一些党员干部宗旨意识淡薄，甚至还有极个别人"利"字当头、认钱不认人。如果眼里只有"孔方兄"，长此以往，个人容易出事，对社会负面影响更大。在这方面，软的一手是靠教育，首先要教育好党员干部，给全社会树立好的标杆。硬的一手要靠严明党的政治纪律和组织纪律，强化和维护党的集中统一领导。党员干部尤其是领导干部要牢固树立纪律和规矩意识，确保政令畅通。必须在任何时候任何情况下在思想和政治上同上级党委保持一致，管好脑和嘴，管住手和脚，不能背着组织说三道四、煽风点火，更不能阳奉阴违，和组织对着干。必须遵循组织程序，该报告的必须如实及时报告，不允许弄虚作假、欺骗组织，不允许超越权限、先斩后奏。必须服从组织决定，不允许在用干部上搞小动作，不允许在重大决策上"塞私货"，不允许在个人去留上与组织讨价还价，养成守纪律、讲规矩的好习惯。

巩固好教育实践活动成果。按照中央和省市的要求，继续把作风建设抓好，把教育实践活动成果巩固好，做到为民、务实、清廉，自觉抵制和纠正"四风"问题。要深化"六民六先锋"主题实践活动，继续推行"第一书记"做法，深化干部下基层活动，积极总结经验、提炼亮点。坚持普遍直接联系群众制度，进村入户，与群众身挨身坐、心贴心聊，直接了解情况。坚持直接联系群众全覆盖，与每个村（社区）及每户群众、驻村（社区）各单位都要联系。坚持联系群众常态化，固定联系人员、时间、地点，规范联系任务。坚持联系群众制度化，建立运作、登记、评价机制，使这项制度固化下来，坚持下去。

稳步推进全面深化改革。中央对改革总体任务已作出全面部署，相关领域的改革方案将陆续出台，改革进入全面实施的重要阶段。要准确把握中央和省市的改革精神，在落实改革任务上狠下功夫。上级明确的改革任务，要迅速研究贯彻，第一时间提出我县的实施方案和配套措施。完善改革协调机制，改革专项小组、改革办要将工作前移，主动作为，及时协调解决改革过程中存在的问题。集中力量做好改革先行先试工作，从群众关注的焦点、热点、难点中确定改革的重点和切入点，积极为全县改革积累经验。今年组织开展改革"回头看"活动，由各专项小组牵头，对负责领域改革进行梳理，抓好改革后评估工作。

努力在创新基层党组织建设上取得更大成效。加强基层党组织带头人建设，实施基层组织人才工程，开展党组织书记抓基层党建工作述职评议考核，继续抓好后进基层党组织的整顿转化工作，重点整治土地、集体资产、公共服务、社会保障等方面的突出问题，探索系统解决基层矛盾的有效机制。稳妥推进基层组织重构，强化基层党组织政治功能和核心作用，合理划分农村集体经济组织、公共服务站、理事会、社会组织等的权责，加强民主监督、民主管理，协调社会力量参与村居共治。严格程序，加强对党员和"两代表一委员"的资格审查，严防"带病"选任和提拔干部。

以整治"不作为"为切入点，持之以恒抓好作风建设。目前，有一部分干部"不作为"倾向抬头，认为现在官不好当了，责任大了，权力小了，限制多了，信奉"拿多少钱干多少活""干得多错得多"，甚至有些人以政府职能转变为借口，把该干的活都省了。为此，要以整治"不作为"为切入点，继续深入推进作风建设。组织部门要改进年度考核办法，让庸官难过"上岗关"、懒官难过"考核关"、太平官难过"群众关"。深化干部人事制度改革，干部任用要与政绩、群众认可度挂钩，不与地域、关系、金钱挂钩，建立干部能上能下机制。要彻底消除"山头主义"和"圈子文化"，现在有些领导干部信奉拉帮结派，热衷于拉关系、找门路，看能抱上谁的大腿，其结果不仅涣散了组织，而且滋生了腐败。纪检部门要继续深入开展"效能风暴"行动，加大明察暗访和问责力度，对敷衍塞责、推诿扯皮、出工不出力的要严肃处理。认真落实党风廉政建设主体责任，强化责任担当意识；深入贯彻落实中央八项规定，严厉查处顶风违纪搞"四风"的当事人和责任领导；保持反腐败高压态势不放松，力争实名举报核查率达到100%，年结案率达到90%；深入推进"勤廉指数"测评工作，促进农村干部勤政廉政。高度重视宣传舆论工作，牢牢把握舆论引导的主动权。宣传部门要加大正面宣传，讲述佛冈好故事，传播佛冈好声音，进一步凝聚"佛冈发展，我的责任；佛冈繁荣，我的光荣"的共识，激发全面振兴发展的新活力。县委统战部要深入开展"我为幸福佛冈建功业""我为佛冈谋发展"和"同心同行"系列活动，广泛凝聚发展合力。

做好今年工作，需要全社会共同努力。县委将全力支持人大及其常委会依法履行监督、任免、决定等职权，全力支持政协履行政治协商、民主监督、参政议政职能，更好地发挥工青妇等人民团体联系群众、服务群众的作用，扎实推进国防动员和后备力量建设。

同志们，全县人民对佛冈的未来有更多的期待，对美好生活也有更多的向往，我们必须竭尽全力去实现人民的愿望。让我们紧密团结在以习近平同志为总书记的党中央周围，凝心聚力，攻坚克难，求真务实，奋发有为，全力开创幸福美丽佛冈建设新局面！

在县委十二届九次全会上的报告
（2015年8月19日）
华旭初

同志们：

受县委常委会委托，我向大会做报告。

这次会议的主要任务是：深入贯彻胡春华书记到清远调研、葛长伟书记到佛冈调研时的重要讲话精神，全面贯彻市委六届九次全会精神，立足"三个定位"，积极落实广清一体化，加快对接融入珠三角，推动佛冈全面振兴发展。

今年以来，我们积极适应经济新常态，落实"三个定位"要求，坚持稳中求进的总基调，全面振兴发展、全面深化改革、全面依法治县、全面从严治党，呈现出经济逆势增长、民生持续改善、社会和谐稳定的良好势头，"三区一城"建设水平得到进一步提升。

一是面对不断加大的经济下行压力，推动有质量、有效益、可持续发展取得新成效。据初步统计，上半年全县完成GDP 46.2亿元，同比增长7.8%，高于全市0.4个百分点；规模以上工业增加值20.5亿元，增长7.8%，高于全市0.7个百分点；公共财政预算收入4.5亿元，增长10.2%，高于全市1.8个百分点，增幅全市第一；社会消费品零售总额19.5亿元，增长8.9%。

二是抓紧抓实"三大抓手"，重点项目建设有新突破。与广州开发区签订共建广清产业合作园佛冈拓展区框架合作协议，逐步搭建振兴发展的平台。加快重点项目建设，南玻、顺意佳顺利试产，吉多宝、勤天、华润燃气、篁胜新城、龙山新城等项目稳步推进。积极应对土地、资金等资源要素不足的问题，切实抓好招商引资工作，新引进雅迪电动车等项目，"腾笼换鸟"和产业转型升级成效显著，得到了市委、市政府主要领导充分肯定。基本完成了境内国道106线和省道374线、252线等道路升级改造工程，交通基础设施和网络进一步完善。积极开展龙凤新区、城南新区土地储备工作，强势推进青松东路建设工程，加快中心城区扩容提质步伐。

三是深化农村综合改革，农业农村工作上新台阶。深入推进"三个重心下移""三个整合"工作，扎实做好规定动作，积极做优自选动作。着力推进农村青苗培育工程，积极筹备建立全省农村人才培训中心，村级党组织和村委会规模调整探索有序推进，大力推广信用合作部建设，为我县实现农村综合改革在全省占有一席之地的目标打下坚实基础。全县整合土地68万亩，其中耕地8.2万亩，占全县耕地总面积的63%。整合普惠性资金1499万元、非普惠性资金3亿元。稳步推进农村集体"三资"管理服务平台建设，进一步规范农村集体资产交易行为，基本建成涉农服务平台12个。启用"村廉通"，在全市率先探索农村集体资金监管新路子、新方法。稳步推进省级现代农业示范区建设，加快农业产业布局调整，清理黄龙病残次果园12.7万亩，新增连片规模种植100亩以上的特色农业产业20多家。扎实推进新农村试验区建设，新成立龙大蔬菜种植、华琪生态农业等6家专业合作社，带动村民发展特色产业。

四是扎实推进基本公共服务均等化，社会民生持续改善。扎实推进民生事业，教育、卫生、社会保障、扶贫、就业等事业发展良好，公共服务均等化水平得到提升。积极谋划和落实帮扶项目，与9所学校、3所医院分别签订了结对帮扶协议。精神文明建设亮点纷呈，涌现出"全国先进工作者"蓝榕概、"全国法院司法警察先进个人"苏运机、省先进工作者刘志刚、省劳动模范周长春等优秀模范代表，评选出第二届"佛冈好人"和十佳"四有"党员，弘扬了"佛冈人精神"。取得全国文明县城提名资格，开展违法载客三轮摩托车专项整治行动，县城面貌得到进一步改善。严厉打击各类违法犯罪活动，综治信访维稳工作形势向好，社会大局总体稳定。基本完成生态景观林带建设任务，超额完成森林碳汇工程建设，生态环境得到有力保护。

五是围绕转变作风抓落实，扎实推进全面从严治党。切实贯彻习近平总书记系列重要讲话精神，积极开展"三严三实"专题教育，抓好党的群众路线教育活动整改落实"回头看"。深入开展领导干部驻点普遍直接联系群众活动，结合"百企服务"行动，共收集问题建议3107个，协调解决2730个。坚定不移推进党风廉政建设和反腐败斗争，认真配合省委巡视组开展巡视工作，纪检监察机关今年上半年共立案27宗，同比上升107%，涉及人员27人。

总的看来，今年的工作开局良好，推进稳健，改革发展建设取得了新的成就。7月初，葛长伟书记在我县调研时指出，"去年至今，佛冈的经济发展形势总体不错。去年GDP增长速度高于全省、全市4个百分点以上，位居全市前列；今年上半年，主要经济指标增长高于全市的平均水平。特别是新项目投产达产以后，对佛冈经济发展的拉动作用不可小觑。从总体上来看，佛冈保持着健康、平稳、较快的增长势头。"在此基础上，他强调我县要立足"三个定位"，积极落实胡春华书记广清一体化战略部署，以更高的目标谋划好下一步的经济发展，在率先融入珠三角的过程中勇挑重担。刚刚结束的市委六届九次全会，以实施广清一体化战略为主题进行了重点部署，明确南部地区要快马加鞭，在粤东西北地区中率先融入珠三角城市群，要求我县要按照"大广州的重要对接点、全市新的重要增长极、城乡一体化发展先行区"的定位，利用好毗邻广州的优势和良好产业基础，科学谋划产业布局与资源配置，在推进广清一体化、融入珠三角过程中争取有更大作为。

下面，我就围绕我县深入落实广清一体化战略部署，加快对接融入珠三角，讲几点意见。

一、深刻领会落实广清一体化战略部署的重要意义

历届县委、县政府都重视利用毗邻珠三角的区位优势，增强我县发展后劲。县委第十二次党代会以来，我们以"三区一城"作为核心任务，就是基于我们特殊区位的考虑，进一步明晰佛冈的发展定位，最大限度地利用好珠三角辐射带动功能。经过多年努力，我们面临许多有利条件，完全可以在广州、清远的一体化进程中抢得先机，争当排头兵。

一是两地历史渊源深厚，社会各界对融入珠三角的愿望越来越迫切。佛冈毗邻广州，与广州的历史渊源比较深厚，双方的认同感比较高。佛冈的语言、风俗和建筑与广州非常相近，上岳古民居就是广府文化的典型代表。1952—1988年间，佛冈几度划归广州市管辖，后来虽然调整了行政区域，但与广州的联系仍然十分紧密。过去二三十年，佛冈的产业发展很大程度上是承接了广州的产业转移，民间商贸一直以广州为主。2002年京港澳高速的开通，把佛冈纳入了"广州一小时经济圈和生活圈"，双方认同感进一步加强，联系更加密切。

二是省、市高度重视和大力支持，进一步坚定了我们的信心。2013年，省委、省政府出台《关于进一步促进粤东西北地区振兴发展的决定》，调整珠三角与粤东西北对口帮扶关系，广州市对口帮扶清远，相应的白云区对口帮扶佛冈，加快了广清一体化发展步伐。2015年，"广清一体化"首次写入省政府工作报告，上升到省级战略，许多实质性的工作已揭开帷幕，广清一体化发展战略等系列规划已显雏形。今年葛长伟书记到佛冈调研时，全面深入地对实施广清一体化、加快对接融入珠三角进行了论述，强调佛冈是清远南部地区的重要组成部分，是新的重要的增长极，要在推进广清一体化过程中有更大的作为，市委市政府将大力支持。郭锋市长也要求佛冈要全面对接一体化，打造新的增长极，要求市直各部门积极配合。市委将按照近期、远期目标，分别制定《广清一体化行动计划》及《广清一体化专项规划》，让广清一体化从蓝图走向现实。

三是两地资源共享、优势互补，共赢发展前景广阔。我县与广州在产业发展、城市建设、公共服务、生态保护等很多方面具有很强的互补性。现在的一些旅游度假项目，消费群体主要来自于广州，诸多房地产项目也成为广州人的理想选择，碧桂园清泉城业主超过70%来自于珠三角，其中绝大部分是广州人。特别是近年来，随着我县基础条件的改善和广州优势资源的外溢扩散，两地人员、资金、信息等要素流动日益明显。面对广清一体化的发展战略，两地政府达成了高度共识，企业、群众发展的愿望越来越迫切。

但是，广清一体化应该是合作共赢的一体化，前提是互融互补、平等共赢。如果一方强大一方弱小，哪有一体

化的可能？因此，打铁还需自身硬。落实广清一体化，更迫切的还是尽最大努力将自己发展起来。只有当自己强大了，别人才愿意合作，进行一体化才有更足的底气。根据广清一体化总体目标要求，我县到2018年争取和全省同步全面建成小康社会，人均GDP基本达到全国平均水平；2020年是"十三五"规划期末，也是珠三角地区对口帮扶粤东西北地区的考核期，人均GDP力争接近或达到珠三角部分地区水平；2025年，综合实力力争达到或接近广州市辖区的水平，基本融入珠三角。我们目前的人均GDP是3万多元，按这时间节点，到2018年要达到5.75万元，2020年要达到8.01万元，发展的压力很大，落实广清一体化任重道远。

因此，我们要增强落实广清一体化战略部署重要性的认识，全面把握发展形势，进一步明确发展任务，借助实施广清一体化战略机遇，全面推动振兴发展。

二、全面推进落实广清一体化的主要工作任务

落实广清一体化，我们要抓住两地的共同利益的结合点，以合作共赢、共同发展为目标，推动产业互补、交通互联、生态共建、人文共享、社会相融的一体化发展。

（一）做大做强主导产业。

多年来，我县注重培育优势产业，实现产业集群发展。目前形成了以约克空调为代表的制冷产业、以加多宝为龙头的食品饮料产业、以建滔为代表的电子化工产业和以雅迪、松峰、华劲为代表的汽摩配件产业。要紧紧瞄准广州的优势主导产业，发挥比较优势，强化与广州的产业对接合作。

在这个过程中要把握好四个重点：一是切实加大力度推进产业园区建设。佛冈要实现转型升级，很大程度上要靠做大增量，并为优化存量赢得空间和时间。产业园区就是做大增量的平台。目前，我县将原有成熟的产业集群整合向省政府申报为佛冈县产业发展集聚区，相关资料已经上报省市审批。申报成功后，我们将可享受到省级产业园区的资金和政策的支持，为后续快速发展打下良好的基础。以集聚区为基础的广清产业合作园佛冈拓展区也已列入了省"十三五"粤东西北重大区域发展平台。市委葛书记在我县有关座谈会上明确表态，市里将会想方设法调整土地规模帮助支持拓展区建设。我们要积极加强与广州开发区的沟通联系，在做好高水平的城规和园区规划的基础上，结合中期调规工作，争取拓展区建设今年底有实质性的进展。二是切实加快产业转型升级步伐。把握工业化和信息化深度融合的机遇，不断加快工业转型升级步伐。进一步完善政企沟通联动机制，深化"百企服务"行动。用足用好扶持政策，支持企业创新、信贷融资，共同破解发展难题，促进企业加快发展。加快陶瓷、铸造等传统产业转型升级，推动工业高端化、智能化、绿色化发展。做大做强加多宝、约克、建滔、雅迪、南玻等龙头企业，不断壮大企业规模，力争用几年时间打造清远首个超百亿产值企业。强化共建与合作意识，建设若干都市现代农业基地，推进与广州白云区等地的农产品产销对接，打造广州北农副产品集散地。加强与广州合作，积极整合广府文化、自然生态和新农村建设资源，加强旅游线路优化和旅游产品联动开发，集中力量规划建设汤塘温泉小镇，积极打造"乡村风情长廊"品牌，大力发展休闲旅游产业，进一步完善配套政策和服务，吸引更多广州市民到佛冈居住、度假和旅游。三是集中精力招商引资。落实广清一体化，关键要"具体化"，要靠实实在在的项目去推动，最有效的途径仍然是招商引资。开展招商引资，要注重擦亮"广清一体化"的品牌，以引进优质大项目为重点，做大增量。目前，省委省政府把清远作为全省五大汽车零部件制造基地之一。我们要依托靠近增城、从化、花都等广州汽车产业基地"100公里黄金圈"的区位优势，主动谋划，积极对接，力争在汽车产业发展的巨大商机中分得一杯羹。要坚持招商选资，加强对"互联网+"的应用，注重引进新业态和新的商业模式。四是努力破解土地和资金发展难题。近年来，土地和资金成为我县加快发展的瓶颈。对于用地问题，要采取增量倾斜，对市每年下达我县的增量用地指标，尽可能向优质产业发展倾斜。要进行存量挖潜，除利用好"三旧"改造、城乡建设用地增减挂钩试点工作等政策外，重点针对闲置、低效用地挖掘空间，依法处置，腾出空间。全力做好土地的中期评估工作，力争把每一寸土地规模用到点子上，达到最大的效能。对于资金问题，要加大融资力度，盘活政府资源，通过PPP等模式撬动社会资本参与到基础设施建设，形成多元化、可持续的资金投入与运行机制。

（二）加快基础设施互联互通。

纵观国内一体化或同城化进展比较好的地方，都把基础设施尤其是城市建设和交通设施对接作为前提。一是大力推进快速路建设。汕湛高速惠（州）清（远）段今年底将动工建设，预计在我县设3—4个互通。这是我县连接东西部地区、通往清远市区的高速路，也是除京港澳高速公路外的第二条高速路，将大大拉近佛冈与清远市区和珠三角的距离，为我县经济发展注入新活力。相关镇和部门要全力做好协调配合工作，确保建设工作顺利推进。同时要积极配合做好连佛高速的前期筹备工作，大力争取清佛快速路、轻轨延伸到佛冈项目纳入广清一体化规划。二是加强道路互联互通。抓紧打通如水头、三八、黄花、洛洞等与广州从化的"断头路"。积极开展道路的升级改造工作，实现与广州道路同等级对接。国道106线汤塘、龙山段的路域综合整治要在今年年底前完成，省道354线汤塘段一级路改造要争取纳入"十三五"规划，提升路域环境水平，实现与广州从化道路同档、景观交汇融合。三是进一步提升交通服务水平。我们要敏锐看到城际轻轨北延到从化、清远市区的预期价值，超前谋划，积极协调，增设城巴、快巴，争取相互间的公共交通互融互通，逐步实现一体化。

（三）稳步推进城镇扩容提质。

根据广州市城市功能布局规划，旧城区实行"双增双减"，即增加基础设施和公共空间，减少居住人口和规划建筑总量，严格限制大型仓储物流、传统批发市场等低效用地项目。我们要切实树立"大广州"思维，围绕"广州所需"和"佛冈所能"，明确发展定位，统筹资源配置，积极承接广州城市功能转移，把产业和人口集聚作为重点，高起点规划布局重点项目，一年安排一批，一步一脚印抓落实。一是抓好县城新区建设。加快开展龙凤新区、华龙新区、城南新区产业发展、基础设施、低碳发展及生态环境保护等专项规划的编制工作，体育馆建设项目要尽快完善前期相关手续，力争今年年底前动工，确保明年完成。二是提升建成区的综合承载力。完善县城路网建设，力争今年底基本完成青松东路建设工程和国道106线县城北段扩建改造工程。完善县城水网建设，加快推进优质供水工程项目，抓紧推进碧桂园清泉城污水管网接驳工程，加大县城水轴线东扩工程建设力度。坚持以人为本，加快完善文教卫体等公共服务设施，促进农业转移人口、常住人口有序实现市民化。加快建设广州涉外经济职业技术学院，积极承接广州人口转移。三是加强县城精细化管理。把创文创卫工作作为县城提质的重要抓手，加强综合整治，强化精细化管理，形成长效机制。各职能部门要根据职责分工落实好责任，进一步巩固和扩大违法揽客专项整治的战果，促进县城环境秩序的持续提升。四是加快中心镇改造提升。综合考虑包括县城、中心镇在内的城镇体系建设，结合产业布局，合理配置人口资源，合理区分功能布局，优化城镇体系总体空间布局。结合主干道综合整治，加强各镇环境综合治理，加快推进农村垃圾集中处理全覆盖，促进人居环境一体化。

（四）扎实推进全面对口帮扶。

过去一年多，在双方的共同努力下，广州白云区与我县的对口帮扶各项工作取得积极进展。接下来要继续保持良好势头，促进对口帮扶上水平、全覆盖。一是着力抓项目。对口帮扶的核心是帮扶发展，关键在项目建设，尤其是产业项目。现在珠三角与粤东西北帮扶已走出传统产业简单转移的模式，而是在转移中有合作、有转型、有升级，做优增量、调整存量，提升产业发展水平。建立推进一体化重点项目库，制定年度实施计划，扎实推进各项工作落实。二是着力推进创新。要积极引入珠三角地区先进的管理经验，促进发展理念更新、发展思路创新。要借鉴白云区在技术方面的优势，注重输入科技创新资源、人才，抓好技改项目，加快我县高新技术企业建设。三是着力改善民生。要更加注重民生帮扶，坚持把"改善民生、服务群众"作为重要内容，本着为群众着想、替百姓分忧的原则，不断拓宽帮扶领域。

（五）着力提升基本公共服务均等化水平。

一是重点提升教育和医疗服务水平。加快推进教育对接，建立两地教育信息资源开放、共建、共享的机制，争取与白云区更多的学校结对帮扶。着力推进教育现代化建设，优化教师结构，完善教育资源布局，促进教育均衡优质发展。实现与白云区医院（卫生院）结对帮扶全覆盖，重点加强人才、技术、管理、重点专科能力建设。邀请广州医学专家到佛冈进行专业技术指导，提升我县医院的管理效能，进一步提升医疗卫生水平。二是提高就业和社会保障水平。继续实施积极的就业政策，推动与白云区就业服务平台对接，加大农村劳动力免费技能培训和创业就业扶持力度，帮助就业困难人员和零就业家庭解决就业。完善社会救助体系，落实城乡低保最低标准制度和农村五保供养标准制度。立足精准，高标准完成今年扶贫开发任务，确保年内省定贫困村基本脱贫、贫困户人均纯收入达到全省农村居民人均纯收入的45%以上。三是推动信息化和大数据运用。当前，数据成为一种新的能源，能够提高决策效率、提高分析判断效率。"互联网+"产生的电子商务、电子政务、互联网金融、在线旅游等，渗透入社会各个行业，对大众的生活产生巨大影响。目前农村综合改革正在建设大数据平台，下一步要建立政府与社会互动大数据采集形成机制，推进政务数据公开共享，实施电子政务、工业、交通运输、旅游、电子商务、环境保护、食品安全等大数据示范应用，将大数据发展融入落实广清一体化发展的具体实践中。7月底广清公积金实现了互贷，两地市民可用公积金异地购房，要加强公积金网络业务对接。接下来，要在推进与广州市的公共信息系统互联互通和数据资源共享中积极作为，逐步实现与广州通信同网同费。

三、为落实广清一体化战略部署提供坚强有力的保障

（一）强化组织领导，完善一体化推进体制机制。

建立健全各项重大工作的组织领导机制、协调推进机制、信息沟通机制。完善干部挂职交流机制，每年选派一批业务能力强、具备发展潜力的干部，到广州白云区相关部门跟班学习、挂职锻炼，增强推进一体化的工作合力。加强与广清对口帮扶指挥部的沟通联系，找准切入点和对接点，提出衔接和落实的具体措施，确保县党政主要领导每月一次、分管领导每半个月一次的工作汇报。深化与广州市白云区党政"一把手"联席会议机制，定期召开帮扶工作推进会。积极与广州开发区对接，争取在规划编制、政策扶持、项目安排、资金投放、机制创新等方面给予大力支持。完善工作落实机制、建立健全督查督办机制，注重研究新情况，及时解决新问题。

（二）加强规划对接，科学布局全县发展。

要围绕广清一体化规划，认真做好我县"十三五"规划的编制工作，继续完善产业布局、要素市场建设和公共服务建设。要积极配合做好广清产业园"一区多园"专项规划工作，依托广清产业合作园佛冈拓展区规划，推动两地合作，重点发展和承接产业及基础设施项目。开展"多规合一"工作，大力推进城乡规划、产业布局、基础设施、公共服务一体化发展，适度超前规划建设县城公共交通

文化教育、医疗卫生、商业服务等综合功能配套设施,形成比较完善的城乡规划编制和管制体系。

（三）坚守"两条底线",实现绿色发展、和谐发展。

要注意吸取先发地区的经验和教训,绝不能再走粗放发展、先污染后治理的老路。坚决守住生态环保和社会稳定这"两条底线",发挥后发优势,在落实广清一体化中实现绿色发展、和谐发展。守住生态环保底线,严格环保门槛,绝不能在环保方面放松要求、降低标准作为招商引资的筹码,不符合环保要求的项目一律不准上马建设。严格落实主体功能区规划要求,着重谋划发展符合本地区实际和环保要求的产业,实现美丽与发展共赢。坚持守土有责,扎实做好维护社会稳定工作,严格落实党政一把手的第一责任,把绝大部分矛盾问题化解在镇村,力争小事不出镇,大事不出县。严格实行维稳责任"一票否决",对处置重大群体性事件不力、造成严重后果的,要严肃问责。深入开展社会矛盾化解工作,坚持每月滚动排查,采取措施尽可能把矛盾化解在萌芽状态。

（四）确保全面完成年度目标任务,为顺利实施一体化战略打下坚实基础。

推进一体化,融入珠三角,市委对我县经济增速和发展质量提出了更高的要求。这是市委、市政府从全市大局出发,对佛冈提出的政治任务,也是对佛冈干部能力水平总的检验。现在距年底只有不到五个月的时间,要完成地区生产总值54.8亿元,工业增加值26.5亿元,固定资产投资24.7亿元,时间紧,任务重。各级各部门要对照年初全委会上确定的各项任务,特别是70项中心工作,认真梳理,逐项查缺补漏,以目标倒逼进度,全力冲刺,确保全面完成全年目标任务。

四、结合"三严三实"专题教育,以扎实的作风推动工作落实

要完成市委、市政府赋予"勇挑重担"任务,在落实广清一体化上有"更大作为",关键要看党员干部的作风硬不硬、执行力强不强。

抓紧抓实"三严三实"专题教育。把工作抓得到不到位、措施实不实、效果好不好,作为衡量领导干部贯彻"三严三实"要求的重要依据。要结合落实领导干部能上能下若干规定,完善"能者上、平者让、庸者下"的用人机制,形成狠抓工作落实的强大动力。要切实克服"等靠要"思想,创新发展思路,明确主攻方向,努力化解土地、资金、征地拆迁等制约因素。要充分发挥敢想敢干精神,勇于担当,主动作为,努力形成一切力量向振兴发展集中、集中一切力量抓振兴发展的良好局面。尤其要敢于作为,对问题敢抓敢管、一抓到底,并针对具体情况采取不同措施,多管齐下、多措并举,确保各项任务善作善成,确保稳增长任务落到实处。

持之以恒抓好作风建设。加强政治纪律和政治规矩的学习,牢固树立纪律和规矩意识,严守"五个必须、五个决不允许"底线,加强对乡镇干部执行"五天四夜"制度和"走读"问题的督查力度,坚决纠正无组织、无纪律的行为。加强廉洁佛冈建设,认真开展"以案治本"活动,扎实开展"效能风暴"行动和"公述民评"活动,重点整治不作为、慢作为、乱作为问题,加大暗访和曝光力度。继续深入开展"勤廉工程",扎实推进廉洁镇、村建设,加大农村基层党员干部违纪违法线索集中排查力度。

严格履行党风廉政建设责任。各级党组织要履行好主体责任,切实加强对党风廉政建设和反腐败工作的统一领导。纪委（纪检组）要履行好监督责任,当好党委（党组）的参谋助手,突出主业主责,坚持以"零容忍"的态度惩治腐败,严肃查处腐败分子,着力营造不敢腐、不能腐、不想腐的政治氛围和清正廉洁、积极向上的干事氛围。要把"两个责任"纳入领导班子和领导干部目标管理内容,统一研究部署、统一组织实施、统一检查考核。党组织主要负责同志要强化责任意识和担当意识,切实做到讲纪律守规矩作表率,认真落实"一岗双责";其他班子成员要把党风廉政建设要求融入分管业务工作中。要通过建立健全责任体系,构建党组织书记负总责、纪委监督协调负责、部门各负其责,纵向到底、横向到边的工作格局。

加强基层治理和基层党建工作。要认真贯彻落实中央和省市委对加强基层治理和基层党建工作的部署,重点做好六方面工作:一是进一步健全基层党组织领导的村级自治机制;二是大力加强农村基层党组织书记和党员干部队伍建设;三是持续整顿软弱涣散村（社区）党组织;四是认真做好基层党组织"三级联创"工作;五是千方百计解决侵害群众切身利益的实际问题;六是探索推行社区"大党委"制。具体工作由石尚明同志负责,县委组织部按要求牵头精神落实。

同志们,粤东西北地区振兴发展正处于关键期,广清一体化战略蓝图已经绘就,我们一定要坚定信心,攻坚克难,努力争当全市落实广清一体化战略部署的排头兵,促进佛冈全面振兴发展。

政府工作报告

——2015年3月25日在佛冈县第十四届人民代表大会第五次会议上

佛冈县县长 梁金鉴

各位代表：

我代表县人民政府向大会做政府工作报告，请予审议，并请政协各位委员和其他列席人员提出意见。

2014年工作回顾

2014年是全面贯彻落实党的十八届三中全会精神、全面深化改革的第一年，是完成"十二五"规划的关键一年。面对世界经济复苏缓慢，国内经济下行压力加大，财政收入增长放缓等多重困难，一年来，县政府在县委的正确领导下，在县人大、县政协的监督支持下，坚持稳中求进工作总基调，以改革开放为统领，紧抓开展党的群众路线教育实践活动契机，全县各级各部门进一步解放思想，强服务、促转型、谋跨越，经济社会发展总体呈现稳中有进、稳中提质、稳中增效。

初步统计，全年完成地区生产总值93.1亿元，同比增长12%，分别比全省、全市平均水平高4.2、4.1个百分点，增速位居全市前列；规模以上工业完成增加值38.9亿元，增长31.8%，比全市平均水平高17.6个百分点，增速居全市首位；地方一般公共预算收入9.1亿元，增长10%；固定资产投资33.2亿元，增长18.9%；社会消费品零售总额40.5亿元，增长8.5%；年末金融机构本外币存款余额107.2亿元，贷款余额58.3亿元，分别比年初增长11.5%、14.1%。城乡居民可支配收入14 103.4元，增长10.6%。

回顾2014年的工作，我们主要取得了以下成效：

一、立足项目建设，工业经济实现提质增效

发展平台不断夯实。省级产业园区申报工作取得实质性进展，与广州经济技术开发区共建广州（清远）产业转移工业园（佛冈集聚区）达成合作意向。加大闲置土地处置力度，认定闲置土地5宗共123亩，基本完成石角镇和汤塘镇2个项目区305亩的增减挂土地复垦工程，为项目发展提供用地保障。

项目投产达效明显。不断加大协调与服务力度，重点落实项目跟踪负责制和监督考核制度，项目推进取得明显成效。17个市重点建设项目完成投资17.3亿元，完成年度计划的131%。华劲、加多宝饮料红罐纸包装等项目顺利投试产，预计新增产值8.1亿元；南玻项目已顺利点火；加多宝饮料等4个企业实现增资扩产；吉多宝制罐、顺意佳等在建项目进展顺利。

招商引资逆势推进。出台新的招商引资优惠政策和奖励办法，营造全民招商氛围。继续强化以商引商、小分队招商、专题招商和网络招商，全年共引进新项目24个，其中亿元以上项目有华润燃气、华润佛冈福鑫风电场等9个，合同投资总额42.5亿元；实际利用外资2466万美元，增长47.1%。

产业升级成效凸显。围绕转变经济发展方式主线，促进产业集约集聚和升级发展。建滔、加多宝、达味特钢等企业累计投资3.9亿元开展技术改造项目共11个（含跨年项目3个），项目完成后预计新增经济效益19.2亿元、新增税收1.4亿元。全县认定高新技术企业9家，占全市的14%，3家企业6个产品申报认定为高新技术产品。能耗水平继续降低，万元GDP能耗实际下降11.7%，为完成"十二五"节能降耗目标任务打下坚实基础。

二、注重联动发展，农业农村工作持续向好

农业产业出现新格局。借省级现代农业示范区建设之机，一手抓柑桔"黄龙病"防控，一手抓农业结构调整，打造特色突出、布局合理的农业产业新格局。清理"黄龙病"残次果园4万多亩，加快"三品"工程建设，现代农业示范基地不断增多，建成龙山镇滍镇村600亩香芋种植基地、龙山镇联心合作社1000亩香蕉、树茄综合种植基地、白沙塘村800亩蔬菜基地、石角镇800亩"英九"红茶种植等一批有规模、有特色的优质农业项目，山羊、肉牛、乌鬃鹅等养殖产业迅速上规模，推动了种养业标准化和规范化发展。全县注册农民专业合作社138家，经营主体的专业化程度进一步提高。

农村环境呈现新面貌。加快推动村庄规划编制，以村庄整治为重点，大力开展美丽乡村、名镇名村建设。第一批12个美丽乡村顺利通过市的验收，第二批15个美丽乡村基本建成；大田村、楼下村和滍江村等第二批名村示范村的建设项目已竣工验收。新建乡村公园74个，全县行政村乡村公园覆盖率达83.3%。新造林面积10787亩，全面完成市下达的造林任务。新农村试验区风情长廊重要节点建设项目基本完成，基础设施日趋完善，田野绿世界、美丽大田、上岳古村落成为佛冈旅游业生力军，县域旅游

竞争力不断提升，荣获"省旅游创新发展十强县（市）"。

基础建设取得新成绩。投入近2亿元，抓好重点水利工程建设：省级小型农田水利重点县建设如期推进，荷田涝区改造和汤塘镇黄花河水库、止贝岗水库等9宗灌区改造工程基本完成，小型农田水利示范镇（水头镇）工程建设顺利完成，潖江潖二水整治等3宗小河流治理工程顺利推进，全县共清理河道100多公里，河道行洪能力提高5倍以上；完善省基层三防能力建设示范县工作，实现三防预警延伸到村，基层三防能力全面增强，成功抵御"5·23"特大洪灾，河道清障工作和抗洪救灾经验得到了水利部和省、市的充分肯定。县内主要河流"一河两岸"治理正加速推进。2013年度2.5万亩高标准基本农田建设项目完成80%。完成全县749亩灾毁基本农田的复垦；完成县道2013年"5·15"洪灾重点水毁项目和上里大桥等20多座重点桥梁的修复重建。整合应急、三防、气象、公安等信息渠道资源，建立了全省最先进的县级预警信息发布中心（应急指挥中心），提高处突应急能力；进一步完善应急减灾组织体系，建立覆盖全县的农村气象预警信息发布网络，6个镇已成功创建为"气象防灾减灾标准化示范乡镇"。

三、坚持建管并举，新型城镇化加速推进

规划修编进一步完善。"汤塘温泉小镇"规划设计方案已上报市委、市政府审批。初步完成县城华龙新区、龙凤新区和城南新区规划方案，提速推进城市扩容步伐。审议通过了绿道网建设总体规划、"三旧"改造控制性详细规划等31项规划设计方案，全面完成县城和其他五镇总体规划的修编工作，产城融合建设思路更加明晰。

基础设施进一步完备。国道106线县城北段路面改造工程顺利推进，京港澳高速汤塘出入口至县城段13公里文明示范路建设全面完成；省道354线、252线相关路段路面改造工程快速推进；青松东路建设有效推进，已完成悦生明珠路口至文明路地段的贯通平整工作，并安装了路灯，解决了当地群众和师生走路难问题。"数字佛冈，无线城市"建设进度明显，宽带普及提速程度进一步提高，启动首批38个公共场所免费无线网络接入点的布点工作。县生活垃圾卫生填埋场的建设加快推进，项目一区土建工程全部完成，并已安装设备；6个镇的垃圾压缩转运站基本建成，全县各自然村已建立起垃圾收集点，初步实现"户保洁、村收集、镇清运、县处理"四级农村垃圾收集处理一体化管理。

城乡管理水平进一步提升。切实治理"小产权房"和"两违"建筑，共查处并清理拆除违法建筑22宗。对城东市场周边、环城路、振兴路等区域和路段的乱摆卖现象以及县城环境卫生开展大规模的集中整治，占道经营和乱摆卖问题得到逐步控制。启动城市社区网格化管理试点工作。按照上级制定的城镇人口管理办法，逐步解决长期进城农民工及其家属落户问题。创文工作成效显著，获得全国文明县城提名资格。上岳村和大田村被确定为省级生态文明村示范点。巩固省卫生县城复评成果，12个自然村被评为市级卫生村。

四、突破改革重点，县域发展迸发强劲活力

积极拓展帮扶发展思路。主动对接广州市（白云区）全面对口帮扶工作，建立两地对口帮扶领导小组联席会议制度，研究制定具体对接帮扶方案，选定对口帮扶储备项目31个，落实对口帮扶资金1200万元，并制定帮扶资金使用管理办法。省道252线佛冈县城段改建工程、佛冈中学塑胶运动场改造等9个帮扶项目建设进展顺利。建立与广州市（白云区）各部门的对接帮扶关系，在旅游、教育等领域签署了合作协议。积极与广州市白云区农业产业协会沟通联系，拓宽我县名优农产品对外销售渠道。

稳步推进农村综合改革。以省级新农村建设试验区为依托，逐步开展农户信息系统数据采集，夯实农村信用体系改革基础；推进农村产权制度改革，试点开展农村土地承包经营权确权、登记、颁证工作，并试点推进农村产权流转服务中心工作，流转土地超过3000亩；深化"卓越村务管理模式"大田村试点工作，完善村民互动信息化管理体系；启动石角镇龙塘村经济联合社信用合作部、农民合作组织整体授信等试点建设，发挥了金融助力"三农"生产发展的积极作用。完善村级基层组织建设，推进农村综合改革试点工作，形成了涉农资金整合的"宝山经验"和土地流转的"上西模式"。同时，在全县推动农村公共服务下移，建成90个村（居）公共服务站并投入使用，村（居）公共服务站覆盖率达100%。

统筹推进行政体制改革。稳妥推进食品药品监督管理体制改革，推动执法重心下移。县公共资源交易中心正式投入运作，工作初见成效。稳妥推行商事登记制度改革，简化审批程序，大幅提高登记效率，改革后新增企业254户，注册资本13.7亿元，分别增长82.7%、337%。深化投资体制改革，落实"非禁即入"投资政策。加大政府政务公开、信息公开和办事公开的力度，构建权力阳光运行机制。继续完善网上办事大厅建设，16个单位共313项行政审批事项、113项服务事项已全部进驻县行政服务中心，实现网上办事、审批。

协调推进社会各项改革。继续深入开展"两建"工作，形成"宽进严管"的市场准入体系。推动行政审批事项目录改革，进一步完善消费维权统一平台和部门联合执法机制，积极推进和规范原有信用体系建设。制定居民生活用水阶梯式计量水价实施办法，合理规范县城用水价格。将县人民医院、县妇幼保健院、县慢性病防治医院组建成立县人民医院集团，委托市人民医院进行经营管理。严格落实县级公立医院医疗服务价格调整方案，全面实施药品零差率销售。深入推进平价医疗服务，县人民医院和中医院各增加一间平价诊室；各镇卫生院设立公共卫生服务科室。

五、强化民生导向，社会事业协调快速发展

民生福利事业更加普惠化。十件民生实事按计划基本

完成。按不低于省市的平均标准提高了我县城乡低保补差、农村五保人均供养、孤儿基本生活最低供养和残疾人津贴、护理补贴水平。完成15个学校食堂食品安全示范工程和4所农村学校的食宿改善工程建设。完成供销市场、汤塘新集镇市场和龙南市场升级改造。完善基层金融服务，POS机覆盖全县78个行政村。推动公共服务下移，网上办事大厅服务网络已延伸至全县6镇。加强弱势困难群体住房保障工作，新增建设55套公共租赁住房已进入施工阶段，完成50户申请家庭廉租房租赁补贴发放，1150户农村危房改造全面完成，57户因灾房屋全倒户全部搬入新居。完成县城优质饮用水工程建设，保障县城居民饮用水安全。投入3000多万元开展新一轮扶贫开发工作，14个省重点帮扶村已全部脱贫，扶贫开发工作顺利通过市的年度考核。水头潭洞新联村和石角生水塘村碧桂园扶贫项目已完成主体工程，其中新联村74户80%住户已搬入新居，生水塘村52户住户已分房并进行装修。

基本公共服务日渐均等化。完善基本公共服务投入机制，全面推进基本公共服务均等化综合改革试点。全年财政投入民生领域12.3亿元，占全县一般公共预算支出80%。全国义务教育发展基本均衡县已接受了国家教育督导检查组的认定；全县完全小学以上学校实现"校校通""班班通"，教育信息化建设工作获教育部充分肯定；高考各类上线人数均取得历史新高，重点本科上线人数同比增长56.5%。加强就业服务工作，城镇就业再就业、农村劳动力转移就业和培训均超额完成目标任务。社会保险基本实现了服务对象全覆盖，各项待遇按时足额发放。实现11项基本公共卫生服务项目全覆盖，建成县"120"急救指挥调度中心，完成19所行政村卫生站标准化建设，县中医院通过二级甲等中医医院复评。进一步完善公共文体服务体系建设，构建县、镇、村（社区）三级文化体育设施网络，成为全市唯一的宣传文化公共服务均等化试点县。社会主义新农村建设档案工作示范县创建任务基本完成。建成县、镇、村（社区）三级公共法律服务平台，在全市率先实现公共法律服务全覆盖。进一步推进防盲治盲工作，荣获"全国白内障无障碍县"称号。

社会治理日趋科学化。继续落实领导包案责任制、接访制度，全县综治信访维稳三级工作平台有效运作，"社会矛盾化解年"工作深入有效开展。推动"党政同责、一岗双责、齐抓共管"的安全生产责任体系建设，全县没有发生人员死亡的工矿商贸行业生产安全事故及火灾事故。食品药品市场进一步规范，群众饮食用药安全得到有力保障。深入开展优生惠民工程，启动实施"单独两孩"政策，人口出生稳定在较低生育水平，2014年度人口出生率为12.21‰，自然增长率为4.95‰，出生人口性别比为106.21，计生工作达到全省中等水平。社区矫正工作不断规范化、制度化，全县累计接收社区矫正人员256人，在矫147人。深化"平安佛冈"创建活动，推动"天网"工程向重点单位、镇、住宅小区延伸，进一步增强社会治安防控能力。运输市场秩序进一步规范，各类车辆非法营运和乱停现象得到进一步整治。实行源头治理和港湾式治理，县域内车辆超限超载率大大下降。

此外，殡葬管理常抓不懈，火化率保持100%。双拥、人才、编制、武装、消防、人防、统计、爱卫、史志、供销、粮食、烟草、打假、通信、邮政、盐业、物价工作稳步推进，外事、侨务、科协、工青妇、新闻出版、机关事务、民族宗教、对台事务、老区建设、知识产权、关心下一代、企事业改革等各项事业有新发展。

过去一年，我们大力推进政府自身建设，扎实开展群众路线教育实践活动，着力完善政府重大行政决策程序，新建和修订完善了政府工作规则等相关制度，深入开展"公述民评"活动，严格执行中央八项规定，办公用房清理成效明显，"三公"经费支出明显下降，一批影响群众切身利益的问题得到及时解决，一批违法违纪典型案件受到严厉查处。主动接受人大、政协监督，办理了人大代表议案、建议和政协委员提案144件，同时加强部门预算执行审计，认真整改审计反映出的问题，政府形象和社会满意度进一步提升。

各位代表，过去一年政府工作取得的成绩，是全县上下在市委、市政府和县委的正确领导下，在县人大、县政协的监督支持下，在广州市白云区的大力帮扶下，开拓进取、真抓实干、奋力拼搏的结果。在此，我代表县人民政府，向全县人民，向县人大代表、政协委员，向到佛冈开展对口帮扶的同志，向驻佛部队、武警、消防官兵和省市驻佛单位，向各民主党派、人民团体和各界人士，向所有关心支持我县发展的老领导、海内外侨胞、港澳台同胞和其他朋友们，表示衷心的感谢并致以崇高的敬意！

各位代表，总的来说，2014年我县经济社会发展呈现良好态势。但是，仍然存在一些不容忽视的问题和矛盾，主要表现在：一是新的经济增长点不多，固定资产投资总量不够大，尤其是工业投资不足，新增工业项目少；二是土地瓶颈仍然极大制约我县经济社会发展，严重影响了招商引资，阻挡了城市的扩容提质步伐；三是农业经济复苏缓慢，给城镇化、新农村建设、农民增收、民生改善等造成不小压力；四是思想观念还不够解放，危机意识、责任意识、大局意识还不够强，政府机关效能有待进一步提高，等等。以上困难和问题，既是制约我县经济社会加快发展的主要因素，也是我们做好今年工作必须着力解决的突出问题。

2015年工作安排

2015年是全面深化改革的关键之年，是全面完成"十二五"规划的收官之年，做好今年工作意义重大。

展望今年的发展形势，机遇与挑战并存。一方面，世界经济仍处在深度调整期，总体复苏疲弱态势难有明显改观；国内经济发展进入新常态，经济下行压力仍然较大；我省经济结构调整处在攻坚期，改革发展稳定面临的任务十分艰巨。另一方面，国家不断推出微刺激措施，省委振兴粤东西北发展战略深入推进，以及新型工业化、城镇化、信息化和农业现代化的推进为我县经济转型升级开辟了广阔空间；改革开放红利持续释放，为我县经济社会发展注入了不竭动力；广清对口帮扶全方位展开，为我县打造新的增长点提供了前所未有的历史机遇；通过开展党的群众路线教育实践活动，进一步凝聚了党心民心，为我县科学发展、绿色崛起铸就了有力保障。特别是年初召开的市委全会强调要全力支持佛冈把握机遇加快发展。这些利好政策和大好形势为我县的发展带来了难得的机遇。对此，我们要有正确的认识，既要增强忧患意识，坚持底线思维，把困难和挑战估计得更充分一些；更要抢抓发展机遇，坚定发展信心，努力争取经济社会发展的更好成绩。

基于以上研判和考虑，今年政府工作的总体思路是：全面深入贯彻党的十八届四中全会、十二届全国人大三次会议、全国政协十二届三次会议、省市有关会议和县委十二届八次全会精神，紧紧围绕市委对佛冈的"清远融入大广州的重要对接点、全市新的重要增长极和城乡一体化发展的先行区"三个定位，坚持稳中求进的总基调，积极抓住广州对口帮扶清远的机遇，主动适应经济新常态，全面振兴发展、全面深化改革、全面依法治县，努力提升"三区一城"建设水平。

建议今年经济社会发展的预期目标和约束指标是：生产总值增长8.5%左右；固定资产投资增长9.5%左右；地方一般公共预算收入增长10%左右；社会消费品零售总额增长10%左右；城乡居民人均收入增长高于地区生产总值的增长，城镇居民登记失业率控制在3.5%以内，居民消费价格总水平上涨幅度控制在3%以内；社会保障、资源环境保护、节能减排及安全生产完成上级下达的目标任务。

围绕实现上述目标，今年计划重点安排七项工作：

一、融入广清一体化，进一步拓宽发展空间

紧抓广清一体化历史机遇，借助集聚区共建和对接帮扶两大平台，实现"广清佛"捆绑式全方位借力发展，带动经济社会发展大跨越，努力成为"清远融入大广州重要对接点"。

全力推进集聚区建设。全面启动广州（清远）产业转移工业园（佛冈集聚区）规划建设，使之成为推动我县招商引资、产业升级和产城融合的"主战场"。共同推进园区管委会、园区投资开发公司运作机制建设，加快编制园区总体规划、控制性详细规划，尽快制定年度实施计划。重点做好征地拆迁、用地报批等工作，积极配合开展土地利用总体规划中期评估修编，整合调整部分用地规模。以合作招商方式，大力处置闲置、低效用地，缓解项目用地紧张问题。

全力做好对接帮扶工作。健全对口帮扶合作领导小组联席会议制度，加强两地部门间的交流和沟通，深化就业、医疗、教育等多领域、多层面有针对性的对接工作。强化对接帮扶工作主体意识，深化与广州（白云区）经贸合作，积极对接广州商会和行业协会，引进一批成长性好的中小企业。充分利用广清投资资金的优惠政策，解决融资难题，启动我县城南新区土地收储、龙凤新区土地收储等重大投资项目。加强帮扶资金使用的管理，做到专款专用。

全力打开招商引资新局面。进一步创新招商理念，优化招商方式，创新招商体制，统筹招商政策，加强对潜在投资商的沟通联系，把招商引资工作和对接帮扶工作一同考虑、一并推进。以引进大项目和高新技术产业企业为主攻方向，重点向广佛一带民营企业挖潜，着力承接"珠三角"生物制药、食品加工等产业转移。加大保利协鑫、雅迪电动车、广韶能等23个重点招商项目的跟踪力度，继续实行县领导牵头负责、一企一策等制度，力促项目早日签约或落地。加快外资进驻的审批速度，提高外资项目的履约率。重视引进农业、旅游、金融等产业优质项目，优化经济结构。

二、力促产业转型升级，进一步提高发展速度

以项目挖潜、品牌建设、资源整合为抓手，提升三次产业等级和发展水平，打造竞争力强、特色突出、结构合理的产业发展格局，力争成为"全市新的重要增长极"。

加强工业扩容提档工作。立足技术改造和创新驱动，促进企业转型升级，力争完成工业技术改造投资2亿元，增速25%以上，实现工业扩能增效。重点培育和扶持优质项目做大做强，推动原有产业品牌化、特色化发展，增强辐射和带动能力。加大对有意向增资扩产和可挖潜项目的帮扶力度，重点做好有进出口业务的企业的服务工作。启动"百企帮扶"计划，帮助中小微企业解决在生产、经营、融资等各个环节中遇到的难题，助推企业发展。积极推进节能减排工作，力争完成47家企业的电机能效提升工作，确保完成市下达的4.45万千瓦落后电机淘汰任务。

提升农业产业等级。积极稳妥推进"三个重心下移"和"三个整合"。借助新农村试验区政策优势，稳步推进农民合作组织的整体授信试点的建设和推广，大胆、审慎推进土地经营权抵押融资、农村产权交易等改革，为农业发展提供资金保障和金融支持。扎实推进省级现代农业示范区建设，投入3000万元扶持华琪生态村生态循环农业、聚宝生态农业旅游示范基地等41个示范性较强的项目建设，大力推广农业产业种植标准化、管理规范化的发展模式。投入1000多万元清理6万亩以上沙糖桔残次果园，紧抓种植业结构调整，筛选农业主导品种，制定科学的奖励制度，引导多主体、多形式的适度规模经营。继续引进推广应用良种良法，实现良种覆盖率保持90%以上。大

力实施农业品牌战略和科技战略,扶持良海、金鲜美等一批农业龙头企业,培育知名本土品牌。积极引导合作社的专业化升级和业务宽度拓展,整合农村土地、闲散资金等生产要素,发挥农民合作社的农村新型经济单元作用,落实"政银保"和政府贴息机制,推动现代农业示范项目发展。推进农村电商示范县建设,关注扶持物流新业态,建成村级服务站代购点50个以上,实现"网货下乡"和"农产品进城"的双向快速流通,加速农产品市场化和产业化发展。

加快旅游集聚发展。以汤塘"温泉小镇"和石角"生态山水名镇"建设为抓手,同步推进"名镇名村""美丽乡村"建设,整合全县现有旅游资源,整体谋划、拉动旅游业的集聚发展。加快完善黄花湖环湖旅游大道等公共服务配套设施,扎实推进勤天城、聚龙湖酒店、慧盈酒店、聚龙湾"水上乐园"等项目建设,做好温泉小镇旅游项目的招商,打造"汤塘温泉小镇"品牌。抓好乡村风情长廊等农业休闲旅游业配套设施建设,突出乡村游特色,重点做好上岳古村落等旅游项目建设,加快龙南欢乐谷的旅游项目招商,打响新农村试验区"乡村风情长廊"品牌。强化旅游发展大格局意识,大力推进旅游"南融北拓",有效发挥"广清韶"联合体作用。整体推进县内旅游资源的对外宣传,把我县旅游景点融入南北方向区域的旅游线路,与合作区域共同打造粤北旅游精品。

三、完善基础设施,进一步夯实发展基础

一边加强城镇基础设施建设,一边促进农村基础设施改善,以路网为纽带,实现以城带乡式发展,促进资源的高效、双向流通和综合环境的整体提升,为打造"全市城乡一体化的先行区"夯实基础。

完善城镇基础建设。重点规划建设城南新区、龙凤新区、华龙新区,创新资金多元筹措机制,做大做强县城拓展区,提升城镇建设品质。抓好青松路以及康乐街、德星南街延长线建设,对县城福田路进行升级改造。进一步加快"数字佛冈,无线城市"建设,大力整合通信网络资源,实现县城主要街道和重点区域无线网络全覆盖。启动县城居民用水和工业用水的中长期规划,筹备新建自来水厂。加快汤塘、迳头两镇污水处理厂的规划建设,确保尽快建成运行。及早完成县生活垃圾卫生填埋场一区和各镇垃圾转运站建设并投入使用,不断优化和完善"户保洁、村收集、镇清运、县处理"的四级农村垃圾收集处理一体化管理,确保农村生活垃圾集中无害化处理率达到100%,进一步巩固创建省卫生县城成果。加快110千伏环城(佛东)、220千伏汤塘输变电工程建设,提高县域供电能力。

推动农村基础设施建设。组织实施农田水利基本建设项目,进一步做好水毁道路、桥梁的修复重建工作,加快农村沼气建设进程。继续开展高标准基本农田建设,保质保量完成2014年度2万亩建设任务,开工实施2015年度1.9万亩建设计划。积极实施小流域治理等基本建设项目,开展重点小流域"三清一护"工作,提高防洪标准和堤防级别。认真抓好第三批15个美丽乡村建设。积极开展农村各类文化示范性活动场所创建工作,加快推进社区、农村文化室和文化活动广场全覆盖工程。

加强交通路网建设。以广清一体化为导向,对接广州、清远大交通,努力推进我县交通路网进一步完善。全力配合市交通部门加快推进国道106线佛冈北段和省道354线、252线相关路段等5条国、省道改造工程。重点加大国道106线路域整治力度,加快建设省级文明示范路。加速推进汕湛高速佛冈段建设的前期工作,争取线路向县城北移并多设互通立交。将省道252线县城段改线与市政道路设计有机结合起来,全力推进龙凤大道、北环路规划建设。继续加强对超限超载源头企业的治理,不断完善监控系统,严控超限超载违法之风的蔓延。

四、优化生态环境,进一步巩固发展优势

坚持环保优先、生态至上,加大造林绿化和生态修复力度,保持高压环保执法态势,努力实现经济、社会、生态效益有机统一的高质量发展,争做清远市环保模范城市创建工作排头兵。

落实主体功能区规划。进一步明确各镇功能定位、发展方向,因地制宜实行差异化发展。南部以汤塘镇为中心,大力打造旅游产业基地,重点推动旅游产业聚集;中部以石角镇为中心,依托县城扩容提质重点布局制造业;北部以迳头镇为中心,重点发展生态产业。进一步探索和完善资源要素配置、财政转移支付、生态补偿等政策机制,财政转移支付更多向北部生态发展镇倾斜,帮助生态镇探索生态优势转化为经济优势的有效途径,大力发展适合本地实际的绿色农业、生态旅游等产业。编制划定生态控制线规划,严格管控无序开发,保护生态屏障。

加强水环境保护。把水土流失治理与水环境保护、人居环境整治和河道疏通结合起来,实施林水一体化建设。积极推进"一消灭三改造"工程,大力开展桉树林分改造,突出106国道、京港澳高速公路两条生态景观林带建设,加强森林进城围城、乡村绿化等生态建设。力争完成造林2.25万亩,完善生态景观林带建设及管护52公里,完成中幼林抚育5万亩,新增绿化乡村15个,全力推进森林公园规划建设。改善水文状况,防止河流、水库淤塞,刹住水资源不断减少趋势。加强水源地保护,把放牛洞水库、山田水库、大窝水库等水源地及各镇农村饮水安全工程取水点划入一级水源保护区严格管理,严禁畜禽规模养殖、桉树种植和矿产资源开发。积极谋划潖江内河船舶航道项目建设。抓好潖江河、烟岭河两岸矿山治理、企业监管工作,确保限时达标排放,逐步提高水环境质量。

强化污染管控工作。强力推进矿山环境恢复治理,切实降低矿山开采对生态环境的影响。严格防治大气污染,全面推行"黄标车"限行,加快"黄标车"淘汰;加强油气回收治理和燃煤锅炉整治,全面淘汰小锅炉、小冶炼,加快实施餐饮业油烟污染治理。加强环保执法，大力遏制污染企业偷排、直排，严厉打击提炼废机油、熔炼再生铝锭等严重污染环境违法行为。推行"绿色施工"，控制和减少工地扬尘污染。进一步完善禁养区规划，严格控制新增养猪场。确保今年二氧化硫、二氧化氮、可吸入颗粒物、PM2.5的年平均浓度比2014年度有所下降。

五、创新社会管理，进一步优化发展环境

继续提升社会管理水平，巩固和提升良好的发展环境和人居环境，强化发展软实力，推动经济社会持续、健康协调发展。

积极创新城市管理。借鉴"株洲经验"，全面开展户外广告、户外经营、建筑工地、农贸市场、违规停车等城市环境整治工作，推动部门联动，使治理工作制度化、常态化。创新工作思路，将县城路段分为三个等级，按照Ⅰ级严禁、Ⅱ级严控、Ⅲ级规范的原则加强县城综合管理，优化人居环境。以培养社区居民自治意识和能力为出发点，大力推进我县社区自治试点工作，探索推进社区（村）网格化管理。积极推进农业转移人口城镇居民化，逐步解决在城镇就业居住尚未落户的农业转移人口享有教育、社会保障、就业培训等城镇基本公共服务。

着力化解社会矛盾。扎实开展信访维稳工作，畅通利益诉求渠道，着力解决"接"与"解"的问题。继续深入推进社会矛盾化解工作，努力实现由化解向治理、由零星个案解决向政策制度性批量消化转变。针对现时农村基层管理、土地征用、城镇拆迁、劳资纠纷、环境保护、重大工程建设、医患纠纷等社会关注热点案件，加大排查调处力度，全面掌握辖区内存在的矛盾纠纷及不稳定因素，确保问题早发现、早介入、早解决。

加强社会综合治理。继续大力开展"亮剑"系列专项打击行动，依法防范和惩治违法犯罪行为，提高群众的安全感。抓好立体化社会治安防控体系建设，力争实现全社会"大视频化"格局。继续实施"铁拳行动"，严厉打击非法采矿、违章建设等行为。进一步完善应急管理体系，强化公共安全应急处理机制，及时稳妥地处置好各类突发公共事件，确保全县大局稳定。

强化安全生产工作。全面落实安全生产"一岗双责"制，严格执行安全生产责任追究制。在工程建设、矿山开采、道路交通等安全事故易发领域，进一步强化安全生产各项措施的落实，努力遏制重特大事故发生。健全疾病预防控制网络，完善食品药品安全监管体系，加大违法处罚力度，保障食品药品安全。高筑防线，深入开展"平安校园""平安景区"等创建活动，全面建设"平安佛冈"。

六、加强民生保障，进一步释放发展红利

牢固树立民生优先、群众第一的执政理念，以促进社会公平、增进人民福祉为出发点和落脚点，高效利用政府资本，着力激活民间资本，切实解决群众最关心、最直接、最现实的利益问题，不断提高全县人民的幸福感和满意度。

提升社会保障水平。进一步扩大社会保险覆盖面，积极引导城乡居民长期参保续保。进一步完善被征地农民的社会保障工作。加强社会救助、城乡低保、五保供养、救灾救济、防灾减灾等工作。积极落实小额担保贷款、财政贴息、创业孵化基地建设等就业扶持政策，优先扶持和重点帮扶困难家庭和残疾人创业。积极开展"政银保"业务，重点为小微企业提供金融服务。加强就业服务指导和就业援助，实施专项培训工程，切实帮助企业解决"用工难"问题。全年城镇新增就业6000人以上，新增农村劳动力转移就业4000人以上。落实好工人工资支付保证金、欠薪应急周转金和工人工资支付管理政策。继续做好扶贫开发工作，确保全面完成新一轮扶贫工作任务。

促进公共服务均等化。借力广州对口帮扶加快民生事业发展。推动医疗机构结对帮扶，加强县级医院专科建设，提升县级医院综合服务能力。加快迳头、石角、汤塘三个中心镇卫生院建设。继续巩固完善基层医疗机构运行新机制和基本药物制度，扩大基层医改成效。完善县级公立医院综合改革各项管理制度。整合基层卫生与计生服务资源，推行优生优育，综合治理出生人口性别比，稳定低生育水平，全县计划生育工作力争达到全省先进水平。启动创建教育现代化先进县工作。逐步完善、优化县城和中心镇学校布局调整，力争用两年时间基本解决县城和中心镇小学学位紧缺问题。启动特殊教育提升计划和新一轮学前教育三年行动计划。加强与白云区医疗卫生、教育、文化体育等人才合作交流，提升综合服务水平。继续推进"文化惠民工程"，加快县镇村三级公共文化设施网络建设，大力提升文化阵地服务效能。加强档案信息化建设，力争年内将档案馆创建为国家二级馆。健全公共法律服务平台运行机制，推进一村（社区）一法律顾问工作，为群众提供普惠、均等、便利的法律服务。

做好十件民生实事。一是提高底线民生保障水平。城乡居民低保补差标准分别提高到375元/月和175元/月；农村五保对象供养标准提高至当地年度农村居民人均纯收入的60%以上；孤儿基本生活集中供养和分散供养标准分别提高到1240元/月和760元/月；医疗救助人均补助标准提高到1556元/年；残疾人生活津贴和重残护理补贴标准分别提高到1200元/年和1800元/年。二是提高教育经费补助标准。小学和初中公用经费补助标准分别提高到每生1150元/年和1950元/年；小学残疾学生生均公用经费补助标准不低于6000元/年；中职和普通高中国家助学金提高到每生2000元/年；中职学校免学费补助标准提高到每生3000元/年。三是为我县农村户籍35—64岁已婚贫困妇女免费提供乳腺癌、宫颈癌检查服务。四是增强城乡劳动力创业就业能力。开展职业技能晋升培训2100人次以上，组织创业培训200人，扶持创业300人。五是在全县4个农贸市场和1个较大型超市开展食品安全规范化、标准化建设。六是加大保障性住房建设力度。完成

保障性住房开工任务67套，完成公共租赁房2号项目主体工程，新增低收入住房保障家庭租赁补贴87户；完成1201户农村危房改造。七是整治中小河流。建设潖江河上游整治（一期）、潖江潖二水整治、水头山洪沟整治和烟岭河整治工程。八是增加城乡间公共交通站点与班次。优化调整县城公交线路，新增157个公交站牌；新开通县城至高岗三江和县城至迳头青竹公交线路。九是建设全县治安视频监控系统。新增图像监控点270个、治安智能卡口10个、电子警察8个。十是增加县城小学学位。在县二小新建一栋教学楼，年内完成主体工程建设，预计增加小学学位800多个；动工兴建篁胜小学，预计增加小学学位2000多个。

七、强化政府自身建设，进一步积聚发展力量

全面深化改革，加快转型发展，全面建成小康社会，对政府工作提出新的更高的要求。我们将牢固树立使命意识和责任意识，切实加强政府自身建设，提高政府公信力和执行力，确保圆满完成全年各项目标任务。

提高政府服务效率。深入开展"效能风暴"，落实县领导牵头推进重点项目建设和中心工作"插红旗、亮黄牌"制度，把"企业服务月"活动常规化，切实解决企业落地、生产过程中遇到的困难和问题。继续推进投资管理体制改革，优化和再造项目审批流程，最大限度精简行政审批事项，推动重点工业项目直接落地改革。加强和完善县、镇社会综合服务中心建设，大力推行首问负责制、全程代办制、限时办结制等制度，提高政务服务效率。

推进法治政府建设。认真办理人大议案、政协提案。完善政府法律顾问制度，继续实施重大行政决策公示、专家咨询论证、合法性论证、社会公示与听证会相结合的决策机制。严格执行县政府常务会议学法制度，落实领导带头学法、守法。完成"六五"普法任务，强化依法行政考评，全力营造法治环境。认真落实人大及其常委会各项决议，坚持向人大及其常委会报告工作。认真接受人民政协的民主监督，主动听取各民主党派、工商联、无党派人士和人民团体的意见和建议。

切实改进工作作风。继续巩固教育实践活动成果，坚决贯彻中央"八项规定"。坚决反对形式主义、官僚主义、享乐主义和奢靡之风，推进改进作风常态化制度建设。扎实推进"六民六先锋"活动深入开展，坚持调研的问题导向和利民方向，更多地直接联系和服务群众。按照"一岗双责"要求，严格执行党风廉政建设责任制等廉洁从政有关规定。严格执行"约法三章"，全面完成公车改革，严控"三公"经费支出，切实把有限的资金用在推进发展和改善民生上。

各位代表，机遇孕育希望，实干创造未来。共创富民强县，建设幸福佛冈，使命光荣，责任重大。让我们在县委的正确领导下，团结一致，真抓实干，锐意进取，为加快推进佛冈全面建成小康社会而努力奋斗！

"2015年影响佛冈的十件大事"出炉

（录自《南方日报·佛冈视察》2016年1月7日）

经过《南方日报·佛冈视窗》编辑部的筛选和整理，"2015年影响佛冈的十件大事"今天正式发布，从不同角度记录佛冈开拓进取、真抓实干、奋力拼搏，反映在过去一年中与佛冈老百姓息息相关、反映佛冈经济社会发展中的亮点及重要事件。

2015年影响佛冈的十件大事分别是：佛冈融入大广州、大清远，农村综合改革列为佛冈2015年"一号工程"，佛冈获"全国文明县城"提名城市，佛冈启动"创建省推进教育现代化先进县"工作，佛冈黄包车彻底退出营运市场，佛冈正式实施小孩入户与计生脱钩，青松东路打通，佛冈整治为官不为经验上央视，佛冈县体育馆建设方案公示，佛冈在全省率先启动不动产登记工作。

1. 佛冈两会：落实"三个定位"，对接融入大广州、大清远

2015年2月3日，佛冈县委召开十二届八次全会，会议确定了佛冈的"三个定位"，加快对接融入大广州、大清远的发展思路。

会议指出，佛冈是清远中心区的重要组成部分，佛冈要努力打造成为清远融入大广州的重要对接点、全市新的重要增长极和城乡一体化发展的先行区"三个定位"，强化大广州大清远思维，深化对口帮扶工作，突出城市功能对接、做大做强主导产业，抓好广清产业合作园佛冈集聚区规划建设，加快县城扩容提质，规划建设好新农村试验区。

2. 农村综合改革列为佛冈2015年"一号工程"

2月28日，在水头镇召开的农村综合改革试点现场工作会上，农村综合改革工作列为佛冈全县工作的"一号工程"，总体上要求全县各镇在做好规定动作的同时做优自选动作,以石角、水头、高岗三个试点镇为重点,全县各镇深入推进"三个重心下移",重点推进"三个整合"工作,让农村综合改革的红利最大限度地惠及广大农民群众。

3. 佛冈拿到创文"入场券"

2月28日,在北京举行的全国精神文明建设工作表彰暨学雷锋志愿服务大会上,佛冈县长梁金鉴代表佛冈获得"全国文明县城"提名资格称号,拿到创文"入场券"。

2015年,佛冈县把创建文明城市作为推动经济社会发展的重要载体,以10件民生实事、25项重点工作、35个重点项目为依托,在县内开展实施环境卫生、占道乱摆卖、乱停放等专项整治行动,整治县城交通运输秩序,着力塑造市容整洁、秩序井然、文明和谐的城市新形象,巩固省卫生县城复评成果,加快推进国家卫生县城、全国文明县城的创建工作。

4. 佛冈启动"创建省推进教育现代化先进县"工作

自去年佛冈成功创建全国义务教育发展基本均衡县后,今年4月7日,佛冈县教育局召开的全县中小学校长、幼儿园园长工作会,启动创建省教育现代化先进县工作,在师资队伍、职校和特殊教育建设、国际及港澳台交流与合作活动等方面寻找突破,全面提升佛冈县教育软实力,办好人民满意的教育。

今年佛冈加速整合县城和三个中心镇区教育资源,启动了县二小、三小的扩建和篁胜小学的规划布局,缓解县城小学学位紧缺难题。

5. 佛冈黄包车彻底退出营运市场

为彻底整顿县城交通秩序,2015年6月,佛冈在县城内开展了交通秩序专项整治行动,全力整治县城"黄包车"非法营运。

佛冈县公安、交通等部门重拳出击,攻坚克难,经过近一年的整治,查扣非法载客车1000多辆,有效打击了"黄包车"(三轮摩托车)的交通违法非法营运行为,"黄包车"彻底退出了佛冈市场。

与此同时,佛冈完善县内公共交通出行系统,对县1,2路公交线路优化调整,新投放50辆出租车进入营运市场。

6. 佛冈正式实施小孩入户与计生脱钩

2015年,根据省公安厅和省卫计委联合下发《关于进一步加强出生小孩户口登记管理工作的通知》(粤公通字〔2015〕71号,简称"71号文")要求,公安户籍部门在办理出生小孩入口登记时,不再将是否持有计划生育证明、结扎证明或是否已征收社会抚养费等作为办理出生入户的前置条件。

9月14日,佛冈县正式实施小孩入户与计生脱钩,县公安部门推行进村(居)服务的便民措施,安排辖区户籍民警到各村(居)现场分期分批办理出生小孩户口登记。

7. 青松东路打通42米宽路基雏形初显

青松路建设项目是佛冈县重点建设项目之一,也是佛冈县城实施"扩容提质"的重要工程。

佛冈县政府高度重视群众出行难的问题,2015年初,佛冈对青松东路红线范围内的多处违建进行了强拆,在城东中学北围墙侧至文明路路口开通了临时便民通道,解决2000多名师生行路难的问题。

今年12月,佛冈县政府在完善建设用地合法手续基础上,依法对土地征收范围内尚未迁移和清除的山坟和地上种植物实施迁移和清除,并对道路路面进行了平整,42米宽的青松东路路基建设雏形初显。

8. 佛冈整治为官不为经验上央视

11月,中央电视台在《朝闻天下》和《新闻30分》新理念、新发展系列报道,分别播出了题为"佛冈严实效能督查,整治为官不为"的新闻报道。"佛冈三严三实报道上央视"的消息在朋友圈获得3万多的点击量,佛冈市民对于效能行动成果纷纷点赞。

今年以来,佛冈通过设立"效能监督员",建立效能督查机制,对中心工作实行"末位通报制",以"红黄榜"量化指标,让领导干部"红红脸""洗洗澡","效能风暴"取得显著成效,全县29个单位被通报批评、21人被问责。

9. 佛冈县体育馆建设方案公示

今年11月,佛冈县体育馆建设又有了新进展,"佛光普照"和"大鹏展翅"两个入选方案进行公示并接受市民的投票,县体育馆建设提上日程。

佛冈县体育馆规划建在106国道与县城龙凤大道南侧交汇处,总用地面积50亩,,其中体育馆场占地面积30亩,市政文化广场占地面积20亩,将建设有篮球馆、5人足球馆、游泳馆、综合馆等四大功能区,届时将打造成佛冈县新的城市名片,树立新的地标形象,提升城市的魅力。

10. 佛冈在全省率先启动不动产登记工作

12月3日,佛冈县不动产统一登记中心正式挂牌成立,这是清远市首个县级不动产登记机构。当天佛冈居民高先生拿到了清远市第一本县级不动产权证书,不动产统一登记工作落地佛冈,给佛冈市民带来了实实在在的好处。

在实行不动产统一登记后,市民办手续更便捷,无须跑多个部门,在县不动产统一登记中心可一站式办理,在不动产权利遭受非法侵害时,市民可以通过登记事项来保障自身利益,减少纠纷。

(程浩 魏亚男 韩玫)

县委及县委办规范性文件要目

文件名称	发布文号	发布时间
中共佛冈县委办公室、佛冈县人民政府办公室印发《佛冈县深化农村综合改革工作指导意见》的通知	佛委办发电〔2015〕7号	3月18日
中共佛冈县委办公室、佛冈县人民政府办公室印发《佛冈县深化农村综合改革实施方案》的通知	佛委办发电〔2015〕8号	3月18日
中共佛冈县委办公室印发《关于在全县处级以上领导干部开展"三严三实"专题教育实施方案》的通知	佛办发〔2015〕1号	5月25日
中共佛冈县委办公室印发《佛冈县全面深化改革2015年工作要点》和《佛冈县贯彻落实党的十八届四中全会决定重要举措2015年工作要点》的通知	佛办发〔2015〕2号	6月3日
关于印发《佛冈县公务用车制度改革实施方案》的通知	佛办发〔2015〕4号	10月10日
中共佛冈县委印发《中共佛冈县委常务委员会议事规则》的通知	佛办发〔2015〕6号	10月30日
印发县委常委会和理论中心组学习制度的通知	佛委办发电〔2015〕25号	11月3日
中共佛冈县委办公室、佛冈县人民政府办公室关于佛冈县党政机关厉行节约反对浪费的实施意见	佛委办发电〔2015〕26号	11月17日
中共佛冈县委办公室、佛冈县人民政府办公室关于印发《佛冈县党政机关国内公务接待管理实施办法》的通知	佛委办发电〔2015〕27号	11月17日

(县委办)

县政府及县府办规范性文件要目

文件名称	发布文号	发布时间
印发《佛冈县最低生活保障审核审批办法(试行)》的通知	佛府办〔2015〕2号	1月9日
关于印发佛冈县公路"严管路"整治实施方案的通知	佛府办函〔2015〕3号	1月22日
印发佛冈县人民政府重大行政决策风险评估办法(试行)的通知	佛府〔2015〕10号	2月12日
印发佛冈县人民政府重大行政决策事项听证目录的通知	佛府〔2015〕11号	2月12日
关于佛冈县行政机关规范性文件制定主体的公告	佛府〔2015〕12号	2月12日
关于同意停止收取城镇义务教育阶段学校寄宿生住宿费的批复	佛府函〔2015〕18号	3月9日
关于开展2015年殡葬改革宣传月活动的通知	佛府办函〔2015〕21号	3月25日
关于佛冈县第二批县直部门行政执法职权及依据的公告	佛府〔2015〕22号	3月25日
关于印发佛冈县12345政府服务热线效能监察实施细则的通知	佛府办〔2015〕11号	4月3日

续表

文件名称	发布文号	发布时间
关于印发《佛冈县推进基本公共服务均等化综合改革就业保障专题实施细则》和《佛冈县推进基本公共服务均等化综合改革医疗保障专题实施细则》的通知	佛府办函〔2015〕28号	4月20日
印发佛冈县人民政府法律顾问管理规则的通知	佛府办〔2015〕15号	4月23日
关于印发佛冈县全面深化气象管理体制改革实施细则的通知	佛府函〔2015〕28号	4月23日
关于印发2015年佛冈县城乡低保标准的通知	佛府办〔2015〕16号	4月29日
关于印发佛冈县陶瓷行业节能减排行动方案（2015—2017年）的通知	佛府办函〔2015〕39号	5月11日
印发佛冈县加强历史建筑保护的实施方案的通知	佛府办〔2015〕18号	5月18日
印发佛冈县2015—2017年中央财政农业机械购置补贴实施方案的通知	佛府办〔2015〕21号	6月3日
印发佛冈县级政府保留的行政审批事项目录的通知	佛府办〔2015〕24号	6月16日
印发佛冈县林业生态红线划定工作方案的通知	佛府办〔2015〕25号	6月24日
关于佛冈县城范围内禁止载人三轮摩托车、黄标车及超限超载车辆行驶的通告	佛府〔2015〕46号	6月25日
印发佛冈县发展学前教育三年行动计划（2014—2016年）的通知	佛府办〔2015〕31号	9月2日
印发佛冈县河流"河长制"实施方案的通知	佛府办函〔2015〕106号	9月22日
关于印发佛冈县食品安全举报奖励办法的通知	佛府办〔2015〕37号	9月23日
印发佛冈县创建广东省推进教育现代化先进县实施方案的通知	佛府办〔2015〕36号	9月24日
印发佛冈县工业转型升级攻坚战三年实施方案（2015—2017年）的通知	佛府函〔2015〕65号	10月10日
印发佛冈县城乡居民殡葬基本服务由政府免费提供的实施方案的通知	佛府办〔2015〕40号	10月27日
印发佛冈县城镇燃气突发事件应急预案的通知	佛府办函〔2015〕117号	10月28日
关于印发实施《佛冈县森林资源保护和发展目标责任制考核办法》的通知	佛府办函〔2015〕119号	11月6日
印发佛冈县人民政府工作规则的通知	佛府〔2015〕81号	12月14日
关于印发《佛冈县人民政府议事决策规则（试行）》的通知	佛府〔2015〕82号	12月14日
印发大力培育家庭农场的指导意见的通知	佛府办函〔2015〕133号	12月15日
佛冈县人民政府关于划定佛冈县城区高污染燃料禁燃区的通告	佛府〔2015〕84号	12月31日

（县府办）

办事指南

2015年佛冈县主要旅游景区（点）名录

序 号	名 称	地 址	电 话
1	聚龙湾天然温泉度假村	汤塘镇汤塘村（京港澳高速汤塘出口左转1公里106国道旁）	0763-4632888
2	森波拉度假森林	京港澳高速佛冈出口右转4公里	0763-4382333
3	观音山王山寺	石角镇观山村英佛公路旁	0763-4882088
4	金龟泉生态度假村	汤塘镇黄花公路金龟山	0763-4620228
5	田野绿世界	石角镇－龙南－小潭－里水－铺岭（省道252旁）	0763-3172999
6	羊角山生态旅游度假区	石角镇三八国营羊角山林场	0763-4887999
7	观音山风景区	高岗镇观音山自然保护区	0763-4516038
8	篁胜国际温泉花园酒店	石角镇北园路（县政府西侧）	0763-4289999
9	长盛谷养生基地	汤塘镇黄花湖温泉旅游度假区黄花路口	0763-4638188
10	熹乐谷温泉度假酒店	汤塘镇汤塘村黄花湖对岸琶江河边	0763-6858888
11	鹤鸣洲樱花温泉度假村	汤塘镇黄花湖畔	0763-6856888
12	快乐无忧生态园	石角镇三莲村	0763-4282212
13	黄花湖旅游度假区	汤塘镇黄花湖畔	
14	洛洞乡村旅游区	汤塘镇洛洞村	
15	碧桂园·清泉城	京港澳高速佛冈出口北上约5公里	
16	上岳古村落	西南部龙山镇上岳村	

2015年佛冈县旅行社名录

序 号	名 称	地 址	电 话
1	佛冈佛旅旅行社	佛冈县振兴中路青云二巷5号	4283460
2	佛冈假日旅行社	佛冈县振兴中路62号	4281108
3	佛冈青年旅行社	佛冈县环城中路382号	4299333
4	清远国旅佛冈分公司	佛冈县环城中路143号二层	4296601

佛冈县主要旅游接待酒店情况表

序号	名　　称	地　　址	类　　别	客房数（间）	床位数	电话
1	聚龙湾天然温泉度假村	佛冈县汤塘镇	大型酒店	1071	2033	4632888
2	森波拉度假森林	佛冈县石角镇三八106公路旁	大型酒店	368	620	4382333
3	篁胜国际花园酒店	佛冈县振兴北路87号	大型酒店	138	294	4289999
4	聚龙湾利鑫国际大酒店	佛冈县振兴南路（京港澳高速公路佛冈县城出入口附近）	大型酒店	384	720	3168888
5	观音山王山寺	佛冈县石角镇英佛公路旁	中型商务酒店	38	80	4882088
6	三泰商务酒店	佛冈县城106国道东69-1号	中型商务酒店	99	150	4888111
7	星光大酒店	佛冈县振兴南路106国道西15号	中型商务酒店	50	100	4281238
8	白云温泉山庄	佛冈县黄花湖度假区内	中型商务酒店	98	204	4620198
9	樵春山庄	佛冈县黄花湖度假区内	中型商务酒店	74	130	4620712
10	白云机场温泉度假村	佛冈县黄花湖度假区内	中型商务酒店	110	194	4620088
11	颐和山庄	佛冈县黄花湖度假区内	中型商务酒店	106	198	4620181
12	好世界酒店	佛冈县黄花湖度假区内	中型商务酒店	47	80	4620888
13	观音山庄	佛冈县高岗镇	中型商务酒店	25	29	4516028
14	金鹏大酒店	佛冈县城振兴北路	中型商务酒店	38	72	4291728
15	豪景酒店	佛冈县城建设路75号	中型商务酒店	34	68	6859888
16	晶都大酒店	佛冈县青云路280号	中型商务酒店	22	34	4275555
17	丽湖山庄	佛冈县黄花湖度假区内	中型商务酒店	22	45	4620063
18	富林大酒店	佛冈县106国道侧	中型商务酒店	47	94	4888666

（县旅游局）

佛冈振兴汽车客运站长途客运班线发车时刻表

客运班线	始发站	终达站场	始发班时刻							
广州班线	佛冈振兴客运站	越秀南客运站	5:00	6:00	6:30	6:55	7:25	7:50	8:15	8:40
			9:05	9:30	9:55	10:20	10:45	11:10	11:35	12:00
			12:25	12:50	13:15	13:40	14:05	14:30	14:55	15:20
			15:45	16:15	17:30					
		广园站	5:45	6:15	7:40	8:30	8:50	9:40	11:00	11:25
			12:40	13:05	13:55	14:45	15:10	15:55	17:00	18:40

续表

客运班线	始发站	终达站场	始发班时刻							
广州班线	佛冈振兴客运站	流花站（市站）	6：05	7：30	9：10	10：35	12：10	13：20	15：00	16：40
		滘口、芳村站	6：45	8：05	10：30	12：15	14：20	16：30	17：40	
		广州东站	5：25	6：40	7：05	8：00	9：20	11：50	12：30	13：30
			14：15	15：30						
		天河站	10：05	16：00						
		从化站	7：30	8：25	9：10	9：35	10：30	10：50	11：30	12：10
			12：30	13：30	14：30	14：50	15：30	16：30	16：50	17：20
			17：55	18：30						
		番禺站	8：00	9：30	11：30	13：30	14：30	16：15	17：30	
		新塘站	13：50							
		花都站	5：50	7：20	8：40	10：15	12：10	13：30	14：40	16：30
清远班线	佛冈振兴客运站	新城汽车客运站	6：10	6：50	7：10	7：30	7：50	8：10	8：30	8：50
			9：10	9：30	9：50	10：10	10：50	11：10	11：30	12：10
			12：30	12：50	13：05	13：25	13：45	14：00	14：20	15：00
			15：20	15：40	15：55	16：15	16：35	16：55	17：35	17：55
			18：15	18：30						
		清远北站	6：30	10：30	11：50	14：40	17：15			
深圳班线	佛冈振兴客运站	福田汽车客运站	8：00	10：20	13：40	15：40	18：00			
		龙华汽车客运站	9：30	15：30						
		龙岗A线	10：30							
		龙岗B线	8：40							
东莞班线	佛冈振兴客运站	市汽车客运站	8：10	10：40	13：15	17：00				
		东莞东汽车客运站	7：30	14：40						
佛山班线	佛冈振兴客运站	佛山市汽车客运站	8：30	12：00	14：35	17：40				
韶关班线	佛冈振兴客运站	韶关汽车客运站	6：20	7：30	9：30	10：30	12：40	14：00	15：30	16：40

续表

客运班线	始发站	终达站场	始发班时刻
英德班线	佛冈振兴客运站	英德汽车客运站	6:15　7:20　8:25　9:50　10:30　10:50　11:00　12:00 13:10　13:50　15:00　15:45　16:50　17:45
		城西汽车客运站	8:00　9:20　11:25　11:50　14:05　14:45　16:20　17:30
连州班线	佛冈振兴客运站	连州汽车客运站	8:35　14:15
珠海班线	佛冈振兴客运站	珠海市汽车客运站	8:10　12:40　16:30

（粤运汽车运输有限公司佛冈分公司）

佛冈永通公共汽车有限公司各线路时间表

线　路	时　间	途经站点
1路线A（振兴客运站—县政府）	振兴站：早班：6:50 尾班：18:30（约12分钟一班）	房管所、住建规划局、府城南门、文化馆、钱隆天下、枫士丹顿、佛冈中学、四小、塘二桥、城北中学、沿江路、城市春天、县政府、佛冈一中、文化公园、银座、公安局、交通大厦、福田小区
1路线B（振兴客运站—县政府）	振兴站：早班：6:50 尾班：18:30（约12分钟一班）	房管所、交通大厦、公安局、银座、文化公园、佛冈一中、县政府、沿江路、塘二桥、城北中学、四小、佛冈中学、枫士丹顿、钱隆天下、文化馆、府城南门、住建规划局、中国银行、福田小区
2路线（振兴客运站—森波拉）	振兴站：早班：6:50　尾班：20:30 森波拉：早班：6:15　尾班：21:00（约10分钟一班）	钱隆御景、武装部、科穗白井、建滔厂、石角中学、冈田村、旧汽车站、洪发、银座、人民医院、龙腾街口、佛冈中学、名汇花园、明珠花园、石溪村、奥园路口、三八村、
3路线（松峰机械厂—碧桂园）	松峰：早班：6:50　尾班：18:05 碧桂园：早班：7:35　尾班：22:00（约1小时一班）	龙溪村、石角中学、冈田卫生站、振兴小学、公安局、银座、邓宅、四小、鸿兴社区、泰康新村、香村酒楼、凤围路口、石溪村、奥园路口、三八村、森波拉路口、碧桂园路口
佛冈—黄花	振兴站：7:05、16:25　黄花：8:00、17:15	房管所、交通大厦、公安局、洪发、旧汽车站、石角中学、吉田、升平、黄花路口
佛冈—四九（官山）	振兴站：早班：5:55　尾班：17:53 四九：早班：6:55　尾班：19:00（约12分钟一班）	房管所、交通大厦、公安局、洪发、旧汽车站、石角中学、吉田、升平、黄花路口、大埔、四九路口、汤塘街

续表

线　路	时　间	途经站点
佛冈—黄塱（亚联）	振兴站：早班：6：01　尾班：18：00 黄塱：早班：7：02　尾班：19：06（约12分钟一班）	房管所、交通大厦、公安局、洪发、旧汽车站、石角中学、吉田、升平、黄花路口、大埔、四九路口、汤塘街、学田
佛冈—太平	振兴站：早班：5：50　尾班：17：50 太平：早班：7：00　尾班：19：00（约10分钟一班）	房管所、交通大厦、公安局、银座、人民医院、名汇花园、明珠花园、石溪村、三八、二七、城迳、高岗路口、迳头、烟岭
佛冈—民安	振兴站：早班：6：00　尾班：17：55 民安：早班：7：10　尾班：18：55（约17分钟一班）	房管所、交通大厦、公安局、洪发、龙溪、龙南
佛冈—高岗	振兴站：早班：5：55　尾班：17：55 高岗：早班：7：00　尾班：18：55（约15分钟一班）	房管所、交通大厦、公安局、银座、人民医院、名汇花园、明珠花园、石溪村、三八、二七、城迳、高岗路口、横江
佛冈—水头	振兴站：早班：6：15　尾班：17：55 水头：早班：7：00　尾班：18：45（约15分钟一班）	房管所、交通大厦、公安局、银座、人民医院、名汇花园、明珠花园、石溪村、三八、二七、田心村、莲瑶
佛冈—礼溪	振兴站：6：25、7：10、9：25、10：10、12：34、13：28、15：23、16：33 礼溪：7：45、8：35、10：40、11：28、14：00、14：46、16：45、17：50	房管所、交通大厦、公安局、银座、人民医院、名汇花园、明珠花园、石溪村、三八、二七、城迳、高岗路口、横江、高岗、长江
佛冈—迳头镇政府	振兴站：6：30、9：15、13：00、16：30 迳头新政府：7：55、10：40、14：25、17：40	房管所、交通大厦、公安局、银座、人民医院、名汇花园、明珠花园、石溪村、三八、二七、田心村、莲瑶、水头、西田、风迳
佛冈—三江—高岗	振兴站：7：20（约1小时到三江） 高岗：15：10（约20分钟到三江）逢3、6、9高岗墟日开通	房管所、交通大厦、公安局、银座、人民医院、名汇花园、明珠花园、石溪村、三八、二七、城迳、高岗路口、迳头、三江
佛冈—三江—烟岭大桥	振兴站：6：45、9：35、13：10、16：00（约1小时到三江） 烟岭大桥：8：00、11：00、14：35、17：20（约15分钟到三江）	房管所、交通大厦、公安局、银座、人民医院、名汇花园、明珠花园、石溪村、三八、二七、城迳、高岗路口、迳头、三江、龙塘、高坝、楼下
佛冈—学田—黄塱—民安	振兴站：6：32、16：32 民安：7：50、17：50	房管所、交通大厦、公安局、洪发、旧汽车站、石角中学、吉田、升平、黄花路口、大埔、四九路口、汤塘街、学田、黄塱
佛冈—迳头新政府—旧迳头街—迳头青竹	振兴站：6：40、10：25、15：30 青竹：8：15、12：05、17：00	房管所、交通大厦、公安局、银座、人民医院、名汇花园、明珠花园、石溪村、三八、二七、城迳、高岗路口、迳头、仓前、湖洋、青竹

（佛冈永通公共汽车有限公司）

省级文物保护单位

名　称	地　址	文物年代	类　别	公布单位	公布时间
东坑黄氏宗祠	佛冈县水头镇莲瑶村	明嘉靖	古建筑	广东省人民政府	2008.11
上岳村古建筑群	佛冈县龙山镇上岳村	明清	古建筑	广东省人民政府	2012.10

县级文物保护单位

名　称	地　址	文物年代	类　别	公布单位	公布时间
清献崔公祠	佛冈县水头镇新联村	明洪武	古建筑	佛冈县人民政府	1986.7
三爱亭	佛冈县汤塘镇大埔村	清光绪	古建筑	佛冈县人民政府	1986.7
龙冈市古街	佛冈县石角镇科旺村	中华民国	近现代史迹及建筑	佛冈县人民政府	2006.8

（县博物馆）

便民电话

特服电话			
匪警	110	交通事故报警	122
急救中心	120	电信公司查号台	114
火警	119	电信公司障碍台	112
天气预报	12121	红十字会捐款线	4290811
投诉举报			
纪检监察举报	12388	旅游投诉	4290636、4292021
打欺专项举报	4282999	环境污染投诉	12369
打假专项举报	12365	公共卫生热线	12320
打贿专项举报	4288005	食品药品投诉	4286332
工商投诉举报	12315	涉税举报电话	4381313
价格（物价）举报	12358	文化市场举报	12318
交通投诉热线	9667333	保护知识产权举报	12312
民生服务			
政府服务热线	12345	组织机构代码办证	4272510
邮政业务查询	11185	纳税服务电话	12366
中国电信客服热线	10000	中国银行客户服务	95566

续表

民生服务			
中国移动服务热线	10086	工商银行客户服务	95588
中国联通服务热线	10010	建设银行客户服务	95533
中国铁通服务热线	10050	农业银行客户服务	95599
供电局客服热线	95598	发展银行客户服务	95508
自来水客服热线	4282179	邮政储蓄客户服务	95580
人民保险客户服务	95518	人寿保险客户服务	400-889-5518
户口、身份证办理	4482023	太平洋保险客户服务	95589
出入境证件办理	4482023、4290801	平安保险客户服务	95511
车辆入户、驾驶证办理	4284718		
咨询服务			
人工信息台	160	法律援助	4288148
电费咨询	95598	法律咨询	400-6012-708
自考报名查询	96040	妇女维权	4282241
行政服务中心窗口查询电话			
食品药品监督局	4270226	县住房和城乡规划建设局	4272516
县环境保护局	4275015	县发展和改革局	4272513
县科技和农业局	4272066	县质量和技术监督局	4272510
县气象局	4272514	县消防大队	4272504
县工商行政管理局	4272519	国税局	4272518
地税局	4273166	县公安局	4270611
县林业局	4270093	县国土资源局	4272520
县卫生局（卫生监督所）	4272506	公共法律服务中心	4281194
综合服务窗口	4272509		

（县史志办）

主题索引

说　明

1. 本索引采用主题分析方法，款目按汉语拼音字母（同音字按声调）顺序排列。
2. 文中的类目题、分目题用黑体字标明，其余用宋体字排版。
3. 索引款目后面的数字表示内容所在页码，数字后面的英文字母（a、b、c）表示栏别（即版面的一、二、三栏）。
4. 同一主题的内容在文中多处出现时，在其款目后用不同页码标明。
5. 本刊的《特色佛冈》《大事记》《人物》《名录》《附录》等类目不做内容主题分析。

A

艾滋病监测　212b
爱国卫生　215b
爱国卫生运动　215b
安全标准化建设　178b
安全生产　145b，152b
安全生产"一岗双责"　106c
安全生产管理　155b
安全生产和森林防火　253c
安全生产监督管理　106b
安全生产文明施工管理　169b
安全生产宣传教育　107a
安全生产应急演练　107b
案件查办　65a
案件管理　89c
案件执行　87b

B

帮助青少年成长成才　71c
保密工作　45a
保密检查　45b
保密教育　45a
保险关系转移和异地就医联网结算　225b
保险业机构选介　126b
碧桂园集团帮扶项目　242c
殡葬管理　228a
殡葬事业单位简介　228b
不动产登记　110c
不明原因肺炎监测　212c

部分工业企业概况　142c

C

"创模"工作全面启动　173c
"春风行动暨就业援助月"专场招聘会　224a
财政　113a
财务资产管理　155a
财政·税务　113
财政监督检查　114a
财政税务审计　104b
财政体制改革和创新　114a
财政支出保障有力　113b
参保情况　224b
参加"2015广东21世纪海上丝绸之路国际博览会"　181a
参加2015年中国广州国际健康产业博览会　181b
参加2015中国加工贸易产品博览会　180c
参加第23届广州博览会　181a
参加第十二届中小企业博览会　181c
参加广州清远商会的第一届理事、监事就职典礼暨招商会　180c
参加清远首届创新·创业·创客嘉年华暨天安智谷创新创业生态圈启动仪式　181b
参与H5N6禽流感疫情处置　213a
参政议政　66c，67c，72b
残疾人教育就业　77b
残疾人康复　77b
残疾人社会保障　77c
残疾人文化体育　77c
残疾人信访工作　78a
产业和劳动力双转移　139b

产业集聚发展启动资金使用　57a
产业结构优化　139a
产业转型升级　139a
常住儿童免疫规划疫苗接种　212a
成品粮油储备　176b
成人教育　195b
城建·房产·环保　160
城建档案管理　170a
城建监察　164c
城市供水　165c
城市园林绿化　164b
城乡公交　148b
城乡规划　161a
城乡规划、建设与管理　161a
城乡建设　237c
城乡就业创业　223a
城乡医疗救助　229b
城乡最低生活保障　229a
城镇化水平提升　251c
抽样调查　105a
出版物监管　200a
出租车行业管理　150a
畜牧与水产　131c
畜禽污染治理　132a
传递关爱　73c
传统民俗　23c
窗口服务　59b
创建地质灾害防治高标准"十有"县　110a
创建国家卫生县城　215c
创建活动　74a
创建教育现代化先进县加温工作会议　190b
创建卫生村　215c
春运票价检查　98c
从严治党　25b
村（居）民自治改革创新工程　226b
村级组织建设　129a
村务公开规范化示范创建活动　226a
存量资产的调查　115b

D

打击"拾尾矿"行为　239c
大接访活动　44c
大气污染防治　173a
代表工作　51b
待遇调整　225a
档案工作　207a
档案信息化建设　207a

档案资源建设　207a
党的基层组织建设　245c
党风廉政建设　25c
党风廉政建设　42c
党建创新　237b
党建工作　75c，251b
党史宣传教育　49a
党史研究　48b
党校教育　47c
道路维修　253c
德育教育　188c
登革热防控　215c
地方公路建设　153a
地方公路建设与管理　153a
地方公路路政管理　153c
地方公路养护　153b
地方税务　118a
地方志信息化建设　208a
地方志资料年报　207c
地方志资源开发利用　208c
地面气象观测　137c
地名管理　25a
地震知识宣传　196c
地质·地貌·河流　20b
地质灾害防治　109c
第三届"我要上春晚"综艺大赛举办　232b
碘盐监测　213a
电灌站和排站工程建设管理　136b
电力工业　144c
电力供应　145a
电气机械及器材制造业　140a
电网建设　145a
电信通信　155b
电影放映　205a
电子政务　158a
电子政务公开　58b
冬修水利工程建设　135c
动物疫病防控　132a
队伍建设　66a
对口帮扶工作机制　111c
对台交流交往　60b
对台经济　60a
对外经济贸易　180
对外贸易　180b
对外招商与展销　180c
多党合作与政治协商　40a

E

2015佛冈旅游攻略征集活动启动　182b
2015年佛冈县残疾人事业工作会议　78b

F

《佛冈革命故事》出版　48c
《佛冈古村落》编纂出版　208a
《佛冈年鉴·2015》出版　207c
《佛冈县石角镇龙塘村志》编纂出版　208a
发放残疾人证　77b
发展与改革　97a
法定传染病报告　211c
法律援助　95a
法治社会建设　85c
法治市监建设　102a
方志、年鉴编修　207c
防空袭警报试鸣　82a
防雷减灾　138a
防汛救灾　136c
防汛物资储备　137a
房产管理　171a
房地产开发管理　170a
房地产开发重点项目　170c
纺织业　140c
非法开采矿产资源问题整治　86b
非公有制经济领域统战工作　40b
非金属矿物制品业　140a
非物质文化遗产·博物　205b
非遗保护与利用　206a
粉葛美食旅游文化节　182b
佛冈概况　20
佛冈观音山王山寺旅游开发扩建项目　160c
佛冈华润燃气天然气综合场站选址　56c
佛冈旅游新路线开辟　112a
佛冈顺意佳纺织服装有限公司项目　160b
佛冈天域数字影城　205a
《佛冈文史》第十七辑出版　64a
佛冈县残疾人联合会　77a
佛冈县城北中学　192c
佛冈县城东中学　193c
佛冈县大额财政资金使用决策制度（稿）　56c
佛冈县档案馆晋升国家二级综合档案馆　207b
佛冈县档案学会成立　207b
佛冈县第一中学　190c
佛冈县妇女联合会　73a
佛冈县妇幼保健院　218b
佛冈县工商业联合会　72b
佛冈县观音山生态茶叶种植观光园项目　160c
佛冈县归国华侨联合会　75a
佛冈县恒益包装制品公司项目　160c
佛冈县红十字会　78c
佛冈县环境保护委员会成立　56c
佛冈县迳头卫生院项目　161a
佛冈县科学技术协会　76a
佛冈县慢性病防治医院　219a
佛冈县农村信用合作联社　125a
佛冈县潖江上游综合整治项目　160b
佛冈县青松路建设项目　160a
佛冈县人民代表大会　50a
佛冈县人民医院　216a
佛冈县人民政府　55b
佛冈县卫生进修学校　220b
佛冈县文学艺术联合会　74b
佛冈县县城和中心镇教育布局专项规划（2014—2020年）　56c
佛冈县雅迪电动车项目　160c
佛冈县永通公共汽车有限公司　149b
佛冈县在全省率先启动自然村落历史人文普查　208b
佛冈县中医院　217c
佛冈县总工会　69a
佛冈盈泰纺织品染整有限公司　142c
佛冈中学　191c
扶困助学　189b
扶贫救济　229a
扶贫开发　111a
扶贫开发　251c
扶贫开发"双到"　111b
服务创新　155c
服务党政中心工作　70c
服务管理　49c
服务基层　74b
服务流程优化　116b
服务企业　72c，101a
服务社会　72c
福利彩票　229c
妇女儿童教育活动　73b
赴港公务　58a

G

"感悟幸福，快乐成长"绘画比赛举办　232b
"公述民评"活动　42b
"国家档案日"宣传活动　207b
改革重组　204c

柑桔果园清理 131b
干部工作 37c
干部教育培训 47c
港澳台及海外统战工作 40b
高岗镇 235a
高岗镇第十五届人大第五次会议 237a
高考中考 188b
高新技术企业认定和培育 196b
高血压病管理 213a
个贷发展稳妥 116a
各类文化旅游活动举办 184c
各种犯罪活动预防和打击 84a
耕地保护 109b
工业 139
工会组织建设 69a
工业效率 97b
公安 90b
公安便民改革 91a
公共场所卫生监督 215a
公共机构节能 61c
公共就业服务平台建设 223b
公共文化服务体系建设 26c
公共文化服务项目 204a
公共文化设施建设 198b
公共资产管理 114c
公共资源交易 107c
公共资源交易管理 107b
公共资源交易网站开通 107c
公路"迎国检" 152b
公路建设 151a
公路建设"十三五"规划 152c
公路抢修 151c
公路桥梁普查 153b
公路文化建设 152c
公务接待 61a
公务用车改革 61b
公务用车制度改革 98c
公证服务 95a
共青团佛冈县委员会 70b
供销合作 177a
构建和谐企业 154c
孤儿保障 229c
固定资产投资 160a
固定资产投资审计 104c
关爱行动 233a
关心下一代 232b
广播·电视 204a

广播部 204b
广播影视技术能手 205a
广东佛冈观音山自然保护区 252a
广东华劲汽车零部件制造有限公司 143b
广东吉多宝制罐有限公司项目 160b
广东省2015年学前教育宣传月在佛冈县启动 190b
广东省村（居）务公开民主管理示范创建活动 226a
广东顺意佳纺织服装有限公司 143a
广告中心 204c
广清产业园佛冈集聚区 36b
广州涉外经济职业技术学院汤塘校区项目 161a
广州市白云区对口帮扶 111c
归侨救济及支教 58a
规范缴存机制 115c
规范性文件审核 57a
规范制度管理 226a
规费征收 118c
国道、省道建设与管理 151a
国道106线佛冈县城段扩建项目 160b
国家基本药物制度使用扩大 209c
国家税务 116b
国内旅游 183a
国省道养护 151c
国税文化建设 117c
国土资源管理 109a
国外旅游 183a
国营羊角山林场 253a
国有资产保值增值 114b
国珠集团有限公司 143a

H

"黑广播"治理 158c
H5N6疫情处置 132a
行业领域专项整治 106c
行政服务工作 59b
行政复议与应诉 57b
行政企事业审计 104b
行政区划 24c
行政区划界线管理 25a
行政审判 87b
行政审批制度改革 43b
行政许可 102c
行政执法监督 57b
行政执法培训 57b
鹤鸣洲温泉度假村项目 160c
黑色金属冶炼及压延加工 140c
红十字志愿服务 79b

后勤工作　81a
华润佛冈福鑫风电场项目　160b
化妆品监管　103c
环保宣传　174b
环境保护　172a
环境保护委员会成立　173c
环境监测能力建设　174a
环境统计　174c
环境信访　173c
环境应急处置　173b
环境执法　172c
环境质量　22b
环境专项检查　172c
黄金周旅游　183a
会议议程　62b
婚姻登记管理　228b
霍乱、伤寒、副伤寒和痢疾等重点肠道传染病监测　212c

J

机动车驾驶员培训管理　150b
机动车维修行业管理　150b
机构编制　43a
机构编制管理　43a
机构改革　43b
机构改革调整　99c
机构设置　198a
机关党务　42b
机关后勤保障　61b
机关事务　61a
基本公共卫生服务项目　211a
基本气候特点　137a
基本情况　248c
基层党组织建设　42c
基层工会规范化建设　69c
基层社科组织和队伍建设　196c
基层医疗卫生机构建设　210a
基层政权和社区建设　226a
基层组织建设　37b
基础管理　156b
基础教育　189b
基础业务　109a
基建工程　178a
基金运行　224c
疾病预防控制　211b
疾病预防控制　211c
集体经济组织建设　130a
集体林权制度改革　134b

脊髓灰质炎疫苗查漏补种　212a
计算机、通信及其他电子设备制造业　140b
纪检监察　65a
技术安全保障　204c
绩效考核　179c
价格鉴定　99c
价格举报投诉　99a
价格评估和价格认证　99c
价格调节基金管理　99c
价格调控　99a
价格指数　99c
监督工作　51a
监督制约　65a
监管执法工作　100b
检察　88c
检察宣传　90a
建制镇　235
建设工程施工管理　168c
建设工程造价管理　169c
建设工程质量监督　169a
建设科普宣传画廊　77a
建设项目管理　172a
建设用地管理　109b
建滔（佛冈）积层板有限公司　142c
建滔化工集团　143b
建置沿革　20a
建筑业管理　168b
讲师团活动　232c
降水质量　22b
交警工作　91c
交通·邮电·通信　146
交通行政管理　146c
交通行政管理　149c
交通行政综合执法　147b
交通基础建设帮扶项目　112a
交通基础设施建设　146b
交通运输　148b
交通运输行业安全生产监督　150c
交通综述　146a
教材征订发行　203c
教师培训　189a
教学教改　188a
教育·科学　187
教育督导　187c
教育科研　188a
教育示范基地　77a
教育收费督查　188b

教育收费检查　98c
教育投入　187c
教育装备建设　189a
教育综述　187a
接待服务　49b
接待工作　49b
节日系列活动　198c
金融业　120
金融法治环境　121b
金融服务　120c
金融监督管理　120a
金融运行情况　120a
金属制品业　139c
经初步加工的旅游商品　186b
经济管理　97
经济建设　25a
经济责任审计　104b
经营状况　177a
精神文明建设　27b
精准扶贫　242b
景区价格检查　99a
迳头镇　238a
迳头镇第十六届人大第六次会议　239b
竞技体育　202a
酒、饮料和精制茶制造业　140a
酒类监管　103c
救灾、救助、救护　78c
救灾演练活动　79c
居民生活　232a
卷烟经营　177c
卷烟销售　178a
军事　80
军粮供应　176c
军事工作　81a
军转干部提高补助　223c

K

开办科普电视节目　76c
开设科普专栏　76c
开展慰问活动　49c
勘察设计管理　168b
科技创新大赛　76b
科技计划项目申报和结题　196b
科技素质培训　76b
科普活动　76a
科普宣传　253a

科学技术与知识产权　196b
客运企业管理　150a
空气质量　22b
控告、申诉、检察职能履行　89c
狂犬病监测　213a
矿产资源　21b

L

"两建"法制工作　57c
"两建"工作　102a
"两新"组织工作　38a
"两新"组织中妇女组织建设　74b
"六五"普法验收会议　95c
劳动关系协调　223c
老干部大学建设和老干部活动中心建设　50a
老干部工作　49c
老龄工作　230a
老年人文艺生活　230b
老区基础建设　233c
老区建设　233c
老区宣传　233c
理论教育　27c
理论武装　39a
理论宣传　48b
历史文化　23a
历史文化·传统民俗　23a
历史文化和非遗保护　26c
立案信访　87c
联网直报　105b
粮食储备管理　176a
粮食风险基金　176c
粮食应急管理　176b
两个省级生态文明示范村创建　28c
两化融合管理体系贯标试点工作　158b
两建建设　228c
烈士后裔助学　234a
林业　133a
林场改革　253b
林业有害生物防治　133b
林政管理　133a
临时价格补贴　99b
龙山镇　248c
龙山镇第十六届人大第五次会议　251a
路政管理　152a
落实粮食补贴政策　131b
旅游业　182

301

旅游安全管理 183b
旅游行业管理 183a
旅游行业管理概况 183a
旅游接待与收入 183a
旅游景点建设 184a
旅游人才培训 183c
旅游商品 185a
旅游市场规范化建设 183b
旅游宣传 184b
旅游宣传推介活动 184c
旅游宣传形式创新 184c
旅游重点项目开发 184a
旅游资源 22a
旅游资源开发和景区（点）建设 184a
旅游综合接待能力 182a
律师服务 95a
绿色学校创建 174a

M

麻疹疫苗及脊灰疫苗查漏补种 212a
矛盾纠纷排查化解 84c
美丽乡村建设 42c，239b，250c
美丽乡村示范村建设 245b
美丽小镇建设 242b
民革佛冈县支部 67a
民生工程 237a
民生项目监管 99b
民事及行政诉讼监督 89c
民事审判 87a
民营经济效应 142a
民主党派 66b
民主党派与党外知识分子工作 41b
民族 22c
民族团结进步宣传月 231b
民族宗教 230b
民族宗教干部培训 232a
民族宗教工作 41a
民族宗教界慈善公益 232a
民族宗教宣传与调研 231a
模范部门建设 38a

N

纳税服务 119b
南方日报佛冈记者站 200b
南粤幸福活动周 47c
农业 129

农村创业青年培训 233a
农村电子商务 175c
农村公益电影 205a
农村供水 135c
农村经济发展 25b
农村劳动力技能培训 196a
农村生活垃圾整治 239c
农村土地突出问题三项治理 110c
农村危房改造 239b
农村五保供养 229a
农村饮用水水质卫生监测 213a
农村综合改革 129a
农村综合改革 226b
农副产品、禽畜鱼类旅游商品 185a
农副产品购销 177c
农机安全监督管理 132c
农家书屋 207a
农民专业合作社调研会 177c
农业产业发展 242a
农业产业化 130c
农业机械化 132b
农业技术推广 131b
农业经济工作 130a
农业经营体培育 130a
农业生产资料供应 177b
农业执法 130b

P

《浈江文艺》 75a
浈江河道"三清"综合整治 242c
批发零售业 175a
品牌建设 141a
聘请法律顾问 58a
平安佛冈创建 86a
平安石角创建 245c
平价商店建设 99b
平面媒体编辑出版 202c
普查工作 105b
普法宣传教育 94a

Q

其他法制工作 58a
其他文史活动 64a
企业安全生产标准化建设 107a
企业技术创新 141a
企业技术改造 141a

企业技术改造·技术创新·品牌建设　141a
企业抗击风险的能力　180b
企业人民调解委员会揭牌　96a
企业文化　145c
企业职工最低工资标准调整　224a
气候·水文　21a
气象事业　137a
气象现代化建设　138b
气象灾害　137b
强化内部管理　213c
强化收入征管　113b
禽流感防控　215c
勤天国际温泉大酒店项目　160c
清远恒业包装有限公司　143c
清远加多宝草本植物科技有限公司　144a
清远南玻节能新材料有限公司　144b
清远日报佛冈新闻部　200b
清远市审计系统职工运动会在佛冈县举办　104c
清远市粤运汽车运输有限公司佛冈分公司　148c
清远市粤运汽车运输有限公司佛冈振兴汽车客运站　148c
权责清单制度推行　43c
全面深化改革　36c
全民科学素质工作　76a
全民义务植树　27b
全体居民收入　232a
全体居民支出　232a
群众体育　202a
群众文化　198b
群众文化活动　198c
群众文艺创作　199a
群众性精神文明创建活动　27c

R

人才队伍建设　223b
人才工作　38b
人才建设　248b
人才强镇战略　246a
人大代表议案、建议和政协委员提案　56a
人防财务和资产管理　83a
人防宣传教育　82b
人口　22b
人口·民族·语言　22b
人口计生　222a
人口计生基层基础工作　222b
人口计生长效工作机制健全　222a
人力资源·社会保障　223a

人民防空　82a
人民防空工程建设管理　82c
人民调解　94b
人民团体　69
人民武装　80a
人事任免工作　51b
人事制度改革　209c

S

"3+2"专项打击整治行动　90c
"三防"工作　136b
"三献"推进　79a
"三严三实"活动　178b
"三严三实"专题教育　37a
"三严三实"专题实践活动　42b
"十二五"规划实施情况　97b
"十三五"规划纲要编制　97c
"双到"扶贫工作　248c
"送医进校园"　76a
散装水泥管理　169c
森林案件查处　134a
森林防火　133c
森林防火　252c
森林公园建设　27b
森林碳汇工程建设　27a
山林纠纷调处　133b
汕湛高速公路佛冈段的前期工作　148a
商贸流通·服务业　175
商事登记改革　100a
社保管理　224b
社保卡应用　225c
社保政策宣传　225a
社工队伍建设　45c
社会服务　66c，68b
社会福利　229c
社会福利院　229c
社会工作　45b
社会工作会议　47b
社会管理创新　46c
社会建设　26a
社会建设体制机制完善　47a
社会民生　26a，98a
社会民生帮扶项目　112b
社会生活　222
社会事务管理　228a
社会体制改革　46a

社会文明　36c
社会养老服务　229c
社会主义核心价值观弘扬　27c
社会主义民主政治　25c
社会组织管理　79c，228b
社会组织建设　46c
社科工作　196c
社科普及活动　197a
社区建设　227a
社区矫正与安置帮教　94c
涉农服务整合　129c
涉农资金整合　129b
涉台事务概况　59c
涉台宣传教育　60b
深化利益导向机制　222c
审判　86c
审计　104a
审判管理　88a
生态公益林保护　27b
生态公益林管理与补偿　133b
生态观光农业　239a
生态建设　27a
生态建设　237c
生态景观林带建设　27a
生物资源　21c
生猪定点屠宰管理　132b
省农村易涝整治试点工程　135b
师资队伍建设　48a
石角镇　243a
石角镇第十六届人大第五次会议　245b
石角中学刘文雯获佛冈县中学生省运动会首枚金牌　190c
实际利用外资　180a
食品安全案件查处　102c
食品安全综合协调　102b
食品餐饮监管　103b
食品流通环节监管　103a
食品生产环节监管　103a
食品药品抽检　103a
食品药品监督管理　102b
食品药品宣传　104a
食盐安全宣传　179b
食盐产品销售网络　178c
食盐专卖　178b
示范村建设　130a
市场服务管理　108a
市场管理　107c
市场监督管理　99c

市场经营　155b
市场开发规划　108c
市场设施改造　108c
市容卫生　167b
市政路灯　166c
事业单位登记管理　44a
事业单位改革　43c
收入分配制度改革　223b
收养工作　229c
双拥工作　227a
双拥共建　82a
水头镇　240a
水务　135a
水果类旅游商品　185c
水环境质量　22b
水库移民后期扶持安居工程　136a
水利工程建设　135c
水头镇第十五届人大第五次会议　241c
水务·气象　135
水务行政执法　136a
水资源管理　136a
税收情况　116c
税收优惠　119a
税收征管　118b
司法公开　88a
司法公信力建设　85b
司法行政　94a
司法建议　88c
司法救助　87c
司法体制和工作机制改革　85a
思想建设　67b
送书下乡　206c

T

"同心同行"系列工作　39c
台胞台属工作　60c
台商工作　60c
台湾事务　59c
汤塘镇　246a
汤塘镇第十六届人大第五次会议　248b
糖尿病管理　213a
淘汰落后产能　139b
提取、贷款、增值收益指标均创新高　115c
体育产业　202b
体育事业　201c
天气预报服务　137c
调解工作　87b

调研工作　42b
调研与交流　232c
通用设备制造业　139c
通自然村公路水泥路面硬底化建设　153a
统计　104c
统保工作　230a
统计法律宣传　105c
统计服务　105c
统计教育　106a
统计调查　105a
统战工作　39c
投资情况　97a
突发公共卫生事件处置　212b
突发事件处理　253c
图片展览　206c
图书发行　203c
图书馆　206b
图书营销　204a
土地储备　111a
土地开发与储备　110c
土地开发整理　111a
土地资源　21c
土地资源整合　129b
团的自身建设　70b
推动项目落实　142b
推行邮政机构改革　154a
推优评先　69a
退役士兵安置　227c

W

"玩转清远"旅游节庆系列活动启动仪式　182c
"五好"关工委创建活动　232c
外事侨务　58a
网络运营　156a
网上办事　59c
网上名称管理　44a
网上政务公开　58c
危险废物规范化管理　173b
微信平台开通　74a
为归侨排忧解难　58b
为侨服务　75c
维护社会政治稳定　90b
维护消费者权益　101c
维权服务　73c
维稳综治工作　155a
卫生·医疗·保健　209
卫生法律法规宣传　214a

卫生行政许可　214a
卫生监督　210a
卫生监督管理　213c
卫生监督员培训　214a
卫生综述　209a
位置·范围·面积　20b
文稿起草　42a
文化·体育·传媒　198
文化产业发展　26c
文化建设　26b
文化市场　199c
文化市场执法　199c
文化艺术培训　199b
文教、工美、体育和娱乐用品制造业　140b
文艺创作　27a
文艺队伍建设　74c
文艺交流　74c
污染减排　172b
无线电管理　158b
无线电台设备申请与审批　159a
无线电台站管理　158c
物价管理　98c
物业收费检查　99a

X

"新家庭计划——家庭发展能力建设"　246a
"新苗杯"艺术大赛　232c
"星光计划"项目　230b
吸收引进外资项目　180a
县城建设　162a
县城市政排水设施　135c
县城优质自来水水源供给工程　135c
县城中学简介　190c
县二小扩建　56b
县级储备粮油管理与销售　176a
县级公立医院价格改革　209a
县级医院服务能力提升　209a
县科协第六次代表大会　77a
县十四届人大常委会会议　50b
县十四届人大四次会议　50a
县四套班子、县直副科以上单位（含省市直管单位）及各镇领导人员名单（2015年）　28a
县委全会　36a
县委十二届八次全会　36a
县委十二届九次全会　36b
县长办公会议　55c
县政府班子领导补充　56a

县政府常务会议　55c
县政府工作概况　55b
县政府工作会议　56a
县政府与广东食品药品职业学院战略合作框架协议书签署　56c
县政府周转房入股资金管理　115a
县政协常委会　62c
县重点医院简介　216a
现代农业帮扶项目　112a
现代农业示范区建设　130c
现代农业项目　131a
乡村公园建设　129c
乡村绿化美化工程　27a
乡镇统计基础建设　106a
乡镇卫生院医务人员岗位津贴发放　56b
消防工作　93a
小工业盐市场供应　179b
新媒体新闻发布平台打造　202c
新农村规划建设　162c
新农村试验区建设　162c
新闻部　204b
新闻出版　200a
新闻信息发布　202c
新型城镇化　36c
信访工作　44b
信访积案化解　44b
信访宣传　44c
信访业务培训　44c
信息化建设　157c
信息基础设施建设　157c
信息宣传　215b
刑罚执行监督　89b
刑事审判　87a
刑事诉讼监督　89b
宣传队伍建设　39b
宣传工作　233b
学前教育　189b
学习保密法规　45a
学习教育活动　72c
学校概况　195b
巡警工作　91b

Y

"12·4"全国宪法日宣传活动　96b
"123"工作法推进　49c
"12345"政府热线　59c
"一、四、七"工程实施　248b
"一票否决"兑现　222a
烟草专卖　177c
烟花爆竹经营　177a
盐产品销售　178c
盐政执法　178c
养老"并轨"　225c
药品医疗器械监管　103a
业务培训　82b
一村（社区）一法律顾问　95b
一事一议财政奖补　130b
医疗监管　225c
医疗卫生监督　214b
医政管理　210c
依法打击刑事犯罪　89a
依法管理宗教事务　231c
依法行政考评　57c
依法治税　118c
依法治县　25c，54a
宜居城乡创建　162c
移动通信　156c
遗属生活困难补助标准提高　56b
义务教育　189c
意向洽谈项目　142b
银行业机构选介　121c
引领妇女创业建功　73a
印章刻制明码标价　99a
营林抚育　253b
应急管理　58c
应急管理机构建设　59a
应急平台建设　59a
应急物资建设　59b
应急预案体系建设　59a
应急预案演练　59b
拥军优属　227a
优抚工作　227b
优质服务　145b
邮政经营情况　154a
邮政通信　153c
有色金属冶炼及压延加工业　140a
舆论宣传工作　39a
舆情监控和对外宣传　203a
雨情　136c
语言　23a
语言文字规范化　190a
预防职务犯罪宣传教育　89a
原三八中学划归县职校　56c
源头治腐　65c

约克（广州）空调冷冻设备有限公司　144b
阅读推广活动　206b

Z

《中国共产党佛冈县历史（第三卷）》出版　48b
《中国共产党佛冈县历史资料汇编（第三辑）》出版　48c
灾情　136c
招商引资概况　142a
镇党政班子实绩指标考评　105c
镇区建设　162b
征收管理　116c
整顿市场秩序　100c
整合部门设置　43b
正版软件使用培训　199c
正规化建设　81b
政法　84
政策研究　42a
政党·政权　36
政法·综治　84a
政府法律事务　57c
政府法制　57a
政府行政效能提升　26a
政协常委会调研视察　64b
政协第九届佛冈县委员会常务委员会第二十二次常委会议　62c
政协第九届佛冈县委员会常务委员会第二十三次常委会议　63a
政协第九届佛冈县委员会常务委员会第二十四次常委会议　63a
政协第九届佛冈县委员会常务委员会第二十五次常委会议　63b
政协第九届佛冈县委员会常务委员会第二十六次常委会议　63b
政协第九届佛冈县委员会常务委员会第二十七次常委会议　63b
政协第九届佛冈县委员会常务委员会第二十八次常委会议　63c
政协佛冈县第九届委员会第五次会议　62a
政协佛冈县委员会　62a
政协提案　63c
政协调研视察　64a
政协文史　64a
政协专委会调研视察　64b
政治工作　80a
政治建设　25b
支柱企业出口　180b

知识产权工作　196c
执法监察　110a
职工帮扶救助　70a
职工权益维护　69b
职工文化建设　70a
职务犯罪案件查办　88c
职务犯罪查处　90a
职业教育　195c
职业教育与成人教育　195b
植保植检　131c
指挥通信体系建设　82c
制度建设　25c，45a，252b
中共佛冈县委　36a
中国工商银行股份有限公司佛冈支行　121c
中国建设银行股份有限公司佛冈支行　123c
中国联合网络通信有限公司佛冈县分公司　157b
中国民主同盟佛冈县基层委员会　66b
中国农业银行股份有限公司佛冈县支行　122c
中国人民财产保险股份有限公司佛冈县支公司　127a
中国人民抗日战争暨世界反法西斯战争胜利70周年纪念活动　49a
中国人寿保险股份有限公司佛冈县支公司　126b
中国太平洋财产保险股份有限公司佛冈营销服务部　127c
中国移动通信集团广东有限公司佛冈分公司　156c
中国银行股份有限公司清远佛冈支行　124b
中国邮政储蓄银行股份有限公司佛冈县支行　126a
中小河流治理　135a
中小企业公共服务　142a
中小企业和民营经济　141b
中小企业信息服务平台及农村信息化体系建设　158a
中小微企业帮扶　141c
种植业　131a
重大活动卫生安全保障　214a
重点工程立项　160a
重点林业生态工程建设　133a
重点频段保障监测　158c
重点提案　64a
重点项目　160a
重金属防治　173b
重要会议　66a
重要活动和主要工作　66b
重要决策和重要活动　36b
重要政事和决策　56a
主要产业　139c
主要职能　198a
住房公积金管理　115b
住宿餐饮业　175b

住宅与房地产业　170a	**资源物产**　21b
驻点联系服务群众工作　245c	**自然保护区·林场**　252
专卖管理　178a	**自然地理**　20b
专题讲座　206c	自身建设　51c
专题调研　68a	综合业务管理系统建立　116b
专题调研活动　42a	综治工作　88b
资产存量　114c	综治维稳　26b，237b
资产的优化配置和整合　115b	组织参加广东省第七届残疾人运动会　78b
资产运行管理　114c	**组织工作**　37a
资源管护　252a	组织建设　67b，72b，75b
资源调查　252b	作风建设　65a